JN284731

日本漢學論集

——嶺松廬叢録——

賴惟勤著作集 III

汲 古 書 院

一、校編者の判斷で、原稿の字を訂正した箇處もある。大幅な訂正については、當該部分にその旨を明記した。

一、賴先生には、御自身の著作集Ⅲについての「御構想」がおありであった。その目錄は何度も改訂されたが、そのすべてを、ここで「御構想」と呼ぶことにする（「あとがき」參照）。

全篇に共通するであろうこと

一、賴先生の御宅には、代々傳えられた資料が保存されていた。これらの資料は、廣島の賴家の賜邸が「杉の木小路《しょうじ》」にあったため、「杉の木文書」と名付けられていた。現在、これらのほぼ全部が、㈶賴山陽記念文化財團・賴山陽史跡資料館（廣島市中區袋町五―十五）に寄贈され、「杉の木資料」として保管されている。

一、賴先生舊稿に「淺野圖書館」の語がよく出てくるが、現在は、「廣島市立中央圖書館淺野文庫」となっている。［九、『詩文類纂』について］などもそうである。「都立日比谷圖書館加賀文庫」などが、都立中央圖書館に移っていることは、言うまでもない。

各論考の概要

一、寶曆明和以降浪華混沌詩社交遊考證初篇初出：『お茶の水女子大學人文科學紀要』15。一九六二年三月刊。

本稿は、江戸時代の大坂に結ばれた詩社、混沌社に參加した人びとの交遊の事實を、賴先生の御先祖である賴春水を中心に、考證されたものである。先生は本稿に、肥後の藪孤山に關する別稿などを加え、［賴春水と混沌社友］と改題される考えがおありのようであった。しかし、遺稿はかなり加筆されていたが、そのように仕上がっていなかったため、原題どおりとした。引用文獻の出典などで、他にはない、先生御所藏のものがあった。例えば、『蘭蕙（恵）集』は、先生の御曾父・賴成一氏の編まれた寫本二冊である。『監（鑑・鑒）古錄』は賴春水の、日本史の著である。現在は、共に「杉の木資料」となった。

このほか、個々の資料については、隨處に説明があるので、お見逃しのないようにして戴ければ幸甚である。後掲の「交遊考證續篇（中）」に「遺著」が列擧されている。『春水掌錄』『春水遺響』など大部のものは、そこに解説がある。

中井竹山の詩文集『奠陰集』は、體別に編まれた寫本が行われ、明治末期に『懷德堂遺書』として活字翻刻された。賴先生はそれに從って巻數を記していらっしゃる。別に竹山自らが編んだ異本の影印本が、『近世儒家文集集成』第八にあり、作品所載の卷數が異なるので、原本を確かめる際は注意が必要である。

本稿四・一に『有馬往還日記』『春水掌錄　癸酉』の引用があるが、この校正は、『隨筆百花苑』第四巻所載の翻刻に從った。

山陽の詩の引用で、通行本の『山陽詩鈔』や『賴山陽全書』の『詩集』と、題名等が異なる箇處があったが、通行本に從って改めた。賴先生は、山陽の詩稿も何種かお持ちでいらしたので、その內のいずれかに據って書かれたものであろう。『山陽詩鈔』の成立過程について、御論考をまとめる御豫定も、おありであった。

二、寶曆明和以降浪華混沌詩社交遊考證續篇（上）

初出：『お茶の水女子大學人文科學紀要』16。一九六三年三月刊。

本稿も加筆され、次の篇と併せて、［春水兄弟研究文獻］と改題する豫定でいらしたようであるが、原題のままとした。

本稿は、この時代の儒者についての研究法の例を、目錄學的に項目を立てて書くことで試みたものである。但し文末の項目一覽表は、先生も「附言」でおことわりになるように、本文と異なっている場合がある。特に四〇〇番臺がそのようである。

本稿三一三［年譜］の項では、「年表ではない年譜」に對する先生のお考えがうかがえる。それは御自身が手を入れられた、『お茶の水女子大學中國文學會報』所載の賴先生略年譜の記事に、部分的に現れている。

三、寶曆明和以降浪華混沌詩社交遊考證續篇（中）

初出：『お茶の水女子大學人文科學紀要』17。一九六四年三月刊。

本稿は、前稿の續きとして、その項目の第四章から始まる。文中の四九一［詩文及全集］項で、『與樂園叢書』『與樂叢書』についての部分は、後揭の別稿に讓った。

前稿も本稿も、決して項目ごとの解説の羅列ではない。例えば寛政異學の禁が、その負の面ばかりを見られることに對してや、春水の事業と山陽の『日本外史』との關係について、また明清の學術と日本との關わりについてなど、表題どおりの事實考證の上に、先生の御見解がちりばめられているのである。「附言」に下篇のことを述べられるが、「交遊考證續篇（下）」は、『お茶の水女子大學人文科學紀要』18（一九六五年三月刊）に掲載された。が、本册の御構想には入れられなかった。その篇は、主として春水の『在津紀事』の登場人物についての考證となっている。敢えて憶測すれば、これは春水兄弟と別項になるので、御構想にあった〔『在津紀事』劄記〕や〔譯註〕と組み合わせて再考することを、先生はお考えであったのではないであろうか。

四、道工彦文の馬杉亨安との交遊

初出：『春月』創刊號。道工彦文顯彰會、一九六九年五月刊。

本稿は、資料紹介である。道工《どうく》彦文は、頼春水の母、仲子の父の從兄弟に當たる。春水の父・亨翁が、京都で馬杉亨安に和歌を學んでいた時期、或る人のところで彦文の舊稿を見つけ、その縁に喜んで書き寫し、亨安に送ったという。和歌の末字と漢詩の韻字とで「和字」にする試みがなされた、興味深い文書である。末尾で賴先生は、御宅に殘る、道工氏關係の資料目録を記されている。これも「杉の木資料」となった。

五、道工氏に關する一資料

初出：『春月』第二號。一九七九年一月刊。

前稿最後に記された、「道工氏の系圖などを覺書にした」資料の、部分的な紹介である。末尾に平賀中南撰「賴惟清室道工氏仲子墓誌」に、訓點を施したものを載す。

六、「趙陶齋の逸事」について

初出：『漢文教室』74。大修館書店、一九六五年十一月刊。

本稿は、賴春水撰「趙陶齋の逸事」と、その關連資料とを紹介したものである。文中にある、春水の『東遊負劍錄』の引用は、通行本（崇文叢書本）に從って改めた。

春水の大坂遊學の背景や、趙陶齋の人格への親炙のさまも、賴先生は推測されている。

七、趙陶齋と平賀中南

初出：『隨筆百花苑』第五卷附錄第十一號。中央公論社、一九八二年四月刊。

當時の漢學界の代表者でありながら、その名が埋沒に瀕している陶齋と中南との學風、またそれらが、青年賴春水に與えた影響を述べられる。

八、『與樂園叢書』について

初出：『混沌』第4號。混沌會、一九七七年五月刊。［與樂叢書について］より改題。

かなり加筆されている。舊藩侯の邸園に因む叢書二類四種と、更に第五種類目と推定されるものについて、その構成と成立とを考證されたものである。本册前掲の「寶暦明和以降浪華混沌詩社交遊考證續篇（中）」の中でも解説された部分があったが、それは本稿に發展的に吸收されている。

九、廣島市立淺野圖書館藏『詩文類纂』について

初出：『東洋文化』復刊第9號。無窮會、一九六四年十一月刊。

本稿も加筆濟みであったが、表題の訂正はなかった。

江戸文化の爛熟期の優れた漢詩文資料が、十分に整理・紹介されぬままであることを惜しまれ、貴重書閲覧の一部を報告されたものである。原稿餘白には、「詩文類纂→與C→與Aか」という考察など、多くのメモ書きが殘され、頼先生の「いずれ精査の上、稿を改めて報告したい」という御豫定が實現されなかったことも惜しまれる。

十、殘翰類を通して見た天明六年秋の頼春水の身邊

初出：『隨筆百花苑』第四卷附錄第八號。中央公論社、一九八一年四月刊。

御家藏の飯岡直子の殘翰の翻字と、解説を兼ねた註とである。人物の關係圖が少し入っているので、分かりやすいかと思われる。春水の妻であり、山陽の母である靜子（號は梅颸）については、近年、相當な研究成果があるが、その妹の直子（號は梅月）については、あまり知られていない。本稿では、彼女の手紙から、當時の狀況が生き生きと描き出されている。

十一、頼山陽と『日本外史』

初出：『頼山陽』中央公論社、一九七二年十二月刊。日本の名著28　解説

本稿は、頼先生の御構想には、單獨では入っていなかった。しかし、山陽の生涯と、その代表作『日本外史』とをこれほど簡潔に、しかも公正な評價を交えて解說したものは、外には見當たらないであろう。

本稿中、光吉元次郎著『日本外史詳註』を「未見」とされているが、後に先生は御覽になり、『北の丸—國立公文書館報』26（一九九四年三月）に、［光吉元次郎著『日本外史詳註』解題］をお書きになった。光吉氏の御遺族により、その遺著や舊藏書の處遇を依賴された時、先生が、內閣文庫への寄贈の仲介をされたと、筆者は記憶している（後述參照）。また、『日本外史』の成立過程の箇處で、「稿本類は全部未見」とあるが、これも後に御覽になり、後揭の別稿に反映されている。

〈付言〉は、初出の際の凡例のようで、省略することも考えられたが、先生の御方針の一端がうかがえるので、そのまま收載した。

十二、頼山陽

初出：『敎養講座シリーズ57歷史を動かした人びと　伊能忠敬／頼山陽／河竹默阿彌』　石山洋・頼惟勤・諏訪春雄著、國立敎育會館編。㈱ぎょうせい、一九九〇年十二月刊。

國立敎育會館における、山陽の〈一　生涯〉、〈二　著述と思想〉という前後二回の講演內容を、活字化したものである。本稿も、先生の御構想には入っていなかった。しかし外にはない、講演錄ならでは

の「個人的な話」や「脱線」があり、讀み物としても面白くなっている。賴先生が、おそらく先生と御父上様、御祖父上様を併せて「われわれ」とおっしゃるのも、この稿ならではであろう。最後に御自身で、「中央公論社『日本の名著』版の〈賴山陽〉册の解説と重なることが多すぎる」と追記されているが、どうしてどうして、そのようなことはない。前半では山陽の「行狀」を巡る論爭や、書翰類を軸に、傳記の「作られ方」を、非常に詳しく述べられる。また母方の姓の「飯岡」は、「いのおか」と讀むことを強くおっしゃっているが、『人物文獻目錄』に誤って「いいおか」で載せられていることが想起される。

山陽の生い立ちや『日本外史』の一般的な評價など、基本事項が前稿と重複することは致し方ない。が、諸處に見られる、「どのようにしてそうなるのか」というお話から、先生のお考えが垣間見られる。

十三、『日本外史』への手引き——跋に代えて——

初出：『日本外史（下）』賴成一・惟勤譯。岩波書店（文庫）、一九八一年十二月刋。

本稿も、先生の御構想に、單獨では入っていなかった。前前稿から九年、前稿までに九年、という閒の時期に書かれた。この後、『斯文』85（斯文會、一九八二年）に「『日本外史』研究の方向試探」を發表されたが、先生は、成一氏の原稿に、その他の御自身の稿を補って、新稿を書かれるおつもりであったようである。

本稿は、第一部に［著者］とその［心情］、「書法」［典據］［稿本］など、『日本外史』成書以前のことを簡潔にまとめられている。第二部は『日本外史』の諸本で、書目も説明も、やや詳記されている。各版本の關係も述べられている。第三部は『日本外史』關連書で、書目の列記に重點を置かれている。〈附〉

の部には、題名に『日本外史』の名が稱せられていても、あまり關係は無さそうなものも、押さえてある。奥様のお話によれば、先生は古書店に入る機會があるごとに、『日本外史』の諸本をお買い求めになったそうである。

前前稿（日本の名著版『賴山陽』の解說）の末尾にも、著述目錄がある。しかし、そちらは賴成一編「賴山陽關係書目錄」や、同氏の「研究の栞」に基づき、代表的なもののみを掲げられている。山陽自身のことについては、前の二稿が詳しく、『日本外史』研究の爲には、やはり本稿が正に「手引き」になるであろう。努めて重複を避けようとなされた、先生の御姿勢がうかがわれる。

十四、百衲本『靜寄軒集』解題・解說

初出：『近世儒家文集集成』10　ぺりかん社、一九九一年一月刊。

本稿は、先生の御構想には入っていなかった。汲古書院の坂本健彦氏のたっての御要望で、收錄されたものである。『與樂園叢書』との關連もあり、本册では、『詩文類纂』について」の後に配置されても良かった。

靜寄軒―尾藤二洲は、賴春水の舊友であり、高名な程朱學者であるとともに、山陽の母方の叔母の夫であり、賴家と姻戚關係にある。

［略傳］の後半で、賴先生が曾て執筆された「尾藤二洲について」（『日本思想大系』37『徂徠學派』）の訂正點を（一）〜（十一）にわたって書かれている。

［解題］では、どのようにして「百衲本」となさったか、その「緣起」を述べられ、ここで、汲古書院

とのゆかりも分かる。稿本について、詳細な考證と、良心的な假定とにより、それらテキスト閒の繋がりが解明されてゆく。各卷については、更に詳しく、收錄作品と底本とを解說される。末尾には、五郎丸延氏作製の各表を掲出する。

十五、賴山陽とその作品

初出：『菅茶山　賴山陽詩集』岩波書店　新日本古典文學大系66　一九九六年七月刊。

本稿は、やはり單獨では御構想になかったが、御構想中の［賴山陽の詩］の代わりになっていると思われる。

前半は、前掲各稿（十一、『日本の名著』解說、十二、教養講座シリーズ、十三、岩波文庫跋）を、更に簡潔にまとめてある。作品については、前三稿では主として『日本外史』への評が多かった。本稿では詩集の解說ということで、詩風と詩の評價とに重點が置かれており、最近の新しい批評も含まれている。しかも「背景」で、新たに中國と日本の文學界を對比した圖を作られるなどの工夫をなさっている。「法帖」については短いが、初めて一項にまとめて書かれた。（十三、）岩波文庫跋の稿には、『日本外史』に關する文獻目錄があった。こちらは、三種の詩集に關する文獻を、賴成一氏の稿から增改し、整理して列擧された。前述の光吉元次郎氏の『日本外史詳註』『日本政記詳註』が、內閣文庫に寄贈された旨が、ここに記される。

十六、一藩儒の家計

初出：『千葉經濟大學　千葉經濟論叢』第3號　一九九〇年六月刊。

本稿も、御構想中にはなかった。しかし「扶持米」或いは「扶持米書付」を［考證・箚記］か［解説付資料紹介］又は［翻字と註］に入れる御豫定がおありだったので、そこからそう遠い御論考ではないであろうと思われる。本册冒頭の『交遊考證』の初めの方にも、『大日本史』の筆耕料に關して、計算をなさっておいでであるが、先生の數學好きの面が偲ばれる。御家藏の古文書から、廣島藩儒としての賴春水の、扶持米を主たる收入源とする、或る年の收支のありさまを解明されたものである。資料紹介とは言いながら、元お茶の水女子大學史學科の某先生をして、「私には、この資料を使ってこれ以上のものを書けそうにありません。」と言わしめたものである。當該文書は「杉の木資料」となったが、これ以後、寛政元年閏六月まで追跡でき、さまざまに利用され得るであろう。

十七、安藝國竹原文化の一側面

初出：『古文書の語る日本史7　江戸後期』第八章　在鄉文化の形成　筑摩書房、一九八九年十月刊。

本稿は、御構想中、「《竹原と鹽業》入レルカ」と、御檢討されたものかと思われる。主人公は賴又十郎（春水の父・亨翁）で、紺屋であった。「竹原の製鹽業の繁榮を背景に立ち入った家には違いないが、鹽濱の持ち主ではな」かった又十郎の、豊かな内容の書翰の年代考證に始まる。次に又十郎遊洛時の狀況考證、更に和歌の道に志したさまが紹介される。そして竹原という土地が、實は學術においても風雅の道においても、相當な「鄉賢」を生み出していることを述べられる。更に清朝の揚州の學問が、鹽業による繁榮から起こったことを、竹原の事と比べられる。賴先生は、山陽久太郎に、無理に三都に出ず、竹原か廣島に居て、大家になって欲しかったのであろうか。

☆ここから後は、御祖父上様の彌次郎氏、御尊父様の成一氏の原稿と、それに惟勤先生が手を加えられたものである。

十八、賴春水ニ賜ハリシ邸地

本稿は賴彌次郎氏が、拜領屋敷に關する御家藏の文書を翻字し、解説されたもので、惟勤先生の御構想にあった。本册收錄にあたっては、その原稿より更に賴尹子氏に翻字して戴いた。なお、本文四九〇頁十三行「文化十二年……和泉守忠鼎《ただかね》親シク……」の傍らに、「孫忠邦ナリ」という註記が書き添えてある。

本稿中に插入された圖面は當初、一枚であったが、筆者が以前、惟勤先生より賜った複寫圖が、もう三枚あった。そこでそれらの圖を四九四頁〜四九九頁に添付させて戴いた。初期の圖面（第一圖）に比べると、「祠堂」や「松廬」以外にも、かなり改築されていることが分かる。第二圖及び、その屋根の圖は「嶺松廬記」が書かれた頃のものと推定される。第三圖は本文中に記載がなく、作られた年月の檢討を要する。また、第二・第三圖は、第一圖と天地が逆になっている。

十九、山陽の俗名に就きて（併記逸話）

初出：『尙古』二―一　一九〇七年四月刊。

本稿は、『尙古』掲載の彌次郎氏稿を、そのまま再錄した。山陽の通稱「久太郎」の「久」の讀み方は、「ひさ」であるのか「きゅう」であるのか、よく話題になった。同氏は、山陽の前半生には訓讀、後半生には音讀したであろうことを述べ、更に、山陽の九州遊歴時からの、村井蕉雪（冠吾）との逸話を紹介された。なお、「ひさたろう」から「德太郎」に改名した事情は、惟勤先生が本册の中で述べていらっしゃる。また『賴山陽書翰集』上卷に文政五年（一八二二）正月の母ほか諸人宛の書翰があり、そこで「久太郎」と復名し、「きゅうたろう」と讀むことが記されている。

二十、山陽脫藩始末

初出：『雲か山か』31・32合併號（一九九四年四月）〜46號（一九九八年三月）㈶賴山陽記念文化財團

本稿は、惟勤先生の御構想では、［原本影印、翻字］か［解說付資料紹介］として檢討されていた。彌次郎氏が、山陽が二十一歳で脫藩した際の關係諸資料を、內容每に編集し、翻字されたものに、惟勤先生が解說や譯註を附された。從ってそれまでの文中の（校編者）とは異なり、［編者］は彌次郎氏、［校者］が惟勤先生となる。

本篇により、山陽脫藩事件の處理が、實際にどうなされたかが、具體的な數値と共に明らかになる。特に、［二五］の口語譯は壓卷ではないであろうか。原文は、これまで諸文獻に收載・引用されてきたが、全面的な口語譯は、なかったと思われる。このほか、先生が第十二回で訂正なさった部分は、當該箇處にそれを反映させた。

二十一、山房随筆――飯岡義齋――

初出：『雲か山か』7號（一九八四年七月）～30號（一九九三年）㈶賴山陽記念文化財團

本稿は、成一氏の遺稿に惟勤先生が補筆されたもので、御構想に入っていた。義齋を紹介する殆ど唯一の論考であり、諸先生方のお勧めで、世に出されて良かった。末尾に「義齋略年譜」が附されている。

☆〈賴惟勤先生略年譜〉の初出は、『お茶の水女子大學中國文學會報』第六號（一九八七年）であり、〈同補遺・著述目錄補遺〉の初出は、追悼誌『爾志錄――賴惟勤先生の想い出――』である。本冊再錄にあたり、すべて適宜、訂正させて戴いた。

以上

日本漢學論集——嶺松廬叢録——　目次

日本漢學論集
——嶺松廬叢錄——

寶暦明和以降
浪華混沌詩社

交遊考證初篇

凡例

一、人名は原則として號を用いる。これはその人の通名として用いたもので、その人がその時期にその號を用いていたとは限らない。必要に應じて（　）内に人名についての注を入れたが、むしろ注なしに、專ら讀者の判斷にまかせてあることの方が多い。唱和の作などは實名で記す方が適當とも思われるが、すべて原則に從って號とした。ただ葛子琴・平壽王は字を以て行われたと認めて、これを通名として用いた。

一、人名の下、或は年號の下に、必要に應じ、その場におけるその人の年齢を、算用數字で略記した。ただ、あまり頻繁に記すのもどうかと思って、一連の記事の中では、初出のところだけに記した。

〔例〕中井竹山は文化元年75に…。文化三年に篠崎三島70は…。

一、文獻を引用するときは、原則として段を下げた。刋本からの引用はなるべく避けたかったが、讀者に一々刋本との對照を煩わすわけにも行かないので、しばしば刋本を引き寫した。尤も、熱心な讀者が、もしも本稿と刋本とを引き合わせる勞をいとわれないならば、發明される點がなくはないであろう。

一、記號「：」つきの文は、文章法的に完結させないこともある。

〔例〕茶山はこれに應酬して：（「……といった」というべきところを省く類。）

一、見出しや補充の語は〔　〕に入れ、注釋の語は（　）に入れた。

一、すべて引用は、適宜に節錄した。（尤も詩の場合だけは、もしも節錄すれば、その旨を記す。）また日記の月名のようなものは、適宜に補足した。

一、和文の原文は、原則として句讀點・返り點・濁點を缺くが、これらも適宜に施した。假名は原則としてひらがな化した。複合字（「より」「まゐらせ」〔候〕の類）は書き流しにした。漢字と假名との中間のものは、統一的な見解を以て轉寫はしなかった。すべてその時に應じて適當に扱った。（〔例〕之・の。而・て。〔候〕半・はん。〔候〕覽・らん。）また有意味の略體（「殿」「様」のくずし方で身分關係を示す類）や、有意味の改行・缺筆などは、すべて無視する。尤も空格・擡頭は、詩でない限り、一字あけで示した。

一、註は文獻目錄、人名解說などを兼ねたものとしたかったが、力及ばず、これらは將來の課題としたい。いまはただ、本文に入れかねた記事を註としたのみである。

まえがき

本稿の目的は、詩社、混沌社に加わった人々を中心として、その交遊の事實を、詩文・日記・書翰の類から考證しようとするものである。尤もその交遊の範圍までも混沌社員にしぼるつもりはない。

混沌社とは、江戸時代の後半期、寶暦・明和・安永・天明のころ（十八世紀後半）大坂において結ばれた漢詩人の會盟であって、盟主を片山北海44（年齢は明和三年當時。記してないのは未詳）とし、これに鳥山崧岳（60以上）、田中鳴門45、細合斗南40、篠崎三島30、佐々木魯庵（55か）、清玄道、福原承明32、富山有明、萱野錢塘38、木村巽齋31、岡白洲30、葛城蠡庵（葛子琴）28、隱岐誠甫25、大畠赤水（平壽王）、西村南溟、河野恕齋24、岡田南山25、井阪松石、小山養快17（以上大坂在住者）、および賴春水21（安藝、竹原の人）らが集り、のち、尾藤二洲20（便宜、明和三年當時、以下同じ。伊豫の人）、古賀精里17（肥前の人）、春水の二弟、春風14、杏坪11らが加わり、更に懷德堂の中井竹山37も隨時出席していたもので、當時の大坂文化の漢詩文壇を代表する結社であった。

本稿は混沌社員のすべての交遊を網羅し、考證したものではなく、ただ、特定の社員について、その交遊の若干を考證したものに過ぎない。いずれは本稿の續編以下において、次第に對象を擴張するつもりである。本稿はそのための準備という下心で、當面必要な最小限の考證であるよりは、むしろ散慢化しても、なるべく關連事項にまでおよぶように努めた。

本稿が專ら家先中心となったことは、動機的な意味はしばらく別として、結局は資料の準備狀態によるものとして、孫引の多いことと共に、諒恕を請いたい點である。

本稿に引用する詩は、專ら考證の觀點から取り上げたもので、決して文學的觀點からするものではない。文學的價値を論ずるのは筆者のよくするところでないのは勿論ながら、考證のためには「不レ足レ存」などと評された作でも、眼をつぶって引用せざるを得ないことを、特に認められたい。だいたい日本人の詩は、恐らくはつまらぬものなのであろう。（現に葛子琴は日本人の詩を一切讀まなかったという。）その中でも、寄題は架空に陷りやすく、應酬は陳腐に歸しやすい。それを特に選んだのであるから、結果としては、文學的には最もつまらぬ詩ばかりを選んだことになるのかも知れない。殊に多くは突差の作であるから、それだけ作者にとっては全力量が發揮され難い種類の詩となるであろう。しかし突差の閒に作られた詩は、それが突差であることに意義があろうし、その他、用紙・運筆、作者の人物・交遊等々、文學以外の要素のために意義がある場合もあり得る。いわば記錄寫眞の意義が、必ずしも藝術寫眞の意義と同じくはないことに當るであろう。願わくは、ここに引く詩のみによって、原作者の詩人としての資質を云々されぬよう、特に辯言する次第である。なお詩には過譽の詞が用いられやすいことも、筆者としてはやはり指摘しておかなければならないと思う。

次に、取り上げた交遊の事實そのものもまた、專ら考證の觀點から選擇したものであって、何も、生涯の交遊がここに記述する人だけに限られていたわけでもなし、またある特定の人との交遊が、ここに記述する場合だけであったわけでもない。要するにこれは、手持の資料で考證し得る交遊の事例若干に過ぎず、決して傳記の中の交遊の記述ではないのである。特に、筆者の能力から、取り上げた事例においてすら、なお考證すべき事項を多く漏らしていることも當然豫測される。以上もやはり、記述の對象となった人々のために辯じておく。なお本稿は大坂での交遊を主としたので、江戸などでの交遊は殆ど省略した。これはまた、資料の量からいって、大坂の場合に匹敵するものがあるが、いまのところ、準備不足のため、別稿に俟たねばならない。

以上すべての點について、多少とも完全に近いものを作るには、まず目錄學的なしごとが先行すべきであることを痛感する。これまた、將來に俟つ他はない。

本稿は、筆者の祖父および父が曾て集錄・整理した資料の、ごく一部分に基づく。終戰時の廣島の災害と、筆者の不肖・怠慢とにより、甚だ不完全なものとなったことは遺憾に堪えないところである。

最後に、廣島市立淺野圖書館に對し、その貴重書の閲覽に多大の便宜を與えられたことについて、また木崎好尚氏に對し、諸業績から許多の益を受けたことについて、竝びに深い感謝の意を表明する次第である。

一　在　津

一・一　東　遊

春水の『師友志』の稿本首葉を案ずるに、その第二條（赤松氏）は、元來は獅絃の位置であった。そこでその次第は、鹽谷志帥（＋43）（春水より四十三歳上の意味。以下同じ）、僧獅絃（＋17）、僧超倫（＋19）、平賀中南（＋24）、僧寰海（＋16）、宇都宮士龍（＋26）、宮地世恭（＋7）、島居子瑤（＋8）、勝島敬助（＋16）となる。以上が大坂遊學以前の師友である。

まず鄉里の竹原では、志帥（貞敏）・獅絃（竹原・照蓮寺主）・超倫（同寺客僧）を師とし、讀書と習字に勵んだ。次いで十四・十五・十六歳（寶曆九・十・十一年）と、中南に從って學んだ。（そのころ中南は或は沼田郡本鄉にいたかも知れないが、少くともある時期には士龍の請によって三原の順勝寺に寄寓して書を講じていた。いずれにしても春水は親元を離れて、三原、或は本鄉に遊學したわけである。）中南と親しい寰海（佛通寺）と交ったのもこのころのことに違いない。ところが十六歳のとき、師の中南が寰海の勸めで九州に遊學してしまったので、しばらくは自學したのであろう。三原や尾道の人である士龍・世恭・子瑤・敬助らと交りを結んだのも、このころ以來であろうと思われる。薩藩文學、山田月洲（＋30）に沼田の驛舍で逢って揮毫し、月洲がそれを門人の山本秋水（＋12）に土產話にした（與樂園叢書卷八〇）のも、この前後のことと思われる。

さて、師友志は上述のあと、趙陶齋（＋33）、森田士德（＋8）、片山北海（＋23）、葛子琴（＋7）と續く。（稿本首葉によると、河野恕齋（＋3）が見えない。）これは明和元年、十九歳以後の師友である。卽ちこの年、堺に赴き、京坂に及んで歸った。（春風館に『東遊雜記』があり、このときのことを記す。）このとき、堺で陶齋52に會ってその才を認められ、陶齋に親しい士德27の知遇を得た。京に那波魯堂38を訪い詩を賦したというのは、このときのこと（與樂園叢書卷八〇）に違いない。

但しこのときの上方行きは一時のもので、まもなく鄉里に歸った。これより先、十七歲のとき母、道工氏を喪ったが、その墓碑銘を中南に請うて得たのがこの時期である。中南は足かけ四年の九州遊學を終えて明和元年43、八月二十五日に歸鄉し、次いで翌二年三月、海路、大坂に上った。その上坂直前明和二年二月にこの墓碑銘が撰せられた。

さて、明和三年、春水21の叔父、惟宣（傳五郎）41が配として鳥井氏24を迎え、これによって母なき後の家事も漸く安定を見たので、父、亨翁60の命を承けて正式に上坂し、勉學することとなった。まず片山北海44に從ってその主催する混沌社に加わり、殊に子琴28と親交を結んだ。以後、天明元年36、藝州藩儒に召し出されるまで大坂に在った。(1)

上坂後四年たった明和七年五月二日、春水25は父64の富士を眺めたいというかねての希望を滿たすべく父を奉じて東遊の途についた。

送賴千秋長兄、從尊公東遊　　子　琴32

探勝誰能從乃翁　尙平婚嫁未曾終
桑蓬夙志四方遂　橋梓壯遊千里同
立馬蓮峯長夏雪　憶鱸松島早秋風
屺岡莫使人凝望　杜宇關山叫雨中

（葛子琴詩）

留別浪華諸友　　春　水25

告別豈同佗別筵　親輿侍得意翩翩
泛舟松島三秋月　駐馬蓮峯萬古煙
行樂何言後春日　敖遊此去向梅天

謝君詩句知吾志　未肯樽前賦黯然　（東遊負劍錄）

五月三日、入京して中南49を尋ね、翌四日、馬杉亨安91を訪うた。（亨安はこの年、九十一歳、尚齒會が催された由、寫本が春風館に存する。）四日の歌にはいう。

九十一翁亨安

遠つひとの都にのほりて、あすなんあつまのかたにくたりたまふなとかたりたまひけれは、扇一握をおくるとて

あふきてふ　名に似ぬ人の　なこりにも　せめて都の　風な忘れそ

と聞えけれは

〔惟　清〕

立かへり　又もあふきと　思ふ身は　都の風を　いかてわすれん

亨翁（惟清）は過ぐる明和五年（戊子）62に杏坪13を伴って上坂、八月に初めて亨安89を訪い、以來、亨安を尊崇すること甚だ厚かったのである。(2)

五月五日、雨を犯して中南のところを辭し、その日、逢坂を通過、混沌社で親交のある平紀宗（平井聽雪）に邂逅、次いで八日には伊勢に達した。

ふたゝひ御參宮し奉りて　惟　清上

惠あれな　又神風の　さそひこし　内外の宮居　あふくかしこさ　（亨翁遺墨册）

謁内外兩宮　惟　寬

五十鈴水淨無窮　日月雙懸内外宮

鑿井畊田是誰力　乾坤一新浴春風　（東遊負劍錄）

五月十三日、八橋の遺跡を尋ね、五月十五日、掛川を經て初めて念願の富士を望み、二十一日、江戸に到着、舊知

の平澤旭山・加川元厚・林滄洲らに會い、ここから更に行程を北に延ばして六月三日、江戸發、四日、雨の中を古河に到着、翌朝出發、筑波を望んだ。六月六日から十日まで日光を見、十一日、所謂る遊行柳を一見、十六日、仙臺發、多賀城趾に壺碑を見、松島に到着した。

六月二十一日、羽前國の舟町（今の大鄕の西部）・長崎・左澤を經て大谷村を通過、大沼に入った。ここに浮島の奇勝がある。

大沼湛碧、所謂浮島者、五六箇游水、小則方二三尺、大則丈餘、其所生皆蘆荻屬、或見躑躅稚松等、其行水也、分行聯行、或聚或散、其貼塘者、杖以放之、亦微動而行、然其自行者、離塘益遠、人爲之者、往而復還如故、而其島之行也、不由風東西、又不波、如動如不動、凡沼廣數頃、洲也灣也、皆無常望、島自爲之也、……

（東遊負劍錄）

六月二十五日に酒田に入り、混沌社での友、曾根原魯卿を訪ねた。魯卿、名は省、昨年八月に大坂を離れ、故鄉に歸っていたのである。葛子琴の明和六年（己丑）の詩に：

○馭風樓酌賴阿松、同曾魯卿賦、得樓字（七律一首、葛子琴詩所收）

○曾魯卿・賴阿松二兄見過、小飲夜話、時曾兄有和・勢・江三州遊覽・予亦頃探河內諸勝、賴兄獨無所遊、因爲此詩、拈韻得譚字（七津一首、同上所收）（阿松は春風のこと）

があり、また片山北海の詩には：

○送魯卿病後陪乃兄還鄉（他詩二首、與樂園叢書卷八〇所收）

があって、これは人日（七草の日）のことであった。他に鳥山崧岳の送別の詩（垂葭詩稿卷四、十五葉表）、賴春風の送別の詩（不息詩文卷一）が知られる。

一行はともかくもここにしばらく逗留し、六月二十九日には春水は魯卿の案內で象潟を見物した。

宿曾魯卿讀書處　　　春　水

輪奐何須世上榮　茅軒芒棟自修成
晩晴相問桑麻話　曉月慣聞鐘磬聲
山近雨滋苓可斸　林疏風折筍堪烹
隔年千里來投宿　剪盡孤燈半夜檠

（東遊負劍錄。自筆の詩箋は酒田美術館に存）

閏六月七日、一行は魯卿と訣別して西歸し、十二日、彌彦を立って出雲崎を通過、夜、柏崎に泊り、翌朝出發、十八日に鹽尻驛より諏訪嶺（鹽尻峠）を通過したが雲霧のため富士が見えず、十九日、また諏訪嶺に引き返してこれを望み、二十日、上松を經て臨川寺（寐覺里）を過ぎ、二十六日、再び平紀宗に會い、その夕、入京、二十七日、亨翁は亨安を訪れ、夜は中南と納涼し、二十九日、大坂に歸着した。

千秋至自東都、見示近作　　　三　島[34]

不問山川跋渉勞　詩篇忽見旅情豪
函關紫氣青牛入　富嶽青天白雲高

（蘭蕙集所收）

三島の宅は當時、江戸堀犬齋橋附近（後年の梅花社）であったと思われる。

千秋賴兄東遊歸後見過、小飲、得波字　　　子　琴

遠遊歸去意如何　江上秋風起白波
同社栞書皆故態　異鄕山水獨新歌
久拌興趣披雲發　暫別情緒籌月多
鱸膾待名將下筋　扁舟昨夜試漁簑

（葛子琴詩）

子琴の宅は御風樓といい、堂島川の玉江橋北詰に在った。

この東遊を記録したのが『東遊負劍錄』で、歸坂後一ケ月足らずの七月二十日に完成した。詩を含むものと詩を削ったものとある。即ち『與樂園叢書』卷三三所收のもの、および京華日報社發行、月刊「世界」所收のもの（明治三十八年＊八月から翌年＊八月まで十三回に分載。漁古生、高島張輔の所錄。＊印は推定）が詩を含み、『崇文叢書』第二輯所收本、または『春水遺響』第一〇冊所收本が詩を含まない。

なお『負劍錄』についての竹山41の手紙が記録されている。

與賴千秋　　竹山

秋雨蕭索、想無恙、曩者受讀負劍錄、筆翰縱橫、鋪敍明鬯、令人欽嘆不置、其大沼浮島最奇絕、夫遐陬幽僻之事、藉足下始顯、若是乎文之不可以已也、閒閱胡苕溪叢話、引蔡寬夫詩話言葑田事、乃與所謂浮島一其揆矣、不知曾記及否、竊意錄中插入、足以廣異聞焉、今詳錄其說於餘白、以備參訂、萬在賢裁、餘付近晤、不宣、

蔡氏詩話云、吳中陂湖間、茭蒲所積、歲久根爲水所衝蕩、不復與土相著、遂浮水面、動輒數十丈、厚亦數尺、遂可施種植耕鑿、人據其上、如木筏然、可撐以往來、所謂葑田是也、林和靖詩云、陰沈畫軸林閒寺、零落棋枰葑上田、正得其實、嘗有北人、宰蘇州屬邑、忽有投牒、訴夜爲人竊去田數畝者、怒以爲侮己、即苛繫之、已而徐詢左右、乃葑田也、始釋之、然此亦唯浙西最多、浙東諸郡已少矣、

（與樂園叢書卷七）

一方、亨翁は東遊ののち、京に三ケ月滯留し、亨安に従って和歌を學んだ。

明和七年七月十七日、高臺寺の月眞院月次當座、和歌題を探りて

門柳　　元始

青柳の　いとたちはへて　此門に　はるはとひくる　人を待らし

二月餘寒　　元始

梅が香を　さそふ軒はの　春風も　またさへかへる　きさらきの空

三月三日　　　　　　　　　　元　迪
言の葉の　花をもそへて　とり〳〵に　けふくみかはす　もゝの盃
杜　花　　　　　　　　　　浮　木
たちよらむ　梢のひまに　色みへて　花さきにほふ　衣手の森
七夕後朝　　　　　　　　　涌　蓮
二夜とは　契らぬ星の　別にて　ゆめうつゝとも　おもひ定めし
路　薄　　　　　　　　　　玄　仲
里の子の　行きは絕て　くるゝ野の　尾花のそての　色そ淋しき
關　月　　　　　　　　　　蒿　溪
相坂の　せきの戸さしも　明ぬやと　たとる斗の　月のさやけき
紅葉增雨　　　　　　　　　惟　清
小倉山　よはの時雨の　雲はれて　みねの紅葉ゝ　色まさりける
九月盡　　　　　　　　　　湧　蓮
おしむそよ　名に賴みこし　長月も　たゝけふのみの　秋の夕暮
池　氷　　　　　　　　　　元　迪
日にそひて　とちや重ん　けさよりそ　氷そめぬる　庭の池みつ
深　雪　　　　　　　　　　玄　仲
打なひき　ふりそふまゝに　吳竹の　まかきは雪の　山とこそなれ
寄月戀　　　　　　　　　　惟　清

たのめ置し　人そつれなき　有明の　月さへ袖の　涙とふ夜に

寄風戀　　　　　　　　　　宗　廷

とはれしと　おもひ絶ても　松の戸に　きゝすてかたき　風の音つれ

寄忘草戀　　　　　　　　　亨　安

もろともに　種としましを　忘草　など一かたに　生ひしけるらん

老後懐舊　　　　　　　　　亨　安

思ひ出て　むかしかたらん　友もなし　百年遠き　老らくの身は

往事夢如　　　　　　　　　蒿　溪

こしかたは　きのふ〔の〕夢と　みても猶　けふのうつゝを　たのむはかなさ

この他にもなお、七月十八日、二十三日、八月八日、二十日（月眞院、月次）、二十三日などの歌會に出席した。多分このときの歸鄉の際であろうが、湧蓮53は送別の一首を亨翁に贈った。（春草堂詩鈔巻七、原稿本）

咲く花は　まつほと遠し　しはし今　ありて都の　木々の白雪

こののち亨安は安永元年八月二日、九十三歳で沒したので、亨翁が直接に師事できたのはこれが最後であって、以後は小澤蘆庵（上見の玄仲）に從って和歌を學んだ。

のち、安永七年に上京した亨翁72は、蘆庵56から、亨安の後は相い變らずもとのところにそのまま住んでいると聞いて、「たこ藥師むろ町上ル北側」に子息の貞佐を訪ね、墓所は「せいくわんし（誓願寺であろう）内、光明院」にあると聞いて墓參した。墓は一寸知れ難かったが、やがて僧が來て教えてくれた。戒名が二行にあり、下の臺石に馬杉とあった。(3)

先師馬杉亨安居士の御墓にまうて奉りて

たつね來て　したへとかひも　なき跡の　しるしのつかに　むかふ悲しさ　　點作有

有し世の　ふかき惠を　今こゝに　しのふなみたの　袖そ露けき　　點作なし

（亨翁歌稿）

點作（添削）は蘆庵に請うたものである。

一・二　南　軒

春水は上坂以來七年たった安永二年28に至り、剋苦勉勵の甲斐があって、私塾を開くまでになった。即ちこの年の三月下旬に江戸堀に竹原問屋、阿波屋仁右衞門の借店に居處を定めて春水南軒と稱し、塾の名を青山社とした。これ以後、ここを中心とする詩が多く現われる。場所は西區江戸堀北一丁目、犬齋橋北詰寄り濱側に考定されたが、いまでは江戸堀そのものが埋め立てられて宅地と化しているので、昔日の姿を知るよしもない。

當時の塾の様子を知るのに恰好な詩があるので次に掲げる。尤もこれは、南軒第三年めの詩である。

早春雨中、春水軒觀童兒揮洒口號　子　琴37

一水春風入墨池　南軒此日會童兒
君裙學得雲烟已　散向江天雨若絲

（葛子琴詩・乙未）

さて居を定めて早々の詩には次のような例がある。

賴千秋移居江戸溝、與諸子、同過飲新宅、偶越中佐伯季艭來、分韻二冬　三　島37

更卜江樓對遠峯　風流也自一詞宗
商歌隔水終何去　漁舫棹煙須混蹤
梁上慶雲來燕雀　尊前暮雨躍魚龍

偶因越客尋新社　剪燭詩談意轉濃　（蘭蕙集所收）

閏三月、集飲賴千秋新居、時佐伯季䕶偶至、韻得一東　子　琴35

群賢禊飲再相同　江上新移一畝宮
稱得才名本三鳳　賀來居室更孤鴻
題詩趣似幷州舍　作序書傳晉代風
無復聚星人側目　閏餘春雨夜朦朧　（葛子琴詩）

佐伯季䕶は名は樸、芙蓉樓と號し、『芙蓉樓詩鈔』一卷（未見）がある。

また次の年の除夜にも、三島・子琴の詩がある。除夜に子琴らが春水南軒に來集するのは恆例であった。

甲午除夜春水軒小酌口占　子　琴36

映軒春水送東風　守歲今宵憶阿戎
因識故園千里外　紫荊花發復成叢　（葛子琴詩）

同（甲午除夜春水軒小酌口占）　三　島38

此夜雲霞動海城　傾（迎新送舊）尊（正）守歲二三更
祇（一年）應（筆）藝苑成功日　一陣春風坐裏生　（葛子琴詩附載。以蘭蕙集所收詩校正）

この南軒時代には備後の菅茶山、上野の高山仲繩（彥九郎）、肥後の藪孤山らとの交遊が考證される。

まず茶山とは安永二年に初めて會った。尤もこれは、茶山の「刻春水遺稿序」に「余之初見時、先生年二十八、余則少二年」とあることからの推定であるが、或はこの一年前のことであるかも知れない。あいにく、茶山の『黃葉夕陽村舍詩』の紀年は天明二年35に始まり、春水の詩稿（與樂叢書所收）の紀年は安永五年31に始まり（刻本の春水遺稿も本質的には同樣）、三島の遺稿は安永元年は夏までを缺き（蘭蕙集の記載による）、子琴の當時の詩も見えず、他に求むべき證據がないのを遺憾とする。

次に、高山仲繩とは、安永四年に會っている。尤もこれもまた、それ以前、明和の初め、仲繩の初度上京中に會った可能性がないわけでもないが、詳しいことは不明である。ともかくも確實なのは安永年間の場合であって、片山北海の招宴における竹山の詩に見えるものがそれである。即ち「應㆓孝秩佳招㆒、得㆓靑韻㆒」の詩のあとを承けて‥

席上口占、次賴千秋韻、送高山仲繩歸鄕　　竹　山46

卒然相見不相疎　驚爾萍踪萬里餘
欲問颼颼歸去意　由來賢達在畊鋤

（簣陰集巻四）

これは仲繩の日記「乙未の春旅」（高山彥九郎全集巻一所收）に照して、安永四年（乙未）29二月十八日以前、程遠からぬある日であったと推定される。竹山の詩にいう春水30の詩は未見である。ついでながら、大坂の飯岡義齋の安永四年の『懷中掌記』に、仲繩は正月五日に義齋を訪問している。こののち春水の天明六年41の詩に‥

似高山仲繩　　春　水

自從相見十餘年　心事論來未豁然
爲囑歸田力耕讀　英雄心事在陳編

（春水遺稿巻三）

というのも、恐らくは安永四年以來、足かけ十二年のことをいうのであろう。なお仲繩と親交のあった竹原の唐崎赤齋（常陸介）は同鄕のよしみで春水とも親しかった。春水・仲繩の交遊の背景には、赤齋があったように思われる。仲繩はこの後まもなく、京都の古愚軒に柴野栗山40を訪い、栗山の「送㆓高山生㆒序」（栗山文集巻二）を承け、北陸を經て四月に歸國した。（因に栗山は江戸と京都との生活を三度繰り返した後、天明八年53の第四回めの江戸行で昌平黌敎官となったが、これは第二回めの京住時代のことである。）

この同じ安永四年には、三、四月の交、熊本の時習館敎授、藪孤山41が二度めの上坂をした。但しこのときのことは別に譲り、ここでは省略する。

一・三　引　翼　編

安永五年（丙申）、春水31は、その父、亨翁が七十歳となるので、その壽巻を作るべく諸方面に詩文を請い、それを集めて「引翼編」と名づけた。原本はいま春風館藏。三十五家の詩文（但し五岳山人、福原絢48は畫）の他、三宅正誼（春樓、大坂學校都講）65の題辭がついている。（計三十六家）この轉寫本に少くとも二種あり、一つは『與樂園叢書』巻一六所収の「丙申壽巻」で三十五家の作を載せ、他の一つは『春水遺響』第一〇册所収の「引翼編」で、約六十家の作を載せる。『與樂園叢書』本はすべて作者を實名で記す。これに對して『春水遺響』本は概ね字を以て記し、特に平賀中南55・趙陶齋64・片山北海54の三先生と、鳥山崧岳（71以上）・田中鳴門55の二長老の計五名だけは號で記す。収める作が増したのは、在坂の春水が初次に請うた以外のものが加わったためであろう。

このとき混沌社の鳥・田兩長老は、或は「藝國藝名曾振世、竹原竹色好棲身」（崧岳）と詠じ、或は「筵揚萬葉集中藻、階發三株樹上花」（鳴門）と唱して祝意を寄せたが、その他には例えば‥

詠寄竹祝言　　蘆　庵54

ひさにませ　里の名におふ　たかはらの　千歳のおきなと　人のいふかに

送千秋歸里、經營家尊壽筵　　陶　齋64

鄉情多得意　浦帆擧春風

珍重仙山色　凜如七十翁

題靈芝圖五岳所書奉祝賴氏尊翁七旬　　子　琴38

曾知王秀色　長向一庭生

千載教君茹　有斯令弟兄

壽賴千秋之翁七十序　　　　　　中　南55

……余謂千秋曰、……乃翁三丈夫皆秀異、其於人事、夙有庭蘭之稱、而叔氏侍於膝下、人不閒乃翁之言、仲氏時時來往、彼此通信、或爲醫於鄉、門常接踵、子乃在浪華、而唱學、生徒之聚、如蟻慕羶、遂翰音馳於四方、乃翁傍觀之、沾沾自喜、……

この壽筵は三月二日、三日の兩日に鄉里で開かれた。このときの亨翁の述懷「もゝとせも、酌かはすへし七十の、彌生もけふの花のさかつき」「たもつへき、齡も同し名にも咲く、もゝかさなりて三千とせも經む」を記した小紙片は、春水の遺筐の中から檢出される。恐らく一生の閒この歌を身邊より離さず、記念としていたものと推測される。

この他になお、春水がこのことを生涯、記念しつづけていたことの推測される別の資料がある。それは『春水掌錄』（第二册、『春水遺響』一六册）に收める「壽卷姓名」の一條である。即ちこれは、丙申の壽筵の後、二廻りめの申歲に當る寬政十二年庚申（春水55）の記述と推定され、「引翼編」中の諸家の姓名・字號・貫籍を列擧したものである。これは「引翼編」原本と、人の名も、排列の順も一致する。

ともかくも『掌錄』は、これら諸家の姓名の上に〇印をつけて、筆錄當時（寬政末）における死沒者を示しているが、それによると、三十六名（三十五名と春樓）中、旣に二十四名（二十三名と春樓）が沒している。更に春水は、その一廻り後の申歲、卽ち文化九年（壬申）67に、『掌錄』のこの個所に朱を加えているが、それによると更に五名が沒し、その時なお健在であったのは、篠應道（三島76）、張天雨（長崎伯龍）、古樸（精里63）、原惟孝、井阪廣正（雲卿）、尾藤肇（二洲68）、菅晉帥（茶山65）の七名のみであった。これは壽筵があってから三廻りめの年、卽ち三十六年めの年のことであって、春水沒前四年、卽ち生前最後の申歲であった。ともかくもこの資料によっても、晩年に至るまでこのことを常に記念していたことが知られよう。

この壽筵のとき、大坂から故鄕の竹原まで往還した日記を「引翼餘編」（春水遺響第一〇册所收）という。それによると、二月二十二日、大坂の南軒より發程、同日中に大仁村を通過、西宮を経て御田に至り、吉田孔夷43宅に一泊、二十四日、やや北に折れて三木に至り、安達景文父子と會い、二十五日、姫路では府教授の伊藤庄助・合田儀平を訪い、二十六日、南に折れて赤穗に赤松滄洲父子らを尋ね、二十八日岡山を經、二十九日書に神邊に到着、茶山29を訪い、三月一日歸家、二日・三日兩日壽筵、六日より宇都宮士龍に招かれて三原に至り、七日妙正寺に登り、八日潮鳴館（士龍の宅）に詩を題し、十日、歸家。二十九日廣島に向い、林堅良・茨原次らの款待を受け、三日には多賀庵風律を訪い、七日には廣島藩重職林滄洲（甚左衞門）と學談を行い、四月十日歸家。十八日に竹原を辭して東上、小梨村を經て本鄕に至り、十九・二十兩日は再び士龍らと唱和し、二十二日夕方に茶山を再訪、二十三日茶山の先導で鴨方に赴き、西山拙齋42に初めて會い、以後二十八日岡山に至るまで拙齋・茶山と同行、ここで兩者に別れ、二十九日に閑谷に到り、五月朔、龍野を訪い府教授藤江龍山父子らと交歡、四日に再び孔夷宅を過り、夕方、浪華に歸着した。

一・四　釋　褐

在坂中、春水は尾藤二洲や古賀精里と共に作文會を開き、道義について互に討論した。即ち行狀にいう：

凡前所學、出入於荻生・宇埜諸家、莫所一定、既而得洛閩之書而讀之、有會於心、會伊豫尾藤二洲先生在片翁之門、君誘之同學、多所相發、於是奮然立志、棄其故所習、日相與講性命道德之理、與夫脩己治人之義、又與中井竹山先生兄弟交遊、最後得古賀精里先生、又與備中西山拙齋・備後菅茶山二先生、爲道誼之交、切劘磨厲、

（與樂園叢書卷七所收、與刋本有小異）

春水の師、中南は荻生徂徠の學問の流れを受け、同じく片山北海は宇野明霞の弟子であった。竹山兄弟とは竹山・履軒をいう。なお二洲の上坂は明和七年24、精里の上坂は安永四年冬26であった。

また日本の歴史についても、當時は『大日本史』が世間にまだ傳播する以前であったので、「詳二於西土一、而略二於本朝一、人人皆是」という状態であって、「惟知下七物之爲二辨慶一、捕レ熊之爲中公時上、而楠之爲レ楠、足利之爲二足利一、懵乎无レ知也」という有様であった。（書詠史詩後。春水遺稿巻一一。又、與樂園叢書巻二〇、野史詠の跋）これに省みるところがあって、本朝の歴史に深い關心を持つようになった。後年、春水が「監古録」の著述を企てたのもこれと關連する。また『與樂園叢書』不分巻本の中に、諸家の碑傳を蒐集した「野史乘」（「野史類纂」とも稱したらしい。現存十二巻）があるのも、これと關連するものと推測される。次の一文は、『二洲文抄』（與樂園叢書巻三〇）に収めるものであるが、これもその一例である。

賴千秋見示楠公贊、書之以還　　二　洲

楠公之略、賴子之才、楠公之武、賴子之文、相得而此贊成矣、推而尊之者世人也、知而稱之者老友也、老友爲誰、非廬陵歐陽脩、而橋下信生也、呵々

全篇無疑可獻、夢字以帝字代之何如、獻替二字、世説亦出、不記爲何篇、

歐陽脩についてはいうまでもないことながら、これは「也」を多用することで知られる彼の「醉翁亭記」のためである。また信生は姓を尾生というので自分の姓をいう代りとしたもの。『世説』はいまでは三巻本の索引があるので、言語篇と紕漏篇とにあることがわかる。兩條とも二十巻の補本にも見える。「世説亦出」とは、獻替の語が『左傳』、或は『後漢書』に基づくことをいうのであろう。

上述のように、當時は『大日本史』が流通していなかったので、春水は懐徳堂の本を借りてこれを筆寫し、筆耕料を得て生活の助けとした。そのころの一記録の寫しに次のようなものがある。（春水遺響二一冊、掌録七）

大日本史全部　謄寫之事

石州津和野家老布施三郎右衞門タノミ

原本ハ懐德堂ノ本ナリ　半面十一行　一行十七字ナルヲ　半面九行十七字ニシテ寫書
百六十五匁五分　美濃紙十束半
一束代ナラシ十二匁
罫スリチン一束ニ付貳匁
打チン　同　三匁五分
十三匁九分五厘*　罫板小筆ナト外題　*厘原作分今以意改
壹貫九匁七分　寫料
一枚ニ付ナラシ　三分斗リ
百三十二匁三分寄宿ニテ寫書ノ者飯料等
五十三匁三分五厘　仕立代　八十五册
合壹貫三百七十四匁八分
右安永五年丙申十二月

十分には理解し難いが、美濃紙一束に付、紙代が十二匁、罫印刷のための材料費が二匁、印刷のための駄賃が三匁五分、合計十七匁五分ということであろうか。これを十束半注文して、一割引きで百六十五匁三分七厘半となり、これを切り上げて百六十五匁五分としたのではないであろうか。美濃紙一束は現在四八〇枚であるが、この石州布施氏本と字詰の全く同じ『大日本史』が淺野圖書館にあって、それが四七〇〇枚であることから考えると、當時もやはり四八〇枚であったと考えてよいであろう。「一束ナラシ十二匁」とは美濃紙四八〇枚が十二匁ということであろうか。

罫板は罫を刷るための版木であろう。或はでき合いの版木があって、版心だけ注文に應じて刻むようなこともあったかも知れない。また表紙にはりつける「大日本史」という題簽を刷るための罫板が必要であったであろう。これらがすべてで十三匁九分五厘であったのではないであろうか。

次の寫料一貫九匁七分を一枚三分で割ると、三四〇〇枚足らずとなる。これは全體の三分の二位の分量に當る計算になる。淺野圖書館本を見ると、筆生に寫させた卷も、たいてい最初の一枚（兩面）は春水の自筆である。この場合も恐らく同方針であったであろう。そして殘る三分の一ほどが、春水自ら、或はその二弟の寫した分であったであろう。當時の寄宿生の飯料は一日當り八分と思われるので、筆寫に要した延べの日數は百六十日強というところであろう。仕立代は一册平均七分として、これまた一割引きかと思ったが二分ばかり合わない。册數は淺野圖書館本の場合は百一册であるが、これは八十五册であって、平均五十五枚強となる。原本たる懷德堂本のことは竹山の『奠陰集』附錄に見える。これは現行本と違って論贊がついているものである。

さて、寫し終えてこれを先方に送ったときの禮狀が記錄されている。

呈千秋賴君玉案下　　　布施　九成津和野

別來疎逖、不勝眷戀、山河邈焉、無奈風馬牛不相及也、……向者奉囑大日本史若干卷謄寫、卒業而所送及、僕卽展開之、則字格正大、便乎老眼、精詳考覈、至於無一字之魯魚矣、顧今次先生檢閱之勞、大非振旗鼓者、則何以至此、………

（與樂園叢書卷九二）

寫し終えた翌年の安永六年（丁酉）に、杏坪22は父の亨翁71を奉じて石州高角の柿本神社に詣でた。（『春水遺稿』はこの行を丙申に繫けるが、翌丁酉であることは確實である。）その途中、三月二十六日夜、松明をともして津和野城下に入り「はるふかき、津和野に茂る若草の、草枕をもこゝにむすはむ」（亨翁・高角まうで）という次第で、ここに宿泊した。翌日は大雨のため逗留、その日の杏坪の日記（遊石稿）にはいう…

余欲問國老布施氏、…府士吉松潤甫遊于浪華、與家兄往來、以故知布施氏、…布施氏時病、使使來謝、遺石密若干斤、言辭懇懇、無所不至、余亦厚謝、終日雨甚、吉松父子則在浪華邸、故不得訪焉、

これによって、春水が津和野藩（龜井侯）の家老、布施氏と相い識ったのは、吉松正敬55・文山（潤甫）22父子を通じてであったことが推測される。（なお正敬はこの年、病を得て大坂より歸藩し、八月二十九日に沒した。）（「山陽と竹田」一―八、森潤三郎氏による。）

春水はこの他にもなお『大日本史』を寫して二、三の藩に納めたという。そしてこのしごとの締括りとなったのは、安永六年（丁酉32）以降にとりかかった藝州藩獻納の分で、これが完成して獻納の手續きを終えたのは、安永九年（庚子35）十一月のことであった。これがいまの淺野圖書館本である。いまこの寫本を見るに、光圀の原序は片面四行、一行八字（前後）の大字で、末に「安永六年丁酉正月吉、賴惟完拜書」と細書してある。あとは片面九行十七字で、各巻末に書寫者の名を署し、時に年月日を記す。但し、わざわざ「拜書」としてあるのは原序の他は、第一六九巻の楠正成の傳のみで、これは「安永康子十一月廿二日、賴惟完拜書」とある。またこれが日附として最終のものである。この他、第六九巻、後醍醐天皇紀上は「賴惟完書」とあるあとに、「賜㆓名和長年㆒敕書」（和文）をつけ、それには「安永庚子冬日、飯岡靜書」とある。このように一般には「何某書」とあるのみで「拜書」とはない。これによって、正成に對する尊崇の念を知ることができる。尤もこの他に「謹書」とある一巻があるが、これは巻二三の嵯峨天皇紀であって、わざと草體で書いたため、謹書としたものであろう。

これより先、安永八年（己亥）には、竹山50の媒妁で、大坂の儒醫、飯岡義齋64の女、靜子（後年、梅颸と號す、20）を娶った。竹山に合巹頌がある。（奠陰集巻八）上述「安永庚子（九年）冬日」は多分十一月であろうが、その翌月に長子、久太郎（山陽）が生れ、三歳のとき廣島に移るまで大坂で育った。

安永十年（乙丑）、即ち天明元年（四月二日改元）の九月十三日には・・

〔春水36の日記（未刊）〕

九月十三日　夜招㆓飲子琴・安道㆒、後作時、竹山拏㆑船而至、

九月十三夜春水軒賞月、得五微　子琴43

水天雲點綴　捲箔弄明輝
隔壁砧聲緩　堆盤豆莢肥
今宵招友飲　去歳憶親歸
孰與須磨浦　回帆載月飛

（以蘭蕙集所收詩校正）

同前得侵（九月十三夕飲春水南軒得侵韻）　三島45

十三秋季月　清（玩）賞到于今
風氣（玉彩）濾烟箔　水光送夜砧
授衣閨婦怨　拜賜謫臣心
白露及更滴（滴滴疎藤露）　疎藤（清宵）映牖深

得十四寒二首　主人寛36

去年今夜駐歸鞍　瀾籌金波銀浪寒
可憐春水南軒月　猶作須磨浦上看

八月九月竝相看　月明秋寒浪速干
一落西江一周歳　家醪雖薄可爲歡

（以上葛子琴詩竝附載）

詩にいう去年の帰省時には、一家で瀬戸内海の三島に遊び、春風28に「舟遊小記」の紀行文があり、また「暮秋余兄弟奉二家君・家叔一遊二三島一、舟上分得二行字一」の詩（春風館詩鈔巻上）などがある。

さて、再び當夜の春水南軒に歸って、その後すっかり更けてから・・

同夜飲已、三更、中井竹山泛舟至　三　島45

倒盡青樽春水樓　前川忽繫木蘭舟

不同吟處翻同趣　淸賞多於八月秋

（蘭蕙集所收）

竹山のいた懷德堂は今橋三丁目に當るというから、難波橋あたりから土佐堀川を迂回して江戸堀川に入ったものであろう。

この天明元年には、藝州藩の大坂邸（堂島川の田蓑橋南岸附近）の有司と種々交涉のあった樣子が日記に散見するが、それは直接には、前の年に獻じた『大日本史』が重要な切っかけになっていたと思われる。そしてこの年の十月一日には校書の命があり、二十二日には歸國すべき命が傳えられた。そこで十一月三日、單身離坂、途中、孔夷・拙齋・茶山らを訪い、十一月十日、歸鄕、翌十二月十六日、ちょうど春風29が配の田中氏（順子）を迎えた日に廣島に赴いた。そして十二月十七日〝三十人扶持を下され、儒者に召し出だされ、御小姓頭の支配〟に所屬せしめられた。時に春水は三十六歲であった。

一・附　離　坂

翌、天明二年四月十六日、春水37は妻子引き取りのため上坂した。

〔春水の日記〕（刊本あり）

五月九日　大畠氏（平壽王）招待

　十日　鳴門（田子明）招待。西照庵大會。

十五日　中井氏招待。池田荒木氏（商山）至。

二十日　舟積ミ。是日乘船。

右に照して送別の詩を整理することができる。但し、刊本に見える例が多いので、題のみを掲げる。

○〔五月九日・竹山53〕平壽王館宴集、分韻同賦、送賴千秋歸藝、時千秋應本藩辟、賜告東上累日、歸期已逼也、係進退韻　（與樂園叢書巻二五、また奠陰集巻二）

右にいう進退韻とは、竹山自らがこの詩のあとに『緗素雜記』を引いて説明しているが、今體詩格の一つで、二つの韻を互い違いに使うものをいう。なお、平壽王館は玉江樓といい、中之島、明石藩邸内に在った。また次に見える西照樓は生玉に在った。

○〔五月十日・春水〕田子明邀諸子、餞余於西照樓、以潮平兩岸濶、風正一帆懸爲韻、拈得岸字　（春水遺稿巻三）

○〔同日・竹山〕同前、得正字（春水遺稿巻三附載）

○〔同日・子琴44〕再（西?）照酒樓、同田子明諸子、餞藝藩賴文學　（春風館所藏葛子琴詩稿）

この日の詩は他にもまだあることが期待されるが、今回は以上のみを記す。

○〔五月十五日・竹山〕送賴千秋應辟還藝序　（奠陰集巻六）

○〔同日・懷德書院餞席畫題〕趙雲（竹山）野馬（子琴）左慈（竹山）郭槖駝（三島）蝸牛（鳴門61）壽老人（子琴）菊兒童（商山）敗荷（商山）失題（鳴門）失題（士譽・早野氏37）雞（澹齋・岡氏46）王羲之（履軒51）朱買臣（壽王）　（春風所寄・中册所收）

以上の他になお：

○〔五月十六日・三島46〕贈藝藩文學賴千秋序　（蘭蕙集所收）

また『春水遺稿』巻三に見える子琴の「送千秋歸官安藝」の詩は、「在津紀事」の最終條にいうところの「浦雲」の出典となるものであるが、もとの題は次のようであった。

安藝頼君千秋家于浪華、與張投分將二十年矣、客冬有　國君之召、至則除爲教授、會學方興、寵禮特至云、今玆夏賜告、以挈其家、乃社盟諸彥、遞張祖筵、大揮妙什、賀其榮旋、惜其仳離、情狀旣盡、張也復何言、不言則似無情、因賦五言長律、以敍其舊、辭之鄙俚、不遑論也　(春風館所藏葛子琴詩稿)

そしていよいよ一家乘船、離坂に際しては：

五月廿日、千秋旅館分手口占　竹山

城中幾餞飮　今日實西東

唯留別魂切　長逐一帆風　(奠陰集巻三)

二　離　合

二・前　東　役

天明元年藩儒として召し出された春水は、しばらくの閒、藩の學問所の創建に力を盡したが、天明三年38に至り、藩侯の世子（十一歳、後の齊賢公）の件讀を命ぜられ、以後十一年閒、前後五回の江戶詰の時代に入った。

その第一回は天明三年九月二日江戶着以後であるが、廣島を出船したのは八月九日であった。廣島を留守にするに當って、妻子を大坂に托し、杏坪28を江戶に伴った。――というとそのことは甚だ簡單なようであるが、實はそうでもなかった。

まず妻子の大坂行きの件については次のとおりである。

諸口堅紙（用紙をいう）

覺

一、私義、當秋江戸え可レ被レ遣旨被二仰出一奉レ畏候。然る所、私義於二御當地一緣家之者無二御座一、其上病身成妻子、留守中差置申候儀無二心許一、且又妻之親、大坂居住町儒醫、飯岡義齋、相疾來、老體之儀無二覺束一樣子申越候に付、私妻、幼年悴共、右爲二見廻一大坂え差登せ申度、尤妻儀病身にも御座候に付、私江戸詰留守中、其儘義齋方に差置申候樣仕度奉レ存候、此段奉レ願候、以上、

七月十九日　　名　判

山田　圖書樣
小島八十郎樣
渡部　大貳樣

右願書之趣、難二相調一候所、石津小八郎所にて、長崎玄悅家內は京都の人にて若狹殿奥方附にて當地緣談相成候由、右玄悅江戸留守中、京都里方へ願置候義、度々御座候段、小八郎緣家にて其段熟知候旨承候に付、其段吉川氏及二內談一候へば、左樣の先蹤有之候へば出來可レ申儀との斗ひにて、內伺ひ、右願書の趣、書取差出候所、今度願書差出候へとの返書來り、本願書差出候事。其後承候へば菅復玄丈も右長崎同樣の義有レ之との事なり。

山田・小島・渡部の三氏は藩に在った大御小姓頭で、つまり直屬上官である。長崎氏は後考を俟つ。菅復氏は春水の日記に散見する。吉川氏は御勘定奉行として、藩學問所創設の御用掛の任に當った吉川禎藏である。（因に、吉川氏と竝んで御用掛りとなった寺社町御奉行、林甚左衛門はこの一年前七月二十二日に沒した。）後記の次第は七月二、三、四日の日記も參照。

次に杏坪を伴う件については、次のようなことが記されている。

覺

一　　　　　　　　　　　家來一人

右私儀、當秋江戸ぇ上下三人之外、爲二自分一召連罷越申候、此段申上候、

　八月

○右に付、御舟手へも、此段手紙にて申遣す。

○御舟手より返書到來、增乘之儀は、御年寄中より通し無レ之候ては難二相成一候間、早々通し有レ之候樣可レ仕旨申來る。

御自分儀、當秋江戸へ被二罷越一候に付、上下三人之外、壹人爲二自分一召連罷越度旨、申出之趣、承屆候、以上

　八月六日　　　　　　　　　　　　　　　　　　　　　　　　山田　圖書

　　　　　　　　　　　　　　　　　　　　　　　　　　　　小島八十郎

　　　　　　　　　　　　　　　　　　　　　　　　　　　　渡部　大貳

追て、本文之趣にて、御船乘組之儀は、兼て御定も有レ之候事故、是等之儀は、御舟奉行中へ内談有レ之候て可レ然存候、此段は爲二心得一申達候。

○右に付、奧山氏受込、内談相濟、

奧山氏は未詳である。

二・一　歸　　鄉

東役の第二年めたる天明四年七月、次の達しがあった。

奉書

御自分儀、來春迄江戸直詰被二仰付一候條、可レ被レ得二其意一候、以上、

七月十日　　　　小島八十郎

賴　彌太郎殿

もちろんこれに對しては〝御奉書拜見仕候、然て私儀來春迄江戸詰被仰付候旨、奉得其意候、以上〟といった風のいわゆる御受書を出した筈である。小島氏は春水の東役と殆ど同時に江戸に到着、同役の澤井正八郎と交替して江戸勤番中であった。

ここにおいて杏坪だけが先に歸ることとなった。

口上之覺

一、私家來刀差壹人、此度用事御座候に付、御國元え差戻申度奉レ存候、此段申上候、

八月二十七日

口上之覺

一、私家來刀差壹人、此段御國元差戻申候間、明二十八日、此元出立仕らせ候間、箱根御關所切手相渡候樣仕度奉レ存候、此段御達可レ被レ下候、以上、

八月二十七日

この兩通は、書付と上書きして服紗包みで小島氏方へ持參、取次を通じて受理された。この文面は、御附御用人、稻生要人が好意的に内々調べ、差圖してきた所によった。その結果・・

別紙、箱根御關所切手壹通差進候、以上、

八月二十七日　　　　小島八十郎

―――様

此者㊞壹人、藝州廣島え差遣候間、御關所無レ滯被レ成二御通一可レ被レ下候、
天明四年㊞八月二十八日　　松平・・・・守内
稲生要人㊞書判

箱根御關所御番衆中

藝州侯淺野氏は三代将軍から松平の稱を賜わり、松平安藝守という。淺野氏に復するのは明治元年以後である。さて、杏坪29は八月三十日、服部栗齋49のところに暇乞いに行き、栗齋門下の宮原敬直（字は子德）と共に出發しようとしたが、引き留められて一泊、この晩は集ってきた土佐の箕浦立齋55始め、諸藩の人々と名殘を惜んだ。この夜、栗齋は杏坪が昨日まで講じていた太極圖説の卒節の隠かでないところなどを論じ、諸子と共に酒をくみ交わし、詩も多くできた。

九月二日、信古堂、奉留別栗齋先生　杏　坪29

家近公園趣本奇　鬱蔥松竹繞藩籬
往來交熟親童子　授受恩深陪老師
無那秋風治裝早　請看夜飲擧杯遲
明宵旅館應勞夢　一點寒燈花落時

（與樂園叢書巻三七）

これは杏坪の「甲辰西歸路上」詩に見えるものであるから、このときのことに疑いない。ただ日が九月二日とあるのは誤りで、このときの日記、「甲辰紀行」（重田定一氏の呼稱による）に従って、八月晦日とすべきである。

次韻頼千祺見別　栗　齋49

聯蕚相輝天下奇　辱交喜此叩紫籬

鄕閭游處豈無與　庭闈歸來自有師
告別燈前言纚纚　解攜岐首歩遲遲
老夫白髮今如此　業就重來在曷時　（同上巻二八）

送別千祺子德　栗　齋

飂飂游子度關津　堪想前程詩思新
乘興深穿紅樹去　豈言錦繡晝行人　（同　上）

子德は宮原敬直25の字である。『事實文編』三（巻五四）に「墓碣銘」があり、通稱は文太、名は斌、字は樂天、號は龍山、文化八年五十二歳没とする。「春水詩稿」庚戌稿（與樂叢書巻八七）に、「宮原子德筮二仕阿藩一在二江戸一、亡レ何召二之其國一、子德豫人、鄕與二德島一近、意又在二省覲一、因賦二短篇一以敍二別意一十二月十六日」と題する詩があり、寛政二年（庚戌）十二月十三日の春水日記には、「宮原文太、明朝阿州へ出立ニ付、書狀等托ス」とある。（ついでながら、この書狀は翌年正月十九日に廣島の留守宅に着いた。『梅颸日記』參照）

（信古堂）次先生韻　杏　坪

晨發都城暮問津　預知關月馬頭新
今宵卮酒吾宜醉　蓑笠明朝行路人

又

關河千里指三津　一夜秋風歸思新
別後西天君望我　我爲瀼水月邊人　（同上巻三七）

こうして九月朔日に江戸を出發、箱根は九月三日に雨中を越えた。和歌もあるがいまは省く。

さてこの後、逢坂では平紀宗を訪い、相い共にこの年の五月七日に四十六歳の若さで没した葛子琴を悼んだ。また

京都でしばらく敬直と別れ、九月十五日、自分だけ先に大坂へ下った。「甲辰紀行」にはいう・・
敬直は洛にしたしき人おほければ、こゝにとゞまりぬ。予もたづねとふべきかた〴〵もすくなからねど、なにはにこゝろいそぎぬれば、かしこにて待べしといひてわかれぬ。日暮、伏見西の番所といふにつく。・・・「小夜ちとり、友をのこしてよと川や、なにとてひとり鳴わたるらむ」・・・
あくるは十六日なり。四橋といふにつきぬ。二十八日の夕べまで飯岡氏のもとにとゞまる。家嫂・家姪みなこゝにあれば、家に歸りたらんにひとしく、難波江のよしあしとひ、むさし野のちぐさの事もかたりていとたのし。また中井・尾藤・鳴門・安道諸老先生はじめ故舊あまたあれば、日々とひめぐり、あるはとまりて、夜もすがら語りぬ。たび〳〵招飲もありて、十日あまりゐたりしが、ひまなかりき。しかし子琴はじめ死うせたる人おほく、混沌社ももとにかはれり。「しけりつる、入江のあしもうらかれて、なにはわたりの秋そさひしき」
敬直もみやこより下りたれば、二十八日の夕べまたうちつれて、西のうみにと立出る。澹寧老人はじめなごりを惜み玉ふ。家姪ことし五歳なり。此たびにて離合四たびになりぬ。ことしはちえやゝつきぬれば、いとわかれを惜むさまに見へたり。予もこゝまで歸りたれば、故郷のごとく覺え侍りしに、某濱より蓬もなき舟にのれば、浪の枕うちもねられず、星のひかりいとあかく、露ころもをうるほせり。
そしてその夜は蒲團を借りて夜の寒さをしのぎ、翌二十九日の朝、明石に到着、こゝで船を捨てて陸行した。當時、飯岡澹寧老人（義齋69）の許に、いわゆる家嫂（梅颸25）・家姪（山陽5）がいたわけについては、上述したとおりである。離合四たびとは、安永末年南軒時代が一回、天明二年擧家廣島移住時が二回、その後、天明二年後半から三年二月まで杏坪は父の看病のため竹原に歸省していたので（このとき亨翁77沒）、それ以後三年の東行までが三回、今回の天明四年が四回となる。（「合」のみ記す。）
このときの梅颸の日記にはいう・・

十六日　晴陰　萬四郎、自二江戸一上る。夜前、伏見舟に乘、今朝、當家へ至、見。當月朔日發足也。夜、萬公、尾藤（二洲38）へ行、宿。
十七日　晴　萬四郎、晝過歸。
十八日　晴　萬四郎、晝より串田（彌助、藝州藩大坂邸詰の役人）・橋本（葛子琴遺族）・中井（竹山55）へ行、夜に入、歸。又、尾藤へ行、宿。橋本家小に成うらの方に、後室・子供（葛膺原・惟孝）さびしく暮こと。
廿日　終日陰、萬、夕飯前歸。中井詩會の由、留守へ遠藏（蕉園、竹山第四子18）來。暮過行、宿。
廿一日　陰　萬、朝飯後、歸宅。終日、前夜の詩案じ居。
廿二日　陰晴　晝飯前、宮原文藏來る。そば出す。萬、同伴、尾藤邊へ出行。同人は、萬、江戸より同伴の人也。服部善藏（栗齋）門人也。
廿八日　晴　萬郎、朝四つ頃歸。旅立のようゐして、初夜前、明石ふねに乘。暮過より宮原文藏來り待。茶菓等遣す。立助・鐵藏（義齋の姪、存齋13）・正藏、船場迄送。
久太郎不食、氣おもし。

親しい叔父とわかれることは、直ちに健康にも影響したようである。なお飯岡氏の家はいまの立賣堀北通七丁目に在った。（なお、宮原文藏とは文太のことであろう。）

さて上にも見えるように、九月二十日、竹山からの迎えを受けた杏坪は、夜の詩會に出席した。

書堂小集、分韻送賴千祺至自江都、遂歸藝　竹山55

幾回聚散隔東西　江上相逢意轉迷
津國秋高來雁叫　藝陽程緬去驂嘶
廟廊寵辱君應厭　昆季才名孰得齊

心事尊前論不盡　何梁明日又分攜　（奠陰集巻二）

杏坪には次の詩がある。或はこれが、次の日〝終日案じ居〟た詩であろうか。

浪華訪竹山先生、先生設筵懐徳書院見餞、因賦奉謝、得十二侵　係少作　杏　坪29

秋風五十驛　歸路嘗嶔崟
昨夜下澱水　殘星照曉潯
認得故人宅　舍舟此相尋
故人欣迎我　呼童酒先斟
一杯未全盡　已忘久客心
重開高談宴　坐客鬱如林
多是家兄舊　不論交淺深
後圃豔豔菊　夕露香欲沈
薜荔燦霜葉　秋石挂錦衾
月出東廂上　簷樹驚棲禽
暢飲人盡醉　浩歌又豪唫
無奈吾情酸　別鶴入鳴琴
羸馬馱我去　明日指海岑
馬上重回首　竹叢望澱陰
澱陰何所望　君子懷德音

（與樂園叢書巻三七）

また田嗚門63の愛日園では三島48を加えて詩を賦した。

愛日園、同主人及篠安道賦、得霜字　係少作　杏　坪

故人留我宴高堂　千里歸心忽已忘

一醉窻前對秋景　菊花楓葉滿園霜　（同　上）

その後、姫井桃原35・岡壽卿49兄弟・西山拙齋50・菅茶山37を訪れて、十月八日、竹原に歸着した。

二・二　歸　藩

天明三年以來江戸に在った春水は、同五年40三月八日、御小姓頭衆より、″御國元へ差し戻さるべき旨仰せ出されたので、その意を得らるべきよう″達せられた。そこで‥

〔公私要用控え・三月二十一日〕

御國元被二差戻一に付、大坂にて中井善太へ學談《且、竹原墓參》幷、其節、大坂に差置候妻子共、召連罷歸度候段、願出す。此願書の義は、御右筆片田武平佐、内ゝ取組、御用　御小姓組横山平三共申談、其上、御小姓頭山田圖書殿斗ひ差出す。

《　》内はあとから消したと思われる個所。

この件が日記に出るのは‥

三月二十日　‥‥‥‥夕方、山田圖書殿へ、大坂にて家内召連、一緒に罷歸候樣致度段小書付、内意承り候迄に持參‥‥‥

三月二十六日　‥‥‥山田圖書殿へ願書出し、尤於二大坂一學友學談仕度、仍レ之七日御暇被二下置一候樣、申出の事。右仕候外、妻子召連、打歸申たき段。

思うに二十日に下準備が完了していよいよ山田氏に内意を聞く段取りとなり、その計いで二十一日に願書を出し、

恐らくは字句修正を命ぜられ、二十六日に改めて願書を正式に差し出したものであろう。二十一日の願書に見える「中井善太」が二十六日の願書では「學友」と變っているのは、天下の竹山先生も、藩府當局にとっては、文書の文面に記すには、不適當と判斷されたからではなかろうか。ここに限らず、〝その筋〟の考え方というものが、今に始まったものではないということを、當時の文書類から感得する。

餘談はさておき、四月十日には次の三通の書付を藩府當局に持參した。

口上之覺

一、私儀、明後十二日出立仕度奉㆑存候。此段申上候。以上。

四月十日　　頼　彌太郎

宛名なし

口上之覺

一、私儀、明後十二日出立、木曾路旅行仕候。此段申上候。以上。

四月十日　　頼　彌太郎

覺

一、駕籠人足　　三人

右は四月十二日江戸出立、木曾路致㆓旅行㆒候、驛々差湊無㆑之候樣、賴存候。

四月　　藝州　頼　彌太郎

板橋より伏見迄、驛々問屋中

これを大坂側から見ると次のようである。

まず梅颸26は記す

三月廿三日　晴陰寒　江戸より三月九日出書至る。當四月十日出立にて、同廿七・八日の程には著の由也。○夜、父へ江戸の左右、知。

義齋70の日記にはいう：

三月廿三日　晴俄時雨　江戸狀來。曰、來四月十日出足、廿七・八日着坂、直攜㆓妻子㆒歸㆑國、胸又塞不㆑樂、是情私而已。

このころ杏坪30は國を出て、茶山38・拙齋51・桃源36らのところを訪れていた。即ち二月二十一日には茶山方へ、そして四月朔日には拙齋方に現われた。

茶山　河相君推宅卽事、分得雨字、呈西山先生・姬井仲明・賴千祺　（黃葉夕陽村舍詩卷二）

茶山　同西山先生・姬井仲明・賴千祺・近藤伯協、遊父石村　（同上）

茶山　三月晦日雨、分得花字（?）　（同上）（茶山・丙午の詩に「二月廿一日、枕雲上人見訪、因憶去年今日、賴千祺・渡邊圓淨同來、賦此呈上人」とある。）

拙齋　乙巳四月朔、作一小墩于敝園巽隅、從六尺、廣半之、崇可半仞、以爲遊息觀望之所、安藝賴千祺適來寄塾、命之曰鳶魚墩、分韻賦詩、余得眞　（拙齋西山先生詩鈔卷中）

拙齋　詠筆頭菜、同禮卿・仲明・千祺賦（?）　（同上）

そしてそのまま足を延ばして、大坂へ兄一家を出迎えに出てきた。上述、圓淨もまた、大坂まで行を共にした様子である。

再び大坂の義齋に戻ると、その日記にはいう：

四月廿三日　晴暉　貞（義齋の弟、貞藏、滄浪56）往二串田一、串田曰、明後廿五日、賴郎當二着阪一云々。〇夜四時、萬四郎與二塾生一來。

廿五日　晴　今日彌郎遂不レ來。

このころ春水は、四月二十三日（晴）加納とまり、二十四日（晴）柏原とまり、二十五日（晴）武佐とまり、二十六日（晴小雨）大津とまり、平紀宗に會見、二十七日（雨）伏見より上船、そして、

二十八日　雨　大坂着、中井善太へ立寄、御屋敷へ罷越、田中此母（大坂御役人）面談、串田彌助（前出）同斷。晝後、篠田へ着。

飯岡義齋は、醫者としての名を篠田德安という。

この日、義齋は記す：

廿八日　雨　賴郎歸阪、直入二中井一、入二屋敷一。傳二立介一、告二元厚一、元厚告レ我。萬郎迎二屋敷一。午下、彌郎到着。七日逗留御免。

元厚は桑田氏。

このあたり、義齋・梅颸の父子は多忙を極めたためか、日記は代筆されていて、兩日記とも殆ど同文である。多分それは滄浪の筆であろう。その一例：

五月朔日　晴　祠堂禮如レ恆。次六人來禮、片山・篠崎・鳴門・一菴・小山清藏・誠甫・串彌。彌郎之二中井一。八時歸。翁・靜・直・久・鐵・正、詣二產社一〔難波社〕・及御堂・正月堂。（兩日記とも〔　〕内を除き殆ど同文。）

同じ日のことを春水は：

五月朔　中井善太にて學談。大畠官兵衞・中井德二・早野永介輩、來會。

卽ち、この日は朔日であるから祠堂に拜供し、あと來客として、片山（北海63か？）・篠崎三島49・田中鳴門64・一

庵（東氏?）・小山（伯鳳の末弟）・隠岐茱軒・串田彌助があり、一方、義齋・靜子・直子（のち尾藤二洲に嫁す。梅月。23）の父子と、久太郎6・鐵藏（滄浪の子、存齋13）・正藏（未詳）は宮まいりに外出し、春水は懷德堂に竹山56を訪い、平壽王・履軒54・早士譽（仰齋40）らに會った。（義齋の日記帳には、このあと「孝時々兜搭、爲レ直二其土客一也」とある。孝は滄浪の妻の名。家で留守番をして、土客、卽ち來客〔或は患者?〕に備えていたことをいうのであろう。）

このときの詩には…

藝藩賴千秋爲世子伴讀、在江都三歲而至、將還藝、書堂邀飲、與平壽王諸人分韻　竹山

車騎屈名士　琴尊招舊朋
劇談千古迹　健筆一枝燈
出似追商嶺　歸將賦廣陵
淹留猶數日　綺席幾家登

（奠陰集卷二）

浪華中井子慶宅、置酒會客、餞余西歸也　春水

五十三亭入浪華　浪華於我若歸家
歡娯隔歲眞難罄　晤語終宵自易譁
投轄交情新硯席　呼杯鄉味舊魚鰕
相逢且恨還相別　愁指西山日暮霞

（春水遺稿卷三）

こうして五月九日には「彌郎出船急。夕皆乘船。彌郎・靜子・久兒・萬四・伊介・丹藏・藤、七人。尾道喜兵衞船」（義齋の日記）という次第で大坂を離れ、五月十二日に廣島に歸着した。瀨村伊介は家僕、藤は下女である。丹藏は後考を俟つ。

口上之覺

一、私儀、去る四月十二日江戸出立、木曾路旅行仕候て、同二十七日伏見え着、同夜乘船、翌二十八日大坂え到着仕候。於二江戸一奉レ願候大坂にて學談仕候儀も相濟申候に付、去々秋より同所里方に預置申候妻子召連、當月五日乘船仕候て、昨夜歸着仕候。此段申上候。

五月十三日　　賴　彌太郎

右と一緒に、江戸勤番中の御小姓頭衆の添狀をつけて、在藩の御小姓頭衆の月番、小島八十郎の邸に持參、取次を通じて申入れて事濟みとなった。

二・後　再　役

しかし殆ど息つく暇もなく、當秋からの江戸詰の達しがきた。夫妻の日記を見るに、まず春水40は記す：

六月二十七日　雨　出勤。同上。（檢二讀禮通考一）

御自分儀、當秋江戸え可レ被レ遣旨被二仰出一候條、可レ被レ得二其意一候。以上。

六月二十七日

小島八十郎
澤井正八郎
小出　平司
木村　主馬

賴　彌太郎殿

右御受書遣し、夜分、堅良來話。

晦日　休　修二大坂書狀一。‥‥

林堅良40は春水と同年齡。同鄕出身の醫者。春水が廣島藩に仕える以前からの知人であった。次に同じことを梅颸

26は記す：

六月二十七日　夜明がた大雨、晝過より快晴。主人、晝迄御出勤、御前講也。七つ時、江戸ぶれ告來。夜、堅良來見、酒出す。

七月朔日　晴

思ふこと　なき折だにも　けふよりは　秋の心の　かなしき物を

六月晦日の書状は七月十六日に大坂の義齋70に着いたようである。義齋の日記にはいう：

七月十六日　陰少雨　暮蟬皆鳴。靜書來、曰、彌郎、來八月又之㆓江府㆒。

これをめぐる手紙としては：

〔義齋70より梅颸26へ。七月十八日〕

……住馴し親里を離れ、遠き國にあるも、只壹人の夫を頼にして在る事なるに、それだに又遠く離れ、只ひとりおさな子をそだゝす事、頼も力もなく、いか斗のなげきかなしみ、思ひつゞくるもはてなし。しかれども、どのようにないてもわめいても、おどりはねても、どふもかふもしようなく、こんきうしごく、せまりきったる事、神々にいのり、きせいし、人々にたのみ願ひても、ならぬ事はならぬ天命、いかんともぜひなく、いっそ死んだら、此おもひ、此くるしみあるまいとおもへど、げんざいおさな子あり、老たる親あり、かなしみおもふ夫あり、こがるゝ兄弟あり、しぬるもしなれず、かゝる時いかんとかせん。さりとていきもならず、たゞむねにむせかへり、くるしむ斗也。しかれどもこゝに、にっちもさっちもゆかれぬ人の道といふものありて、そのせまりつめたる中に、凛々たる道義立すはり、びくともせず、ころりともせぬもの有を、能々明め悟り、能そだてやしなひ、堅く執守るべし。しかれ〔ば〕一切のなげきうれへは、さら〳〵とゆき・しものとけるごとく、あんらくなるべし。そを聖人も、仁者憂へず、智者は惑はず、勇者は恐れず、とこそ仰せられ候。……

〔義齋70より春水40へ。七月二十三日〕

……彼は尚若年、攜二幼兒一、遠境夫親に索居、心細く可レ存候段は不愍に候得共、隨分、憂死本分之事と覺悟可レ被レ遊事に候。然、情態泰然の女丈夫也と被二仰聞一被レ下、一入大安心不レ過レ之候。……

（二十三師友書簡の一つ）

かくして春水は妻子を殘して、八月八日廣島發程、足かけ四年續きの江戸詰の生活に入った。

この年の義齋の日記に「十一月十七日、久太郎、表書書（おもてがきのてがみ）來」とある。孫に對する返書は卽日認められた。

〔義齋70より孫6へ、十一月十七日〕

……御とゝ様御かへりなされ候はゞ、はやぐ大坂へまいらるべく候。なにやかやよきものまいらすべく候。わるひ事せずと、かゝ様事よくくいふ事きかるべく候。ゐほん少しつかはし候。けがせぬよう、きげんよくおひたつべく候。以上。十一月十七日、いのをかぢゞより。久太郎どのへ。……

久太郎が祖父の許に赴いたのは、このたびの留守番の終った天明八年夏（祖父73、母29、本人9）のことであった。なおこの天明五年八月二日には、杏坪30もまた儒者として召し出された。

三　往　來

三・一　浪華邂逅

この後も、春水の東役は甚だ頻繁で、上述の天明五年（乙巳40）の西歸東行に次いでは、天明八年（戊申43）の西歸東行があり、それに次いでは寛政二年（庚戌45）の西歸東行がある。この庚戌の東役が翌年解かれて、寛政三年（辛亥46）十月十日江戸を發った。二十四日、大坂の飯岡滄浪62方に到着（義齋は寛政元年十一月八日沒、七十四歲、男子なく、弟が家を繼ぐ）、翌二十五日には尾藤二洲の上本町の故宅で深更まで舊友と語り、そのまま止宿した。（二洲45はこの年八月十八日に昌平黌教官として大坂發、江戸に赴任、九月十日暮方に着府。[4]十一日の春水の日記に「高橋勇太來、報二尾藤着府一即行、柴野にて會晤感泣」とある。即ち一ケ月半ほど前のことである。）

翌十月二十六日は、佐賀藩儒、古賀精里42が扈從東行の途中、二洲の故宅に立寄ったところに出會った。兩人で履軒60を訪い、そこから春水のみは舊師、平賀中南70を訪ねた。

この日は中南にとって記念すべき日であって、その畢世の大著『春秋稽古』八十一卷は、正しくこの日に完成された。卽ち帝國圖書館（現國會圖書館）所藏の自筆本の末尾には、「寛政三年辛亥十月二十有六日卒業于是齋　平賀晉民時年七十」とある。中南はその後わずか十四ケ月の翌四年十二月二十四日に沒した。

春水がこれ以後中南に會い得たとすると、それは四年八月二十一、二十二日の大坂通過の際のただ一回のみであるから、このたびの訪問は、最後に近い機會であった。春水の「平賀先生之事」（澤井常四郎氏『經學者平賀晉民先生』一五五ページ）にはいう：

老拙とは後になり學意大にちがひし故に學談はせず、幼年にて物學びし師恩あればその親しみは失せず、江戸往來には大坂にて必尋ねしが、後に阿波座堀に逢ひし後は居所も知れず、今に至り先生の跡弔ふべき道もなし、

また『春水掌錄』（癸丑、春水遺響一五冊）にはいう：

（寛政五年癸丑）正月廿七日、加川元孝來話、平賀翁、去十二月廿三日物故、天王寺近所、ホウフク寺トヤラン十一屋旦那寺ニ埋葬、

加川元孝は中南と親交のある廣島出身の江戸の醫。（森銑三氏『近世文藝史研究』三九二ページ、『經學者平賀晉民先生』八一ページ以下）

十一屋とは、長堀の質屋、十一屋五郎兵衞、間長涯のことであろう。邦福寺は天王寺內の禪寺とあるが、筆者はまだたずねあてていない。

いずれにせよ、中南がこの寛政三年の春水來訪の日を、生涯の大著の完成の日としたことは、ある種の感慨があってのことと想像される。

さて、精里と春水とはその日のうちに竹山62のところに落ち合い、兩人ともそこに止宿、翌二十七日には懷德堂で竹山父子の講說に加わり、同夜は平壽王の主催する雅會に出席した。

このときの詩を、わかる限り次に掲げる。

二十六日の詩は：

懷德堂奉呈昆季及諸子是夜與賴千秋同宿　精　里42

十字街邊數畝園　浪華江上舊盟存
萍蓬偶厠賓朋盛　花萼雙輝齒德尊
初破長風浪萬里　共斟寒夜酒盈樽
興來且就書堂宿　前路迢遙未用論

（與樂園叢書卷七七）

昆季はもちろん竹山・履軒の兄弟をいう。

懷德堂集、呈春水・淳風先生　壽　王

黌舍梅花發　小春涵養時
萍蓬敍舊別　雲鶴得新知
意氣吳鈎劍　風流趙壁詩
異鄉同調客　山水入瑤絲

（同上卷七九）

懷德書院飲、肥前古賀淳風適來、諸子歡甚、平壽王有詩、次韻以謝　春　水46

邂逅書堂飲　小春將盡時
梅茶遇舊識　萍迹樂新知
情竭盈尊酒　感生題壁詩
西窗五更燭　照雨雨如絲

（同上巻三六）

懷德堂、次平壽王韻　精　里

十載離羣客　相逢促膝時
柝聲過水徹　霜氣隔簾知
以慰羈中意　更裁醉後詩
栖栖成底事　添得鬢邊絲

（同上巻七七）

次に二十七日の詩は：

小集、呈春水・淳風二先生、分韻　壽　王

白雲紅葉讀書帷　有約華軒客至遲
蘭簿新知得再晤　瓜期舊別慰相思
低閣難窮千里目　高賢自負一家詩
寒園小景君休厭　十月梅花瀫鵝池

（同上巻七九）

玉江樓宴集分韻、蓋藝國賴君還鄉、肥國古君適江都、因得此邂逅也　竹　山62

江樓置酒送斜暉　劍佩聲光接薜衣
邸控前流兼後派　客分東去與西歸

綠經寒雨棕櫚聳　彩掠淸池鸂鶒飛
老大諄諄醉中語　明年此會莫相違　（同上卷七九、又、鶯陰集卷二）

平君玉江樓盛集、千秋賴君至自東都、淳風古賀君至自西肥、席上同賦、得寒字　三　島55

玉江樓下駐征鞍　舊社尋盟不使寒
過客光陰驚倏忽　幽栖松竹喜平安
廣陵人返秋濤後　火海船來夕日端
蘿薜簪纓雖異等　長期還往每相看　（同上卷七九、又、蘭蕙集）

翌夜平壽王招飮、竹山父子・篠安道輩至、分韻得年字　時遠藏作五排三十二《ママ》韻　春　水

客自西東至　相遭豈偶然
故人曾下榻　舊社復開筵
橘柚斜陽外＊　鴈鴻殘雨邊　＊壽王庭砌有橘名種也
莫嗔當酒嘆　一夢想靑年　（同上卷三六）

玉江樓招飮、與竹山・春水同赴、分韻留別　精　里

揚帆絕播海　眄睞赤石岑
上游多勝槩　仙客留淸吟
赤石有名士　簿領玉江潯
詎意初登岸　御李陪訪尋
朱門何宏敞　氷樹足窺臨
美饌列圓方　麗藻擲璆琳

新知已可樂　舊交歲寒心
邂逅茲相遇　譬諸洲渚禽
翔集何能久　奮飛入雲陰
主人百壺酒　痛飲豁懷襟　（同上巻七七）

この他、丸川茂延（『奠陰集』巻九「恵順媼富田氏墓誌」に見える）の「玉江樓奉二呈春水賴先生一得二一先一」、中井曾弘（蕉園25）の「玉江樓燕集、賴・古賀兩先生在レ坐、賦二長律一篇一奉呈、得二文三十四韻一」『奎辟光新動、康哉仰大君、云々』の詩などもあったが（同上巻七九所收）いまは省略する。

この後春水は、二十八日、二十九日と舊交を溫めた。次は多分、二十九日のことであろう。

過篠安道　春水
留客尊前對夕曛　興情仍識出塵氛
感時詩擬杜工部　修禊帖摹王右軍
四壁只書無長物　一身是膽富多文
隔年晤語悲歡集　舊社凋零獨有君　（同上巻三六）

そして三十日夜乘船、大坂を離れた。

一方、精里はこのたびの東役中、藩儒のまま書を昌平黌に講じ、寛政八年には幕府に召され、昌平黌教官となった。

三・二　懷德堂唱和

この後、春水は寛政四年（壬子47）東行、寛政五年（癸丑48）西歸と、相變らず席の暖る暇もない生活を送ったが、癸丑の西歸で、しばらくの間、東役から解かれた。そして伴讀した世子が寛政十一年八月二十一日に江戸において襲封、そののち約半年して江戸に召し出された。實に滿七年めのことである。當時の日記にはいう：

寛政十二年　三月十七日　晴又雨　發㆓兵庫㆒、到㆓大坂㆒、訪㆓竹山㆒、

（與樂園叢書巻三六）

このときの唱和の詩には：

大坂宿竹山翁宅　　春　水55

一路經過浪速城　風流無恙舊詞盟

西窗夜雨書燈下　話盡七年離別情

藝藩賴千秋見枉過、和其席上韻　竹　山71

文旌忽發廣陵城　華水重尋詩酒盟

麤糲儒餐草堂話　一宵風雨十年情

（篔陰集巻四）

席上次韻、呈春水先生　蕉　園34

東風吹雨暗春城　且駐文旌尋酒盟

童報離舟放未得　滿江新漲亦多情

（與樂園叢書巻七九）

中井家はもと出雲より出たが、のち藝州に移り住み（竹庵）、起家の祖（子の養仙）は少年のころ醫術修業のため大坂に出て古林見宜に學び、そのまま大坂の住となったという。遊學中、廣島邸の留守居の厩の片隅をかこって寓とするほどの苦學をしたが、のち御城代脇坂侯の醫となって播州龍野に住することとなった。この人の子（玄端）か孫（甃庵）かが竹山の父甃菴で、二男（甃庵は玄端の第四子）であったために別に家を興して儒となったものと傳えられる。（以上『春水掌錄』十の記述を『懷德堂先賢遺墨』小傳により人名を（　）内に補記）竹山が春水に對して、學問上の誘掖から結婚の世話に至るまで、その勞を惜まなかったのは、或は起家の祖の勞苦を、春水の中に投影して見ていたからではあるまいか。

甃庵・竹山父子の力で興隆した懐徳堂は、不幸にして寛政四年壬子五月十六日夜、類焼した。その後、種々の經緯ののち、寛政八年丙辰七月に再建された。上述、寛政十二年の竹山・春水の邂逅は、再建後、初めてのことであった。後年の春水の記述によれば：

……八年丙辰七月ニ落成セシガ、輪奐美ヲ盡セルコトナリ、堂構ノ巧ヨリ障子襖庭徐ノ設ケ、竹山ソノ爲ントスルコト爲ザルコトナシ、五經ノ圖ナドイヘルハ、書ハ放二牛於桃林之野一、歸二馬於華山之陽一ノ圖ナリ、詩ハ豳風農業ヲ畫キタル類ナリ、中霤ヲ鳶飛魚躍、又太極ノ窗ナドイヘルハ兒戯ニ近シ、

この條は更に次のように續く。

竹山、文化元年二月五日ニ沒ス、其前年、適子遠藏（蕉園）三十餘（三十七歳）ニテ病死、ソノ妹、竝河某ガ妻、マタ同年痲疹ニテ死ス、一年二喪、竹山老體不レ能レ支、悲ムベシ、書院再建十年バカリニテ卽世、ソノ年七十五歳ナリ、

遠藏、名曾弘、字伯毅（蕉園）ソノ文才天授、古今ソノ比ナカルベシ、一宵十賦ノ作、[5]兩度ナリ、其弟七郎、名曾縮、字子反（抑樓、碩果）今ノ主ナリ、

竹山弟德二、名積德、字處叔、自號二履軒幽人一、隱約自守、竹山ガ夸張スル如キニ非ズ、今年（文化十年癸酉）八十二歳、ソノ八十ノ時ノ詠ニ、モノノフノ、八十宇治川ノ先駈ハ、我コソ渡セ、ツヾケモノドモ、

（春水掌錄、癸酉、春水遺響二四冊）

さて春水は寛政十二年以後、東行・西歸を年ごとに繰り返したが、享和三年58の西歸をしおに、江戸行きの役目から全く解かれた。

三・三　扈従東行

春水の東役が終ると、直ちに杏坪の東役が始まる。それは享和三年48から文化八年56まで、四回に及んだ。その第二回めの東行は、文化三年（丙寅）51三月であった。そのとき廣島では：

三月五日

〔春水日記〕陰　○登城　○千齢（春風）奇操亭二文字屋邊へ行く　○明日出立に付、千祺（杏坪）來、小酌。

〔梅颸日記〕陰　御機嫌伺、御登城。夕、千齢歸る。萬四郎來、盃事。蠶かへる。

三月六日

〔廣島市史〕藩主齊賢發駕して江戸に赴く。

〔春水日記〕○早朝登城　○早朝、千齢歸、御多門へ参り。○家内、室やへ拜見に遣す。……

〔梅颸日記〕御見立、御登城。御發駕拜見に行、室屋にて馳走に成る。歸がけ、御多門へ行、初更前歸る。早朝、千齢出立。

當時、杏坪は學問所の御多門（門長屋）に住んでいた。

この東行の途中、三原でのことが次の文に見える。

文化丙寅春、吾　公經三原、因徵　覽其寄題詩卷、頗嘉潭也求需之力廣及、而惜其已亡、而名家之猶有遺漏、於是命臣惟柔、首請　幕府博士栗山柴翁詩、得七言歌行一闋、別裝一卷、家兄惟完爲之跋……

右にいう詩と跋とは次のとおりである。

藝藩賴文學以　侯命見示三原妙正寺詩畫卷、兼徵蕪詞、風後老耄殊甚、語不成次第、惶慙之極　文化四年二月

柴　邦彥（栗山）

山 水 得 文 更 秀 絶　文 遇 山 水 益 高 潔

三原勝概甲山陽　一時詩畫驅宿哲
藝侯愛文愛山水　輯成巨卷日日閲
長製短吟看未足　更寄圖記促老拙
窗下燒香卷還展　賴兄指點說曲折
悄然坐我妙正寺　四國九州眼前列
洪鐘夜驚鯨島潮　振羽朝翻鷺洲雪
櫻山花香春鳥晩　旗峰雲影毒龍蟄
更有明月醮南溟　狂得蹇翁起欲掇
旁人咲云是詩畫　果然妙文起疲茶
放歌衝口欲止難　好向侯門翻新闋

吾　公愛三原妙正精舍之勝、因覧其寄題詩卷、一時文詩、莫有所遺、獨憾　幕府博士栗山柴翁未有其詩、乃命弟惟柔爲請之、翁恵然立成、亦以賞其勝也、翁聲名籍甚、每一篇出、都下傳誦、此詩一出、妙正之勝益著、翁今年七十又二、去歲患風氣、未全愈、爾後以風後栗山自稱、而才思不風、神采益煥、若此詩、超凡絕塵、實可誦也、惟寛嘗識、三原城吾國老淺野氏之世守也、移寺山腹、占其勝景、其四世巍山忠義之擧也、欲徵詩於四方、其七世崇山忠正之志也、而成其志者、其家臣宇都宮潭也、皆已逝矣、靈而有知焉、則豈不感戴拜服于地下耶、其事詳于餘卷、此不復贅也、

文化四年丁卯夏六月　賴惟完拜撰　（以上、三原志稿）

この詩巻の他の巻々については別に述べるのでいまここでは繰り返さない。右に見えるとおり、宇都宮士龍（潭）の努力によって集成されたものである。なお栗山は文化四年二月にこの詩を作り、その後、一年もたたない十二月一

日に、江戸で歿した。その子、允升（碧海）の撰した家譜、および『栗山堂詩集』四巻（江戸鍵屋半兵衛所藏本の寫し）は、『與樂園叢書』不分卷本の中に収められている。半兵衛は石田醒齋、森銑三氏の所謂「商賈中の雅人」（『近世文藝史研究』五八四ページ）、また木崎好尚氏『賴山陽全傳』上、一〇七ページに詳しい。

三原は以上までとして話をもとに戻すと、文化三年の東行中、藩侯の駕はまもなく大坂に到着した。このとき・・

賴千祺従其君侯之東都、信浪華、告暇見訪、喜而賦　三　島70

江頭單騎叩柴門　報道行裝自藝藩
喜歩新苔迎且坐　剛憐舊友老猶存
蓬蒿叢裏荒三徑　風雨窗前對一樽
從駕後先東海道　想君唱和似西園

（蘭蕙集所收）

浪華訪篠安道、賦呈　杏　坪51

江雲釀雨滿華城　行客停輿蕭條尋舊盟
追憶曾遊都似夢　相逢今日不勝情
窗前樹石粗知面　門外橋梁半記名
舊社卅年飃落盡　殘星一點照人明

（與樂園叢書卷三七、又、春草堂詩鈔卷二）

刻本の上欄には篠崎小竹26の語として、「記當日先生苦吟、入レ夜後レ衆出二此詩一、良工當レ如レ此也」とある。

この年、三島はちょうど七十歳であった。春水の「書二詠史詩後一」にいう・・

今茲安道七十、余寄詩云、論文舊社稱多士、屈指今時有幾人、安道云、獨有千秋善言之、他人不能言焉、云々

（春水遺稿卷一一）

この詩は刊本にも出ている。

壽篠安道　　　　　　　　　　春　水61

知君長我十餘年　計得今茲躋七旬
笙管和風風細細　斑爛映日日粼粼
論文舊社稱多士　屈指今時有幾人
儒雅風流獨亡恙　梅花自護古津春

（春水遺稿巻六）

三島の子の小竹26、春水の子の山陽27も、それぞれ壽序を作った。

壽三島篠崎先生七秩序　　　　山　陽

家翁疇昔召襄、視篠崎先生書、書曰、吾年七十、子弟壽我、子與其子弟、皆一言焉、吾聞關西二三俊髦、子之子亦與焉、子其加意、毋使太勤以夭也、壽者必爲巨擘、家翁曰、壽者爲巨擘、乃篠子自道也、昔吾與篠子、交于津也、時則有若子明・鳴門、有若子琴、有若公翼・子岳、其才其學、足媲乎古、而皆師事北海氏、北海氏則朋友視之、其爲詩若文、成稿於腹、而不躊躇於筆、謂之北海家法、衆率由焉、而不衒諸世、迭相推孫、其爲風也、渾乎其厚也、已而吾釋褐而西、二十餘年于此、時思逝事、游宴也、言笑也、宛在目睫、而其墓木拱者有矣、其墓有宿草者有矣、津之月誰其翫之、津之風誰其歗之、獨篠子傑然、猶之碩果不食也、吾役於東、途經津也、問諸荏土之港、港吾所曾住也、篠子有子、亦嶄然可畏者、父子相翼、翺翔於津、津之丱其髫、靑其衿者、萃于其塾、塾不能容、則幷買吾故南軒、南軒汝所誕也、吾則思之、彼其在塾者、亦有才學足媲乎古邪、相師友、相推孫邪、不衒諸世邪、篠子而存焉、蓋有北海氏遺風已、夫果然目篠子曰津上風月之主、誰謂不也、壽者爲巨擘、乃篠子自道也、汝盍言以頌之、襄曰、唯唯、小子何言、知父執、莫父若也、請書大人言以頌之、丙寅孟夏、頼襄再拜、

（頼山陽全書文集所收）

三島父子の塾、梅花社は、江戸堀（荏土之港）の南軒の筋向いに位置していたが、いまや擴張して、もとの南軒も

買い足して、二個所で子弟の教育に當っているわけである。

文化八年は杏坪56の最後の江戸詰の年であった。（この年五月歸藩。七月儒職より轉じて郡役所に勤務。）この年の人の動靜は次の手紙で大略を知り得る。

三・四　西歸途上

〔春水66より土佐の箕浦立齋82へ。年始狀の返禮の追書。文化八年二月二十五日〕

……今春は忠平樣（小石25）御出府之由、私方にては萬四郎、去秋より出府、當春從駕罷歸り、交代は植田周助罷越候。卽御來書も見せ申候。私儀、今一度出府仕度候へ共、實は寡君之愛顧にて、老境にて遠方は不自由千萬にて、愛養も缺き候事と不ㇾ被二差許一候、感荷可ㇾ仕候義に候へ共、童心不ㇾ已、何分遠方罷越、諸君周旋仕度候、相應養生盡ㇾ力候へ共、何分老衰は相覺候、其段御憐察可ㇾ被ㇾ下候、……私方皆々、二男（景讓22）は萬四郎に從ひ、去秋より在府罷在候、千齡へ御加筆、忝奉ㇾ存候、此節發足、江戸一見罷越候而、萬四郎同道罷歸候期にて御座候、此趣に候へば、三家無事、御安意可ㇾ被ㇾ下候、貴家之御多福に倣ひ申度內願に御座候、都て御察被ㇾ下たく候、以上、

〔『山陽と竹田』三ノ四所收〕

貴家の御多福とは、秦泉86、立齋82、北江67の三兄弟の長壽を指し、小石は北江の次子で、立齋の後を承けた。これに對し、春水66、春風59、杏坪56の三兄弟においては、春水の長子、山陽32は脱藩の故に廢嫡となり、春風の長子、景讓22が春水の養子となった。そこで上文では景讓を二男と稱し、且つ長男の山陽には觸れなかった。

この手紙に見えるように、この年、春風は江戸に往還した。江戸では實子の景讓が杏坪と共に勤番中であったので、ちょうどよい機會であったと思われる。但し歸路は、藩侯の駕が東海道、春風が木曾路と別々になったので、扈從する杏坪や景讓とは江戸で訣別した。(6)

このときの大坂の様子は、春風が歸國後、江戸の二洲に出した手紙によって知られる。

〔春風59より二洲65へ、八月二十九日〕

……大坂にて古林はじめ故舊存在之方角へ相尋申候、晨星之嘆不ㇾ啻御座候、見宜堂荒涼亦甚く、堂計にて宅は無㆓御座㆒候、尤門は多門作りにて、門の内に門番がてらに置候借屋人と見へ居申候、様子相尋候所、唯今は雪踏屋町に壹緒に居候とて、堂を遙拜仕候而、立庵へ參候、見宜は紀州へ參候由にて、立庵壹人逢申候、越智にて承候へば、貧逼ㇾ骨候由に御座候、夫に付奇話共多御座候、紀州へ參候も袖乞同様之義なるべしと申事に御座候、越にては母堂斗私義存被ㇾ居候、杯酌晤言、何角大坂上町邊故人之義共承申候、此外には葛子琴未亡人、吹田屋未亡人、安道にて御座候、いづれも久振にて互に老衰には驚申候、……　（蘭蕙集所收）

春風の行實にはいう：

先生年甫十四、從伯兄惟完千秋于浪華、以翁命兼學醫術、浪華有古林氏、自祖見宜、世以醫著、當時見宜年猶淺、門老藤岡道筑輔其家業、亦大行焉、先生師事之、以受古林氏醫流、時尾藤二洲亦在浪華、道筑延請敎其塾生、先生亦爲助業、是以先生之於古林氏、亦頗異自餘醫生、先生與二洲親昵、道學講習、因得精熟、……

古林見宜の故宅はいまの東區粉川町に在った。二洲は明和七年（庚寅24）に大坂に上り、病を古林氏に養ったのである。（この年、春風は十八歳。）また越智とは文平。（高洲）父を赤松春庵という。春庵は沒するに臨み、文平の養育を二洲に托した。その他、葛子琴未亡人、吹田屋（森田士德）未亡人については、便宜後述する。

次にこの時の詩を擧げる：

日者賴千齡見過、余它適不在、東遊歸路再過、喜而邀之、賦此送其歸　三島75

有客薰風欸華關　參商三四十年間
丰容未識今時醜　夢寐相看昔舊顏

馳念遠尋安道去　懷交復弔屈原還
君家昆季皆無恙　歸話漁夫老更閑　（蘭蕙集所收、又、與樂園叢書卷一八）

『三島先生詩抄』はこれを七絶に改めて載せる。

　賴千齡見訪、喜賦且送其西歸　　三　島

參商三四十年閒　一晤欣然西向還
君家昆季皆無恙　歸話漁夫老更閑　（蘭蕙集所收）

小竹31はいう：

賴千齡：春風先生也、先生學醫於浪華古林見宜翁、先生晚年來遊、翁家喪亡零落、先生問之陋巷、遺財物、（在津紀事增補）

　訪篠安道　　春　風59

計歲何驚頭竝白　尋盟相見眼俱青
逢時復恐別時恨　只合累觴長不醒　（春風館詩抄卷下、又、與樂園叢書卷三八）

　問葛子琴故居　　春　風

門前橋影玉江深　恍聆高人謦咳音
遺艸千篇收在此　未開篋笥淚難禁　（同上）

　送賴千齡先生還安藝　　小　竹31

不同官役易趑趄　遊履陶然畢娶初
二陸攜行名可重　三都觀已賦何如
故人多入山陽笛　綠酒聊邀栗里輿

銀瞼難留郷思切　渟門六月有浮魚　（與樂園叢書巻一八）

ところで、このときの春風の往還には、以上とは別の一要件もあった。それは當時在京中の山陽32のことであった。元來、山陽の脱藩は、先述の懷德堂の唱和後半年した寛政十二年21九月であったが、その後、幽屏も宥免され、文化六年30十二月には備後、神邊の茶山62の廉塾へ引移った。ところが文化八年32閏二月ここを辭して上方に上った。この件は、茶山64からは「子成將二東行一」七絶一首を贈られ、梅颸52から茶山夫人、門田氏への禮狀によれば「段々御とめ被レ下候へ共、何分上方へ登り申度存念にてとゞまり不レ申、御ゆるし被レ遣候由」、それにつき「御門人方も御つけ下され、路用等も御やり被レ下」というから、表面上は何ということもないようであった。しかしこれは、理性的にはそのようであったというだけのことで、感情的には〝塾生を連れ出して〟〝高飛び〟したということになり、茶山は甚しく機嫌を損ね、「極レ口譏レ僕（即山陽）」った。山陽は大坂に着いてから三島・小竹父子の世話になり、一旦上京したが、忽ち藝州藩から二度めの脱藩として處分されそうになり、再び下坂、種々の經緯の後、正式に上京が決った。三島はこれを送って、「四月既望、與二諸子一、同遊二小枝氏大仁村別業一、兼送三賴子成入二京師一、得二分字一」五言排律一首を作った。しかし篠崎父子等少數の人以外は、山陽の行動に対して概ね非同情的で、それは殊に、茶山や藝州藩の京都屋敷關係者などにおいて甚しかった。春風の往還はちょうどこのごたごたの最中であって、京都ではひそかに山陽に會い、大坂よりは更に手紙を送って、善後策に種々心をくだいたのである。

四　懷古

四・一　有馬往路

文化十年（癸酉）は、山陽上京以來既に足かけ三年めであるが、當時春水68は、茶山66や藩府への遠慮から、山陽

34とは音信を絶ったままであった。

〔山陽34より金山重左衛門へ、文化十年正月二十五日〕

御無沙汰仕候。春寒御障も不レ被レ爲レ在、奉レ慶候。今日は家公（春水）之書、御見せ被レ下、毎時御懇切、旅中過レ此之賜は無レ之候。老衰とは申越候へ共、書狀之綿密依レ舊候故、先々安心仕候。小子事は、兎角氣遣申候事と相見へ申候。宜敷被二仰遣一度奉レ希候。國元に居候時とは違ひ、窮達皆自身所レ爲御座候故、決而うか〳〵仕候事は無レ之、……是等の所、昔時之樣に、千里外より氣遣くれ不レ申候樣、乍レ憚貴兄御筆頭にて、御見及被レ成候段に而、被二仰遣一被レ下候樣奉レ願候。兎角、文通不レ仕候と、定省を曠候のみ一大闕典に而、寢覺にも耿々心に掛候義に御座候。小生身上は、唯今誠得二其所一候事に御座候。……

（賴山陽書翰集上所收）

當時は文通・歸省は愚か、姓名さえも變える必要があったほどで（羅井德太郎と稱す）、このような不通の間を、間接的ながら結んでいてくれたのは、京の金山氏と大坂の篠崎氏であった。金山氏は津和野藩用達の飛脚問屋で、飯岡義齋や中井竹山と昵懇であったことから春水と親しかった。

この年、春水は攝津の有馬に湯治を願い出で、孫の聿庵13（山陽の長子、餘一。祖父母の下で養育）を連れて、上方に出かけることとなった。以下、このときのことを、春水の日記を中心としてたどってみることとする。以下特に斷っていないのは、その有馬往還の日記である。詩、その他の資料は、適當なところにいま入れたものである。尤も日記中にもとからある詩もあるが、それは書き方で自ら明かであろう。

三月朔日　夜解纜　竹屋町橋下より出し』舟迄見送り候もの、萬弟、進藤兄弟、駒井父子、柁山六一よりして、中村直太郎、星野脩平、堀江來助、藤田常五郎など塾生多し。

三日　朝とく起て盥嗽理髮して遙拜す。けふは御城にて上巳之御禮ある日也。……書も過ぎ暮かゝる頃より風よく、我等は詩など思ひに睡しうちに竹原に着たり。春風館より姪共、人つれて迎ひに來るといふに引連て上りぬ。夜の九時ころにもあらんといふ。

〔山陽34より小竹33へ、三月六日〕

老父入湯事は、うす〳〵承候。實に決候事にや。左あらば、私只今不通にては、此方にて承歡出來がたく、是と申も茶翁（茶山）不レ霽レ威故也。こまりたる者に御座候。何様に申し遣し候ても、承知せられ不レ申候。是れは急に埒明き不レ申候ては、一日增二一日之不孝一候。何とぞ御老人様（三島）より茶翁へ取持ち、枉て霽威せられ候様、偏に御口添奉レ願候。同く父執に御座候へば、事體得レ宜可レ申と奉レ存候。子成は惡者にして、そこを枉て御宥し被レ遣よと被二仰遣一度候。まけをしみ強き叟故、いけ閒敷候。此義は偏に奉レ煩二老拳一候。左なければ老父上り候時、一向ツマラヌ者に御座候。生涯の後悔返り不レ申候。茶へは度々わび申遣し候、一字の答なし。私書狀遣し、それへ御口添よりは、私より御賴み申上候故、御取持被レ下と耶、左なくとも此度の入湯などの事件、宜敷被二仰遣一奉レ願候。今日急用致し懸け、早々如レ此御座候。差急ぎ不レ申ては、初夏の閒に合ひ兼ね申候故、萬々奉レ願候。頓首

三月六日　　裏拜

承弼仁兄

（書翰集續編所收）

七日　晴　朝とく起出て榎の木坂をのぼる（竹原出發）。……本鄕驛にて人足改まりて三原に行。梅林今尙花ありといへれど花ちりたる様なり。行て見れば又のこれるもあまたありて、

遠踰佛嶺來、忽上白銀臺、人爲暗香襲、擧目皆是花、

鼻紙にかきて雪三郎などへ示したるを、本鄕の人足壹人、しいて請ひ歸りたるといふ。その心ばえおかし』七時に不レ及候半歟、順勝寺につ□（「く」か）主僧迎へて、迎待もまた厚し。奥村と靑木なども到り、妙正寺に登臨す。指を屈すれば三十八年計經たりと奥村いふ。順勝寺には五十年なり。

籃輿來訊舊因緣、留酌三原酒若泉、是我成童讀書處、燈前屈指五十年、

饗應なみならぬ事共なり。けふに得たりと、能地の浮鯛貳尺計もあらん、其肥たる事、常の鯛にことなり、……』明日は早く起て神邊に到らん、陰晴もはかりがたしといそぎ妙正寺にゆくに、上人よろこび待うけて饗應あり。宇士龍と登臨の事ども申くらしたり。

重登妙正寺、有懷宇都宮士龍　　春水68

城上名藍磴幾層　三十年後復攀登

青山仍見無量壽　妙法長傳不夜燈

岩畔櫻花春色淡　松間潮水夕陽澄

吟瞻自有當年趣　指點憑欄憶舊朋

（春水遺稿巻八）

雨により此所にて信宿に及べり。

八日

卸鞍連夜對吟朋、思舊樽前感慨增、雨阻吾行亦不怨、西窗恰好剪春燈、

平賀先生の姪、蹤跡して到り、青木新四郎取合せ面談、平賀の畫像其外自書の家系など書きたるもの多く持來りて、碑銘之事申に付、先生生前の事共申きかせたり。

平賀先生墓銘は、この年十二月に撰せられたが、故あって刻せられなかった。

九日　猶雨ふる。……暮過るころ神邊夕陽村舍につく。夜もすがら物がたる。この家みな〳〵無事なれば、ともに久しぶりに逢てよろこぶことかぎりなし。

十一日　諸塾生に逢ふ。人名、別錄にあり』伊勢の人、北條讓四郎てふ人、主人を尋ね來れり。是は京にて文名ある人なり。隱遯の志ありて、京にても嵯峨などに居て、都人に交すくなしとなり。

訪茶山先生于夕陽村舍、邂逅藝藩春水先生、賦呈二先生　霞亭34

平生夢寐在豪雄　一世龍門見二公
元自大名垂宇宙　眞當談笑却羆熊
辛夷花自春園雨　黃鳥聲未晩巷風
安得佳隣移宅去　追隨吟杖此山中

（春風所寄上册）

この夜、道光上人、笠岡より歸り來れり。夜もすがらふるきをかたりいぬ。

廉塾邂逅賴千秋先生　道光68

花光月色映簾櫳　此夕吟觴復得同
海寺盍簪君記否　別來二十二春風

（聽松庵詩鈔巻五　三十六葉裏）

この詩は刻本の『聽松庵詩鈔』では丙子の詩（三十四葉裏）よりあとにあるが、茶山手批の道光自筆稿本を見ると、他の詩の上に後からはり紙して差し換えたもので、そのために年次が狂ったことがわかる。なお、この稿本の末尾の茶山の文化元年の識語もはり紙であって、あとからはり加えたものに違いない。

廉塾和僧道光　春水68

夕陽村舍讀書櫳　豈計一燈玄話同
白髮相逢莫驚怪　二十年後接高風

（與樂園叢書巻三六八）

ちょうど二十二年前、寛政四年（壬子）に春水47は美作に湯治に行き、道光47に會った。「過二道光上人一」『白雲深處此吟登、支遁愛山山幾層、不但幽期足風月、將歸神駿借人乘』（壬子作遊詩草、與樂園叢書巻三六八）そのときは、積氣・鼠毒などの治療法を教えられているが（壬子作遊日記）、今回はどうやら、在京中の山陽の件について、調停のための會見のようである。

十二日　圭二が追善とて、書畫の會をいとなむとて、府中より佐藤泰順來り、福山より牛海その佗、川相周次など、ことに盛なり。

このとき春水は「廉塾追㆓悼菅三聞㆒」七律一首を呈した。圭二、即ち三聞は、茶山の弟の恥庵のこと。寛政十二年八月二十七日に京都で沒した。年三十三。川相周次とは茶山のいう（河相）周兵衞の緣者か。『全傳』上、三〇〇ページ參照。

〔十二日のつづき〕　この夜、長崎の人、彭城東作てふ人、主人に來り謁す。わが廣しまに行き、跡してゆかば此所にて逢ふことあらんといひしとぞ。赤馬關の柳庵が書など出し與ふ。此人の伯父、龍之進が、予交り厚かりしことどもいひ聞せたれば、始てしりて甚よろこびたり。有馬入湯よりて、京に、江戸にもゆく志ありといふ。

彭城《サカキ》氏は、春風の『適肥』にも見え、高元岱の家と竝んで、長崎通詞の家としては特別に、公儀より年々銀十貫目ずつ賜わる家であったという。（春水掌錄・癸酉、春水遺響二四册）。龍之進は西川氏。「在津紀事」六一條に見える。後出の劉大基がこれである。

十三日　雨後　午後より藤井料介がまねきあり。北條・彭城など打むれてゆく。盛興盛饌なり。彭城が唐山《カラ》ものがたり多く、皆人よろこぶ、今夜宴散じたる時、鷄鳴なり。今夜はここにとまりてといふにぞ、先年この家、老親ありし時とまりたることあり、その事どもあれば辭せずしてみな〳〵臥す。彭城は同行の人もありとて逆旅に歸る。雨ふり出したり。

藤井氏の老親とは澹齋を指すものであろう。料介は次の詩に照して、字は子晦（また、士晦）、名は顯、かつて天明八年六月、茶山に從って廣島に遊んだ。（茶山遊藝日記）

十三日の饌　　朱碗朱膳

薄□にて

作り身
海草等五種
いり酒
　　　汁みそ
　　　　　　すり身
　　　　　　いも

平
　胡麻とうふ
　くず
　すりせうが
　　　　飯

菓子椀
　　　　　香のもの大根かうつけ
　鯛大きりみ
　筍
　椎たけ

前後吸もの　さかな
こと〴〵くはしるさず
道光上人あれば素饌もこれに同じ
　子晦宅同賴千秋・北條景陽・劉大基・赤松需・道光師賦、景陽志摩人、大基長崎通事、赤松阿波人、光師攝人

　茶　山66
　客皆遠方人　鄉語殊音聲
　但以墳籍好　談話同此情
　酒香簾外暖　花影雨中明
　斯時誰厭醉　明日各雲程
　　　　　　　　　　（黃葉夕陽村舍詩後編巻四）

十五日　晴　朝とく起て別れをつぐ。町はしまで皆々おくり出る。けふは長州の婦人なりとて夥敷東行の人共なり』北條と同行にて道すがら物がたりゆく。……

十六日　日和よし。岡山につく。姫井教授へ尋れば、萬波・野田なども集り物がたる。野田は耳遠く泥塑人なりと自ら詩作りおくれり。萬波が弟もみへたり。姫井の子、孝之助案内して、皆〻観校せしめたり。皆その事すみて、宿へ返し、余は姫井にて夜半迄晤言し、宿まで萬波は送り來れり。

〔萬波醒盧日記・同日〕

頼先生、今春浴二于有馬一、便道經二由本府一、晩訪二姫井氏一、夜與二之章・季敦一同過、夜半、先生歸二於中島旅館一、余送至、（山陽と竹田一ノ十一所收）

之章は野田成（又十郎）、季敦は醒盧の弟（茅山）、姫井教授は桃源64のこと。醒盧52は岡山藩文學。

十八日　三石を出て坂路を降る。‥‥（播州入り）

十九日　姫路を朝とく出でて加古川に行く。‥‥

ここで「宿二中谷三介宅一」七絶一首がある。三介は『適肥』に見え、名は直勝、字は惟寅という。次に播州に入ってからは、「播州路上作」五絶四首がある。これは二十年前の作「植杖有花處、投宿有花家、春風三十日、日日不離花」に對して作ったものである。（春水詩稿巻八、與樂叢書巻九五）このたびは「憶昔有花處、投宿且停輿、花亦知吾否、白頭非故吾」他三首である。

四・二　京　坂

廿一日　晴　暮ぬ内に大坂中の島の邸につく。

これは享和三年五月の西歸の際以來、満十年ぶりのことであった。

廿二日　晴　水樓にうつりて僑居は定めたり。けふは日出侯、又一諸侯の着給ふと川の面の賑々敷事、其外行かふ船の多き、目を驚したる事かぎりなし。

浪華客舍作　　　　　　　　春　水

吾到浪華鄕　僑居舊柳塘

過橋帆影近　回岸鼓聲長

檻汲晨炊水　簾迎午睡涼

猶餘往時趣　客思儋相忘

（與樂園叢書卷三六）

〔廿二日つゞき〕土宜など取出し人々へ贈ると用意共せし。森田より人さし越し、何事にても承らんといふ。又ほどなくして主人來り懇々なり。夜着もたせ越したり。紬の夜着なり。

右の「主人」は五代森田（吹田屋）六兵衞である。

少し日は後になるが、留守宅より…

〔梅颸54より春水へ、四月五日〕

吹田屋母子、橋本母子に又々御逢被〻遊候はゞ、山〳〵よろしく御傳聲賴上候。（山陽全傳上所收）

廿三日　晴　橋本貞元來たる。

葛子琴の醫者としての名を橋本貞元という。これはもちろんその子のことで、葛膺原、惟孝のこと。

〔廿三日つゞき〕午後より出でゝ森田を問ふ。老人は下屋敷に在りといふに案內してゆく。相泣て物もいはず。暫くして饗應ありて、やや物かたらひて時をうつし、又篠田に行く。主人の新婦出迎ふ。歸路には順慶町など見せて寓居に歸る。

森田の「老人」とは次に掲げる文中の三代六兵衞の未亡人、妙政のこと、延享三年（一七四六）に生れ、この件の直後、文化十年閏十一月三日沒、六十八歲。春水が上坂勉學中に世話になった、三代吹田屋六兵衞、森田士德は、天明二年八月二十八日に四十五歲で沒した。

〔春水掌錄・癸酉〕　士德ニ男子生育セズ。一女子ニ養子アリ。是亦男子ナシ。士德ニ瓜葛アルモノヲ養子トス、……今春士德ガ家ヲ問フニ寡婦二人母子ナリ。老尼ハ士德ガ妻お高、妙政ト云。子お龍は、妙薫。妙薫ハ子昂ノ金剛經ヲ摹寫ナド少シク墨氣アリ。書畫・挂軸・横卷・古法帖・印譜ノ類、其它古器玩等ヲ出シ眎スニ、士德ガ嗜好セシコトモ其寶玩ノ家藏トナル來由ヲシリタルモノ、其家ニ一人モ無シ。余ガ在津ノ時、トモニ謀リシコトドモヲ語リ聞セタレバ皆驚嘆ス。

（春水遺響二五册）

『與樂園叢書』巻九に抱眞齋書畫旁觀が收められ、士德家藏の寶玩の説明が見える。なお、篠田（飯岡）氏では滄浪が寛政八年六月十六日沒し（六十七歳）當主はその子の存齋41であるが、昨年九月五日に先の妻を失った。右に「主人の新婦」とある所以である。

廿四日　暮雨　篠崎長左衞門來たる。昨晩京より歸るとなり。

〔小竹33より山陽34および小石樫園30へ、同日〕

……急に申上候は、春水先生、廿三日此地御著にて、中ノ島に御僑居のよし、昨日、吹田屋へ御出のよし。今曉、御寢込に御尋ね申上候て、御咄ども仕候。午時は〔私方へ〕御出にて御座候。少々御樣子申上候處、何事も僕老人（三島）に大阪にては任せ、京にては金山に任すと申す氣味にて、甚だ樣子よろしく、茶翁より家父へ書狀參り、居間調停の事、〔家父へ〕賴み越し候。老人は未ㇾ得二拜顏一候。確齋へ相談候處、何分にも此狀着次第に下り、可ㇾ然奉ㇾ存候。此地にて御陪遊、直ちに京都へ御供など相成候樣、取計らひ申度候。金山、中風の說、未だ御存知無ㇾ之趣に御座候。此地、當月中〔滯在〕、それより馬山に四五日、直に京都へ參り、來月中に御歸國と申す樣の御はなし御座候。餘一子も御出にて、拜面仕候。

三月廿四日　　篠崎長左衞門

羅井德太郎樣

小石　元瑞様

（『賴山陽名著全集』七、書翰集五九ページ）

次の文に照して、これは午前中に直ちに書かれたものに違いない。なお、確齋は武内西左衞門、三島の門人。小石氏もまた三島の門人、その父、大愚（元俊）は春水の友人であった。檉園は當時、山陽の後見人のような立場に在った。

〔廿四日つづき〕　貞元へゆきて老母に逢ひ、午後篠崎に行て老人とかたる。其饗甚厚し。門人などあまた盛なりといふべし。

大ノゾキ ちよく膾　汁みそ 青み　飯　平すまし　魚きりみ 椎茸　皿鯛大きりみ鹽やき 鰕きのめみそ付やき　茶碗京ゆば

昨日も船便に鄉書出す。今日も便ありとて書狀出す。餘一も日記共やる。

老母は子琴未亡人。老人は三島。

〔師友志（翌年の記）〕

去春余賜告有馬溫湯、便路過浪華混沌社、存者獨安道、時年七十七、敍舊歡甚、出眎所著草彙浪華風雅、皆手書、細楷整然、……

（春水遺稿別錄）

呈春水賴先生　　小　竹33

懷舊逍遙浪速城　梅花先問昔時盟
水邱多感雪鴻跡　童稚難忘竹馬情
鄉俗頻年多變改　詩風近日異論評
憑君標置高千尺　北斗長懸文字衡

（小竹齋詩鈔卷二）

浪華書懷　　春　水68

來駐浪華江水干　魚鰕春味舊盤餐

是我幷州十霜地　風光總作故鄕看

（春水遺稿巻八）

子琴の未亡人は、その七十の賀のとき、三島の筆で「壽」の字を五様に書き、それを紋とした花いろ羽二重の小袖を贈られたが（掌錄十一・同上）、このときそれを披露されたに違いない。

廿五日　雨　『久太郎下江とて、篠崎かけ合有ㇾ之』中井七郎來る。蜂友、越之使と來る。讃州、藤村松庵來る。ともぐ〳〵に舟にて七郎へたづね、又、履軒へ行く。老人大悦、種々饗應有ㇾ之。奇品も數々示し、又奇話奇說も不ㇾ少。夜に入て歸る。

蜂友は徘人。『有岡徘徊逸士傳』參照。「越」とは越智氏（文平）のことか。文平と中井七郎（碩果）とはいわゆる連襟で、妻同士が姉妹（飯岡滄浪の二人の娘）である。

『　』内は後からの書込みと思われる部分。また履軒82の奇品の一つと思われるものに・・

〔春水掌錄・癸酉〕

履軒、扶桑木ノ硯箱ノウラニ

ミけの國　高田の宮の　棹橋を

このねなてつゝ　思ひわたるかも　しのびわたるかも

佛足石ノ和歌、ミナ末ニ一句多シ。是一體ナリ。然ルヲ撰集ニ末ノ一句ヲステ、常ノ歌ニシテアリシハ、何ノ詮モナキコトナリ。右ノ體ニ傚ヒヨミシトナリ。

（春水遺響二三册）

贈履軒　　　春　水

書劍別來三十歲　八旬猶似昔遊年

酒飯一幷稱六合　知君脩養得天然

（春水遺稿巻八）

この前後、春水には「吉野氏別業」五絕一首、「浪華示二井坂雲卿一」七律一首、「過二故蒹葭堂一」七律一首などがあり、井坂松石は「引翼編」に加わった一人、その『松石遺稿』に七律一首がある。（しかし右の詩の和韻ではない。）この人の風貌はこの詩集の小竹跋が傳えている。

〔廿五日つづき〕　又、篠崎へたづね行く。不レ遇。

多分、山陽に遇えなかった、との意味であろう。

〔つづき〕　この日、小便所出來』江戸尾藤へ墓誌遣す。武助へ上封也。藤七へたのみ、江戸行之衆へたのむ。

武助は吉川氏、定江戸御歩行組の藩士、藤七は田中氏、藩の京都屋敷の人であるが、全般にこの條は意味がよくわからない。このころ二洲は健康は勝れなかったが、まだ存命中である。（江戸で沒したのはこの年十二月十四日である。六十七歳。）いま東京文京區大塚の尾藤家の墓地に詣でてみても、埋銘は別として、外見上は、春水の撰文は見えず、筆例もこのころに適しいものはないのではないかと思われる。（二洲の次子の墓の字としては、年代が少し溯る。）或は二洲の自撰（且つ恐らく自書）の「尾藤氏遺徳阡」（この年八月）の用意のために、大坂近在關係墓誌の拓本をこの際作って送ったのであろうか。なおまた他に、二洲の撰した自誌銘を書いて送ったと考えられないこともない。後考を俟つ。

廿六日　來客多し。奥村內證も見える。原文盛など久々にて對顏。

午後森田へ行。

會席

ちよく　ゑび もミおろし大根　汁　名古屋ミそ な

平　鯛ひら 椎茸 さきふき　めし

鯛切身　白やき

田樂

吸物さかな數しれず

おミさ持參　味噌香物之類

中井進物　三重 硯ふた用 さゝいうど　鮒子付　いりざけ　青あへ之類

讃州藤村持參　酒　くハし　からすミ

菓子到來多し。

奥村內證はおミさのこと。葛子琴の遺女。原文盛は名は惟孝、字は友于。醫者。「引翼編」に加わる。

〔梅颸より、同上書つづき〕

京都へはいつ頃御出被レ遊候や。もはや久太郎に御逢被レ遊候事は相濟候や。何も〳〵承度事に候、

（全傳上所收）

この對面は、日記には明文がないが、この日に首尾よく遂げられた。

〔山陽より茶山へ、五月一日〕

道光上人及び山田主人などへ度々煩言、調停の義相願候所、御面倒とも不レ被二思召一御聞納被レ下、家翁上京に付、篠・金二家へ、態々御狀被レ遣、小子對面の義、御從臾被レ下候段、難レ有奉レ存候。卽二家取持にて、此度久々にて對顔相許、頗承二歡心一候段、全御恩庇と感戴仕候。

（書翰集上所收）

山田主人とは山田友益。安藝・西條の人（『全傳』上、一七七ページ）。

この對面の後、一旦、山陽は歸京し、春水一行は懷德堂に竹山の神主を拜したりなどした後、二十九日に有馬に赴いた。しかし中一日置いて、すぐ大坂に歸って來た。

四月朔　きのふと同じく晴やらず。……留守の書狀參り居候半と思ひしにさはなくて本意なし。

再び大坂で多忙な二日を送り、その間、越智文平を訪い、父、春庵の神主を拝し、三日に上船離坂、上京した。ここで日記は中断されるが、山陽に迎えられ、武元登々庵47を訪い、圓山の雅集に出（聿庵詩稿）、宇治に遊び、十二日大坂に戻った。

〔山陽34より春風61へ、五月一日〕

乍㆓延引㆒尊報申上候。三月六日出之尊書、同月廿四日相達、拝誦仕候。‥‥誠に此度、家大人御入湯御願被㆑為㆑叶、上國諸舊知御尋被㆑遊候に付、小子も御勘氣御許免被㆓仰下㆒、久々にて拝顔、悲喜交集仕候。能ぞや御しらせ被㆑遊被㆑下、御狀拝披候日は、遠方より日晡に罷歸、七ツ頃より直に下坂、打節風雨泥濘御座候へども、喜の餘に、不㆑覺伏見より上舟、篠氏にも早聞付候とて驚き申候位に御座候。大人は廿一日に御着坂にて、篠氏へは廿四日に御出被㆑遊候由に御座候。思召有㆑之、廿六日に拝顔、直に歸京、四月四日に大人御入京。十一日迄、處々從遊、菟道に其日一宿。翌十二日、伏水にて一先奉別。十九日に下江。廿三日に西宮迄、御見送申上候。一瞬の極に奉㆑存候。奉別の節は、傷神之恐有㆑之、訣別も不㆑仕、わざと拔て歸申候。‥‥

（同上所收）

家君告暇東遊、拉兒協來、娛侍旬餘、送至西宮、別後賦此志之　山陽34

父執遺吾東　京城住五年
西悲闕定省　空望白雲懸
養痾雖有辭　負恩終靦然
何料父東遊　孫隨未及肩
豫得父執報　上國謀團圓
驚喜迎溯水　安頓借一廛

桂玉猶甘旨　徒弟足周旋
探勝毎負劍　隨跟扶仆顚
買輿趨菟道　僦舟下澱川
暫侍衾枕側　送到兜鍪山
兒泣結吾韈　父呵勿留連
泣呵情無二　回頭海山烟

（山陽詩鈔巻一）

奉別家君後、上難波橋　　山　陽

歡娯回首已茫然　獨倚長橋望海天
日落山低歸鳥沒　阿爺今夕宿何邊

（同　上）

舟遊、得何字、二首（内一首）

坂城三日侍家爺　一別歡情已逝波
持酒扁舟苦回首　攝山播水若君何

（頼山陽全書詩集）

これより先、大坂を辭するに當り、三島77との別宴があった。

縮遠樓、送頼千秋還廣島、得成字　　三　島

高津別業歲增成　飛閣幽亭臨水清
朱夏始觀新躑躅　綠陰猶駐老鶬鶊
草間雉伏枯茅動　林際鷺巢腥氣生
中有廣陵歸去客　欲歌七發引歡情

此ノ詩ノ次ギニ一詩アリテ結尾トナル。此詩ハ實ニ最モ後ノ詩ナリ。（三島先生ハコノ年、十月晦ニ沒セラレ

タリ。）
（蘭蕙集）

上文に見えるとおり、二十三日に大坂を出發。この日、串田氏らが宿まで來て荷造りの手傳いをし、それぞれに訣別の後、串田氏と藝藩邸門前まで同道、ここで「子琴の神主を拜せぬは遺憾なれば、行てこれを請へば、未亡人流涕して位をもうけて拜せしめ」た。そこを出てから佃里の渡で、篠田剛藏（鐵藏の改名、存齋）、橋本貞元らとわかれ、西宮につき、ここに一泊したのである。

四・三　結　尾

四月廿九日　七日川もあさくて、事故なく人足にてわたりたり。高屋など過て神邊につきたれば、先生、門人ひきまとゐて驛頭まで出られたり。
五月朔日　塾生のために揮寫し、餘一などは先生の書を乞ふ。竹田定之丞と話
二日　此日もとまりていあれば、又來たることも容易ならねば、とまりて話し、本陣なる菅波にゆきて新建の館舍を見て暮かたに歸る。又先生夫婦と夜もすがらかたる。

千秋還自京、再信草堂、賦呈　茶　山66

黃鳥來稀燕子群　白櫻飛盡楝花芬
今春吾舍多佳客　最是兩回留得君

（黃葉夕陽村舍詩後編卷四）

次茶山老先生韻、以奉呈　聿　庵

燕燕于飛梁上群　赤榴紫楝自榮芬
玉壺美酒人咸醉　唱起南山共壽君

（聿庵詩稿・辛酉）

三日　朝とくたちいでてゆかんとするに、けふは山手の甲屋へ立より候へと、先生導をなす。……主人父子、あ

つくもてあつかひて時をうつす。此所にて禮卿と別る。悵然たり。

送千秋、過蘆水、途中賦呈　茶山

長隄穩竝筍輿行　四野薰風午鳥聲
兩月兩逢眞可喜　誰知一倍切離情　（同　上）

次韻菅茶山　春水

出閭廿里送吾行　聯載籃輿伊軋聲
楊柳渡頭分袂去　白頭相顧若爲情　（春水遺稿卷八）

この日、尾道に出て舟に乗り、四日朝、三原に寄港、そのまま舟行、暮れぬうちに竹原につき、しばらく逗留し、十三日の夜に廣島に歸りついた。

以上の詩のうち十八首を有馬行詩卷として春水は江戸の精里に送り、精里からはその跋が送られて來た。（文化十一年）

一方、山陽は…

（山陽34より梅颸54へ、七月五日）

正善坊宗瑞便に尊書御託被レ下、難レ有、取手遲奉二拜見一候。誠久々御直書受不レ仕候故、繰返〳〵奉二拜見一候事に御座候。如レ仰、此度は父上樣御入湯之御願にて此地御立寄、久々にて拜謁御許被レ遊被レ下誠に如何計難レ有奉レ存候御事に御座候。併僅々御逗留にて、‥‥只々夢の樣に存じ、‥‥何とぞ又々御入湯之御願被レ爲レ叶候てと、夫のみ祈居申候。父上樣に承候へば、あなた樣にも、來春あたりは、おみほ（山陽妹）御つれ御上京之義、被レ爲レ叶候義も可レ有レ之哉之由、若〳〵左樣にも候はゞ、無二此上一嬉敷奉レ存候。何卒〳〵其義調申候樣、御願可レ被レ遊、指を折御待申上候。全體、當春は父上樣に拜願仕候故、當秋頃は、あなた樣御見舞に、鳥渡下り申度、大事無レ之事に候はん哉。……下り懸に、菅先生へも御詫旁參申度奉レ存候。……偖、此方より申上候事にて、御返事は跡に成申候。如何〔にも〕餘一おとなしくなり、見替申候。何か御地之事、ポツ〳〵はなし承候。……

（上掲書所收）

歸省の件は、やはり急には無理であったようで、引きつづき在京、その翌年五月、茶山67が東行するので、これを大坂に迎えた。これが一件以來の再會であった。この後三ケ月ほどしていよいよ歸省が實現し、文化十一年35八月十日に京を立ち、茶山不在ながら途中で廉塾に立寄り（十八日）、二十三日に廣島に歸省し、九月十一日まで滯在した。（この時の詩稿を「歸省亂稿」という）梅颸55はいう……

さはる事有りて、此の四とせはかり逢ひみさりける裏が京より下り來て、此の年月おほつかなかりしことともかたりあひつゝ、おや子はらからことなくて逢ひみつる事のうれしく、けにいのちなりけりとこそおもへ

梓弓　引わかれても　命あれは　又もそかゝる　まとゐ有りけり

（梅颸歌稿）

四・附　玖波寄懷

精里の集は「千秋賴君墓碣銘」によって終る。書かれた人は文化十三年二月十九日、七十一歳で、そして書いた人は翌十四年五月三日、六十八歳で沒した。

その翌々年、文政二年（己卯）九月二十一日、精里の長子、佐賀藩儒、穀堂43は、江戸東役の途中、嚴島對岸近い玖波を通過した。

己卯季秋念一日、宿久波驛、寄懷春風先生　　穀　堂

東駕西舟睨竹原　碩人邁軸在山樊
憶曾坐了春風裡　猶覺一團和氣存

（與樂園叢書卷九八）

宿久波客舍、寄懷杏坪先生　　穀　堂

一水盈盈意所欣　美人何事隔烟雲
傷心猶記趨庭語　渾沌社中獨有君（先人曾有此語）　（同　上）

これに対して：

古賀溥卿往江戸、途上抵我州玖波驛、見惠盛什、賦此酬答　　春　風67

老去愈知傷別離　與君十年失逢期
天涯佐賀曾投轄　咫尺玖玻空寄詩
鷗鷺在洲呼友處　茝蘭隔岸放香時
吟情筆力衰殘甚　莫罰鴻魚酬報遲　（同上巻九九）

古賀溥卿宿玖波驛、寄書曰、程急不得訪問、附以詩一章、其結末云、傷心猶記趨庭語、渾沌社中獨有君、余讀之愴然、遂作長句謝答　　杏　坪64

玖波驛門夕繫馬　卸鞍秉筆寒燈下
一緘慇懃付何者　杏坪老人名柔也
柔也衰殘益粗野　胡爲君懷煩縈惹
君家先子膺純嘏　德行顏閔文游夏
昔在洛攝求儒雅　大講正學遏邪哆
當時我少最陋寡　幸忝社盟蒙鼓冶
爾來心交相披寫　以故君亦不我捨
每過蓬門擧杯斝　或薦野鮮或山鮓

今年有事不賜暇　嚴程衝泥車没轢
爲裁瑤篇代手把　那同世俗情苟且
君學鬱如千間厦　能紹堂構豐廡庌
我才退類燒山赭　一髮不存空紺閜
故友回頭皆燭灺　先子墓上亦楸檟
非有君輩時捋撦　箴砭誰醫老聾啞
羞吾昔日渾沌社　群玉碎盡餘片瓦

（春草堂詩抄巻二）

茶山はこれに批語を加えていわく「毎句押韻、不レ見二躓閃之跡一、最是難事」と。ここまではまずよいとして更にいわく「又云、貴藏韻譜、得レ無レ絕レ編」と。また小竹はいう「如二伏波（將軍、馬援）據レ鞍顧眄一、使二後輩汗流走僵一、溥卿雖レ豪、恐難二角逐一」と。しかし穀堂もさるもの、まもなく次韻の詩を寄せてきた。和韻の文字に、偏の相違する文字が二、三あるが、すべてもとのままである。

酬杏坪賴先生、次韻　　穀　堂

驪黃不相千里馬　月旦肯居汝南下
開眼傲睨滔滔者　普天之下皆是也
我從先進禮樂野　叔世繁縟厭牽惹
君家文章天錫嘏　久使聲名溢夷夏
折楊曲中奏大雅　希聲鏗爾遏滛侈
調高不憾知音寡　欣睹鄙僻遇陶冶
忘年交誼忝傾寫　樗材幸免匠石捨

想對萬松列尊罍　饗以麟脯與龍鮓
深慨斯道混眞假　石坑利穽易沒踝
知愛桐梓纔拱把　六尺之軀胡苟且
譬諸身逃渠渠廈　黐逐寒士庇短庌
嗟我蒙辱類衣赭　駑蹄蹣跚步谽閜
藝林獨憤氣勢灺　悵望往哲墳邊檟
一髮千鈞諸捋撦　安得在今口如啞
江東更欲唱復社　請君休笑雷鳴瓦

捋撦字似未妥、欲檢韻書而未暇、姑仍舊云

（與樂園叢書卷九八）

韋編を絶つどころか、韻府を利用せずにこれだけ作ったとすれば、畏るべきことである。凡て、人の老い且つ死するのは免れ難いことながら、もしその人が畏るべき後輩と親しく交ることができたならば、たとい自らは死しても、その築いたものの亡び去ることだけは免れ得たといえよう。以上に述べた江戸後半期の人々は、このような、いわば〝傳統の連續〟に關する限り、何の不安もなかったであろう。

（一九六一・一〇・二）

註

（1） 山本正誼（秋水）「贈藝藩文學賴君千秋幷序」、那波師曾（魯堂）「和賴珪來訪面晾之韻幷後記」（いずれも與樂園叢書卷八〇、また「山陽と竹田」五ノ六、一七・一八頁）。
平賀晉民（中南）「賴清篤妻道工氏墓碑銘」（日新堂集卷七、「經學者平賀晉民先生」五一二頁所收）。

（2） このとき（明和五年）一行は堺に趙陶齋56をも訪うた。杏坪13の金閣寺の詩に和した趙陶齋・田豊卿・永井淐の諸作が、與樂園叢書巻八三に収められている。

（3）高濱二郎氏「小澤蘆庵年譜」二〇頁に亨安の墓の碑影が出ている。

（4）静寄軒集巻四の末に「江戸日記」を収める。

（5）蕉園の一宵十賦の一部分が「郷土先儒遺著聚英」第三七圖に見える。

（6）のち父子は伏見で再會した。春水遺稿附録、新甫遺詩に見える。新甫とは景讓のこと。

寶暦明和以降浪華混沌詩社　交遊考證續篇（上）

前　言

一、本稿の基本的な目的は、詩社・混沌社に加わった人々を中心として、その交遊の事實を、詩文・日記・書翰の類から考證しようとするものである。この點、前稿（後述の略名のいわゆる『初』）と目的を等しくする。

一、本稿の當面の目的は、取り上げた時代における個々の人の傳記がどこまで追及できるか、その可能性を示すことにある。烏澥がましいが、つまりこの時代の儒者(1)についての研究法を書こうというのにある。これによって、交遊考證がより一層確實に行われるようになることをひそかに期待するものである。

一、研究法といってもいろいろな體裁があり得ようが、本稿は目錄學的な形式を用いる。これは結局のところ、前稿の四頁、或は二頁に記したような目錄學的なしごとを、春水・春風・杏坪の三兄弟を中心として、部分的ながら試みるものである。對象の片寄った點は、前稿と同様、諒恕を請う次第である。

一、蛇足ながら、個人の例を詳記する意義は、次の二點において認められると思う。

(イ)〔他への類推〕この個人の例によって、他の個人にも、それに相當する例がありそうだ、との類推が可能となる。つまりこの個人の例は、項目の枠取りともなり、見本ともなる。

(ロ)〔他への據點〕比較的よく行實のわかっている例が橋頭堡となって、關連する事態が整序される。この意味で、日記や書翰が保存されている個人の例は、その個人だけに限定されない意味を持つ。

以上のような意義があるとの了解が得られれば幸いである。

一、本稿は原則として一次的な文獻（行狀とか別集とかを假にこう呼ぶ）のみを引き、更にそこから出てくる高次の文獻（行狀中の一條とか、別集中の一詩を假にこう呼ぶ）を記すことは省く。しかしながら、あり得る項目は網羅することを目標とする。從って、項目を立てながら記事を缺くこともある。

一、内容そのものが研究法になっているかどうかは、讀者の批判を仰がねばならないが、目錄學的見地からして、本稿が第一次的な段階のものであることは確實である。ただしかし、本稿が更に高次な目錄への一つの準備になり得れば幸いである。因に、ここでいう高次な目錄とは、前述のいわゆる高次の文獻を網羅し、それによって取り上げた對象に關して、研究の枠取りが概括され、資料と成果とが結集され、且つ將來の研究方向が予測されるような、研究法として眞に有用な目錄のことをいう。

一、項目の立て方については、文末の一覽表を參照されたい。これはいわゆる十進分類法のまねをしたものであるが、なお幾多の改變が必要であろう。

一、記述の體裁はすべて前稿に從う。その凡例を參照されたい。なお若干を次に補う。

一、記述法について：

(イ) 各項は三桁の數字で示す他、小數で更に細分することもある。

(ロ) 各項内の區分は、(1)(2)(3)………を用い、その下位の區分には、(イ)(ロ)(ハ)………を用いる。

(ハ) この他に、○で區切りを示すことも多い。◎は○よりも上位とする。

(ニ) 要するに、原則的に次の順に細分する。□□□（三桁の數字）——□□□・□（小數つき）——(1)(2)(3)——(イ)(ロ)(ハ)（他に、◎——○）

(ホ) 區分の始めの〔 〕は、その區分全體にかかる見出しである。但し見出しが固有の題名であるときは〔 〕を省いて「 」のみを用いる。

(ヘ) 必要に應じ、X（春水）・Y（春風）・Z（杏坪）の略號を用いる。

一、引用文獻について：

(イ) 文獻名の前には○または◎をつけるのを原則とする。つけないときは、その扱いが輕いことを意味する。なお對象とする時代のものではないが、關連して擧げておくのが適當と思われるものには●をつけてこれを示す。

(ロ) 未見の文獻には＊をつける。

(ハ) 著者名は、現在人でも一切敬稱をつけない。

(ニ) 葉數の表と裏とは、それぞれａとｂとで示す。

(ホ) 刊年は、明治以後、明・大・昭の略號を用いる。

(ヘ) 洋装本の分册（いわゆる「巻」）は、古來の「巻」と區別するために「巻」と稱しない。册數の指示が必要なときは、算用數字で示す。〔例〕「事實文編」2、巻三四・「事實文編」の第二册めの、巻三十四。

(ト) 文獻の略名は『　』に入れて示す。略名表は本文末（一一七頁）に添付した。

第一章　序說（一〇〇）

本稿は全體を七章に分け、「序說・背景・傳記・遺著・人物・行實・評價」とする。「傳記」から「行實」までが個人的事項であり、その前後の「背景」と「評價」とがそれを括るものである。本章はそれら全體に對する序說で、江戸時代後半期の儒者一般に關する事項を記す。

本章は全體を四節に分け、「検索・時代・問題點・手引」とする。卽ち第一節は傳記の検索に關する事項を記し、第二節は時代の趨勢・背景に關する事項を記し、第三節は本稿の對象とするところが共通に持つ問題點を記し、第四節は初歩的な事項を記す。

第一節　検索（一一〇）

一一一〔傳記〕

一一一・一〔一般〕　本項については多く記す必要を認めない。一般に行われている人名の辭典（「大日本人名辭書」など）、歴史の辭典（「世界歴史事典」「日本歴史大辭典」など）、文學の辭典（「日本文學大辭典」など）、その他（「大日本書畫名家大鑑」「世界名著大事典」など）がこれに該當する。しかしこれらには一通りのことしか記されていないし、戰後のものでは、儒者の比重が甚だ輕くなってしまっている。

一一一・二〔儒者・新〕

○「近世漢學者著述目錄大成」○「近世漢學者傳記著述大事典附系譜年表」‥後者は前者の前後に雅號索引と近世漢學年表とを添附しただけで、本文は同じ組版を用いている。本書の序に見える別名と書名の索引は、雅號の場合以外は出版されなかったのであろう。

○「漢學者傳記及著述集覽」‥別名と書名との檢索に、いまのところ最も役立つ。

○「日本文學者年表續篇」（森洽藏編、今園國貞補、大八、大日本圖書）‥赤堀又次郎氏の原著（上古・中古のみ刊行）を續成したもので、文治二年より明治四十五年までを對象とする。個人別の略傳・著作表の他に、傳記資料・後世の評論・關係論文を列擧する。

○「儒家小誌」○「近世儒林年表」○「儒林源流」*（西島醇、昭九、東洋圖書刊行會）‥儒家小誌は人名の檢索に有用である。

○「漢學者傳記集成」‥各人の傳記のやや詳しいもの。これの基づく書は次項の各書である。

一一一・三〔儒者・舊〕漢文で書かれた儒者の傳には‥

●「先哲叢談」八卷、●「後編」八卷、附一卷（年表）、○「續編」十二卷、○「近世先哲叢談」二卷、「續編」二卷‥以上、人別に記す。

○「近世叢語」八卷、○「續」八卷‥「世說」風に分類して記す。

以上の譯書としては●有朋堂文庫（先哲叢談）●大日本文庫（同、正編・後編）所收本がある。なお前項の「漢學者傳記集成」は、これらの譯を基礎とする。

○他になお、●「（日本）諸家人物志」○「續諸家人物志」*○「皇朝儒臣傳」*（岡龍州、文化四年刊?）などもある。

一一一・四〔碑傳〕碑傳の集は、刻石文が收められていなければ意義が半減するが、しかしただ墓碑の所在を示しただけのものでも、種々參考となる。

○「事實文編・正編」八十卷、「次編」二十二卷、「雜編」十二卷、「後編」三卷（五弓雪窓輯）‥このうち正編と次編とが國書刊行會から出版された。（洋裝五册、明四三――四四）本書は行狀など、一般に傳記の資料となる文章を諸家の文集から拾ったもので、碑銘のみではない。（なお本書に收める碑銘は、そのようなわけで、現實の刻石文と相違する場合もある。）

○「近世名家碑文集」（横瀬貞輯、明二六、經濟雜誌社）

○「野史乘」存十二卷　廣島市立淺野圖書館所藏「與樂園叢書外集」[2]所收‥この書については後章「遺著」のところで說明する。

○墓石の所在、およびそれに關連する記事を廣く收錄しているものに、○「箒苔」などの雜誌がある。この種の雜誌はまだ多數あるのではないかと思われる。

○なお碑文の集は、地方別にまとめられている場合が多い。それらはいま便宜上、一一二項に一括しておくこととする。

一一一・五〔逸事・逸聞〕前述一一一・三の若干は實はこれであるが、他に●「近世畸人傳」正・續（日本古典全集所收）●「（先哲像傳・）近世畸人傳・百家琦行傳」（有朋堂文庫所收）○「藝苑一夕話」（市島春城、大一一）○「近世人物叢談」（森銑三、昭一八）などがある。この種のものはまだ多數あるのではないかと思われる。

一一二〔鄉土別の文獻〕近世儒學の研究の大きな潮流は、大學や研究所よりは、むしろ各地の篤志家の間に在ったといえる。終戰前の鄉土史研究の中で占める近世儒學の比重は大きい。從って本項は實は尨大なものとなる筈である。將來、完全な目錄が作られるときには、本項は多分、舊藩別の項に細分されなければならないであろう。

一一二・一〔墓碑〕

○「大阪訪碑錄」（木村敬二郎輯。「浪速叢書」第十册所收、昭四）…記述が詳しく、且つ場所柄、名家が多く含まれる。出版當時でさえ既に湮滅して僅かに本書によってのみ知られる墓碑があったというから、戰後の狀態は察するに餘りあるものがある。

○「京都名家墓誌」（寺田貞次、二册）*

○「關八州名墓誌」（時山彌八、大一五、明治堂書店）…碑文は收錄していない。

以上のような系統のものとは別に、地方志の中に、碑文が自ら含まれる場合が多いであろう。

一二二・二〔地方志一般〕碑文の場合に限らず、一般に地方別の文獻をここに擧げることは、現在の筆者には不可能である。以下はほんの見本という位の意味で擧げるに過ぎない。

○「岡山縣人物傳」（花土文太郎、明四三、岡山縣）○「岡山縣人名辭書」（高見章夫、大七）…人名辭書の一例。

○「池田人物誌」（二册、吉田鋭雄・稻束猛、大一二、一三）…攝津國池田の人物の本格的な研究。

○「佐賀先哲叢話」（伊東祐穀、大二）…先哲叢談の形式に近い例。

○「肥後文獻解題」（上妻博之、昭三一）…著述の目錄と解題の例。

○「肥後文獻叢書」（六册、明四二、四三）…地方別の著作集錄の一例。

一二二・三〔藩學〕以上の他に、藩學についての文獻がある。

○「日本教育資料」（文部省、明二三――二五）○「藩學史談」（宇野哲人・乙竹岩造ほか、昭一八）○「二十六大藩の藩學と士風」（齋藤悳太郎、昭一九）（本書の巻頭四ページ以下の「引用書目概略」は、地方別文獻の目錄としてある程度役立つであろう。）○「藩風と藩學」*（朝日新聞學藝部、昭一九）…この系列の文獻については、○「日本學校史の研究」（石川謙、昭三五）三九ページ以下に詳しい目錄が擧っている。藩學そのものについては一二二・二項の中に述べる。

一一二・四〔その他〕以上に準じて、家別、個人別、家塾別、學派別などの文献が考えられる。これも次の二、三の例によって、あとは類推にまかせる。
○「古義堂文庫目録」（天理圖書館、昭三二）：仁齋以下の伊藤家歴代の遺著・遺品の完備した目録。
○「咸宜園入門百家小傳」（大塚富吉、昭二四）：廣瀬淡窓門下の人名辭書。
○「山崎闇齋と其門流」（傳記學會編、昭一三）：門下を網羅していないが、一例として擧げる。
一一三〔遺風〕

一一三・一〔肖像〕●「先哲像傳」○「大日本名家肖像集」（經濟雜誌社）などに集録されている。但し、その數は多いとはいえない。

一一三・二〔墓所・遺蹟〕上述一一一・四「碑傳」などの文献から墓所の所在がわかることが多いであろう。一般に、その人がその土地で注目されている場合には、その地の文化財關係の出版物などによって知ることができるであろう。

一一三・三〔遺物〕○古義堂と天理大學、○懐徳堂と大阪大學文學部、のような事情が恐らくは各地にあることと思われる。鄕土史研究雜誌には、しばしば資料目録が載せられるので、注意している必要がある。（尤も戰後は社會經濟史のみに局限される傾があるが、それでもこの分野に及ばないわけではなかろう。）中國（シナ）の地方志における東洋文庫や人文科學研究所のような立場に當る日本の地方志收藏の中心機關が、一體どれだけあるのか、怠慢ながらよく知らない。

一一三・四〔子孫〕○「漢學者傳記及著述集覽」巻末に、當時（昭一〇）の狀況が調査されている。

一一三・五〔顯彰・私淑〕○「日本儒學年表」に一應は贈位などの記事が見えるが、中には「何某ほか何名」というような書き方のために、個々の事實が隱れてしまっている場合もあり、かたがたこの年表の資料的整備が期待される。一般に年代からみて、對象とする儒者は、百年祭、百五十年祭、二百年祭などの時期にきている。このようなときには通常、資料展觀が行われるので、參考となる點が多い。

一一四〔著作〕

一一四・一〔著述目錄〕上述一一一項、特にその一一一・二項の儒者傳記檢索書には、著述目錄がついているのが普通である。それらは、その人の行狀、碑傳から拾うか、または次の諸書目から轉載したかであろう。

●「近代名家著述目錄」*○「近代著述目錄後篇」（日本古典全集所收）○「慶長以來諸家著述目錄漢學家之部」

但し未刊の故などでこれら諸書目に收載漏れとなった場合もあるし、逆に、計畫のみの書、他人の書などでありながら收載された場合もあり、眞相をつきとめることは個々の研究に俟つ點が多い。

一一四・二〔記錄〕著述の他には、書翰・日記などが重要である。書翰は個人別にまとめられたものの他に、○「手紙雜誌」（明三七、創刊）がある。

日記は個人別のものしかあり得ないが、少くとも當時の日記の現存目錄はあり得るであろう。

その他、種々の掌故的な記錄は、その集成書にしても、その所在目錄にしても、日本近世史研究の基礎的分野に屬するので、ここで改めて述べる必要を認めない。

一一四・三〔書畫文房〕美術史研究の然るべき雜誌、圖錄、目錄などを擧げるべきところであるが、この分野には全く不案內であるので、適例を擧げることができない。

一一五〔研究〕

一一五・一〔文獻目錄〕ある個人、或はその個人のある著書などについて、關連文獻・研究文獻を知るには：

○「日本文學者年表・續篇」（上述）‥明治末年までの文獻が知られる。

○「文學・哲學・史學・文獻目錄」Ⅲ（東洋文學・語學篇、昭二八、一〇月まで）Ⅲ・補遺（昭三一末まで）Ⅹ（中國哲學思想篇、昭三四、六月まで）○「中國文學報」（京都大學・中國語學中國文學研究室）卷末の「最近文獻目錄」○「日本漢文學文獻目錄」（菱沼透・橋本弘世、「漢文學研究」一〇、昭三七、早稻田大學漢文學研究會）‥以上すべて戰後のみを對象とする。

現在の筆者には、大正と昭和前半時代の文獻が甚だわかりにくい。○「雜誌索引」がどの程度まで役立つか未檢討である。○「近世人物資料綜覽」*（森銑三、「傳記」三ノ四――四ノ六）は有用と推測されるが未見である。○「明治以降・傳記書總目錄」（林亮勝・村上直、「日本歷史」一三八、昭三四）は單行本の書目である。

一一五・二〔雜誌〕從來この分野の研究が、中央機關の中心課題でなかったため、一貫性のある、全國的規模の雜誌が少い。それでも以前は漢學關係の雜誌が種々あったが、いまでは多分「雅友」（昭二五、創刊）があるのみではなかろうか。關東の「斯文」（大八、創刊）や、關西の「懷德」（大一三、創刊）は、この分野にまたがる雜誌と思われるが、實際に調べてみると、關連記事は案外に少い。

一一五・三〔評價〕

○〔各種の漢文學史〕時代別、或は流派別に儒者を記す。（具體名は一二一・二節を參照）

○「東瀛詩選」四十四卷、○「東瀛詩紀」二卷（いずれも淸の兪樾）‥前者は提要と選定された詩の總集。後者は提要の部分のみを取り出したものである。

○一般に、文學・思想・史學・美術・工藝・音曲など、そのどれを取ってみても、儒者のしごとは、西洋的觀點からすればピントはずれであろうし、それぞれの專門家の眼からは素人くさく見られがちである。そこのところをどう評價するかという點で、やはり儒者の立場からの發言がもっとあってよいと思われる。儒者の側から見た發言が異常に缺けていることは、儒者の側に立たない立場をさえ、歪める結果をもたらすであろう。

第二節　時代（一二〇）

一二一〔基盤〕

一二二〔文化一般〕一二二・一〔一般〕この一二一と一二二・一とは「日本資料集成」（「世界歴史事典」別巻の單刊本、昭三一）に讓る。その入門書の項（一頁以下）と、近世篇第一部第一章より三章まで（二七三頁以下）とが本稿一二一項に當り、政治・法制・經濟・社會・外交・貿易の細項に分かれる。また同書同上・第四章・第五章（二八八頁以下）が本稿一二二・一項に當り、思想・學問・宗教・文學の細項に分かれる。但し本稿は儒者中心の立場をとるから、分類の一つ一つの重みは同書と自ら異らざるを得ず、例えば「教育」や「醫學」（同書では「洋學および諸科學」の中に含まれている）は、かなり重い項目として扱わなければならない。

一二二・二〔儒學〕既述のとおり漢詩文學も含める。便宜上、現行の漢文學史から記す。

(1)〔現行三著〕○「日本漢文學史」（岡田正之、增訂版、昭二九）○「日本漢文學通史」（戸田浩曉、昭三二）○「日本漢文學史講義」（緒方惟精、昭三六）

岡田氏の著は本稿の對象とする時期を缺くが、增訂版には山岸德平・長澤規矩也兩氏の「日本漢文學史研究資料解說」（該書、四二六頁以下）があるので擧げる。前節はこの解說によるところが多い。戸田氏の書の卷末（一五一頁以下）にも「參考書解說」がある。この兩解說に基づき、以下は略記する。詳細は兩著について檢討されたい。（補）

(2)〔概說〕○「近世儒學史」（久保天隨、明四〇、帝國百科全書）○「日本漢學史」（牧野藻州、昭一三）○「日本儒學史」（安井小太郎、昭一四）他。

(3)〔通論〕○「近世文學史論」（內藤湖南、明三〇原版、改版二種）○「國文學と支那文學」（青木正兒、「支那文學藝術考」所收、昭一七）○「日本漢詩史」（菅谷軍次郎、昭一六）○「日本漢詩の精神と釋義」（橋本成文、昭一九）

(4)〔思想史〕○「日本宋學史」（西村天囚、明四二、改版一種）○「日本的朱子學」（朱謙之、一九五八、北京）。○他に、井上哲次郎氏の三著、三上參次、和辻哲郎氏らの尊王思想についての著書、津田左右吉・肥後和男・古川哲史・丸山眞男・相良亨・尾藤正英の諸氏の著書（概ね本稿の對象とする時期の直前までを扱う）など、多數の著書がある。○最近では「日本宋學史の研究」（和島芳男、昭三七）がある。

(5)〔藩學・教育史〕○既述一―二・三項の藩學關係書を參照。すべて「日本學校史の研究」（石川謙）の序説（一頁以下）に詳しい。○特に若干書を擧げると…○「江戸時代の教育」（春山作樹、岩波講座日本歴史所收、昭一〇）○「藩學建築」（城戸久、昭二〇）○「近世教育史」（乙竹岩造、昭二五）○「學校の發達」（石川謙、昭二八）○「近世の學校」（同、昭三二）○「近世藩校に於ける出版書の研究」（笠井助治、昭三七）○「昌平校と藩學」（和島芳男、昭三七）などがある。

(6)〔論集〕○「近世日本の儒學」（斯文會關係者を中心として編纂、昭一四）

(7)〔年譜・年表〕○「日本儒學年表」（斯文會、大一一）○「近世儒林編年志」（齋藤悳太郎、昭一八）

(8)〔學統表〕○「讀史備要」一〇三七頁、○その他學史・辭典などにしばしば收録されている。

一―二・三〔當時の書籍〕(1)〔出版書〕當時の出版書、及びその改版・僞刻の事情は、時代の風尚や學問の動向を捉える好資料である。○「大增書籍目錄」（明和九年刊）○「合類書籍目錄大全」（享和元年刊）など當時のもの。○「享保以後大阪出版書籍目錄」*（昭一一・大阪圖書出版業組合）など後世の集成になるもの（他に、幕府關係、官板關係などの出版書目錄がある。藩學關係は前述）などがある。他に斯道文庫に大きな計畫がある由である。

(2)〔工具書〕當時の必讀書、及び必攜書の語句は自然にその詩文に現われる。その出典調べは（本當は調べてわかるのではいけないのであろうが、未熟な筆者にとっては）面倒なしごとの一つである。幸い必讀書的なものについては、諸種の索引が公刊され（然るべき大圖書館の漢籍目錄によって容易に存否を知り得る）、索引以外にも檢索に役立つ書物〈當座の辭書の他、「說文通訓定聲」など、淸朝訓詁學の業績〉が存在するので、活用することができる。當時の必攜書は十分に調べたわけではないが、小型のものの他は、多分〇「佩文韻府」〇「淵鑑類函」などであろう。われわれとしてはこれに〇「騈字類編」〇「經籍籑詁」〇「古今圖書集成」などを適當に用いることができる。なお、日本の官名・地名の漢土風の表記については、〇「東藻會彙纂略」二卷〈萩野復堂・萩野鳩谷〉が參考となる。

一二二・四〈書畫〉詳細は「日本資料集成」に讓る。その近世篇第一部第六章〈二九五頁以下〉參照。要するに、書道全集、美術全集、陶磁全集の類の該當時代のところが手引となる。

一二二・五〈分野別の人名辭書〉儒者以外、醫・佛・神〈皇〉の諸家、また書畫・篆刻・工藝の諸家などについて、それぞれの分野別の人名辭書が必要な場合がある。特に醫家・佛家については、しばしばその必要を感ずる。いずれも然るべき標題の書に留意しておく要があろう。

一二三〈故實〉本項は江戸時代の風俗・習慣に關する事項を記すべき場所である。思うにその細項は、理論的には、人間の一生の日常生活や社會活動を、どう區分するかという點に繫っているであろう。ただこのことについてはまだ熟考していないので、以下は思いつきを二、三擧げるに過ぎない。

(イ)〈名號〉一般に、當時の人はしばしば改名するし、宛字も多く、異名同人であることが多い。殊に鄕里關係の記錄には、行狀などには見えない幼名で現われることがあるので注意が必要である。

この他、姓を書き變える例もある。よく知られているのは物〈荻生〉徂徠の場合であるが、他にも多數の例がある。醫者は姓・名ともに全く異る場合がある。例えば橋本貞元、卽ち葛子琴。前者が醫者としての名である。

また女子が嫁するときに改名するのは、多分、成人した故に實名をつけるのであろうが、ともかく頻見する。同時に、婚家の姓を稱しないことも、儒家の場合にはある。例えば張紅蘭が卽ち梁孟緯の夫人であるようなのがそれである(3)。

(ロ)　その他の故實一般については、鄕土史研究・古文書學・江戸風俗史研究などの手引書をたずねてみても、なかなか要領を得たものに行き當らない。その中で、○「鄕土史研究の手引」(田村榮太郎、昭一三)は、やや要望する點に近いところまで記してある。いまその各章の題を略記すると、「態度・古文書の見方・名稱・兵制・稅制・農村經濟・社會制度・官制・罰則と逃亡・家・社寺・風俗行事」となっている。ほしい項目を擧げれば切りがないが、これに加えて「交通(海陸とも)・曆法」などの項があれば好都合に思う。

(ハ)　工具書の選定は、これまた專門家にまかせる方が賢明であろうが、要するに、然るべき語彙豐富な字引、草書の字引、武鑑、圖繪などが必要であろう。一般の年表や歷史地圖の類は、本稿の程度に對象が狹められると、あまり役に立つとはいえない。特に文學史年表の戰後のものは、國文學界はもとより、中國文學界よりも見捨てられたわが儒學界の、慘憺たる評價ぶりを如實に示している。それはともかくとして、その他、故實に詳しい故老の書とか、然るべき時代小說とかが、簡單明瞭に、工具書の役割をするであろう。

一二四(地方志)　地方志の中、直接に儒者と關わるものは、一一四項に略述したが、なお、地方志一般としては、次の書目を擧げて參考に供する。

○「地誌目錄*」(內務省地誌課)○「家藏日本地誌目錄」正・續(高木利太、昭二、昭五)○「藩政」(金井圓、昭三七)所收「藩の史料」・「參考文獻」の諸部分。(一五一頁以下)

一二五(朝鮮)　朝鮮の儒學については「日本儒學年表」(上述)にそのための項目が立てられている他に、「朝鮮哲學史」(鄭鎭石等。宋枝學譯、昭三七)が詳しい。また「江戸時代の日朝關係」(中村榮孝、昭九、岩波講座日本歷史所收)も參考となる。「朝鮮信使と藝備地方」(栗田元次、昭一九、藝備文化叢刊四)もまた根本資料による研究で參考となる點が多い。

一二六(明淸)　本稿の對象とする時期の中國文學史的知識は、一般の中國文學史の他に、○「支那詩論史」(鈴木虎雄、大一四）○「中國新文學の源流」（周作人。松枝茂夫譯、昭一四、支邦學翻譯叢書）などが參考となる。個々の著書・論文については「文學・哲學・史學・文獻目錄」Ⅲ（前揭）など參照。（詳しくは「中國語學事典」所收「中國語の主な著書論文解題」十二節「學史・目錄」の部分を參照。）

一二七〔西洋〕（略）

一二八〔その他〕（略）

第三節　問題點（一三〇）

第四節　手引（一四〇）

この兩節については、具體的な文獻を引くまでになっていないので、いま考えている項目を列擧して參考に供する。

一三一〔日本の漢化〕日本の文化に中國文化が深く浸透していることは疑いのないことであるが、その程度に關する見解、更には根本的には、文化受容の可能性と限界とに關する見解は、實に種々樣々である。江戸儒學研究は、この問題に正面から取り組まなければならない分野である。朝鮮との比較も忘れられない一項目であろう。

一三二〔明治以前と以後との斷層〕前項が朝鮮と類似する問題であるのに對して、本項は中國と類似する。つまり西洋文化を被る以前と以後との斷層についてである。斷層となりながらも脈絡を保っている部分、またそれを機會に消滅した部分などを、內側から窮めるために、江戸儒學研究は大きく寄與するであろう。また中國との比較を通じて、日本・中國それぞれの、文化の本質的な違いとか、將來の展開の見通しとかが、明かにされると思われる。

一三三〔中國研究の方向〕狹く中國學の分野に限ってみても、日本の過去の中國研究の實情を知ることは、今後の研究の重要な指針となるであろう。江戸の遺産が、明治・大正・昭和の中國研究にどのように働いたかを見極めることは、かなり重要なことと思われる。いまや、維新・終戰の二度の改革で、江戸の遺産が殆ど全く壞滅した時期において、中國研究の潛在的エネルギーと傳統的技術とは、底をついたと思われる。これに對處すべき手段は、一體どこに求められるのか。この問題に答えるためにも、まず江戸の遺産を、內面から調べなおす必要がある。

一四一〔圖書館〕江戸時代の書籍を多く收藏している圖書館がどれほどあるものか、實は各方面に機會のあるごとに尋ねてみるが、要領を得た回答に接したためしがない。（これは尋ね方が惡いせいももちろんあろうが、同時に、このことが關心事でないためでもあろうかと推察される。國會・教育大・早大・斯道文庫は確かに多いと思われる。）なるべく早く、この項を要領を得たものにしたいと念願する。なお當時の儒者は多く書畫も殘しているので、然るべき美術館・博物館の名も調べる必要を感ずる。

一四二〔記念施設〕神社などを含めて、その人の記念のための施設は、全國的にかなりある筈と思われる。（淡窓圖書館、高山彥九郎神社などは、豐富な資料を擁している樣子が、それぞれの研究書によって知られる。）これまた前項同樣、早い機會に調査すべき必要を感じている。

一四三〔その他〕以上の他に、資料の所在、故老の所傳なども、一般的に、誰にでもわかる形で整理しておくことが望ましいが、これは前項、前々項以上の難事であろう。

附〔課題〕近世儒學については、檢索用の書物が甚しく缺けている。當面の課題として、次の諸編が作られるべきであろう。

○「姓索引」‥一人で二、三の姓を持つもの、或は日本の姓を漢土風に修したものを調べるためのもの。

○「別名索引」‥名・字・通稱・號・室名などの總合索引。通稱などには宛字が多いことも、索引製作上、考慮すべき事項であろう。

○「著述索引」‥現在における存否に拘りなく、すべて記錄に見える著述についての索引。

○「現存書目錄」：できるだけ多くの公庫・私庫に現存する著述の總合目錄。差し當っては、公刊された圖書館目錄の該當書索引だけでも非常に役立つであろう。
○「研究文獻目錄」：現代までの徹底したもの。
○「未刊資料所在目錄」：公庫のものだけでもよいと思う。
○「和名漢譯語辭典」：特に地名・官名について。
以上は、或は既にできていて筆者の知らないものがあるかも知れないが、一應書き記して備忘とする。

第二章　背景（二〇〇）

本章からは個人に密着して記す。但し本章は、個人そのものの傳に入る前に、その人の背景となった地域について記す。地域の最も大きいものは、既に一二〇節で扱ったので、本章では專ら藩の單位以下の地域に限ることとする。擧例者は前言に述べたとおりである。

第一節　藩（二一〇）

二一一〔歷史〕擧例者は藝州藩に屬する。藝州侯淺野氏（當時は松平を稱す）は四十二萬石、安藝・備後（備中よりの六郡を除く）を封域とする。一藩の鎭府は廣島に在った。いまの廣島縣は、藝州藩（廣島藩）領全域と、備後の殘り六郡、卽ち阿部氏の福山藩領とを含む。以下、藩史を知るための書名を擧げる。
○「藝藩通志」百五十九卷（明四〇——大四、廣島圖書館活版、五册）：賴杏坪が、加藤棕盧・賴采眞らと共に纂修した。文政八年に成る。江戸時代の地方志の中、出色のものと評價されている。本藩には寛文三年、黑川道祐の撰した「藝備國郡志」二巻（續々群書類從9、地理部所收。他に明治二十九年刊の熊見定次郎譯本がある）があったが、これを全く作り變えたものである。○「知新集」＊二十五巻（飯田篤老、文政二年。廣島城下について記す。）○「增補三原志稿」（大一、增補活版）

○「福山志料」三十五巻（明四三、活版）：吉田豊功・菅茶山らが纂修したもの。文化六年に成る。

○「廣島市史」（六冊、廣島市役所、大一一――一四）：市の歴史のみならず、一藩の歴史をかなりの程度まで知ることができる。最近、「新修廣島市史」＊が出版されているが、前者との關連など未詳である。○「尾道市史」（三冊、尾道市役所、昭一五）○この他にも種々の著作があろうが、筆者は久しくこの地から遠ざかっているため、詳しい事情は不明である。近著「藩政」（金井圓）一七〇頁によると、本藩の藩政史料は終戰時に亡びたという。誠に惜しむべきことである。

二一二〔文化〕明治以後の著作は概ね廣島縣ということを單位としているので、藝州藩・福山藩の兩方を含むこととなる。

(1)〔目錄〕○「藝備鄉土誌目錄」（森元國松、昭九、三朋社）：以下は結局は、この中から顯著なものを拾うことになってしまうわけである。非常によくできている目錄で、本稿は本書に負う點が多い。

(2)〔人名檢索書〕○「藝備偉人傳」上册（坂本箕山、明四〇、警醒社）：下册は未刊。但し目次だけは上巻末に附載されている。○「飽薇光華錄」所收「藝藩芳名錄」（熊見定次郎等）（明四五刊）：これより先「尙古」（後掲）が明治三十九年に創刊され、舊藩時代の人物研究等が大いに進んだ。このような氣運を反映して本著ができたものと推察される。○「藝備先哲傳」（玉井源作、大一四、廣島積善館）：從來の諸成果を總合した人名辭書。本書の凡例、一四頁に引用書目が多く擧げられている。○「安藝備後兩國偉人傳」（手島益雄、昭一二、東京藝備社）○「廣島縣先賢傳」（同、昭一八、同）：部門別の人名辭書。

(3)〔碑文の集〕○「藝備碑文集」上册（櫻井照登、大一〇、友田誠眞堂）‥下册は未刊と思われる。廣く墓碑の文を収録し、所在を示す。○「尚古」所收「名家墳墓」‥所在を示すだけであり、全縣下に及ばずして中絶しているが、調査されている部分は、よく行きとどいている。

(4)〔掌故〕○「藝藩輯要」（林保登編、昭八、入玄堂）○「元凱十著」（小鷹狩元凱、昭五、弘洲雨屋）‥著者は舊藩時代のことを知る故老で、非常な物知りという評價を得ていた人物。その蘊蓄を傾けた十種の著書の總錄。

(5)〔藩學〕○「日本教育史資料」（文部省、明二三――二五）第2册六五二頁以下の「舊廣島藩」の記事は、間に合わせの報告というのに近い。○「尚古」の發刊（明三九）以後、種々研究が進み、これが大正（一一――一四年）の「廣島市史」に詳しく總合された。○「藝藩學問所記事一片」（小鷹狩元凱、大一三。のち「元凱十著」に收録）もこれに前後して公表され、ほぼ資料は出そろった。○「修道中學校史*」「修道學園史」（昭三二）は、藩學の後身という意味で併せ見るべきである。○「二十六大藩の藩學と士風」（齋藤悳太郎、昭一九。その二三五頁以下）の記述は、藩學の名を修業堂と誤る如き點もあり、注意を要する。○「日本學校史の研究」（石川謙、昭三五、小學館）三八二頁、四三七頁以下などに、教育史的に見た記述がある。因に同書四三九頁の學問所の圖は、小鷹狩元凱氏によると「圖中助教の名あるを看れば或は其名ありし天明寛政年間の古圖にてあらんか」という。

○福山藩學については「日本教育史資料」2、六二六頁以下が非常に詳しい。東京・本郷の誠之小學校は阿部侯の縁によって、その藩學の名を冠したものという。

(6)〔專門雜誌〕○「尚古」（明三九――昭八。途中から「藝備史壇」と改稱。九三號まで續く。）‥重田定一氏の主唱によって創始された廣島尚古會の機關誌。縣下の鄉土史研究を推進した。昭和二年までは連年繼續刊行された。○「備後史談*」「藝備教育*」「飽薇」など未見、或は未検ながら、名を擧げておく。○「藝備地方史研究」‥戰後の雜誌。全部を検していないが、現在活動中のもの。

(7)〔その他〕○「廣島蒙求」正・次編（小鷹狩元凱、明三八・大九。のち「元凱十著」に收錄）‥逸事・逸聞の集。○「藝備醫人傳」第一輯（富士川游、大五）‥縣出身のこの高名な醫學史家による記念出版。何輯まで出たものか未詳。○「藝備の學者」（和田英松、昭四、明治書院）‥論文の集錄。

◎以下、藝州藩關係の著名人について記す。全般的には○『市史』1、三〇六頁「文政の振起」○同、1、三六六頁「藝備國郡志の編纂」○同、2、五二九頁「藩學問所の創立」の各節に記されている。

(イ)〔藤原惺窩〕○淺野侯の廣島入城以前、紀州において重用された。その緣で堀杏庵が用いられることとなる。○「日本朱子學派之哲學」（井上哲次郎、訂正增補版四六頁）所收「惺窩關係書類」參照。

(ロ)〔堀杏庵〕○惺窩の推薦により、その後を承けて淺野侯に仕え、移封に際して隨從して廣島にきた。しかしいくばくもなくして後を石川丈山に讓った。○『偉上』一一五頁。

(ハ)〔石川丈山〕○「石川丈山*」（廣島尙古會、大一〇）○「石川丈山先生の傳記*」（石川玄、昭九）

(ニ)〔黑川道祐〕○杏庵の外孫。儒醫を以て仕え、「藝備國郡志」（上揭）「本朝醫考」などを著わした。○「藝備の學者」（和田英松、一頁以下）所收「黑川道祐」○「日本醫學史」（富士川游、明三七。昭一七、第三次版本）三三八頁。

以上はいずれも著名人なので、比較的詳しい資料名を擧げて代表とし、一般の檢索書の名は省く。

○正德・享保の間、植田艮背・味木立軒・天津源之丞・寺田臨川らが登用され、元文中には加藤十千が擧用された。以下はやや網羅的に記す。

(ホ)〔植田艮背〕○山崎闇齋の高弟　○『先哲』五八頁　○『碑上』三三頁　○「尙古」一ノ二、三七頁　○『光華』四九頁　○『市史』2、五三〇頁・八六頁。

(ヘ)〔味木立軒〕○「先哲叢談後編」巻四、一七a　○『偉上』一六六頁　○『先哲』二三頁　○「尙古」二ノ七、三三頁　○『光華』四八頁　○『市史』2、八七頁　○『鄉目』五一頁　○その他、漢學者關係の檢索書。

(ト)〔寺川臨川〕○『光華』五〇頁 ○『偉上』一五七頁 ○『先哲』三三一頁 ○『市史』2、五三〇頁・一〇七頁 ○『碑上』四〇頁 ○「尙古」一ノ三、五七頁（墓）○「尙古」二ノ八、三五頁（著書）○『鄕目』七四頁・五一頁。

(チ)〔加藤缶樂・加藤十千〕○『市史』2、四九七頁「社倉法の實施」の節參照 ○『光華』四九頁、五四頁 ○『偉上』二二一頁 ○『先哲』一四三頁 ○『碑上』三六頁・五八頁 ○「尙古」三ノ五、四一頁（墓）○「尙古」三ノ四、三〇頁（著書）○『鄕目』六一頁。

(附)〔藝州藩社倉法〕○「廣島藩社倉法示教書」（重田定一、尙古四五、明四四年三月號）○「廣島藩の社倉法」（同、尙古四八）○「史說史話」（同、大五）二八六頁・三〇四頁（史學雜誌二二ノ一一*より再收）○『市史』2、四九七頁 ○「與樂叢書」卷八三「朱子社倉法和解」○「與樂叢書」卷八四「社倉攷意」・「社倉解意抄」○與樂叢書はこの前後がいま缺けているので、同類の書がまだあったのかも知れない。

○以下、醫人・俳人の代表者を擧げる。

(リ)〔吉益東洞〕○古方醫學の大家 ○「事實文編」2、卷三八、三八九頁「行狀」○「藝備醫人傳」第一輯（富士川游、大五）○「日本醫學史」（同、明三七。昭二七、第三次版本）三五三頁 ○『光華』八二頁 ○『偉上』二三四頁 ○『先哲』五六六頁 ○『鄕目』八八頁。

(ヌ)〔惠美三白〕○吐方の大家 ○「日本醫學史」（富士川游）四一七頁 ○『光華』八二頁 ○『偉上』二九七頁 ○『先哲』八二頁 ○『碑上』六〇頁 ○「尙古」二ノ五、一六頁。

(ル)〔多賀庵風律〕○俳人 ○『光華』一一九頁 ○『偉上』一七八頁 ○『先哲』二九〇頁 ○『碑上』九二頁 ○「尙古」一ノ二、三六頁 ○『鄕目』八一頁。

○福山藩出身者については關係がやや薄くなるので多くを記さないが、一項だけ代表として擧げておく。

(ヲ)〔佐藤直方〕○闇齋の高弟　○「藝備の學者」（和田英松）二五頁「佐藤直方」○「山崎闇齋と其門流」（傳記學會、昭一三）所收「佐藤直方先生」（田中謙藏）○その他「山崎闇齋派之學說*」（法貴慶次郎、明三五）など、關係資料は「闇齋學統の國體思想」（後藤三郎、昭一六）序三頁以下に見える。（追補）

○以上の諸家は『兩偉』にも見えるがいま省いた。

第二節　鄉土（二二〇）

二二一〔歷史〕學例者は安藝國賀茂郡竹原下市村（現、廣島縣竹原市竹原）の出身である。

(1)〔一般的な資料〕○「大日本地名辭書」1、一一二三頁　○『通志』3、卷七六（一一八二頁）、卷七八（一二五〇頁）、卷八二（一三二〇頁）○同、5、卷一五二（二四七三頁）○同、卷七六・卷七七「加茂郡（原本*）」（竹原圖書館所藏）

(2)〔小早川氏〕○この土地は小早川氏の本領であった。○「小早川隆景」（渡邊世祐・川上多助、昭一四）參照　○これに關連して「毛利元就」（瀨川秀雄、昭一七）「吉川元春」（同、昭一九）はいずれも資料性に富むので參考となる點が多い[4]。

(3)〔鹽田〕○この土地は江戸時代に入ってから鹽田が開發された。○「竹原下市一邑志」（齋藤忠衡、即ち寺本立軒、昭七活版）○「尙古」二ノ一一、三三上　○『鄉目』二三頁以下。

(4)〔鹽田に關する近著〕○「在鄉町と周邊農村との關係・安藝國竹原下市を中心として」（渡邊則文、「日本の町、その歷史的構造」二八一頁、昭三三）○「近世鹽田の成立」（兒玉洋一、昭三五）四八三頁、「竹原鹽田の成立」○「廣島鹽業史」（渡邊則文、昭三五）○以上各書の引用書に重要なものがあると思われる。

(5)〔その他〕○この土地に盛んな、廻船・酒造についても、何らかの文献がありそうであるが、未詳である。瀨戸内の水軍についても、注意が必要ではないかと想像される。

二二二〔文化〕 この土地は、闇齋學の影響を強く受けた。また和歌の學も盛んであった。郷土の文化人を祭った郷賢祠があるので、それによって文化の大勢を知ることができる。

(1)〔郷賢祠〕 ○「竹原の郷賢祠」(重田定一、「斯民」* 所收の文の再刷、大一葉) ○「郷賢祠」(村上英、尙古一ノ二、一ノ三、一ノ四、明三九―四〇) ○他に『杏傳』(一二三頁)、『幽光』(四八頁) などにも概略が見える。

(2)〔諸家〕 ○『通志』3、巻八二「安藝國賀茂郡・六」○同、5、巻一五二「藝文」(同上の郡における)‥郷賢祠中の人に限らず、本郡の諸家を収める。○「春水遺稿」別錄「師友志」‥故郷の諸家を記す。○『杏傳』六頁 ○「日本外史の精神と釋義」(楳厓著) 一七頁などに、當地の闇齋學者の學統表が掲げられている。

○以下は諸家の中から摘錄する。一々指摘しないが、郷賢祠中の人は、上述(1)の文獻には當然見えるし、また一般に(2)の文獻にも見える場合が多い。

(イ)〔寺本立軒〕 ○齋藤氏とも稱する。郷賢祠中の人。廣島より移住し、醫を業とし、「磯宮記」*「竹原下市一邑志」を著わす。○「近世鹽田の成立」(兒玉洋一) 五二三頁 ○『先哲』三三四頁。(『光華』五三頁參照)

(ロ)〔唐崎氏〕 ○定信(隼人正)は闇齋の弟子。本村、磯宮八幡神官。當地に忠孝石を作る。○その子、清繼 ○清繼の子、信通。郷賢祠中の人。○清繼の子、彥明(欽)。郷賢祠中の人。三宅尙齋(闇齋門人)に學ぶ。江戸に遊學し、のち伊勢長島侯の聘に應ずる。○信通の子、士愛(赤齋)。郷賢祠中の人。谷川淡齋(闇齋の孫弟子)の門人。高山仲繩(彥九郎)と親交があり、仲繩の自決後、自らもそれに倣う。贈正四位。傳に「唐崎常陸介」*(村上英)がある。

○『光華』一八頁、五〇頁、五一頁 ○『先哲』一六七頁以下。

(ハ)〔吉井氏〕 ○郷賢祠には吉井姓の人は、正伴、元庸、貞榮、豐庸が祠られる。尤も、貞榮は四國の人、豐庸は上吉井氏といわれる。○正伴の子、當啓は、吉井半三郎(六世) 當聰の嗣子となる。[5] ○吉井半三郎(米屋)は代々この町（下市村は町に準ずる扱いであった）の年寄役を勤めた。浄春という半三郎のとき吉井氏を名乘り、その前は代々、道工氏を稱していたと傳えられる。○正件は晩年、玉木韋齋（闇齋の門人）等に學び、元庸・貞榮もまた神道を唱えた。○豐庸は有賀長伯を師として和歌を學んだ。○「吉井半三郎當聰略傳」*（渡邊則文、藝備地方史研究一二）○『光華』四四頁、一〇七頁　○『先哲』五六〇頁以下　○『碑上』四七頁・五七頁。

(ニ)〔道工彥文〕○鄕賢祠中の人。有賀長伯の門人。「彥文家集竝解題」（董二編、村上英解題、昭一〇）があり、原本はもと唐崎赤齋の集錄という。『遺響』第二〇冊・第二五冊に記事が見える。○『光華』一〇七頁　○『先哲』三四〇頁。

(ホ)〔鹽谷貞敏〕○鄕賢祠中の人。「師友志」にも見える。植田艮背（闇齋の門人）に學ぶ。醫にして儒。沒後、鄕人はその故居を「竹原書院」と名づけて鄕校とした。「尙古」二ノ三、一六頁參照　○『光華』五二頁　○『先哲』二五八頁　○『碑上』四八頁。

(ヘ)〔その他の鄕賢祠中の人〕◎以上の他に、玉木韋齋に連る神道家として、菅忠篤・木村好賢・木村政信・笠井貞之・笠井貞直・村上貞之・本庄貞居がいる。○『光華』四三頁以下　○『先哲』等參照　◎儒者としては南維則がいる。○「經學者平賀晉民先生」四六・五二八・五三九各頁　◎これに亨翁・春風を加えて二十名が祠られた。（のち更に二名が加わる。）

(ト)〔僧獅絃〕○師友志中（補遺）の人。○「經學者平賀晉民先生」四四頁　○『光華』九六頁　○『先哲』二五三頁　○葛子琴や春水の詩の中に現われる例は、本稿のいわゆる「高次の文獻」に屬するので、いまは省く。

(チ)〔僧超倫〕○師友志中の人。○『光華』九六頁　○『先哲』三三八頁。

○以下は竹原の人ではないが、關連して記す。

(リ)〔僧寰海〕○師友志中の人。○「寰海禪師詩集」*（明和四年刊）がある。○「經學者平賀晉民先生」一二頁　○

『先哲』二五三頁。

(ヌ)〔平賀中南〕○師友志中の人。○傳に「經學者平賀晉民先生」(澤井常四郎、昭五)がある。○「天野屋利兵衞傳」(「甘雨亭叢書」所收。また「赤穗義人纂書」所收)についての顚末は、「在津紀事」上、または「經學者平賀晉民先生」一三五頁參照。○「尙古」七五號、「藝備史壇」(尙古改題)八四號、九一號 ○『鄕目』八〇頁 ○『光華』五五頁 ○『先哲』四二一頁 ○『初』にも關連記事若干を收めた。

(ル)〔宇都宮士龍〕○師友志中の人。○「三原妙正寺奇題詩」「三原潮鳴館寄題詩」の集成に努力した。(6) ○宇都宮氏より出た關係で「花井卓藏全傳」(昭一五)の中にも士龍の記事が見える。○『先哲』六三頁。

(ヲ)〔宮地世恭〕○師友志中の人。○「尾道市史」中册に見える。○『先哲』五一六頁。

(ワ)〔西川義之〕○「在津紀事」上に見える。

(カ)〔島居子瑤〕○師友志中の人。○「尾道市史」中册に見える。○『先哲』二五九頁 ○『碑上』九三頁。

(ヨ)〔勝島敬助〕○師友志中の人。○「尾道市史」中册、七四四頁に勝島氏の系譜があり、七六〇頁には仁齋・東涯・東所に學んだ一族諸氏の略傳が見える。○親族關係にある松本氏に「賀島詩卷」の集成がある。「尙古」三ノ六、二二頁參照 ○『先哲』一四一頁。

(タ)〔その他〕○竹原に孝女美津がいて、種々表彰されている。『幽光』一二六頁 ○竹原における劍術の流れは『通志』3、卷八二、一三一三頁に見える。

○「倉橋版孝經外傳に就て」(服部富三郞、「藝備史壇」八四所收、大一一)は、倉橋・尾道・竹原・廣島の朱子學・闇齋學の大勢を記す。この論文を二〇〇項の總結とする。

第三章　傳記（三〇〇）

本章からは個人のことを記す。本章は專ら傳記的事項を扱う。即ち、全體を四章に分け、「個人・家族・生活・遺風」とする。極めて個人的な事項に渉る點は、前言に述べた趣旨において諒恕を得たい。既述の如く、擧例者については略號を用い、春水をXとし、春風をYとし、杏坪をZとする。

第一節　個人（三一〇）

本節は個人を中心として、どれだけの項目についてどの程度の範圍に傳記的文獻があり得るかを見る參考となるであろう。引用文獻名は、上述一一〇節「檢索」に擧げたものと重複する場合が多いが、通常の檢索書からは予想されない文獻もあり得るので、一一〇節とは別に、個人中心にまとめてみることも擧例としての意味がある。

三一一〔略傳〕　一一〇節の各書のうち、擧例者三名について、容易に檢索できるもの（五十音順の書など）は一々擧げる必要はないと思う。以下は、必要と思われる例のみを擧げる。

三一一・一〔檢索書〕

○「日本文學者年表・續編」三四五頁（X）・四〇八頁（Z）○『偉上』二三七頁（X）・三一八頁（Z）○『大觀』一六頁（X）・六七六頁（Y）○『幽光』四頁・一五三頁等（X）・四四頁（Y）・六九頁（Z）　○『光華』六〇頁以下（XYZ）○『先哲』五七七頁以下（XYZ）○『兩偉』儒者一九頁以下（XYZ）・醫人九八頁（Y）・和歌一八二頁（Z）・書家二一三頁以下（XYZ）

三一一・二〔學史・文化史〕

○「近世先哲叢談」上、三四a以下（XYZ）○「續近世叢語」巻三、二a以下（XYZ）○「漢學者傳記集成」八九二頁以下（XYZ）○「續諸家人物志」*

○『市史』3、六三頁（X）・六八頁（Z）

○「近世漢學史」（久保天隨）二三八頁（X）○「近世儒學史」（同）二三三頁（X）・二三八頁（Z）○「日本宋學史」（西村天囚）三二七頁（X）○「日本的朱子學」（朱謙之）三四六頁以下（XZ）

三一一・三〔その他〕

○「東瀛詩紀」（兪樾）巻一、一八a以下（ZX）○「雅友」三八、一頁（今關天彭）（X）

三一二〔行狀・墓銘〕以下は、違う文獻ごとに通し番號をつける。同じ文獻が種々の書物に引かれている場合、一つの番號の下に、幾つもの出所が記されることとなる。(7)

(1)「行狀（X）」（山陽撰）○「春水遺稿」巻末 ○「山陽文錄」巻一、五a ○『全書』文集二八二頁 ○「與樂園叢書」巻七 ○「事實文編」3、巻七四、八四頁 ○「近世先哲叢談」巻上、三四a（多く行狀による）○「續近世百傑傳」（干河岸櫻所、明三四）四九頁。

(2)「墓碣銘（X）」（古賀精里撰）○「精里三集」巻五、一五b ○「春水遺稿」巻首 ○「事實文編」3、巻七四、八三頁 ○『碑上』一〇四頁 ○「近世名家碑文集」一一八頁。

(3)「墓誌銘（X）」（萬波醒廬撰）○「竹北齋遺稿」*（『全傳』上、五四七頁に全文を引く）○これは埋銘であるという。

(4)「祝文（X）」（聿庵撰）○「遺珠」所收 ○『大觀』九三頁 ○これは出棺に際しての祝文で、むしろ略傳的なものであるが、體裁からみてここにおくこととする。因に、當時、儒葬が行われたことは種々の記錄に見える。ところによっては、それは儒者のみには限らなかった。

(5)「行實（Y）」〔杏坪撰〕○一本。
(6)「墓碣（Y）」〔菅茶山撰〕○「事實文編」3、巻五〇、一五四頁　○『碑上』一二〇頁　○「近世名家碑文集」一二一頁　○「續近世百傑傳」七九頁。
(7)「墓銘（Z）」〔篠崎小竹撰〕○「事實文編」3、巻五二、一八七頁　○『碑上』一四〇頁。

三一三〔年譜〕一般に、本邦では年譜の學問が未發達であったようである。年譜は本來、その人一代の事業を年代を追って跡づけることによって、その學說の展開、抱負の實現の樣相を明かにすべきものであろうが、現狀では年表（傳記の項目的列擧）に過ぎないようである。もちろん年表も、檢索用には必要であるが、その年表さえ、作られている場合が少いと思われる。
(1)「年譜（X）」〔古楳撰〕○二本。
(2)「年譜（X）」〔木崎好尚撰〕○『山竹』三ノ一一の廣告に見えるが、多分未刊と思われる。*
(3)「年表（Y）」〔古楳撰〕○稿本。
(4)「年譜（Z）」○『杏傳』〔重田定一、明四一〕二六二頁所載。
(5)「年譜（Z）」〔木崎好尚撰、昭八〕‥單刊本。

三一四〔詳傳〕既出の三一一項「略傳」とは異り、本格的な傳記をここに記す。
(1)『詳傳（X）』〔古楳撰〕‥四巻四册までで、あとは未完　○一本。
(2)「ノート（Y）」〔古楳筆〕‥『日A』『日B』の中から關係記事を引き拔いたもの。全くの草稿。○一本。
(3)『杏傳（Z）』〔重田定一、明四一〕‥單刊本。
(4)「傳（Z）」〔重田定一、明四三〕‥これは略傳的であるが、(3)と關連し、且つ單刊されたのでここに記す。○傳記とはいえなくとも、雜誌の特輯などは、その人をいろいろな角度から記しているので、一種の詳傳となることがある。

(5)『山竹』三ノ五（昭八）（Z）：百年祭特輯號。

(6)「藝備教育」特別號*（昭八）（Z）：同上。

三一五〔逸聞〕逸事・逸聞は、眞僞とりまぜていろいろと傳えられている。これはその人の正・反とりどりの人氣・評判の結果であるので、一概に無視することはできない。

○「廣島蒙求」（小鷹狩元凱）六頁以下（XZ）○「名家話藪」（香魚生）所引「師談錄」（X）○「近世豪傑譚」（小宮山綏介、明二五）六九頁。（X・僞傳）

この他、當時の友人などからの聞き書きの類が多いと考えられるが、それはいわゆる高次の文獻に屬するので、ここでは一々拾わない。

三一六〔その他〕詩文集の總集に作品が收められる場合、略傳が附記されていることが多い。また諸家の詩文集の中から、傳記的事項が拾われることも多い。もちろん自家の詩文からも、それらが拾われることがある。但し、本稿としては、それらを一々指摘するところまで深入りしないこととする。

第二節　家族（三二〇）

三二一〔父および家系〕擧例者の父、亨翁については次の如くである。

(1)〔略傳〕○『通志』3、巻八二、一三一二頁　○『杏傳』七頁　○『大觀』四頁　○『幽光』三・一三一・一五三各頁　○『光華』一〇八頁　○『先哲』五七七頁　○『兩偉』歌人一八二頁。

(2)「行狀」（春水撰）○「春水遺稿」巻一〇。

(3)「墓誌銘」（尾藤二洲撰）○「靜寄軒集」巻八　○『通志』5、巻一五二、二四八八頁　○『碑上』六三頁　○

「遺珠」（古楳編）所收　○以上のうち、「遺珠」所收の文は、「靜寄軒集」の文と小異がある。

(4)「年譜」（光本鳳伏）○『幽光』卷頭所收。但し修正すべきところが多い。

(5)「傳」*（春水撰）○『鄕目』四六頁に見える三原圖書館所藏本。或は行狀かとも思われるが未詳。

(6)「遺事」（春水撰）○「春水遺稿」卷一〇、附行狀、○「拾珠」（古楳編）所收　○以上のうち、「拾珠」所收の文は、「春水遺稿」に省かれた若干條を含む。

(7)〈逸事〉○「在津紀事」下、所收　○「續近世叢語」卷一、一一a　○同、卷三、二a　○同、卷三、一一a。

(8)〈歌集・紀行〉○『鄕目』九〇頁　○他に『初』の諸處に引いた若干種がある。○近世和歌史、或は小澤蘆庵の傳などの中に觸れられていることがある。

(9)〈墓所〉○『幽光』二二六頁。

(10)〈居所跡〉○近時出版の文化地理大系の類に收められていることがある。

○〈家系〉上述の「行狀」の記述以上には殆ど出ない。『全傳』上、五頁なども參照。(8)

三二二〈母および母黨〉一般に儒者は、ものを書くのが商賣であるから、婦人についても、簡單ながら記錄を殘している場合が多い。

擧例者の母は道工氏で、前掲、道工彥文と同族である。

(1)〈略傳〉○「尙古」三ノ七（重田定一）○「史說史話」三七四頁　○『大觀』一三頁　○『先哲』五七八頁　○『幽光』三・一三三・一五五・二二七各頁　○『兩偉』婦人三二六頁。

(2)「碑銘」（平賀中南撰）○「日新堂集」卷七（「經學者平賀晉民先生」五一二頁に收める）○一本。

(3)「墓磚誌」（中井竹山撰）○「奠陰集」卷九、一五a　○『通志』5、卷一五二、二四八九頁　○『碑上』四六頁。

(4)〔その他〕○資料若干種があるが、いま省く。

(5)〔母黨〕○同族、道工彦文のことは前述　○吉井氏（米屋半三郎）のことも前述　○『幽光』五七・六五・六八頁参照　○この他、筆者未見の資料が多いと思われる。

三一三〔妻および妻黨〕

(1)〔飯岡氏（X）〕(イ)〔略傳〕○『光華』一〇八頁　○『大觀』九六頁　○『先哲』五八一頁　○『兩偉』歌人一八三頁、婦人三二六頁　(ロ)〔遺稿〕○「梅颸日記」（『全書』附錄）○「梅颸歌稿」十二冊　○「梅颸歌文鈔」（昭一六、巻末に年譜を附錄）(ハ)〔その他〕○「家庭の賴山陽」（木崎好尚、明四〇）○『賴山陽と其母』（同、明四四）○「賴山陽の母」（吉川綾子、昭一八）○『初』八八頁に引いた文獻など、なお若干の資料がある。

(2)〔飯岡義齋〕…妻（X）の父　(イ)〔略傳〕○「大日本人名辭書」二二二六頁　○「續近世叢語」巻二、一四b　(ロ)〔家系〕○『家庭』二八頁および巻頭　○『山竹』一ノ七、一頁　(ハ)「處士飯岡澹寧先生墓銘」（春水撰）○「春水遺稿」巻一〇、一三b　○「近世名家碑文集」一七頁　○「大阪訪碑錄」（「浪速叢書」10　所收）四一頁　(ニ)〔その他〕○「山房隨筆（二）——飯岡義齋——（楳厓著）○肖像は『全傳』上、巻頭に見える。○『初』三七頁に引いた文獻などの他、なお若干の資料がある。飯岡氏については、わかる限りの資料目錄を、別に作るつもりである。

(3)〔飯岡氏の親戚〕◎尾藤二洲は「師友」（いまのところ五三一項の豫定）の項に記す。◎「尾藤水竹事略」○「問亭遺文」巻五、一三a　◎〔水竹〕○『山竹』二ノ四、二ノ五、二ノ六　○『大觀』四三頁　○「尾藤二洲・上甲師文」一一五頁　◎〔中井氏・越智氏〕○詳細を缺くので將來の補訂に俟つ。

(4)〔田中氏（Y）〕(イ)〔略傳〕○『幽光』四七頁　○『兩偉』婦人三一八頁　(ロ)〔墓銘〕（聿庵撰）○『碑上』一六五頁。

(5)〔加藤氏（Z）〕(イ)〔略傳〕○「尚古」三ノ七（重田定一）○「史說史話」三七四頁　○『先哲』五八六頁

○『兩偉』婦人三二七頁　(ロ)〔墓銘〕（杏坪撰）○『杏傳』附錄四五頁　○『碑上』一〇九頁。

(6)〔加藤靜古〕：妻(Z)の父　○「尙古」三ノ五、四一頁（墓）○『光華』五四頁　○『先哲』一四五頁　○その父・十千、十千の父・缶樂については既述した。

三二四　〔子および子孫〕

(1)〔山陽(X)〕資料的に見て、別に獨立の一篇を要するものがあるが、いま概略を記す。そのため體裁は他と多少異る。

◎〔傳〕沒後、門人の森田節齋・江木鰐水らの間で、行狀をめぐって論爭があった。（「賴山陽先生品行論」または「山陽行狀往復書」の名で刊行されている。）その後、明治初期まで、傳聞・風聞に基づく多くの傳が作られた。明治半ばに、山路愛山・森田思軒らによって、今度は評論のやりとりがあり、德富蘇峯もこれに關係した。（「賴山陽及其時代」の名で刊行されている。）その後、次第に資料性に富む傳が現われ出した。（『大觀』『幽光』『隨筆』など）この間にあって、木崎好尙が最も努力を傾けた。（「家庭の賴山陽」以下）いまのところ、評論としては「賴山陽」（德富蘇峯、大一五）、詳傳としては『全傳』（木崎好尙、昭六——七年）を、それぞれの代表とすべきであろう。以上はいわゆる「山陽癖」のある方の流れであるが、この他、文化界に反山陽の流れのあることも指摘できる。（その資料は、概ね『全傳』に收錄されている。）

◎〔著述〕『全書』（附錄を除いて七册）、『書翰集』（三册）を代表とするが、その他、各種各樣のものがおびただしくある。詳細は「嶺松廬著述竝關係書目錄」（未刊）の山陽の部分（「國學院雜誌」三七ノ一〇、または「日本外史の精神と釋義」二九〇頁などについても見られるであろう）に讓る。○因に書翰についての木崎氏の整理の順は（明治・大正期は省く）『書翰集』上・下——『全傳』——『書翰集』續——『山竹』（後期のころを除く大部分）——「賴山陽名著全集」7（書翰集）——『山竹』（最後のあたり）であったと推定される。

◎〔その他〕○「日本文學者年表・續編」四〇六頁 ○「雜誌索引」などによって研究文獻を概見できる。『山竹』は專門の雜誌である。

(2)〔景讓〕（實Y・養X）〕 (イ)〔略傳〕○『光華』五九頁 ○『市史』3、九九頁 ○『幽光』四五・四七〇各頁 ○『先哲』五九六頁 ○『兩偉』書家二一七頁 (ロ)〔墓碑銘〕（春水撰）(9) ○「春水遺稿」附錄卷首 ○『碑上』一〇四頁 ○『全書』文集二七四頁 ○「尙古」一ノ三、五九頁 (墓) (ハ)〔墓誌銘〕（石井豐洲撰）○「遺珠」所收 (ニ)〔紀事〕（いま一例ずつを拾う）○「得家書志喜二弟竝獲男」（「春水遺稿」卷三、一八a、寛政三年）○「霞關邸舍弟千祺兒元鼎歡迎」（「春風館詩抄」卷下、三b、文化八年）○「正月廿八日亡姪新甫忌日愴然作」（「春草堂詩鈔」卷五、一a、文政十年）(ホ)〔著述〕◎「新甫遺詩」一卷（「春水遺稿」附錄）○〔これにつき〕「題新甫遺詩後」（山陽撰、「春水遺稿」附錄末、および『全書』文集二七五頁）○「東瀛詩紀」卷一、一九a ◎「心傳開敎論*」（細宗關撰、劍術の書）の跋文*（「尙古」三ノ一一、四一頁）(ヘ)〔その他〕諸家の詩文・書翰中の關連記事の詳細（いわゆる高次の文獻）は、近い機會にまとめるつもりである。

(3)〔小園（Y）〕(イ)〔略傳〕○『先哲』五九八頁 ○『幽光』四七頁 ○『兩偉』醫人一一二頁、書家二一八頁 (ロ)〔碑銘〕（來洲撰）○『碑上』一八四頁 (ハ)〔配、唯子〕○『碑上』二〇七頁。（來洲撰）

(4)〔采眞（Z）〕(イ)〔略傳〕○『光華』六三頁 ○『市史』3、一〇〇頁 ○『先哲』五九七頁 ○『幽光』七〇頁 ○『兩偉』書家二一七頁 (ロ)〔その他〕○「塵庵詩鈔」（昭一六刋）附載「詩僧塵庵をめぐる」（藤秀璻）三九b。

(5)〔その他の子〕資料はあっても、いわゆる高次の文獻であるので、本稿としては省略する。三穗子（X）の嫁した進藤氏については ○「心行寺書類」一通がある。

(附) 當時、天然痘が小兒にとって如何に恐ろしいものであったかは、このころの記錄を見るごとに感ぜられる點である。この意味で、この項そのものにはいささか不似合ながら、痘科について觸れておきたい。尤も擧げるべき文獻については何が最も適當か審かにしない。○「日本醫學史」（富士川游、第三次版本）四七二頁および七二八頁（參考書籍）參照。○森鷗外の「伊澤蘭軒」にも觸れる點があるが、これがこの分野の記述としてどれだけの重みを持つものかは知らない。

(6)〔子孫〕既刊のもののみ略記する。○前述の「一般」（一一一・一）、「儒者・新」（一一一・二）、「鄕土別の文獻」（一一二）の各項に擧げた文獻に若干の記事がある。○『光華』『幽光』（始めの部分）『山竹』（三ノ九、三九頁）などにも見える。○單行の傳には「賴三樹傳」（木崎好尙、昭一八）がある。○諸家の文集の中に、聿庵の「事略」（本城問亭撰。「問亭遺文」巻五、一五b）や、古楳の「墓碣銘」（高謙堂撰。「廻瀾集」第十編、八b）がある。

三二五〔同族・親戚〕

(1)〔傳五郎（惟宣）〕◎「融巖府君行實幷遺事」（養堂撰）○「拾珠」所收 ◎〔墓所〕‥竹原、照蓮寺。

(2)〔養堂〕◎〔略傳〕○『先哲』五九八頁 ○『幽光』七五頁 ○『兩偉』書家二一七頁 ◎〔遺稿〕○「養堂詩集（殘）」○「癸巳晩春遊備日記」◎〔墓所〕廣島、多聞院。（現在）

(3)〔立齋〕◎〔略傳〕○「大日本人名辭書」○「平凡社・書道全集」23、二〇二頁（「平安人物誌*」「日本印人傳*」を引く）◎〔墓所〕京都、長樂寺。

第三節　生活（三三〇）

三三一〔基礎〕本項は、その人の實生活の基礎に關すること、例えば俸米、邸宅などについて記すべきところである。擧例者について、種々の文獻があるが、いずれもいわゆる高次の文獻となるので、本稿としては深入りしないこととする。

なお邸宅については、邸宅そのものよりも、むしろ、それに關する詩文（自分のもあるし、他より寄せられたものもある）が一類を成す。

三三二〔周邊〕本項は、その人の生活の周邊にある人々、例えば、職務上の上役・同輩・下役・召使・出入りの者・近隣者など、また故郷關係で二二〇節以外の關係者などを收める。

これら周邊者に對しては、邸園の記、祝賀の詩、墓誌銘、寄懷詩などが作られている場合が多い。しかし、會心の作でないために、別集に收められていないこともあるので、その贈り先について丹念に調べてみる必要も多いであろう。

三三三〔その他〕儒または醫は、身分が一般的に固縛されていた當時においては、特別な枠に入るものであったと思われる。藩儒・藩醫に登用される場合（他に、幕府に登用される場合、また公卿諸家に任用される場合）、どのような動機があり、どのような手續によったかを調べることも、興味のあることである。(10)

第四節　遺風（三四〇）

三四一〔肖像〕

三四二〔墓所〕

三四三〔遺蹟〕

三四四〔遺物〕

三四五〔その他〕

以上はいずれも、あまりにも個人的事項に渉り過ぎる上に、且つ概ね高次の文献となるので、本稿としては省略するが、一般的には一一三項で知られる。ともかく、個人を調べる上で、これらの事項はとりわけ缺くべからざる點であると考える。

附　言

本稿は萬全の準備をすることなしに取りかかったため、自ら不満とする點が多いが、すべて將來の補正・改變に俟つこととしたい。殊に、(1)いわゆる第一次的な文獻のみを引き、高次の文獻におよばなかった點、(2)網羅的な書目でもなく、といって選讀書目でもないようなものとなった點、(3)形式的には、頁・刊年・刊行所・型などの記述が不備・不統一である點、以上の三點は特に缺陷と考えられるところである。もともと筆者は、このような性質のものを書くには甚だしく未熟であるので、何かにつけて御敎えいただければ幸いである。なお「藝備鄕土誌目錄」を始めとして、諸書目、解題書の御蔭によってようやくにして、ここまでたどりつけたことを考え、關係の各位に御禮申し上げる次第である。

（一九五七・九・二八初稿、一一・三補訂）

註

（1）本稿では「儒者」の語を最も廣い意味で用い、儒林・文苑兩分野を兼ね示す。（つまり「儒者文人」「漢學者」などといってもよいわけである。）その他、「儒」「儒學」などの語もこれに準ずる。

（2）與樂園叢書の中、百巻に分巻されているものを假に「內集」とし、それ以外の、叢書としての卷數のないもの（『初』にいわゆる不分卷本）を假に「外集」とする。この他に「與樂叢書」があることは「與樂園叢書について」（本册所收）に述べたとおりである。

（3）「德川三百年史・下」所收「梁川星巖」（町田柳塘、その一四六六頁）にはいう：「張氏、實は長谷川氏、之を節略して長となし、更に弓を加へて張と云ふ、安藤の滕氏、堀の屈氏と同じき例にして、當時の人は之を稱して姓を修むと云へり、是亦李王修辭の餘弊ならんか」但し「梁川星巖翁附紅蘭女史」（伊藤信、その六四頁）では、この文を引き、長谷川說に異論を立てている。いずれにしても修姓の一例として引いておく。

（4） 因に毛利氏の藝備攻略の一こま、備後・深安郡・神邊城（この城の機能は、しばらくののち、少し海寄りの福山に移された）の攻防についても、上述三著はそれぞれ述べるところがある。「吉川元春」の索引をたよりに檢索できるであろう。また「大日本地名辭書」1、一〇八七頁、「福山志料」下、卷三〇、一八頁以下など參照。更にこれに關連するところの、三原の西郊、御調郡・西野村の賴兼城（いま三原市賴兼町）については『通志』4、卷九九、一六六九頁、同、卷一〇〇、一六七四頁を參照。

（5） 『幽光』一二六頁・一九五頁などを總合して記す。吉井章五氏より筆者の父宛てに示された家系圖が、いまどうしても見當らないので、これ以上のことを記すことができない。

（6） 『初』では省いた前章のうち、唱酬の部分は『安』として發表したが殘る「寄題」の部分は賀島（本文後述）とともに、この妙正寺・潮鳴館のことを書いた。また發表する機會を得ない。

（7） 以下、本項の文獻についての、いわゆる高次の文獻は、他に記す場所がないので、この註で指摘しておく。
〇(1)「行狀（X）」については『翰上』六四〇頁、六四四頁、『翰下』一五九頁、『翰續』三六三頁、『全傳』下二五一頁、『全書』文集二九四頁などを參照。

〇(2)「墓碣銘（X）」については『翰上』二九一頁などを參照。

〇(3)「埋銘（X）」については『翰上』二九一頁、『山竹』一ノ一一（醒盧日記の拔粹）二七頁（文化十三年三月二十六日以後の條）などを參照。

〇(7)「墓銘（Z）」については『山竹』三ノ八（三二頁）、三ノ九（四五頁）、溯っては「東洋文化」昭八、七月號、八月號を參照。

（8） 一般論として、個々の家について、その出自を穿鑿しても、それは一般にあまり價値があるとはいえないであろう。しかしながらある地域全體についてその住民が出自についてどういう傳承を持つかを精査することは、紋章學などと竝んで、大いに價値のあることと思われる。いまの場合、場所は中國筋の一海港であるが、近世に入ってから發達した新開地的な性格を持つので、住民全體について出自を調査することができれば、全體としてどこからきたものか、ある程度の推定がつくのではないかと思われる。曾て「お茶の水女子大學人文科學紀要」に發表した雲南・貴州方面の非漢族の出自の傳說の意義から考えても、これは興味のある問題である。

（9）景讓賴新甫之墓碣

賴元鼎、字新甫、稱權二郎、藝藩教授賴惟完之嫡嗣也、惟完長子襄、有疾不得承宗祧、養弟惟彊之子爲嗣、是爲元鼎、元鼎事惟完、如親生父母、視襄如同胞、稍長爲府學訓導、惟完有長孫曰協、元鼎常欲竣其長讓之、及病篤、眷眷言此、沒年僅二十又六而已、實文化乙亥正月廿八日、葬于府城東南安養院、其四月、藩命以協爲嗣、蓋特典也、嗚呼、元鼎至性如此、加之聰敏夙成、研窮經藝、頗有造詣、旁爲詞章、往往超越儕輩、使其存在、亦足以負荷家業、而涓埃國恩耳、而溘先朝露、惟完老且病矣、將何以爲情哉、遂記其平生于石、以識我悲云、寡父惟完撰、

昭和壬辰戊戌之閒、碑石遭災、損壞不存舊、欲修復而不果、茲載新甫遺詩巻首之文、以備考證

（10）『幽光』二〇〇頁、二〇六頁などの記事はその一例といえよう。このころの日記があることは『初』二四頁に記した如くである。

（補）他の記述が次第に網羅的になってきたので、それに合わせて具體名を追記しておく。(2)(3)については本文に記したものの他になお例えば、「日本漢文學史」（芳賀矢一）、「日本漢學史」（久保天隨）、「日本儒學史」（同）、「日本程朱學の源流」（川田鐵彌）、「日本儒教概說」（岩橋遵成）、「日本儒學史」（高田眞治）、「近世日本儒學史」（高須芳次郎）、「日本漢詩史」（菅谷軍次郎）、「本邦儒學史論攷」（大江文城）などがある。また(4)については「日本朱子學派之哲學」（井上哲次郎）、「日本陽明學派之哲學」（同）、「日本古學派之哲學」（同）、「尊皇論發達史」（三上參次）、「尊皇思想とその傳統」（和辻哲郎）、「蕃山・益軒」（津田左右吉）、「近世思想史研究」（肥後和男）、「近世日本思想の研究」（古川哲史）、「日本政治思想史研究」（丸山眞男）、「近世日本儒教運動の系譜」（相良亨）、「日本封建思想史研究」（尾藤正英）、「近世日本の經世家」（野村兼太郎）などがある。

（追補）尾藤正英「佐藤直方の思想」（「國民生活史研究」3、二一九頁）を脱した。この他にも本稿全般に追記したいことが多いが、すべて次稿に讓る。（初校に際して記す。）

略名表

略名	詳名
『通志』	藝藩通志（杏坪等纂修）
『市史』	廣島市史（大正刊）
『光華』	飽薇光華錄・藝藩芳名錄（熊見定次郎等）

『偉上』　藝備偉人傳　上（坂本箕山）
『先哲』　藝備先哲傳（玉井源作）
『兩偉』　安藝備後兩國偉人傳（手島益雄）
『碑上』　藝備碑文集・上（櫻井照登）
『鄕目』　藝備鄕土誌目錄（森元國松）
『遺稿』　春水遺稿
『遺響』　春水遺響
『杏傳』　賴杏坪先生傳（重田定一）
『大觀』　賴山陽大觀（坂本箕山）
『幽光』　山陽先生の幽光（光本鳳伏）
『全書』　賴山陽全書（木崎好尙等編、以下同じ）
『全傳』　賴山陽全傳（『全書』所收）
『翰上』　賴山陽書翰集・上
『翰下』　賴山陽書翰集・下
『翰續』　賴山陽書翰集・續編
『名翰』　賴山陽名著全集7〔書翰集〕
『山竹』　山陽と竹田（月刊雜誌）
『日A』　春水日記（『全書』附錄）
『日B』　梅颸日記（『全書』附錄）
『孤』　藪孤山雜說（漢文敎室五六號）
『安』　安永年間浪華唱酬考（漢文敎室五九號）
『初』　寶曆明和以降浪華混沌詩社交遊考證初篇（本册所收・前稿）
X　春水
Y　春風

Z　杏坪

項目一覽表

- 一〇〇　序說
  - 一一〇　檢索
  - 一二〇　時代
  - 一三〇　問題點
  - 一四〇　手引
- 二〇〇　背景
  - 二一〇　藩
  - 二二〇　鄉土
- 三〇〇　傳記
  - 三一〇　個人
  - 三二〇　家族
  - 三三〇　生活
  - 三四〇　遺風
- 四〇〇　遺著
  - 四一〇　著作
  - 四二〇　記錄
  - 四三〇　藝術
- 五〇〇　人物
  - 五一〇　識見
  - 五二〇　性行
  - 五三〇　師弟
- 六〇〇　行實
- 七〇〇　評價
  - 七一〇　同時代
  - 七二〇　論評研究
  - 七三〇　顯彰
  - 七四〇　集錄
  - 七五〇　その他

〔以下、細目〕

一〇〇　序說

一一〇　檢索

一一一　傳記
・一　一般
・二　儒者・新
・三　儒者・舊
・四　碑傳
・五　逸事・逸聞
・六　その他

一一二　鄉土別の文獻
・一　墓碑
・二　地方志一般
・三　藩學
・四　その他

一一三　遺風
・一　肖像
・二　墓所・遺蹟
・三　遺物
・四　子孫
・五　顯彰・私淑
・六　その他

一一四　著作
・一　著述目錄
・二　記錄
・三　書畫文房
・四　その他

一一五　研究
・一　文獻目錄
・二　雜誌
・三　評價
・四　その他

一一六　その他
一二〇　時代
一二一　基盤
一二二　文化一般
・一　一般
・二　儒學
・三　當時の書籍
・四　書畫
・五　分野別の人名辭書
・六　その他
一二三　故實
一二四　地方志
一二五　朝鮮
一二六　明清
一二七　西洋
一二八　その他
一三〇　問題點
一三一　日本の漢化
一三二　明治以前と以後との斷層
一三三　中國研究の方向
一三四　その他
一四〇　手引
一四一　圖書館
一四二　記念施設
一四三　その他

附 課題

二〇〇 背景
二一〇 藩
二一一 歴史
二一二 文化
二二〇 郷土
二二一 歴史
二二二 文化
三〇〇 傳記
三一〇 個人
三一一 略傳
・一 検索書
・二 學史・文化史
・三 その他
三一二 行狀・墓銘
三一三 年譜
三一四 詳傳
三一五 逸聞
三一六 その他
三二〇 家族
三二一 父および家系
三二二 母および母党
三二三 妻および妻党
三二四 子および子孫
三二五 同族・親戚

三三〇　生活
三三一　基礎
三三二　周邊
三三三　その他
三四〇　遺風
三四一　肖像
三四二　墓所
三四三　遺蹟
三四四　遺物
三四五　その他
四〇〇　遺著
四〇一　目録
四〇二　全集
四〇三　選集
四一〇　著作
四一一　注解
四一二　別集
四一三　編纂
四一四　選評
四一五　序跋
四一六　逸詩・逸文
四一七　代作
四一八　その他
四二〇　記録

四二一　日記
四二二　掌錄
四二三　諸控
四二四　書翰
四二五　藏書誌
四二六　その他
四三〇　藝術
四三一　書・法帖
四三二　畫
四三三　文房
四三四　音樂
四三五　鑑識
四三六　その他
五〇〇　人物
五一〇　識見
五一一　思想
五一二　教育

・一　學制
・二　輔導
・三　推薦
・四　獻言
・五　經綸
・六　私塾
・七　感化
・八　その他

五一三　時務
五一四　祭祀
五一五　學識
五一六　その他
五二〇　性行
五二一　職分
五二二　德行
五二三　武技
五二四　趣味・嗜好
五二五　體質・疾病
五二六　その他
五三〇　師弟
五三一　師友
五三二　結社・行遊
五三三　門人
五三四　學派
五三五　その他
六〇〇　行實（大事ごとに適宜まとめる）
七〇〇　評價
七一〇　同時代
七一一　序跋（他よりの）
七一二　寄詩・寄文
七一三　追悼
七一四　その他

七二〇　論評・研究
　七二一　詩風
　七二二　書風
　七二三　學風
　七二四　一般の研究
　七二五　誹謗
　七二六　その他
七三〇　顯彰
　七三一　贈位
　七三二　重要美術
　七三三　私淑
　七三四　その他
七四〇　集錄
　七四一　記念號
　七四二　そのための雜誌
　七四三　辭典・教科書類の收載項目一覽
　七四四　その他
七五〇　その他

寳暦明和以降浪華混沌詩社交遊考證續篇（中）

前　記

本稿は前稿（續篇の上。第三章まで）を承けて始める。項目は前稿末尾掲載のものによるが、實際に記述を進めてみて、改定する場合が多い。いずれ全稿終結時に、改めて項目表をつけるつもりである。

本稿は前稿とともに、一見すると、その標題たる「交遊考證」の名に適しくない内容を持つ。しかしこれは前稿の前言にも述べたように、交遊考證に入るための前段階として目錄を記しているためである。本稿が完結すれば、その邊の事情は明かになる筈であるが、念のために辯言しておく。
略名・略號については前稿末（一一七頁）による。なお次の若干條を追加する。
『與A』　與樂園叢書（内集）一百卷、首一卷
『與B』　與樂園叢書（外集）存十七册
『與C』　與樂叢書、存二十八卷、附、姓氏錄
なおこれらの略名のあとには、卷數や書名を略記して加えることとする。例えば・・
『與A三六』　與樂園叢書（内集）卷三十六
『與B野』　與樂園叢書（外集）野史乘

第四章　遺著（四〇〇）

本章は全體を三節に分け、「著作・記錄・藝術」とする。つまり、その個人の一代に殘したもののうち、文化的意義のあるもの全般を扱う。

第五章（人物）・第六章（行實）も、それを知るための資料は、本章と多く重複する。また逆に、本章の資料は、すべて第五章・第六章のどこかに編入される筈のものである。そこで本稿としては、本章において解說風な記述を加えた場合、あとの第五章、第六章の記述は省くこととする。これはただ單に、記述の重複を避けるためである。

なお、詩文は分類上、著作の項に入れ、藝術の項には入れない。

四〇一　〔目錄〕　擧例者、春水、春風、杏坪の三兄弟の著作目錄を掲げる書としては次のものがある。

〇「近代著述目錄後編」卷四（日本古典全集、一六〇頁以下）

○「慶長以來諸家著述目錄・漢學家之部」下册（三七頁以下。中根肅治・明二七）

○「浪華名家著述目錄」＊　本書は前書と同じく中根氏の著で、寫本一册が「大阪府立圖書館和漢圖書目錄」（明四一、三月末現在）七二八頁（總記及雜著、書目書史解題、書目總記、二五函一〇六號）に見えるが未見である。この書と、「漢學者傳記及著述集覽」凡例一頁に見える「大阪名家著述目錄」＊一册（大阪府立圖書館編）との關係は未詳である。

○「日本文學者年表續篇」（三四五頁・四〇八頁。森洽藏・今園國貞、大八）

○「漢學者傳記及著述集覽」（五六一頁以下。小川貫道、昭一〇）

○「近世漢學者著述目錄大成」（五六二頁以下。關儀一郎・關義直、昭一六）または「近世漢學者傳記著述大事典附系譜年表」（同上）

○「藝備鄉土誌目錄」（九〇頁等。森元國松、昭九）

○「嶺松廬著述竝關係書目錄」（楳厓、昭二）

以上の諸書に載せる目錄は互に出入があり、正しい目錄とするためには、若干の考證を必要とする。(1)

四〇二〔總集〕

『與A』『與B』『與C』の中には、擧例者の著作が特に多く含まれる。しかしこれらは同時に、擧例者の一人である杏坪の編纂と推定されているので、下掲の四一三項の所屬ともなし得る。

また「日本詩選」や「東瀛詩選」なども、總集として擧げることができる。但し量的には僅かなものだけが收められているに過ぎない。

なお擧例者の著作を收める叢書名もここに列擧すべきであるが、特にまとめる必要も認められないので、ここでは省く。それらは、その著作の下に附記するところによって知られるであろう。

四一〇〔著作〕著作の名を擧げるに當り、原則として次によることとする。

『遺響』の各編目は分散して掲出する。特にその「著述」の編については、細目まで掲出する。『與A』においては、「講義」「筆記」の各編は細目まで掲出し、他の諸編は、必要と思われるとき、編目を掲出する。

以下、本章は、記述の混亂を防ぐため、特に項目を三度繰り返して、擧例者の個人別に記す。但し略解は、再び擧例の三者を總合して、本章末にまとめて記す。

春水（X）

四一一X〔全集・選集〕

○「春水遺響」二十六册（寫）

○「春水遺稿」十一卷、別錄三卷、附錄一卷（刊）

○「春水詩文稿」詩十一卷、文三卷（『與C』卷八六より卷九九まで）（寫）

四一二X〔注解・講義〕

○「論語五美四惡章講義」（『與A二』）

○「書經無逸章講義」（『與A二』）

○「左傳易解」（『與A三』）（推定）

四一三X〔撰述〕

○「小學發端」（『與A三』）

○「學統辯」（「學統論」と同じ）（『遺稿』卷十、「耕獵錄*」「日本儒林叢書」史傳書簡部）（『與A三』、「藝備史壇」八五號は、和文の解義つきのもの）

○「學術ノ辯」（和文）（『遺響』十三、『與A三』、「藝備史壇」八五號）

○「學政分疏俗文」即ち「覺書」および「翌日錄」（『與Ａ三』、「藝備史壇」八五號）
○「白川侯答問書」（和文）（「藝備史壇」八五號）
○「教授局規條」（「學館規條」）（『遺響』五）
○「教授局掲示」（「教授局壁書」）（『遺稿』巻十、『遺響』五）
○「御祭祀考」（和文）（『遺響』十四）
○「旁親班祔祭殤説」（和文）（『遺響』十四）
○「石礎」（「いしづゑ」「一志通恵」）（甘雨亭版「幼君補佐の心得」と合綴して刊行。他に「耕獵錄*」、「日本教育文庫」家訓篇）
○「養草」（「やしなひぐさ」）（『遺響』十三）
○「藤衣*」（和文）
○「聞ものがたり」（『遺響』十三）
○「監古錄」（『遺響』十三）
○「天野屋利兵衞傳」（「甘雨亭叢書」、「赤穗義人纂書」第一册）
○「竹館小錄」（和文）（『遺響』十三）
○「趙陶齋の逸事」（『遺響』十四）
○「師友志」（『遺稿』別錄、「日本儒林叢書」史傳書簡部）
○「在津紀事」（『遺稿』別錄、「日本儒林叢書」史傳書簡部）
○「在江紀事*」（？）
〔以下、詩文・遊記〕

○「遊湖詩巻」*
○「東遊負劍錄」(『遺響』十、「崇文叢書」第二輯、『與A三三』、月刊「世界」明三八・三九)
○「己亥歸覲詩草」*
○「春水詩草」*
○「北遊吟草」(『與A三六』、『遺響』二十六。有異同)
○「芳野遊草」(『與A三六』)
○「癸卯東行路上詩」(『與A三六』)
○「乙巳西上道中詩」(『與A三六』)
○「乙巳東行路上詩」(『與A三六』)
○「戊申西上路上詩」(『與A三六』)、「戊申西上稿」(『遺響』二十六)
○「戊申東行路上詩」(『與A三六』、『遺響』二十六)
○「庚戌西上道中詩」(『與A三六』、『遺響』二十六)
○「庚戌東行路上詩」(『與A三六』、『遺響』二十六)
○「辛亥西歸路上詩」(『與A三六』、『遺響』二十六)
○「壬子作遊詩草」(『與A三六』)
○「壬子東行路上詩」(『與A三六』)
○「癸丑發江戸西上詩」(『與A三六』)
○「庚申東行路上詩」(『與A三六』)
○「辛酉西上旅中詩」(「薫風詩巻」)(『與A三六』、『遺響』二十六)

○「壬戌東行旅中詩」（『秋色詩巻』）（『與A三六』、『遺響』二十六）

○「癸亥西上道中詩」（『與A三六』）

○「癸酉有馬行詩」（『與A三六』）

○「霞崖野樵集*」（三巻）

○「竹原文集*」（十二巻）

四一四X〔編纂〕

○「藝備孝義傳」九巻（刊）

○「野史乘」十二冊（『與B』）

○「引翼編」（「丙申壽巻」）（『遺響』十、『與A一六』。有異同）「引翼餘編」（『遺響』十）

○「浦雲編*」

○「春水軒雜纂詩鈔」（『與A』七七より八一まで）

○「春水軒雜纂文鈔」（『與A九二』）

○「輔仁錄詩鈔・輔仁錄文鈔」等（『與A』七二以下九一まで。但し七七より八三までを除く。）

四一五X〔選評・校閲〕

○「佩文齋書畫譜略」（刊。他に稿本らしいもの）

四一六X〔序跋〕

『遺稿』巻九所收のものは略し、その他に‥

○北山橘庵五十歳賀集「有萊集」序（安永九年）

○小山儀（伯鳳）「竹取物語抄」序（天明三年）

○貝原益軒「養生訓」巻首（七律一首）（文化十年）

四一七X〔逸詩・逸文〕（略）

四一八X〔代作〕（略）

四一九X〔その他〕

○「小説」（和文）（寫）

○「抱眞齋書畫旁觀」（推定）（『與A九』）

○「原古篇之事」（和文）（『遺響』十四）

○「浪華一番信*」

四二〇X〔記録〕

四二一X〔日記〕

○「春水日記」（天明元年より文化十二年まで）（『全書』附録として刊）

○他に、日記の別記が少くとも五種（「引翼餘編」を入れれば六種）あり、そのうち、四種は『遺響』十一、十二に收められる。

四二二X〔掌録〕

○「春水掌録」（少くとも十種あり、『遺響』十五より二十五までに收められる。）

○「霞關掌録」（「續日本儒林叢書」隨筆部第三）（實は前掲の「春水掌録」の一部である。四一三項の「在江紀事*」とは或はこれらを指すものかも知れない。）

四二三X〔諸控〕

○『遺響』の中に、輔導に關するもの（『遺響』一・二）、獻言・應問に關するもの（三）、藩學に關するもの（四・五・

六）、推薦に關するもの（七・八・九）などが収められている。

○この他、『遺響』未收のものが多く存在していると思われる。

四二四X〔書翰〕（略）

四二五X〔藏書誌〕

○「嶺松廬書錄」（寫）

四三〇X〔藝術〕

四三一X〔書・法帖〕

○「小學題辭」（刊）

○「太乙帖」*

○「會約」（刊）

○「集顏帖」（顏魯公集字伯夷頌）（刊）

○「二程邵張詩帖」（刊）

○四二四項にも屬するが、書翰を法帖に仕立てたものが少くとも一種ある。

四三二Xより四三五Xまで（略）

附

○「春水先生印譜」（印行）

つけたり

四〇一項の目錄の中には、春水の書として「十旬花月帖」「一得錄*」を擧げるものがあるがこの兩書は杏坪のものである。また「近代著述目錄後編」の山陽の條に見える「先遊稿*」とは、多分上掲の「在津紀事」のことであろうし、同じく「先友録*」とは「師友志」のことであろう。

春風（Y）

四一一Y〔選集〕

○「春風館詩鈔」二巻（刊）

四一三Y〔撰述〕

○「芳山小記」（刊）

○「舟遊小記」（『山竹』一ノ七）

○「東遊詩草」（『與A三八』）

四一四Y「編纂」

○「西溟壊奇」（『與A一八』）

○「東遊詩巻」（『與A一八』）

○「春風館雑纂詩鈔」（『與A八二』）

○「春風所寄」（『與A一四』）

○「春風所寄」（『與A九四』）

四二三Y〔諸控〕

○「張珠*」（『全傳』上）

附

○「春風先生印譜」（印行）

杏坪（Z）

四一一Z〔選集〕

○「春草堂詩鈔」八巻（刊）

○〔文集及和文和歌集〕（重田定一「賴杏坪先生傳」附錄。一七五頁）

○「杏坪詩集*」（四巻）

○「杏坪文集*」（六巻）

四一二Z〔注解〕

○「中庸九經講義」（『與A二』）

四一三Z〔撰述〕

○「諭俗要言」（墨帖）（『杏傳』。刊）

○「原古編」六巻（刊。「日本倫理彙編」）

○「稲むしろ」（刊）

○「食祿箴」（墨帖）（『杏傳』。刊）

○「一得錄*」

○「老の絮言*」

○「教訓道しるべ*」

○「釋菜禮*」

〔以下、和歌〕

○「唐桃集」（『杏傳』）

○「百首和歌」（『與A五七』）

○「朱子家訓和歌」（推定）（『與A五八』）

〔以下、遊記（和歌を含む）〕

○「遊石稿」（『杏傳』、『與A四〇』）

○「甲辰紀行」（和文）（『杏傳』）

○「甲辰西歸路上詩」（癸卯東行無詩）（『與A三七』）

○「丁巳東行路上詩」（『與A三七』）

○「戊午西歸路上詩」（『與A三七』）

○「乙丑西歸路上詩」（癸亥東行無詩）（『與A三七』）

○「丙寅東行詩巻」（『與A三七』）

○「丁卯西上詩巻」（『與A三七』）

○「戊辰東行二百韻」（『與A三七』）

○「己巳西上詩巻」（『與A三七』）

○「庚午東行詩巻」（『與A三七』）

○「辛未西上詩巻」（『與A三七』）

○「しほゆあみの記」（〝潮浴の記〟）（和文）（『與A四三』）

○「いにしへの跡」（〝古の跡〟）初編・續編（和文）（『與A四四・四五』。初編『藝備史壇』八四）

○「雲石詩稿」（『與A四〇』）

○「適崎詩草」（『與Ａ一七』）

四一四Ｚ（編纂）

○「藝備孝義傳」初篇九巻・二篇七巻＊（刊）

○「藝藩通志」一百五十九巻（和文）（刊。復刊中）

○「藝藩通志」十八巻（漢文）＊（寫）

○「與樂園叢書」（內集）一百巻、首一巻（寫）

○「與樂園叢書」（外集）存十七册（寫）

○「與樂叢書」存二十八巻、附、姓氏錄（寫）

○「瓊浦所拾」（『與Ａ一七』）

○「十旬花月帖」（刊。『與Ａ四六』）

○「春草堂雜纂詩鈔」（『與Ａ八三』）

○「春草堂雜纂文鈔」（『與Ａ九三』）

○「文化己巳至文政戊子、漫采」二十篇（推定）（『與Ａ』九六より一〇〇まで）

四一六Ｚ（序跋）

○「滄溟近體聲律考」序＊

○加藤珠文輯「王香園近世叢書」序

○尾池桐陽「桐陽詩鈔」跋

四二五Ｚ（藏書誌）

○「春草堂藏書目錄」（二種）（寫）

四三一Z〔書・法帖〕（略）

附

○「杏坪先生印譜」（印行）

四九〇〔解題〕

四九一〔詩文及全集〕

本項のみはいずれも大部の書なので、書別に細項を立てる。

（1）「春水遺響」二十六册、古楳編・楳厓補

編者が在世中、力のおよぶ限りの資料を集めて書寫したもの。當時は「與樂園叢書」等は容易には閲覽が許されていなかったので、なお增補の餘地はあるわけである。中の編目は、輔導（二册）・獻言應問（一册）・藩學（三册）・推薦（三册）・行遊（三册）・著述（二册）・掌錄（十一册）・詩鈔（一册）である。なお「日記」はやはりこの叢書に入れられるに適しいものであるが、山陽全書の附錄として活版化されたので、ここには含まれていない。甚だ私事に渉るけれども、編者が臨終に際して筆談した紙片の中には、この叢書のためにであろう、借用中の「負劍錄」を返却すべきことを命じた一葉がある。維新後の幾轉變の後を承け、手を盡して資料の結集に努力したことの一端が、これで知られると思う。

編者には別に「春水先生叢書目次」と題する一薄册があり、全體を七卷とする。これが內容を增して「春水遺響」となったもののようである。

なお右に擧げた「行遊」の中の一編「東遊負劍錄」は崇文叢書第二輯によって公刊され、また「掌錄」の中の一編「霞關掌錄」は續日本儒林叢書・隨筆部第三によって公刊されている。

（2）「春水遺稿」十一巻、別録三巻、附録一巻

子の山陽が文政年間に輯校したもの。孫の聿庵跋文の文政十一年冬が、書中に見える最も新しい年月である。巻一より巻八に至る八巻は詩集で、古今各體を問わずに編年し、巻九以下の三巻は文集で、各體ごとに分類する。もう少し詳しく記すと、巻一・巻二の兩巻は、少壯の大坂遊學時代（詩として風趣に最も富む時代と評されている部分）、巻三は仕官後の江戸詰の時代、巻四はその後しばらくの在藩の時代、巻五は初老期の江戸往來の時代（交遊の觀點からは最も絢爛といえる時代）、巻六以下の三巻は老年の在藩時代の詩である。巻九以下は文で、記・序（巻九）、論・說・祭文・誌・傳・行狀・掲示・擬檄（巻十）、題跋・書牘・頌・贊・銘（巻十一）に分類される。そして詩と書牘とにおいては、相い應ずる諸家の作を收めることもある。いまその名だけを書き出すならば、大坂においては、河野恕齋（＋3　春水との年齢の差。以下同じ）・藪孤山（＋11）・葛子琴（＋7）・中井竹山（＋16）、江戸においては、柴野栗山（＋10）・尾藤二洲（－1）・古賀精里（－4）、山陽道方面においては、菅茶山（－2）・西山拙齋（＋11）・春風（－7）・杏坪（－10）・采眞（－45）がそれである。他に聯句として、林述齋（－22）・尾藤二洲・古賀精里・平井滄所（－16）・柴野栗山・佐藤一齋（－26）らが始めたものについて、赤崎海門（＋7）・辛島鹽川（－8）・樺島石梁（－8）・倉成龍渚（－2）らと共に續けたものが見える。

別録は「在津紀事」二巻と「師友志」一巻とであり、附録は景讓の詩集「新甫遺詩」（景讓墓碣を附す）一巻である。また、杏坪の附言、山陽の附言と行狀、聿庵の跋文が載せられる他、巻首には菅茶山の序、篠崎小竹（－35）の序、古賀精里の撰する墓碑が冠せられる。菅・篠・古の三氏は現在の文化史にこそその名が埋沒して顯われないものの、當時にあっては、いずれも高名の人士である。卽ち茶山は、その詩集「黄葉夕陽村舍詩」が一世を風靡し、その版木が磨滅してもなお流行が已まず、始め校正もすまぬうちから賣り出されたという話題を持つ。また小竹は、その序を冠するか否かで、書物の賣れ行きが違うといわれた人氣の持主である。また精里は、寛政の三博士の生き殘りとして、

またその秀れた後嗣たちによって、學界の重鎭と仰がれていたのである。

本書を完成するまでの山陽の苦心や、編輯の裏話は、『翰上』四七六頁以下、二十通を超える書翰によって知られる。（『全傳』上・五五三頁、文政三年十一月十二日以降。天保年間に至るまで、随所に散見する。）いまその若干を抜き書きしてみることとする。

〔山陽44より母64へ、文政六、八、二三〕

南より被㆓仰下㆒候御遺稿之義、承知仕、是斗御覽被㆑遊候はば、粗略之様にも可㆑被㆓思召㆒候へ共、何卒御原稿本書、餘一方に可㆑有㆑之、是と御引合被㆑遊、私相應苦心仕候處、御覽可㆑被㆑下候。親之事に候へば、世間に出し不㆑愧様に致度は勿論に候へ共、左様に甚敷删削も恐入候處有㆑之、サレドモ原稿にて御引合御覽被㆑下候へば、抉擇删潤之處、御承知被㆑遊可㆑被㆑下と奉㆑存候。

（『翰上』六五七頁）

右で「南」（杏坪。家が南の方に當る）が問題としているのは、「御遺稿」（本書）の詩文の選び方が少すぎるということのようである。いまその實情は〝「餘一」（聿庵）の手元にある「御原稿」（原本）〟に比較的近い形のものと思われる次掲の「春水詩文稿」と比べることによって詳しく知られる。概略的にいって、「春水遺稿」の一つ一つの詩文は、その背景にある幾多の詩文の代表として取られていると見られる。例えば服部栗齋（旗峯先生）（＋10）の名は天明六年丙午（春水41）の詩に初めて現われるが、これは天明三年以降の幾多の交遊の詩の一例を取ったものである。つまり讀者は、一作品によって他の同類の存在を推察すべきであり、またもし注意深く讀むならば、十分に推察し得るように選ばれているわけである。このような點が、上掲書翰にいわゆる〝こればかり見ると粗略の様にも思われる〟ところであり、同時に〝相應に苦心して〟取捨したところであろうと思われる。

また少し溯っては、次のような書翰もある。

〔山陽43より春風70・杏坪67へ、文政五、一〇、一四〕

先君御詩文・隨筆も固より力一杯删修仕候。……負劍錄は餘程删潤仕候て如レ此相成候。畢竟御少作、不ニ必收錄一と奉レ存候。卷帙浩大ニ候へば、自然不レ傳と奉レ存候。其佗附ニ割愛勇捨一候儀ども、皆々不朽の計、出レ不レ得レ已候儀も御座候。

（『翰上』六一九頁）

「負劍錄」は年少の頃の作品であるが故に、本書では結局、詩が十二首だけ收められ（明和七年庚寅25）、紀行文は省かれた。ただ「負劍錄」の名は當時の他の諸家の詩文にしばしば出てくるために公開の希望が多く、その結果、昭和七年に崇文叢書第二輯に收められた。隨筆、即ち「在津紀事」・「師友志」の删修の樣子は、手校本、或は稿本と照し合わせることによって知られる。

ともかくも以上の結果としては：

〔山陽51より母71へ、天保元、二、二九〕

先君御人となり、後代迄存候樣に仕候所趣意にて、尋常世間竝之詩文集とは、屹度識者之目には違ひ申候樣仕候義に候。此所は地下思召にも相叶可レ申と奉レ存候。

（『全傳』下三四六頁）

もとより以上は、近親者に漏した見解であって、公正な第三者がどう判斷するかは別問題である。しかしいずれにせよ、本書における編纂の體例、詩文の取捨、體裁の整備などは、當時の同類の書を見る上での、一つの目安になるであろう。

本書の版本は、初期の美濃判八册本、後刷の四册本、同じく新刷の半紙判八册本があり、別錄の「在津紀事」だけを單刊した半紙判二册本もある。（小竹の「增補在津紀事*」というものもあるらしいが未詳である。）明治以降も需要に應じ京都において增刷し得たというから（尚古一ノ三、五三頁）多分、現在でもその可能性だけはあると思われる。

書誌的にいうと、本書の一部は藩侯の言辭などに關する點で官諱に觸れ、一部分、埋字されているところがある。これは製本まですませてしまった後になって、その葉だけを刷り改めて差し換えたといわれるので、萬一にも、差し換え以前のものがあれば興味深い。

また『日B』には「自」京御詩集出來、全部九册來」（文政一一、三、一七）とある。これは製本の違いで册數が違うのに過ぎないのかどうか未詳である。また山陽48の小竹47あての書翰に「春水は何程六ヶ敷事を云ても、嫡子ガァノ通と云ハセ候ては、十六巻遺稿、空文に可二相成一候。是のみ歎敷候。」（文政一〇、一二、二〇。『全傳』下二四四頁）という十六巻とはどう数えるのかも未詳である。これらも書誌的には將來、検討してみたいと思う。

なお、本書の版下は矢島三友が書いた。

さて、本書の詩の位置づけについては、筆者は語る資格を持たない。ただ先賢の説を彌縫して記すこと次の如くである。

山陽の文政十年48の詩に「論詩絶句」があるが、その一つにはいう‥

浪速城中、朋、盍簪〔として聚る〕
猶ほ嘉萬に從って、金鍼を索む。
茫茫たる混沌、新に竅を穿つもの、
唯、多才の葛子琴あり。
（山陽遺稿巻二）

これより先、享保の頃（一八世期前半）荻生徂徠（1666—1728）が出て盛唐の詩を鼓吹し、弟子の服部南郭（1683—1759）らがこれを承け繼いだが、これは明の嘉靖から萬曆初年にかけて（一六世紀中期）の、李攀龍（1514—1570）・王世貞（1526—1590）ら、いわゆる後七子の主張を學んだものである。その影響は各地に擴散し、寶曆・明和以降（一八世紀後半）の大坂・混沌詩社員も、系統的には徂徠學派に歸屬する者が多かった。

しかし當時は既に、徂徠學に對する批判の時期に入っていた。そこで詩においても「鉢盂（佛家）にまた、渭南翁（陸放翁）を出す」（論詩絶句）といわれた詩僧六如（1737—1801）のように、宋詩を主張する者が現われた。この六如と併び稱せられるのが、葛子琴（1739—1784）である。

混沌社の作風は、社主、片山北海（1723—1790）の指導によって腹稿を専らとし、寫景・敍情ともに自然の描寫を主とした。春水は恐らく、この方法を最も忠實に實行した一人と思われる。これを菅茶山は「千秋の詩を作るは、思はずして得るものなり」と言い、杏坪は敷衍して「思はずしてその思ふ所を敍し、修飾を屑よしとせず」と言った。（本書、附言）兪樾の「東瀛詩記」もこの茶山の語を引き、「ままた率易に流る」とした。これらの點を大局から見れば、春水もまた葛子琴と同じく、李王の唐風（盛唐）から離れ、宋風への新傾向に沿ったものといえるであろう。

詩風について述べたものには、なお、山陽51の采眞（杏坪の子40）に宛てた書翰に「必竟御互に存居候通、先人詩文、當時流行之體とは相違仕候事に候へば、三都書林に懸□仕、賣捌などと申義は存も不レ寄候事」（天保元、六、二四）という一節がある。（尤もこの文には多少の誇張が意識的に加えてある。）これを極端にいえば、西村天囚「學界の偉人」の一節の如く「書は其の擅場にして、詩文は其の所長に非ざりしも、道學に至りては（中畧）信奉甚だ深く」（「柴野栗山」の章、二三五頁）ということにもなる。結局、詩人として自立することは（自らも望んではいなかったが）難い、ということであろう。

しかし次の那波魯堂（＋19）の語は、少年時の場合についてではあるが、一應は生涯を通じて見られる特徴を示すとも思われる。

藝州の人、賴珪（春水の少年時代の名）、彼は十八歳であるが、過日、私の草堂を訪れ、詩を賦した。私は彼の詩に次韻して書こうとしていると、もう第二篇ができていた。私がまたこれに和すると、第三篇ができること、さき程のようであった。こうしてしばらくの閒に數首ができ上り、彼の綽々たる餘裕ぶりに比べて、私の筆は難澁するばかりであった。しかも二三日の後に取り出して讀み返してみると、彼のは燦然として見事であり、私のはただ醜さを恥じるばかりであった。

（原漢文。與樂園叢書卷八十）

これはもちろん、後進を鼓舞激勵する意味もあってのことばであろうが、上述の諸評語と相い併せて、作風の特徴を知ることができると思う。

之を要するに、山陽の行狀にはいう：

君の詩は典質雅馴であり、晩年、益々これを嗜んだ。（中略）その文は亢爽明白であり、〔詩と〕同じく腹稿によってこれを作った。（本書、附尾）

以上、詩については「雅友」三八號（昭三三・一一）所收の今關天彭「賴春水」に基づき、これに「賴山陽詩抄」（岩波文庫）の解題や、「近世日本の儒學」所收の前川三郎「德川時代の漢文學（其二）――詩の變遷」を參酌して記した。

（3）「春水詩文稿」十四卷（「與樂叢書」卷八十六より卷九十六までの十一卷が詩稿、卷九十七より卷九十九までの三卷が文稿）

前掲『遺稿』（春水遺稿）の素材となったものと思われる。尤もこれは藩庫に入った精寫本であるから、これとは別に、何らかの形の原本があったであろう。

詩・文とも編年であり（『遺稿』は詩のみ編年）、收載量は『遺稿』より遙かに多い。しかしすべて『遺稿』に收められている詩文がみな本書にあるとは限らない。却って『遺稿』中の特に重要な詩文で、本書に見えないものがある。尤もそれらは『與A』（與樂園叢書・內集）に收められている、と原則的にいえるようである。例えば『遺稿』の卷五の「山王池亭雅集」の詩は『與A一〇』に收められ、同じく卷五の「後赤壁夕栗山堂招飲」の詩は『與A一五』に收められ、卷九の「奉送白河城主源君序」は『與A五』に收められる。これらはいずれも本書には見えない。このような點から考えると、本書の原形は、成るに從って積み重ねられた一作ずつの原稿であったのではないかとも推測される。そして『與A』の編纂のために引きぬかれた原稿が、もとに戻されることなく、本書の形に淸書されたのではないであろうか。ともかくも、本書に収める詩文の量は多いが、これのみでは主要な詩文を網羅しているとはいえず、『與A』の中に散在する關係の詩文をも總合することによって、初めて網羅することになる。それと同時に、『遺稿』の編輯の苦心についても、本書を通じて知られる點が多い。

なお、本書は『與C』に收められ、その第八十六巻より第九十九巻までを占めるものであることは前掲のとおりである。そして『與C』がもと百巻まであったことは、『與C』のために編まれた「姓氏錄」によって知られる。とすると、その第百巻めは何であったか。例えば『遺稿』の如く、景讓の「新甫遺詩」であったのではないか、ということも當然考えられる。しかし「姓氏錄」からは、何等、これについての的確な證據は出てこない。

（4）「春風館詩鈔」二巻

嗣子、小園の校訂になる。巻首に小竹の天保十二年九月61の序を冠し、巻尾に二洲の「爽氣樓記」および精里の「題竹原書院詩巻後」を附する。爽氣樓は春風が竹原に作った東西二樓の名であり、竹原書院は鹽谷志帥の故居を郷校としたもので、春風がここで學を講じた。（現在は、當地の圖書館となっている。）

小竹の序の次の一條は、三兄弟の評としてよく知られている話柄である。

亡父（篠崎三島）から聞いた話であるが、賴氏の兄弟三先生が浪華に來遊中、渾沌詩社の人たちはその才分を稱し、批評していったものである。「春水は四角、春風は圓、春草（杏坪）は三角である」と。これはただ當時の文人たちが、その詩を戲評しただけのものであるが、〔三者の性格を端的に示している〕（云々）

尤もこの話を引く以上は、次の菅茶山の文政七年77の詩も併せ引かなければならない。

賴千齡の留春居に寄題す　　茶山

兄弟三人、竝びに風流
二は鶯遷に隨い、一は鷗侶

春水・春草、各居に扁するも
最も春事を留むるは、誰が所に屬する」
衙前の楊柳、路旁の花
寅に入り、酉に退く、嚴を奈何せん
興、來って行樂し、倦めば則ち睡る
長く春風を留むるは、君の家に在り
伯は是れ儒宗、叔は循吏
得る所、終に、仲が多きに孰與れぞ

（黄葉夕陽村舎詩遺稿巻四）

留春居は春風（字は千齢）の室名である。

本書の刊本は美濃判二冊の木刻本の他に、大正十三年の覆製再版本がある。

（5）「春草堂詩鈔」八巻

天保四年刻、同五年刊。茶山・小竹・後藤松陰・山陽らの評を加え、小竹と松陰の序跋を附する。巻一・巻二は文化年間に江戸に往來した時期の詩を主とし、巻三以下は藩に在って郡官となってから以後の詩を収める。精査していないので確言は避けたいが、概ね編年と思われる。巻八の後半には詩餘を収める。版本としては、美濃判四冊本の他に、後刷の半紙判四冊本（「纂評春草堂詩鈔」と稱するもの）もある。版下は、小竹の門人で、書と篆刻で聞えた大阪の人、呉北渚の手になるといわれる。

本書の基礎となったものに○「春草堂詩鈔初稿本」*十冊（『鄉目』九二頁）があり、その轉寫本が存在する。刊本との關係は精査していないので確言できないが、山陽が癸未（文政六年44）に校閲した巻に始まり（もと二冊あったらしいが、いまは一册分しか見えないようである）、庚寅（文政十三年、即ち天保元年51）に校閲した巻がこれに續く。

（以上、古體）更にこれに續く巻三、巻四、巻五に當る巻には巻數が示してなく、內容は概ね三次において郡官として奉職中の詩であるらしい。（この部分は古今の各體）あと、巻六から巻十までと、別冊一巻とは、すべて七言律詩である。巻末には茶山と山陽の總評が時に加えられる。すべて評語は、茶山が墨を用いた巻は山陽が朱を用い、茶山が朱を用いた巻は山陽が墨を用いるという様に區別されている。茶山の校閲は文政初年頃のことであるらしく、山陽の方は、巻三以下は、巻二とともに、すべて庚寅のことと推定される。

刋本の詩鈔に對して、字句の出典等を書き出した書に○「春草堂詩鈔箋註」八巻、がある。著者は未詳。上下二册の精寫本である。念のため附言するに、ほぼ同名の「春草堂集」は大田錦城の集で、本書とは全く關係がない。

以上の詩集に對して、文集の方はなかったようである。尤も、目錄書には「杏坪文集」の名が見えるが、實存したものかどうか詳かでない。明治になってから、重田定一氏によって、その「賴杏坪先生傳」の附錄として、一七五頁におよぶ量の漢文・國文・和歌・その他が集められた。

杏坪もまた混沌詩社に加わったが、腹稿のみの方式によったかどうかは疑問である。恐らくは、腹稿の長所を活用しつつ、兼ねて推敲にも努めたものであろう。「東瀛詩記」の評語は、その序にいわゆる「溢美の辭」の混入率を差し引いても、なお相當の評價をしているとみてよいであろう。よく知られている話には、田能村竹田の傳える次の一條がある：

藝藩、杏坪先生の歌集を、唐桃集といふ。杏の字の和訓なるべし。（中略）其作は和歌者流の取らざる所多しといふ。されども一首一語も、必ず來歷出處ありて、妄意なることなしとぞ。稍涉㆓異訓㆒ものあれば、短册の背に註す。（中略）其和歌さへ右のごとくなれば、詩になりては、每字每句、すべて經史子集より俗語稗說に至りて、摘用せざることなし。故に莊語・奇語・嶮語・僻語、あらざる處なし。韻字を押するに至りては、尤奇險なり。（中略）茶山翁笑て語られしは、萬四郎は馬鹿にてござる、此頃は蚊の歌、百首を作る、又此比は、いつもの六ヶしき詩を寄せ示す、其中には、さんずいにくそといふ字までも作りてござるとて、且笑ひ、且咄されし也。（「田能村竹田全集」所収「屠赤瑣瑣錄」巻三、四五頁下段以下）

この際、〝さんずいに糞〟の字の有無を字書に當るのでは、茶山の眞意は損なわれよう。況んや「萬四郎（杏坪）は馬鹿にてござる」だけを引用したりしては、竹田が記した趣旨と正反對の結果になる。これは言うまでもないことながら、やはり附言しておく。

なお、上引中に見える「唐桃集」については、『杏傳』二四五頁以下に詳しい解題が載っている。それによると、同名の書に、少くとも三種のものがあり、編纂の體裁や和歌の取捨に相異があるという。その中、體裁の最も備わっている第三種本が、『杏傳』附錄一〇七頁以下に収められている。

※この後に「與樂（園）叢書」三種の解題があったが、それらは別項二一三頁以下の『與樂園叢書』について」に發展的に吸収されているので、そちらを御參照戴きたい。（校編者註記）

四九二〔思想〕

擧例者の思想は、春水の「學統辯」（又は「學統論」とも呼ばれる）によって、その根本が記され、杏坪の「原古編」によって、その根據が記されている。

「學統辯」は天明六年41、正月に成り、大旨は行狀に引かれている。それを更に縮めるならば‥

學には統（大すじ）というものがなければならない。政治・軍事・水利・算數・文藝・訓詁などの學は、それ自體が目的となるような大すじではない。程朱の學は、父子・君臣・夫婦・長幼・朋友の五倫に基づき、本は天子より末は士庶人に至るまで漏れなく兼ねる道であり、これを人に傳えて誤ることのないものである。これが學問の大すじというものである。

という趣旨のものである。

春水がこのように程朱の學で自立したのは、大坂遊學の時代である。それまでは、或は闇齋學派に屬する鹽谷志帥（＋43）に學び、或は徂徠學派に屬する平賀中南（＋24）に學んだ。大坂での師友も、片山北海（＋23）は折衷學派といわれる宇野明霞の門に出で、混沌社の同志、葛子琴（＋7）・岡白洲（＋9）・田中鳴門（＋24）・細合斗南（＋19）・篠崎三島（＋9）らは、みな徂徠門下の菅甘谷に學んだ。しかもこの他に、中井竹山（＋16）・履軒（＋14）兄弟を中心とする諸學者とも深く交った。このようにその學問は系統的にみて一定していなかった。行狀には當時のことを述べていう：

　そのころ程朱學の書を讀み、心に會得する點があり、片山北海翁の門にあった尾藤二洲先生に會い、これを同じ道に誘い、互に啓發するところが多かった。また古賀精里先生を同志に得、ここにおいて奮然として志を立て、以前に習得した方法を棄て、相い共に仁義道德の要所を講究した。（刋本『遺稿』附載の行狀）

二洲の「作文會引」（「靜寄軒集」巻三所收）もまた當時のことを記し「肥〔前佐賀〕藩の古賀淳風（精里）が私と千秋（春水）とを誘って作文の會を作り、月に一度、その宅に集ることとなった。一二三の同志も來會することがある。（云々）」という。

當時、徂徠學に對する批判の風は種々の面で認められる。これより先、那波魯堂（＋19）は徂徠學を捨てて朱子學を奉じ、宇野明霞（＋48）も、徂徠學から脫却して一家の學を成した。（詩風における盛唐の詩から宋詩への移行もこれと平行する現象であろう。）また中井竹山（＋16）の場合のように、始めから徂徠學と對立する立場から出發した學者も現われている。思うに徂徠學の成立は、從來の唯一の總合的な學問、宋學が、既に變化の道に入ったことを意味する。變化は自然の勢いであったにしても、しばらくは、新しい體系が未成熟である。これに加えて變化により學問が專門化し、人間全般を蔽い切れなくなる。この場合、そこに弊害が生ずるのも當然である。ここにおいて、學問の根本を、全人間的に體系づけられたものに据えなおそうという主張は當然生ずる筈である。この場合、學問の根本を朱子學に歸そうとすることは、決して理不盡なことではない。

ところで、朱子學といっても諸分野がある。まずそのどこから取り上げて行くというのであろうか。これに答えるものとして、春水の周邊に起った次の二條を擧げることができよう。まず第一に‥飯岡義齋（＋30）は始め石門心學を説いたが、のちに論語の鄕黨篇を讀んで悟るところがあり、舊學を棄てて程朱の學に歸した。（『遺稿』巻十、墓銘）また第二に‥黑瀬白茅（＋6）は始め太宰春臺の學問の流れを承け、政に從い、治を輔けること（徂徠學）を學問の要點と考え、心を正しくし、意を誠にすること（程朱學）などは輕視していたが、のちに〔程朱の學に歸し〕灑掃應對が大切であることを悟った。（「師友志」）

以上はいずれも、朱子學の中でも、日常のこまごまとした躾を重んずる點をまず取り上げたものと考えられる例である。つまり朱子のいう「居敬窮理」の中の「居敬」の分野のことといえよう。

さて、このころ藝州藩においては、學問所再興（寛保三年1743に、それまで存續した講學所を廢止した）の計畫があり、天明元年1781十二月に、程朱學を奉ずる春水36と、古學派に屬する香川南濱48とが登用され、ここにその計畫が實現した。當時、建學の根本について、兩様の考えがあったと思われる。いま假に當世風な表現を用いるとすれば、その一つは、藩内士民の人格・教養の向上を目的とし、各界の指導者の養成機關とするものであり、他の一つは、知的分野の最高機關として、學術研究者の指導・育成に當ろうとするものである。前者は程朱の學を奉ずるものの主張であり、後者は古學派の立場であった。學問所開設時は、しばらくこの兩見解は併立の形をとった。

學問所の運營が軌道に乘ると、春水は江戸詰の生活に入る。この間、天明四年四月に、春水39は江戸八丁堀（現、中央區内）の白河藩邸において、白河侯、松平定信27に學事について種々應問するところがあった。翌月二十三日附の覺書風の著、〇「白川侯答問之書」がこのときの記錄と推測される。これには、白河侯の、田安家公子時代からの師、黑澤雉岡72あての書翰もつけられている。

更にその翌月（六月）、藩主として初の入國をする侯を送って、〇「奉送白河城主源君序」（『遺稿』巻九、『與A五』）を作った。

以上の二著とも、正學を正面から説いたもので、「學統辯」と表裏をなすものである。因にこのときは、天明の大飢饉の直後であり、白河侯が平素に倍して倹約を勵行したことはその傳に見えるとおりであるが、春水の謁見時も、一盛りの菓子に土瓶三つと茶碗三つが出て（雉岡、同席）、君侯自ら茶を汲みながらの話であったという。

これに次いで天明五年正月、薩藩に歸る赤崎海門47を送って、〇「學統説送赤崎彦禮」（『遺稿』巻十、『與C九七』）を作り、異學を排し、正學で一統すべき要を力説した。この文末では、西肥の精里にも言及し、その意見を叩くべきことをいっている。

同じく五年五月、在坂の二洲39の著「正學指掌」の序を作った。

この年の十二月、藝州藩學問所は、春水の主張どおり程朱の學で統一された。このことは翌天明六年正月に、江戸に在った春水にも通達された。その日記にいう。

正月二十七日　晴　御勘定奉行ニて、御國學館、程朱學一統之達し、書付五通、別録ニ有レ之、黒瀬登内えも此旨達有レ之。

これは後年（寛政二年五月二十四日）、時の老中首座、松平定信によって達せられた異學禁制の先蹤とされるもので、それに先立つこと五年であった。なお、「書付五通」は『遺響』巻六に収められている。御勘定奉行は學館の主務當局、黒瀬登内は前述の白茅で、江戸定詰の藩の儒臣である。

いずれにせよ、「學統辯」（又は「學統論」）は以上のような經緯ののち、この年（天明六年）正月に成った。またこれと前後して、〇「教授局掲示」（又は「教授局壁書」）も作られた。〇「教授局規條」（又は「學館規條」）も同時のものと推定される。

その後、寛政二年45三月には、○「學政分疏俗文」が作られ、十二月には、○「學術ノ辯」が作られた。いずれも「學統辯」と趣旨を同じくするものである。また著作時期は未詳ながら、「閒ものがたり」もこれに關連するものである。

右の三月から十二月の閒に、注意すべき事件が二つ起っている。その第一は行狀に見える。卽ち‥

嘗て休暇を給わり國に歸ることとなり、他の儒者が代りに江戸に來たとき、ちょうど藩侯は江戸の邸に在られたが、上言するものがあり、君（春水）は〔世子の輔導において〕善事を講述することが痛切に過ぎ、實質はあっても詞華のうるおいに缺けるとした。君はそこで上疏していうには（云々）

右の「嘗て」とは寛政二年庚戌四月のことであり、「他の儒者」とは駒井白水36をいう。白水は香川南濱の門人で、古學系の人である。（「白水駒井先生墓碣銘」にこれを寛政辛亥とするのは明かに一年の誤りがある。）

春水の上疏は四月九日附で奉られ、十日に嘉納された。そのことは行狀に記されているとおりであるが、結論だけをいえば、春水の意見が全面的に採用されたこととなる。その詳細は『遺響』巻二に收められていて、これは「新御居閒にて御意有レ之候節之圖」という見取り圖つきの文書である。このとき、立ち合った御附御用人、山田圖書（俊爲44）には「書賴先生奉送白川城主源君序後」（『與A八九』）があり、彼は春水の所説に信賴を寄せている藩當局者の中の、重要な一人であった。

次に第二の事件とは、前に觸れた五月二十四日の、寛政異學の禁である。(2)

寛政異學の禁は、思想統制として甚だ評判が惡い。松平定信に對して最も同情的な傳記記述者でさえ、この一事については、常に苦しげな辯解をしている。ましてや、封建制批判を旗印しとする立場からは、搖いだ徳川幕藩體制の思想面での惡あがきときめつけられるのが落ちである。

しかし、異學の禁は、必要以上にそのマイナスの面が強調されていると思われる。その理由の第一は、昭和前半期までは、種々な思想統制に對する批判が題材をこれに採って行われた、ということである。この場合、批判の主眼は、そのときの思想統制に置かれているのであって、これを例えれば、唐の人が玄宗を批判するために、漢の武帝を持ち出したようなものである。この場合は當然、漢武そのものの批判とはならないであろう。

また理由の第二は、江戸儒學の直系と考えられる現代の學界は、いわば〝異學の徒〟によって占められていることである。從ってその批判は、第三者的な公正さを期待し難い點がある。少くとも、立場上、當事者の身になって考えることを排除するものであろう。ただ僅かに、教育史的な觀點から、これの積極的な意義が主張されているのみである。以下、筆者なりにこれを敷衍してみると次のようになる。

そもそも當時の學問所は、幕府においても諸藩においても、一體、何者を養成しようとしていたのか、ということから考える必要がある。當時このことを推進した人々が、多く少年の教育に攜っていたことにまず留意する必要がある。斬新・高遠な新説を、未完成な形のままで說くことは、專門を志す書生にとってさえ、しばしば害毒となる。ましてや、將來、必ずしもその方面の專門家となるわけでもない少年に說いて、何の役に立つというのであろうか。また天下國家の經倫のみを事として、日常の身近かな實踐の意義を忘れさせるような教育が、弊害を生じなかったといえようか。

現在のように教育制度が整った時代でも、學者が日本の學校の課程の中からだけで養成されているとは思えない。ましてや江戸時代において、學問所の課程だけによって、學問を修得することが望まれたであろうか。學問所とは恐らくは、そのような機能を果すべきものではなかったであろう。從って異學の禁は、最近の事態に例えれば、大學を軍國主義で塗りつぶす、といった風なことに對比されるものではなく、初等・中等の教育を、國定・檢定の教科書で統制するのに對比されるべきものと思われる。文教政策としての異學の禁は、ここに正・負ともの意義がある。

しかしながら、異學の禁を推進した人たちの心情は、もちろん、學問はあくまでも異學であってはならぬ、と確信しているのであって、單に、青少年の教育だけに限ってそう考えていたわけではない。これは一見、狭い考えとも思われるところである。いまこれを、時代的に平行する明清時代と對比すると、この間の事情がやや明かになるであろう。（この點は便宜、後項、四九三「史學」で述べる。）

なお異學の禁に關連して注意される點は、關係者が關西から起ったことである。一見すれば、これは江戸の學問、徂徠學に對する反動が關西から起ったようにも見られる。確かにそれには違いないが、關東・關西が均衡して張り合ってそうなったのではなく、そこには日本文化に内在する地域的な實力の差ともいうべきものが根底にあるらしい。内藤湖南「近世文學史論」がこのことに關連する文獻であることはいうまでもない。いまの場合、混沌社と懷德堂とは、忘れることのできない存在である。

春水が異學について、最も早くから、且つ熱心に排斥していたことは疑いもない事實である。その考えは大坂在住時代に懷かれ、仕官後、藝州藩において實行に移され、いまや、松平定信の手によって、より廣般に實施されることとなった。しかし、このようなことは、一方において批判者を產み出す結果ともなる。藩内の批判は、明治以後にも尾を引き、そのことは、前稿二一〇節所掲の文獻にときに隱見している。また廣瀨淡窓の「儒林評」（「日本儒林叢書」史傳書簡部所收。一三頁）の記述も、同樣な背景の下にいわれたものと思われる。

杏坪もまた、異學排斥の考えにおいては、春水と同じであった。その著「原古編」はこれを示すものである。この著書については『杏傳』二四二頁に解說があるので、ここでは詳記しない。そこにも記されている如く、程朱學を眞正の古學であると說く。その意見はともかくとして、甚だ整然とした著述であることは事實である。本書に關連しては、○春水「原古編之事」がある他、『杏傳』に見えるとおり、○阪井虎山「呈杏坪賴翁書」、○同「答賴翁書」、○篠崎小竹「與阪井公實書」（「垂示上杏翁二書、參之於原古編、反覆熟覽」の句より始まる）が、いずれも「今世名家文鈔」（月性編、嘉永二年序、明一八刊）に收められている。

同じく異學を排し、程朱を宗とするにしても、そこに様々な段階があったことは當然である。この中において、春水・杏坪の主張は最も強硬であったと思われる。それは山陽の學風についての次の文獻からも推察できる。山陽は「學は洛閩（程朱學）を主とし、甚しくは墨守せず」（行狀）という立場であった。（實はこれについて、のちに門人の間で論爭があったが、結局はこの行狀の表現が最も公正であろう。前稿、三二四節の行狀をめぐる論爭の文獻を參照。）その脫藩後、檻居中（22頃）の文章（書付）の一節には：

カノ諼者流（徂徠學派）ノ載道ノ器ナシニ道ヲ行フト云侮ヲ禦ギ、聊カ洛閩家（程朱學）ノ射雕手タラント妄ニネガフノミ

などの語があるのに對し、杏坪が春水（在江戸）に宛てた書翰には：

第一ニハ一流之學風ヲ企候て正學ヲ破リ、味方討仕候樣之事仕出し可レ申、是又不二容易一難儀ニテ御座候。右の書付ニてハ隨分程朱ヲ尊信候樣ニハ見へ申候へ共、是ハ前〻よりも老人ヲ欺キ、イツモ左樣之事申候故、アテニ成不レ申候。

これだけを引用したのでは、この書翰全體を流れる感情が正しく傳わらず、何か白々しい印象のみを與える恐れがあるけれども、正學・異學の問題のみに限定してみれば、この言葉で見解は出盡している。つまり山陽自らは生涯、程朱を尊信していたと思われるし、父や叔父は（のみならず、門人さえも）その邊にかなりの疑問を感じたのではないかと思われる。結局は、程朱學復興の軌道を敷設した人の意氣込みと、その上を走った人の信念との食い違いといえようが、ともかくも、敷設者側としては、少々極端な位に熱を入れなければならなかったことは明かである。

四九三〔史學〕

春水の史學は、終に完成を見なかったが、晩年の著「在津紀事」「師友志」は、この方面への關心の現われと解釋することができる。史學への關心は、在坂時代の「大日本史」の筆寫に始まったと考えられる。それと相い前後して、

混沌社の同志の間で、「野史詠」が作られたことも、一つの刺戟となったであろう。（『初』一九頁以下參照）

仕官後、まもなく取りかかったのは、「大日本史」を簡略化したような日本の通史であった。即ち、天明四年39十月以來、翌年二月・六月・八月・九月と、或は江戸において、或はまた廣島において藩に上申し、一旦は編纂の許可を得た。しかし寛政元年44四月二十七日に中止を命ぜられて、この事業は挫折した。以上の次第は、○古楳「賴春水の埋れし著書」（尙古二ノ九、明四〇、一二）に詳しい。（『大觀』一〇五三頁にも引く。）この事業の片鱗を示すのが、○「監古錄」である。これについてはなお、○『幽光』一九二頁・二五〇頁、○木崎好尙「賴山陽の修史事業とその運命」（『山竹』一ノ三、一ノ四）、○棋匡「日本外史の精神と釋義」一三頁以下などを參照。

この挫折によって、この仕事は山陽に殘された。山陽晩年の自贊二首の中に「此眼竭二之群籍一、不レ虛二先人之囑一」とあるのも、主として修史の事業を指すものと解される。外史卷頭の「引用書目」について、後世の史家が不用意にも評を加え、あれだけのものを見た筈がないなどといったこともあるが、これは春水の修史事業が先行していたことを知らなかったためと思われる。即ち、春水自らも、在坂時代に、その地の利を存分に用いて、京坂地方の古社寺や好事家のものを見得たことに加えて、仕官後、江戸においては、頻繁に塙保己一（±0）と往來して知見を廣めていた。群書類從が刊行されたのは文政中とされるが、その編纂（安永八年に着手）過程においては、絶えず接觸があったと見るべきである。このようにして集められた資料が、當時として有數な優れたものであったとしても、あやしむには足りないと考えられる。「水母餘音」に「賴山陽、壯歲志を起して日本外史編述のはじめ、そが引用書類を〔塙〕大人にたづね問ひて、その聞けるがままの名目を、やがて外史に掲げしなりと」（渡邊知三郎「塙檢校傳」所收。又「德育資料」第一編「塙檢校詳傳」二二七頁）というのは、もとより訛傳とすべきであるが、訛傳の由って來るところは、上述の諸事實であろうことは、ほぼ疑いのないことである。

春水の資料收集が、よく勘所を突いていた別の證據は、その「野史乘」の編纂である。尤もこれまた未完成に終り、杏坪が續成したもののようである。即ち：

> 〔杏坪より萬波醒廬へ〕追啓。亡兄、存付之先哲奇偉之人之傳など相集め、野史類纂と題し、年來集錄仕置候所、此度寡君存旨有レ之、追々右之類取出し、書續候樣にとの儀に付、私より此度老兄に御賴申上、來年、吉川武助歸り候比迄、御見當り被レ成候分、御しらせ被レ下候樣、申上可レ然との義に御座候。いさゐは武助より可二申出一候間、御聞被レ成可レ被レ下候。下地之目錄、同人持參可レ仕候。何にても奇異之行有レ之人は挾入仕度、古人集之內にても御見當候儀御願候。此段本書に申上遺候故、及二追啓一申候。頓首」重陽」萬四郎」甚太郎樣
>
> （『山竹』二ノ一〇、表紙裏）

ここにいう「野史類纂」が即ち「野史乘」のことであろうことは、ほぼ確定的である。即ち、春水がこれを始め、藩主、齊賢公（『山竹』に長晟公とするのは誤り）の命で、杏坪が續成しようとしていることが讀み取れる。

なお、次の山陽のいうところも、本書のことと思われる。

> 家翁（春水）は昔、袁氏（明の袁黃。群書備考を著わす）に倣って、本朝の事實を抄出しようと考えていましたが、仕事に妨げられて始めることができませんでした。その後、文獻徵存錄に倣って近人の碑誌狀傳を編纂しましたが、この方はやや軌道に乘りました。（「天民に寄せる（手紙）」原漢文。『全書』文集七二〇頁）

この種のものには、五弓雪窓の「事實文編」があるが、雪窓が後藤松陰の門から出たことは、故なしとはいえないと考えられる。

廣い意味で史部の書に入るところの地誌「藝藩通志」については既に『杏傳』二四九頁以下に詳しく解說されている。そこにも記されている如く、杏坪が心血を注いで完成したものであるが、その先驅として菅茶山の「福山志料」があって、その經驗を折り込み、更に基本には「大明一統志」などについての知識があって、編纂上の參考としたことが相い俟って、この書となったといえる。

なお本書の藝文の部の意義については、簡單ながら『孤』において觸れたので、いまは繰り返さない。

また本書を漢文で縮約したものがある（未見）のは、現代史學の觀點からはともかく、やはり史學的著述の一つの見識として評價されてよいことと思われる。つまり、著述はやはり、本來、資料集とは區別されて、文として通讀するに堪えるものでなければならない、という見解から出ているものと思われる。

先に思想の項で明清時代のことを豫告し、溯っては詩文の項で明代に觸れた。以下、本項において明清の事情を考え、日本の場合と對比せしめて結論としたい。

明清の學問は、宋學と考證學とについて、どのような態度を取るか、という點から大勢を概觀できると思う。この場合、宋學と考證學というのは、後世の、哲學と文獻學とにほぼ當るものである。また、ここで考證學を特に取り上げるのは、文化科學における文獻學の地位は、自然科學における認識の手段（觀察・測定・分析などのための道具）に正しく相い當るものと考えるからである。

さて、宋學をここでは、「經に基づく全人閒的な學問」という面から捉えることとする。このような意味での宋學が變化するとすれば、まず第一に、「經に基づく」という點が衰弱して、「全人閒的な學問」という面が強化される場合があり得る。一應は哲學への方向とみてもよいであろう。これは、考證學とは概ね無縁な方向といえる。陽明學はこの部類に入れてよいであろう。日本の場合は、陽明學の他、垂加神道へ進んだ闇齋學をもこれに加え得ると思う。

次に宋學の變化の第二としては、「經に基づく」という點は變動がなく、「全人閒的である」という點が變化する場合が考えられる。そして、この第二の場合の方が、宋學變化の大勢と見ることができる。これは考證學の發展と密接な關係を持つ方向である。この場合、考證の對象は經に向けられる。しかも考證というものの性格が本來智的なものであるために、全人閒的なものの中の、特に智識（思想・情操・實踐と區別された）の部分が急激に發展する。

このような考證學を奉ずる者の典型は、考證學は考證學としてあくまでも追及するが、それの蔽い切れない範圍

（思想・情操・實踐）は、從來のものに委せるという態度をとる。清朝において一般的であったところの、學問は漢學（考證學）、實踐は宋學、というのがこれである。これは清朝考證學者の開祖、顧炎武を好例とすることができよう。例え話は論理を曖昧にする恐れはあるが、敢て用いるとすれば、磨き上げたレンズ（考證學）で對象（經）を精査するとともに、レンズの能力を超える對象は、從來の肉眼主義（宋學）でいく、といったような方向である。結局これは、學問を全人間化するために、異質のもの（考證學と宋學）を繫ぎ合わせた形となる。いまから見れば、これは不徹底な話であるが、それだけ宋學の支配力が大きかったためと解釋できる。

しかし考證學發展の方向はこれのみではない。この他に、考證學をあくまでも追及し、これによって、宋學とは別の形で全人間的な範圍を蔽い盡そうとするものもある。つまりこれは、「經に基づき」「全人間的である」けれども、宋學とは別のものであって、宋學の變化の第三の場合とすることができる。但し考證の對象は經であるから、その全人間像は現代とは離れた時代のものとならざるを得ない。また同時に、考證學の智的偏向から、思想・情操・實踐の面はとかくおろそかになり、皮相に流れやすい。再び例え話を用いるならば、レンズ（考證學）で對象（經）を精査し、その見える範圍だけから推して、見えない部分を含めての全體を構成してしまう、という方向である。第二の方向のような不徹底さはないにしても、全人間像が古代化し、卑俗化する傾向は認めなければならない。この代表者は戴震であり、また戴震ほどではなくとも、それに近い考えを持った學者は清朝において實はかなりあったといわれる。（山井湧「明清時代における『氣』の哲學」哲學雜誌六六ノ七一一）（補註）

日本では、仁齋・徂徠の古學派がほぼこれに當り、更に宣長の國學もこれに當る。日本の場合は、もちろんこれら諸學者の衆人に優れた才分によるわけではあるが、その他になお、後進の身輕さ、という好條件によることをも考えないわけにはいかない。清朝の考證學者が、一般には宋學の支配力から脫却できず、戴震らも經の考證を根本としたことは、要するに宋學も經も、彼ら（の祖先）自らが產み出したものであるからに違いない。これに比べれば、日本の場合、宋學の壓力も、經の重みも、遙かに輕いといえる。仁齋が中國に先んじて戴震的な見解を打ち出し、徂徠が經學・文學・經世濟民の學に獨自な立場を作り上げ、宣長が日本の古典を對象とする考證學を完成したわけは、このような條件の自由さを考えなければ解けないであろう。

さてここで、宋學變化に關する以上の三種の他に、第四のものが存在することを強調しなければならない。それは第一種に似て、「經に基づく」點は弱く（「弱い」よりはむしろ、「どうでもよい」というべきかも知れない）、「全人間的である」點が強いものである。けれども、同時にまた考證學とも密接な關係を持つ點で、第二種、第三種のものにも似るものである。これは實際には史學の形をとる。明末清初では黃宗羲がこの分野に現われた。これは例えていえば、レンズで經以外の對象を精査しようというものである。そのレンズは建前としては經を見ないから、宋學とは對決しないですむ。（ここで念のため附言すると、「宋學と對決しないですむ」とは、思想・情操・實踐の卑俗化・超俗化に陥らないですむ、との意味でいう。）（宋學と對決することも、場合によってはもちろんあり得よう。）ともかく、ここには考證の對象について、選擇の自由が廣般に許されているため、考證に際して、智識のみならず、思想・情操・實踐などの、全人間的要素が投入できるわけである。つまりここには、學問は漢學、實踐は宋學というような分裂は起らない。これは考證學と宋學との「繫ぎ合わせ」ではなく、考證學と宋學との「縒り合わせ」とでもいうべきであろう。ともかく、清朝における元朝史・西北地理・水道などについての考證史學は、ただ單に、そこに未開拓の對象があるから考證したというだけには止まらない、已むに已まれぬ心の動きがあったように思われる。たといそれが、考證史學の枠内に一應は止まっていたとしても、直ちにそれを超えて、實踐を指導する思想になり得る可能性があったと思われる。

日本の場合は、水戶の史學がこの類に入る。これは確かに考證史學である。（大日本史の編纂の體裁、記述の方法などから明かである。）しかもその考證は、三大特筆、つまり正統思想の顯現にも費やされている。延いては尊王思想の淵源ともなり得た。

ここで再び、擧例者について振り返ってみるに、擧例者は大局的には、徂徠學の對立者として、彼の弱いところを強め、また彼の強いところを弱める、という働きをしたものといえよう。その宋學を主張して「居敬」的分野を強調したのがそれであり、古文辭學よりの脱却を文學的に實踐しようとしたのもそれである。社倉法の強調なども、その類かも知れない。たしかにそれは、宋學に傾き過ぎたといえよう。また全學問史的には、次の時代への意義こそあれ、それ自體の持つ意義には乏しいうらみはあろう。しかし、擧例者が、史學（地誌をも對象に含む）に傾斜したことは、大いに評價されて然るべきだと考える。その立場は水戸の史學と共通のものであろうが、これから更に一歩を進めて、宋學からより自由になり、考證學により深く入れば、次の時代の史學になる資格が十分にあるわけである。そしてまた、文學・藝術の重視は、表現と傳達の機能をいちじるしく高めた。これもまた、爛熟した當時の文化の水準において、不可缺の要素である。また宋學の主張においても、その「居敬」の強調を、「窮理」の強調に置き換えるならば、洋學と決して矛盾するものではない。このことは大いに強調されてよいことと思われる。（宋學の「窮理」的な點は、明の後半期の考證學的な學者群〔例えば陳第もその一人〕と併せて考える必要があると考える。）

筆者は曾て、中國の學問の展開を、「古」と「今」との捉え方によって跡づけようと試みたことがある。（「清朝以前の協韻説について」著作集Ｉ）そこでは顧炎武（陳第も同じ）の立場を、〝古今に違いあり、しかも古のみが正しい〟とするものと規定した。また江永（戴震には觸れなかったが、ここに入れられる）の立場を、〝古今に違いがあり、かつ古も今も正しい〟とするものと規定した。しかもここではまだ、今に對する評價が、やはり古を前提としたものであり、同時に、古から今に至る〝變化〟の觀念はない、とした。そこでは觸れることのできなかった黃宗羲の立場は、多少の違いはあっても顧炎武と共通なものと見てよいであろう。しかも史學にあっては〝今〟に對する評價も〝變化〟の觀念についての自覺も、經學におけるよりは一歩前進しているのではないか、少くとも前進しやすかったのではないか、と思われる。この意味で、史學は、次の時代の學問の擔い手として重視される。これがいまの社會科學に連ることはいうまでもないことであろう。

四九四〔その他〕

擧例者、特に春水には、大部な著述・經解の類はない。「在津紀事」巻上によると、曾て「論語集註私攷」二十巻を作ったが、意に滿たず燒却したという。短い述作は、上述の思想の項の文獻を除き、時代の順に次のようなものがある。

天明四年39閏正月に「藤衣」*が成った。その前年に父を亡ったことによるものと思われるが、内容は未詳である。

天明五年40十二月に「石礎」が成った。幼君を輔導する心得を述べたもので、「論語」（泰伯篇）の「可以託六尺之孤」の節などの他、「書經」の冏命、說命などの句を引き、それを敷衍する形を取る。當時、若殿樣御附御用人（藩侯繼嗣の輔導最高責任者）であった山田圖書に提出されたもので、その後、一、二の藩侯からこの書を求められている記事が散見する。

天明六年41八月には「小學發端」が成った。小學の解義である。江戶における講述の底本かと思われる。

寬政元年44三月には「論語五美四惡章講義」が成った。江戶において、土佐侯に說いたものである。このことは行狀にも觸れている。（「論語」は堯曰篇）

寬政五年48正月には「養草」が成った。この年の二月、藩世子に、有栖川宮織仁親王王女、孚希宮が降嫁されるに當って、奧向のために著わしたもの。「詩經」の雞鳴篇、「禮記」の禮運篇・昏義篇など數種の書から引用した文について、それを敷衍して說く形を取る。

寬政十一年54六月には「書經無逸章講義」が成った。この年の八月、藩主致仕、世子襲封に際しての著述である。更に翌年には、「無逸圖」を作って上った。（行狀）

文化元年59四月には「祭祀考、及、旁親班祔祭殤説」が成った。當時、儒式による祖先の祭祀が諸侯において行われたのに應じ、藝州侯の廟制などを應問建言したもの。この著によって、程朱學者としての重要な一側面を知ることができる。

その他は、まだ未検討であるが、「竹館小錄」は多分、文化十年閏十一月、前藩主逝去の後の著述であろう。また「閒物語」は、次の細項より成る。「學・正學異學之事・諸士之學・儒職之學・正異自佗辯・志學之主意・學之規矩・聽講之心得・學意」

「小説」はまだ詳しく見ていないが、随筆かと思われる。

次に、春風の著作については、現在のところ、次の諸種が知られている。

安永七年26三月、亨翁72・春水33と共に吉野に遊んだ。そのときの作が「芳山小記」である。

安永九年28九月、擧家、伊豫の三島神社に詣でた。そのときの作が「舟遊小記」である。

降って文化三年54に出雲・伯耆に遊んだ。翌四年55三月、長崎に遊んだ。このとき鎭西諸家の詩を集め「西溟瓌奇」を作った。

文化八年59二月、江戸に遊び、杏坪56・景讓22に會同した。江戸・京・大坂でのことは『初』に觸れた如くである。(履軒のことも觸れるべきであったろうが、『初』では漏らした。)この行遊の詩を、「東遊詩草」とし、諸家の作を集めて「東遊詩巻」とした。

なお『與A九四』の「春風所寄」が、内容的には「履軒文稿」であることや、また、葛子琴の詩を多く收藏していたことなどは、著作表には直接現われないことながら、その交遊の深さを知るに足るものである。

最後に杏坪の著作については、『杏傳』第十二章に行き届いた解題があるので、すべてそれに讓る。そこに漏れたものには、經解の類には「中庸九經講義」がある。また「適崎詩草」(自家)、「瓊浦所拾」(諸家)は文化十二年60正月、長崎行きの際のものであり、「しほゆあみの記」「雲石詩稿」「いにしへの跡」は、文政三年の作と考えられる。

附　言

本稿は第四章のみとなったが、第五章以下に屬すべき事項で、重複を避けるために本稿中にまとめて記述した場合もあるので、その點、前稿末の項目表がそのまま適用できなくなった。不手際の點、看過を請う次第である。

第五章の「師弟」の項は、交遊考證のため、という建前から、力のおよぶ限り擴大したものとしたい。下編はこの「師弟」と、そしてできるならば、各種資料を編年した「一覧表」とに充てたいと考える。（一九六三・一一・三〇）

註

（1）諸書に載せる目録がどの程度に出入りがあるか春水を例として擧げてみることとする。

まず「近代著述目録後編」は十一種を収める。（以下の列擧には未見の印＊を省く。）

(1) 浪花一番信　一巻
(2) 在津紀事　一巻
(3) 在江紀事　一巻
(4) 負劍志　二巻
(5) 師友志　六巻
(6) 佩文書畫略譜　三巻
(7) 學館規條　一巻
(8) 春水詩草　三巻
(9) 霞崖野樵集　三巻

(10) 竹原集　　十二卷
(11) 春水遺稿　　十卷

次に「慶長以來諸家著述目錄・漢學家之部」は、十二種を擧げるが、その中、上述の目錄と重複するものは八種であり、卽ち上記の（2・4・5・6・7・9・10・11）がそれである。（標題や卷數についての小異はいま一々註記しない。）殘る四種は次のものである。

(12) 小學題辭　　一卷
(13) 石礎
(14) 養草記
(15) 竹館小錄

次に「日本文學者年表續篇」では十四種とする。これは「慶長以來諸家著述目錄」の十二種、および次の二種である。

(16) 藝備孝義傳
(17) 藤衣

次に「漢學者傳記及著述集覽」では、書目を列擧するに當って、その出所として「近代著述目錄後編」「慶長以來諸家著述目錄」「大阪名家著述目錄」*を擧げる。從って上述の十七種の著述は全部擧っている。更にこの他に十二種の著述を擧げる。故に合計二十九種となるが、實は「一志通惠」とは卽ち「いしづゑ」であり、上掲（13）の「石礎」と同一書の重複であるため、實質は二十八種ということになる。增加十一種（「一志通惠」を除く。）は次のとおりである。

(18) 天野屋利兵衞傳　一卷
(19) 引翼編　　一卷
(20) 引翼餘編　　一卷
(21) 監古錄　　一卷
(22) 己亥歸覲詩草
(23) 十旬花月帖　　三册
(24) 掌錄　　十一册（霞關掌錄ヲ含ム）
(25) 春水遺響　　二十六册（賴古棋編）

（26）春水軒雜纂詩草　五巻
（27）春水軒雜纂文鈔　一巻
（28）芳山遊草　一巻

次に「近世漢學者著述目錄大成」では三十一種を擧げる。上掲「漢學者傳記及著述集覽」の二十九種に比べると、（24・25）の二種以外、二十七種までは共通である。異同のある二種の中、（24）に關しては、本書はその一部分である次掲（24′）を擧げ、（25）はこれを脫した。「一志通惠」「いしづゑ」が同一書の重複であることは繰り返すまでもない。結局、本書はまず（1）から（28）までの中、（24・25）を除き、（13）を二度數えて二十七種とし、これに次の四種を加えて三十一種とするものである。

（24′）霞關掌錄　一巻
（29）學統辯　一巻
（30）太乙帖　一巻
（31）春水日記　三十五巻

以上の他に、現存書目錄としての「藝備鄉土誌目錄」は、（2・4・5・11・13・14・17・18・29）の九種の他、次の六種を收める。

（32）會約
（33）小說
（34）閒ものがたり
（35）學術の辯
（36）覺書
（37）翌日錄

また現存書目錄として「嶺松廬著述竝關係書目錄」がある。しかしこれは自筆の寫本（他人の著の）や、他の書への序跋などをも含み、その後の增減もあるので、ここでは詳記しないこととする。

またなお、（38）一得錄、の名が「增訂國書解題」（上册、五八八頁中段。佐村八郎、大一五版）に見える。
以上の中、（23・38）は杏坪の著を誤って入れたものである。

次に、書目集として擧げるには適しくないけれども、「行狀」は書目をも收めるので檢討の對象となる。まず（5・2・4・17・13・14・15）が擧げられる。また「詩文若干卷」というのはのちに編輯されて（11）となるわけであるが、この場合は（8・9・10・22・26・27・28）などにも關わるものであろう。

行狀に要旨が引かれているものの中、「學統辯」は（29）として他の書目に現われるが、「奉送白河城主源君序」は（11）「春水遺稿」の中に含まれてしまって、書目集には現われない。更に、行狀の記錄の背景となった資料となると、例えば〝論語の五美四惡の章の講說〟の場合のように、書目集には擧げられていないものの方が多い。尤も、書目集は必ずしも資料集ではないわけであるから、これは已むを得ない點もある。

以上の諸目錄を通觀して感ぜられることは、著述目錄の製作がまだ未開拓であるという點である。資料の散在がその傾向を樣々に強めていることも見逃せない。殊に「一犬、虛に吠えて、萬犬、實を傳ふ」式の現象も見られ、書目利用に當って、細心の注意が必要であることが痛感される。なお、各目錄書間の相承關係も、以上でその一端が知られるであろう。

（2）寛政異學の禁に關する文獻は、まだ涉獵していないので、取り敢えずのものを擧げるのみである。

（イ）當時の文獻

○「寛政異學禁關係文書」（「日本儒林叢書」史傳書簡部所收、昭三）

右の內容はほぼ次のとおりである。

	頁
西山拙齋「答客問」（拙齋遺文）	一四
西山拙齋「異端」（同上）	一五
柴野栗山「論學弊」（栗山文集卷一）	一六
賴春水「學統論」（春水遺稿卷十）	一七
賴春水「學統說送赤崎彥禮」（同上）	一八
「異學禁諭達書」「示達書」	四二
赤松滄洲「與柴野栗山書」（先哲叢談續編）	一一
西山拙齋「與赤松滄洲論學書」（同上）	一四
西山拙齋「與滄洲先生書」（拙齋遺文）	一〇
西山拙齋「重柬滄洲翁」（同上）	一一

西山拙齋「題與赤松國鸞論學書後」（同上）　一二
冢田大峯・意見書・三通（「耕獵録」＊の「多門上疎」一巻とはこれであろう）
〝上尾州侯書〟（和文）　二一
〝上樂翁公書〟（和文）　二三
「上相君白川侯書」（大峯文集巻五）　二八
岡鼎「答問愚言」附　尾藤二洲書（耕獵録＊）　四二

○「與樂園叢書（内集）」巻三の中‥
頼春水「學統辯」（原文とその和解）
頼春水「學術辯」（和文）
頼春水「學政分疏俗文」（「人を舉げ云々」「翌日録」）

○「開ものがたり」

○「與樂園叢書（内集）」巻四の中‥「論學書」
赤松滄洲「與柴博士彦輔書」
西山拙齋「與赤松國鸞書」
西山拙齋「別幅」
西山拙齋「重柬國鸞」
西山拙齋「次韻寄贈赤松老人詩并序」
西山拙齋「題與赤松國鸞論學書後」

○「頼春水先生の遺著」（玉井源作編。「藝備史壇」八五號、大一二、一月）
「學統辯」（『與A三』所収のものに、他家の批判をつけたもの）
「白川侯答問書」（和文）
「覺書」（和文）（『與A三』の「人を舉げ云々」）
「學術の辯」（和文）（『與A三』と同じ）
「翌日録」（『與A三』と同じ。冢田大峰の上疏文への駁論）

○岡鼎「耕獵録*」（舊、帝國圖書館藏、寫本）所收
○高瀬代次郎「冢田大峰*」所收
（ロ）異學禁そのもの
重野安繹「異學禁」（「重野博士史學論文集」上所收、明二七講演、昭一三刊）
高瀬代次郎「寛政異學の禁*」（「岩波教育辭典」所收）
渡邊年應「復古思想と寛政異學の禁」（昭一二、「國民精神文化研究」三〇）
諸橋轍次「寛政異學の禁」（「近代日本の儒學」所收、昭一四）
（ハ）儒學史・思想史の一節
內藤湖南「近世文學史論」（明三〇原刊、昭一四）二六頁、五八頁
西村天囚「日本宋學史」（明四二）三二三頁
丸山眞男「日本政治思想史研究」（昭二七）二八二頁以下
（ニ）江戸時代史の一節
德富蘇峰「近世日本國民史・松平定信時代」第六章（昭二）
三上參次「江戸時代史」下（昭一九）四二五頁
辻善之助「日本文化史」Ｖ（昭二五）一二一二頁
（ホ）寛政改革
田原嗣郎「寛政改革の一考察」（「歴史學研究」一七八、昭二九）
（ヘ）教育史
橫山達三「近世教育史*」（明三七）
石川謙「寛政異學の禁とその教育史的效果」（「教育」昭一二、一月號。再收「近世日本社會教育史の研究」。改訂再收「學校の發達」第三篇）
石川謙「湯島聖堂の教育史的地位について」（「斯文」一七、昭三二）
（ト）樂翁公傳の一節
三上參次「白河樂翁公と德川時代」（明二四原刊、昭一五）一〇三頁

内田銀藏「松平定信」（「近世の日本」所收。大七講演、昭一三刊）
澁澤榮一「樂翁公傳」（昭一二）第九章
野村兼太郎「松平定信」（「近世日本の經世家」所收、昭二三）

（チ）當時の儒者の傳

井上哲次郎「日本朱子學派の哲學」（明三九）五二二頁（栗山・二洲）
西村天囚「柴野栗山」（「學界の偉人」所收、明四四）
花田一重「增訂西山拙齋傳」第十二章
大西林五郎「尾藤二洲傳」（「愛媛縣先哲偉人叢書」第五卷、昭一四）
高瀬代次郎「冢田大峰*」
服部富三郎「春水の遺著に就いて」（「藝備史壇」八五號、大一二、一月）

（リ）關連文獻

松島榮一「封建時代後期の教學」（中央公論社「新日本史講座」所收、昭二三）
長倉保「寛政改革をめぐる教學統制の問題」（「歷史評論」五〇、昭二八）
千々和實「寛政期學者グループの政治活動」（「史海」二、東京學藝大學史學會、昭三〇）
衣笠安喜「寛政異學禁と幕末の儒學思想」（「立命館文學」一七二、昭三四）

（補註）ここの「古代化」を次頁では「超俗化」とした。「今」に居ながら古代に則るので「超俗的」となる。またそれは宋學の深みを否定するので「卑俗化」に連る。しかしながら「今」の必然的な姿は、そのような意味での「超俗」や「卑俗」に在って、宋學のいうような「超越的」な道理にはないとする點で、それは「今」の條理を、そのものに即して見ているといえる。

道工彥文の馬杉亨安との交遊

一

ここに紹介しようとするのは、道工彥文についての一資料である。（第一圖）多分、享保の半ば頃のことと思われるが、ある年の二月の末、彥文は都に在り、馬杉亨安らと共に、嵐山方面に吟行した。彥文がまだ正央と名乘っていた頃のことである。

この資料は、賴亨翁の歌稿の首册に綴じ込んであるもので、その册の中の「明和六年馬杉翁添削、丑年分」とある部分に含まれる。この他に、その前後に、これについての亨翁の文が二通あり、亨安がこれを添削している。（第二圖・第三圖）因に、この歌稿首册には「明和五子八月始て馬杉翁に逢申して、同八年卯まで有」という附箋がついている。

この彥文の資料は、第二圖の資料に「此ごろ或人のもとにて、このふみを見侍りければ、……（馬杉）翁に見せまいらせむとて、別にかいうつして、それを贈り侍るに」（添削によらずに、原文による。以下同じ）とあることによって、その由來が判明する。第三圖の資料では「……（彥文の）書置れし物、纔に殘りしもありて、此頃このふみを或人に見せまいらせんと、別にかいうつして贈り侍る」とあるが、意味するところは同樣であろう。（添削の文では、原本が亨翁の手元に始めからあったもののように受け取られる恐れがあるのではないかと思う。）第一圖は勿論その控えである。

以下の紹介は、何分にも紹介者の覺束ない讀解力によるもの故、誤讀・誤解の點が多々あるべく、敎示を賜らんことを切望する。

なお、道工彦文は一六九四〜一七三五（四十二歳）。馬杉亨安は一六八〇〜一七七二（九十三歳）、彦文より十四歳の年長。賴亨翁は一七〇七〜一七八三（七十七歳）、彦文より十三歳若い。明和六年は一七六九。それより四十年前、彦文は三十六歳。ほぼこの邊りの時代のことと思われる。

二

「大井わたりの記」＝大井川は大堰川とも書く。桂川の上流で、嵐山を貫流することはいうまでもない。

「きさらき末つかた、あらし山の花咲ぬとて、へたてぬ友とち、かれこれ立出る。けさしも空かき曇り、やかて降そゝくへき雲の立まひ、かくしては明日の色香もうしろめたかく、ぬるとも花の陰よなと語りもてゆく。」＝三四字、讀みに自信のないところがあるが、一應の考えで記しておく。濁點はつけてもよいのであるが、かけ言葉のところで動きがとれなくなるので、原形のままとし、句讀點だけを施した。以下これに倣う。

「こほりとかや聞へし、里の何かしあないして」＝「郡」は右京區、西京極郡。

「爰かしこ舊跡をしへゆく。梅の宮のこなたより」＝「梅の宮」は右京區、梅津。

「雨やう〳〵にふり出て、雨つゝみのやうゐ、とりあへぬさまなと、いと珍しきこゝちす。下は桂にちかき河堤を行程《にィ》」＝異本と校合したあとがある。

「雨は晴ても、いといたう霞こめたる風流、海つらにかよふなと、書つゝけしいにしへ人の眺望、けにと覺侍る。」

＝「古人」が誰であるか、紹介者として甚だ怠慢であるが、つきとめかねている。

「臨川寺よりうち向ふ法輪寺、うつむはかりの花はものかは、」＝「臨川寺」「法輪寺」ともに大井川を挾んで現存す

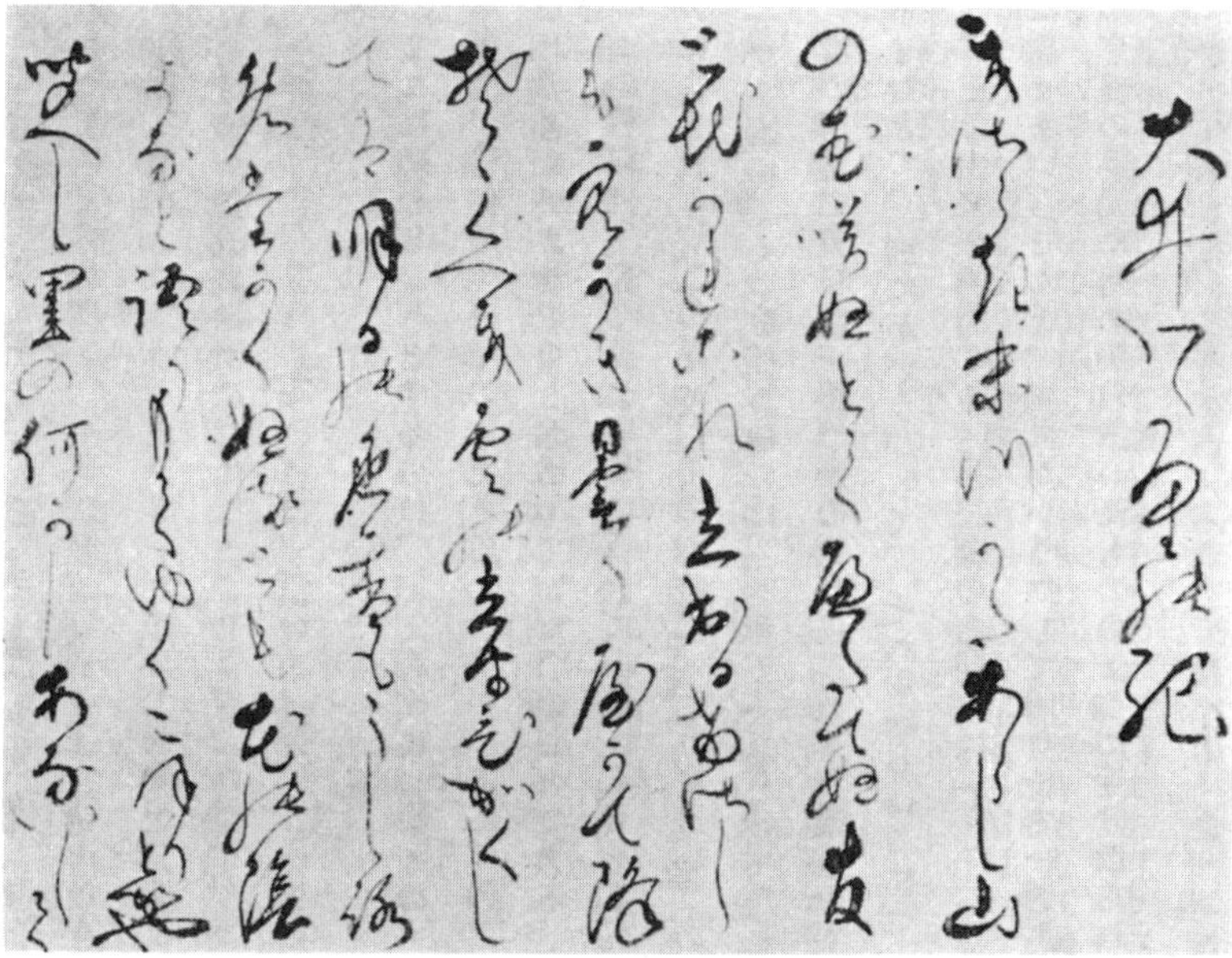

第一圖（一）

大井ワたりの記

きさらき末つかた、あらし山
の花咲ぬとて、へたてぬ友
とちかれこれ立出る、けさし
も空かき曇り、やかて降
そゝくへき雲の立まひ、かくし
ては明日の色香も、うしろ
めたかく、ぬるとも花の陰
よなと語りもてゆく、こほりとかや
聞へし、里の何かしあないして

第一圖（二）

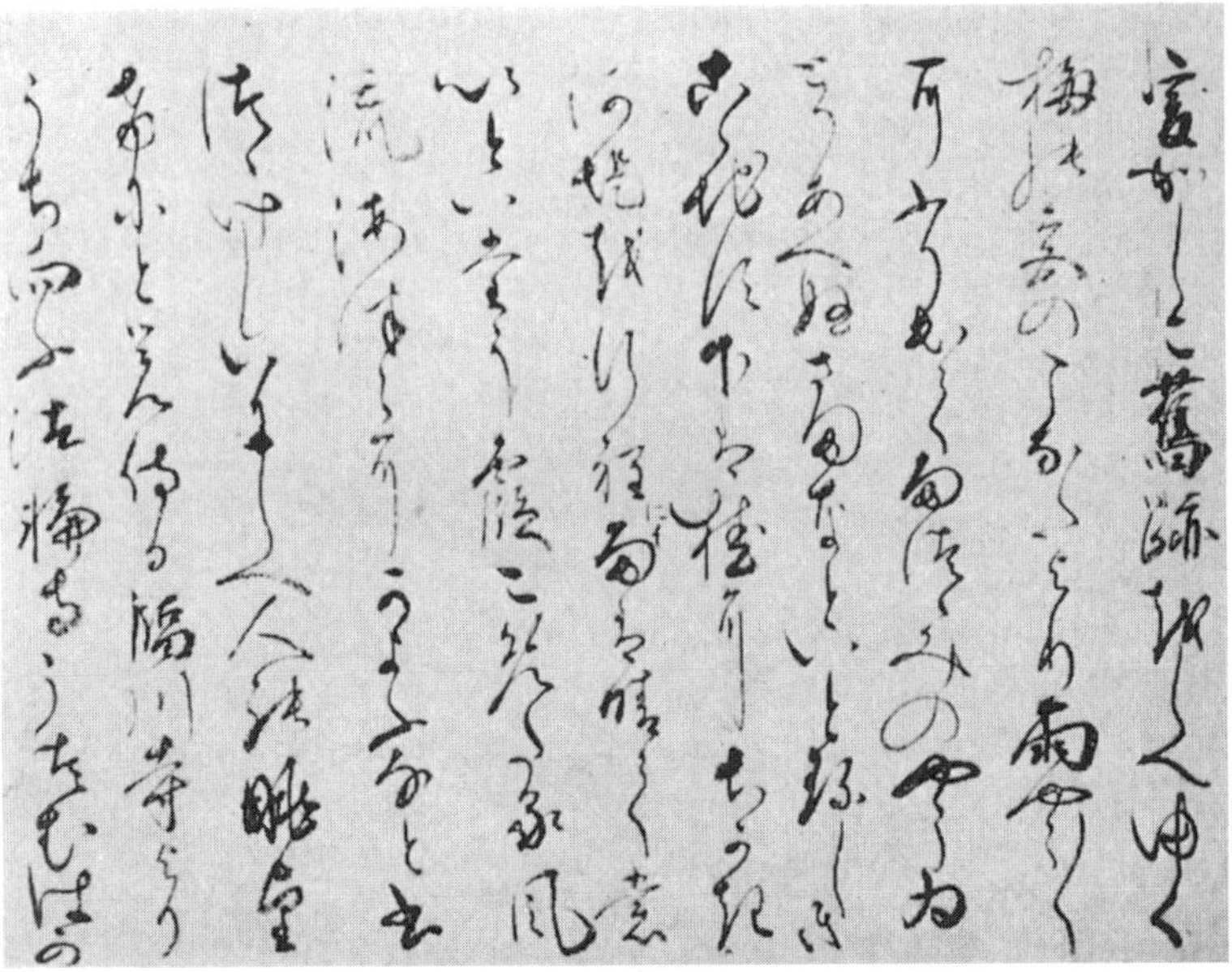

爰かしこ舊跡をしへゆく、
梅の宮のこなたより、雨やう〱
にふり出て、雨つゝみのやうゐ、
とりあへぬさまなと、いと珍しき
こゝちす、下は桂にちかき
河堤を行程、雨《にイ》は晴ても
いといたう霞こめたる風
流、海つらにかよふなと、書
つゝけしいにしへ人の眺望
けにと覺侍る、臨川寺より
うち向ふ法輪寺、うつむはか

第一圖（三）

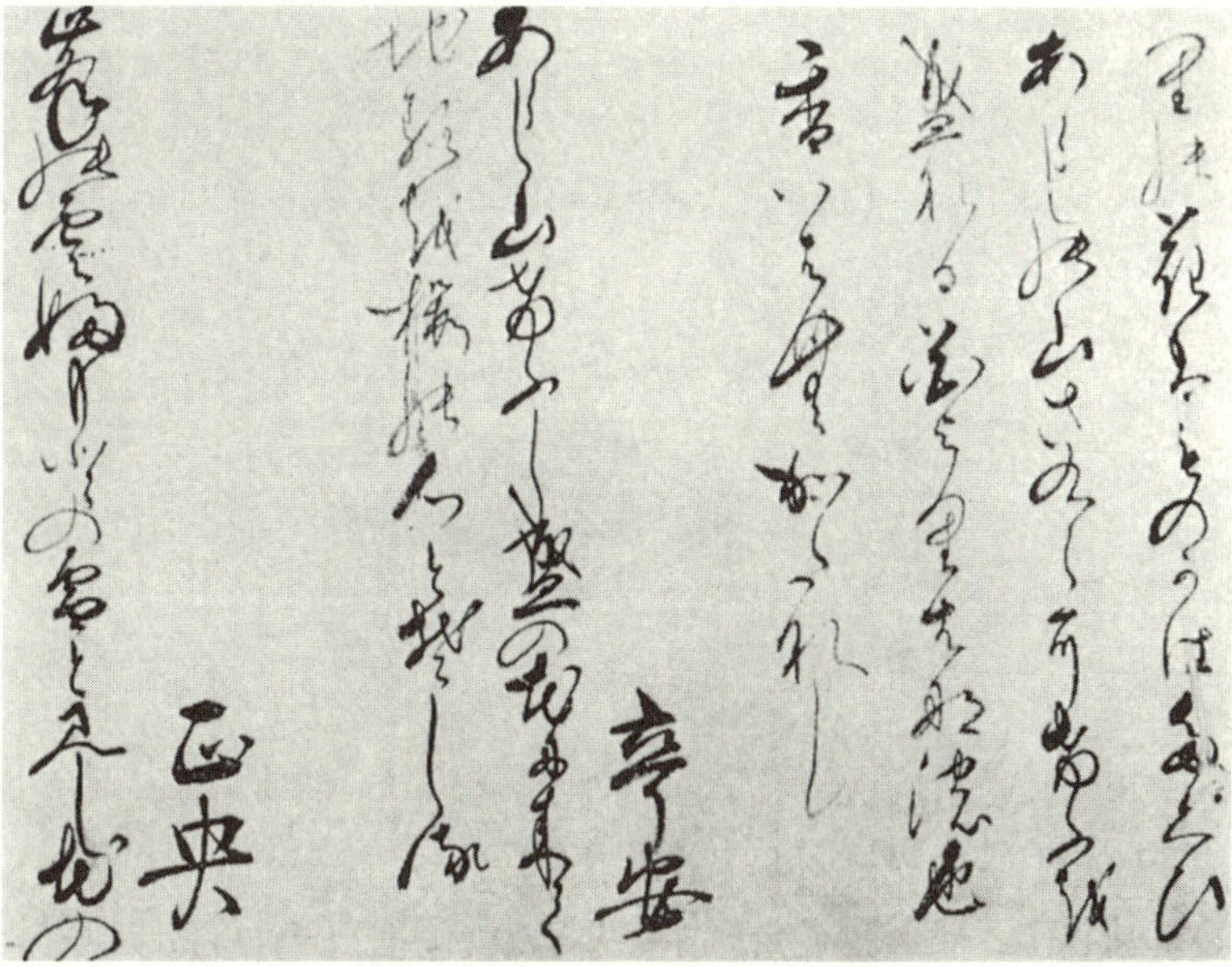

りの花はものかは、たくひ
あらしの山さくらに、けふを
盛れる花よりはなの色
香、いはむかたなし

亨　安

あらし山、けふし盛の花に來て
ちるを櫻の心とそしる

正　央

峯の雲、ふもとの雪と見し花の

第一圖（四）

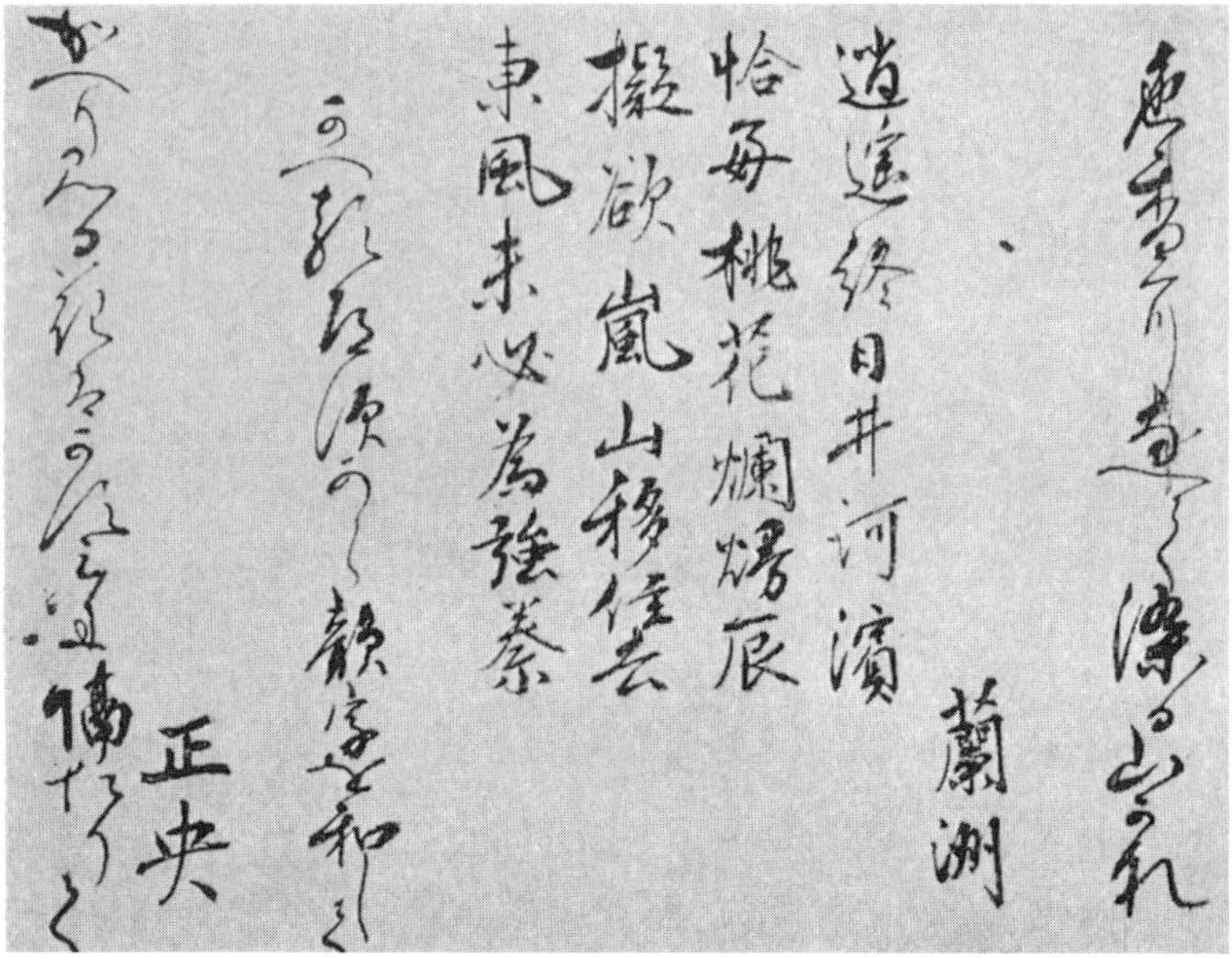

色香になへて染る山かな

蘭洲

逍遙終日井河濱
恰好桃花爛熳辰
擬欲嵐山移住去
東風未必爲強秦

かへる道すから韻字を和して

正央

かへり見る、花はかすミに隔たりて

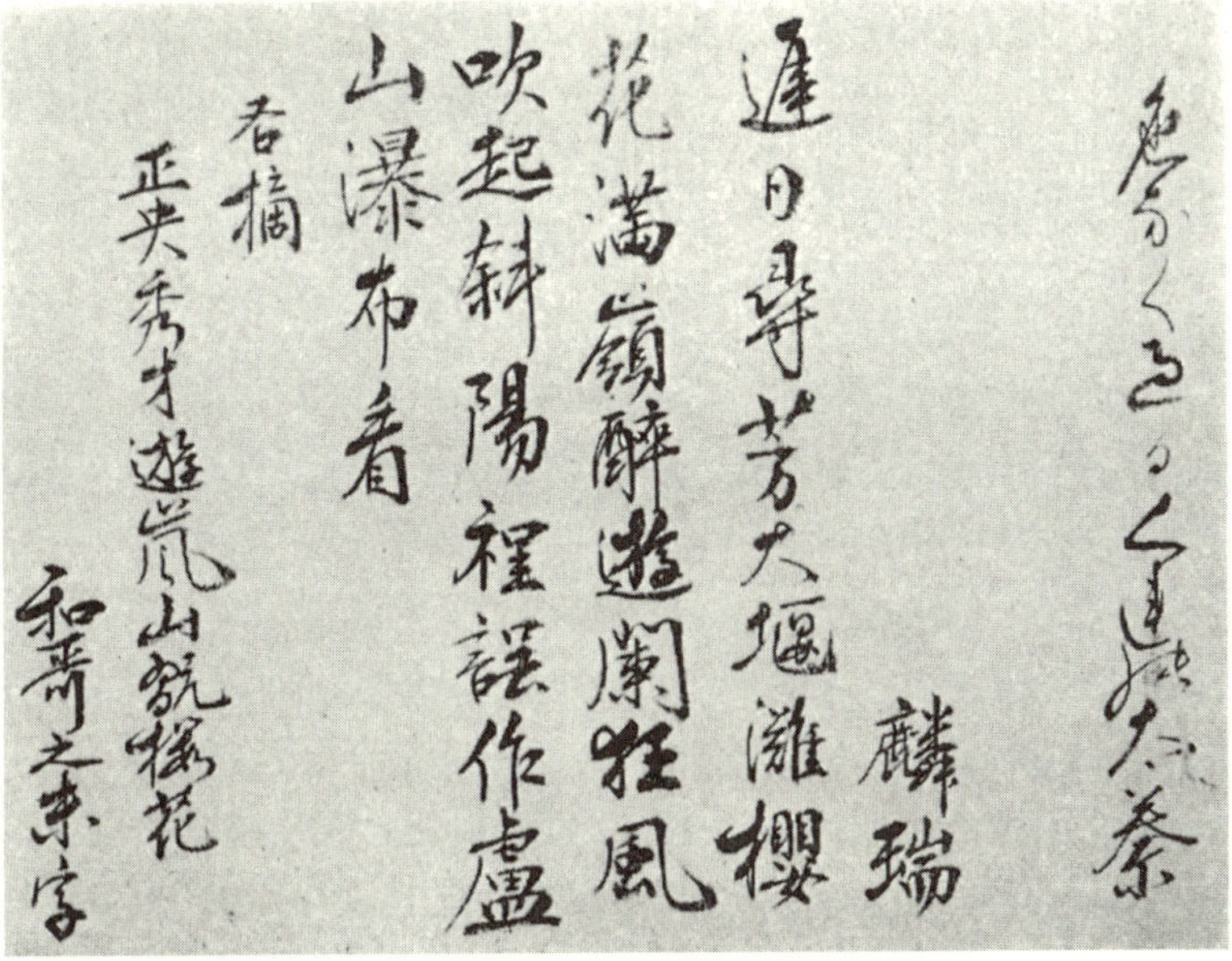

第一圖（五）

色なく過るくれの太秦

麟瑞

遲日尋芳大堰灘櫻
花滿嶺醉遊闌狂風
吹起斜陽裡誤作盧
山瀑布看

右摘

正央秀才遊嵐山翫櫻花

和歌之末字

る。

「たくひあらしの山さくらに、けふを盛れる花よりはなの色香、いはむかたなし。」

次は亨安の歌で「あらし山、けふし盛の花に來て、ちるを櫻の心とそしる」

次は正央の歌で「峯の雲、ふもとの雪と見し花の、色香になへて染る山かな」

次の「蘭洲」とは、五井氏（一六九七〜一七六二、六十六歳、正央より三歳下）ではないであろうか。蘭洲に集のあることは、西村天囚氏の「懐德堂考」四〇頁に見えるが、未檢である。

詩を書き流すと、「逍遙す、終日、井河の濱」＝「井河」は大井川。

「恰も好し、桃花、爛熳の辰」＝「桃花」とは、日本の「さくら」は、「櫻」の文字に當らないとの說によるものであろうか。隱元は日本に來てさくらを見、海棠だといったともいう。「熳」は「漫」に作るべきであろう。

「擬して欲す、嵐山の移住し去らんことを」＝ここのところは、蘭洲を五井氏と見ることとも關係し、大阪の人の立場から言ったと解釋する。元來、この嵐山の櫻は、龜山院が吉野から移植されたものという。「あらし山是もよし野やうつすらん、櫻にかゝる瀧のしらいと」（後宇多院）

「東風、未だ必ずしも強秦の爲のみならず」＝櫻の開花をさそう東風は、何も強秦のためにのみ吹くことはない、餘所の土地でも吹くのだから、移し植えてほしいものだ、との意味であろう。ただし、「強秦」とは太秦《うずまさ》を指すのであろうか、疑問である。

次に正央の歌「かへる道すから韻字を和して」＝「秦」の字を和していることはいうまでもない。

「かへり見る、花はかすみに隔たりて、色なく過るくれの太秦」

次の「鱗瑞」は調べていない。

次を書き流すと「遲日、芳を尋ぬ、大堰の灘。櫻花、嶺に滿ち、醉遊、闌なり。狂風、吹き起る、斜陽の裡、誤り

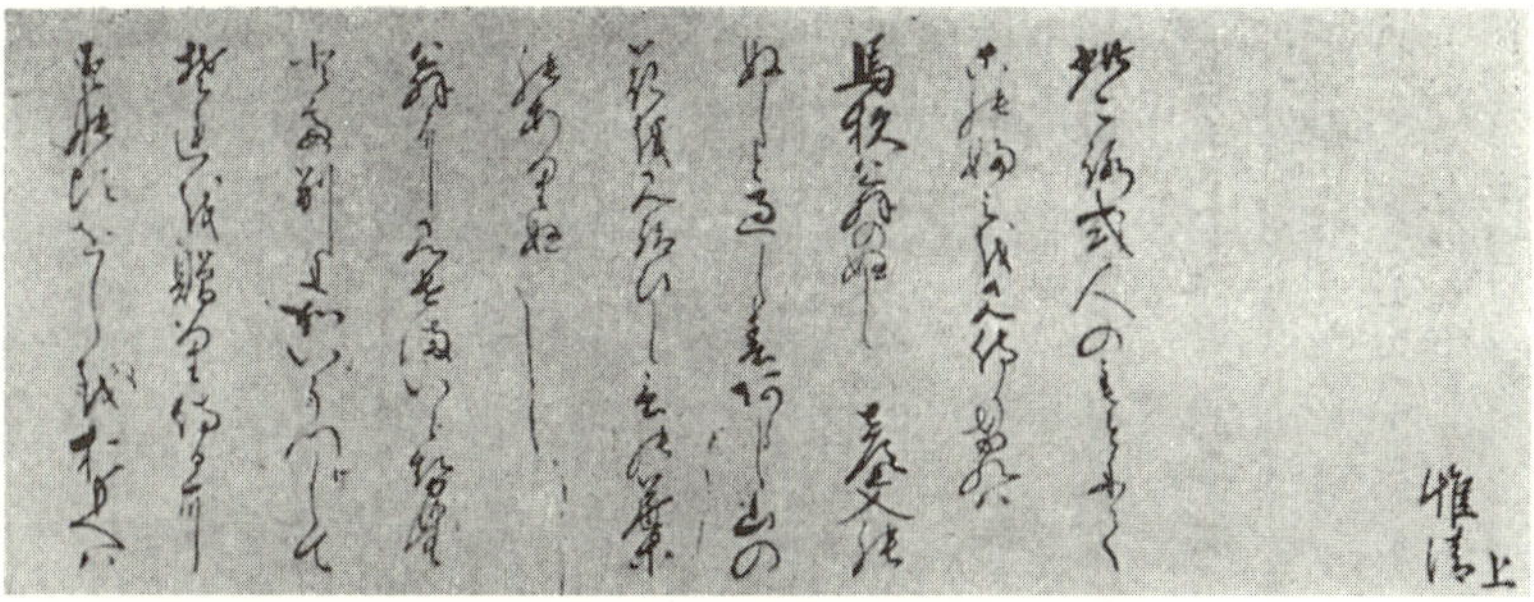

第二圖（一）

惟清　上

此ころ、或人のもとにて
このふミを見侍りけれハ、
馬杉翁のぬし、彦文の
ぬしと、過し春あらし山の
花を見給ひし言の葉
のありぬ、
翁に見せまいらせむ
とて、別にかいうつし《け》て、
それを贈り侍るに、
その頃をしを《も》おもへハ、

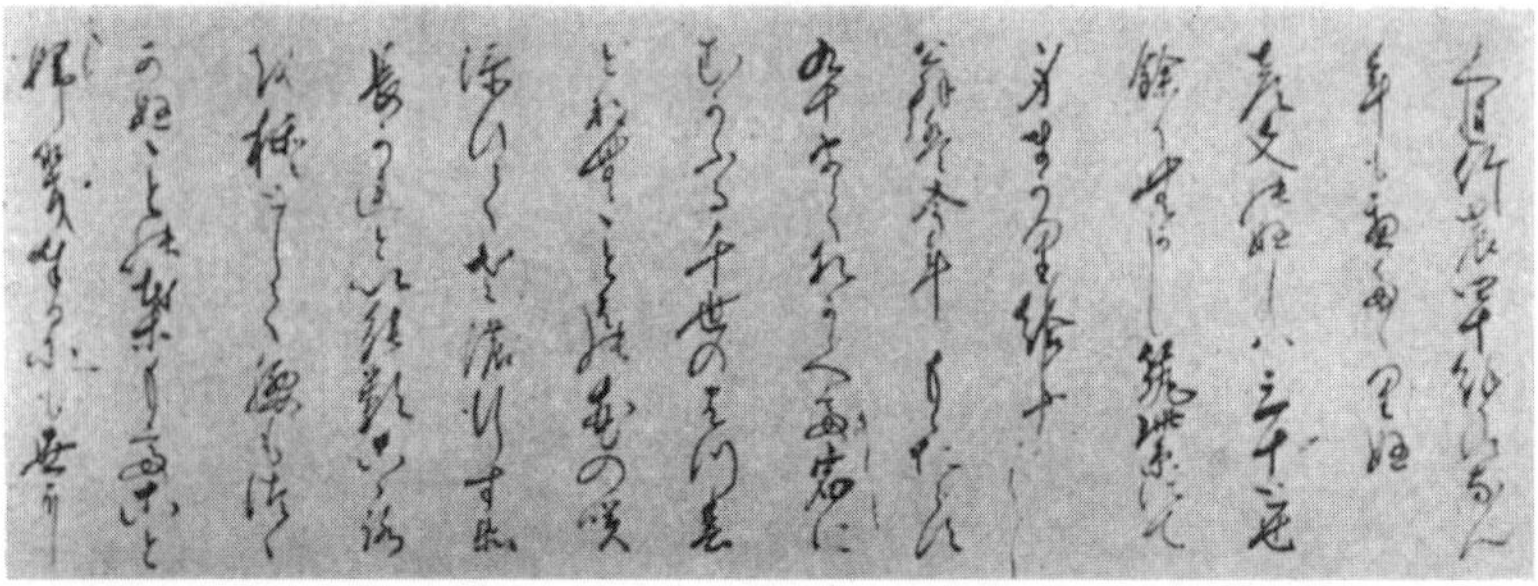

第二圖（二）

くれ竹の四十餘りになん、
年もへたゝりぬ、
彦文のぬしハ三十とせ
餘り、むかし筑紫にて
身まかり給ふ、
翁は今年もゝたらす
九十までなからへて、宿に
むかふる千世のはつ春
となむ、ことはの花の咲
添ひて、その行すゑ
長かれと、いのるこゝろ
を種として、腰もつゝ
かぬことの葉もてこと
ふき奉るにも、世に

第二圖（三）

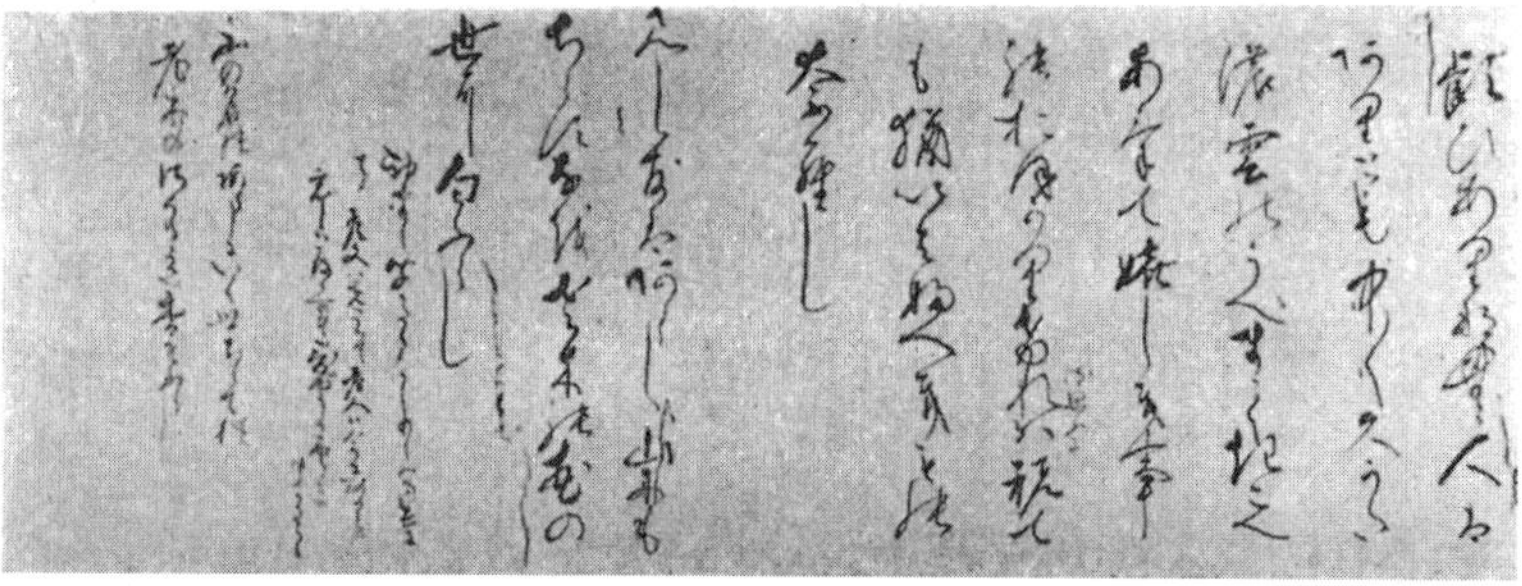

齢ひありなむ人は
ありとも、中〱久かた
の雲のうへまてきこへ
あけて、嬉しき事
る、思ふに
のおほかりけれハ、祝て
も猶いはふへきもの
ならし
見し友は、あらし山にも
ちらすなを、老木の花の
世に匂ふらし

初五もじ聞かたく候、しのじハ過去に
て候。彦文は先たちて、老人ハ今にありの
意とハ存候へとも、歌のやう、さやうニハ
聞かたく候

山の名の、あらしにいく世ちらて猶
老木のさくら色香そふらし

作す、盧山、瀑布の看」＝李白の「廬山の瀑布を望む」に「日は香爐を照して紫煙を生ず。遙かに看る、瀑布の前（一本作長）川を掛くるを。飛流直下、三千尺、疑ふらくは是れ銀河の九天より落つるかと」とある。

「右、正央秀才の、嵐山に遊んで櫻花を翫するの和歌の末字を摘む」＝「峯の雲」の歌の最後の「かな」と、この詩の韻字「看《かん》」とが和字ということになる。

以上、調査不十分なままの紹介である點は慚愧に堪えない。

三

亭翁が彦文のことに熱心であるのは、第三圖の資料に記すところから說明できる。すなわち「彦文のぬしは安藝の人なり。竹原こそ古里の……」（原文。以下も同様）とあるように、まず同鄕人である。

次に「予、年わかき折に、言の葉の道をたどらむと、そのはしぐ〵を、彼ぬしにもかつ問きゝし」とあるから、曾て和歌の指導を受けたことがあったのである。（尤も、彦文は鄕里に不在勝ちであった上に、亨翁が二十九歳の年に肥後で沒したので、竹原での亨翁の師は、鹽谷貞敏・吉井豊庸の二人が主であったようである。）

そして更に、亨翁は三十七歳のとき、彦文と同族の道工景房（彦文の從兄弟）の娘、仲子を娶った。これがいわゆる「猶ゆかりしもあればにぞ」の意味である。

次に、亨翁が京に上って、馬杉亨安に師事したのは、前掲のように、明和五年（戊子）八月であった。このとき師の亨安は八十九歳、弟子の亨翁は六十二歳であった。彦文資料の發見は、第二圖の資料に「（馬杉）翁は今年もゝたらず九十までながらへて」とあるように、その翌年（明和六年己丑）のことであり、亨安のところへは手紙か何かで差し出したものであろう。更にその翌年（明和七年庚寅）には、また上京して、かなり長期の間、歌を學んだ。（拙稿「寶曆

第三圖（一）

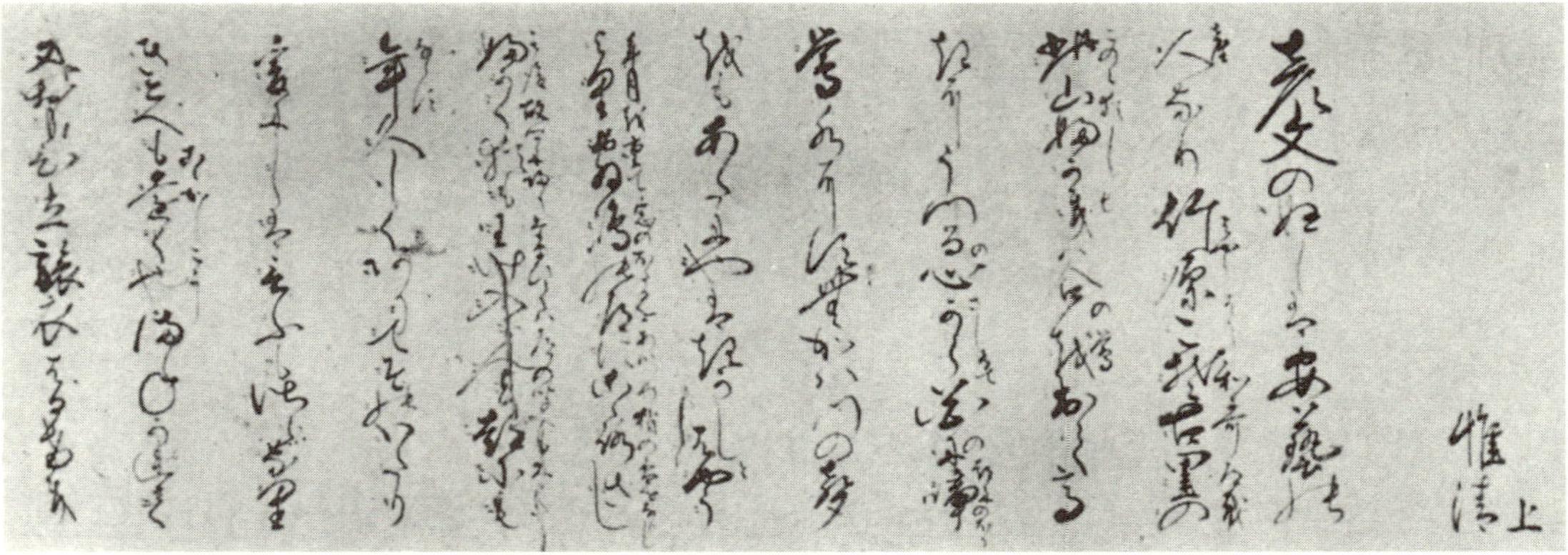

彦文のぬしは安藝の
人《産》なり、竹原こそ《はやうより和歌道を》古里の
此山《このミ給しも》ふかき谷を《の鶯》出て、高
きにうつる《の》心から《さし有て、の都にのぼり》、花に啼
鶯、水にすむかハつの聲
をも、あたにやはきかしとは《と》やう
より《年月を重て、》敷嶋の道に《窗のほたるをあつめ、梢の雪をならし》こゝろさし
ふかく、《其後故郷に帰りたまひてハ、》猶もわけ入らんと、《道の聞へも久かた》都にも
年久《ならす》しくありて、そのいたり
爰にしは言ふもさらなり、
きこへも遠く《こゝかしこに》やまねかれて、
又おもひ立、旅衣はるけき

惟清　上

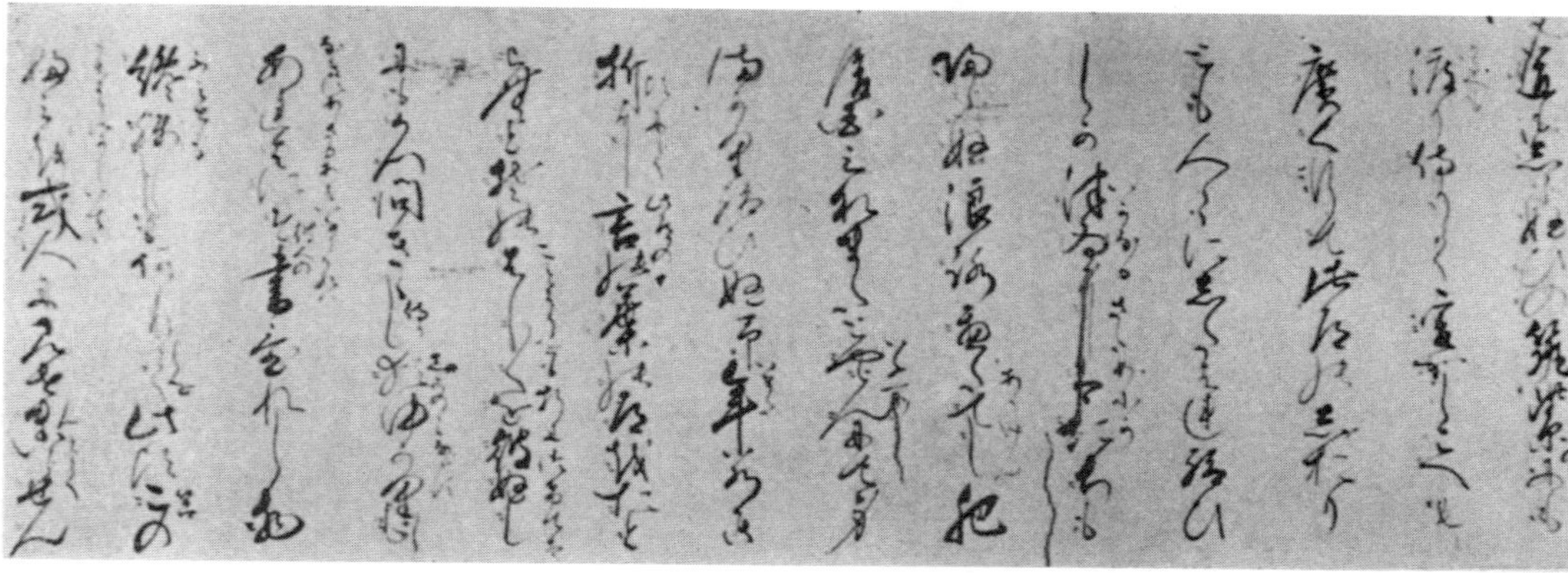

第三圖（二）

道もしらぬひの、筑紫《の》にも
渡り《かたへも》侍りて、爰かしこへも
廣く行て、此道のしおり
とも人々にしたはれ給ひ
しか、つゐには《いかなるさためにか》たちも
歸らぬ浪路へたてし肥《ありけん》
後國、ミなまたとやらん《いふ所》にて、身
まかり給ひぬ、予。《いまた》年若き
折に、《頃にて、此道の》言の葉の道をたと
らむと、そのはしくを、《ことはりをも、折につけては》彼ぬし
にもかつ問《侍り》きゝし、猶ゆかり《しかのミならす》しも
あれはにそ、《なきにあらさるあはいなりけれハ》書置《彼人の》れし物
纔《ふミとも》殘しもありて《しを》、此頃《筥》この
ふミを或人《うちよりさかしいてゝ》に見せまいら《んとて》せん

第三圖（三）

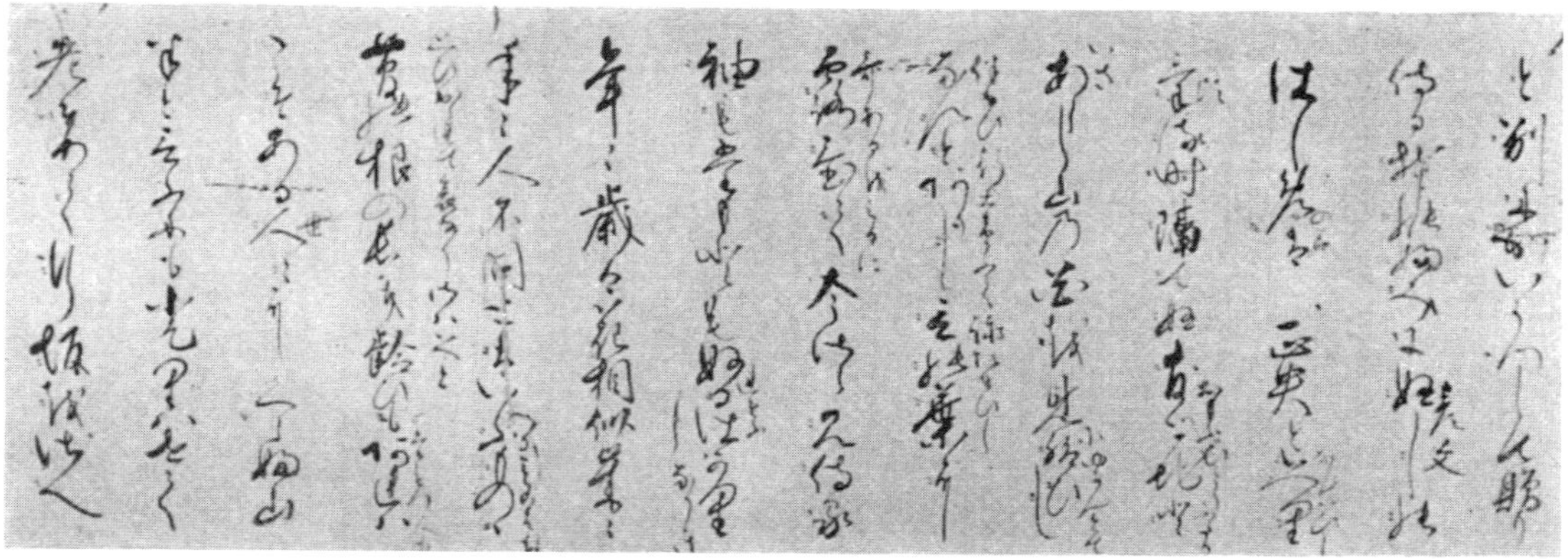

と、別にかいうつして贈り
侍る、そのふみに、ぬし《彦文》の
はしめ。《の名》は　正央といへり《なんいひし》
け《頃》る時、隔てぬ友とちと《おもふ。ひとりふたり》
あ《いさ》らし山の花を見給ひし《にゆかんとて》
なんとありし《伴なひ行たまふて詠たまひし》言の葉に
露置て《歌あるをミるに》、今さら見侍る
袖もたもとぬる《れそふ》はかりなりき、
年々歳々花相似、歳々
年々人不同、とはいふもの《へることとのはも》ゝ、
夢の根《思ひ出られて哀なり、》の長き《さハいへと》齢ひもあれハ《をたもつ人も》
こそ、ある人《世》々に、かへらぬ山
はと言ふにも、登りハさて
老をわて行坂をさへ

第三圖（四）

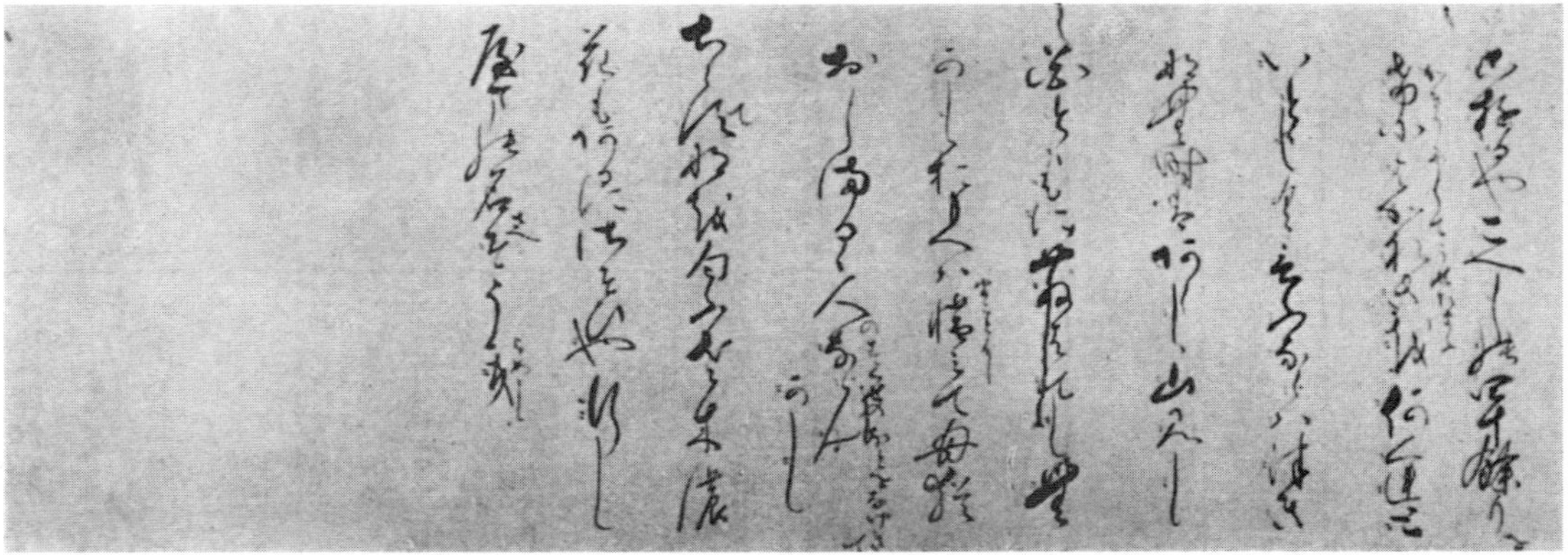

こゆるやこへしの四十餘りを
けにはかなさを何《かきりにしてうせたまふ》くれと
いとはしく、言ふならハ、つき
なむ時はあらし山、見し
花とゝもに散はてし、む
かしおもへハ、憐《まことに》ミても猶
おしまるゝ人ならんかし、《のすくせのほとをなけきて》
ちらす《て》なを匂ふ老木の
花もあるに、さそひや行し
やまの名《さへ》そうき《らめし》

明和以降浪華混沌詩社交遊考證　初篇」、本册所收、七頁、一〇頁。なお、高濱二郎氏「小澤蘆庵年譜」一八頁の記事は、多少訂補すべき點がある。）やや脱線の氣味はあるが、京での師友のことに觸れると、次の杏坪の詩がよい資料である。杏坪は亨翁の末子である。

六月二十日、書を曝し、先考の遺集を讀み、悽然たり。恭しく賦す。〔先考、はじめ國雅を馬杉翁名は亨安京の人に學ぶ。のち翁の遺命を以て、小澤蘆庵を師とし、僧湧蓮を友とす。頸聯に說く所、事、家乘に詳かなり。〕

馬翁は九十、白鬖々、
風雅あひ傳へて、格すでに嚴なり。
更に西山に向つて、蓮社を訪ひ、
且つ東里を尋ねて、蘆庵に入る。
句閒すでに見はる、一鄕の懿、
言表また覘ふ、三世の廉。
偶ま遺編を啓いて、讀むこと能はず、
徒に老涙をして、衰髯に滿たしむ。

〔山陽〕亨安・蘆庵の事裏ら之を稔聞す。夫れ湧蓮は則ち詳かならず。已だ願はくは細注を下し、即ち詩を以て家乘に代へんことを。

〔杏坪〕湧蓮、先考の西歸を留むる歌、いま家に藏す。

咲花は、まつほと遠し、しはし今、
　ありて都の、木々の白雪

〔原注〕湧蓮は龜峽（案ずるに、嵯峨、龜ノ尾のことであろう）に居り、蘆庵は岡崎に在り。（以上）

〔附〕案ずるに、「一郷」は竹原を指す。また「三世」とは、亨翁の曾祖父・祖父・父のことであろう。曾祖父以來、竹原の人となったと言われる。詩そのものは杏坪が晩年に三次《みよし》に居たころのもので、詩だけが「春草堂詩抄」巻七に收められている。

四

亨翁の長子の春水は、藝州・竹原から出て廣島に移り住んだ。そして竹原の亨翁の故家は、次子の春風が守った。從って、亨翁の墓はいま竹原の家で守っており、その遺物の類も、竹原において求められる所が多い。しかしまた、亨翁は、同じものを何通も清書しては三人の子に與えていたふしがあり（この點は、三人の子にも同じような性質が傳わっている）、前掲の詩の場合は、杏坪の持っていた遺稿のことであろう。一方、春水の日記を見ると、春水はしばしば父の遺稿を點検したり、蟲干したり、また遺墨の表装をしたりしている。亨翁資料は、以上の三軒に傳わったものの他は、多分それほど多いことはないであろう。

亨翁の傳は、（イ）春水の「先府君亨翁行狀、附先府君遺事」、（ロ）春風の「先府君遺事」、（ハ）尾藤二洲の「處士賴亨翁墓誌」について見ることができ、妻の仲子の場合は、（ニ）平賀中南の「賴淸篤妻道工氏墓碑銘」、（ホ）中井竹山の「賴亨翁妻道工氏墓磚誌」がある。このうち、（ニ）の中南の文を除き、あとはみな、竹原の春風館（春風の故家）に根源的な資料がある。尤も、（ロ）の春風の「遺事」以外は、何らかの形で刋本がある。すなわち、（イ）は「春水遺稿」巻十、（ハ）は『靜寄軒集』巻八、（ニ）は『日新堂集』巻七（澤井常四郎氏『經學者平賀晉民先生』五一二頁所收）、（ホ）は『奠陰集』巻九に、それぞれ收められている。（「續篇（上）」本册所收、一〇八頁、一〇九頁）

なお、（ニ）で「淸篤」というのは亨翁のことである。原文は明和二年（一七六五）の作であるので、このころそのように名乗っていたのかも知れない。『日新堂集』の原本は三原圖書館にあるといわれるので、就いて確めたいと思い乍らまだ果さずにいる。他の資料では、紀年のあるものの場合、溯って寶暦十二年（一七六二）には「信篤」とあり、降って明和五年（一七六八）以後では「惟清」とある。

因に、亭翁の年譜は、光本鳳伏氏の『山陽先生の幽光』（大正十四年刊）にあり、同書の本文所載の記事と共に、參考となる點が多いのであるが、同時に、かなり修正すべき點のあることもまた否定できない。

次に春水の嶺松盧（地名で同姓を區別するときは「杉ノ木」という。廣島・國泰寺裏・杉ノ木小路《しょうじ》に在った故である。今は袋町に屬する。ついで乍ら、杏坪は「南」。これは家が杉ノ木より南に在った故という。春草堂とはこれであろう）に傳わった亭翁、および道工氏關係の資料は、現在はほぼ次の如くである。

亭翁の歌行・遺稿の類は若干册が傳存する。淸書本の他、亭安・蘆庵・貞敏・豊庸らに添削を請うた資料が多い。本稿紹介の歌稿はその一つである。種類としては、行狀にいう「吾妻紀行」が見當らない。（それの一部を成す歌は二、三、散見はする。）

仲子については、その歌を春水が代筆したもの一首、照蓮寺主恵明の母が仲子に贈った歌一首（超倫の代筆）、および、平賀中南の「墓碑銘」の拓本一幅が、關連するものとしてあるのみである。この拓本については、別に考察を要するけれども、ともかくも前述（二）に當るものである。（原材質は或は細長の木か？）

仲子の父の道工景房（博多屋助右衞門。卯仲と號する）については、俳句一首、書翰一通がある。その妻、田中氏については、出身地の梨和村での、一向に要領を得なかったという聞書き一通が關連してある。

仲子の弟の備後屋摠兵衞景正（本郷に入婿となって行ったらしく、田中氏を稱した）については、幾通かの書翰があるが、時代はやや降り、且つ未整理である。

なお、道工氏の系圖などを覺書きにした反故一通があるが、これは以上のうちでは時代が最も降って、文化三年のものと推定される。

以上が、〝杉ノ木〟にいま辛うじて存在しているものの目録である。その若干について、本誌に紹介の機會が與えられたことは、誠に有り難く、御厚意に深謝する次第である。

(昭和四十三年七月四日)

道工氏に關する一資料

以下は、「春月」創刊號の拙稿に記した「道工氏の系圖などを覺書きにした反故一通」(本册所收、一九一頁最終行)の、部分的な紹介である。この資料は美濃紙を半裁し、五枚十頁、裏表ともに墨書し、それに別人の手で墨書、朱書が加えられ、更に附箋が付いているというもので、寫眞版を掲げても無意味と思われるので、直ちに轉寫して紹介する。

書き手は不明であるが、資料の末葉に「先年萬四郎様え御咄し如此と覺居申候、略書印置申候。(朱筆旁書)照蓮寺記錄ヲ懸御目候節、扣置申候」とあり、萬四郎、即ち賴杏坪に親しい竹原在住の人物が書き手であったと思われる。但し、資料末尾に賴春水と思われる朱筆で「此分塗鴉甚シ。整頓シテ書改メ、竹原へ遣シ置。道工氏ノ事ナレバナリ」とある如く、體裁も内容も、全面的に第一級のものとは殘念乍ら言えないようである。

書いた年代は一箇處に手懸りがある。それは三頁めに寶永四年(一七〇七)沒の心譽安淸のことを記し「是ハ當年百年ニ相成申候」とあることで、佛事の百回忌のことであろうから、これは文化三年(一八〇六)に書いたことになる。

これより先、文化二年八月九日に、廣島藩では家臣に對し、「御家中系圖傳記、御歩行以下由緒書差出候様、被仰付候事」という達しを下した。(「新修廣島市史」卷七、三〇八頁下段)春水の日記には、直ちにこのことは見えないが、翌文化三年九月二十四日の日記に「晩景、築山殿へ行、系圖之事」(刊本、四七一頁下段)とあるのは、この達しに應ずるものと考えられる。この間、一年餘りの歳月が經過しているが、この件に關して春水の遺した資料には、文化二年九月の日附のあるものから、文化三年九月の日附のあるものまでがあることに照し、一件落着までに、約一年餘りを要したことは確實である。そして本稿で紹介しようとする資料は、この際の系圖調べの一環をなすものと推定される。このうち、道工氏に關する部分を摘出する。以下に於いて、大字（九ポイント活字）で〔本文〕〔別記〕〔附箋〕などしたところが資料の轉寫である。そして本文の小段落ごとに、小字（八ポイント活字）で〔注〕とあるのは本稿でつけたものである。また、〔　〕は小みだしのためにも用い、本文と特にまぎらわしい場合は《　》を用いてその中に説明的な語句を添えたこともある。その他、段落の』、句讀・濁點などもまた本稿に於いて加えたものである。

*　*　*

〔本文〕そのかみ天文・天正のころ、道工因幡と申せし人、竹原的場山に居住し、また豊田郡桑木山に道工大隅と申人居住青木の瀬戸ノ西方ノ地小山也大サキ島ノ垂弓山《タルミ》と申所ニ道工某居城のよし〔旁書〕同時也と。《以上旁書》三人兄弟ニして弓の達人のよし申候、今また桑木村作兵衞と申百姓その子孫ニて、古きものも所持仕居、直〻物語り承り申候。

また道工の古跡、下野村の内千本松と申所ニ礎の跡少シ殘リ有申候。道工屋敷と申候。古宮ノ西方ノ山上下ヲ宮越と申、又三本松とも申候。

〔注〕〔竹原的場山〕「藝藩通志」巻七六（一一八二頁）賀茂郡下市村圖に見える。

〔桑木山〕未詳。但し次注「青木ノ瀬戸」の西方にある「青木山」が或はこれか。「藝藩通志」巻八五（一三九〇・一三九一頁）豊田郡田野浦村圖・須波村圖參照。

〔青木の瀬戸〕「藝藩通志」巻八五（一三九〇頁）豊田郡能地村圖に見える。また巻八九（一四六〇頁下段）も參照。

〔大サキ島ノ垂弓山〕「藝藩通志」巻八六（一四一四頁）豊田郡大崎島東野村圖に「タルミ」がある。

〔桑木村〕前出「桑木山」と關係があろうと思われるが未詳。

〔下野村〕「藝藩通志」巻七六（一一七九頁）に村圖がある。賀茂郡に屬する。

〔千本松・古宮〕未詳。

〔宮越〕「藝藩通志」巻七六（一一八二頁）賀茂郡下市村圖に「宮之越」がある。また「竹原市史」巻三所收「竹原下市村國郡志御用ニ付下調書出帳」の中の「村内小名」の條に「宮ノ越」が見える（五三頁上段）。

＊　　＊　　＊

本文はこのあと道工氏の系圖となる。但し上記の三兄弟との關係は記されず、「道教宗右衛門」なる人物から始る。系圖の線を始めとして、加筆・訂正が多いが、幸いにして「道工彦文家集」四二七—四三二頁に「道工家（足立屋博多屋）略系譜」が収められ、精細な調査がなされているので、これに照して讀み解くことができる。またそれを通じて、この資料の正確度がどの程度のものであるかを概定できるであろうと思われる。

本文を系圖の形のままで轉寫するのは無理なので、まず大筋を次に表示し、それに従って記述・紹介を進める。

㋑道教 宗右衛門 — ㋺浄閑 彌九郎 — ㋩了心 宗右衛門 — ㋥誠雪 彌九郎 — ㋭（南覺）小十郎 — ㋬（覺眞）萬槌　（足立屋）

　　　　　　　　　　　　　　　└ ㋣浄俊 吉次郎 — ㋠（智光）清五郎 — ㋷………　（新屋・博多屋）

右の㋑から㋷までについて、該當する世代別に記す。㋣は㋩と同世代であるが、別に家を起した故に、項を別にする。

＊　　＊　　＊

〔世代㋑の本文〕正保中沒、道教、宗右衛門』妻、妙往。〔別記〕正保三亥十二月八日、綠譽道教、足立屋宗右衛門』寛文九酉十月十七日、生譽妙往、足立屋彌九郎母』ト西方寺に御座候。〔附箋〕、正保三ハ丙戌ナリ、丁亥ハ四ナリ。

〔注〕「生譽」は實は次の世代㋺の浄閑彌九郎妻の戒名（「略系譜」四二七頁一五行）。この資料には、この種の誤記が含まれてい

ることは否めない。

「〔附箋〕」は以下のものも含めて、みな同質の小紙片。多分、春水の筆。

〔世代㋺の本文〕淨閑、彌九郎』妻、妙閑。〔附箋〕淨閑・妙閑ノ戒名、月日不詳。了心・妙貞、同上。

〔注〕淨閑彌九郎は、道教宗右衞門の子。足立屋初代。「略系譜」四二七頁。

妙閑については、本資料五頁に次の別記がある。〔別記〕妙閑、鷹、藤島屋庄九郎ノ女云。醫道トノ祖父ナリ。道ト、又庄九郎竹雨ト云人也。

附箋の「了心・妙貞」は次項參照。

〔世代㋩の本文〕了心、宗右衞門。始、彌九郎』妻、妙貞、小鹽屋甚右衞門女。

〔注〕了心宗右衞門は淨閑彌九郎の子、足立屋二代。「略系譜」四二七・四二八頁。なお前項、世代㋺附箋參照。

小鹽屋については、本資料六頁に別記があり、甚右衞門の二女志磨《シマ》が道工彌九郎に嫁したとある。

この世代には淨俊吉次郎がいるが、別に新屋（博多屋）を立てたので、世代㋣として別に記す。

〔世代㋥の本文〕誠雪、彌九郎』妻、吉次郎女、壽照。

〔注〕「彌九郎」の左に「此人ハ宗右衞門了心ノ弟ト相見ヘ申候」の一行があり、朱筆で消してある。つまり事實ではない、との意であろう。少くとも表向きの家系では、誠雪彌九郎は了心宗右衞門の子で、足立屋三代。「略系譜」四三一頁。

壽照は吉次郎の女として、世代㋠に重出する。足立屋の系統に新屋の血統の者を入れるためであったかも知れないが、詳しいことはわからない。

《本文・その兄弟に》喜太郎正央、彥文。サツマノミナマタニ而死去。哥枕ニ出ル。〔附箋〕正央ヲ後彥文ニシタルモノナルベシ。〔別の附箋〕肥後ノ水股ナリ。サツマニアラズ。

〔注〕「略系譜」四三一・四三二頁。

《本文、その左に》五郎兵衞、大阪居住、河合屋ト云。

〔注〕　上記「喜太郎正央」との兄弟としての線が消してあり、所屬未詳。しばらくここに繫けておく。「略系譜」四三一頁の「彥五良」に當てることはできないであろうか。後考を俟つ。また後記「世代㋠」の「垂天庵」の方に繫るものかも知れない。

〔世代㋭の本文〕　小十郎』《その妹に》增屋吉衞門妻』《その妹に》楢原屋善助妻』《その弟に》半五郎。

〔注〕　小十郎は誠雪彌九郎の子、足立屋四代。「略系譜」四三一頁。

增屋については本資料六頁に別記があり、クン・イクの二女を產んだようである。

楢原屋については本資料五頁に別記があり、おいし、常次郎、おいわ、重四郎らの子を產んだらしい。楢原氏は別記によると、「小泉ノ出ト申ス。今小泉ニ楢原氏ヲ名ノル名家アリ」という。小泉は豐田郡に屬し、「藝藩通志」卷八五（一三九三頁）に村圖がある。「竹原市史」卷三所收「（竹原下市村）舊家錄」（文政四年調）では、「絕家」の中の一つに「猶原屋善助」がある（一四八頁下段）。

半五郎については、本資料六頁に別記があり、「米田屋半五郎、後、半衞門』養父、半左衞門」とあり、なおその後の世系を記す。春水の記錄（本資料とは全く別のもの）には「小十郎弟、豐田郡本鄉土生半左衞門米多屋養子となり半五郎といふ」とある。「藝藩通志」卷九一「（豐田郡）故家」の條に、「本鄉村土生氏」とある（一五〇二頁上段）。これはその一族であろう。なお平賀中南（晉民）もこの一族。

〔世代㋬の本文〕　萬槌。〔附箋〕此母ハ瀨野ノ平ヨリ來ル。小十郎死後ニカヘルトヤラ。

〔注〕　萬槌は小十郎の子。「略系譜」四三二頁。春水の記錄（上記のもの）には「足立屋は家おとろへ、彌九郎子小十郎早逝し、その子幼弱にて又死し、足立屋たへたり」とある。

瀨野は「藝藩通志」卷三五（四六四・四六五頁）に村圖がある。安藝郡に屬する。

〔世代㋣の本文〕　淨俊、吉次郎、はかたやの祖』妻、楢原助左衞門女、安清。〔別記〕寶永七庚寅十二月十四日、清譽淨俊、新屋吉治郎事』寶永四丁亥八月十日、心譽安清、新屋吉次郎内室と奉存候。是ハ當年百年ニ相成申候』墓ニハ新屋清五郎父母トアリ。〔別記〕覺往傳西、ナラハラヤ助左衞門事』春宅妙正、同妻』足立屋吉次郎内方ノ父母トアリ。

〔注〕浄俊吉次郎は浄閑彌九郎の子。世代的には㊇に當る。資料本文は始め誤って浄閑彌九郎の弟としての線を引き、後で朱で加筆訂正し、了心宗右衞門の弟とする。そして別筆（墨）で「朱ノ方也」の書込みがある。いま朱線に依る。「略系譜」四二八頁。しかし、春水の記錄（上記のもの）には「この（新屋）吉次郎嫡子なりしが、譯ありて隱居の様に別宅して一家なり。大小路より中小路へ通り大家なり」とある。

楢原氏については上記「世代㋭」の注に觸れた如く、本資料五頁に別記がある。それによると、助左衞門は上記善助の祖父であるらしい。

〔世代㋠の本文〕女、酉四月十四日、出夢童女、足立ヤ吉次郎女トアリ』《その妹に》女、壽照、誠雪彌九郎妻、吉次郎女トアリ。

〔注〕壽照は前記「世代㊁」に重出。「略系譜」四三一頁。

《本文、その弟に》清五郎、改名、助右衞門景房』妻、天野屋保右衞門女、クリ。一女アリテ去ト云事也』後妻、田中氏。〔別記〕家譜アリ。

〔注〕清五郎が新屋吉次郎の後嗣。また清五郎を博多屋二代とするのは、吉次郎を博多屋初代とするからである。「略系譜」四二八頁。

妻の田中氏は名は辰。梨和村（豊田郡、南方・上北方・下北方三村の舊名、「藝藩通志」巻八五、一三六四―一三六六頁に村圖がある）の人。

《本文、その弟に》垂天庵、後、著阿居士云。〔朱筆別記〕渡邊氏メトリ入ムコニ行。

〔注〕「略系譜」四二九頁。

なお、本文、この上の箇所に「五郎兵衞、大阪居住、河合屋ト云」とあるのは、上記「世代㊁」の項で觸れた如く、或はここに繋るのかも知れない。

〔世代ⓡ以下について〕

〔注〕 清五郎のあとは、線だけ引いてあって、人が出て來ない。これは、清五郎と辰子との間に生れた仲子は、即ち春水ら三兄弟の母で、殊更に調査の必要がなかったためであろう。「略系譜」四二九—四三一頁に相當する。また上記、春水の記錄も、この部分は詳しい。

＊　＊　＊

本資料はここで足立屋・博多屋の系圖を終り、このあとは小泉村道工源兵衞ほかを記す。そして米屋（吉井氏）・田坂屋・津田屋がみな道工氏の一族であることを記し、「吉井・道工・楢原・粕原等ノ景圖は小泉龍泉寺ニ納メル卜云說アリ」の語で、道工氏關係の記述を終る。そしてそのあとは山田氏・山上氏・原氏・貝野（柏野）氏などのことに言及して全體を終る。因に「藝藩通志」巻八五（一三九三頁）の小泉村圖には龍泉寺が載っている。

本資料の讀解については、賴桃三郎氏に負うところが多い。御指導に感謝する次第である。なお、小泉村の道工氏以下の部分については、機會を改めて紹介したいと思う。

賴惟清室道工氏仲子墓誌

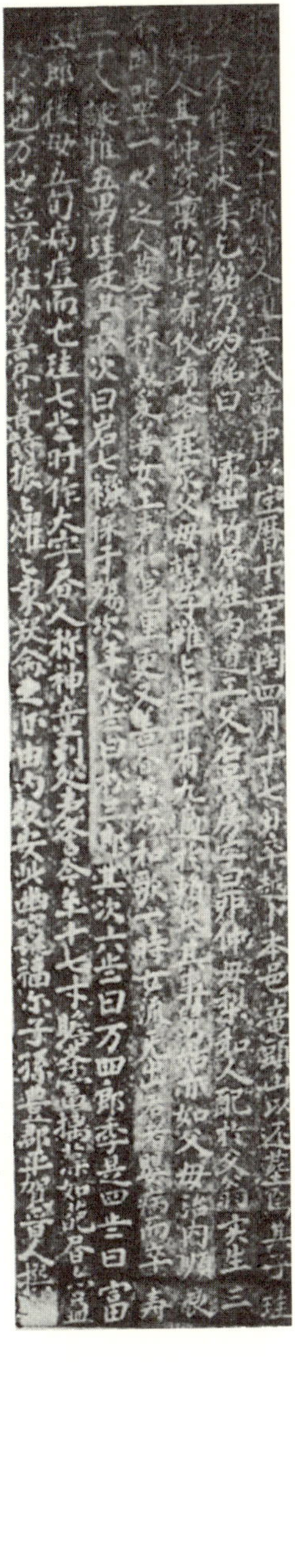

藝《ノ》竹原《ノ》賴又十郎《ノ》婦人道工氏諱《ハ》中。以《テ》二寶曆十二年閏四月十七日一《ヲ》卒《ス》。越《ニ》卜《シ》二本邑龍頭山一《ヲ》以《テ》還葬《ス》焉。其《ノ》子珪

以テ二與レ余往來スルヲ一。狀シテ來テ乞フレ銘ヲ。乃チ爲ツテレ銘ヲ曰ク。家ハ世ゝ竹原。姓ハ爲ス二道工ト一。父ノ名ハ景房。字ヲ曰フ二卯仲ト一。母ハ梨和ノ人。配シ二於父翁ニ一。實ニ生ム二三子ヲ一。婦人ハ其ノ仲。資稟聰慧。有リレ儀有リレ容。在ツテハレ家父母ニ。竭スコトレ孝ヲ雝〻タリ。歲十有九。適ク二於賴氏ニ一。其ノ事フル二舅姑ニ一。亦如シ二父母ノ一。治ムルコトレ內ヲ順良。不レ聞カ二叱詈ヲ一。一鄉之人。莫シレ不ル二稱美セ一。爰ニ善クシ二女工ヲ一。聲アリ二於邑里ニ一。更ニ又善クシレ書ヲ。兼テ好ム二和歌ヲ一。一時ノ女流。無シ二出ツルレ右ニ者一。嬰ツテレ病ニ而卒ス。壽三十八。誕ム二惟ニ五男ヲ一。珪ハ是レ其ノ長。次ヲ曰ヒ二岩七ト一。襁褓ニ于殤ス。次ハ年九歲。曰フ二松三郎ト一。其ノ次ハ六歲。曰フ二萬四郎ト一。季ハ是レ四歲。曰ヒ二富五郎ト一。後ルルコトレ母ニ五旬。病ンデレ痘ヲ而亡ス。珪ハ七歲ノ時。作ル二大字ノ書ヲ一。人稱シ二神童ト一。到ル處聲譽アリ。今年十七。才贍リ學富ミ。摛藻如クレ葩ノ。書モ亦益ゝ秀ツ。松也萬也。竝ニ皆佳妙。善クシレ書ヲ善クシレ詩ヲ。振〻燿〻タリ。家嚴命ズルレ之ヲ。亦由ル二內敎ニ一。安ンジ二此ノ幽竁ニ一。福セヨ二爾ノ子孫ヲ一。豐郡ノ平賀晉人撰ス。

「趙陶齋の逸事」について

江戸時代の書家として、曾ては第一等と評價された趙陶齋について、一資料を紹介し、兼ねて、それに伴う若干の資料を列擧する。陶齋については、森銑三先生の『近世高士傳』*の中に、詳しい研究が収められている。本稿はその研究の基礎の上に述べるものであるので、是非それを參照されたいのである。なお、『史文』三號（大正六年八月）所載、濱眞砂「趙陶齋」に村田春門の『耘堂記』（文政十年六月十三日條）を引くが、これは『近世高士傳』の追記の『田鶴舍日記』とほぼ同文である。（肥田皓三氏教示）

賴春水の「在津紀事」に次のような一條がある。

浪華深見氏與二高天漪一同宗、亦名家也。（中略）趙翁與レ之有レ舊、嘗寓二其家一。因記二其事一甚詳。

（五二條）

趙翁はつまり趙陶齋である。陶齋は大阪の深見家と舊交があり、そこに寄寓したこともあるので、その家の事情を詳しく記憶していたというのである。この深見のことをも含めて、陶齋やその周圍から聞き出したことを記錄したのが、「趙陶齋の逸事」**（假題）という一文である。筆者は春水で、反古になった手紙の裏に記したものである。書いた時期は不明であるが、文化後半期、筆者晩年に成るものであろう。

以下、幾つかに區切って原文を掲げ、氣のついた點を補說して行きたい。

＊『近世高士傳』（昭一七・一〇、黃河書院）一八二―二二六頁。四三六―四三七頁。（『書苑』昭一四・五號、及び昭一五・一二號より）いま『森銑三著作集』卷四、一二一頁以下に收める。

＊＊「趙陶齋の逸事」　上記の原本の他に、『春水遺響』十四（著述編・坤）にも収める。この題は、そのときにつけたものである。

〔1〕　陶齋先生は唐人の子なり。むかしも今も異國の人多く長崎に來り留寓せしに、むかしは遊女をしたしみて子ありし事多し。にはかに嚴禁ありて、その子ども咬吧留《ジャカタラ》にわたしはて候へとの事なりしに、陶齋もその内なるに、その頃大阪の人にて鶴田勘兵衛といひしが、銅等の事司どる役にありしが、その幼にて異地にすてらるゝを哀れみ、公にこひて、その頃長崎に來り住せし黃檗僧の竺庵和尚といへる弟子になしたりとぞ。幾歳の事にや、十三歳迄は一の字もしらで過しとなり。

〔補說〕　まず始めに、陶齋の名字などについて記しておく。名は養、字は仲頤、號は陶齋、また息心居士とも號した。天明六年四月二十日、七十三歳で沒したことから計算して、生れたのは正德三年であった。單純に西曆化すれば一七一三年より一七八六年までの人である。

陶齋の出生については諸說のあることが『近世高士傳』一八三頁以下に見えるが、この文にいうところが一番精しいようである。

大阪の人、鶴田勘兵衛は、つまり深見古學のことで、〔7〕に深見氏のことがまとまって出る際、若干の補說を加えたいと思う。

〝銅などのことを司る役〟というのは、公式の名稱を審かにしない。『大阪市史』に「大阪銅座方」「長崎御用銅」などの項があり、『大阪武鑑』には「銅吹分組頭」の名があるが、すべて的確な人名なく、未詳である。ともかくも陶齋を救ったのは、職掌柄、長崎へ出向いたときの話で、その生れが自分の祖先と同樣であることに感じたゆえであろう。〔7〕參照。

長崎の混血兒を海外へ追放すべき命令は、曾て何かで讀んだような氣がするが、今すぐには思い出すことができない。

竺庵については篠原壽雄氏の敎示のままに轉載する。

じょういん　浄印一六九六 一七五六　黄檗宗　宇治萬福寺十三代なり。浄印字は竺庵、淸の人、陳氏なり、享保八年七月、二十八歳にして西來し、杲堂昶の法を嗣ぐ。（引用者注。長崎東明山興福寺の第九代の住職となったことをいう。）享保廿年三月黄檗山に進む。當時一山の宗風漸く荒敗し、漫然として慣例により歸化僧を推奉し、種々弊害あり。師一住六年幕府の命により退隱す。寶暦六年七月六日寂す、壽六十一。　（『黄檗譜略』）

その出身は浙江湖州府德清縣という。計算上、康熙三十五年（元祿九年、一六九六）の生れということになる。竺庵が長崎に渡來した享保八年（一七二三）は、陶齋の十一歳の時である。

杲堂は浙江省嘉興府石門縣の人、元昶という。享保六年（一七二一）七月に渡來し、長崎興福寺の第八代の席を繼いだが、享保八年（一七二三）二月、黄檗山第十二代の席に上り、同十八年（一七三三）六月二十八日化した。壽七十一歳。『杲堂語錄』がある。（篠原氏敎示）

〔2〕　竺庵後に宇治の黄檗山萬福寺に住せし。その後檗山に大潮・無染・卽潭・實巖といへる四僧、黄檗の事、己が智を以て寺格を替んことを謀り出せしを、陶齋口惜しきことに思ひ、一人して四人を敵として、もとの如くせんと訟獄に及びたり。時に京都所司代土岐丹後守といふは名ある明斷の君なりしが、陶齋の言尤なり。されど少年の一人にて申出し事いかゞなり。今二三人同意のものにかたらひ、その事申出し、曲直の糺しうけよとさとされし事ありて、某々四人となり、かの四僧と度〻對決ありし。その內には江戸往來の事もあり。後年月を經てその沙汰ありて、黄檗の事もとの通りになりたり。是陶齋一人の大功にて、和尚も永く安穩に住職し、檗山の金帛も動かざりしとなり。四僧はその罪にて各その本國へ歸り、生涯他へ出ることとさしとめられたり。陶齋の徒四人も、二年か三年の閒かろき罰ありしよし。

〔補説〕 竺庵が宇治黄檗山萬福寺に住したのは、『黄檗山歴代記』（東京都立日比谷圖書館加賀文庫藏）によると、

十三代唐僧竺庵、享保廿年乙卯三月七日入寺、同年四月廿八日參府　拜謁、元文四年己未十二月十六日退居于伏見海寶寺。寶曆六年丙子六月六日遷化

とあるので、享保二十年（一七三五）から元文四年（一七三九）までの足かけ五年であった。先の「一住六年（退隱）」と表面上は合わないが、何か事情があるのであろう。ともかくも陶齋は享保二十年、二十三歳のとき竺庵と共に宇治に移ったものと思われる。

京都所司代が土岐丹後守賴稔であったのは、『讀史備要』（二四〇頁）によって、享保十九年（一七三四）六月六日から寛保二年（一七四二）六月一日までであったことがわかる。つまり竺庵の宇治在住と前後に少しずつはみ出して在職したわけである。なお所司代はこの邊りの寺院を統轄する責を負っていた。

土岐賴稔は大阪城代を經て京都所司代となり、次いで老中に轉じ、在職中、延享元年（一七四四）五十歳で沒した。上州利根郡沼田、三萬五千石を領した。

大潮・無染・卽潭・實巖の四僧について、まず大潮は、荻生徂徠に親しかった大潮元皓（一六七六―一七六八）である。陶齋よりも三十七歳の年長者である。徂徠よりは十歳若いだけで、しかも徂徠の沒後四十年も長生きしたので、寶曆・明和のころ、徂徠に親炙した人物として珍しい存在であった。

あとの三人についてはよく調べていない。『春水掌錄』八に、

黄檗ノ一派ノ僧ハ通リ字ト云コトアリテ開山ヨリ幾世ハ元、ソノ次ハ淨ト云類ナリ。大潮ハ五世ニテ元皓ト云。無染ハ淨善ト云。慈仙ハ如忍ト云。八世也。是ミナ開山ガ定メオキタルトナリ。

という。無染には木原芳朋氏『獨嘯庵』一四〇頁所引の永富獨嘯庵の行狀の中に、「長僧無染、南紀に在りて其學勤めたり」という一條がある。同名異人でなければ、長州出身者であったようである。寶曆十四年（一七六四）春水の十九

歳の時の記録「東遊雜記」に、「無染和尙、□樫原　當時出京之由」という一行がある。樫原は近江國（米原の東方）の柏原（かしわばら）のことと思われる。また同じく「東遊雜記」には「〇篡然　住吉今在家村、那須與左衞門殿隱居にて實巖師と尋べし。巖師之弟子。」またその次の行に「〇巖師　同。大潮法兄之由」とある。今在家はいまの大阪市東住吉區内である。（戸川芳郎氏敎示）「東遊雜記」のことは〔8〕を參照されたい。

陶齋とこの四僧との爭いが何であったのかはっきりしない。新修本の『禪籍目錄』三一六頁に「檗山第十三世竺庵和尙退隱事情」寫本一册が登載されており、「山本悅心藏」というところまではわかる。理屈上、愛知縣常滑市龍雲寺にあることとなる由。また檗山の『知客寮日誌』という厖大な資料もある由。（林雪光氏敎示）なお、福山朝丸師篇『賣茶翁年譜』（昭三、九月）一七頁に、「元文三年、大潮無染等官命に依り黃檗を退き九月十四日江戸に赴く（云々）」とあり、陶齋の二十六歳の時に當る。「檗山の金帛」とは巷說によれば、江戸表への政治運動資金のようなものであったとする。

〔3〕　その年過て陶齋は江戸にて還俗せり。佛はその志にあらざるや、また別に志ざすことありてやしらず。その年廿六七歳なりし。江戸にて高良と名のり、又内田といひし事もありしといふ。その内仙臺など、その外遊歷の事あり。江戸にありし内、はや書法に名ありて、その門に遊びし人、又高貴のもとめ多しといふ。

〔補說〕　陶齋が二十六、七歳であったのは、計算上、元文三年（一七三八）、又は四年（一七三九）である。黃檗山で師の竺庵が退隱を命ぜられたのが元文四年十二月十六日であるから、陶齋の還俗は、このことと何か關係があるものかも知れない。因に『賣茶翁年譜』では元文四年の同月同日に「大潮等官命にて黃檗に還る」とある。

高良と署名したり、内田某といった文獻はまだ探り當てていない。仙臺を始めとする各地（全國五十八ヶ國に涉るという）での蹤跡も、不明である。

「趙陶齋自誌」（『事實文編』二一・四五三頁）には、還俗してから後、大阪に移るまでの樣子が見える。これは『近世高志傳』一八五頁以下に引用されている所である。陶齋の江戸居住と遊歴に因んで、次の詩を擧げてみよう。

送㆘賴千秋侍㆓家翁㆒東遊㆖

今夜攝江纜已解　明朝伏水日初昇
一步直向㆓東方㆒去　武藏千里路如㆑繩
逢坂崎嶇未㆑爲㆑險　漸臨㆓淡海㆒是大津
舟行陸行隨㆓時宜㆒　左右須㆑問往來人
鈴嶽左擔道常濕　猿臂相引共尋㆑枝
傳聞將軍姓是田　昔年此地鏖㆓賊夷㆒
桑城宮驛復有㆑渡　西風一陣入㆓蓬萊㆒
岡崎長橋一百丈　城廓雨晴虹霓開
遠州駿州總海濱　清見寺樓景最好
韓使至㆑此氣始舒　高興三詩堂上草
雲谷和尚非㆓畫師㆒　傳㆑法遞代住㆓是院㆒
知識有㆑待四明州　金錫凌㆑空入㆓赤縣㆒
赤縣主人憶㆓富山㆒　召㆑師求㆑圖促㆓白絹㆒
意匠已定忽揮毫　一幅故山宣和殿
落款有㆑愧賓㆓別號㆒　遂將㆓雪舟㆒上㆓畫傳㆒
沼津吉原皆無㆑山　右觀㆓大海㆒左富峰
擧㆑頭又擧始見㆑巓　誠心瞻仰天下宗

慈尊願達孝子隨　自㆑是幾處極㆓遙矚㆒
箱根關中相模州　七處溫泉就可㆑浴
鎌倉古都又詳覩　五山十刹有㆓八幡㆒
金澤八景能可㆑賦　從㆑此路通金川村
明日征夷將軍城　王公貴人第奕奕
炊㆑金饌㆑玉知幾千　一街一亭覗㆓露積㆒
息㆑心遊㆑茲十七年　從遊子弟多㆓武士㆒
清代易㆑保百年身　三ゝ四ゝ感狙㆑喜
一別西遊絕㆓音信㆒　憑㆑再㆔五六記㆓姓名㆒
問去仔細談㆓吾事㆒　依然到處呼㆓狂生㆒

伏水は伏見。左擔は狭く險しい山路。田は坂上田村麿。鈴鹿山で鬼女（實は鈴鹿姫）を征伐して妻としたという。桑名宮驛間、東海道は海路をとる。清見寺における韓使の詩は十分に調べてはいないが、「蒼松翠柏十洲閒、棋樹瓊宮鏡裡寒、聞說三山浮㆓海上㆒、却從㆓清見寺前㆒看」（清見寺留題）というのがある。雲谷和尚は雪舟のこと。曾て赤縣、即ち中國（當時は明）に渡り、四明山天童禪寺第一座となり、明の天子に招かれて禮部院の壁畫を作った。詩中の宣和殿とはこのことであろう。このときのことか、富士山に清見寺を添えて畫いたが、歸朝後、清見寺に畫いた五重塔がないことを知って、自ら勸募してこれを建てたという。

元來この詩は、明和七年（一七七〇）に春水が父と共に富士を見、ついでに江戸・奥州方面に東下するに際して贈られたものである。陶齋の紹介狀も五、六通懷中にしていた。その旅行記「東遊負劍錄」の中で、「擧頭又擧始見巓」を引いて、全くそのとおりだといっている。また、これから三十一年經った享和元年（一八〇一）、今度は藩主に扈從して西上するとき、次の詩を作った。「麗斑暎㆑日雪嬋娟、萬仭富山東海天。曾記故人爲㆑吾說、擧㆑頭又擧始看㆑巓。」（吉原四月廿四日）詩の出所は、前の陶齋の詩は『與樂園叢書』巻七十八であり、後の春水の詩は『與樂叢書』巻九十であり、いずれも廣島市立淺野圖書館所藏である。因に、「與樂園」の「園」の字のある叢書と、「園」の字のない叢書とは一應別ものである。

〔4〕　大阪の町大年寄渡邊又兵衞頑石と號せしもの、江戸にて先生へ行き親しみ交りて、大阪へ來り遊び給ふまじきやとすゝむるに、同じく相攜へ大阪に至りぬ。深見氏は恩ある家なればここへ尋ねられしに、古學の寡婦年老ひ、その女子一人も孀婦となりて幼なる一女子をいだき、三人の婦人のみ居たり。古學既に沒し男子なく、耕元といふ養子ありしも不緣なりと也。その家衰へ極りたるを哀れにおもひ、大阪にて此家の事いかにも助けんとせしに、頑石のあたりにありて書を以て徒に授けられたるに失費多く、深見の家に來り給はれといふ事になりたれども、同居もいかゞと、一つの樓をきづきかけて清暉閣といふ。

〔補說〕　渡邊頑石は正德五年（一七一五）十二月三日に生れ、寶曆十三年（一七六三）十一月十日、四十九歲で沒した。（『大阪訪碑錄』六〇三頁）陶齋に比べ、二歲若い。鑰屋又兵衞といい、大阪南組惣年寄である。從って、延享版『難波丸綱目』など、當時の地誌はもちろん、『大阪市史』『浪速叢書』などの刊行物にもその名が見える。唐音に通じた人で、石崎又造氏の『近世日本に於ける支那俗語文學史』（一六八頁）にも紹介されている。

深見古學がいきなりここに現われるが、これが實は〔1〕の鶴田勘兵衞であることは〔7〕に見える。古學の妻のこともまた〔7〕に見える。

深見家の所在は、延享版の『難波丸綱目』に「鹽町　深見古學」（「外科」のところ）とあるのに從って、鹽町（南區鹽町通）に推定してよいであろう。「在津紀事」（一條）にも、「陶齋趙翁、在㆓鹽坊㆒」という。これらを併せ考え、鹽町の陶齋の家が清暉閣なのであろう。

〔5〕 その時堺の大年寄益田次兵衞といへるが、又頑石と同じく江戸に行たるに、頑石に書信あまた托せられしが、頑石は急ぎ大阪に歸る事ありてその書はみな睢軒よりそれ〴〵に達せしに、その人時の知名の士、又は公邊の士人なれば、睢軒益陶齋のたゞ人ならぬ事しりて欽慕甚し。その鄉に歸る便道、大阪にてたづねより、頑石を介して入門せしに、既に面見せぬよりして、書信の事ありて門人のなみにありと、是亦奇遇なり。

〔補說〕 益田睢軒は具足屋次兵衞といい、別に高木の姓を修して高とし、名は豊卿、字は孟文、室名を聚星軒といった。享保十七年（一七三二）に生れ（計算）、寛政十年（一七九八）十月十八日に六十七歲で沒した。陶齋より十九歲若い。堺北組總年寄で、且つ絲割符（長崎貿易の元締め）役人である。「在津紀事」（九八條）に「睢軒遊㆓長崎㆒再三、善道㆓高君秉（高階暘谷）・熊斐（熊代繡江）事㆒」というところの背景である。安永六年版の『難波丸綱目』（堺の部）や『堺市史』に見える。

〔6〕 いそぎ又堺にまねき、あまた書の門人出來りしに、その頃錢東白とて堺に篆刻の名あるものありて陶齋に謁し、吾篆刻は華人某が印譜あれば、それを師として彫鐫す。今三都の篆刻家の和人を師とせしとはその淵源ことなりといふにぞ。陶齋いはく、その印譜はわがわかゝりし時、ことに窮せし事ありてその印譜は著したり。其證にはこれみよとて、自から所藏の印一つ二つありければ、さて吾亦面目せぬさきよりの門人なりとしたしみむつびたり。是より一月に一度づつ堺へ行かよへり。かくすること十年ありて、その身は堺へ移り住しぬ。これより枸杞園といへり。一人の弘眞といへる弟子あり。長門の人なり。そのあと弔ふこととはなる。

〔補說〕 錢東白は不明であるが、『堺市史』七・三六〇頁に李東白があり、安永四年の「浪華鄉友錄」にも作印名家として李東白が見える。或はこの人のことかとも思われる。李東白は本姓を里見といい、安永九年（一七八〇）五月二十九日、六十六歲で沒した。（堺市史）

陶齋の若い時の印譜というのが何であるかもまた未詳である。因に、陶齋の印譜は加賀文庫に「趙氏印譜」「擊壤餘遊」（二種）「續清閒餘興」「耒耨幽期」が収蔵されている。

栒杞園は「在津紀事」（八九・九九條）、『堺市史』などに見え、益田睢軒の別宅を譲られたもので、堺市櫛屋町西二丁目、戎小公園の區域内である。（『堺市史』七・八五七頁）

弘眞については、『與樂叢書』巻九十二に「淨土宗弘眞」という。「在津紀事」（八九條）では「僧法林」という。

栒杞園そのもの、およびそこでの陶齋の生活については『近世高士傳』一九六頁、一八七頁あたりに詳しい。陶齋はここで沒し、本源院（堺市南旅籠町三丁目、南宗寺の内）に葬られた。

〔7〕 深見古學わかゝりし時、鶴田勘兵衞とて長崎の役つとめたり。後に大阪に歸り、その婿に岡本藤十郎といふものあり。大阪高麗橋筋豆葉町に住して、その岡本へわが長崎の役をゆづり與へて自ら深見古學と號し、外科の名醫なり。是亦その家に傳來の醫法ありと也。此深見は高元泰といへる深見新右衞門同家なり。大阪を本家とす。此家黃檗山に緣あることあり。其祖深見久兵衞なるもの、開山隱元を迎ひ得たる人なりとなり。からへわたり、時の知識故山永覺禪師に參し、又黃檗費隱禪師にも謁す。永覺が「似二日本高久兵一」といへる七絶の詩あり、深見に藏す。費隱は「示二一覽居士一」といふ偈なりしよし、人に奪はれて今はなしと。吾不レ得レ見レ之。費隱にかゝる事ありて隱元を迎へ、又古學にいたりて竺庵にしたしく、先生の幼なるを托するにもいたれる、もと同じく西土人なれば、そのよるところありとしらる。深見に先祖の考妣の肖像二幅ありて隱元と木庵の賛あり。その表装のきぬはその婦人の服なりとなり。深見の家衰へ極り、十一を千百にもあらずといえども、今日家什より少しの器玩に、今は世にまれなる物どもありき。その家神主にて祭れり。墓は南中寺町太平寺といへるにあり。古學妻は京禁裡針博士御園主計頭四竹といへる墨竹の名ある一人なりの娘也。後に梅春といふ。今はその家たへて、岡本藤十郎子八左衞門といへるもの、深見の外孫なり。

〔補說〕 深見古學は〔1〕の鶴田勘兵衞のところで豫備的に觸れておいた。延享版の『難波丸綱目』の外科のところに出ることは〔4〕で述べた。ここでいう「高麗橋筋豆葉町」（東區高麗橋五丁目あたり）というのは、岡本藤十郎の住いで、深見家は鹽町であったと解釋したい。なお、深見家の墓の現狀は不詳である。

この〔7〕と相い表裏するのは、次の「在津紀事」の二ケ條である。

(五二・五三條)

浪華深見氏與二高天漪一同宗、亦名家也。其祖西土人。來寓二長崎一、稱二久兵衞一、號二一覽居士一。又航レ海而西、請二黃檗祖隱元一。其時謁二費隱・鼓山一。皆時高僧。各贈レ詩。一稱レ與二一覽居士一、一似二日本高久兵一。其家衰替不レ振。費隱詩不レ知二其所在一。鼓山詩歸二篠安道家一。久兵衞夫妻肖像二幅、隱元・木庵爲レ贊。其裝爲二其妻衣被一。古色可レ觀。趙翁與レ之有レ舊、嘗寓二其家一。因記二其事一甚詳。

深見家剪刀・熨斗・提火爐、皆唐山製。蓋其祖攜來物云。

これについて篠崎小竹の記述が二種ある。一つは「在津紀事」刊行に際しての意見で次のようにある。

○費隱鼓山

鼓山ハ地名。永覺禪師ナレバ永覺ニ作ベキカ。鼓山志ニ永覺前後ニ住持アリ、其内ニ永覺豪傑ナレバ、鼓山ノ稱ヲ專ニスルコトカ不審。

他の一つは刊後の標記で、次のようにある。

浪華深見氏條

鼓山永覺禪師名賢。其詩曰、何年浮出碧峯頭、吐月吞雲事事幽。受得靈山藏六訣、世間休レ咎付二東流一。

似二

久兵高居士一　鼓山賢

鼓山志載二師傳一。鼓山非レ號、其所レ住也。

此詩似レ咏レ龜。時當二清初一。蓋寓二感意一也。

右に付、人名に注を加えておく。

費隱は、諱、通容。俗姓、何氏。福建省福淸縣の人。萬曆二十一年（一五九三）五月二十四日生れ、順治十八年（一六六一。一說に十七年）三月二十九日寂、六十九。隱元の師である。

鼓山永覺は、諱、元賢。字、永覺。俗姓、蔡氏。萬曆六年（一五七八）七月十九日生れ、順治十四年（一六五七）十月七日、八十歲寂。小竹のいう「鼓山志」はまだ見ることができない。（國會圖書館本の「鼓山志」は永覺以前のものである。）「三曉庵主談話」（『薩藩叢書』三）もまた「鼓山」という。その書を手に入れた篠安道はつまり篠崎三島で、小竹の父である。

隱元は、諱、隆琦。字、隱元。俗姓、林氏。福建省福淸の人。萬曆二十年（一五九二）十一月四日生れ、承應三年（一六五四、順治十一年）長崎に渡來、寬文十三年（一六七三）四月三日、八十二歲で寂する。寬文元年（一六六一）五月、宇治黃檗山萬福寺を創建した。

木庵は、諱、性瑫、字、木庵。俗姓、吳氏。福建省晉江縣の人。萬曆三十九年（一六一一）生れ、明曆元年（一六五五。順治十二年）六月、長崎に渡來、貞享元年（一六八四）正月二十日、七十四歲寂。隱元の後を承けて萬福寺第二代の住となる。

高元泰は卽ち高天漪である。やや詳しくは後掲〔10〕を參照。慶安二年（一六四九）に生れ、享保七年（一七二二）八月八日、七十四歲で沒した。隱元と共に渡來した戴曼公（獨立）に學んだ。高玄泰が高名の士であるが故に、深見家の祖先に關する資料は、この人を標題とした記述の中に見える。

深見氏の家系は、表向きのものが『儒職家系』五に見える。それによると初代は高贇胡（壽覺、明の福建の人）であるという。二代は但有（渤海久兵衞、一覽居士）で、實は薩摩藩の鄕士で明に渡った者であるという。大通事となり『譯司統譜』（慶應義塾圖書館藏）に記錄されている。隱元への請啓（二種）に名を連ねる。（『隱元禪師語錄』卷首）

その子が『儒職家系』では二人、『三暁庵主談話』(『薩藩叢書』三編)では三人いたこととなっている。いずれにしても末弟(長崎生れ)が有名な高元泰で、異名を列擧するならば、貞恆、計膽、子新、深見玄岱、新右衞門などといい、幕府の儒官となった。また醫としては『皇國名醫傳』上(淺田栗園)に名を連ねる。その子孫は、しばらくは旗本であった。

高元泰の兄のうち、長兄は休右衞門といい、薩摩藩士となったという。(『三暁庵主談話』)(『儒職家系』の「深見久右衞門」と同人か。)他の一人(『三暁庵主談話』によれば、長崎で生れた二人のうちの兄の方)順鱗が理屈上、浪華の深見氏の祖ということになりそうであるが、多分、その順鱗の孫に當るのが深見古學なのではないかと想像する。

御園主計頭は、主計助が正しいようである。名は常尹、一名、序尹。字は廷瞻。號は中渠、また意齋。主計助、玄蕃と稱する。平安四竹とは、宮崎筠圃、山科李溪、淺井圖南、およびこの人を併せていう。(『近世叢語』巻七・九葉裏)生卒不詳。

〔8〕〔原文は一段下げ〕先生考妣の神主二は常〻大切にして、ひそかに祭れりと梅春いへり。余陶齋に堺にて始て邂后せしより知己の情あさからず、これによりて其徒、堺の田中次兵衞、益田次兵衞、その它梅春などに連年の間に一二聞得しことどもかくのごとし。

〔補說〕 春水が陶齋に邂逅した話は「在津紀事」(一〇〇條)に見える。

余未レ寓二浪華一也、嘗有レ事到二界府一、信二宿驛亭一。鄭人導レ余過二睢軒聚星軒一。時趙翁自二浪華一來寓焉。諸子亦來會。酒間余賦レ詩呈レ翁、唱酬累レ篇。於レ是睢軒大悅、懇レ余留宿。趙翁已歸。余在二聚星軒一一月許。余識二趙翁一自二睢軒一始。時余年十九歲。

これは明和改元の年(寶曆十四年、一七六四)の春から夏にかけてのことで、この時の手控帳を「東遊雜記」という。いまその人名の部の翻刻が『寶曆・明和の上方文壇』(賴桃三郎氏、「日本文學」一四ノ七、昭四〇・七)として公表

されているので、是非とも参照されたい。〔一九九一補、論文集いま『詩人の手紙』に收む〕

田中次兵衞は、「東遊雜記」に「〇布屋次兵衞　田中謙、字君益、一字子讓。號敬亭」とある人で、陶齋に學んだ人である。陶齋より二十三歳若い。『堺市史』に見える。

〔9〕〔以下三條は追記〕深見の家によき聟とりて家をわたし、其身は堺を終焉の地とせし事度〻いひゐられたり。後にいかゞしたりけん、深見の家に聟とりしにもあらで、其身は堺へ行たり。陶齋の書にて人の信ぜしこと、又その書高妙なることは輿論にあれば、今更いふにや及ぶ。

〔補說〕これは〔4〕への追記であろう。陶齋の書の評價については『近世高士傳』所收「趙陶齋」の冒頭（一八二頁）に詳しい。

〔10〕高元泰は深見新右衞門といひて、文照公の御時にめし出されし。その次新兵衞、その子長兵衞とやらん、今は甲府にありとやらんいふ。停雲集高士《ママ》新の條下に細注あり。

〔補說〕これは〔7〕への追記であろう。新井白石が友人の詩を集めた詩集『停雲集』巻下の冒頭に高子新が收められる。

高子新　深見玄岱字子新、號二天漪一。長崎人。其祖高壽覺福建漳郡人。寓二于薩州一。父名大誦、生年十六、西游二于齊魯燕趙之閒一、凡十有二年。忽有二東歸之念一、輙登二商舶一、直到二長崎一、遂得レ還レ家。父旣沒、母猶存。居數年、會市舶司善譯者老死。官召以補二其闕一。於レ是附二貫長崎一、自稱二深見氏一。蓋以下高氏出レ自二渤海一、我俗讀二渤海字一猶上言二深見一故也。子新爲二大誦季子一。幼而穎悟。大誦因命肄二業於僧獨立一。立杭州人、本姓戴、名曼公。避二亂長崎一。及二黃檗元禪師到一レ此、祝レ髮爲二書記一。立素有二書學一、且善二醫術一。子新兼通二其藝一、以レ醫食二祿於薩州一。旣而去還二長崎一。于レ時崎人林道榮以レ善レ書聞、世稱爲二二妙一。榮死、子新獨二步天下一。文廟初、以二其有一レ文擢用。有二二子一。長曰二但賢一、字松年一、次曰二倫庸一、字龜齡一。竝有二材名一焉。

文照公は文昭公が正しいらしい。『停雲集』のいう文廟がこれであり、六代将軍家宣（寶永六年――正徳二年在職。即ち一七〇九―一七一二）のことである。原文の新兵衛は『儒職家系』五によると、『停雲集』にいう二人の子のうちの長子（但賢）に當る。原文の「長兵衛」は『儒職家系』では長左衛門とする。

〔11〕此時の事先生へたづねし事あれども終にその事に不レ被レ及只大潮・無染の不正なりし事のみいひて、その時は事は聞へず。

〔補説〕「此時」とはいつであるかはっきりしないが、恐らく〔2〕の黄檗宗内の一件の時のことであろう。

最後に一つの推測を記しておく、春水の初期の師である平賀中南や、藝州佛通寺の僧寰海たちは、大潮に學んだ人々である。春水の大阪遊學も、その背景の一つには中南・寰海らの推挽があったように思われる。「東遊雑記」に見える無染・實巖、更には大成・獨嘯庵など、黄檗系の僧、又はそれに近い人の名を、春水が一體どこから知ったのか眞相は不明であるが、中南・寰海あたりの智恵であった可能性は十分にあると思う。しかるにこれら大潮・無染・實巖と對立的存在であった陶齋の知遇を受けるようになったことは、いろいろな意味で、これから先の春水の學問に、暗默の中に影響を與えることになったのではないかという氣がするのである。大潮・中南らの徂徠學を克服して、自ら程朱の學への方向を確立したのは、思想上の原因が考えられなければならないのは勿論ながら、その方向への最初の切っかけは、案外、陶齋の「音吐沈靜、容貌溫雅、其自律律レ人、多二武人氣習一。然身不レ佩二寸鐵一、結髪如二道士一、蕭然一野人也。」（「在津紀事」、八六條節錄）という人格に親炙したところにあったのかも知れない。

趙陶齋と平賀中南

一

享保二十年（一七三五）、安藝國豊田郡本鄉村の新屋（酒屋、土生《はぶ》氏）では、十四歳の孫次郎を養子に迎えた。本鄉は山陽本街道の宿驛とは言え、地方の一小邑に過ぎず、漢籍は二、三の寺院に僅かにある程度であった。孫次郎は近くの專敎寺から孝經の和解を借りて讀んだが、それも十六歳に達して以後のことであった。しかし二十歳を過ぎるころには、十七史（『史記』『漢書』以下の中國の正史）を讀み、一段と學問が進んだ。この十七史は、この地に行商に來た大坂の本屋から購入したものであったという。

孫次郎は壯年に達するころ、養家を娘婿に讓り、本姓の平賀氏を稱した。すなわち惣右衛門、中南がこれである。この件は、その志す儒家としては、宗法を尊重すべきことに從ったためである。そして寶曆九年（一七五九）三十八歳の時には、既に備後國三原の順勝寺に書塾を開くまでの學力を蓄えた。そこに十四歳の少年、青圭が、安藝國加茂郡竹原下市村から勉學に來た。

尤もこれには若干の考證が必要で、中南の『日新堂集』と『平賀中南先生詩文稿』の二種の詩文集を突き合わせて見ると、始めて、この年の順勝寺での二つの詩の中間に「青神童阿圭來學す。その途中の作を和す」云々の五言律詩が位置することがわかるのである。その「途中の作」は傳わらないが、中南のこの和詩は、竹原から三原への途中に田浦坂（豊田郡田野浦村にある）の險があるとして、「劍門、雪を懸けて峙ち、鳥道、雲とともに閑かなり」と詠じている。

脇道に外れるが、戰後閒もなく、廣島郊外から尾道へ引越荷物を運ぶ際のこと、薪炭トラックは瀨野・八本松閒の急坂を避け、海沿いに先ず竹原に至り、そこでガス發生爐の薪を積み換え、ここから山越えして本鄕・三原方面に向った。途中は「劍門・鳥道」ほどの險ではありえぬとは言え、それでも運轉手は一度ならず爐の薪を鐵棒で攪拌し、ようやくにしてこの山道を喘ぎ拔けたことを不圖想い起す。

閑話休題、それから二年の後、中南は發憤して、肥前國蓮池の龍津寺に、米壽に近い大潮に學ぶべく旅立った。大潮は黃檗僧、曾て物徂徠の門に遊び、徂徠沒後三十五年經った當時、徂徠に親炙して蘐園の學風を傳える唯一の存在であったのである。一方、圭の遊學もこれで中絕するが、この年には服部南郭の『文筌小言』を寫すなど、旣に學問への指向を固めつつあった。

ところで、中南・圭らを指導して學問の方向を示し、また更に積極的に中南に九州留學を勸めたのは、本鄕に近い別迫村佛通寺の寰海であった。自らは、刊本『寰海禪師詩集』を殘した詩僧でもある。

中南西遊中の寶曆甲申（一七六四）三月、圭は京攝泉の諸名家歷訪の旅に出立した。時に十九歲。賴桃三郎氏『詩人の手紙』收載の『東遊雜記』がこの時の記錄である。訪問先の人名は一一四件にも達するが、その中に「無染和尙」「篆然」「巖師」（實巖）とあるのは、みな大潮所緣の黃檗僧であり、これは寰海からの示唆によるものと推定してもよいであろう。同時に曾て黃檗第十三代の竺庵の弟子であった趙陶齋に會ったことも、この記錄に見える。なお賴桃三郎氏の指敎により、そのことは、この年の『安治川泛舟記』にも見えることを知った。これは「藝州竹原、賴珪著」の署名を持つ一册である。ただし陶齋に會ったのは、堺の具足屋次兵衞（益田睢軒、北組惣年寄）の手引きであって、寰海からの線ではなかった。

この年の八月、中南は西國から、そして珪は上國から、それぞれ歸國した。その翌年、明和二年（一七六五）に撰述した中南の「道工氏墓碑銘」（道工氏は珪の母）は古韻を用いた有韻の文で、大潮仕込みの學識を吐露し、珪は徂徠の『葬禮考』を筆寫して、學問が一段と專門化したことを示している。

二

陶齋の傳については、『森銑三著作集』第四巻所收の論文に盡くされている。ただ森先生が「事が小説に類して居」るとして却けつつも、追記の形で紹介された村田春門の所傳は、肥田皓三氏の垂示により、『耘堂記』文政十年六月十三日の記述として、曾て大正六年八月に、木崎好尚氏主宰誌『史文』三號に、當時既に故人であった濱眞砂氏の名によって紹介されたことがあることを知った。

これとは別に『春水遺響』著述篇・坤册に入っている資料があり、いまそれによって知られる所を二、三指摘しておく。春水とは上述、珪の上坂後の雅號である。

まず陶齋の出生について、春門所傳では竺庵實子説を採るが、春水の所説によれば、これと相違し、長崎所在の混血兒を咬嵧吧《ジャガタラ》に放逐することになった際、大坂銅座の役人（正式の職名は未調査）鶴田勘兵衛がこれを哀れみ、竺庵に弟子入りさせて救ったのだとする。勘兵衛は本姓深見氏、その祖先は陶齋の場合と同様、唐土の人であり、且つ、本邦黃檗の祖、隱元の渡來に當っての肝煎り役の一人であった。春門所傳に所謂「〔竺庵和尙、實の〕子を深見大人へ賴みおきて我は僧となり」は、この所説では全く逆で、賴んだのは「深見大人」の方であるが、その方が、實説として信が置けよう。

次に春門所傳によると、竺庵が大潮・無染らに誣告されたのを、陶齋が申し開いたとあるが、この點、春水の所説は大筋に於いて一致する。すなわち、誣告したのは大潮・無染・卽潭（湛？）・實巖の四僧であり、陶齋（僧としての名は未詳）は京所司代の土岐丹後守（頼稔）に一人で訴え出て竺庵を救った。しかし喧嘩両成敗の原則によって、勝訴した陶齋もまた「二年か三年の閒、かろき罰」を受けた。陶齋が還俗した所以である。そして、「此時の事、先生（陶齋）へたづねし事あれども、終にその事に不ㇾ被ㇾ及、只大潮、無染の不正なりし事のみいひて、その時の事は聞へず」とある。陶齋の青年・老年を通じての欣仰すべき人格を傳える所説である。また同時に、大潮が九州に居た理由の説明ともなっている。

この享保末から元文の頃にかけては、黄檗山内での歸化僧の處遇に變化が起りつつあったらしい。諸文獻目錄と諸家（いま特に名を伏せる）の垂教とにより、海寶寺に杲堂（竺庵の師）・竺庵の遺稿があり、杲堂には別に『黄檗四年苦記』があり、龍雲寺に『竺庵和尚退隱事情』があり、黄檗山内に厖大な『知客寮日誌』があるとまでは知ったが、それ以上の調査は怠っている。

春水の所説は、寶曆中といわれる陶齋の大坂移居の次第にも及ぶ。すなわち、大坂の鑰屋又兵衞（渡邊頑石、南組惣年寄）が江戸に行った際、陶齋を大坂へ招いたのだという。又兵衞は唐音に通じた人で、石崎又造氏『近世日本に於ける支那俗語文學史』に見える。陶齋もまた唐話を操る人であったので、親しみが濃かったのであろう。堺の具足屋次兵衞もまた、又兵衞と同時に江戸に行き、その關係で陶齋の人物を識って弟子入りしたという。思うに、陶齋の還俗以後の全國遊歷は、生計を立てるためであったに相違なく、江戸での生活も、書道・篆刻の上手のほか、本草に詳しかったことが役立ったのであろう。しかし結局は、この種の自由人は、大坂・堺あたりの義商の援助なくしては立ち行かなかったのだと解釋したい。

陶齋は右の次第で大坂に來て見ると、恩人の深見古學（勘兵衞退役後の醫者名）は既に沒し、未亡人の娘と、そのまた娘と、三代の女子が鹽町で細々と生活しているのを見、ここに淸暉閣を築き、書塾を開いてこれを助けることにしたのだという。

春水の所説で新しくわかる點は、大要以上の如くである。春水はこの陶齋の逸事を、具足屋次兵衞と、睢軒と竝ぶ堺での弟子、布屋次兵衞（田中敬亭）と、古學未亡人の梅春（御園中渠の娘）らから、連年の間に少しずつ聞き得たところによって綴ったと自ら言っている。

三

明和七年（一七七〇）、陶齋は七言古詩五十四句を作っているが、その中で富士山を詠じていう。

沼津、吉原みな山なし。右に大海を觀、左は富峰。頭を擧げまた擧げて始めて巓を見る。誠心瞻仰《せんぎよう》す、天下の宗。

これは『與樂園叢書』巻七十八に見えるが、考證を加えるならば、この叢書の巻七十八は、これに先行すると思われる別の叢書『與樂叢書』巻七十五（この巻は佚）に相當するものであったらしい。このことは『姓氏錄』と題する冊子の記述から推定されるところである。

右の詩は、當時、大坂に書塾を開いて自活し始めた春水が、父に侍して東遊するに當っての送詩である。その時の紀行詩文が『東遊負劍錄』で、巻末に「竹原、彌太郎賴惟寬」と署名する。この書のテキストについては、附載の詩の首數を目安に分類できることが近年判明してきたが、なお別に、著作の際の手控えとして「稿本」と題する冊子があり、『入蜀記』などを手本にしていることがわかる。これは賴桃三郎氏教示による。なお、漁古生（高島張輔氏）が『世界』誌（京華日報社刊）に載せたテキストは、閏六月朔からが下巻、詩は五十九首で、序跋は別とし、恐らくは與樂園叢書本の系統と思われる。『世界』誌は筆者などには集められる種類の文獻ではなく、曾て松雲堂主人野田文之助氏から筆者の先人に贈られたもの。十三回分載のうち、第一、第三、第九回が缺けているが、松雲堂主人の力を以てしても、この缺巻を補うことが至難であったらしいとは最近ようやく氣付いた。以上、『混沌』誌同人諸賢の驥尾に附して記しておく。

この東遊は、京都の中南先生のところから出發し、三ヶ月後、また中南先生のところに歸着する構成になっていると解釋できる。中南は既に一家の學を成し、更にその大成を期して上國で苦學していたのである。また東遊に當って、陶齋翁の幾通もの紹介狀が、非常に役立っていることも記されている。上引の詩も、實は東海道の觀光案内の意味で與えられたものであった。時に陶齋五十八歳、中南四十九歳、春水二十五歳である。

降って安永四、五年（一七七五、七六）の交、中南は「天野屋利兵衞傳跋」を作った。本文の作製には「町《ちょう》の巻《まき》」も利用したという。それはともかく、赤穂義擧についての徂徠の批判的意見に照し、徂徠・大潮の系列に在る中南が、單なる徂徠學派ではないことの象徴とすることができる。中南の學問は、折衷から考證へと展開して行く學問としての漢學史の正統的位置に在る。その名が埋沒しているのは、當時の學者の常であり、同時に澤井常四郎氏の情熱を掻き立て、『經學者平賀晉民先生』の傳を書かしめた所以でもある。

一方、陶齋は文化的素養としての漢學界の代表者である。これまた埋沒に瀕したが、幸いその一端が、本巻（『隨筆百花苑』第五巻）によって廣く紹介されることとなった。これより先、陶齋は、明和末、具足屋次兵衞の世話で堺に移り、ここに枸杞園を開き、晩年を送ることとなる。當時の春水宛書翰にはいう。


此節は萬事よく覺候。兩足は痿候やうなれ共、少し宛伸候樣有レ之候。此間日々入湯、是も驗有レ之候。枸杞根、蘭花根、此二品に鹽を少々加申し、一日に三兩度入申、惣身之毒汁は皆出候て、此節は先は可レ出毒も無レ之樣被レ存候。食事尋常之通、甚むまく御座候。……（三月五日付。年は不明）

春水にとって、青壯年時代の師であった陶齋の影響は、自らも述べている通り、決定的なものがあったに違いない。少年時代の師、中南の學風を乗り越える契機は、大潮への評價の逆轉から來ている可能性がある。春水の學問は修己治人の學としての漢學であり、學問は本來そうであるべきだと確信し、友人にも勸め、學政にも進んで關與した。中南とは別の意味で、漢學の正統を行くものである。その春水も老境に入るにつれ、懷古の詩をしばしば作るようになる。その一つにはいう。

魔斑日に映じて雪嬋娟《せんえん》。萬仞の富山、東海の天。曾て記《き》す故人わが爲に説くを。頭を擧げまた擧げて始めて巓を看ると。

（『與樂叢書』巻九十所收）

これは享和元年（一八〇一、五十六歳）四月二十四日、吉原通過に當り、三十年前の東遊を想起しての作である。その後十年あまりしての詩にはいう。

籃輿《らんよ》來訊す舊因緣。三原に留酌し酒は泉の若し。是れ我れ成童、書を讀むの處。燈前指を屈すれば五十年。

（『隨筆百花苑』第四巻〔賴祺一氏編〕所收）

これは文化十年（一八一三、六十八歳）三月七日、順勝寺での作である。

春水には、上で觸れた和文の「趙陶齋の逸事」（假題、執筆年月不明）のほか、漢文の「趙老書巻跋」（文化二年春）がある。一方、漢文の「平賀先生墓誌銘」（文化十年十二月）と、和文の「平賀先生之事」（同時執筆と推定）もある。

これらと『在津紀事』『師友志』に記すところとを參考にして、右の一文を綴った。

＊　＊　＊

敢て新幹線を持ち出さずとも、既に丹那トンネル開通の時點で、東海道の旅は富士山とかなり疎遠になった。また山陽本線電化が東西から延び、廣島で接合して以來、「劍門・鳥道」の險も列車は何事もなく走り抜け、旅客はその途の急峻なことを忘れ勝ちとなった。陶齋・中南の詩情は、現代からは遠ざかる一方である。何か身近にこの兩先賢の遺跡はないかと求めても、江戸での陶齋緣りの品川東海寺は既に「大都市内の寺院」と化している。ただ三原の順勝寺が、戰後尋ねた際、いまなお大和の古寺を想わしめる風情を留めていたことが、救いと言えば救いである。

『與樂園叢書』について

廣島市立中央圖書館には、舊藩侯の邸園「與樂園」（本川下流、水主町の東岸上にあった）に因む叢書が二類四種ある。すなわち、「園」の字のある「與樂園叢書」と「園」の字のない「與樂叢書」との二類につき、各〻分巻本と不分巻本との二種があるので、都合、次の四種となる。

(A)　首尾完存の「與樂園叢書」一百巻、百一册（いま與Aと略稱することとする）

(B)　同じく「與樂園叢書」の名を持つが分巻していない十三册（與Bとする。上記與A一百巻以外の「與樂園叢書」）

(C)　「園」の字を言わないが分巻してある「與樂叢書」二十八册（與Cとする）

(D)　やはり「園」の字を言わない「與樂叢書」で、分巻していないもの四册（與Dとする）

なおこの他、叢書には入っていないが、内容・體裁ともに(A)～(D)に準ずる若干册がある。強いて名づけて「與E」とすることもできよう。

（A）

『與樂園叢書』一百巻、首一巻（與A）

『藝備史壇』九二號（二五頁以下。昭二、七月刊）にその目錄を收める。（巻五の位置が一行右にずれている。）これは本叢書首巻の再録である。玉井源作氏の解説的な前言にはいう：「此叢書は賴杏坪先生が舊藩主淺野侯の命によって輯められたもので淺野家の藏書である、現今は淺野圖書館に藏せられて居て巻數總計壹百巻ある。」その後、森元國松氏の『藝備鄕土誌目錄』（一〇三頁以下、昭九、十月刊）にもまた目錄を収めるが、これは細目まで、多少、立ち入って記されている。しかし十全のものではない。また誤植が多い。

この叢書の目錄はここに再錄する價値は十二分にあるが、いまは右の二書にしばらく讓ることとし、以下に大編目のみを記しておく。

巻　一―巻　九　經解・講義・筆記・論辯說・序題跋・記・書行狀・碑・雜文（各一巻）
巻　十―巻二十一　詩（賦・和歌・朝鮮客僧の文を若干含む）
巻二十二―巻三十二　名家詩文鈔（同時代の名家）
巻三十三―巻四十六　紀行（詩・文・和歌・和文）
巻四十七―巻五十一　寄題（詩・文）
巻五十二―巻五十八　和歌（一部分、詩を含む）
巻五十九―巻　六十　和文
巻六十一―巻六十二　俗文
巻六十三―巻六十四　國字隨筆
巻六十五―巻七十一　奇書
巻七十二―巻九十五　雜纂
　消夏雜纂詩鈔
　輔仁錄詩文鈔

春水軒・春風館・春草堂雜纂詩文鈔、その他

巻九十六―巻　百　漫栞

自己巳（文化六年）

至戊子（文政十一年）

右の漫栞が文化六年より文政十一年までである點は、この叢書の成立を考える上での一つの手がかりになると思われる。

本叢書が杏坪の手に成るものであろうことは疑いないが、その基幹部分の多くが、春水の手で集成されたであろうこともまた疑いない。

例えば春水の「壬子東下日程暦」にはいう：

〔寛政四年47、八月〕廿七日　大垣ノ書肆ニテ去年ハ西山遺事ノ善本ヲ得シニヨリテ今年又立ヨリテミルニ、亭主他出ニテ委ク點檢スルヲエズ。學談筆記ト云モノ一册殘本也。君相立志ノ事ヲ說得シタルハ痛切也。佐藤ノ語氣アリ。……

（『遺響』一二）

これはいま本叢書の巻三に收められている。

また次の山陽の書翰も、本叢書と春水との關係を示す好例である。

〔山陽36より父70へ。文化十二、四、一〕銷夏記と一所に御出之尊書一昨日相達難有拜誦先以逐日暖氣に御坐候所愈御機嫌能被遊先頃の御動《ごどう》シも先は御居合被遊候趣に被相考何より奉安心候

（森田思軒『頼山陽及其時代』三七二頁）

これは本叢書の「消夏雜纂詩鈔」のことであろう。

また山陽は父の沒後、『春水遺稿』の中に、子琴・竹山・栗山らの詩を入れるについて、廣島の親元に資料を求めて

いる。

〔山陽42より母62へ。文政四、六、二九〕

〔上略〕「輔仁錄」之内御しらべ、和二頼、、韻一などの詩あらば、御寫示可レ被レ下候。「雜纂」と御題手書の巻、段々必正樓の二階に有レ之可レ申候。其内にても蟲干がてら御しらべ、竹山一首、子琴一首、栗翁一首、位にてよろしく候。栗翁は後赤壁夕之集、賦内字之七律、又「山高月小〔水落石出〕」八字を句頭に置たるもあり、是も「雜纂」之内に、大字横脇に書たるがありしと覺候。……

（『翰上』五一四頁）

これらは本叢書の「雜纂」「輔仁錄（詩文鈔）」の原型とみてよいであろう。

また「輔仁錄」の名は、溯って菅茶山の「遊藝日記」天明八年六月十二日の條や、『春水日記』享和元年十一月十九日の條などに見える他に、『春水掌錄』寛政四年壬子（十月、十一月の頃）の中に意味は未詳ながら、

野史乘　十六　　輔仁錄　廿六

ともある。（『遺響』一五）なお「野史乘」については（B）で述べる。

なお與A編纂の時の手控らしい詩句（首句）索引が横本として二冊存在する。

この横本は後記「姓氏錄」と本の外形は似るが、與Aの中の詩の整理のためのものらしい。これは詩の作者別に詩の首句を竝べたもの（少くとも、かなりの部分はそうなっている）で、注記に散見する次の略記は、底本が與Aであることを示している。與A編纂時に、詩が重出しないように調べるために作ったものではないかと思われる。

略記	與A巻
詩一	10
二	11
三	12
四	13
五	14
六	15
消夏	72〜
輔仁	74〜
諸老	84〜
漫采	96〜
乙酉 丙戌 丁亥	100

しばしば見える「重出」の句は、今まで概見したところでは與Aで削ってあるようである。

餘談になるが、森鷗外『伊澤蘭軒』六五節には饗庭篁村所藏の茶山の書翰を引く。

〔茶山66より蘭軒37へ。文化一〇、七、二三〕

〔前略〕只今にては江戸之時事一向にしれ不レ申、隔世之様に被レ思候。これは萬四郎などといふものの往來なく、倉成善司卒去、尾藤先生老衰隱去と申様之事にて候。……

これは逆にいえば、天明以來、茶山の所には、往來する諸家によって、或は上方、江戸方面の、そしてまた或は西方諸國の詩文が絶えずもたらされていたことを意味する。このような性質の資料が廣島に堆積した結果が、「與樂園」に因む大きな叢書となったものと推測される。

ただ戰前はすべて祕籍扱いであったらしく、例えばこれは與Cであるが、その「龍渚遺稿」は赤松翠陰氏による「倉成龍渚先生遺稿」（昭一一）にはまだ用いられていない。木崎好尚氏もまた與Aを十二分に活用している様子はない。

（B）

『與樂園叢書』不分卷存十三册（與B）

二種十三册を存する。

(1)「野史乘」　十二册

(2)「肥後孝子紀事」　一册

正確を期していうならば、(1)「野史乘」十二册の中、明かに「與樂園叢書」と卷首に記すのは八册だけであり、あとの四册は、それを書くべき卷首の一行が空けたままである。しかしそれ以外の點では、書物の體裁は他の八册と同様である。この點は、「與樂園叢書」が全體としてはまだ增加中の狀態であったことを思わせるところである。

「野史乘」の名が『春水遺響』に見えることは前述した。また次の「野史類纂」もこれを指すのではないかと思う。

〔築山嘉平より春水へ。年不明〕

賴彌太郎様　築山嘉平

野史類纂書寫入用銀先達而御申出之通り銀札九拾貳匁八分五厘相渡候付則爲持差進候間御受取候様ニと存候、以上

十二月廿二日

〔杏坪から萬波醒廬へ。年不明〕

追啓。亡兄存付〔春水創意〕之先哲奇偉之人之傳など相集め、野史類纂と題し、年來集錄仕置候所、此度寡君〔廣島藩主淺野齊賢〕存旨有レ之、追々右之類取出し、書續候様にとの儀に付、私より此度老兄に御賴申上、來年吉川《よしかは》武助〔江戸より〕歸り候比迄、御見當り被レ成候分、御しらせ被レ下候様申上可レ然との義に御座候。いさゐは武助より可二申出一候間、御聞被レ成可レ被レ下候。下地之目錄、同人持參可レ仕候、何にても奇異之行有レ之人は挾入仕度、古人集之内にても御見當候義御願候。此段本書に申上遺《のこし》候故、及二追啓一申候、

頓　首。

萬四郎

重　陽〔九月九日〕

甚太郎様

（「山陽と竹田」二一―一〇）

別に、杏坪の藏書目錄に『野史乘』の名が見える。

（C）

『與樂叢書』一百巻　存二十八巻（與C）

殘缺が甚しく、いま次の七種二十八巻を存するのみである。

(1)「魯西亞事件」　　　　卷三
(2)「大坂御城附與力」ほか　卷三四
(3)「山鹿甚五左衞門事」ほか　卷四七
(4)「龍渚遺稿」九卷　　　卷五六―卷六四
(5)「朱子社倉法和解」　　卷八三
(6)「社倉攷意・社倉解意抄」　卷八四
(7)「春水詩文稿」十四卷　卷八六―卷九九

これが何故に一百巻のものであったかは、次の理由による。すなわち與A・與Bとは全く體裁の異る横長の册子として、淺野圖書館に「姓氏錄」一卷がある。この「姓氏錄」の中を見ると内容は百巻にわけてあり、且つ、その卷三の條、卷三十四の條、以下、與C存巻と卷數の重なるところを與Cと照し合わせると、この「姓氏錄」が、與Cの人名目錄であることがわかる。そこで「姓氏錄」の記述によって、與C缺巻の内容が、人名に關する限り、推定できることとなる。また同時に、與Cもまた與Aの如く、計一百巻より成る叢書であったことも判明するのである。

更に、「姓氏錄」の人名排列の順序は、時として完存する與Aの若干の巻の内容と一致する。（ただし卷數の番號は合わない。）そこで、與Cの缺巻のうち、少くとも若干の巻は、與Aを通じて内容まで推定できるのである。

いまここに、「姓氏錄」のいう「卷七十」を例として説明する。原本の注記は省く。

イ　三宅正誼

ロ　平賀晉民

ハ　吉田宜方
ニ　堤寛
ホ　源義張
ヘ　合達
ト　張天雨
チ　原惟孝
リ　曾之唯
ヌ　齋藤孟翼（「重出カ」の注記あり）
ル　山崎寛
ヲ　趙養
ワ　福五岳
カ　田　政

右七十巻

イ・ロ・ハ…は引用に當って筆者が施したものである。

これはすべて「丙申壽巻」中の人物である。「丙申壽巻」は與Aでは巻一六に収められる。一方、與A一六を中心に述べると、この巻は「丙申壽巻」と「餞送詩巻」とより成る。まず與A一六に從って「丙申壽巻」の人名を、その順に從って列擧する。次表の數字はすべて筆者が施したものであり、且つ、下の注記も筆者による。

この表から知られる如く、「姓氏錄」は初出の人名を列記したものと推定される。「齋藤孟翼」の重出は錯誤であり、そのために列擧の順も誤ったものではないかと想像する。

さて、「姓氏録」の「巻七十一」は次の四名である。（やはり原本の注記は省く。）

No.	與A一六	姓氏録巻七〇	姓氏録著録巻數
0	三宅正誼	イ	70
1	中井積善		4
2	土生晉民	ロ	70
3	河 子龍		20
4	隱岐秀明		67
5	吉松 修		67
6	早 辨之		4
7	片 猷		20
8	鳥 宗成		29
9	田 章		4
10	平 義綱		11
11	北山 彰		16
12	吉田宜方	ハ	70
13	江邨 綏		68
14	篠 應道		4
15	萱野來章		68
16	隄 寛	ニ	70
17	源 義張	ホ	70
18	合 離		23
19	合 達	ヘ	70
20	張 天雨	ト	70
21	古 樸		4
22	岡 豹		15下
23	原 惟孝	チ	70
24	曾 之唯	リ	70
25	清 勳		32
26	井坂廣正		66
27	西邨 直		68
28	山崎 寛	ル	70
29	齋藤孟翼 馮	ヌ	68 70
30	尾藤 肇		1
31	菅 晉帥		4
32	趙 陶齋	ヲ	70
33	福 五岳	ワ	70
34	葛 張		4
35	田 政	カ	70

今井重憲
岸綽
中神守孝
猪飼邦昌
右七十一巻

人數が少くて的確には言えないものの、岸・中神・猪飼の三名は與A一六の「餞送詩巻」の人物である。

以上は「與C七〇と與A一六前半」および「與C七一と與A一六後半」の關係を調べた手順であるが、同樣の手順で、以下、「姓氏錄」によって與Cの全構成を知り、それと與Aとのように對應するかを表示して、參考に供したいと思う。

次表の第一欄は「姓氏錄」によって知られる與Cの巻順を記す。また第二欄はそれに對應する與Aの巻數を記す。御覽のように未完成の表であるが、志ある向の續成を鶴首する。（與Cと與Aとの對應は、専ら「姓氏錄」に記す人名の順序によって考える。）第三欄は與Aの内容の略記で、これは念のための附記である。なお、△印はその巻の一部分の意味、「未」は今のところ未検。「？」は對應への手がかりのないことを示す。

與C	與A	與A内容
一	五五△	和歌
二	未	
三存		〔與C存〕
四	未	
五	五五△	和歌
六	？	
七△	四七△	妙正寺(乙二)
八	五五△	和歌
九	五二	和歌
一〇	(四・五・六)	論など
一一	九七	漫采
一二	六二	朝鮮(日記)
一三	二一	朝鮮(詩文)
一四△	九六△	漫采
〃△	一〇△	木曾
一五上	七二	消夏(其一)
一五下	七三	消夏(其二)
一六	未	
一七	未	
一八	？	
一九	未	
二〇	未	
二一	八	碑
二二	未	
二三△	一二△	送別詩
二四	五〇	柏原山
二五△	一三△	詩
二六	未	
二七	未	
二八	一七	杏坪西遊
二九△	一〇△	平安十五勝
三〇 三一	七四	輔仁（其一）
三二	七五	輔仁(其二)
三三	八九前半	輔仁文(其四上)
三四存		〔與C存〕
三五△	八七	輔仁文(其二)
〃△	九一	輔仁文(其六)
三六	八八	輔仁文(其三)
三七	八九後半	輔仁文(其四下)
三八	九〇	輔仁文(其五)
三九	未	
四〇	？	
四一	？	
四二	未	
四三	？	
四四	五六	和歌
四五	(六六)	(東都歳事記)
四六	未	
四七存		〔與C存〕
四八	未	
四九	(六五)	(續三王外記)
五〇	？	
五一	？	
五二	未	
五三△	四九△	四時窗
五四	七一	河西寧西遊
五五	六八	護送筆話

與C	與A	與A内容
五六至六四 存		〔與C存〕
六五	未	
六六△	一二△	送別詩
〃△	四九△	洪量館・飯後亭
六七	九二	春水軒文
六八	八〇	春水軒（其四）
六九	七九	春水軒（其三）
七〇	一六△	丙申壽卷
七一	一六△	餞送詩卷
七二	未	
七三	七七	春水軒（其一）
七四	八一	春水軒（其五）
七五	七八	春水軒（其二）
七六	九三	春草堂文
七七	八二	春風館
七八	一八	春風行遊
七九	未	
八〇	未	
八一・八二	八三	春草堂
八三存		〔與C存〕
八四存		〔與C存〕
八五上	？	
八五下	？	
八六至九九 存		〔與C存〕
一〇〇	未	

右により、與Cと與Aとの關連が概見できるが、恐らくは與Cが先ず成立し、これにかなりな加除を加えて與Aが成立したのではないかと想像される。與Cのかなりな缺損は、實は眞の缺損でなく、與Aの中に吸收されたためなのではないかと思われる。

（D）

『與樂叢書』不分卷　存四卷（與D）

右の内容は一種四冊である。すなわち

「栗山堂詩集」四卷　四冊

なおこれは「江戸鍵屋半兵衛所藏」とあるもので、曾て明治三十九年に活字印行された同名の書（二巻）に大綱においで近いが、それよりやや收載の詩が多い。

鍵屋半兵衛とは石田醒齋のこと。（森先生敎示）醒齋については『全傳』上、一〇七頁參照。

なお與Bと與Dとは書目の上では一括して扱ってもよいものと思われる。

（E）

「與樂園叢書」とは名乘っていないが、類似の圖書としては同館になお次のものがある。假に「與E」としてまとめられるであろう。

(1) 流水居詩稿　八册

(2) 詩屏羣玉　一册

(3) 滄溟近體聲律考　一册

廣島市立淺野圖書館所藏『詩文類纂』について

前言

廣島市立淺野圖書館は、舊藩主淺野家の舊藏書を收藏する。筆者はこのところ毎年のようにここを訪れ、その「與樂園叢書」を始めとする若干の書籍を閲覽して來た。今夏も例によって閲覽に出かけたところ、滯在豫定日の最終日に近くなってから、「詩文類纂」の存在に氣づいた。時日が迫ってから一瞥しただけであるので、本格的な紹介は次の機會に讓らなければならないけれども、他の類の少い資料を含んでいるので、その一部分だけでも報告しておきたいと思う。なお、本書を始めとして、その貴重書の閲覽に常々多大の便宜を與えられている圖書館當局に對し、深甚な謝意を表する次第である。

一　本書の編者と性格

『詩文類纂』二十五巻（二十五册）には編者の名が見えない。しかし内容から見て、賴春水が最も深く關與していることは明かである。そしてこれは、春水・春風・杏坪の三兄弟によって蒐められた漢詩文の雜纂と見做される。（若干の和歌・和文も含む。）

そもそも江戸時代の後期、明和・安永より文化・文政にかけては、十代將軍家治・十一代將軍家齊の時代に當り、江戸文化の爛熟期である。わが國の儒學（漢詩文學）はこのころ最も高い水準に達し、また最も廣い範圍に普及した。從って儒學に關する資料は非常に豐富に存在する。ただそれらがあまりにも豐富すぎるためか書物の形で公刊されているのはそのごく一部分に過ぎず、大部分はまだ十分には整理・紹介されていない。そこで時代の推移につれて、資料の所在はおろか、その有無までもが次第に學界の關心から遠ざかって行く傾向にある。いま取り上げようとしている詩文類纂もまたその類のものである。

詩文類纂の解題をするには、同類の書である「春風所寄」（春風編）や「與樂園叢書」（杏坪編。「與樂園」の名に因む類似の叢書諸本を含む）と比較對照する必要があるが、いまはまだその段階に達していない。ただ、與樂園叢書に當然收められてもよかったと思われる性格の資料が、却って詩文類纂の方のみに收められている點は、多分、あとから出來た與樂園叢書が、なるべく詩文類纂との重複を避けようとしたからであろう。或は、與樂園叢書は、詩文類纂の續編という性格を持つものであるのかも知れない。詩文類纂が、二十五卷の外に擴張される豫定であったことは、目錄の卷十四に對する附箋（上掲）からも推測される。

二　內　容

詩文類纂の內容は從來知られていないと思われるので、次に卷頭の目錄（十一葉二十一面）を轉載する。

卷一

禮儀類典序

凡例

編次書目

卷二

人主學問

張南軒答朱子書

抄書

出母

李濂忌日答問

三年間記一條

天地本源論

巻九

白石

蘭洲

竹山

細川家君臣

古鬲

赤崎貞幹

北海

中井積徳

三器贊題　岡士遷　艮背　青木敦品

詠時事匿名詩

巻十

小語上

巻十一

小語下

巻十二

高子觀游記

耆闍崛山記

漂客記事

琉球人祭子文

長崎はなし

諏訪湖紀事

巻十三

美作國院庄碑石銘

下野國天明鄕菅神廟碑銘

題正保遺事

後光明帝詔

讀史餘論跋

白雉帖

細川家對策

巻十四

〔附箋〕此邊追ては和歌和文類纂
と申部に入可申事

文照院様被　仰出

鳩巣諫白石書

ひとりこと

赤水俗牘

藪愨俗牘

西依景翼俗牘

巻十五（和歌和文）

寒泉先生燧說

土佐君臣和歌

赤崎楨幹和歌

白川侯和歌

岡田恕和歌

花信篇

巻十六

幽暢園詩文

巻十七*

幽暢園詩下

巻十八*

金剛山千早諸勝詩

芳野紀行詩

巻十九*

平紀宗舟遊詩

巻二十

河子龍

藪慤
葛張
河伯潛挽詩祭文
赤崎楨幹詩文
赤崎彥禮送序挽詩祭文

巻二十一

黑澤萬新
久保亨
柴野邦彥
大冢綽
岡井鼐
黑澤維直
菊池繩武

源賴悳
岡田恕
菅谷長昌
近藤篤
源天錫
山田君豹

巻二十二

尾藤孝肇家山圖諸子作
秋田侯哺里荘詩
白川侯浴恩園詩
送岡野子言詩
栗山詩

精里畫贊
菅景知偶作
片猷園亭詩

巻二十三

葛子琴詩上

巻二十四＊

葛子琴詩下

巻二十五＊

菅晉帥詩花信篇附
菅晉葆詩文
詩文類纂目錄畢

（＊印の五巻は未検）

三　二三の特色

巻六所収の「讀長慶集往復書」は與樂園叢書にありそうな性格の資料でありながら、ついに見當らなかったものである。「春草堂藏書目錄」(天保壬辰三月改)の中に「約山精里詩體贈答」というのがあるので、多分どこかに資料が殘っているであろうと思っていたところ、ようやくにして本書中より検出し得た。ことがらそれ自體は、「雅友」第五十三號の今關天彭氏「尾藤二洲」（下）に述べられているので、それを參照せられたい。本書に收めるところは（●印が本書で知られる資料）

○約山の詩、二首
●精里の和韻、計三首
○約山の第二の詩、一首
○栗山より約山への第一書翰
○約山より栗山への第一答書
●精里から約山への書翰
●栗山から約山への第二書翰
●約山跋（簡單なもの）

『靜寄軒集』卷一所收の、約山（二洲）より栗山への第二答書は收められていない。

また與樂園叢書には葛子琴（葛城蠡庵）の詩を收めることが少いのも疑問であったが、本書卷二十三と卷二十四（卷二十四は未見）にほぼ時代順にその詩が編輯され收められていた。尤もこれは春風館所藏の「葛子琴詩抄」七卷（精寫本）とは別で、同じく春風館所藏の「葛子琴詩」を時代の順に配列しなおしたものではないかと思われる。他に、卷二十の河子龍（河野恕齋）以下の詩は、一部分が『春水遺稿』卷一に收錄されている「春夜聽雨」の詩の原形をなすものである。（更にその原本は、やはり春風館に傳存する由、賴桃三郎氏より教示を受けた。）

この他にもまだ二、三ノートして來た點があるが、いずれ精査の上、稿を改めて報告したいと思う。

—六四・九・三〇—

殘翰類を通して見た
天明六年秋の賴春水の身邊

坂本箕山氏いわく「……明治三十年春、予が廣島に於て山陽の事蹟を調べるの際、屢々賴家を訪づれた、彌次郎氏は一日予に對ひ『先日御出後御依賴により古文書を捜す折り物置の天井に煤だらけの枕屛風があるので破つて見たるに其屛風の下貼りの中から斯樣なものが出た』と示された（下略）」（『賴山陽』二〇七ページ）

ここにいう「斯樣なもの」とは、山陽（春水の子）の書翰の斷片のことで、森鷗外博士『伊澤蘭軒』その十三に、坂本氏所引によって、二行ばかり轉載されている。それはさておき、この時に一緒に出た書翰類は、いずれも無殘な斷片と化していたが、ともかくもそのまま保存し、戰爭が激化してからは、松谷寅次郎氏の御厚意によって、廣島市内比治山の防空壕で難を免れた。近年、廣島縣史編纂事業に關連して、この殘翰類も資料の一つとして採錄の一端に加えていただいた。これに勢づけられて、讀めそうなものから、少しずつでも讀んで見ようと、目下、細々と取り組んでいるのが、天明六年の梅月（春水の妻の妹）の殘翰である。事情が事情なので、すべてが偶然に左右され、時日も書き手も、意圖的に選んだものではない。このことをはじめに御ことわりしておく次第である。

ここで天明六年（一七八六）の狀況を説明しておくと、春水は江戸勤番中。秋の交替歸國の豫定が來春まで延期となった。妻の妹、梅月（直）は大坂に在り、さきには母が急逝、いま父が發病、婚期が遲れつつある。一方、梅月の姉、梅颸（靜）は、長男を抱えて廣島で留守番。夫は當分歸國せず、實父は大病、夫の弟の杏坪の婚禮は逼り、住居は腐朽。この物心兩面の心痛が、以後長く影を落とす長男の病氣を誘發することになるという情況下に在る。

〔大坂の梅月（二十四歳）から江戸の春水（四十一歳）へ。九月七日〕

〔首缺〕次に爰元、ともじ(1)初、みな〳〵かはりのふ、くらしまいらせ候。ともじ事、先書に申上候通、日々よろ敷方に御ざ候間、乍二憚様一御案もじ様被レ下度候。

一、尾藤様(2)も、仰被レ下候如、御きのどくに存上候。御老母様、ことの外の御なげきと承り申候。嘸と察し申上候。扨〻竹原様(3)と申、かた〴〵御いたわしくそんじ上参らせ候。

扨とよ、御元様(4)、水の事、御先書に承知仕候。おそろしき御ものがたりにおはしまし候。淺間やけの〔まる?〕のよし、さも可レ有候。東北の方、國〻のこりなく候よし、さ候はゞ、黑杉伊助殿(5)邊、なんぎ致され候半とぞんじ候。此ほうがくへも、久〻文遣し不レ申候。當地も先月晦日、暴風雨にて、其後、二日斗天氣よく、此頃は一向日陰も見へず、ふりくらし参らせ候。今日八つ頃よりやゝ空はれ参らせ候。

一、鐵三(6)へ御手本被レ下候よし、難レ有ぞんじ上参らせ候。同人久〻不快にて、休居参らせ候。節句過には遣可レ申候。親共へ御文被レ下候へども、いまだ手重、御返書延引仕候。私よりよろしく申上候やう、申付参らせ候。其外、皆〻へ御加筆なし被レ下、届参らせ候。忝ながり、猶又よろ敷申あげ度との御事に御ざ候。先はあら〳〵御返事迄に、申上殘参らせ候。めで度かしく

九月七日燈下　　なをより

御兄上様

御返事申上

かへす〴〵も、御きげんよろしく被レ爲レ在二御座一候やう、くれ〴〵(7)いのり上参らせ候。來春は御めで度、御めもじ様なし上候はんと、ながき事ながら、御待申上参らせ候。久太郎殿、舞習はれ、ゆや・舟辨慶のくせ共、

覺えられ候由、いたいけなる手にて、まはれ候はゞ、嘸〻あいら敷候半と、はるかにおもひやり參らせ候。〔尾完〕

〔大坂の梅月（二十四歲）から廣島の梅颸（二十七歲）へ。九月十日〕

久〱御たより御座なく、いかゞと、あんじ暮し參らせ候所、先月[8]廿二日出御ふみ、當むゆかに屆きまし、有がたく、御うれしく拜上參らせ候。其節も、どちら樣、御揃被レ遊、御きげんよろしく入らせられ候由、御目出度、御嬉敷ぞんじ上參らせ候。扨〻、御地樣へも文參じ不レ申候由、さて〱御まちかねと察し上參らせ候。身をつみて人のいたさもよくしり參らせ候。まづ〱おまへ樣、御そくもじに入らせられ、久どのにもいさましくあそばれ候由、殊更、舞習ひに參られ、ゆや・舟辨慶のくせなど、よく覺へられ候よし、扨〻あいら敷候半と、只〻見參らせ度、ぞんじ參らせ候。御兄樣にも、御きげんよく御勤被レ遊候よし。どなた樣よりも、久〻御便御ざなく、一かたならず氣もじ仕候所、六日・七日兩日に御さう承りまし、御うれしく存上候。仰のごとく、大水の事も、こま〲仰被レ下、おそろしき御事に御ざ候。是は先便に承知仕候。當地も、先月晦日には、けしからぬあらき天氣にて、おそろしくぞんじ參らせ候。其後、二日斗天氣よく候て、又〻雨ふりつゞき、大水出申候。此度は近邊少しづゝの事とぞんじ居參らせ候へども、あじ川あたりは、おたれ迄、水つき候由、うけ給り參らせ候。こなたともじ樣はじめ、みな〱かわりのふ、くらし參らせ候。ともじ樣にも、先便に申上候通、日〻少しづゝよろ敷かたにて御ざ候。此頃にては、よほど仰られ候事、よくわかり申候。少しも〱御氣もじ被レ遊間敷候。おひ〱御本快とぞんじ參らせ候。當夏はさしこみもおこり不レ申、ことの外、御そくもじに入らせられ候所、どふでも、色をかへ品をかへ、やまねばかなはぬ事と、ぞんじ參らせ候。來年は何卒〱御のぼり被レ遊候へかしと、こなたにもいのり上參らせ候。（中略）○久どの單物あわせ被レ遊候由、こふ茶よろしく候はんと察し候。扨とや、久どの丶おもひつきの繪、御見せ被レ下、扨〻ことの外よく出來、殊更、ともじ様御病氣、少〻よろしき方にむき候節、御出し被レ遊候。御文と申、かの繪、「松にゆみはり月ゆへ、二度ほんぷくするせんぴやうじや」と、ともじ様にも御悦被レ遊候。(9)詩きやうの天保の詩を御書被レ成候。「如二月恆《ユミハリ》一、如二日升一、如二南山の壽一」と申所より、しまひ迄、御書被レ成候。おひ〳〵御本快と、私ども丶うれしく、ぞんじ參らせ候。廿二日より、いしもかわり、何かの間合よろしく、悦入候。久どの大てがら、よろしく御ほうび御申被レ下度候。其うち、ほうびに、なんぞ進じ可レ申候。めで度かしく

右は廿一日御日付の御返事

このあとまだ返事は續き、「こま〴〵申上たく候へども、よほど夜ふけ候ゆへ、早〻申殘參らせ候。めで度かしく。九月十日夜。なをより。御あね様、御返事」で終るかと見えて、「又〻申上參らせ候。(10)はぐすり」云々と更に續き、(11)「度〻ゆめに見候よし、申上候所、其節、ずいぶん久どのもあなた様にも御そくもじ」とあるところまでで、あとは缺損、不明となる。

以下は解説を兼ねての注を、許される紙面内で列記する。なお、天明六年當時の當面必要な系圖を掲げる。數字は年齢、△は故人、所在は子に施して親を兼ねしめる。

(1)〔ともじ〕 飯岡義齋。また篠田德安ともいう。大坂の儒醫。義齋はこの文面にも拘らず、必ずしも樂觀すべき病狀ではないらしい。發病は八月中旬。八月十七日附江戸宛の義齋書翰は甚しく文字が亂れ、直の身の振り方を懇々と依賴、春水はこれを「岳父大人絕筆之書狀」二通の中の一通としている。下文「先書に」云々に當るところの實物はない。

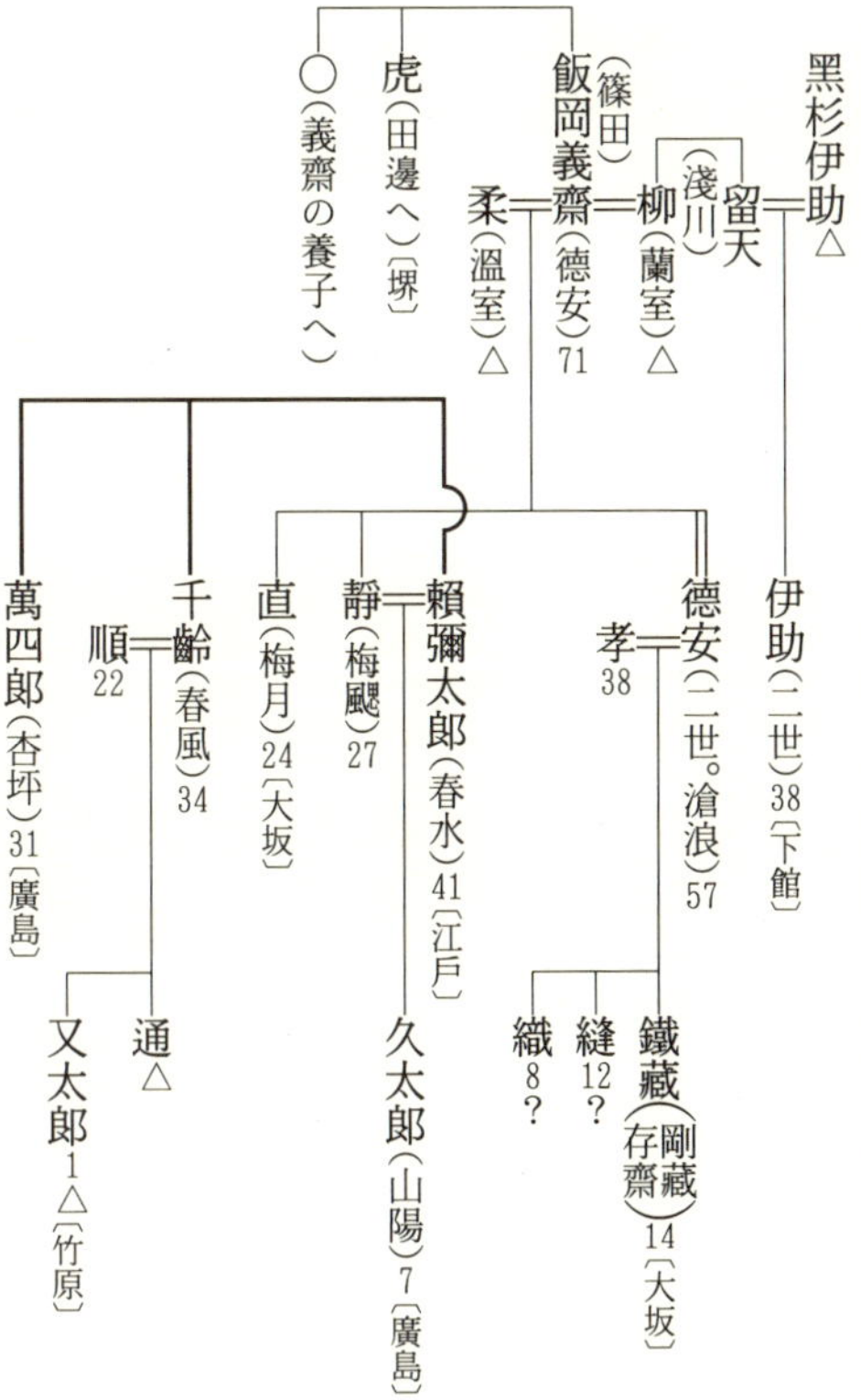

（2）〔尾藤様〕 二洲夫妻。大坂在住。賴祺一氏「尾藤二洲の書翰（その二）」（『廣島大學文學部紀要』二九—一、一九七〇）所収、第三六書翰により、二洲の「小兒（同論文の注によると、前の年十一月出生の次女）夭折」を指すことがわかる。下文「御老母様」は、後年江戸で梅月の姑となる。

（3）〔竹原様〕 春風夫妻。前注（2）所引文献の同所にも見えるが、春風の長男（第二子）の夭折（七月二十三日）をいう。このことは、賴桃三郎氏の「賴千藏行狀」（『文學』三九—一、一九七一）八九ページによる。なお、この年五月二十五日の廣島宛の春水書翰に「竹原にもぼてにて歸り候よし珍重〳〵。又ゝ女子にても候や……」とあるので、出生はこの年であったことがわかる。

（4）〔御元様〕 春水。春水の七月十四・十五・十六・十七日の日記に、いずれも「大雨」とあり、また十八日に「處々洪水之由相聞」とある。下文の「御先書」はあるべくもないが、七月二十四日江戸發、八月十一日大坂着の春水書翰に大水のことが記してあった由、八月十一日發廣島宛の梅月書翰に見える。

（5）〔黒杉伊助殿〕 下野國下館在住の親類。石田梅岩の直弟子たる黒杉伊助政胤は、義齋の義兄。『飯岡外族譜』（假題）によると政胤の子に、寛延二己巳年（一七四九）十月二十六日出生の友吉がいる。一方、義齋（在大坂）の天明五年十月二十九日の日記に「黑杉伊助來問。是經二三十三年一。初三歲而行二下館一。今年三十六歲也。爲二米拂役一來也。往事情話多端。懷舊轉深」とあり、梅月の天明六年正月初旬の廣島宛書翰に「(伊助樣)二月頃迄當地(大坂)にいられ候よし」云々とあり、春水(在江戸)の同年二月二十九日の日記に「黑杉伊助來尋」とあり、これらがみな友吉であろうと思われる。(歲が一つ合わないが、この系統の文獻では往々にしてこのことがある。)友吉が襲名して伊助となったと解釋する。

(6)〔鐵三〕　鐵藏のこと。下文の「親共」は滄浪夫妻。鐵藏は梅月と一緒に、この年三月から五月の閒、廣島に逗留。前注(2)所揭論文に收める二洲第三五書翰(天明六年六月二十一日、江戸の春水宛)に「篠家皆御安全、銕兒も歸着、此事ハ先日申上候キ」「銕生依然(學問のことにつき)」とあり、大坂に在っては二洲に師事していることがわかる。下文の「休居」「節句過には遣可レ申」とは二洲の塾についてのことに相違ない。

(7)〔久太郎殿〕　ここに見える舞の件、梅颸の八月一日の日記に「久太郎、十川へ初至ル、安倍同道」、三日に「久太郎、十川へ行、難波小うたひすみ、ゆやくせ舞習」などと見える。梅月の十月十日發廣島宛書翰にはいう、「扨久どのを十川へ御やり候事、何かと御申こしのよし、おかしく候。それは私逗留中に、御願の御返事參じ、『はやふ〳〵稽古にやれ。よろしきししやうをゑらんで』などゝ被レ仰候ゐしに、いま御心がはり候やらん。おとこの心は、夜に三ど、日に三度かわるとやら。それよりは長く候ゆへ、かはり候もそのはづにて候。また〳〵、ひよりかわり申べく候。おなじひより斗もなく、雨のしげき時も有、長〻日でりする時も有、まゝならぬは天氣にて候」とある。なお刊本の梅颸日記に編年の錯誤があり、刊本で天明七年となっている部分のうち、五月十九日から霜月(十一月)二十日までは、實は天明六年に屬する。このこと、注(3)所引の賴桃三郎氏の論文の指摘による。

(8)〔先月廿二日御ふみ〕　梅颸の八月二十二日の日記に照應する。なおすぐ下に「御地樣へも文參じ不レ申候由」とあるのは、梅月が少し以前の情報に基いて言っているもの。廣島における八月二十二日の段階では、江戸發廣島宛の便は滞りなく届いていた。因に、江戸と廣島との間には、いわゆる「御早道」（漢語では「官郵」）が月に二度往復していたようである。これはかなり正確に、普通の旅行者の約二分の一の日数で書類を送達していた。今の定型郵便のように、送達する用紙の縦の寸法が決っていたという。藩士と留守家族との間の連絡に利用できた。ところが、去る六月上半期江戸發の御早道に何か事情があったらしく、これに托した春水の書翰が、廣島の留守宅に到着するのに四十日ほどかかり、下半期の便の方が先着した。つまり廣島側としては、一便の缺落、従って一か月空白の感じとなった。（六月十七日から七月十六日の閒）梅颸はこのことを、七月九日發大坂宛の書翰で、かなりぼやいたらしい。それを讀んだ梅月がなだめた書翰があり、後注（11）と同様、やはり八月十四日に發送されている。（認めたのはそれより前の何日かであろう。後部缺損、日付不明。端裏書存。）いわく「此度御早道便に御江戸より御文参り申さず候よし、『身びゐきのしやう』など仰られ候は、いかなる事仰上られ候哉。扨〻あまり御云すごしはよろしからぬ御事に乍レ憚ぞんじ参らせ候」本文の語は、このことの繰返しと判斷する。

（9）〔詩きやう〕『詩經』小雅の鹿鳴之什に屬する「天保」篇の第六章。詩經の原文は「如二月之恒一、如二日之升一、如二南山之壽一、不レ騫不レ崩、如二松柏之茂一、無レ不二爾或レ承」月や日や松柏に托して、繁榮をことほぐ意。

（10）〔はぐすり〕梅颸の八月二十一日の日記に齒藥などが廣島に届いたことが見える。大坂發八月十四日、古川屋忠八船の便によるものであった。

（11）〔度〻ゆめに〕梅月の八月十一日認、同十四日發の廣島宛書翰にいう「扨又どふいたし候ものか、此間は、しきりにあなた様がたの此方へ御出候ゆめ見申候。よるにてもひるにても、少しまどろみさへいたし候へば、御越被レ遊候ゆめ見候ゆへ、何卒御こし候へかしとおもふゆへや、又は御越被レ遊度思し召候ものや、または御不快にても候はんかと、まづうれ敷より、あんじ候事。其ゆへ今日も高津邊へ参じ候ゆへ、かのさなだ様御ほこらござ候。夫へ参り、無事そく才をいのり歸り参らせ候」とある。この便が廣島に着いたのが八月二十一日で、それへの反應がここに見え

るわけである。（以上、注）

その後、春水の歸國は遲れに遲れて天明八年初夏となった。折返し、梅颸は孫の顔を見せに大坂に馳せつけた。その翌年に義齋は沒し、それを看取った梅月は、四年の後、江戸で妻を喪った二洲のところに嫁することとなった。

頼山陽と『日本外史』

はじめに

頼山陽は江戸時代後期の儒者、安藝《あき》（今の廣島縣）の人、名は襄《のぼる》、字《あざな》は子成（初め子贊）、通稱は久太郎（一時、德太郎。姓、羅井）、山陽と號し、また三十六峰外史などとも號した。他に改亭・悔亭・憐二などといった時代もある。有礙の稱もあるという。安永九年十二月二十七日、大阪で生まれ、天保三年九月二十三日、京都で沒した。五十三歳（太陽暦換算、翌一七八一年一月二十一日生れ、一八三二年十月十六日沒、滿五十一歳）。父の春水は廣島藩學の教授、母の靜子（後年、梅颸《ばいし》と號した）は大阪の儒醫飯岡《いのおか》義齋の娘である。父母の間に長男としての山陽のほか、成長した者としては妹美穗子（初めの名十《とお》）がおり、進藤家に嫁した。義弟には叔父春風の長子景讓（權二郎、初めの名熊吉）がいる。

山陽は幼少のころから病氣がちであったが、それに引き替え才能は銳敏で、青年に達するまでその性格はきわめて不安定であった。ついには二十一歳から三年の間、一室に監禁されるはめに陷ったが、その間にかえって學業が進み、『日本外史』の原型はこのときにでき上がった。三十歳のとき鄉里廣島を離れ、翌々年上京し家塾を開いた。これからは性格も生活もまったく安定し、廣くその才名をうたわれるようになった。學問は程朱（中國宋代の儒者程明道・程伊川および朱子）を奉じたが、はなはだしくは墨守しなかった。ただやはりその名分・節義を尊び、幕末勤王思想の興起に寄與した點は、かなりの部分、程朱學に由來するものと考えられる。文章は氣概に富み、詩は長編の古詩に長じ、詩・文とも國史に題材を取ることを得意中の得意とした。その他、書畫篆刻《てんこく》にも優《すぐ》れ、その滑潤な風格は多くの同好者を獲得した。そして『日本政記』の執筆中に喀血《かっけつ》し、その脱稿の日に没した。墓所は京都東山の中腹、長樂寺にある。初めの妻は御園《みその》氏、名は淳子、長男（聿庵《いつあん》、通稱は餘一）を生み離別（上去《かみさり》というものの由）、のち小田家に再嫁した。後の妻は小石氏、名は梨影《りえ》。その間には成長した者としては男子二人（支峰・三樹《みき》）があり、三樹（三樹三郎、醇、鴨涯《おうがい》）は安政の大獄で刑死した。山陽は没後百年に際し、従三位を贈られた。著書は以上の二著の他に『新策』『通議』『日本樂府《がふ》』『山陽文稿』『山陽詩鈔』『山陽遺稿』『山陽書後題跋』などがある。『頼山陽全書』八冊（昭和六、七年刊）と『頼山陽書翰集』三冊（昭和二〜四年刊）とは、山陽を知るための基本文獻である。

以下、章を改め、その生涯と著書（とくに『日本外史』）について資料をたどることとする。

出自と背景

山陽の祖先

熊澤蕃山《ばんざん》の歌と稱するものに「中頃は、さもあらばあれ、そのかみは、天照《あま》らす神の、御末《みすえ》なるらん」というのがある。山陽の場合も、まったくこのとおりである。言傳えによれば、姓は橘《たちばな》であるが、もちろん途中はまったくわからない。山陽の父春水が書いた「家譜」「先府君亨翁行狀」（『春水遺稿』巻一〇所收）および照蓮寺の記録（いま、文化三＝一八〇六年ごろに聞書きしたものによる）などによって記すと、その祖先は、小早川隆景《こばやかわたかかげ》に従って朝鮮に渡ったという。これは文祿の役（一五九二〜九三）のときのことになるわけであるが、その祖先の名はわからない。ただ寺の記録に「寛永中沒、常念、宗兵衞」、その子「正保中沒、貞永、加兵衞」とあるのが、年代からみて（寛永は一六二四〜四三年、正保は一六四四〜四七年）このあたりにあたるのかも知れない。

隆景は慶長三年（一五九八）、三原城で急逝《きゅうせい》し、家臣は多く牢浪してしまった（渡邊世祐・川上多助著『小早川隆景』二六三ページ)。ただ當面の家系では、やはり事情ははっきりしない。そして寺の記録に貞永の子として出てくる「寛文中沒、道圓、賀兵衞、後宗兵衞ト云」にあたると思われる者からやや手がかりができ、道圓はあるいは豊田郡小泉(現在、三原市小泉町)あたりから(「家譜」)、あるいは三原または賴兼《よりかね》村から(「行狀」)、賀茂郡竹原下市村(現在、竹原市竹原町)に移ってきたという。もっとも石垣重信「山陽史學の歴史的性格」(『歴史評論』一九六九年九月號所收)には、當地の故老田中達三氏の説に基づき、以上の記事は、要するに祖先が沼田《ぬた》川(豊田郡を貫流して三原に注ぐ)流域から移住してきたという程度に讀み取るべきで、小早川の家臣云々もそのままには受け取りがたいという趣旨の敍述がある。また小早川の家臣で小泉を經て竹原に來たとする點は、當地の庄屋吉井氏の傳承と同じであることから、例えば吉井氏を寄《より》親《おや》として當地に定着したというような可能性もあるという説もある。

ちなみに、賴兼(賴金とも書く)は備後《びんご》國御調郡西野村(現在、三原市内)に屬し、天文年間に岡崎十郎右衞門賴兼の山城があった(『藝藩通志』巻九三・巻九九・巻一〇〇、『三原市史』巻四、三八七ページ以下)。ここは三原港を眼下に見おろす要地で、いま山陽本線を下り、三原驛を出てすぐの鐵橋を渡るあたりから望むことができる。進行右手の、山頂のやや平らな標高約二五〇メートルの丘陵がそれである。

これを要するに、竹原下市村の人となってからが家系上の歴史時代で、以後、墓石が照蓮寺にある。渡邊則文「竹原下市の發展と町人文化」(『竹原市史』巻二所收)その他の論文によって記すと、下市村は竹原港に注ぐ賀茂川の土砂の堆積により、中世末期から近世初期にかけて成立した新開地である。そのため、土着の勢力というものが本來なく、この地の有力な商人となった人々の先祖は、その時期に周邊地域や和泉・伊豫方面から移住してきた者が多かった。そして慶安より明暦にかけて鹽濱が開かれてからは、鹽の生産地として知られるに至った。こうして製鹽・商業・運漕の町として、時に盛衰はありながら、大勢としては繁榮を續けた土地である。そして町の有力者の間に和歌と垂加神道(山崎闇齋の首唱した神道説)とが熱心に學ばれ、地方小都市ながら、水準以上の域に達した者も多かったのである。

（なお『竹原市史』巻一、第十章、頼祺一執筆部分も参照）

「家譜」によれば、當時の一族の女子の嫁入り先、あるいは嫁の實家は、賀茂郡・豊田郡あたりの屋號を持つ諸家である。その中でやや注意すべきは、小早川のれっきとした舊臣山田氏に嫁した者がいること、および當地の名家道工《どうく》氏（吉井氏もこの一族）から嫁してきた者がいることであろう。このような點から、家はもともとけっしてその地の年寄・庄屋などを勤めたような格のものではなかったが、といって窮民でもなかったらしい。屋號が「頼兼屋」であったというのは、あるいは竹原定着のころからのことかも知れない。

途中、家業（いつのころからか大船を持ち、運漕を業とした）のつまづきと當地の大火（『竹原市史』巻四に引く資料によれば、元祿三＝一六九〇年三月十八日）類焼とが重なり、生活はにわかに下向きとなった。墓石にときどき現われる「青始氏」の姓は、このころから私用し始めたのであろう。なぜならば、ここで紺屋（青染め）を業としだしたからである。それはともかく、享保三年（一七一八）の『竹原惣繪圖』では、等級下の家に住み、同程度の借家一軒を所持していた由、渡邊氏の上掲論文に記されている。他に田畑二、三ヵ所があったという（「家譜」）。

この時期以後は、家の者に學問をさせるゆとりはまったくなかった。それをつねに遺憾とし、そうなった境遇に運命を感じていた當主は、「家譜」のままに引けば、次のようなことを家族に言った、「わが先祖は度々軍陣に出給ひ、戰鬪の手柄もありと聞傳ふ事どもなり。義のやむべからず事には候へども、人をも多く手にかけ給ふとなり。その子孫にありては、つとめて陰徳をおさめべき事なり。子孫に凶人出來《いできた》り、又は不人柄の聞へあらんは、みな先祖の人をあまた手にかけ給ふ報《むくい》なりと、人口もおそるべき事と、常々教へさとし給ふ」と。その子又十郎（亨翁、名は惟清。一七〇七〜一七八三）はこの教えを奉じ、その三人の子を儒者と醫者とに仕立てた。けだし、人の心身兩面を救う職業としてである。そしてみずからは家業のかたわら和歌の道に踏み入った。その師小澤蘆庵《ろあん》からは「頼惟清が家集の末に書つく」と題して「竹原の、翁ののこす、ことのはゝ、世々に朽《くち》せぬ、かたみなるらし」という歌を贈られている（『藝藩通志』巻一五二上）。

賴という姓

「賴」という、この一見中國風の姓は、屋號の「賴兼屋」の一字を取ったものという（以後は、屋號は「兼屋」、あるいは「金屋」となる）。「賴」の初見は、今のところ平賀中南の書いた又十郎の妻の「墓誌銘」で、これに「賴又十郎の婦人、道工氏、諱《いみな》は中《なか》」とある。これは寶暦十二年（一七六二）のことである。銘文の中に「（珪は）今年十七」とあり、沒したその年すぐに作られたものと推定される。珪とは春水のことである。儒學の修業を積むにつれて、これまでの「青始」（一字に修めて「青」とも言っていた）を「賴」に改めたのであろう。當時流行の徂徠《そらい》學の影響と考えられるが、そのいきさつは、まだ十分には調査できていない。ともかく右の次第で、一族の多くは「賴《らい》」（當地では、「らい」の二字を上り調子のいわゆる下中型アクセントで呼ぶ）といい、まれに「賴兼《よりかね》」を稱する者がある。なお石垣氏の上掲論文には、明治以後、「賴田」を稱するに至った系統の存在が指摘されている。

なお、本來は無關係であるが、中國の賴氏は春秋の賴國（前五三八年滅亡。故城は河南省商城縣）に由來し、子孫は南遷し、漢族の中で客家《はっか》と呼ばれる一大グループに所屬する。中國の代表的な姓を列《なら》べた『百家姓』にも入っており、江西・福建・廣東の各省には、一村全部賴氏の村がところどころにあるようである。臺灣にも移住し、多くの人傑を出している。日本に留學・滯在の士もまた多い。（羅香林『客家史料匯篇』三四六ページ參照）

山陽の父

山陽の父春水は、名は惟寛（のち避けるところがあって惟完とした）、字は千秋、通稱は彌太郎、延享三年（一七四六）六月三十日に又十郎の長男として生まれた。兄弟は男ばかりで、七歳下に春風（名は惟彊、字は千齡、通稱は松三郎）、十歳下に杏坪《きようへい》(名は惟柔、字は千祺、通稱は萬四郎)がいる。あと四歳下の岩七と十二歳下の富五郎は夭《よう》した。家族としては他に二十歳年長の叔父傳五郎が同居していた。なお、母方の叔父備後屋惣兵衞(豊田郡本鄉の田中氏に婿入りした)ともなにかと往來があったようである(母方の一族については道工彦文顯彰會『道工彦文家集』および同會編『春月』參照)。

春水は初め、當地の醫師・神官・僧侶に學問の手ほどきを受けた。十二歳のとき、伊豫の天德寺に逗留して書を學んだ(景浦稚桃氏による)。次いで十四歳のときから、平賀中南に從學した。場所はたぶん三原であったと思われる。寶曆十四年甲申(明和改元の年、一七六四)十九歳の正月十日、朝鮮の使者が江戶に向かう途中、近海を通過、碇泊した。春水の兄弟と叔父と近在の青年はこれを迎えて筆談し、詩を應酬した。これは春水の「游忠海記」(春風館藏)にくわしく見え、趙曮の「海槎日記」甲申正月十一日條(『海行惣載』卷四所收)に照應する。この年三月に春水は京阪に遊び、その地の學者・文人を歷訪した。そのときの手控えに「東遊雜記」(賴桃三郎「寶曆・明和の上方文壇」〈『日本文學』一九六五年七月號所收〉に內容が紹介されている)があり、また別に「次韻葛子琴《じいんかつしきん》」の册(いずれも春風館藏)などがある。明和三年(一七六六)二月、正式に上阪し、以後、天明元年(一七八一)十二月に藝州藩儒に召し出されるまで、十六年間を大阪で過ごした。これは二十一歳から三十六歳までのことである。そして混沌《こんとん》詩社に屬したが、當時のようすは「在津《ざいしん》紀事《きじ》」(『春水遺稿』別錄卷一・卷二)にくわしい。この閒に妻を迎え、長男山陽が生まれた。竹原から大阪に出て學問を續けるについて、役所への屆け出とか、經濟的な背景とか、學者・文人の消息とか、大阪生活の諸經費とか、かなり多くの資料が殘っていて、それはそれではなはだ興味深いが、いまはすべて省く。

ところで興味深い點ということになると、なんといっても、藩內の一平民の子弟がどのようにして藩儒に取り立てられたか、という問題に勝《まさ》るものはない。これについては若干の資料がすでに公表されており(光本鳳伏『山陽先生の幽光』一九四ページ以下。『竹原市史』卷一、四三九ページにその寫眞が一部分出ている)、町年寄吉井當聰(米屋半三郎)・當啓(勘五郎)父子の助力のあったことが知られる。この場合を含め、けっきょく竹原の經濟的實力と、それに伴う文化的な教養（學問・和歌・俳諧など）とは、藩の當局者にも一目置かせるものがあって、ことに風雅の道に關しては、身分を越えた交わりがつねにあったようである。また春水個人としては、實力本位の大阪に出て、大阪の町儒者として名を擧げたことが、大阪藏屋敷の役人に知己を得る結果となったようである。

藩儒となってからのことは、山陽が書いた「先府君春水先生行狀」（『春水遺稿』卷末）に手ぎわよくまとめられている。「行狀」の基づく資料もおおむね殘っていて、すべて廣島縣史編纂事業の一環としてマイクロフィルム化された。次は春水の「詩稿」にも「遺稿」にも收められていない作り捨ての詩ながら、天明元年の日記の末尾に登用の感懷を述べていう、「我れもと農家の子、拔擢、儒名を 辱《かたじけの》うす。人は說く、前途險ならんと。我れは思ふ、行路平かならんと。……」（讀みにくいので誤讀しているかも知れないが、大意は間違っていない）。「行狀」を讀んでも痛感するが、よそめにはその一生ははなはだ險しかった。これは身分社會で急に成り上がった者としての緊張・苦澁がつきまとっているからである。しかし本人はそれをいっこう氣にせず、平靜に信念どおりの生活を送った。

登用後の詳細に觸れるゆとりがなくなったが、ただちに藝州藩學の再建にとりかかり、それがすむとすぐ前後十一年江戸に詰めて、藩侯の世繼ぎの輔導に當たった。その閒、建議して藩學を程朱學で統一したが、これは幕府の異學禁制に先行するものであった。まだ一諸侯時代の松平定信に學統の程朱による確立を勸めたのもこのころである。寛政五年（一七九三）十月、四十八歲のとき歸藩してから後は、隔年に江戸に勤番する程度であった。一方、鄉里の竹原では、叔父傳五郎とその長子の千藏（のちの養堂）とがしばらく家業の紺屋を續けていたが、千藏が儒者となって家業は廢絕した（いま舊宅が保存されている）。そして當地で醫師を開業した仲弟の春風が、故鄉に殘って祖先の墳墓を守った。季弟の杏坪は春水に少し遲れて、やはり藩儒に登用され、文化年閒には每年、廣島・江戶の閒を往來し、のち郡奉行となった。春水は文化十三年（一八一六）二月十九日、七十一歲で沒した。墓は廣島市內比治山の安養院（寺は明治になって退轉し、現在、多聞院）にある。

學問は程朱を嚴格に奉じ、詩文は混沌社員にふさわしく、腹稿によってすらすらと作ってしまうたちであった。詩は日常の體驗を飾りなく詠ずる流儀であり、日記の代りとまでいえば誇張になるが、それに近い「詩稿」（『與樂叢書』所收。廣島市立淺野圖書館藏）を殘した。文はそれほど多くないが、内容的に興味深いものが多い。「行狀」には、文は亢《こう》爽《そう》・明白であり、詩は典質・雅馴《がじゅん》であるといっている。また書に秀《ひい》で、大字・細楷ともに當時稱揚された。かつて藩の事業として國史編纂を企てたが中絶した。

山陽の母

山陽の母靜子、すなわち後年の梅颸は、寶曆十年（一七六〇）八月二十九日に飯岡義齋の娘として生まれた。成長した同胞は女子二人だけで、姉が靜子、妹は三歳下の直子（尾藤二洲《じしゅう》後配）である。

飯岡氏の家系は、義齋の書いた「家譜」（缺損部分があって完全でない）、春水「處士飯岡澹寧先生墓銘」（『春水遺稿』卷一〇所收）、木崎好尚「山陽の外家飯岡家の事ども」（『山陽と竹田』一ノ七）、羽倉敬尚「大阪の儒醫篠田家」（『醫譚』復刊一三號）などによって知られる。

義齋の祖先は近江源氏の流れを汲む佐々木氏で、その後、飯岡氏を稱する者があり、そのあとの某（義政か。「家譜」缺損）は大和國郡山の本多家に仕えて浪人し、外科を學んで大阪に移住し、篠田閑德と稱したという。義齋の曾祖父を飯岡正章といい、元祿十一年（一六九八）七月一日、八十八歳で沒した。そこからまた「家譜」が一葉分缺けて明確さを失うが、正章には嫡子の正勝がいて、篠田又閑と稱した。そのあとに二人の子がいるが、この系統が閑德の名跡を繼いだらしい。次に正勝の弟と考證される者に正定がおり、これが法號忠益と同一人物と思われる。その正定の嫡子に正武がおり、忠嘉と號した。享保十七年（一七三二）六月二十八日沒、四十七歳。正武の妻は南氏、享保十八年八月十六日沒、三十七歳。この夫妻の間に男子四人、女子二人が生まれ、第一子が義齋、第三子が女子、第六子が滄浪（通稱は伊助、名は孝鍾）で、あとはみな夭した。

飯岡義齋は名は孝欽、通稱は岩之助、篠田德安と號し、享保元年（一七一六）二月七日に大阪で生まれた。初め石門《せきもん》心學《しんがく》を修め、のち幡然《ほんぜん》として程朱學に轉じた。安永六年版の『難波丸綱目』では、「儒學者・詩學者」の項に「立うり堀南うら町、篠田德庵」とある（ついでながら「江戸堀北二丁メ、賴彌太郎」もその隣りに出ている。さらに付記すると、家傳賣藥を列擧したところに「萬能膏、江戸町、篠田閑德」とあるのが、正勝の系統の子孫であろう）。義齋は寛政元年（一七八九）十一月八日、七十四歳で沒した。墓は大阪市内龍淵寺にある。

義齋の初配は淺川文治（秦勝義ともいったらしい）の娘で、柳子といい、三人の子を生んだがみな夭し、寶曆七年（一七五七）四月九日、三十六歳で沒した。法號を蘭室という。後配は久留嶋長治の娘で柔子《じゅうこ》といい、三人の女子を生んだが、育ったのはあとの方の二人（靜子・直子）であった。天明四年（一七八四）七月二十一日に沒した。法號を淵室という。

義齋の沒後は弟の滄浪が嗣《つ》ぎ、その孫の代で絶えた。

靜子は安永八年（一七七九）十一月八日に中井竹山（懷德堂主）の媒酌で春水に嫁した。翌年四月三日、亨翁・春風が上阪し、春水夫妻は亨翁を奉じて京に上り、四月九日には小澤蘆庵を訪れた。そのとき蘆庵から贈られた祝いの歌は「唉《さき》かかる、契りとならば、藤の花、松のみさをに、ならへとぞおもふ」であった。この年の冬、山陽が生まれた。靜子が沒したのは天保十四年（太陽曆では翌一八四四）十二月九日で、八十四歳であった。

生　涯

幼年時

山陽の誕生を喜んだ安永九年の春水の詩の中に、「呱々《ここ》の聲の裏《うち》、歳方《まさ》に終らんとす」とあるように、その生れはひじょうにおしつまった暮の二十七日であった。そのうえ、この年のこの月は小の月（陰暦では小は二十九日）であったので、生まれて四日目には早くも二歳となった。これは八日目で二年になった昭和の年號よりもなお早い一年目であった。

當時春水は大阪で家塾を開いて生活していた。江戸堀北一丁目に大阪の竹原問屋阿波仁《あわに》（阿波屋仁右衞門）の借家があって、それを借りていたのだそうである。母の里の祖父からは祝いの産衣《うぶぎ》が贈られてきた。その色が黒であったので、次の歌が添えられていた。「久かたの、あめのめぐみに、ならへよと、いろにいはひて、おくるうぶぎは」いわゆる「天地玄黃《げんこう》」（天の德は玄《くろ》、地の德は黃）になぞらえたものという。

安永十年は途中で改元されて天明元年となるが、その五月二日に、大阪の綿橋の餅屋鹽屋伊兵衞は、粽《ちまき》十五連、一貫二百七文の書付を春水に出している。時期と内容とから見て、山陽の初節句のためであろうと推定される。伊兵衞は天野屋利兵衞の傳狀を傳えていた人として知られている。（『在津紀事』巻上參照）

またいつとは限定できないが、春水の混沌社の友人田章は、燒物の馬を祝いに贈った。それには詩が添えてあった。「白馬、黃金の勒《くつばみ》、宛《えん》として千里の姿を含む。由來冀北《きほく》（朔北のこと）の種、絕塵（極度に速い速度）の時を念《おも》ふべし」田は田中を一字に修めたもの、章は鳴門《めいもん》の實名、通稱は金屋七郎右衞門、大阪の鳴門《なると》橋の鍋釜鑄物《いもの》師である。（安永六年版『難波丸綱目』參照）

鹽屋伊兵衞も田中鳴門も大阪市井の人で、ともに漢學に深い素養を持っていた。山陽は三、四歳の一時期を除き、六歳まではこのような環境の大阪で成長した。

六歳のときの五月九日に廣島に向けて大阪を離れたことは、父母と外祖父との三種の日記があるので、それぞれによって知られる。そして大阪在住の外祖父のその年（天明五年）十一月十七日の日記には、「久太郎、表書書來」（「おもて書きのてがみ來たる」と讀むのであろう）とある。これの返書にはいう、「表書の書狀賜り、扨々《さてさて》親の子ほど有て、見事にて、何々長々の消息より嬉しく打ながめ申し候。ずいぶんきげんよろしく、ままもよくたべ、しごくたつしやにて、御留守致さるべく候（春水はふたたび江戸に上番）。御とと樣おかへりなされ候はば、はやばや大阪へまいらるべく候。なにやかや、よきものまいらすべく候。わるひ事せずと、かかさま事、よくよくいふ事きかるべく候。ゐほん少しつかはし候。けがせぬよう、きげんよく、おひたつべく候。以上。十一月十七日、いのをかぢぢより。久太郎どのへ。（追って書）うたひ本つかはしたく、たづね候へども、今はなく候ゆへ、あとよりまいらすべく候。御かかさまにおしへてもらはるべく候。ゆみはいかがにて候や」手紙の着いたすぐその日に、折り返して出した返事であって、謠本を探し求めるひまもなかったらしい。取るものも取りあえずとはこのことであろう。

これは木崎好尚『賴山陽全傳』卷上、三六ページに紹介されているが、年の繫《か》け方が一年間違っている。間違いといえば、この翌年、天明六年の『梅颸日記』五月十七日（刊本、一六ページ下段一三行目）の次からは錯簡であり、この年の五月十九日（五月十八日は記事がない）から十一月（霜月）二十日までは、誤って天明七年に繫けられている（刊本、一九ページ下段最終行から二八ページ下段二行目まで）。そして天明七年は正月二十日（一九ページ下段一六行目）までしかなくて、以下は缺筆であり、ただちに天明八年（二九ページ）に續く。これは賴桃三郎氏の指摘により、原本の綴じ方と照らしたうえで訂正しておく。

さて、この調子で資料を追ってゆくと、五十三歳の生涯がいつ果てるとも知れなくなるので、以下は代表的な資料だけを若干拾ってゆくことにする。資料の密度はこれ以後もだいたい似たりよったりである。これは古人とはいえ、じつはそれほど悠久の昔ではなく、例えばもしも山陽生存中ならば、明治維新は八十歳代で迎え得たこと、またその孫の最長命の者は昭和二桁《ふたけた》代まで生きていたこと（その長男の第三女津川年子、昭和十三年四月二十五日没、八十八歳）などからもわかるように、時世こそ變われ、時間はまだそれほどたっていないためである。

江戸遊學

寛政五年（一七九三）十四歳の詩にいう。

癸丑歳偶作

十有三春秋、逝《ゆ》く者は已《すで》に水の如し。

天地、始終無く、人生、生死有り。

安《いずく》んぞ古人に類して、千載《せんざい》青史に列するを得ん。

「歴史に名を殘したい」というこの覇氣は、終生のものであったようである。それはともかくとして、こうした種類の詩を廣島の家から江戸詰めの父に送っていたのが、春水の先輩格の柴野栗山《りつざん》の耳に入った。栗山は聖堂の儒者の長老である。その栗山に「千秋（春水の字）子あり」といわしめたというのであるから、世間なみな常識から見て、はなはだ名譽なことであったといえよう。そして栗山から朱子の『通鑑綱目《つがんこうもく》』を讀むように勸められた。（「通鑑綱目を讀む」《『書後』巻中所收》）

やがて寛政九年（一七九七）十八歳のとき、叔父杏坪の江戸詰めに從って江戸に遊學した。廣島を離れるとき、母ははなむけとして歌を贈った。「不二《ふじ》のねも、あふみのうみも、及《および》なき、君と父との、惠《めぐみ》わするな」。江戸には母の實妹（直子）が、尾藤二洲に嫁していた。二洲もまた聖堂の儒者である。この叔母は二洲に嫁する前、廣島にしばらく滯留していたこともあり、大阪ではもちろんずっと世話になっていたから、遠慮のない間柄であったようである。叔母から母への四月二十四日付の手紙の出だしにはいう、「久太郎殿便に下され候御文、同人持参致され、久々御便なく、御なつかしき折から、久太郎殿へめもじ致し、御ふみ拝見、かさねがさね悦入《よろこびいり》まいらせ候。……」

こうして始まった江戸留學ながら、後世いろいろと取沙汰されるのは、後年の脱藩さわぎの遠因が、この親元を離れた都會生活にあったと見られたためであろう。例えば江戸で食いつめていられなくなり、松やにに香料をまぜたものを薬だといって賣りながら、故郷に逃げ戻ったという種類の話（『大觀』一七九ページ參照）は、要するにデマにすぎない。事實は、叔父の江戸詰めが解かれるのとともに、いっしょに歸廣した。その途中、大阪で木村蒹葭堂《けんかどう》を訪ねていることが、最近刊行された水田紀久翻字『蒹葭堂日記』寛政十年四月二十四日條（四一四ページ）によって知られる。

脱藩と監禁

歸國して二年たった寛政十二年（一八〇〇）八月四日付の杏坪から春風あての書翰にはいう、「彼兒（山陽）事、當時は愈《いよいよ》氣ままに晝夜共出行仕《つかまつり》候。正人はきらひにて、兎角《とかく》放縦不德の者のみに交り申候。私も分炊の事故、手も屆き申さず候。嫂君（梅颸）例の放下仕舞にて、嚴に出し申さずといふ様の事、出來申さず候。又其上に鬱病を御恐れ成され候故に、無理に内に置き候事も御好み成されず候。旁々《かたがた》以て晝夜出行候事と相成り申し候」（春水は江戸詰中）。

これは頼祺一「山陽脱藩前後の書簡資料」（『廣島縣文化財ニュース』三〇號所收）によって書き下して引いたものであるが、これからひと月ののち、山陽は藩に斷りなしに藩外に脱走した。このことが當時どういう罰にあたるかというと、淺野長勳舊藩主のことばに次のようにある。「……而して余が家はもとより先生（山陽）と主從の誼《よしみ》ありき。先生丁齡のころ脱藩の變あり。世上これに對し區々論議すと雖《いえど》も、余聞くが如くんば、當時臣下にして恣《ほしいまま》に脱藩するものあらば、直《ただち》に法規に照して其の追撃を斷行するや必せり」つまり追撃ちの刑に會って、斬り捨てられてもいたし方がなかったわけである。「然り而して獨り山陽に限り藩として之を放任したるは、當時の藩主、善く山陽の心事を諒解せるにあらざれば、曷《なん》ぞ能く斯《かく》の如くならんや。……」（「山陽先生の幽光序」）

間もなく京都に身をひそめていたところを連れ戻され、廣島城下杉木小路《すぎのきしようじ》（當地では「小路」を「こうじ」といわない）の自宅の一室に監禁された。きびしい監禁がやや緩められてからは、その室を「仁室《じんしつ》」と名づけ、讀書と著述に勵んだ（現在、その室は復原保存されている）。このときのようすを知るべき書面としては、家の執事梶山六一（字は君修、號は立齋）・手島伊助兩名あての「憐二、頓首シテ謹ンデ啓ス」という長文がある。その中では、當面讀みたい本の書目を列擧し、「論語・孟子・大學・小戴（禮記）・大戴・儀禮・詩・書・周官（周禮）・春秋・左（左氏傳）・公（公羊傳）・穀（穀梁傳）・中庸・易」とし、この順に讀み、最後にまた『論語』に歸るつもりであると言っている。また文章の法を學ぶための書としては、「史記・左氏・莊子・國策（戰國策）・漢書・管子・韓非子」を擧げている。

以上は書面の欄外の記入を大筋だけ抜書きしたもので、本文中にはさらにいろいろの書名も、またそれについての見解も述べてある。その他、力を文章にほしいままにしたいこと、修史の志のあることを、蘐園《けんえん》（荻生徂徠）の古文辭を打ち砕きたいことなど、監禁中にもかかわらず、意氣の盛んなことが知られる。（全文は德富蘇峰『賴山陽』九七～一〇六ページにはじめて掲載された。）

この書面は梶山・手島の二人から杏坪に渡され、杏坪から江戸詰め中の春水に報告された。そのときの杏坪から春水あての書翰にはいう、「檻生より柁《かじ》・手《て》兩生へあてに澤山の書物を見せくれよと申す趣意の書付、出し申候。……右書は眞假名にて紙二、三葉もこれ有り、細字塗抹だらけの書にて御座候。……此書にて志も見へ申候。仁孝の意は一點御座無く候。但《た》だ名の一字に迷溺候樣に見へ申候。それ共、其の申し分等は少しはよくも成り候樣に見へ申候得共、其の書體萬端、一通り見候へば、故《もと》の如くに見へ申候。如何《いかが》仕候て宜しく候ものに御座候や。右書に他日大都へ棄出され候はば、是迄《これまで》の經濟韜略《とうりやく》の念をやめて、文章にて天下へ名を出し度と申す事に御座候。何樣、六一等と相談仕候て、書物は見せ候樣、仕り度く存じ奉り候」杏坪はこうして書いているうちに、やはり書面そのものを送ることにしたらしい。書翰はこれに續けていう、「右の書付は何分御覽に入れ申し度く存じ奉り候。二洲へ御示し、御相談遊ばされ可《べ》く候。……」そしてなおいろいろと心配ごとをこまごま述べたあと、「學術の所は……竹山・二洲など大家へ托し申さずては成り申す間敷く存じ奉り候。……書籍は望にまかせ、先づ見せ申し度く存じ奉り候」とある。年月日を缺くのが缺點であるが、いずれにしても享和元〜三年の閒（一八〇一〜〇三、二十二〜二十四歲）のことである。

この監禁がまず享和三年末に屋內限り解かれ、その後二年經って完全に放免され、さらにそれから四年經って備後國神邊《かんなべ》の菅茶山《かんちゃざん》の廉塾《れんじゅく》に行き、さらにそこを飛び出して京都に上ったあたりまでは、森鷗外「伊澤蘭軒」に敍述を讓ることができる。それは鷗外の意圖するところではなかった（その第二十節參照）としても、資料の選擇、敍事の手際よさは、山陽傳としても十二分に通用するものがある。ただしかし、開卷冒頭「安藝國廣嶋國泰寺裏門前杉木小路」の部分のルビに「小路」を「こうぢ」とする點ではなはだ象徵的であるように（かつて昭和三十七年、東京日本橋三越で開かれた「森鷗外展」で自筆の原稿を一見した際、ちょうどこの部分が展示されてあり、このルビは原著者の手によるものと見當をつけた）、全篇を通じいよいよの微妙な點にまで立ち入ると、多少の異議は述べられるようである。その他、執筆時以後、幾多の資料が出たための訂正はもちろん必要である。その若干を拾うと、高橋太華所持の古手紙というのは、その後もやはり太華が持っていて、雜誌『文字』七號（大正九年四月）に複製添付され、太華の說明も載っている。また江戶留學中の山陽が伊澤蘭軒・狩谷棭齋《かりやえきさい》の家に寄寓したとの說は、賴桃三郎「賴千藏行狀」「賴千藏の江戶生活」（『文學』三九ノ一、四〇ノ六）ではっきり訂正されている。

春水の寬政十二年の歲暮の感懷にはいう、「江關（江戶霞ガ關、藝州藩邸）の氷雪、流年を感ぜしむ。往事紛々、總《すべ》て憮然たり。獨り丹心の未だ銷盡せざるあり、曉窗の燈下、陳編に對す」（『春水遺稿』卷五）。

廉塾行きと京都開塾

山陽が茶山の廉塾に引き取られていったのは、文化六年（月日の關係で太陽暦では翌一八一〇年）三十歳のときの十二月二十七日であった。もとより茶山が大家であることは疑いないが、場所が三都（京・大阪・江戸）からは隔たりすぎていた。そこで山陽はこの境遇に滿足できず、翌七年七月二十六日に、廣島の築山捧盈《ほうえい》（通稱は嘉平）に長さ三間あまりという長文の書翰（『書翰集』卷上、六四ページ）を差し出し、心情を訴えた。捧盈は山陽の行動について親族同様に心を傷《いた》め、問題解決に盡力し、落着するにあたっては、「爾《なんじ》の死せずして、復《ま》た我を見るを喜ぶ」（「輔仁會卷後に書す」〈『全書』文集、四五ページ〉）といって喜んでくれたことのある廣島藩の重臣である。全文はとうてい引用できないので、一小部分だけを随意に引く。

「……其上、凡《およ》そ古《いにしえ》より學者の業を成し申す地は、三都の外《ほか》はこれ無く候。如何《いか》なる達人にても、田舍藝は用に立ち申さず候。闇齋・仁齋・徂徠などの様の業は、都會ならでは出來申さず候。此《かく》の如き人にても左様に候へば、まして凡人は猶更《なおさら》の事に候。不肖の私に御座候へども、何卒《なにとぞ》右の場所へ出、名儒俊才に附合申候て、學業成就、名を天下に擧げ、末代までも藝州の何某と呼ばれ候はば、螢火にて月光を増し候譬へにて、少は御國の光とも申され可く候哉《や》。何分學者と生れ、三都に居り申さずば、暗闇に居り申すも同前に御座候故、幸《さいわい》ケ様《かよう》の不用の一人に相成候故、今生《こんじょう》の思出に大場へ罷《まか》り出で、正學を以て四方を靡《なび》かせ申度事、生前の念願これに過ぎず存じ奉り候。……」

けっきょく、茶山ともいろいろ相談のうえ、文化八年閏二月六日に廉塾を立ち去って上京した。そして五月には京都で塾を開いて自活することとなった。この閏二月から五月までの足かけ四ヵ月が、一生の大きな區切り目となった。というのは、藩當局がこの上京を二度目の脫藩と扱いかねない態度に出たからである。これが事柄のこじれはじめで、さらに茶山の氣持をひどく損い、親元と茶山とのあいだも、従前のような圓滑さを缺く結果となったようである。しかしほとんど周圍の全部を傷つける形で敢行されたこの上京は、結果から見れば大成功であって、山陽の仕事が同時代および後代に影響を與え得たのは、すべて京都に根城を置いたからこそであった。その意味で、捧盈あての書翰で述べていることはまったく誤っていなかった。

しかし周圍の親族や師友へ投じた波紋は當分は收まらなかった。この當時の茶山の書翰に針を含むことは、なにも蘭軒あてのものだけには限らない。わずかに大阪では篠崎小竹とその父の三島《さんとう》（混沌社員）、京都では小石檉園（名は元瑞）が肩入れしてくれた程度である。

これより先、山陽脫藩ののち、春風の長男景讓を春水の養嗣子として、藩儒の家を繼がせることとなった。景讓は學問修業のため叔父杏坪に連れられて、文化七年以來、江戸にあった。文化八年、春風は江戸に行き、この兩人に會ったのち、五月に歸郷し、その途中、京都でひそかに山陽に會った。その直後の六月二日、山陽は大阪滯留中の春風にあてて釋明の書翰を送った（『書翰集』卷上、九〇ページ）。その書翰は行き違いになって一度京都に返送され、それをまた六月十五日に竹原に向け再送した。その書翰には、「私は御見限り下され候とも、家翁（春水）痛心御察し下され、よろしく御取り就《な》し御救護下され候樣、希ひ奉り候段、深く申し遣し候」の句がある。この書翰をそのまま春風は春水に轉送し、それに次の文面をつけた。

「京にて裏に逢ひ候は、金山（重左衞門）・篠崎（長左衞門、小竹）へも知らせ申さず、六條にて面會の義は、先達《せんだつ》て儀右衞門（石井豐洲）へ差越候書面にて御承知これ有り候。……其の返書、大坂アハヤ仁（阿波屋仁右衞門）へ差越候所、私出帆の跡にて、仁右衞門より又京へ返し、又京より（春閣あてにして、阿仁へ差下し申候由）差下し候書狀にて御座候。此の書面、まんざら詭言ばかりにもこれ有る閒敷候。篠小竹書狀も差上申候。格別の氣遣ひ懸け閒敷、相應に落着仕る可く候。長左衞門は善友にて御座候。同人決して許し申さざる樣子に御座候（山陽の冶遊を許さないの意）。竹山（築山のこと。捧盈）へ差越し候書狀の義、御聞は成されず候哉《や》。あの方にいかが存ぜられ候哉。神邊より用事に付、上京と申すものにて、書通も差し許し申され可く候哉」

しかしけっきょく春水は山陽との音信をいっさい斷った。

それから二年して文化十年（一八一三）三月一日、春水は山陽の長男聿庵（十三歳）を連れて有馬へ湯治に出かけた。これは老年の春水にとって、一生の跡始末をつけるためのような旅行であった。廣島を船で出てまず故郷竹原に寄り、三原では幼少のときの師平賀中南の墓銘の相談にのり、神邊では久しぶりに茶山に會い、手厚い歡迎を受けた。ここで諸方の人にあうが、鷗外の著作のためにとくに觸れるならば、北條霞亭《かてい》にもはじめて對面した。そのまま霞亭と大阪まで同道し、その月の二十一日に大阪の藩邸に着いた。満十年ぶりの訪問である。そして形ばかり有馬で溫泉を浴び、すぐまた大阪に歸った。春水にとっての最大の跡始末は、在京の山陽を許すことであった。これはこのとき留守の梅颸より春水にあてた書翰に、「京都へはいつ頃御出で遊ばされ候や。もはや久太郎に御逢ひ遊ばされ候事は相濟候や。何も何も承り度き事に候」（『全傳』巻上、三二二ページ）とあるのをわざわざ援用することもなかろう。

その後、山陽から春風へ五月一日付で出した書翰にはいう。

「……誠に此の度、家大人御入湯の御願叶はせられ、上國諸舊知御尋ね遊ばされ候に付、小子も御勘氣御許免仰せ下され、久々にて拜顏、悲喜交集仕候。能《よく》ぞや御しらせ遊ばされ下され、御狀拜披候日は、遠方より日哺に罷り歸り、七ツ頃より直に下坂、折節風雨泥濘に御座候へども、喜の餘に覺えず伏見より上舟、篠氏にも早く聞付候とて驚き申候位に御座候。大人は二十一日に御着坂にて、篠氏へは二十四日に御出で遊ばされ候由に御座候。思召《おぼしめし》これ有り、二十六日に拜顏、直に歸京、四月四日に大人御入京。十一日迄まで處々從遊、菟道《うじ》に其日一宿、翌十二日、伏水《ふしみ》にて一先づ奉別、十九日に下江。二十三日に西宮迄御見送り申上げ候。一瞬の極《きわみ》に存じ奉り候。奉別の節は傷神の恐れこれ有り、訣別も仕らず、わざと拔けて歸り申候。……」（『書翰集』巻上、一二九ページ）

山陽が許されてふたたび廣島に歸ることができたのは、そのあくる年（文化十一年、三十五歳）のことであった。これより先、五月には茶山の東行を大阪で迎え、大津まで見送った。そして廣島への帰省は八月二十三日から九月十一日までのあいだであった。梅颸はいう。

さはる事有りて、此の四とせばかり逢ひみざりける裏が京より下り來て、此の年月おぼつかなかりしことどもかたりあひつゝ、おや子はらからことなくて、逢ひみつる事のうれしく、げにいのちなりけりとこそおもへ

梓弓《あずさゆみ》　引わかれても　命あれば
　又もぞかゝる　まとゐ有りけり

西　遊

文政元年（一八一八）三十九歳の二月五日、山陽は廣島に歸省した。二月十九日の春水の大祥忌（三回忌）列席のためである。そして忌あけを期し、三月六日、廣島を出發して九州への旅に出た。この時期は山陽の詩がもっとも花々しく展開したときである。『山陽詩鈔』巻三、巻四「西遊稿」上下がその詩を収める。

九州旅行の一つの目的であった長崎を經て、天草島に着いたのは九月一日であった。

　天草の洋《なだ》に泊す
雲か山か呉か越か。
水天髣髴《ほうふつ》、青一髪。
萬里舟を泊す天草の洋。
烟《けむり》は篷窗《ほうそう》に横たはつて日漸く沒す。
瞥見す大魚の波間に跳るを、

太白船に當たつて、明、月に似たり。

もっともこの詩はあとでみずから削潤したものである。ついで當時入國がむずかしかった薩摩國に首尾よく入った。

阿《あ》嵎《ぐ》嶺

危礁亂立す、大濤の間、
眥《まなじり》を決すれば西南、山を見ず。
鶻影《こつえい》（はやぶさの姿）は低迷し、帆影は沒す。
天、水に連る處、是れ臺灣。

阿久根《あくね》を通過して九月九日の重陽《ちようよう》の節句を川内《せんだい》で迎えた。これより先、八月下旬、熊本では「加藤公の廟に謁す」の詩を作ったが、鹿兒島では立場が逆になる。

前兵兒の謠

衣は骭《かん》（向う脛）に至り、袖《そで》、腕《わん》に至る。
腰閒の秋水、鐵、斷つべし。
人觸るれば人を斬り、馬觸るれば馬を斬る。
十八、交を結ぶ健兒の社。（十八歳で兵兒組に入る）
北客能《よ》く來らば何を以て酬ひん。
彈丸・硝藥、これ膳羞《ぜんしゆう》（ごちそう）。
客なほ屬饜《しよくえん》（飽き足る）せずんば、
好するに寶刀を以て渠《かれ》の頭に加へん。

下の四句の原歌は、「肥後の加藤が來るならば、烟硝肴《さかな》に鉛團子、それでもお客に足らぬなら、首に刀の引出物」という由である。「後兵児の謠」もあるが省く。

十月一日に水俣に着いた。ここで德富氏の家に泊ったことが、のちに蘇峰に山陽熱を起こさせる遠因となった。またここは祖母（春水の母）の一族、歌人道工彦文（足立屋喜太郎）の終焉の地であるので、その碑を弔って詩を作った。

十一月八日、豐後國日田の咸宜園《かんぎえん》に廣瀬淡窓を訪《と》うた。淡窓の「儒林評」（『日本儒林叢書』史傳書簡部所収）にはいう。

「賴子成ハ予ガ始メテ詩稿ヲ茶山ニ寄呈セシ時、子成茶山ノ塾ニ在リ、同ジク評語ヲ加ヘタリ。之ニ因リテ詩ヲ以テ贈答ス。後十餘年ニシテ、子成海西ニ遊ビ、日田ニ來リテ、ハジメテ相見ヲ遂ゲタリ。予ニ長ズルコト二歳ナリ。後京師《けいし》ニ卒《しゅっ》ス。年五十三ナリ。予ガ眼中ニ見ル處、此人ヨリ才アルハナシト覺ユ。

子成ハ才ヲ恃《たの》ミテ傲慢ナリ。貪ツテ禮ナシ。故ニ少年ノ時、其國ニ容レラルルコト能ハズシテ出亡セリ。海西ニ遊ビシ時ハ、年四十ニ近カリシモ、至ル處人ニ惡《にく》マレ、其地ヲ逐《お》ハレザルハナシ。京師ニ於テモ、偏《あまね》ク毀《そし》リヲ得タル由ナリ。然レドモ其才ハ實ニ秀逸ナリ。總ジテ漢土ニハ文人ニ此ノ如キ人多シ。人以テ常ナリトシテ怪マズ。我國ノ風俗ハ質朴ニシテ、書ヲ讀ム者ヲ見テハ、必ズ之ヲ責ムルニ行義《こうぎ》ヲ以テス。故ニ此ノ如キ人、世ニ容レラルルコト能ハズ。惜ムベシ」

同時代の知人の遠慮のない批評の一例である。

このとき日田から久留米に往復して、筑後川を利用した。菊池武光を詠じた「文政の元、十一月、吾れ筑水を下つて舟筏《しゅうばつ》を僦《やと》ふ」以下の長詩（七言三十六句）はこのときの作である。

十二月五日に豐前國に入り、耶馬溪《やばけい》の景勝を探った。これがのちに「耶馬溪圖巻幷記」として結實した。

文政二年の元日は下關で迎え、二月四日に廣島に歸着した。

侍遊四たび

西遊以後が山陽の生涯にとってもっとも重要な時期である。しかしその多方面にわたる活躍をみなつくすことはとうていできない。いまその間の特徴的な事略として、母に侍して京畿《けいき》に遊んだことを取り上げることとする。

第一回は西遊のすぐあと、この年の二月から閏四月までである。

二月二十八日に神邊に茶山を訪うた。

廉塾に過《よぎ》る　山陽

母を奉じて上國に遊び、
路に父執《ふしつ》（父の友、茶山を指す）の廬に過る。
幽階に布襪《ふべつ》（きゃはん）を脱ぎ、
隙地《げきち》に板輿を舍《す》つ。
僕を戒めて衾枕《きんちん》を備へ、
婢を呼んで果蔬《かそ》を摘ましむ。
孤兒（自分）と寡婦（母）と、
猶《な》ほ故人の餘と謂《い》ふ。（友人の遺族といって勞《ねぎら》う）
東軒に杯酒を秉《と》り、
盍簪《こうしん》（相集まること）當初を想ふ。
燭は照らす、屛間《へいかん》（屛風の中）の字。
時に阿爺《あや》（父）の書あり。
「一々實際。此を觀《み》て、他の詩の皆然らざるなきを知る」（茶山の評）

せんしやうに奉る歌　梅颸

春草の　ごとむつびにし　名殘とて
めぐみの露の　猶かかりける

○

旅ごろも　たちないそぎそ　老が身は
又あふことも　末しらぬよに　茶山

第二回は文政七年、この前々年から引っ越した三本木の水西荘（山紫水明處。現存）に二月から十月にかけて招いたときのことであるが、これはいま省く。

第三回は文政十年、三月から五月までである。このときの詩や歌を集めて『十旬花月帖』ができた。三月二十日、吉野に遊んだ。

芳埜《よしの》に遊ぶ　山陽

花は東風を受けて到る處に飛ぶ。
芳山萬樹、正《まさ》に芳菲《ほうひ》たり。
輿を卸《おろ》して花底に杯酒を進むれば、
數片斑々として來《きた》つて衣に點ず。

よしのにてよみける　梅颸

まがひつる　雲も色なし　まさかりは
花にそめたり　みよしののやま

芳　野　杏坪

萬人酔を買うて芳叢に臥す。
感慨誰か能く我と同じからん。
恨殺す殘紅、飛んで北に向ふを。
延元陵上、落花の風。

四月十一日、琵琶湖に遊んだ。

志賀越にて　　　　　山陽

おやも子も　老の波よる　志賀の山
　三たび越ける　ことぞ嬉しき

褱、この歌を香川長門介（景樹）に誦して正を乞ふ。介曰く、『志賀の山』以下は天然の語勢なり。貫之（紀）・躬恒《みつね》（凡河内《おおしこうち》）をしてこれを視しむとも、一字を搖動する能はじ。以上の二句は歌詞を成さず。爲《ため》に改めて『たらちねのはゝと打つれ』と曰はば則ち誦すべし。原作の如きは則ち是れ田舍漢の母子、竝びに面の皺《しわ》なるもの、傴《う》僂《る》相ひ挈《たずさ》ふるなり。醜とすべし。改むれば則ち梅颸夫人なり、賴子成なり」と。介、談論風生し、人々心に饜《あ》く（滿足する）こと、每《つね》に此の類なり。（『十旬花月帖』）

第四回は文政十二年二月から十一月までである。行きは備前國片上まで船で行き、そこから陸路によった。歸りは全行程を陸路により、十月二十二日に大阪を出發、二十七日に片上に着、翌早朝出發、西下した。

母を送る、路上の短歌　　　山陽

東風、母を迎へて來り、
北風、母を送つて還る。
來《きた》る時芳菲の路、

忽《たちま》ち霜雪の寒となる。
雞を聞いて卽ち足を裹《つつ》み、
輿に侍して足槃跚《ばんさん》。
言はず、兒の足の疲るるを、
唯だ計る、母輿の安きを。
母に一杯を獻じ、兒も亦た飲む、
初陽滿店、霜已に乾く。
五十の兒、七十の母あり、
此の福、人間《じんかん》、得ること應《まさ》に難かるべし。
南去北來、人織るが如し、
誰人か我が兒母の歡に如《し》かん。

梅颸の歌稿の廢紙にはいう。

〔十月二十八日〕　日の昇る程、昨日よりは暖かなるかたなり。裏が菊を折りてかごに入れたるに、さとかほれり。

口なしの　色に咲けれど　まさぐれば
　言問《こと》ふばかり　香《にお》ふ菊かな

終　焉

天保三年（一八三二）、江戸に勤番中であった聿庵にあて、いろいろな方面から届いた書翰をならべて、終焉時の説明とする。

○彦根藩老職小野田小一郎（簡齋）より。七月十六日

「未だ御意を得ず候得共、使を以て御尋ね申候。京都に於て山陽先生先頃御吐血成され候。其後追々御快方とは承り候得共、一通りならざる事にも御座候間、近況如何御入り成され候哉、委敷《くわしき》御便りも御座候はば、一寸御書取仰せ知らされ下され候様仕り度き事。

七月十六日　　　　彦根家中　小野田小一郎　使」

本年五月八日、彦根藩に招かれ、山陽はしばらく彦根に滞在した。簡齋はその後、江戸に上番し、『通議』の出版に盡力中であった。

○同上。七月十七日

「山陽先生の儀、委敷相分るべくと存じ御尋ね申候所、却《かえっ》て未だ御存知これ無き御様子、右にては委敷申上げずては御心配をかけ候事と存候に付、別封御内見下され可く候。先生より御沙汰これ無く候はば、右書面お目に懸け候事は御内々に成され下され可く候。もはや格別御案思申候儀にはこれ有る間敷かと存候。已上

七月十七日　　　　小野田小一郎　使」

○山陽の妻、梨影より。八月七日

「……三木三郎（山陽三男）……すこしはおとなしくなり候。此ほども少しゐほんをととのへて御やり遊し候。御人様御あんばい御大病に候へども……どふぞどふぞ此やうすにてそろそろとすずしくなり……おさまり候やう、いのりいのり上候。とかくせきがいやに候。是も二十五日ころよりはすこしかずすくなきやうすに存候……」

○門人牧善輔（百峰）・兒玉三郎（旗山）より。八月二十一日　病狀、食物、看護、藥法、藩醫の見舞、その他こまごました内容。

「尊兄には天外隔絶御案じの程、御尤《ごもっとも》千萬、嘸々《さぞさぞ》と御噂申上候事に御座候」

の一節がある。

○山陽より。八月二十四日。追って書

「あつささむさも彼岸迄と申候へどもあつき事也。二十六日彼岸入也《なり》。されば是よりよくなり申す可き哉と存じ候。先《まず》々《まず》放念給はる可く候」

○主治醫、小石元瑞（檉園）より。八月二十七日

「尚々御自分にも大抵御覺悟にて御肖像も出來、自贊も出來申候。總て悽愴の狀態、堪ふ可からざる事共に御座候」

○藩醫中村元亮子息敬次郎より。八月二十八日　前日診斷のようすの報告

○牧輗（百峰）より。九月十九日

「……然らば先生御事其後は御血症も頓と相止《や》み、先づ御平穩の姿に御座候へ共、御疲勞は日々相重り、此節にては御起居 甚六《はなはだむつ》かしく……只相替らざるは御精神にて、聊《いささ》か御亂れ成され候樣子は相見へ申さず、いづれも敬服仕候義に御座候。……」

○門人より。九月二十三日　訃告

「先生尊大人御義三兩日以前より御疲勞段々相增し候處、今二十三日未刻より御危篤に相成、暮六ッ時終御辭世被成候。案外火急之御義、奥樣始皆々奉二驚入一候。扨々殘念千萬、申上樣も無レ之次第に奉レ存候。尤御辭世前、小石も早速相見へ、御診察被二申上一候處、何分最早事去、御療治無レ之事に被二申聞一候。然て御葬式之義は小石始一社相談之上取斗可レ申積に御座候。委曲は逐て可二申上一候。先は早々御知せ可二申上一迄に如レ此御座候。以上

九月二十三日六半　　兒玉三郎・牧善助・宮原謙藏

賴與一樣」

小石元瑞の書中に見える自賛にはいう。

「身は一室に偃仰《えんぎよう》（寝起き）して、心は百世の失得に關はり、己の虀醢《せいかい》（辛苦）を恤《あわれ》まずして人の家國を憂ふ。文章腹に滿ち、飢を濟《すく》はず。尺を枉《ま》げて尋を直くするは、則ち爲さざる所なり。噫《ああ》、何物の迂拙男兒か。然りと雖も、焉《いずくん》ぞ此の迂拙なる者を念《おも》ふの時なきを知らんや」

「此の膝は諸侯に屈せず、聊か故君の德に答ふ。この眼は之を群籍に竭《つく》し、先人の囑を虛《むな》しうせず。此の脚は母の輿に侍し、二たび芳野に躋《のぼ》り、三たび太湖（琵琶湖）に蹝《さお》さし、四たび澳灣（大阪灣）を上下すれども、未だ曾て朱頓（富家）の門に蹈《いた》らず。此の口は殘杯・冷炙《れいしゃ》を餂《てん》せず、而して此の手は黔黎《けんれい》（人民）の寒餓を援けんと欲するなり」

『日本外史』――その特徴と批判

概略

『日本外史』二十二巻は、對象を著者の生きていた武家時代にとり、その由來から現在に至るまでを述べた漢文體の通史である。その例言に「けだしこの閒、宇宙いまだかつてあらざるの國勢あり。これを敍するにあたって、宇宙いまだかつてあらざるの文體を用ふべし」とあるように、獨特の敍述の體裁を備えているが、これは『史記』の「世家《せいか》」を手本としたものである。

全體の組立てを見ると、まず將軍となった家を立てて「正記」とする。すなわち「源氏正記」「新田氏正記」「足利氏正記」「德川氏正記」がこれである。このうち新田氏は將軍家ではないが、これはいわゆる特筆で、史家の見識をここに示したものである。

以上の「正記」の前後に「前記」と「後記」とがつき、けっきょく次の十二氏（武田・上杉を一括して數える）が立てられる。

源　氏	前記	平氏	**巻一**
	正記	源氏	**巻二・巻三**
	後記	北條氏	巻四
新田氏	前記	楠氏	**巻五**
	正記	新田氏	**巻六**
足利氏	正記	足利氏	巻七〜巻九
	後記	後北條氏	巻十
	後記	武田・上杉氏	**巻十一**
	後記	毛利氏	巻十二
德川氏	前記	織田氏	**巻十三・巻十四**
	前記	豐臣氏	巻十五〜巻十七
	正記	德川氏	巻十八〜巻二十二

（ゴチック體の巻は中央公論社刊・日本の名著二八『頼山陽』に全譯して收錄）

また十二氏のあとにはかならず「論贊」が加えられている。そしてとくに、平氏・北條氏・楠氏・新田氏・後北條氏（それに續く武田・上杉・毛利をも包括するもの）・織田氏の六氏の前には「序論」が冠せられ、さらに平氏論贊のあとに「副論」が添えられている。都合、序論六、副論一、論贊十二が、「外史氏曰く」で始まる論文十九首である。歴史の敍述に論文を插んで意見・評論を加えるのは、中國風の史書の常例である。

なお以上に標出された十二氏（じつは十三氏）のほか、建武の兒島・北畠、戰國の伊達・島津をはじめとして、有力な諸氏はまだ数多くあるが、それらは別に巻を立てず、適當な個所に插入、言及されている。

前述、栗山の勵ましがどこまで影響したかわからないが、著者の歴史好きはそれ以前の幼少のころからのことであり（「保元平治物語の後に書す」〈『書後』巻中〉）、十六歳のときには古川古松軒から形勢圖をとくに與えられて地勢を見る眼を開かれ（「古川翁傳」〈『山陽遺稿』文、巻三所收〉）、これに監禁拘束という一生を見つめる機會に遭遇し、これらが打って一丸となり、修史の志が勃然として燃え出し、二十歳代でほぼ『外史』の大筋を書き上げ、同時にその姉妹編ともいうべき『新策』を完成した。のち『外史』『新策』とも絶えず修正加筆を加えていたが、とくに『外史』の評判がたいへん高く、文政十年（一八二七）四十八歳のとき、白川樂翁公（松平定信）の求めによって呈上する機會を得た。これで天下公行の保證が得られたこととなり、沒後に刋行されてからは、廣般な影響を世の中に與えた。そのわけは樂翁公の『外史』への題辭（『全書』全集上に寫眞版が出ている）がもっともよく説明している。

「おほかた事を記すに、漏らさじとすれば煩はしく、省けばまた要を失ふ。そのほどを得るもの、また稀なるべし。評論などするも、わが才《ざえ》に求めず、おのづからの正理に至れば、穩當にしてその中道を得るが故に、眹兆《ちんちょう》（きざし）の眼に見えざることまでも逃す事なし。これを全く備へしものはこの『外史』とやいはむとひそかに思へば、ひそかに記しつ。後の人の論はいかがあらむ。文政十一年正月二十あまり五日。風月翁」

特徴一　名分論

『外史』に先行する史書としては、林鵞峰らの『本朝通鑑《つがん》』、安積澹泊《あさかたんぱく》の『烈祖成績』は別格とし、新井白石の『讀《とく》史《し》餘論』、栗山潛鋒の『保建大記』、三宅觀瀾の『中興鑑言』、中井竹山の『逸史』、中井履軒の『通語』などがあるが、史書として直接の影響が考えられるのは、水戸藩の『大日本史』である。もとより『大日本史』と『外史』とを竝べると、一方は副将軍家の史局の大事業であるのに對して、他方は一個人の獨力の著作である。また一方は神武・後小松閒の歴史であるのに對して、他方は武家時代（源平より徳川まで）の歴史である。このように規模も内容もただちには比較にならないが、その根本を貫く修史の精神は兩者を通ずるものがある。それは概括して、朱子學的名分論の立場といってよいであろう。

『大日本史』の名分論から生まれた三大特筆のうち、『外史』の對象とする時代の範圍内にある南朝正統論は、『外史』にそのまま引き繼がれている。この立場に立つ以上、正統に屬して身命をおとした楠氏・新田氏の記述を、閏統《じゅんとう》の系列下の足利氏の前につけるわけにはゆかない。これがとくに新田氏を正記に立て、楠氏をその前記とした理由である。

一口に名分論といっても、個々の事業の解釋にまで立ち入るならば、そこに違いが出てくる。例えば南北朝について、三種の神器の所在だけで正統か否かが決まるという形式的な論もある（例えば山崎闇齋・栗山潜鋒）。しかしそれでは盗賊がこれを盗んだとき、その賊に正統があることになるので、義理の有無、つまりそれが倫理的な觀點から缺點のない存在であるかどうかで決めるべきだとする實質的な論もある。『外史』はこの後者の方に屬する。この場合、形式を支えるのは神器とはいえ、要するに器物であるが、實質を支えるのは、倫理的に申し分のない楠氏・新田氏らの働きである。ただ、正統をいうのは實力がないことの裏返しであるから、倫理的でありながら、悲慘な生涯を遂げた。『外史』はそのような非運を非運として悲しむとともに、それがかならず後世の善果をもたらすという形で救いを設け、「天道是か非か」式の絶望に讀者を陥れることを免れしめている。

名分論の立場に立つ以上は、名分を亂した者に對して烈しい攻撃を加えることは當然である。『外史』はその鋒先をまず權門藤原氏に向けた。つまり政治の大權が武門に歸した根本原因を、權門の政治倫理の缺落にあるとしたのである。一方、名分を守ったものに對しては最大級の稱讚を加える。朝權をふたたび犯そうとする武門足利氏に立ち向かって抗爭した南朝の諸功臣を讚美するのがそれである。これが讀む者に、武門徳川氏に對する批判と受け取られ、その結果『外史』は幕末の革新運動を支える勤王論鼓吹の書となった。

とはいえ、『外史』を著述する際に、著者の初めからの意圖が、すなわち勤王論の鼓吹であったとはとうてい考えられない。「日本にて必要の大典とは藝州の書物と、人に呼ばせ申し度き念頭に御座候」とは築山捧盈あての長翰の一節であるが、その意圖のとおり「必要の大典」となりえたとすれば、それは史書としての優秀さによる。

特徴二　敍述の巧妙さ

『外史』の史書としての優點としては、敍述の巧妙さを擧げることができる。これは樂翁公の題辭にもあるとおりである。また別に、和辻哲郎『尊皇思想とその傳統』(三六一ページ、昭和十八年十二月刊)には、次のように述べられてある。

「勿論彼は史學者であるよりはむしろ詩人である。しかし歴史敍述の仕事は學問であるよりもむしろ藝術であり、從って歴史家が史學者たるよりもむしろ詩人であったことは毫《ごう》も歴史家としての功績を妨げるものではない。山陽の功績は歴史の敍述の上に存するのであって歴史的探求の上にあるのではないが、しかしその功績は十分に賞讃に價ひするのである」

『外史』の敍述についてはかなりの苦心があり、文政六年に牧百峰に與えた「外史隱微、七則」(『全書』文集四一四ページ)には、「僕、法を左・史(『左傳』と『史記』)の二書に取る」とある。『書後』にもそのことが散見し、例えば、「左氏敍戰鈔の後に書す」(巻中所收)では、「……諸史(引用の前には『史記』『後漢書』『三國志』があがっている)は專ら大將を寫し、左氏は細かに卒伍を寫す。或は時代の異れるに因るのみ。余れ保曆間(保元・曆應間。ほぼ源平から南北朝まで)の事を敍するには多く左氏の意を學び、應仁以後には諸史の體を用ひたるは、亦た時勢を見たるなり」とある。このほか、「城濮の戰の圖の後に書す」(巻中所收)では、『左傳』がこの戰いを記すのに、前後の顚末をくわしく書き、戰鬪のようすを簡單に書いていることに照らし、關ガ原の役の錯雜した模樣は、この書法がよいといっている。

また「手寫の項羽本紀の後に書す」（巻下所收）では、『外史』を修める際、毎朝これを琅誦《ろうしょう》して、力を得ることが多かったといっている。これを實際について見ると、例えば『外史』巻三、義仲が粟津で陣沒する際の敍述に、現在の本で「貫いて過ぐる者《こと》、三たび、乃《すなわ》ち二十餘騎有り」とあるところは、稿本では「者三乃」がなく「貫いて過ぎ、二十餘騎有り」であった。「三たび」といい、「乃ち二十餘騎有り」というのは、項羽が東城で破れるところの敍述に學んだものである。

またその少し前、義經が義仲を逐い拂って法皇の御所に驅けつけた際、法皇が一人一人の名を尋ねられたところは、『左傳』成公十六年、鄢陵《えんりょう》の戰いの際、楚王と伯州犂《はくしゅうり》とが一問一答したときの書法である。

なおこれに關連して、『外史』の各巻はそれぞれの家のために立てられているので、その巻はその家の身になって書いている。このことも『外史』の敍述の興味を增す點である。例えば平氏の巻と源氏の巻とでは、同じ戰いでも敵・味方が反對に敍述されるし、また例えば義貞が女色に溺れて戰機を失ったというような不名譽な話は、新田氏の巻では觸れず、足利氏の巻に出てくる。この書法は『史記』から得ているものであって、「史記鈔本に跋す」（『書後』巻下）に、漢の諸呂の亂と七國の反とが、呂后《りょこう》紀・文帝紀・吳王濞《ごおうび》傳・周亞夫《しゅうあふ》傳などに散って記され、そこに順敍・倒敍、正敍・側敍の違いがあり、それを手本にしたことをいっている。

次に、敍述の中においても、とくに人物描寫に成功していることが擧げられる。尾藤正英執筆『日本外史』（岩波文庫、戰後復刊版）の「解題」（一九六七年七月）には、「本書はいわば人物中心の武家時代史であって、……個個の人物の人間像を描寫し、その心情の美しさ、行動の正しさや勇ましさを顯彰することに主眼がおかれていて、直接に讀者の心情にふれる要素が大きい。人々はそれを讀むことを通じて、武士としての生き方を、あるいは日本人としての人生觀を學ぶことができたのである」とあるとおりである。

特徴三　漢文の文體

『外史』の史書としての優點は、このほかになお、文體が漢文であることを擧げることができる。これをもっとも的確に論述しているのはやはり和辻氏の上掲書であるので、少し長いがくわしく引用する（三六四ページ）。

……彼は江戸時代の初頭以來二百年に亙《わた》つて鼓吹せられて來た漢學尊重の波に乘つた。……山陽の頃には……武士の基礎的な教養は支那の古典によつて與へられてゐたのである。それと共に漢文に對する理解力、漢文を作る能力なども著しく高まり、それに對應して漢文に對する愛好の念も著しく廣まつた。この情勢の故に、既に和文で書かれた周知の思想內容も、新しく漢文に書きなほされることによつて、強く人を魅することが出來たのである。この事態は漢學の素養の減退した時代から見れば少しく理解し難いかも知れない。例へば『太平記』に、

「正成畏《かしこま》つて申けるは、東夷近日の大逆、只《ただ》天の譴《せめ》を招き候上は、衰亂の弊《つい》えに乘て、天誅を被《いたされ》ㇾ致に、何の子細か候べき。但天下草創の功は、武略と智謀との二にて候。若勢《もしせい》を合て戰はば、六十餘州の兵《つわもの》を集て、武藏・相模の兩國に對すとも、勝事を得がたし。若謀を以て爭はば、東夷の武力只利を摧《くだ》き、堅を破る內を不ㇾ出。是欺くに安して怖るるに足らざる所也。合戰の習にて候へば一旦の勝負をば、必ずしも不ㇾ可ㇾ被二御覽一。正成一人未生きて有と、被二聞召一候はば、聖運遂に可ㇾ被ㇾ開と、被二思食一候へと、賴《たのも》しげに申て、正成は河內へ歸りにけり。

とあるを、山陽は『日本外史』において

正成感激、對曰、天誅乘ㇾ時、何賊不ㇾ斃、東夷有ㇾ勇無ㇾ智、如較ㇾ於ㇾ勇、擧二六十州兵一、不ㇾ足三以當二武藏相模一、較ㇾ於ㇾ智乎、則臣有ㇾ策焉、雖ㇾ然、勝敗常也、不ㇾ可下以二少挫折一變中其志上、陛下苟聞二正成未ㇾ死也、則毋三復勞二宸慮一、乃拜辭還、

と書いてゐる（引用者いう。ここは原稿の段階では、次のようであったのを加筆して定稿としたのである。ついでなので記し

ておく。「正成對曰、天誅乘時、何賊不斃、東夷有勇無智、較勇乎、擧六十州兵、不足以當武藏相模、較智乎、臣有策焉、雖然、勝敗常也、陛下聞正成未死也、則毋復憂、乃拜辭還」）。現代の人の多くはこの漢文化が『太平記』の描寫に何物かを加へてゐるとは感じないであらう。『正成一人いまだ生きてあると聞こしめされ候はば』といふ大切な個所の如きは、むしろ漢文化のために細かな味を失ったとさへも感ずるであらう。しかし漢文を味ひまた作ることを訓練された人々にとっては、ここに別種の妙味が感ぜられたのである。特にこの漢文が、和文の半ば以下に短縮されつつ、しかもほぼ同樣の內容を云ひ現はしてゐることは、その妙味のうちの重要なものであった。山陽の才氣縱橫、神出鬼沒などと賞讚せられるところは、多くこの點に關してゐる。從って同じ內容もここに新しく活氣を帶びて人を動かし得たのである。もっともこの漢文は『天誅時ニ乘ズ、何ノ賊カ斃レザラン』といふ風に讀まれたのであって、漢語として讀まれたのではない。從って讀まれる通りの文章は眼で見るほど簡潔ではなく、また『太平記』が『ご覽ぜらるべからず』を『不可被御覽』と書いてゐるのと根本に於ては變りはないのである。しかし眼に訴へる文章としては、不可被御覽といふ如き書き方は、漢文の訓練をうけた人々にとって甚だ目障りであったに相違ない。それだけにまた漢文として形を整へることがそれらの人々には有意義だったのである。

付言すれば、現在は書物の性格も文體も變化してしまい、一編の文章を始めから終りまで暗誦したり、聲を立てて朗誦したりする風がすたれている。しかし以前はその風が盛んであった。『外史』はそのような暗誦や朗誦にふさわしいキビキビした文體であり、ことに論文は抑揚頓挫に富む名文である。これは文體が漢文であったことによるものであり、これが『外史』流行の大きな原因になった。

批判一　論文の踏襲

『外史』の流行に應じて、『外史』への批判が後世數多く現われた。いまその主なものについて、論文・史實・文辭の三分野にわけて略述する。このほか、帝國主義日本の思想、勤王論を鼓吹したというような批判は、もしあるとしてもそれは『外史』を超えるものであって、『外史』に即して加えようとする本解説の及ぶ範圍の外にある。

まず論文については、新井白石の史論の焼き直しである、しかも白石の説と明言せずにそれを踏襲しているという強い批判がある。その代表的なものに田口鼎軒《ていけん》の「日本外史と讀史餘論」（明治二十五年十月序、『鼎軒田口卯吉全集』巻一所收）がある。かつて鹽谷宕陰《しおのやとういん》がやはり「跋讀史贅議」の中で、「近世の史論、賴山陽をもつて稱首と爲す。然れどもその原は源白石より出づ。特《た》だ字に眞假の別あり、文に和漢の異あるのみ」と述べたが、これは『外史』の流行を前提として、『讀史贅議』の著者齋藤竹堂の見識を稱揚するための文であり、この部分だけを取り出して讀むときのような酷薄な評ではないのである。鼎軒の場合も、『外史』の書法を通じて、新史學の論文の書き方を啓蒙しているような點もある。例えば『外史』が足利氏論賛に「或ひと曰く」として白石の『讀史餘論』の說を引き、そのあと「外史氏曰く、噫《ああ》、是れ足利氏を助けて虐を爲す者なり」と批判したことについて、「ことに『日本外史』の、他の史論に於ては大恩ある新井君美（白石）の議論を駁するに、之れを稱して或者と云へるは如何ぞや。……新井君美の名を掲げて之れを駁するこそ適當の敬禮を表したりと言ふべけれ。然るに其姓名を掲げずして或者と云ひ之れを罵《ののし》りて足利氏を助けて虐を爲すと云ふ。余、賴襄の爲す所に服する能はざるなり。是に至りて『讀史餘論』の名實共に『日本外史』に沒せられて、讀者は唯だ外史氏曰の語を聞くのみ」（全集本六六三ページ）というようなところは、要するに漢文流の論文の書き方一般への批判としか思えない。それはともかくとして、現代の史論が『外史』のような書き方をしたら非難されることは事實であって、これを辯明しても始まらない。『外史』に即していえば、前引の樂翁公の題辭が評として事情を盡くしている。なお山陽のことばによれば、その小竹にあてた書簡に「史贊と云もの、史論（史贊と區別された史論は、自己の見識をこれに託することができる）などの樣に馳騁《ちてい》奇を出し候事もあしく、正論なれば踏襲を免れざるの事出來候。こまり候ものなり。新意を竪《た》つる事も餘程あれども、一々左樣にも參らず候。白石は『餘論』假名書なり。

漢文にいたしても、其の論、究竟の處、人以勦說《そうせつ》（他人の説をぬすむこと）に歸すと爲し候を恐れ候なり。如何々々。白石は八幡太郎を論じ候處、僕源氏贊に御引き合せ御覽下され可く候。あれを直すと工合あしき處多く出來候なり」（文政九年十一月二十五日、『書翰集』巻下、四三ページ）とあり、『外史』の例言でもことわりを述べている。付言するに、『外史』の論文について、このほかに參考すべき見解としては、戰前のものに、平泉澄執筆、大日本文庫國史篇『日本外史』（昭和十一年五月刊）への解題（七ページ）、および和辻哲郎著前掲書（三六一ページ）、戰後のものに、『近代日本思想史講座』Ⅵ所收、丸山眞男「忠誠と反逆」（三九三ページ）、および岩波講座『日本歷史』巻二二所收、尾藤正英「日本における歷史意識の發展」（五六ページ）などがある。

批判二　史實の誤謬

『外史』の記述に史實上の誤謬が多いということは、しばしば指摘されることである。この點については、川田甕江（剛）の『日本外史辨誤』が詳盡な議論であるといわれ、その一部が『史論』巻二（明治二十六年一月）に出ていることが坂本箕山『大觀』（一一〇七ページ）によって知られる（有朋堂漢文叢書『日本外史』の辻善之助執筆の解題にも引く）。この川田氏の書の重要さを說いたものとしては中村確堂（彝）「賴士剛（山陽の次男支峰）に與へて『外史辨誤』を刻するを勸むるの書」（『蘭惠集』巻上所收）もある。次に光吉元次郎『日本外史詳注』は未曾有の詳注である由、市島春城『隨筆賴山陽』（一六四ページ）に見える。兩書とも未見であるが、『外史』を今後に生かすとすれば、これら『辨誤』『詳注』は是非とも必要であり、兩稿本が傳存して現在に及んでいることを切望する。もっとも、後醍醐天皇の夢で正成が見いだされた、というような全構成にかかわる話は、事實であろうとなかろうと訂正はできないが、月日・地名・人名など、入れかえさえすればよい誤謬は、直さねばならない。また、敍述の出典も明らかにしておく必要があって、例えば川中島の合戰はいつ、何回あったか、學說として追究することは別として、『外史』の記述がなにによっているかというような點は、熱心な讀者にはすぐわかるようにしておく必要があろう。

史實についての山陽の態度は、次の書翰を通じて知ることができる。まず文政十年正月七日付の平塚飄齋（善十郎）あての書翰（『書翰集』巻下、五三ページ）では、「……河越後度の戰、私種々に相ひ考へ、終に夜軍にきはめ、即ち昨日、『比ㇾ曉』（あくるころおい）二字を『夜半』に直し申候。上杉士大將本間何某、丸提燈の指物にて最後の軍を致し、北條家の大道（導）寺駿河守と槍を合わせ、『闇主に奉公いたし、其のヤミを照さんために、此の指物を指し申候。もはや是迄、貴殿に相ひ渡し候』旨申候て討死いたし候事、扨もおもしろき事に候。是を晝軍にしては、とんと除けて仕舞はねばならずと存じ、……夜軍に定め候……」とある。後北條と上杉とが川越で天文十五年四月二十日に戰った際のことである（現行の『外史』巻十では「是夜」とあるが、考えは同じである）。上掲川田甕江の論文にも、「近頃維新以前慷慨國を憂ひ非命に死せし者の事蹟を取り調ぶるに、官府の記錄、當時の文通に虛飾ありて、雜說聞書、却て其の實を得ること多し。さすれば昔日の日記や文通にも、虛飾事實に違ふことあるべしと自ら疑念を生じたり」とある。現にいま太平洋戰爭の實錄ものを讀み比べてみると、比較的場所も時間も限定されている海戰の場合でも、同じいくさが日・米で時刻・位置の食い違いがあり、同じ味方の中でも、指揮官の見解と兵曹の見解とではまったく相違していることがあることに氣がつく。陸戰に至っては、さらにその傾向が大きい。どれが眞相であるかは、けっきょくは直觀によるよりほかないともいえる部分があることは認めなければならない。前代の事實についてはなおさらのことと思われる。

とはいっても、史料の探索を怠ってよいというわけではない。山陽自身も史料はできるだけ捜索しているのであって、例えば好史料を得て、『甲陽軍鑑』による川中島の記述を直したこと、また塙《はなわ》氏の手もとから足利末期の史料を借りたいことなどの話が諸書翰（『名著全集』巻七、三五八、四三六ページ、『書翰集』續、三〇六、三〇八ページ、村瀬不二石齋や小石㮤園あて）に見える。

なお關連してのべると、『外史』巻首には「引用書目」が記されている。この内容についての非難はあまり聞かないが、かえってこれほどの多數の書物を全部は見ていないのではないかという説がしばしば唱えられる（『隨筆賴山陽』一一四ページ）。思うに、一つ一つの史實の考訂にこれを用いたといえないことは、みずから「樂翁公に上《たてまつ》るの書」で、「夫《か》の博引旁搜、錙銖《ししゅ》（こまかいこと）を辨析するが若《ごと》きは、世おのずからその人あり」といっているとおりであろう。しかし廣島藩の藏書の質と量、および書簡を通じて知られる借覽の書名などから推して、山陽のいわゆる「此の眼は之を群籍に竭し、先人の囑を虛しうせず」の語は、けっしていつわりとは考えられないのである。

批判三　和臭

最後に、『外史』の文章についても、種種の批判が繰り返されている。例えば古賀侗庵は「平衍卑凡《へいえんひぼん》、一點の古色なし」（『隨筆賴山陽』一二五ページ）といい、帆足萬里は「賴生の作る所、文章鄙陋《ひろう》、和習錯出《さくしゅつ》、加ふるに考證の疏漏、議論の乖僻《かいへき》を以てす。……渠《かれ》、是れを以て橫《ほしいまま》に重名を得たるは、眞に怪歎すべし」（同上、一二六ページ）といっている。「一點の古色なし」といい、「文章鄙陋」というのは、別の看點からすれば平明・達意の文ということであり、この點についてはほとんど異議がない。

もっとも『外史』の中で平明でない部分もまれにはある。本譯書の範圍内でいえば、例えば巻一の平氏壇ノ浦滅亡のところで、教經《のりつね》のことばに「中納言（知盛）欲㆘吾與㆓義經㆒決㆖死耳」とある。稿本に照らすと、「中納言」はもと「此」（知盛の教經への命令を指す）であった。つまりここは「中納言は吾れの義經と死を決せんことを欲するのみ」であって、「中納言よ。（余はいままさに）吾れと義經と死を決せんとす」の意味ではない。

また巻五の楠氏《なんし》論贊に「楠氏の自ら任ずる所以《ゆえん》、以て加ふる莫《な》し」とある。「以て加ふる莫し」は『左傳』文公十七年から來た語で、「この上さらに加えようもない」の意であるが、これについて、楠公の自任が加えようもないほどであるのか（譯はこれによる。池田蘆洲說）、楠氏の精忠が加えようもないほどであるのか、ただ單に「弘大無量」の意であるのか、說は一定していない。

次に「卑凡」といい、さらに限定して「和臭」という點については、『書後』巻中の「伯夷傳の後に書す」には、「史傳中に套語（ありきたりの語）を用ひ、賦頌の語を用ひ、議論の語を用ひ、俗語を用ふるは皆大病《だいへい》なり。但言語を敍する處は酌量して之を用ふべきのみ。……俗語とは漢土の俚言を謂ふなり。邦俗語の如きは、却て直に用ひて本色を見るに足るものあり」とある。

これについて長川東洲の『日本外史文法論』（明治二十六年一月刊）には次のようにいう。「外史語言を寫す處（敍事・論贊でない會話の部分）、極て吾邦の本色を存せんと要す。故に俚言俗語其ままを直用す。平氏記中の『公の面、憎む可し』、源氏記中の『長袖者《ちようしゆうしや》』、及び『食はんと欲するものは器を先にす』、『九郎の貳舞《にのまい》』、また『野猪にして介する者』、足利記中の『今日、人に在り、明日、我に在り』、織田記中の『膽、毛を生ず』の類、皆是なり」とある。

また地名・人名・官名の類が『外史』のように日本語のままであると、漢文の文脈の中で眼ざわりだとする考えもあるわけで、徂徠派の古文辭ではそれを主張し、これらを中國風に變改し、例えば「江戸」を「武陵」「武昌」などとした。大阪の混沌社ではこれを「關東弊」といって反對していたそうであるが、「關東」から見れば、變改しないのは和臭ということになる。

吉川幸次郎『漢文の話』（一六八～一七二ページ、昭和三十七年十二月刊）には次のようにある。

『日本外史』の文章は、日本漢文であって、中國人には讀めない、という無責任な批評を、ときどき耳にする。思いすごしの誤解である。山陽の文章を激賞した中國人としては、清朝末年の學者、譚獻《だんけん》がある」

以下の『復堂日記』の引用は省く。つづいて「『日本外史』の漢文も、ぜんぜん無きずではあるまい」とあってのち、「江戸時代きっての名文家である頼山陽でさえも、その文章が時に示す日本語くささ、もしくは日本くささ、それを『和臭』という。江戸時代の漢學者がなによりも心がけることの第一は、文章から和臭を去ることであった」とある。現代における評価の定論であろうと考える。

成立過程

議論はこれくらいで打ち止めとし、ここで『外史』の成立過程を略述する。

木崎好尚『青年頼山陽』（一五〇ページ）に、山陽が石井豊洲に示した書面が引いてある。その末尾に、

享和元年辛酉　始修史之志
　二年壬戌　就緒
　三年癸亥
文化元年甲子　起草
　二年乙丑
　三年丙寅
　四年丁卯　草創略定

とある。右に「緒《しょ》に就《つ》く」とあるのに應じて、この享和二年（一八〇二）山陽二十三歳、十二月十日の『梅颸日記』（刊本二〇八ページ下段）には、「晴、仁室より著述物みせる。伊助取次」とある。これ以後、修史のことに言及しているのは、やはり石井豊洲あての書翰で、文化元年（一八〇四）六月二十日付、同七年四日付のもの（『書翰集』上巻、一三ページ、一六ページ）などが知られている。『外史』の初期の構想を示す資料は、文化二年三月二十日（もしくはそれより以前）の「大槻子縄に與ふるの書」（『全書』文集、八八ページ。なお『全書』全集巻中の巻頭に圖版を収める）である（子縄は字で、名は清準、號は平泉、通稱は民治、仙臺藩士）。これによると、

隠史五種

三紀　五書　九議　十三世家　二十三策

とある。原文ではこの各項の下に説明があるので意圖するところが明らかになるわけであるが、このころは敍述の下限は豊臣までであった。

『隱史』が『史記』の本紀・書・表・世家・列傳に倣ったことは明らかで、このうち表はまだ計畫に入っていない。列傳は途中まで『大日本史』ができており、そのあとを續修する人があると聞いて省いたのであるという。そして「三紀」はのちの『日本政記』にあたり、「五書」「九議」「二十三策」は『新策』（のちにさらにそれを改訂して『通議』とした）にあたり、そして「十三世家」が『日本外史』にあたる。

「十三世家」の内容は、「藤原氏世家、平氏世家、源氏世家、北條氏世家、楠氏世家、新田・足利氏世家、足利氏世家、伊勢氏世家、毛利氏世家、武田・長尾氏世家、織田氏世家、豊臣氏世家」であった。

十三世家の形は現在の『外史』にかなり近いが、この形になる以前のものと思われるものに、春風あての書簡（年月日缺、『書翰集』巻下、八六二ページ）に記された目錄がある。それには「源氏世家、平氏世家、北條氏世家、七將世家（皇子護良・楠氏・北畠氏・名和氏・兒島氏・菊池氏・河野氏）、新田・足利氏世家、山名・細川氏世家、三好氏世家（長曾我部氏附）、伊勢氏世家、毛利氏世家（吉川・小早川二氏附）、上杉・武田氏世家、東諸氏世家（里見氏・佐竹氏・伊達氏・今川氏・朝倉氏・齋藤氏）、西諸氏世家（大内氏・尼子氏・大友氏・島津氏・龍造寺氏）、織田氏世家（丹羽・柴田・瀧川・池田諸氏附）、豊臣氏世家（加藤・小西・增田諸氏附）」とある。なお「七將世家」に對しては頭注があり、別案としてこれを「楠氏世家」とし、これに五氏を付錄し、「皇子護良世家」は別に立てるという考えも記している（話は先回りするが、皇子護良世家にあたる部分は、その後楠氏の中に「兵部卿氏」として付けられたらしいが、現行本では新田氏の中に付けられている）。

そしてこの資料の面白い點は、この目錄の前に「日本世史、十六世家、十三世家、覇史、本朝覇史」の名をならべてあることで、これは書名の候補として春風の選擇を仰いだものとも思われる。『日本外史』の名はこのようないきさつの末、春風が定めたともいい傳えられる。

文化三年の資料、「池口子繼を送るの引《いん》」(正月二十一日)、「織田眞記の後に書す」(六月)、「長尾謙信酒盞の記」(十月)(『全集』文集一二一、一二四ページ、および『書後』巻中所收)には、修史の事業が武田・上杉・織田・豐臣に及んでいることを明示しているほか、さらに菅茶山にあてた書翰(『頼山陽の人と思想』五一ページ所收)では、「『烈祖成績』私方に所持仕らず候。若し貴邊にて官邊御計らひ出來候事にこれ無く候や」と問い合わせているので、德川氏にまで敍述を延ばしていっていることが推定できる。

こうして毎月一巻ずつの豫定で書き進め(このころの資料「天民に與ふ」による。『全書』文集七一九ページ)。いよいよ書物として形を成したのは、いわゆる「草創ほぼ定まる」の文化四年、二十八歳のときであった。この年三月十一日付の池口愚亭(子繼)あての書翰(『書翰集』巻上、三一ページ)には「私著作、豐臣氏迄と存居申候處、事缺申候故、御當代三世將軍迄を德川氏四巻と仕り、合せて二十巻と致候」といっている。この二十巻本の内容は、前引、文化四年に石井豐洲に示した書面で知ることができる。

日本別史　一に「外」に作る。
巻之一　源　氏　上
巻之二　源　氏　下
巻之三　平　氏
巻之四　北條氏
巻之五　楠　氏　中興諸將附

巻之六　新田氏
巻之七　足利氏　上
巻之八　足利氏　下
巻之九　伊勢氏
巻之十　武田氏　上杉氏
巻之十一　毛利氏
巻之十二　織田氏　上
巻之十三　織田氏　下
巻之十四　豊臣氏　上
巻之十五　豊臣氏　中
巻之十六　豊臣氏　下
巻之十七　徳川氏　上上
巻之十八　徳川氏　上下
巻之十九　徳川氏　下上
巻之二十　徳川氏　下下

この『日本別史』の稿本は現存しているそうで、竹原市の香川家にあり、それは「別史」の別を朱で外と訂してある由である（戦後の新聞記事による）。

はっきりと『日本外史』といったのはいつからであるか不明であるが、文化元年に書いた「新策自序」（瀧川君山舊藏寫本『新策』に見えるもの、『蘭惠集』巻一に收錄）に「其の事を紀す者を『外史』と曰ひ、其の事を論ずる者を『新策』と曰ふ『新策』先づ成れり」とあるのを見ると、『外史』の名の由來はかなり早い。これ以外に、例えば前引「織田眞記の後に書す」に「文化丙寅《へいいん》（三年）六月、われ外史を草して織田氏に至る」とある例なども擧げられるが、刊本に『外史』とある場合は、刊行の際の訂正である可能性があるので、いまは例としない（刊行時の加筆と思われるはっきりした例は文化六年十二月に書いた「古賀溥卿〈穀堂〉に答ふるの書」で、『山陽遺稿』文、巻一の文面では「外史二十餘巻を爲《つく》る」とあるが、このころは「二十餘巻」でなく、二十巻であったと思われる）。そして文化七年の築山捧盈あての例の長翰には、「……籠居以來、『日本外史』と申す武家の記錄二十巻、著述成就仕り居り候へども、これは區々たる事にて、引用の書なども不自由、私心に滿ち申さず、……此の義、三都に居り申して、書物を廣く取集め、多聞の友を多く取り申さず候ては出來《しゅったい》仕らぬ事に御座候」とある。

文化八年、上京の途次、大阪の篠崎小竹の家に着いた。そのときのことを、小竹は後年次のようにいっている。「子成の始めて西より來《きた》るや、單衣雙劍、牢落蕭然たり。人甚しくは重んぜず。予は則ち推服心醉し、其の『外史』を借覽し、一部を手寫す。子成の曰く、『朋友の著はすところ、自ら寫すを憚《はばか》らず。眞に知己なり』と。子成時に三十餘歳なり」（「賴子成の自書の詩巻に跋す」）。この本は『隨筆賴山陽』（一五七ページ）によると、松江の圖書館にある由である。なお文化十年には『外史』の自序が成った（賴新氏所藏『日本外史』による）。

寫本としては現在、天理圖書館藏（『天理圖書館稀書目錄』和漢書之部第三、一一〇ページ）舊生長家藏本が知られている（森田思軒『賴山陽及其時代』三八二ページ、坂本箕山『大觀』一一一〇ページ、『全書』全集上、巻頭圖版、および解題一九ページ、『遺墨集』下册など）。他に『國書總目錄』巻六（三七九ページ）には、村瀬秋水寫の二十册本というのが登載されている。

初期の『外史』はとくにまだ論文が不備であったようである。上京後は小竹らとたびたび書面を往復して仕上げにとりかかった。そして源氏と平氏との順を入れかえ、足利氏を三巻とし、徳川氏を五巻とし、現行の二十二巻、論文十九首の『外史』となったものである。年表をつける計畫はあったが（『外史例言』なお『書翰集』巻上、二四三ページ、三行參照）、けっきょくは實現しなかった。以上、稿本類は全部未見であるが、後の參考のために記しておく。

『外史』が完成した文政十年の詩にはいう、「二十餘年、我が書を成す。書前酒を酹《そそ》いで一たび鬚を掀《あ》ぐ。此の中幾個の英雄漢、吾が曲筆なきを諒得するやいなや」。

『日本外史』以後

『日本政記』

かつて武元北林は「賴憐二に與ふるの書」（『全書』文集、九五ページ）において、「抑々《そもそも》恆（北林の名）また嘗《かつ》て聞けり。尊大人の浪華《なにわ》に遊學するや、中井伯叔氏（竹山・履軒兄弟）と各々其の述べんと欲する所を言ひ、中井伯氏は特にこれを當代に取り、叔氏は總じてこれを武家に取り、尊大人は遠くこれを皇朝に取る。伯氏の『逸史』、叔氏の『通語』、果して皆な編を成す。獨り未だ尊大人成す所を聞かざるなり」といっている。このいわゆる「尊大人の成す所」が「監古錄」であって、たびたび引く捧盈あての長翰に、「愚父壯年の頃より、本朝編年の史、輯《あつ》め申度き志御座候處、官事繁多にて、十枚計《ばか》り致しかけ候儘《まま》にて相ひ止み申候。私義、幸ひ隙人に御座候故、父の志を繼ぎ、此業を成就仕り……」とあるのがそれである（賴彌次郎「賴春水の埋れし著書」〈『尙古』二ノ九。『大觀』一〇五三ページ以下に再收〉にくわしい）。これは『日本政記』の體裁に酷似する。おそらく「監古錄」から「三紀」（『隱史』五種の第一）へ、そして「三紀」から『日本政記』へという經緯を考えてよいものと思われる。『日本政記』はもともと『國朝政記』という名であった。山陽の「國朝政記稿本の後に書す」（『書後』巻下）にはいう、「嚮《さ》きに樂翁公、襄が『外史』を索《もと》め、既に覽《み》て手筆して數言をその後に題す。大意に曰く『事を敍して繁簡の宜しきに適《かな》ひ、事を論じて偏私に任せず、而して機先に洞中す』

と。侍臣竊《ひそか》に寫して寄示す。余、知己の誼《ぎ》に感じてまた以て自ら勸むることあり。その後『通議』二十八篇を作り、古今の制度・政體の得失を泛論《はんろん》す。近ごろまた荀悦が『漢紀』の意に倣って、『國朝政記』を修め、開闢《かいびゃく》に起り輓近《ばんきん》に至るまで、その大事を紀す。論を作ること八十餘首。所謂る偏私に任せず、機先に洞中する者に於いて、未だ能く公の言に負かざるか否かを知らず。而して公逝いて已に四年なり。襄もいま亦た篤疾を獲て殆ど起《た》たず、今昔を俯仰し、巻を撫して慨然たり」と。その他、本書については、天保三年十月二十七日付、關藤藤陰から聿庵あての書翰（『全傳』巻下、五八四ページ）にくわしい。

本書の評價としては伊豆公夫「『日本政記』に於ける頼山陽の史觀分析」（『古典研究』二ノ九、昭和十二年九月）を擧げることができる。

「『日本政記』は……少しく難解であるためと、『外史』のやうに敍述的で無く論評的であるために、あまり讀まれてゐないことは事實である。併《しか》しこれを讀んで見ると、……多くの限界と僻見《へきけん》にも拘らず、彼はやはり歴史家としての才質を備へた人物であつたことが、肯定されざるを得なくなる。……

また彼は、大なる大義名分のみを以て、原理的なものとするのでは無い。名分が幾ら備はつてゐても、善政を行はない支配者を正しいとはなし得ないとする。……南朝はもちろん名分の上から間然する所が無かつたとはいへ、その行ふところは必ずしも德治・善政×××かつた。殊に足利氏との關係に於て多くの××××みづから名分を傷ることとさへあつたと、してゐる」

右の……は省略を示すためいま加えたものであるが、×はもとからの伏字である。『日本政記』の論文や記事が、戰前、伏字を用いなければ紹介できなかった點、政治批判の率直さを示すものである。これよりさき、『日本政記』のこのような點が、「古典文學の取締」という問題として、昭和九年十二月十五日の『東京朝日新聞』夕刊に取り上げられた。そして伊豆氏の論文は最後に朝鮮征伐を批判した一節を錄し、「極めて達識、全册の壓巻たるものであらう」の語で結ばれている。この論は、秀吉が北條・島津を伐つに際し、われは彼を怒る心があり、彼はわれを拒《ふせ》ぐ意がないという大機を捉えたためによく勝つことができたことを述べたあとに、次のようにいっている。

「而して何ぞ獨り朝鮮を撃つに於て、此に察せざるか。朝鮮は我と大海を隔絶し、本《もと》相ひ干渉せず。彼未だ嘗て釁《きん》（争いのもと）を我に啓《ひら》かず。而して我、故なくして撃つ。……彼、怠惰萎靡《いび》の餘を以て、我が百戰の精兵を被《こうむ》る。（彼は）北條・島津の勍《つよ》きが如きに非ざるなり。而して能く北條・島津の如くならざる所以は、其の國人、皆な我を怒って我を拒げばなり。我れ何を以て之に勝たんや。特《ただ》に以て之に勝つ無きのみならざるなり。また我が既に定むる天下を失ふ。兵の勝負は其の機ここに在り。天下を得ると天下を失ふと、其の機亦たここに在り」

『日本樂府』ほか

伊豆氏の右の論には「詩人としての彼も、ただ慷慨激越によって詩吟者流の愛誦するところに過ぎない……」の一節があり、山陽の詩の一面を突いているが、山陽自身としては、「杜集の後に書す」（『書後』巻下所收）に、「余、從つて詩文を學ぶ者に語《つぐ》るに、一字の訣《けつ》あり、曰く『眞』。また四字の訣あり、曰く『唯だ眞、故に新なり』」とあるように、つとめて實際を敍して、虚設を崇ばなかった。たまたま横田正知『茂吉のうた』（二二三ページ）にその『短歌初學門』の引用のあるのを知らされたので、ついでに引いておく。

「寫生を念とする歌人は、おのづから常に、眞實、眞といふことを心懸けてゐる。この眞は、歌人の銘々の體驗的な直證〔Evidenz〕であるから、千差萬別であり得るし、また千變萬化であり得る。この流動的な體驗眞を、『寫生的眞』と稱して、吾等は作家態度の大切な覺悟たらしめて居る。

この寫生的眞は流動的であるから、常に新鮮でありうる。先師伊藤左千夫先生が茶室を建てて『唯眞閣《ゆゐしんかく》』と名づけたのは、その友蕨眞《けっしん》氏の好意に酬《むく》ゆるために『眞』の一字を以てし、それに作歌道の眞實を暗指せしめたのであった。然るに先生偶《たまたま》中村不折畫伯を訪《と》ふたとき、賴山陽が杜工部詩集に題して、『唯眞故新』と云ったことを聴かれて、その偶然の一致を喜んで居られる」

例えば山陽の文化十一年九月十一日、廣島の家を去るときの詩「一株、蓋《がい》（かさ）の如、薄暮に立つ。猶ほ認む、爺《や》（父）の家の、門に對するの樹」は、典故を用いたあとを見せずに、國泰寺の大樟樹のようす（もちろん原爆以前の）をうまく表わしているし、文政十二年二月十七日、毛利元就《もとなり》の墓を吉田に弔した詩「塋《えい》上（墓域）の老木、槁れて死せず、隧道《すいどう》（墓道）深遠、華表（石柱）峙《そばだ》つ」は、枯れそうに見えてけっして枯れない參道の柏樹をよく描寫したものとされる（兒玉希望「郡山城」〈昭和三十八年十二月十日『朝日新聞』夕刊〉）。

ただ世上有名なものは主として詠史の詩であって、これが詩吟に乘せられることが多いわけであるが、これまた眞を求め、虚を捨てる作風に由來するといえよう。以下、二、三を拾っておく。

不識庵、機山を撃つの圖に題す

鞭聲《べんせい》肅々《しゅくしゅく》、夜《よる》河を過《わた》る。
曉に見る、千兵の大牙を擁するを。
遺恨なり、十年一劍を磨き、
流星光底、長蛇を逸す。

これは永祿四年八月の合戰のことで、『甲陽軍鑑』に傳えるものであるが、前述のとおり、『外史』は好史料（多分『川中島五箇度合戰之次第』であろう）で書き直したので、この詩（文化九年作）と『外史』とは合わない。

蒙　古　來

筑海の颶氣《ぐき》、天に連なつて黑《くら》し、
海を蔽うて來《きた》る者は何の賊ぞ。

蒙古來る、北より來る。
東西次第に呑食を期す。
趙家の老寡婦を嚇《おど》し得て、
此《これ》を持して來り擬《ぎ》す、男兒の國。
相模太郎、膽《たん》、甕《かめ》の如し。
防海の将士、人各々力《つと》む。
蒙古來る。
吾れ怖れず。
吾は怖る、關東の令、山の如きを。
直に前《すす》んで賊を斫《き》り、顧みるを許さず。
吾が檣《ほばしら》を倒して、虜艦に登り、
虜将を擒《とりこ》にして、吾が軍、喊《かん》す。
恨むべし、東風一驅大濤《たいとう》に附し、
羶血《せんけつ》をして盡《ことごと》く日本刀に膏《ちぬ》らしめざりしを。

この詩はもと十八、九歳のときの作であるが、『新居帖』『蒙古來詩帖』に見えるものはそれぞれに違い、推敲してこの形にしたうえで『日本樂府』に入れたものである。（なお『續近世叢語』巻三、十葉、『全傳』上、一三一ページ參照。）
もう一首、『日本樂府』から引いておく。

本能寺

本能寺、溝、幾尺ぞ。

吾れ大事を就《な》すは今夕に在り。
茭粽《こうそう》（ちまき）手に在り、茭を併せて食《くら》ふ、
四簷《しえん》の梅雨、天、墨《すみ》の如し。
老坂《おいさか》西に去れば備中の道、
鞭を揚げて東を指せば天猶《な》ほ早し。
吾が敵は正に本能寺に在り、
敵は備中に在り、汝能く備へよ。

光秀の句は「時は今、あめがした知る、さつき哉」である。

おわりに

著述目録

はじめの計畫では、文獻目錄の部分をくわしくして多少なりとも解説を有意義なものたらしめたいと思っているうちに、紙面はすでに盡きてしまった。以下はごく代表的なものだけを列擧するにとどめる。解説中に言及すべくして言及し殘した『新策』『通議』『山陽詩鈔』『山陽遺稿』『山陽書後・題跋』については、その解説はすべて別の機會に讓ることとする。また獨自の一系列をなす法帖についても、同じく他日に讓ることとする。その他、書畫篆刻・文房骨董《こっとう》などの側面については、下手な考證を加えるべきことがらではないので、紙面の盡きたのを幸いに省略する。すべて賴成一編「賴山陽關係書目錄」（『國學院雜誌』三七ノ一〇、昭和六年十月）、同『日本外史の精神と釋義』（昭和十九年

八月刊）巻末の「研究の栞《しおり》」が參考となるであろう。

(1) 『日本外史』二十二巻

和 裝 本

㈠『日本外史』拙修齋木活　天保七、八年ごろ
㈡『校刻日本外史』川越藩學博喩堂　弘化元年
㈢『日本外史』賴氏藏版　嘉永元年
㈣『標註日本外史』賴又二郎等注　明治十年

それぞれ何回か改版されている。とくに㈡の川越版はもっとも普及し、明治三十二年までに十四版を重ね、ほかに第九版の僞版がある。川越版は手間さえかければ今でも刷れるという話を聞いたことがある。

唐 本

㈤『日本外史』廣東槑花書屋　光緒元年
㈥『日本外史』錢懌評閱　上海讀史堂　光緒五年
㈦『日本外史』文賢閣石印　光緒二十八年

㈤は㈢の版心を「槑氏藏版」と變えた海賊版。版心は「某氏藏版」、出版所は「梅花書屋」と讀むのであろう。㈥は『復堂日記』巻六に言及しているもので、底本は川越版。

洋裝活字本

㈧『校正日本外史』賴龍三校正　明治三十九年
ほかに、久保天隨・大町桂月・濱野知三郎の諸氏が、それぞれ校訂している。なお、『外史』以外もそうであるが、

洋装活字本としては「賴山陽全書」所收本がある。（『外史』は「全集」巻上、昭和六年）

訓讀書き下し本

㈨『訓蒙日本外史』大槻誠之　明治六年

(一〇)『譯文日本外史』池邊義象　大正五年

㈨の原本は木刻三十五册（未見）。明治二十年洋装一册本がある。(一〇)はのち『邦文日本外史』の名で改版を重ねた。ほかにこの類に屬するものでは次の叢書に収められているものがある。「有朋堂漢文叢書」（辻善之助解題）、「至誠堂（詳解全譯）漢文叢書」（大町桂月他譯）、「大日本文庫」「いてふ本」「岩波文庫」（賴成一譯）。

講　解　本

(一一)『日本外史新釋』久保天隨　十二册　明治四十年

(一二)『日本外史講義』興文社　四册　大正四年

(一三)『日本外史新釋』賴成一　五册　「昭和漢文叢書」所收　昭和四～六年

(一三)はのち『日本外史解義』（昭和六年）の名で三册として再刊。本譯の種本である。

そ　の　他

(一四)『講談日本外史』六册　今三餘《いまさんよ(う)》　大正十三年

(一五)『編年日本外史』十六巻　重野安繹等　明治九年

(一六)『日本外史訓蒙』二册　松嵐等　明治五年

(一七)『纂評日本外史論文箋註』一册　池田蘆洲　大正六年

(一八)『NIKHON GAISI』V. M. Mendrin, 1915, Vradivostok.

翻案・改編・字義・論文講解・翻譯の各分野について例を一つずつ擧げた。各分野について多數の書がある。外國語譯については『隨筆賴山陽』一六〇ページにくわしい。

批　判

(一九)『日本外史評』二巻　鹿持古義　元治元年
(二〇)『外史劄記』一巻　清宮秀堅　明治七年
(二一)『日本外史正誤』四巻　栗原信允（元治元年成る）明治十七年
(二二)『日本外史と讀史餘論』田口卯吉（鼎軒）明治二十五年
(二三)『讀外史餘論』二巻　長川東洲
(二四)『日本外史文法論』一巻　長川東洲　明治二十六年
(二五)『日本外史辨妄』一巻　法貴發
この類はとくに雜誌論文に重要なものが多數あるがいま省く。

(2)『日本政記』十六巻

(一)『日本政記』拙修齋木活　弘化二年
(二)『日本政記』賴氏藏版　文久元年
(二)には他に「增補」「校正」などを冠したものもある。以上みな、何度か改版している。
(三)『詳解全譯日本政記』「至誠堂漢文叢書」所收
(四)『邦文日本政記』梁岳碧沖譯　昭和九年
(三)は『日本樂府』と併せて一册。譯者は『外史』と同じ。(四)は前述「古典文學の取締」を受けた本。
(五)『日本政記摘註』二巻　佐藤楚材　明治九年

㈥『日本政記論文講義』河村北溟　明治二十四年

右は字義・論文講解の一例。『外史』ほどではないが、兩分野ともやはりかなりの數の書がある。

㈦『日本政記存疑』五弓雪窓（未刊）

㈧『日本政記考證』二卷　林正弼　明治七年

㈨『日本政記劄記』十六卷　雨森精翁　明治十年

右は批評の類で單刊されたもの。（批評の類だけはわかっている書の全部を擧げた）

その他

(1)『外史』(2)『政記』以外の著書としては次のものがある。

(3)『新策』六卷　天保十三年

(4)『通議』三卷　嘉永三年

(5)『日本樂府』一卷　文政十三年

(6)『山陽詩鈔』八卷　天保四年

(7)『山陽先生遺稿』文十卷・詩七卷・拾遺　天保十二年

(8)『山陽先生書後』三卷『題跋』二卷　天保七年

(9)『山陽文稿』二卷　明治三年

(10)『春秋遼豕錄』三卷『頼山陽全書』全集下所收

(6)は文政八年（四十六歲）までの詩を收め、編年・自選。(7)は門人の手に成り、文は體別で生涯の主なもの。詩は文政九年以後の編年。また岩波文庫に『頼山陽詩抄』（頼成一・伊藤吉三譯註、昭和十九年。詩の體別）がある。なお『春水遺稿』十二巻は山陽の苦心の編纂である。他に選評類で著書に準ずるものもあるが、いま省く。

⑾『頼山陽全書』八冊　頼山陽先生遺蹟顕彰會刊　昭和六年〜七年

全集　三冊　木崎愛吉・頼成一校

文集（編年）一冊　木崎愛吉編

詩集（編年）一冊　木崎愛吉編

全傳　二冊　木崎愛吉著

付録　一冊　春水日記・梅颸日記　頼彌次郎校

他に『頼山陽名著全集』が計畫されたが、三冊ばかりで中絶した。

書翰

今までに出版されたものの状況は次のとおりである。

(1)『山陽先生手簡』折本一帙五帖　嘉永二年

(2)『手紙の頼山陽』木崎愛吉編　明治四十五年

(3)『頼山陽書翰集』正續三冊　德富猪一郎・木崎愛吉・光吉元次郎編　昭和二〜四年

(4)「書翰集」木崎愛吉編　『頼山陽名著全集』巻七所收（全冊）昭和十一年

(5)「頼家所藏頼山陽未刊書翰」頼桃三郎・頼祺一校訂『竹原市史』巻五所收　昭和四十二年

以上のほか(6)『頼山陽全傳』だけに引かれた書翰も若干ある。また(7)月刊雑誌『山陽と竹田』だけに収められた書翰も若干ある。とくに山陽書翰と對應する他者の書翰は、この兩文獻で多く知られる。木崎氏の山陽書翰の整理過程は、(2)→(3)の上巻と下巻→(6)→(3)の續巻→(7)の大部分→(4)→(7)の終期部分の順であるようである。この他にもなお木崎氏の手もとには多数の書翰が寫されていたという（現狀未詳）。なお、種類としては、(1)(2)は(3)に含まれる。

傳記と最近の諸書

傳記研究もそれぞれに系統があるが、その出發點となるものおよび發展した姿の最終のものだけを列記する。

(1)『山陽外傳』吉村春雄　明治十一年
(2)『賴山陽先生品行論』小泉久時　明治十四年
(3)『賴山陽及其時代』森田文藏（鼎軒）　明治三十一年
(4)『家庭の賴山陽』木崎愛吉（好尚）　明治四十年
(5)『賴山陽』坂本辰之助（箕山）　大正二年
(6)『東西兩奇士』市河三陽　大正五年
(7)『山陽先生の幽光』光本半次郎（鳳伏）　大正十四年
(8)『隨筆賴山陽』市島謙吉（春城）　大正十四年
(9)『賴山陽』德富猪一郎（蘇峰）　大正十五年
(10)『賴山陽全傳』二冊　木崎愛吉　昭和六、七年
(11)『青年賴山陽』木崎愛吉　昭和十一年
(12)『賴山陽の人と思想』木崎愛吉　昭和十八年

(1)は築山捧盈あての長翰の模刻。(2)は江木鰐水の書いた「行狀」をめぐる論爭を集錄したもの。それぞれ類書が若干種ある。(3)(5)(9)はもと雜誌・論集に載せられたものを纏めたもの。(3)から(9)に發展する。途中にある文獻は省く。(4)は(10)に發展する。途中の文獻は省く。(5)は原形は遡って明治三十八年に發表され、それがのちに單刊されたもの。

さらにこののち發展し、『賴山陽大觀』の名のものが普及している。(7)は(5)を承けるところがある。(6)は市河米庵との交友。(8)は各種の改版本がある。いずれにしても(3)から(9)までは相互に無關係ではない。けっきょく木崎氏の手ですべてが統括されて(10)となった。それ以後（あるいは以外）の知見は、まま(11)(12)に見えるほか、主として次の(13)に記されている。およそ山陽についてのことがらで、木崎氏の業績に負わないですむ部分はほとんどまれである。本解題ももちろん木崎氏に由來するところがほとんどである。

(13)『山陽と竹田』木崎好尚主筆、月刊、昭和六年一月創刊

終刊のはっきりしたところは未詳。少なくとも昭和十一年九月までは繼續。そしてしばらくのあいだが未詳。そして昭和十八年四月から十一月まで、形の變わったものが少なくとも存在する。

戰後には次の諸書がある。

(14)『賴山陽』（偉人物語文庫八七）吉田與志雄　昭和二十八年

(15)『明治維新の源流』（紀伊國屋新書）安藤英男　昭和四十四年

(16)『賴山陽とその時代』中村眞一郎　昭和四十六年

(17)『菅茶山と賴山陽』（東洋文庫一九五）富士川英郎　昭和四十六年

(18)『賴山陽の社會經濟思想―通議と新策の研究』德田進　昭和四十六年

(19)『賴山陽と明治維新―「通議」による新考察』德田進　昭和四十七年

雜誌論文や編著の一部分のものは(15)以外省く。本解說が及ぶことのできなかった、時代の背景は(16)、詩の評價は(17)、著書のうちの『新策』と『通議』とは(18)(19)が、それぞれに詳細であり、また近づきやすい手引きとしては(15)が擧げられる。

なお眞鍋元之譯『日本外史―源氏と平家の巻』（「桃源選書」三八、昭和四十六年）が出、未刊ながら「日本思想大系」

で『賴山陽』の卷が豫定されている。また新制作座によって眞山青果作「賴山陽」が今年、各地で上演されている。
また戰後、岡山縣高梁・長野縣池田などに、新しく山陽の詩碑・文碑が建てられた。

〈付　言〉

本書は『日本外史』二十二卷のうち、一、二、三、五、六、十一、十三、十四の各卷の全譯である。その卷のありのままを譯し、內容的にいっさい編集の手を加えていない。ただ、見出し、改行は譯者による。
なお右以外の卷については、論文（序論・論贊）に限ってこれを譯し、一括して「『日本外史』論文補遺」とした。
本譯は『日本外史新釋』（賴成一著）に基づいた。譯語・改行など、それに由來するところが多い。

解說中の……は引用者が引用する際の省略の符號である。引用文はすべて漢文書き下しの方式に倣った。したがって漢文以外も原形のままではない。つまり書き下し、送り假名を適宜に增加し、濁點づきとした。詩の引用の所據は省いたが、『全書』詩集が編年であるので、檢索できよう。書翰の年月日のうち、年は推定部分である。

本書については次の方々のご協力をいただいた。
太田融子　松本昶子　渡邊靖子　中原誠子　野坂節子　保科榮子　の諸氏（主として譯の部分）
黑澤秀子　南谷葉子　磯安代　の諸氏（主として解說の部分）
ここに記して、厚く御禮申し上げる。

頼山陽

一　生涯

1　傳記資料

演題にございますように「頼山陽《らいさんよう》」ということでお話し申し上げますが、私の名前から御想像になると思いますが、實は關係ある者でございますので、どうしても公平無私というわけにはいかないのではないかと思いますので、どうぞその邊は割引きをしてお聞きいただきたいと存じます。お聞き苦しいところがあるかとは思いますが、どうぞよろしくお願いいいたします。

さっそく話に入りますが、二回ありますので、一回目は頼山陽の生涯を、時代順に、事柄ごとにひろっていくつもりでおります。二回目は、その著述とか、思想とかを申し上げたいと思っております。頼山陽は五十三歳で亡くなりましたが、今日はその五十三年のいろいろな事柄の說明をしていくつもりでおります。

山陽が生まれましたのは、安永九年（一七八〇）十二月二十七日であります。これは太陽暦では翌年の一七八一年の一月二十一日でありますが、やはり一七八〇年生まれとします。昔風に數え歳で申し上げますけれども、現代風にいえば、それから一を引いてお聞きいただければよいかと思います。

生まれは大坂でして、それから廣島の方に移ります。その後、いろいろな事情で京都の方に移りまして、活躍の大部分は京都において成したということができます。そうして、天保三年（一八三二）に五十三歳で亡くなりました。漢學者という分類に入りますが、日本の歴史に特に興味を持っておりまして、『日本外史《にほんがいし》』『日本政記《にほんせいき》』というような歴史の著述をいたしました。それから、詩の方でも、わりあい世の中に知られる詩をつくっております。また文の方でも名を成した者であります。當時は詩といい、文といいますと、漢詩・漢文のことを指しました。また書畫・篆刻に一見識がありました。

これからお話しいたしますことは、この人間のことにつき、今までどういうことを、どういう人が調べたか、またどういう資料があるか、ということを中心にお話ししていこうと思います。ですから、多分、御退屈になるところが多いのではないかという懸念はありますけれども、私がいたしますと、とかくこういう考證の話が多くなりますので、そこは御勘辨願いたいと思います。

初めは、山陽の傳記がどういうふうに世の中に知られるようになっていったか、そこからお話ししたいと思います。漢學者でありますから、亡くなったときに「行狀《ぎょうじょう》」というものをつくります。山陽の「行狀」も、亡くなって間もなく弟子の手でつくられました。その「行狀」が傳記の出發點になるわけですが、その「行狀」が、いろいろ問題を含んでおりまして、まず、「行狀」の批判というようなことから、山陽の傳記的な調査・研究が實際上始まっているといってよかろうと思います。

この「行狀」を書きましたのは、山陽の晩年の弟子である江木鰐水《がくすい》です。この江木鰐水の「行狀」は、『山陽遺稿』という本の中に入っております。『山陽遺稿』という本は、只今は見るのが便利でございまして、汲古書院が『詩集日本漢詩』という叢書を影印の形で出しております。わりあい安い値段で、しかも分賣しておりますので、目的の人の文集、詩集を求めることが簡單でありますが、そういう形で、この『山陽遺稿』もこの叢書の中に入りましたので、今では、そのつもりになれば、容易に見ることができる。今までは、多少古本屋に通わないと手に入らなかった本でありますが、今では、新本で買えるような、そういう種類の本になりました。その中に「行狀」が入っております。

その後、この「行狀」はよく出來ていないという批判が出ました。その批判をしたのが、山陽の初期の門人である森田節齋です。江木鰐水が「行狀」を書いて、それを、やはり弟子の一人の森田節齋が批判いたしました。節齋は四點擧げて、どうも「行狀」はよくないと申しました。そのうちの第一點は「大義」に關することです。「大義」といいますと大變大げさになりますが、三年の喪に服するということについてであります。山陽が父親の春水を失ったときの喪に服する服し方についてうまく記述していない。そういうことがまず第一點です。

第二點は、山陽の學術の系統が閒違って書いてあるということです。これは朱子學者であるかどうかという問題になるわけですが、その問題が弟子によって見解が違うわけです。山陽は朱子學者である。ただしコチコチの朱子學者ではないと書いてあるのが「行狀」の方で、いや違う、朱子學には縛られていないというのがこの批判者の方であります。もう少しニュアンスが違うのですが、非常に形式的にいうと、そうなります。

第三點は、弟子が先生のことを書くわけですから、いろいろ書きにくいところがある。遠慮して書かないところがあったが、それはいけない。というのは、山陽が若いときに脱藩をした。藩から無斷で逃げ出したということがあるのですが、これを契機に學問を確立したのだから、そのことを書いていないのは、「行狀」として體をなさないというのです。

それから第四點は、亡くなるときの様子をあまりにも美化し過ぎて書いている。實際はそうでなかったのに、本當に大人物のごとく書いているのはよくない。そういう四點を批判したわけであります。

今申し上げましたうち、「大義」に關することは、現在ではあまり大きな聲で言っても無意味なような氣もしますので、ここでは深入りしないつもりですが、親の喪の服し方がどうかという問題は、當時儒者の閒では、大問題であったわけです。それはちょっと横に置きまして、第二點は學問の系統が朱子學なりや否や、ということで、これは大切なことではありますが、今回はあまり深入りできないと思います。

それから第三點と第四點、脱藩云々のことと、亡くなるときのことは、傳記に關する事柄でございますので、今日その場所に行きましたら、觸れるつもりでおります。

ともかくそういう「行狀」ができ、それに批判があったという事實、これから出發するわけですが、鰐水も負けてはおりませんで反駁する、節齋が再批判をするというようなことが繰り返されます。そのうち第三者を巻き込んで、惡口の言い合いみたいなところまでまいりました。

そうなると、山陽を離れて、現代でしたら週刊誌の話題になるような、喧嘩それ自體が興味を引くというような具合になって、その論爭の論文をまとめて本にして、世の中に出すというような人もあらわれました。それが明治の初めに二、三の編纂物になって、これはこれで世の中に流布しました。鰐水は山陽の子の三樹三郎が安政の大獄で刑死したとき、その骨を拾って下さった方です。

「行狀」の方はそれで一應區切りまして、その次は明治になってから、吉村春雄という方によって山陽の書いた非常に長い手紙が翻刻されました。それは、山陽の學問に對する希望とか、人生に對する考えというものがよくあらわれている手紙であります。かつて、山陽の文字が好まれた時期がありますが、文字の好み、あるいは文章が上手であったというようなことで、山陽の文字をそのまま翻刻するということがよく行われました。そのような流れの中での一つの出版物です。篠山奉盈《ほうえい》という人に對する長い手紙ですが、今では山陽の遺墨帖のようなものが出ておりますので、それで見ることができます。このように第二段階としては、彼自身が書いた手紙を利用するという傳記研究というか、傳記の紹介があったわけであります。

第三番目としては、篠山奉盈あての手紙以外にも、いろいろな書簡が殘っておりまして、その書簡を集めて傳記を再構成しようという人があらわれました。これは同時に、山陽なるものの明治時代における評判があずかって力があるわけでありますが、森田思軒《しけん》が『頼山陽及其時代』という書物を書簡から材料を取って書きました。その書物はもともとは德富蘇峰が主筆であった『國民之友』という雜誌に連載されたものであります。その連載されたものを蘇峰がまとめて、『頼山陽及其時代』という單行本にしました。これが明治三十一年に出ております。もとの論文は明治二十六年頃から連載が始まっております。

この森田思軒の書物に對して、またいろいろな人がその影響を受けて、もう少し書簡を集めて、調べ直そうではないかという氣運が高まってきたわけであります。

書簡以外には何があったかといいますと、兩親の日記があったわけです。兩親の日記を素材にして、それに書簡を組み合わせて、それからいろいろな人の記事を組み合わせて傳記をつくろうということになった。これが傳記研究としては、第四段階目ぐらいかと思います。

第一段階は行狀竝びにその批判、第二段階は築山氏に宛てた長い手紙の紹介、第三段階は本人のいろいろな書簡を集めての傳記の再構成、第四段階は、それではまだ飽き足らずに、兩親の日記を材料にする。大體その邊で史料の大きな柱は出そろったと思われます。

書簡自體もそうですが、山陽の兩親の家は、とにかく物を捨てることを非常に禁止した家でございまして、何でもかんでも殘しておいた。紙くずでも落葉でも捨てるのを禁止いたしまして、全部埋めた。埋めたために、長い間に土地が少し高くなって、明治のころ廣島に大洪水があったときに、その敷地だけは水につからずに助かったという話があるくらい、捨てないたちの家でありまして、手紙も一切合財殘していたわけです。明治維新以後、社會情勢が變わって、家が左前になりました。一方山陽の書いたものは、わりあいに市場價値があったものですから、質草になる。それが流れて世の中に出たというようなことで、普通ならとうていよその方にご覽に入れられないような手紙まで世の中に殘っているわけであります。ただ、そういうことで私のところにはなくて、それは人手に渡っているわけですが、そういうことで家族宛ての書簡の史料が非常に多いのです。何しろ、他人に宛てた表向きの書簡ではなくて、家族に宛てた手紙でありますので、傳記を書くには非常によろしいけれども、本當はみっともない話なのです。そういう材料があります。それが書簡史料です。

最後に出てきた日記も危うく同様な目に遭うところだったのですが、私たちが聞いているところによりますと、幾ら質屋に持っていきましても、質屋の方で受け取らなかったということで、それでかろうじて現在まで殘っているわけであります。

その日記を最初に見に來られたのが、坂本箕山《きざん》という方でした。明治二十年代のことであります。これは私の祖父の頃の時の話ですが、一家の私記である日記をなぜその頃お見せしたかといいますと、とにかく山陽はいろいろ話の種になる人物であったがために、おもしろおかしく、デマを飛ばしたような、そういう書き物が世の中にたくさん出ました。あまりにもそういう種類のものが澤山に出ましたので、祖父もそれに心よからず思っていた。謂われなき雜言は訂正しておかなければ困るというので、もっとも根本資料である日記を積極的によその方に御紹介することにしたのだそうです。それで、坂本箕山氏が調べに來られたときに、日記をご覽に入れたようです。

そうなりますと、そこにそういうものがあるそうだということが世の中にわかってきまして、その次には木崎好尚さんが調べに來られる。これが明治三十年代のことです。もちろん坂本さんも、傳記研究家としてしっかりした方ではありますけれども、木崎さんもそれに輪をかけて歴史家として筋の通った方で、一たんそういうことで根本史料にめぐり會ってからは先は、一生を打ち込んで、山陽の傳記の再構成に努力をしてくださったわけであります。日記ももちろんそうですが、書簡も大々的に集める、ほかの人のところに行っている手紙も集める、そうなると、森田思軒との關係で、德富蘇峰という大先生も一肌脱いでくださるということになり、祖父に材料を求められ、『賴山陽』という本を著されました。

徳富さんが山陽に興味を持たれたのは、出身地の水俣《みなまた》でしたか、そこに山陽が行って御先祖の家に逗留しているものですから、そういうことで、小さい頃から關心がおありだったのだそうです。それから木崎さんは、山陽の弟子の森田節齋の弟子である五十川訊堂《いかがわじんどう》という方に師事されたので、よけい親しみを感じたということのようです。なお鰐水と訊堂の兩先生は義理の兄弟だそうです。

大正のころ、徳富さんと木崎さん、もう一人光吉（元次郎）さんという山陽の研究家がおられまして、その三人で書簡の收集を始められて、『賴山陽書翰集』（菊版で三冊、約二五〇〇ページ）として民友社からそれが出版されました。こうして材料が集まってきますと、かなり正確な傳記が書けるようになりました。そこで山陽が亡くなって百年（昭和六年）という機會に、詳しい傳記が山陽の全集と併せて出版されました。木崎さんの『賴山陽全傳』（菊版で二冊、約一七〇〇ページ）であります。兩親の日記もこのとき併せて出版されました。

今、よるべき傳としては、木崎さんの『全傳』が第一のものであります。中村眞一郎さんの『賴山陽とその時代』という本の序文にもそれが書いてあります。もっとも、市島春城さんの『隨筆賴山陽』も、この間にあって新しい材料を集めておられます。それ以後は、これらの漏れ落ちたところを拾うとか、別の視野からそれを材料にして再構成するとか、大體そういう仕事が行われているに過ぎないと思われます。これが終戰ころまでの狀況です。

傳記の研究としては、ほぼそのようなことだと思われます。繰り返しになりますが、さっきのような「行狀」から始まって書簡にきて、特殊な書簡から一般の書簡に移って、それから日記を含めた材料について傳記をつくる。木崎さんの『全傳』上・下二巻ということでまとまったということになると思います。

2 幼少時

今度は、何歳のときにどういうことがあったかという話に入りたいと思いますが、五十三年といっても內容の充實した生涯でありまして、いろいろな仕事がその中にありますので、全部に觸れるわけにはまいりません。また觸れようにも私の知らないところが大部分でありますが、幸い『全傳』がありますので、その『全傳』を軸にして考えていこうかと思います。

木崎さんの『全傳』には、山陽が生まれる前後からいろいろ書いてありますが、『全傳』成立以後、何が補充できるかといいますと、飯岡の史料が若干追加できるかと思われます。山陽の母親の實家は飯岡という大坂の醫者で儒者、つまりいわゆる儒醫です。ときどき「いいおか」とわざわざルビがふってあるものがありますが、「いのおか」です。そちらの資料を見ますと、木崎さんが何年のことであると編年して書いてあるのが、間違っていたりすることがあります。と申しますのは、山陽の外祖父、飯岡義齋が書いた日記に、山陽の幼少のころのことがちょこっと殘っておりまして、それを見ますと、編年の間違いがわかります。年中病氣をしていることがわかったり、そういうような細かい事實が出てまいります。

それから孫が廣島、祖父が大坂と分かれて手紙をやりとりしています。小さい子供ですが、筆で丸をぐるっと書いて送ったりしていたらしくて、丸が上手に書けたというような手紙などが出てまいりましたので、多少小さい頃の様子が追加できるというわけです。

それからもう一つ、義齋に娘が二人おりまして、長女の方が靜《しず》といって、これが山陽の母親になります。妹の方が直《なお》という名前で、後に江戸の尾藤二洲《びとうじしゅう》先生のところへお嫁に行った人ですが、なかなかきさくな人で、筆の立つ人です。とても自由・闊達な手紙を書いています。それは反古同然の形になっておりまして、木崎さんの頃にはまだ調べがついておりませんでしたが、今それを讀んでみますと、山陽の世話をよくしていた人だということがわかります。山陽の叔母にあたるわけですが、山陽が江戸に出てきたときにはすでに二洲夫人になっていて、そこへ行ってだいぶ迷惑をかけたらしいのです。山陽の文の中に、江戸でよく叱られたという話が書いてあるので、よっぽど氣むずかしい叔母さんであるという先入観があったのですが、これは、山陽が生まれ落ちてからずっと身近にいて世話をやいた叔母さんであったがために、非常に遠慮のない、何でもずけずけ言うことのできた間柄であったためなんだということが、改めてわかったわけであります。山陽もそれを前提にして、この叔母のことを書いていたわけです。

話が先回りしましたが、山陽は大坂で生まれて、父親が廣島藩儒になったがために廣島に移住することになります。しかし、五歳ぐらいまでは大坂で育ったといってもいいようなものですから、小さいころは恐らく大坂なまりの言葉であったのではなかろうかと思われます。

そういうことで、大坂から廣島へ行ったけれども、何となくなじみが薄いというか、水になじまないというか、そんなところがあったに違いないのです。それは母親の方もそうであったのではないかと思われます。それに父親は藩侯の御世嗣ぎの輔導役として、殆ど江戸詰で留守でした。ともかくよく病氣をして、親を手こずらせる。そのうち、江戸に行って勉強しなければということになりまして、江戸に行くことになるのですが、その前に、ちょっと有名な話があります。それは詩をつくって、その詩を江戸にいる父親に送ったところ、それを柴野栗山先生が見て、大變ほめてくれた。けれども、「詩人として終わらせるのは人間としてよろしくない、儒者にしたらよかろう」という忠告をして下さったという話があります。

その詩というのは、「十有三《じゆうゆうさん》春秋《しゆんじゆう》、逝《ゆ》く者《もの》は已《すで》に水《みず》の如《ごと》し。天地《てんち》、始終《ししゆう》無《な》く、人生《じんせい》、生死《せいし》有《あ》り。安《いずく》んぞ古人《こじん》に類《るい》して、千載青史《せんざいせいし》に列《れつ》するを得《え》ん。」というので、十四歳の正月につくった詩です。これは、内村鑑三さんの『後世への最大遺物』の冒頭にも出ていて、以前は人に知られていた詩です。小さいのに隨分大きなことを言っていると思われますが、栗山先生はこれを見て、感心されたようです。

個人的な話になりますが、學制が違うので正確には表現できませんが、現代風に換算して申しますと、私が習った中學・高校の教頭、山本良吉先生は、大變人の惡口を言うのがお好きな方で、この詩を讀んで、「千載青史に列するを得んなんていうのは、つまらないことだ。人間というのは、そういうことで生きるものではない。人の縁の下の力持ちをして生きなければいかん。」というようなことをおっしゃって、何だか叱られているような氣がいたしました。それはともかく、そういう意氣込みの少年がいたということを認めた上でのお話であったと、私は考えているのです。なぜなら、御自分が編纂なさった教科書の初めに、この詩が載っていたのですから……。

同じようなことですが、座右の銘として、「汝《なんじ》、草木《そうもく》と共《とも》に同《おな》じく朽《く》ちんと欲《ほっ》するか」（汝欲共草木同朽乎）という字を書いて、決して草木と共に朽ちるようなことはしないぞと、意氣込んで生きていたというようなことも、「行狀」論爭にあわせて傳わっております。意氣軒昂としたところもある、そういう少年であったらしいということになります。

戰時中に豫科練の歌というのがありまして、年配の方は覺えていらっしゃるでしょうが、「見事轟沈した敵艦を、母へ寫眞で送りたい」というのがありましたが、そういうふうな意氣込みですね。戰時もいよいよ負け戰になった頃には、「白木の箱で歸ったならば、大した手柄は立てないが、泣かずにほめてくださいね。」という歌がはやりました。少年としては、やはり「大した手柄は立てないが」と悟るよりは、「見事轟沈」の意氣込みの方がまともだと思います。やはりここは「千載青史に列するを得ん」というような意氣込みの方がよほどいいのではないかと、今の私は考えている次第です。教頭先生のような、もっとそれより一段と高い次元で悟り切った心境というのはあり得るでしょうが、それはそれ、これはこれというわけです。そんなことを、今考えているわけです。

3　江戸遊學

さて、それでは脱線をやめまして、寛政九年（一七九七）十八歳になったときですが、江戸に出て勉強することになりました。これについてもいろいろさまざまな話があります。それは大體みな惡口ですが、それが傳わっております。半ば本當であったのかもしれないけれども、さっきの叔母さんに怒られたという類はまともな方で、何ともひどいいろいろな話が傳わっていて、最後には食い詰めて江戸にいられなくなって、何やら僞の藥を賣りながら故郷に逃げ歸ったなどという話まで、尾ひれがついておりますが、それをいろいろ正しているのが『全傳』であります。最近紹介された資料としましては、江戸からの歸り道、大坂の木村蒹葭堂の家に寄って、あそこのいろいろ立派な收集品を拜見して歸ってきているというようなことがありますので、まともに有意義な旅をして歸鄕したことだけは確かであります。

ちょうどこの頃の事柄については、森鷗外が『伊澤蘭軒』という作品の中で扱っているそれに重なってまいります。鷗外は、山陽に明らかに好意を持っていません。というか、山陽にほれ込んでいるタイプの人が嫌いであったと思います。確かに理由もなく不公正なことは『蘭軒傳』の中に書いてあるわけではありませんが、しかし、アラがあれば、必ず嚴重にそれを指摘し、その上で辯護の餘地があれば言及するというふうな、そういうタイプの敍述の仕方をされているとわれわれは考えています。個人的な話ばかりでお聞き苦しいでしょうが、小さい頃に『伊澤蘭軒』という本が父の書庫にあるので讀みかけたら、父に「いずれは讀まなきゃいかんけれども、いま讀んではいけない」と言って、大變叱られたことがあります。

『伊澤蘭軒』では、江戸で山陽が狩谷棭齋《えきさい》の家に行ったのではないかという話が紹介されております。結局、最後にはそうではないというところに落ち着くのですが、そうでないことが戰後非常にはっきりしてまいりました。千藏（養堂）という親類の者（年齢は下ですが、父親の從弟に當たります）が、棭齋の家に行っていた。その書類が出てきました。

それからいよいよ寛政十年に江戸をたつときに家にあてて出した手紙、これは手紙の紹介者が閒違ったのですが、「可」という字になっているのは「不」という字の讀み閒違いなのではないかと言って、鷗外先生はえらく筆を費やしておられます。結局木崎さんの讀み違いまたは校正ミスということであったらしいのですが、それを他の人が誤りのまま引用するものですから、そのような著述の態度に對する批判がここにはあるのかも知れません。

本題に歸りますが、山陽は江戸で修行をして廣島に歸った。歸ったはいいけれども、どうやら江戸でかなり自由な生活をしたために、狹い地方都市で、兩親の目の屆くところで暮らすことが大變窮屈になったらしい。機會あらば家を出てしまおうというふうな傾向があったような感じがいたします。その機會が現實に發生したのが、寛政十二年（一八〇〇）、二十一歳のときで、このとき脱藩をした。動機というか、きっかけについては『全傳』に讓るといたしまして、ともかく脱藩をした。脱藩というとちょっとよその國へ出かけたような、外國旅行に行ったようなことではありえない。これはパスポートなしで密出國したというのに相當するようで、大變な處罰の對象になる。江戸時代のことですから、各藩が、一應敵國として對立している建前になっています。無斷で國外に出た、藩外に出たということは、もしかしたらスパイ行爲であるかもしれない。かもしれないならば罰するというのが、恐らく當時の普通の考えでしょうから、いわゆる追い討ちといって、殺されてしまっても文句は言えない。實際には、あまり追い討ちまではしなかったらしいのですが、そうされても、決してどこにも文句の持っていきどころがない、それほどの大事件であったようですが、そういうことを起こした。

それで早速搜索して連れ戻す。というと簡單でありますけれども、これはとても經濟的な負擔がかかります。そのときの一件書類は、例によって捨てずに殘しておりますけれども、こういう金錢上のことは、とりわけみっともなくて、よその方にはご覽に入れられないということで、今まで活字になっておりません。とりあえず借金をして、搜索の費用を賄っておりますが、たしか三十兩というお金がかかっております。今なら何百萬圓というお金になるかと思います。そのほかに父親の次の弟、山陽にとっては叔父に當たるわけですが、春風《しゅんぷう》という叔父が醫者をしていてわりあい金持ちであったものですから、いろいろと都合した。「その方から出た費用は、數えることが出來ない」と書いてあります。全部でどれだけ搜索に費用がかかったか、ちょっとはかり知れないのですが、それがうまく賄えたから、何とか命がもったのではないかという氣がいたします。そういうことで、親や親戚に、精神的のみならず物質的に大變な負擔をかけて、どうやら連れ戻されたようです。

そのあとは、親の方で家に牢屋をつくって、その牢屋の中に押し込める。これは當時の侍が失態を犯したときの、一つの處罰のやり方であったらしいのですが、座敷牢というのに入れられることになりました。これも大變不名譽な話でありまして、できれば伏せておきたいというわけで、そこを伏せたのがさっきの「行狀」であります。何も書かなかった。それで、批判する人は、そういう大事件を、幾ら不名譽なことといっても伏せてしまってはいけないといって批判をしているわけであります。

さっきの『伊澤蘭軒』という作品も、この一件から說き始めるわけですね。幽閉を解かれたという話から始まって、私たちからいえばさわってほしくないことを逆なでされているような氣がするわけですが、戰後、大分そういうことがわれひと共に自由になりましたので、今こうしてあまりこだわらずにお話しいたします。

その幽閉されている最中、幽閉された部屋から、間に立っていろいろ本を出したり引っ込めたり、そういう世話をしてくれていた書生の梶山君修に宛てて出した手紙が活字になっております。蘇峰先生が、山陽の傳を書くに當たって資料の提供を求められたものですから、祖父の時代ですが、これをご覽に入れたというわけで、蘇峰あらわすところの『賴山陽』という本に載っております。小さい活字で九十七ページから實に第百六ページに及んでいますから、かなり長いものであることがおわかりかと思います。こういう書面を出して、どういうつもりで自分は學問をしたいのか、ということを言っております。

これについて、叔父の杏坪《きょうへい》（父、春水の末弟）が、「今度こういう書き物を出してきた」と言って、父親の方に知らせております。父とは直接交渉はできないということもありますし、現に江戸の方に行っていたということもありまして、書面は梶山宛てです。それを叔父の杏坪が見て、江戸の春水に處置を聞き合わせているのです。杏坪は當時よほどむかむかしていたとみえて、書面に對しても、大變惡口を言っております。「細かい字で、塗抹だらけのものである。

ちっとも清書していない。仁孝の氣持は一點も見えない。全くけしからん。」というようなことが書いてあります。「ただし彼の志は見えるから、見たいと言っている本は見せてやろうと思うが、いかがでしょうか。」ともあります。杏坪の心の中の屈折が、これほどよく現れている手紙も珍しいと思います。結局、書面そのものを親に見せる他ないと思ったのでしょう。手紙の結びでは「書面を送るから、二洲ともよく相談してほしい」旨を述べています。そんなことで、中身は大變豐富でありまして、脱藩などということは起こしたけれども、結局は、都に出て學問をしたい、廣島なんぞに引っ込んでいては何もできないということを、るる訴えています。

例えば次のように言っています。「古文辭ナルモノヲ槌碎《ついさい》セント欲ス。足下亦例ノ狂志《きようし》ト笑フコトナカレ」。徂徠何する者ぞ、ということです。それから、よほど紙がなかったせいでしょうか、紙の上の餘白に讀みたい本を、おびただしく書き込んでおります。「和ノ文章、賦《ふ》頌《しよう》記《き》序《じよ》碑碣《ひけつ》等ニトドマリ、時務ヲ論ズルコトナシ」日本の文章はだめだということですね。「蘇氏ノ如キ史論ナシ」蘇東坡のような立派な史論は、どうも日本の文章にはない。自分はそう考えている。見たい本としては何があるかといえば、といって擧げた最後のあたりは、「國策《こくさく》・賈鼂《かちよう》・莊子《そうじ》・韓非子《かんぴし》等ヲ親炙セザルヲ得ズ」こういったものを見なければだめだ。『文體明辨』で閒に合うかもしれないから、「ついては、これらの本を藩のほうから借りて、自分に見せてほしい」ということを申し立てたわけです。後に付いているさっきの杏坪の手紙によりますと、「せっかくの申し込みだから、それは見せてやることにします」ということが書いてありますので、幽閉されている閒に、そのようなたいへんな勉強はしたようであります。その閒に『日本外史』を書き始めたというのが、普通信じられている話であります。

その頃、いろいろ詩もつくっています。その詩の一つに、歴史を詠ずるといいますか、歴史を修めるといいますか、いわゆる修史の詩があります。「黑鼠黃鷄《こくそこうけい》兩《ふた》つながら忽諸《こつしよ》。終《つい》に看《み》る冠冕猨狙《かんべんえんそ》に被《こうむ》るを。苦心描寫何事《くしんびようしやなにごと》をか成《な》す。一部《ぶ》東方《とうほう》の相斫書《そうしやくしよ》。」というような詩です。これは、出版された本では、ずっと下がって文政十年（一八二七）の詩ということになっておりますが、實際は文化三年（一八〇六）二十七歳のときにつくっています。この年に、早くも、みずから『日本外史』と『新策』という本をつくっているのですが、『日本外史』と『新策』を書いたその後に、こういう氣持ちを詩にして書きつけています。

自分は歴史を書いたけれども、どれを見ても戰の爭奪、討つ者、討たれる者、興る者、滅びる者、そういう鬪爭の歴史である。こんな歴史では、昔の『左傳』のようなもので、見る人に見せたら、本氣で讀む本とはいえないという批評を受けるのではあるまいか。ちょっと謙遜したような、しかし昂然と胸を張ったような、そういう意味の詩です。

そのうち幽閉を解かれることになり、そこから例の『蘭軒傳』が筆を起こしておりますが、許されてから、廣島でのうのうと暮らしているのは落ち着かない。今なお人の話題の種になっているいろいろなことをやって、とうとうどうにもならないということで、備後國、今の福山の近くの神邊《かんなべ》の、菅茶山《かんちやざん》先生のところに預けられるということになりました。それが文化六年（一八〇九）三十歳のときのことです。

4 上京

ところが神邊は、廣島よりもっと田舍で、そこでじっとしていられないということで、そこを飛び出してしまう。飛び出すという言葉がほぼ正確に當たるような、そういう辭去の仕方をしました。文化六年の年末に神邊に行って、文化八年閏二月にそこを去って、そして京都に向かいます。初めは京都とは決めず、要するに上方《かみがた》に出たいということで出かけたわけです。この時分、形式的にいいますと、廣島藩で承知しているのは、神邊に行って學問をしているというそこまでです。ですからそこから今度どこかへ行って行方不明になったら、また脫藩と同じ種類のことになりますので、表向きになると大事件であったらしい。それから茶山の方も、廣島で困っているから呼んでやったのに、ここからもまた逃げていくというので大變感情を損ねました。

それで、茶山は蘭軒に對しても、その他の人に對しても、ことに叔父の杏坪に對しても、ものすごく山陽をののしった手紙を書いております。杏坪宛ての手紙も、こちらから「こんなのがあります」とご覧に入れるようなものでないと思ったのでしょう、祖父や父の存命中は世の中に出ませんでした。そういう惡罵といいますか、憎しみを持った茶山の手紙が世の中にはたくさんあります。

神邊を飛び出す前に、自分はどうしても神邊にうずもれたくないという氣持ちを述べたのが、さきほどの築山奉盈に宛てて出した手紙であります。それから茶山先生に直《じか》に出した漢文の文章もあります。どちらを見ても、内容はほとんど同じです。

築山宛ての書簡を、ほんの一部分引いてみます。

「經書《けいしょ》講釋等も不得手《ふえて》之義、得手と申候ては、史學と文章に御座候。是にて少々にても御國之御用に相立《あいたち》候義支度、即籠居《ろうきょ》以來、日本外史と申、武家の記録二十巻、著述成就《じょうじゅ》仕居候へども、是は區々たる事にて、引用の書なども不自由、私心に滿《みち》不レ申、愚父壯年之頃より、本朝編年《へんねん》之史、輯《あつめ》申度 志《こころざし》御座候處、官事繁多《はんた》に而、十枚計《ばかり》致かけ候儘《まま》にて、相止《あいやみ》申候。私儀、幸隙人《ひまじん》に御座候故、父の志を繼《つぎ》、此業を成就仕、日本にて必要之大典《たいてん》とは、藝州《げいしゅう》之書物と、人に呼せ申度念願に御座候。」というようなことで、内容が面白い。いま引用しましたところは、自分は、「經書《けいしょ》」（四書五經）の講釋などには向いていない。向いているのは歴史學と詩文をつくる方面である。これで、ほんの少しでもいいから藝州《げいしゅう》藩の御用に立ちたいと思っている。「籠居」以來というのは、實際は幽閉されて以來のことですが、「日本外史と申す武家の記録二十巻」（今の『日本外史』は二十二巻ですが、初めは二十巻でありました）その二十巻は、著述がもう出來ているけれども、これはほんのつまらぬもの、引用の書物などにも不自由をしていて、どうも滿足できない。自分の父親がかねて志があって、日本の編年の歴史を書きたいという希望をもっていたけれども、都合があって十枚ばかりでやめてしまった。私は幸い藩儒としての仕事もないし、暇人だから、父の志を繼いで、日本國に必要な大著作は藝州の何某がつくったと言われたい。そして藝州藩の譽れにさせたいものである。けれどもそういうことをするためには、引用の書物などを見るためにも、三都（京都と大坂と江戸）に行って書物を廣く取り集め、いろいろなことを知っている多くの友人のそばにいなければ出來ないことである。水戸の『大日本史』なども決して水戸でつくっているわけではない。江戸の後樂園に史館をお建てになって、そこでやっていらっしゃる。ということで、どうしたって三都に行かなければだめだというのです。少し引用の原文より先に行ってしまいましたが、このあと續けますと、「凡そ古《いにしえ》より學者之業を成申《なしもうす》地は、三都之外は無レ之候。如何《いか》なる達人にても、田舎藝は用に立ち不レ申候。闇齋・仁齋・徂徠など之様の業は、都會ならでは出來不レ申候。如レ此人にても左様に候へば、まして凡人は猶更《なおさら》之事に候。不肖の私に御座候へども、何卒右之場所へ出、名儒俊才に附合《つきあい》申候而、學業成就、名を天下に擧げ、末代までも藝州の何某と被レ呼候はゞ、螢火《けいか》にて月光《げっこう》を増《まし》候譬《たとえ》にて、少《すこし》は、御國の光とも可レ申候哉・何分學者と生れ、三都に居《おり》不レ申は、暗闇に居申も同然《どうぜん》に御座候故」ということを、切々と申しております。同じようなことを、漢文で茶山にも直接出しております。

そうして、結局上京します。京都に出てこの手紙のとおり、多聞の友を得て、それからいろいろな書物を見ることが出來て、著述を完成させました。

ただし、茶山が大變怒ってしまったものですから、父親の方も義絶の状態が續きます。それで、しばらくしてから茶山も、親にあまりにも氣の毒だというので、二年ほど經った頃、自分は仲直りしても構わないということを言い出しました。そうなれば親のほうも仲直り出來るので、それを茶山が勸めて、文化十年（一八一三）、父親が有馬の溫泉に湯治に出かけるという口實で、山陽に會いに行きます。茶山には途中で會い、山陽には大坂で會い、京都を案内してもらうという形式で、どうやらつじつまがついたということになります。それで安心したのも一原因でありましょう、それから三年ののち父親は亡くなってしまいます。

ちょうど京都に出かけたころ、本人としては意氣軒昂としていたのでしょう。その頃の詩に、例の「鞭聲肅々《べんせいしゆくしゆく》」の詩があります。『日本外史』の初期の原稿を直している最中、「鞭聲肅々《べんせいしゆくしゆく》夜河《よるかわ》を過《わた》る。暁《あかつき》に見《み》る千兵《せんぺい》の大牙《たいが》を擁《よう》するを。遺恨《いこん》なり十年《ねん》一剣《けん》を磨《みが》き、流星光底《りゆうせいこうてい》に長蛇《ちようだ》を逸《いつ》す。」の詩が出來ました。文化九年、親と仲直りができる直前のことであります。

これは別の機會にちょっと觸れたことがあるのですが、『日本外史』でも當然謙信が信玄を討つというくだりは出てきますが、この話は出てこない。なぜかといいますと、「鞭聲肅々」のその場面は、『甲陽軍鑑』に永祿四年のこととして出てくる話です。ところが、川中島の戰いは、歴史的に正確には何だかよくわからないところがあり、何度あったか、何年にあったか、はっきりしません。現代の歴史家は、要するに信玄方が出した感状、謙信方が出した感状で判斷しているだけのようです。「このたびの戰で首を幾つ取って偉い」とか何とか、そういう文書を集めて歸納的に考えると、『甲陽軍鑑』の記述と合わないことばかりで、一體、川中島で何度激戰が行われたのかわからないということになっております。

山陽は京都に出て、いろいろな史料を見て、『甲陽軍鑑』に書いてある話はどうもおかしいということに氣づきました。『外史』はそれで直したのです。直したから、『外史』の武田・上杉氏の永祿四年のところを見てもこの合戰は出ておりません。遡って天文二十三年にやや似た一騎打ちが出て來ますが、詩とは内容が違う。川中島のくだりはもう少し信用の出來る史料で書き直したと、みずから言っております。ということで、せっかくの詩ながら、『外史』とは照應しないということになります。歴史上の面白い話は、穿鑿するとつまらなくなってしまうことがよくありますが、これもその一つです。

5 西遊

京都に出てからは、主として學者として固まっていく時代で、そこを詳しくお話ししていたらきりがありません。第一、私自身、よく知りません。ちらほらと知っていることを御紹介する程度ですが、父親が文化十三年（一八一六）に亡くなり、その翌々年、文政元年（一八一八）三十九歳のとき、京都から法事のために廣島に歸って、そのまま足を延ばして九州に出かけています。この九州行きというのが、山陽の學問なり詩文の才能なりを完成せしめたという時期だったと思います。『山陽詩鈔』という、自分で選んだ詩集を出しておりますが、その中に、特に二巻を割いて、「西遊稿」として、文政元年から二年にかけての詩が入れてあります。そこに、山陽一代の詩としては、最も絢爛たる多彩な作品が竝んでおります。忙しくて山陽の詩を全部見ていられない方は、「西遊稿」の巻を斜めにでもご覧になれば、一應の見通しがつくということになろうかと思います。あと、文としては、西遊に關連して『耶馬溪圖巻記』があります。

九州には父親の友人が何人かいるわけですが、山陽は、一體に父親の友人からは大變つまはじきにされておりまして、九州の學者からも、けんもほろろの待遇を受けたようです。その中で、ちょっと認めてくれたのが龜井昭陽です。「好意は持てないけれども、昔から文人才子というのはあんなものなんだ、中國ではそれで通用するんだが、日本ではどうも通用しにくいところがある」などという評をしております。

それはそれとして、詩をやったりとったりという交わりは、全く斷られているわけではありません。學者に會うこともちろんですが、風物に觸れる。その風物に觸れた一つが、天草の洋に行って「雲か山か呉か越か。水天髣髴《すいてんほうふつ》靑一髪《いっぱつ》」の詩になるわけです。「萬里舟《ばんりふね》を泊《はく》す天草《あまくさ》の洋《なだ》。烟《けむり》は篷窗《ほうそう》に横《よこ》たわって日《ひ》漸《ようや》く沒す。瞥見《べっけん》す大魚《たいぎょ》の波間《はかん》に跳《おど》るを。太白《たいはく》船に當《あ》たって明《めい》、月に似たり」その「明、月に似たり」（明似月）というのは、テキストによっては「月よりも明らかなり」（明於月）になっています。事實としては、「明似月」、つまり丁寧に讀めば「明らかなること月に似たり」とするテキストの方が、虚構にならないで濟むだろうということになっております。

それからあと、ずっと南に行きまして、鹿兒島まで行くわけですが、その途中で南朝の忠臣、菊池氏の古蹟を尋ねます。そこで詩をつくっております。別に大變長い有名な詩があって、それと似て紛らわしいのですが、「菊池村を過《よ》ぎる」という詩です。「菊池の村は老いて兩三家。籬落《りらく》の秋風に暮鴉《ぼあ》を見る。世々《よよ》芳根《ほうこん》を守って晩節を全うす。翠楠《すいなん》未だ必ずしも黄花に勝《まさ》らず。」という詩をつくっております。

ところが九州の人に言わせると、菊池というのはその邊の一つの大きな町であって、「兩三家」（家がパラパラと點在する）なんていう貧相な村じゃない。籬《まがき》がちらほらしていて鳥が鳴いているという、そんな不景氣なところではない。堂々たる町だ。だからこれは嘘だ、ということになります。現にそこの出身の山陽の弟子が、あの詩は嘘だと直《じか》に抗議を申し込んだそうです。そうしたら山陽いわく、「自分はつい現地に行かないで、人の話を聞いてあの詩をつくったもんだから、きっとその人に迷わされたんであろう」というような辯解をしております。

ところが明治になって、そこを實際に探索された先生がいます。それは江木千之という有名な先生ですが、明治三十八年熊本縣知事であった頃、わざわざそこを訪ねてみたら、全く詩のとおりの寒々とした村があったというのです。ただし「きくち村」といわないで、「きくいけ村」という名であった。確かに籬がパラパラとある「兩三家」で、しかもこの詩に詠じてあるように楠の木が一本ひっそりと立っている、そういう村であった。だからあの詩は決して嘘ではなかったということを書いておられます。こうなりますと何が本當なのか、よくわからなくなってしまうわけです。

世の中には、本人が實際に經驗していること、全くそのとおりだと言っていることも、年月が經つうちに取り違えてしまって、あれは傳聞だったと言わんばかりの間違いを起こす。だから、本人が後で證言したことは、必ずしも眞實ではないということがあります。山陽は菊池村に行って詩をつくった。けれども忘れてしまって、後でそれを詰問されると、あれは傳聞でつくった詩だ、などと言い出したのだろうと思います。

そんなことを思いついたのは、終戰のいきさつを書いた本を讀んだときのことです。

終戰の年の、昭和二十年六月十三日、日本が依然として戰を續けていくか、やめるかという瀬戸際になった頃のことをいろいろ讀んでみますと、やめるについて兩說あったらしいですね。やめるにしても、その前に敵を一回こっぴどくやっつけておいてからのことだという人、阿南陸軍大臣などはどうもそういう考えであったらしい。これは繼戰論だから強い意見といえましょう。それに對して、もうこれではどうにもならんから一刻も早くやめよう、これは米内海軍大臣とか東鄉外務大臣の主張であったらしい。肝心の鈴木總理大臣は、耳が遠いということもあるらしくて、閣僚との意思の疎通がつかない。しびれを切らして、木戸內大臣が惡者を買って出て、自分がひとつ戰局收拾の口火を切ろうということを言い出したということです。そういうわけで、この邊のことについての木戸さんの記錄や回想は萬鈞の重みがあります。そのときに、鈴木さんは木戸さんにこう言ったそうです。「米内がまだなかなか強いと思っておりましたか、そうですか」と。ところが、同じ木戸さん側の記錄では「か」が「が」になって、「米内がまだなかなか強いと思っておりましたが、そうですか」ともあります。木戸さんが聞いた鈴木さんのことばは「か」か「が」か、木戸內大臣は、初めは「おりましたか」と記憶されていたらしいのに、時經って戰後の記者たちや、終戰研究家に質問されているうちに「おりましたが」の方になってしまうんですね。そして、その文脈に合わせて回想を述べておられる。そうなると、海軍大臣は總理大臣が強い意見を持っていると思っていたのか、それとも總理大臣は海軍大臣がまだ強い意見を持っていると思っていたのか、それがわからなくなってしまう。結局木戸さんがこの件について後になって說明していることは、どうやら自分の言ったことを自分で取り違えて、違うことを言ってしまったらしいというようなところがあります。いま言いましたのは、小堀桂一郎という方の『宰相鈴木貫太郎』という昭和五十七年十月文藝春秋社刊の本によるものです。

この方《かた》の考證は大變面白い。本人がそうだと言っても、あまり當てにはならないこともあるという一つの例かと思われます。菊池村の一件も、そういうふうな立場から考えてみれば、納得できるのではないかと感じたわけです。ちょっと脱線しましたが、最近考えついて、是非どこかの機會でしゃべっておこうと思ったことです。

それでは、「西遊稿」に戻りまして、菊池村まできましたが、それから鹿兒島に入ります。そうしますと、今度はさっきの「雲か山か」とほぼ同じような雄大な景色に出會います。これは鹿兒島の阿久根《あくね》というところに行って出會う景色ですが、それでまた詩をつくります。「天水《てんみず》に連《つら》なる處《ところ》是れ臺灣《たいわん》」これは「雲か山か」よりよい詩だと思いますが、如何でしょうか。ちょうど終戰のころ私もあの邊におりましたので、よくこの詩をひそかに口誦んだのですが、そういう詩が一つ出來ています。

それから、そういう雄大な詩ばかりでなくて、たとえば鹿兒島のあたりの少女が、背の低い三尺ぐらいの小馬を引っ張って荷を運んでいる情景を詠んだ「所見《しょけん》」という詩も、目に見るような情景を詠じた詩として、茶山先生も高く評價しています。「薩南《さつなん》の村女《そんじょ》可憐《かれん》の生《せい》。竹策芒鞋曉晴《ちくさくぼうあいぎょうせい》を趁《お》う。果下《かか》に薪《たきぎ》を載《の》す皆牝馬《みなひんば》。一人《いちにん》能《よ》く數駄《すうだ》を領《りょう》して行《ゆ》く。」けなげな少女が、何頭もの小馬に荷物をいっぱい載せて峠を越えて行くというような風景を詠じた詩であります。富士川英郎先生の『江戸後期の詩人たち』をあとでご覧ください。

今度は鹿兒島の城下に入りますと、「兵兒《へこ》の謠《うた》」というのが出來ます。「衣は骭に至り、袖腕に至る」という劍舞の方で有名な詩がつくられております。二首つくったので、「前」と「後」とありますが、勇ましいのは「前」の方です。「衣《ころも》は骭《かん》に至り、袖腕《そでわん》に至る。腰間《ようかん》の秋水鐵斷《た》つべし。人觸《ふ》るれば人を斬り馬觸るれば馬を斬る。十八交はりを結ぶ健兒の社。北客能《よ》く來たらば何を以てか酬《むく》いん。彈丸硝藥《しょうやく》是れ膳羞《ぜんしゅう》。客猶ほ屬厭《しょくえん》せずんば、好《こう》するに寶刀を以て渠《かれ》が頭《こうべ》に加えん。」これはかつて隨分いろいろ人の口にのぼったらしいのです。竹山道雄さんの『昭和の精神史』の中にも出て來ます。

もっとおもしろいのは、岡倉由三郎先生が今の「衣は骭に至り、袖腕に至る」というところを引いて、「腕」というのは、本當は手首のところのことをいうのだ、それを「うで」のように考えるのは、「腕《わん》」の字に「うで」という訓をつけたための誤解なのである、山陽もそこは誤解しているというようなことを『意味の意味』（オグデン・リチャーズ、石橋譯）という本の序文で言っておられます。この序は昭和十年の筆です。いま手元の序文のコピーを見ますと、京都の清水茂さん教示とあり、書物は外山滋比古さんから拜借とあります。いろいろと、多くの方々の御援助でこの話をしているわけです。それはさておき、これは結局山陽の缺點をあげつらっているというよりは、むしろみんなが知っている例で、漢字の訓というものが、必ずしも中國の原義に沿ったものではない、そこに言語學上の興味ある課題があるんだということを主張せんがためのものであったと理解できます。竹山さんの擧例も、誰でも知っている詩として引合いに出されたものです。山陽はそのあと水俣では「成簣《せいき》」の額を書き、耶馬溪《やばけい》に行っては、その名勝であることを大いに宣傳しました。

6 晩年

それから母親を連れて京都に上って、方々を見物させたということがありますが、鄉里との往復の間、ある年、毛利元就の墓地を詣でたことがあります。文政十二年（一八二九）「吉田驛」という「舟《ふね》を舍《す》てて夜投《よるとう》ず吉田驛《よしだえき》」で始まる詩がそれです。これが詩として大變いいと評價される方が多いのですが、それとは別にこの詩を法帖に仕立てたもの、これは橋本左内（橋本景岳）が山陽の法帖の中で一番いいと言ってほめています。これは字がいいという意味で、書のほうも昔から好まれました。

大急ぎで話を切り上げまして、天保三年（一八三二）五十三歳で亡くなるときに移ります。行狀の論爭でも、大變大きな主題になった點でありますし、それからたびたび觸れますところの『伊澤蘭軒』の中でも問題にしております。

「行状」では、山陽はいよいよ亡くなるときに、『日本政記』がまだ出來ていなかったので、その著作の手をやめなかった、原稿を直していて、「ああ、疲れた、ちょっとひと休みする」と言ってめがねをはずしたら、息絶えていたと書いてあるわけです。それを、そんなことはあり得ないと、鷗外先生はお醫者さんですからおっしゃる。大變やかましくそれを強調しておられます。それは弟子の閒でも前から議論しておりまして、「自分は臨終のとき、枕頭にいた人に聞いたが、そういうふうではなかった」というようなことを、いろいろ言っています。結局は、行狀のとおりではないにしても、それに近い様子であったということと思いますが、それを語る史料は、これまたおびただしくあります。そのうちの一つが、關藤藤陰の書いた書簡であります。この人は石川君達とも言うことは、『蘭軒傳』に考證されているところです。絕命するときの樣子をこまごまと書き記した手紙で、要旨をつまむことも難しいほどの長さですが――二、三日以來弱ってこられたけれども、いよいよ最期の日――というのは九月二十三日ですが、――その朝は特別なことはなかった。少し息切れがするようだ、きょうは、お醫者さんの小石にも早く往診してくれるようにと、そんなことを言われた――それが午前のことです。――午後になり、もういけないと自覺され、後室樣（家內）の言いつけで、牧に預けてある又二郎君を呼び寄せる。兒玉から三木君を呼び寄せる。私（關藤藤陰）は別室で『日本政記』の淨書をする。「織田制刑豐臣變田制論」――これは『日本政記』の一番終いにある議論なんですが――それを淸書している。その途中まで書いたときに、何だか向こうが騷がしいので驅けつけた。驅けつけてみたらそれから閒もなく他界された。――そういう話になります。そのときの書きかけの淸書の樣子を知らせると言って書いてきた書面を見ますと、「一把一束」というところで切れております。あと四〇〇字ほどで『政記』が終わるところです。ここまで書いたときに逝ったということです。というわけで、大局的に言えば、著作の筆をやめないで、命が終わったというのにごく近い狀態で亡くなったらしいということになります。この年の九月二十三日は太陽曆では十月十六日でした。

　このときの史料を集めた資料集があります。また好んで取り上げられてもいます。なぜかというと、山陽の妻が、本當は筆の立つ人ではないのですが、そのことをあちらこちらに細々《こまごま》と知らせているんですね。文章は上手ではないけれども、書いた人の氣持ちが傳わってくるような、そういう種類の手紙です。そういうのが、あちらの人に宛てたもの、こちらの人に宛てたものといろいろあります。田能村竹田の『屠赤瑣瑣録《とせきささろく》』の中にもそれは引いてあります。だからそれは隨分早くから知られているわけです。また森田思軒が、世の中に紹介した手紙もあります。そういうことがあって、行狀以外に亡くなるときの狀況が、わかり過ぎる以上にわかっているというような感じがするわけです。どうも生涯の途中を省いてしまい、とりとめのないことになりました。こんなことで、第一回の話を終わりたいと思います。

二　著述と思想

1　日本外史

①　武田・上杉

前回は主として傳記的な事項というつもりでお話しいたしました。今日は著述のお話から始めてみようと思います。初めにざっと申し上げますと、山陽には著書に『日本外史』その他がある。これはもちろん自分で書いたものです。それから『選評』といって、人が書いたものの中で自分の氣に入ったものを集めて一つの本にする。あるいは評をつける。これは今の人たちが教科書を編纂するときに、いろいろな人の作品を竝べて教科書にする、というのと同じような種類のものでありましょうが、何を選ぶか、何をどう評するかというところにその人の見識や學力が出てくるので、おのずからその著書に深い關係があります。

それから『法帖』といいますのは、早くいえば習字の手本ということで、字を好む人が、その字をまねするというか、まねしなくても、廣げて見ていればいいという、そういう鑑賞の仕方もあります。そういうときのテキストが法帖です。このうち今回は著書に重點を置いてお話をいたします。

著書としてはまず『日本外史』があります。その巻の十一は武田・上杉でありますが、それを見本として取り上げようと思います。

ちょうど謙信が信長と鋭く對立していたという、その頃の話であります。信長もまだ天下を統一している途中の段階ですから、謙信に對して大變氣配りをするといいますか、心遣いに細やかなところがあります。後のように暴君的に諸侯に對するということがまだ出來ない時代の信長です。それに對して謙信が非常に鋭く對立していたという下りであります。

その頃謙信は上京しようとした。當時の言葉で上洛でしょうか。京都に向けて進軍しようとした。信長はそうされては困るし、しかしそうかといって謙信を防ぎとめるだけの體制も整っていない。このとき謙信に敵對する武田信玄はもう既に亡くなっていました。

信玄は亡くなったけれども、亡くなる前にたくさんの白紙に署名だけしておいて、實際の本文は勝頼が書いても、いかにも信玄から命令が出ているかのごとく裝っている。しかしいくら信玄の喪を祕しても、何となくわかってくる。「甲斐の兵、數數競《しばしばきそ》はず」というのはそういう背景があるからです。

信玄が亡くなってしまったので、甲斐の兵は今までどおりうまく戰をしない。信玄は生きていることになっているんだけれども、何だかちょっとおかしい。そういうことですね。「四隣、甲斐の兵、數數競はざるを觀、信玄定めて死すと知って」謙信が信玄の死を知ったわけです。「稍《ようや》くこれを窺《うかが》ふ」隙あらば、甲斐の國をやっつけてしまおうと思った。謙信はそのように決心したのです。

信長のほうも事情は薄々知っている。「信玄の死せしより、信長意を謙信に專らにして、辭を卑うし、禮を厚うして、これに事《つか》ふる猶信玄に事ふるがごとし。」いろいろ懐柔手段をとるというわけであります。

そのうち七月になります。「七月、謙信、兵三萬に將として西伐す。［神保］長純を木船《きぶね》城に攻めてこれを拔き、遂に加賀に入り金澤を屠《ほふ》り、兵を移して七尾《ななお》を攻め、［上杉］義春を以て將となし、努力して復《ま》た能登を取る」。いよいよ謙信が兵を繰り出して、加賀の國に入る。金澤を取ってしまう。それから七尾城を攻める。それから能登を攻め取った。じわじわと京都に近づいているわけです。

「游佐等、援を信長に乞ふ」そこで、攻められた方は信長に援兵を乞う。「信長、方《まさ》に長島を攻めて、來《きた》ること能はず」信長は一向一揆に引っかかって、伊勢の長島で手こずっている最中で、北の方まで手が回らない。それが七月です。九月にはとうとう七尾城が落ちてしまう。「游佐等を誅《ちゅう》す」これは謙信の立場で言っております。「乃ち兵を休むること二日、十三夕《せき》に屬す、月色明朗なり。謙信、軍中に置酒《ちしゅ》して、諸將士を會す。酒酣《たけなわ》にして、自から詩を作って曰く」ということで、謙信は成功して、勝ちを收める。そのあと軍士を休息させ、酒宴を開く。ちょうど十三夜であって詩をつくった、という詩がそこに出ております。

「霜は軍營に滿ちて秋氣清し。數行《すうこう》の過雁《かがん》月三更《さんこう》。越山併せ得たり能州の景。遮莫《さもあらばあれ》家郷遠征を憶ふを。」謙信の作った有名な詩です。そして「將士の歌詩を善くする者をして、皆これに和せしむ。遂に政を國中に爲して歸る。信長、大兵を遣はして來り援《たす》けしむ。城陷ると聞いて引き去る。信長、猶ほ使をして罪を謙信に謝せしむ」信長も一生懸命になって謙信の御機嫌取りをしているところであります。ここに出てまいります詩は、謙信の詩として非常に有名な詩でありますが、有名になったのも、ここにこういう形で引用されているということが原因の一つとされております。

『日本外史』はかなり分量がありますけれども、こういうふうにまるまる詩を引いてあるというのはまれであります。こういう漢文で書いた歴史は、やはり一種の書き方があって、このタイプの詩をまるまる引用することは餘程のことがないとしないのが原則であります。

『史記』の中を見ましても『書經』は引いてあるけれども『詩經』は詩そのものとしては引いていない。詩のようなもので引いてあるのは何かというと、半分文章であるような辭・賦です。屈原の「漁父《ぎょほ》辭」「懷沙賦」なら引いてあります。司馬相如の「子虛・上林賦」などは引いてあるけれども、まともに詩らしい詩などは普通は引用しないのです。したがって、そのような詩が引いてあるのは、大へんな山場になるところです。項羽が死ぬとき、高祖が天子になった時のような特別なときに限ります。

最も極端なのは『資治通鑑』で、これは詩が全然出てこない。杜甫の諸葛廟に詣でたときの詩が、たった一か所引いてあるのですが、それも初めの「丞相の祠堂は何れの處にか尋ねん、錦官《きんかん》城外柏《はく》森森たり」というところはなく、最後の「師を出《いだ》して未だ捷《か》たざるに身まず死し、長く英雄をして涙襟《なみだきん》に満たしむ」と、それだけ引いてあります（『日知録』による）。こういうタイプの歴史の中に詩を引くというのは、よほど特別の場合だというふうにお考えいただきたいわけです。

ついでに申し上げますと「霜は軍營に滿ちて」という詩はいろいろなテキストがあり、引用・收載されている文獻によって隨分字が違います。それを丁寧に調べた方がありまして、たしか十六種類引いてあります。「霜は軍營に滿ちて」というところが「露は下りて」であるとか、「秋氣清し」の「清し」が「重し」になっているとか、「越山併せ得たり」というところの「得たり」が「同じ」であるとか、「さもあればあれ」というところが字が違うとか、「遠征を憶ふ」というところの「憶ふ」の字が違うとか、まだあったかも知れませんが、それがいろいろ組み合わさって、十六種類もの形態があるということです（猪口篤志氏の『日本漢詩』による）。

『外史』に引いてあるだけで、つまり山陽が、ここにこの詩を引用するときに、自分の考えで一番いいように添削して載せたのだということになります。

昔の人の詩を添削して、その人の作だと言って擧げるというのは、現代風の著作權尊重という風潮から言うと隨分めちゃくちゃな話ですが、詩を引く以上、それを一番立派な形にして世の中に紹介すべきだというのも、大いに理屈のあることでありまして、これはそういう立場で引用してあるわけです。價値觀が今と違うことを指摘しておきます。

『日本外史』の中でも川越版といわれる種類のテキストがあります。武州川越藩の生徒に教えるテキストとして出版したものであります。江戸のころから東京集中の傾向はあるわけでして、川越藩の出版だといっても、別に埼玉縣の川越で印刷しているわけではない。江戸の增上寺の門前に藩邸があって、そこに出版所を置いて、こういう本を出したのだそうです。これが『外史』としては一番普及したテキストであります。字もきれいですし、きれいなだけでなく校正が行き届いていています。それから歴史上の人の名前などで、こうした方がいいという改訂も書き加えてあります。大變いいテキストというわけです。

ところでこの川越版をもとにして、その上欄に評を書き加えて出版した人がいます。錢子琴（名は繹《えき》）という清末の人で、その人が『外史』を讀んでいろいろな評を書きつけたテキストを出版しました。

ですから本文の方は川越版のままです。ただし、本文の文字の右側に丸がついているのが錢子琴の評で、これを評點を振る、といいます。あと、もとの川越版には返り點がついておりますが、これは中國の人には要りませんから、それは削ってある。そういうテキストです。

子琴はこの謙信の詩にたいして「起筆高爽にして勢いあり」と評しています。最後の二字が磨滅していてよくわからない。「なかなかいい詩である。だけれども、何かさむざむとした氣配がただよっていて、既に謙信の運命が象徴されているようである」というような評であろうと思いますが、そんな評が書きつけてあります。

こういうふうに、『外史』は著作されて以後、清國の人に好んで讀まれました。

日本という國が急に開國してのし上がってきた。清朝の人にとっては不思議でならなかったに違いない。日本というのはどんな國であろうかということになりますと、歴史を讀まなければならない。當時、手頃な書物として、この『日本外史』があったということで、大變よく讀まれたそうであります。特に日本に留學した人たちは、まず日本事情を知るために讀んだわけで、川越版をこんな形で出したというのもその一つです。これは上に評をつけて出版したわけですから、それだけの努力をしたあげくつくった本です。

ここに譚獻《たんけん》という學者の日記があります。日記といっても、何月何日何をしたという式の日記ではなくて、本を讀んだ結果を書き記していったという日記であります。だから、年だけはわかりますが、日まで確かにはわからないのです。そういう種類の日記で『復堂日記』といいます。

その中に、『日本外史』を讀んでいるところがありまして、今氣づいておりますのは三か所あります。

『復堂日記』の巻の三の方には癸酉（同治十二年、一八七三）と乙亥（光緒《こうしょ》元年、一八七五）と二回出てきます。癸酉の方では「日本外史を閲して、信玄謙信紀に至る」と書いてあります。日記の本文では信玄の「玄」の字が、奇妙な字で「卆」と書いてあります。これは、清朝時代は、康熙皇帝の諱《いみな》に「玄」の字が使ってあったため、「玄」という字がまともに書くことがはばかられて、變な字で書く。變な字というか、字でない字に、字形を變えて書くわけです。天子の諱を「御名《ぎょめい》」ということは戰前の方なら御存知でしょう。「御名」を口にすることが不敬に當たることも、戰前の方は辨えておられるでしょう。そういう背景による字です。

「信玄謙信紀に至る。兩才相い當たり人の神《しん》をして王《さかん》なら使《し》む」兩雄の鬪爭は精神を旺盛ならしめると書いてあります。「日本という國はこういうことを經て、つまりこういう英雄豪傑が出て、それであいう國になったらしい」というようなことが書いてあります。また乙亥の方では「平秀吉が微賤の身から國主にまでなった敍述は『漢書』の文章に比べられる。中國の人が添削しているのだろう」などとあります。

それから巻の六の方は、また數年經って讀んだときのことで、壬午（光緒八年、一八八二）です。「日本外史は東國の賴襄の著なり。さきに仲瀛《ちゅうえい》（人名）の藏本を假《か》りて讀過す。いま滬上《こ》（上海）にて錢繹《えき》子琴の評本を刻す。」となっています。「中國の本を著者、賴襄はよく讀んでいるようで、ちゃんと體裁が整っている。『左傳』や『史記』を模範にして書いていて、明の時代の王元美（名は世貞）などの文章よりよほどよい。けれども、日本の樣子を見ると、どうも春秋時代によく似ているようだ。あんなちっぽけな島の中で、同じようなことが行われている。そのちっぽけな島の中の出來事が天下の大騷動であるというように外史に書いてあるのは、何と大げさなことであるよ」というようなことが記してあるわけです。

しかし、このようなことによりまして、『外史』が漢文體の歴史としての水準に達していたということが證明されているわけですね。さきには『漢書』、こんどは『左傳』『史記』、これらに比べて、十分立ちゆく歴史の書物であると言ってくれているわけですから、出來がいいということになると思います。

そういうことで、中國のほうでも、よく讀まれました。そこで海賊版が二種類あります。子琴評本は努力していますから、それはまた別の一種としまして、唐本は都合三種出ました。またロシア語版も抄譯ながら出ています。表紙の寫眞が紹介されています。あとは私は表紙も見たことがないのですが、英語版、フランス語版もあるという話です。

② 書　法

これは一般論になるわけですが、日本の事柄をこうやって漢文で書くとどういうことが起こるか。いろいろ長所、短所が考えられます。あまり長所ばかり申し上げるのはおかしいですから、どういう問題が發生するかという點だけをお話ししておこうと思います。

どういう問題があるかといいますと、『日本外史』は、惡口を言う立場の人からは『保元物語』とか『平家物語』とか『太平記』とかを漢文に譯し直したに過ぎないじゃないか、記事が本當であるかどうかも確かめないで、そういう通俗の書物をただ漢文に直したにすぎないではないかと言われます。確かにそのとおりでありまして、種本はいろいろわかっておりまして、『源平盛衰記』『太平記』などは特に種本として、大變重要な地位を占めています。

そこで、『源平盛衰記』について考えますと、そもそもの原作者がその記事をつづる際に、もともと中國の歴史を基にして、あの戰いにこれは近いというようなことで、つづっていくわけです。たとえば木曾義仲が範頼に追い詰められて戰死をする。ああいう主將同士が戰って一方が戰死をする。これは中國の歴史でいうと、項羽《こうう》が垓下《がいか》の戰で沛公《はいこう》に破れて、とうとう追い詰められて死んでしまう、そこになぞらえられる。そういうことになりますと、項羽の最期と、義仲の最期とを、合うように記述するわけです。戰の最中ですから、こちらの味方がはじめ何名で、それが何名まで減って、とうとう御《おん》大將が自決するというようなことは誰も書きつけてはいない。幸い『史記』に、最後は二十八騎になってしまった。何千人だか、何萬人だか引き連れて戰に出ていった項羽將軍の最後は、たった二十八人。そこまで追いつめられて、切り死にするということになる。木曾義仲のほうも二十餘人です。これなどは明らかに木曾義仲の最期を項羽の最期に重ね合わせて記述したに違いありません。だからそれを『外史』が「乃ち二十餘騎あり」と漢文で書きますと、それは『盛衰記』のせいでもあるけれども、大もとに遡ると中國の歴史、つまりこの場合は『史記』に行ってしまうわけです。

同じようなことが、楠正成が千早城で大變な奮戰をするところにもあります。『太平記』は見てきたことのように、生き生きと描き出している。しかしこれもみな種があるわけです。藁《わら》人形をつくって敵の足利方を欺いたというのは、唐の肅宗の時代の張巡の奮戰の模様によく似ています。北條方が大變長い梯子をつくって城壁に立てかけて攻め込もうとしたのも同様です。遡っては南北朝の北周の韋孝寛の防戰のさまは、もっとよく千早城に似ている。『太平記』の作者はそれを知らずに書くはずはないですね。

城攻めというと、當時の日本人は中國のいろいろな城攻めの故事を知っていて、それをまねしてこちらも書く。本當に千早城に雲梯をかけたか、あるいは藁人形で正成が敵を欺いたか、そんなことは、もうこうなるとどうでもいいということで、さもありなんということで書くわけです。

そういうのが種になって『太平記』が出來ているとしますと、『太平記』の出典を探さなければならない。それを『太平記』はもちろん和文で書くわけです。その和文で書いたものを、また漢文で直す。ですから本卦《け》歸りといいますか、もとの中國の文章になれば、それはめでたしめでたしですが、なかなかそうはいかない。

漢譯佛典を日本現代語に譯しておいて、それを梵文に直したとします。果してサンスクリットの原典になるかどうか、これは想像に過ぎませんが、ちょっと疑問です。よくある例でいいますと、論語があって、それを西洋人が英譯して引用しているとします。それを日本語譯しようとすると、英語をただ日本語に譯しても、なかなか論語の原文にふさわしい譯文にならない。結局漢文の論語を見て、それを書き下し文にして、英譯の書物に插入する。そういうような手續きと同じようなことが、漢文で書いた日本の歴史にあるわけです。

ということで、『日本外史』に限らないのですけれども、特に『外史』などはそういう元のもの、その元のものがまた中國の書物の引用であるとすると、中國にもどさなければならないということで、非常に困ってしまうというようなことが起こるわけであります。

そういう三重になっているのは非常に困るわけですね。二重ぐらいになっているのは考えやすいのですが。信長が桶狹間《おけはざま》に出陣するときに一曲幸若舞《こうわかまい》を舞ったというのは、考えやすい例です。『外史』には漢譯して「人生《じんせい》五十年《ねん》、乃《すなわ》ち夢《ゆめ》と幻《まぼろし》との如《ごと》し。生《せい》あれば斯《ここ》に死あり。壯子《そうし》は何《なに》をか恨《うら》みん」として入っています。『外史』を現代語譯するときには、きっとあいうのは「人間五十年、化天のうちを比ぶれば、夢幻のごとくなり、一度生を受け、滅せぬもののあるべきか」というような元の歌にしなければ理屈に合わない。漢文をそのまま現代語に譯したのでは、幸若舞の本文にならないでしょう。

現代において漢文で書いた歴史がはやらないというのも、無理もないという氣がするわけです。はやる、はやらないは別として、多かれ少なかれ、以上のような問題があるということだけは、ここで指摘しておきたいと思います。その他、近ごろ考えている問題としては、西歐風な「正書法」との齟齬《そご》ということがあるのですが、これは別の機會に讓りたいと思います。

それから、少し脱線ぎみになりますが、かなり『外史』がはやったことによって、およそ漢文というもの、あるいは漢文風に書いた歴史というもの、それの代表として『外史』が扱われることが多いんですね。だから漢文で日本のことを書くのはだめだという主義主張の人が、まず擧げるのは、『外史』ということになります。ほかの歴史だってそうなんですが、『外史』を槍玉に擧げることが多いのです。

ですから明治以後、漢學が廢れていく。舊文化の擔い手だといって漢文批判が起こる。そのとき、批判の矢面に立っているのがこの『外史』であります。非常に痛烈な批判をされております。いつの間にか批判だけが殘って、それが獨り歩きして、あれはだめな本だということになる可能性があるわけです。その邊は少し具合が惡いなという氣がいたします。

それは日本全體を考えたときの話ですが、漢文をつづる、あるいは漢文で書いたものを批判するとき、『外史』が舊時代の一つの代表とみなされて、それに集中攻擊をかけるということが、よく行われるわけです。

といいますのは、『外史』の著者の擔っている學問は、明《みん》の時代の學問で、それに一番強く影響を受けた時代です。清朝の學問の影響を全然受けていないかというと、そうではなくて、山陽は詩については清の詩をわりあい早く評價した人物として知られているわけですが、それはあくまで詩の分野であって、清朝で確立した考證學というのは、山陽とは緣遠い存在です。

ところが幕末から明治、大正に及んで、その清が主流になりましたので、學問の方法として、山陽の學問はだめだという意見が非常に強くなる。それは明の學問がいけない、江戸時代のやり方がいけないというかわりに、『日本外史』がいけない、史論がいけない、著述がいけない、ということになって、そのいけないというところだけが學界でも獨り歩きをする。そういうのが現狀かと思われます。あまりはやるというのは決してよくないことの一つのお話です。

特に歴史の敍述の中に、どうしても議論を入れなければならない。これは中國風の歴史の定石でありまして、議論がないような歴史書は歴史書でないわけですね。ということで、著者の歴史に對する考えを述べる部分がある。それに二通りありまして、山陽の分類によると、「史論」というものと「史贊」というものとの別があるのだというのです。「史論」というのは、天下の公《おおやけ》の議論をしなければならない。自分の考えで勝手なことを言ってはいけないというわけです。「史贊」のほうは、自分の見識を強調し、感情に任せて思う存分に謳《うた》い上げたらいいというわけです。「外史」はこの意味での「史論」を載せ、また、その故に流行しました。

ところで史論ということになりますと、今まで優れた史論があると、その上に出ることが出來ないわけです。『外史』の場合、現實には新井白石の史論（『讀史餘論』）というものがある。その白石を乘り越えて、さらに高尚なる史論をしようとすると、これはもう學問の立場が變わる以外にはない。學問の立場を變えるようなそんな力は、山陽は持っておりませんので、どうしても白石の言ったことを、もう一回言うことになってしまう。

これがまた大變災いして、非常に痛烈に批判をされたわけです。『外史』の史論は白石の史論を漢文に直しただけのものではないか、というようなことになります。ずっと詳しく見ますと違ってはいるのですけれども、大局的に見て、白石の『讀史餘論』のとおりだということになると、これは剽竊だ、泥棒だというような惡口が出てくるわけです。

特に書き方が科學的な論述の書き方と、文章として成り立つための書き方とは大分違うということもあります。だれそれはこう言っている、しかしこの史料によるとそれは間違いであるというような、そういうタイプの書き方では、文章として成り立つ歴史は書けないのです。他人の意見をもし書くとすれば、そこはぼやかして、「或曰《あるひといわ》く」ぐらいで片づけなければならないこともある。「それがいけない、せっかくの他人の大切な考えを埋沒させている」と言って、『外史』は大へんに非難されておりますが、これもやはり文章の書き方の一つの違いです。そういう批判者は、そのころ恐らく大部分の人が舊時代風な書き方をする。それにむかむかして、というか、啓蒙しようとしてでしょうか、あの『外史』にかぶれるからいけないんだと言って、見せしめにしたのではないかと私は考えるのですが、そういうような點が多々あるわけです。

ただ何といっても明治以後、そういう近代的な學問を身につけた人、あるいは清朝風の學問をした人たちの『外史』に對する批判は大變鋭いものでありまして、そういう立場からすればたしかにそうであると言わざるを得ません。『外史』については、主として、よくはやったということのお話しになってしまいました。それから批判が非常にある。その批判のある面は、當時の風習の一般の代表者としての扱いで、そういうことになってしまったんだというようなことを述べました。これで『外史』を切り上げまして、その次は『日本政記』です。

2　日本政記——附　通議

『日本政記』は「拙修齋叢書本」と言われるテキストを見本として掲げましょう。拙修齋（中西伯基）という人が、いろいろな未刊の書物を紹介するために作った叢書です。叢書と言っても「得《う》るに從って收める」というタイプの叢書であります。「拙修齋叢書」という店を張っておいて、これぞと思うものを仕入れていく。隨時に品物を追加していったというふうな叢書です。この『日本政記』は「拙修齋叢書」でもわりに早く收められた本のために、活字（木活字）の磨滅の具合がまだ少ない。とにかく字になっておりますから、大變具合がいいわけですが、少し後になりますと活字が磨滅してしまって、せっかく收めた本なのに、讀めないところが多いというような、そういう印刷の書物がこの叢書には多いのです。

『日本政記』には史論が澤山に入っています。論と贊と分けるとすれば、贊のほうに當たるかもしれません。非常に痛烈に自己の見解を吐露しております。例えば、後醍醐天皇のところで見てみましょう。後醍醐天皇といえば南朝の代表的な天子であられるわけで、建武中興を成し遂げられた。建武中興を褒め上げるというのが、『外史』はもちろん、戰前の歴史では普通であったのですが、『日本政記』を讀みますと、こっぴどくやっつけている。たとえ天子であろうと何であろうと、政治のやり方が惡ければ、容赦なく彈劾するという精神に滿ちております。

後醍醐天皇については初めはよかったんだけれども、中頃から政に倦んで、でたらめなことをなされている。建武中興が失敗したのも無理がないというような議論で進められております。ただ『日本政記』の場合は、そういう議論が頻繁に出てきますので、南北朝全體の議論というのはあまりなくて、個々の事實について、建武中興なら建武中興について、あれはどこがよくて、どこが惡かったかというようなことを一々指摘しているというわけです。ですから、一般向けではないことは確かです。實際の政治に攜わる、そういう立場に立った人にはいろいろ參考になったはずだと思います。

この著者の山陽自身は、どうにかして『史記』に當たるような立派な歴史を書きたいという氣持ちを持っておりまして、『日本外史』というのは司馬遷の『史記』でいえば、主として「世家」に相當します。『日本政記』が『史記』でいえば「本紀」に相當します。

それから『新策』とか、『通議』とかが『史記』の「書」という部分に當たります。本當の『史記』は「表」(年表)が付いています。山陽も表をつくる意向はあったのですが、どうもそこまで手が及ばなかったようです。

それから「列傳」に相當するものはとうとう手つかずですが、この「列傳」に當たるものは『日本外史』の中にそれ相應に書いてありますので、恐らく著者としては『日本外史』で「世家」と「列傳」を兼ね備える意圖があったに違いないと思われます。

國によって事情が違うから、歴史の體裁も一概には言えないと言っておりますので、日本の歴史としては『日本政記』みたいなもの、要するに年代記式のものと、それから各家の興亡を書く部分と、年表と、それからずっと通した制度の歴史、それと制度の沿革、そういうもので全日本の歴史がカヴァーできるというふうに考えていたのだと思います。そういう意味の歴史は漢文で書くことがもうなくなりましたので、そういう體裁をとるべきだという意見も忘れられてしまった。そういう種類の歴史はこれからはできないのではないかと思われます。

『日本政記』で忘れられませんのは、最近になって岩波の『日本思想大系』で植手通有先生の注釋が出ました。これは『政記』としては近來にない業績で、『政記』の出典のこともわかったし、性質もわかったし、大體どういう順で成立していったかということも詳しく追求された次第で、これは大變ありがたいことです。

『外史』の方は非常にたくさんの版本があり、研究があり、注釋があります。いっぽう『政記』の方はあるにはありますが、本格的なものはほんの數えるほどしかない。ここで一つの大きな仕事が加わったというのは、昭和に入ってからの大事な事柄であると思います。

『通議』には內廷論といわれている論があります。內廷というのは後宮のことです。女官たちが朝廷の後ろのほうに詰めている。これの秩序というか、取り締まり、これが緩むと國も滅びるというような意味のことが書いてあります。原稿に朱を入れておりますが、これが實際上の絶筆にほぼ相當するものであります。前回に觸れた關藤藤陰の手紙の中に出てくるのですが、最期はこういうふうでしたという報告と一緒に、「いよいよのときにどういうわけか、この內廷論の原稿だけが枕もとに置いてあった。これは亡くなる何日か前に、實際に筆を執られた最後のときのものであるから送ってあげます」といって送ってこられた、そういうものです。大體朱筆どおりに、今の內廷論がなっているというふうに記憶しております。

3　日本樂府

その次は『日本樂府《にほんがふ》』です。これは日本の歴史を題材にして、樂府體《がふたい》の詩六十六種をつくった。この六十六というのは、日本國六十六國というのになぞらえてあるんだというのですが、それはどうでもよろしい。この中の詩の幾つかは廣く知られております。

その一つに「蒙古來」という詩があります。「蒙古來」の詩そのものは、恐らく今でも詩吟のテキストなどには載っているのでないかという氣がしますが、その方面の書物をあまり見たことはありませんので、はたして載っているのかどうか知りません。「筑海《ちくかい》の颶氣《ぐき》天に連なりて黑し。海を蔽うて來たる者は、何の賊ぞ。」という、あの詩です。ここでは、この詩がいろいろ變遷をしているという考證の趣味からこれを出したわけで、まず手初めは『續近世叢語』という本です。この本は、今でしたらそれこそ例の著作權問題を引き起こすこと必定の本で、拔き書きばかりです。しかもそれはどこから出ているか出典が一切書いてない。そういう種類のものです。けれどもこれは非常に役に立ちます。「賴山陽、年十八、九の時、「蒙古來」の詩を作る。或人《あるひと》以て龜井南冥に示す。南冥一讀し、激賞してこれを壁に貼り、酒酣なるごとに、輒ち朗吟して快と稱す。山陽これを聞き、其の知己《ちき》に感ずと云ふ」という話が書いてあります。

『叢語』は一體どこからこの話を引っ張り出したかと言いますと、どうもこれは山陽本人からであるらしい。山陽の法帖の一つ『新居帖《しんきよじよう》』にこのように書いてあります。これから木崎好尙氏の『山陽全傳』の上卷、二百三十一ページに次の手紙が引用されています。この木崎さんも、どこから引用の文獻を探したかということを一切書かない人なので、今となっては困るのですが、木崎さんが見ておられることで通用します。その『全傳』に「文化六年十一月二十二日、雲華《うんげ》より手紙（が來た）。」とあります。この雲華という人は、耶馬溪にいた眞宗の和尙さんで、役付になっているから、つまり寺務に優れた人だったのでしょう。ちょくちょく京都の本願寺にやってくる。また九州の方に歸る、そういう往復をしていた和尚さんですけれども、この人が同じ九州の龜井南冥のところに行ったときのことを、山陽に知らせています。「君の詩が南冥の家の壁の上に書きつけてある。南冥父子――というのは南冥・昭陽――この九州の代表的な親子の學者に大變好まれている」ということを手紙で言ってやった。文化六年ですから、まだ、山陽が世の中に出ていない。失意失望している時代ですね。そういう時代に大變勵ましになるような手紙をもらった。それで大いにそのことを德《とく》としていたというわけです。

南冥の見た詩がどうであったかはわからないのですが、『叢語』には『新居帖』から七言古詩の形のものを引いて載せています。それは「筑海の颶氣、天に連なりて黑し。千艘の蒙艟《もうどう》北より來《きた》る」という今の「蒙古來」の詩とちょっと違う形のものです。しかし南冥が見たというのは、それよりもっと前の形の詩でありました。そのことがわかりますのは、『新居帖』のおしまいのところに、「以前の文字に飽き足らなくて、こういうふうに今はつくり變えている。」と書いてあるからです。ただ、つくりかえる前の形は不明です。

その次の別の法帖に『蒙古來詩帖』というのがあります。これは樂府體です。しかし今の『日本樂府』に入っている「蒙古來」の詩と字句の違いがあります。それから今の詩になります。

ということで「蒙古來」の詩は南冥の見たもの、新居帖（竝びに叢語）、詩帖、および今の詩と、何度もつくり變えています。これは詩人としては當然のことで、そうやって何度もつくり變えたあげくが、現在の『日本樂府』に入っている詩となり、それが世の中に流布しているわけです。

「筑海の颶氣《ぐ》、天に連なりて黑し。海を覆うて來《きた》るものは何の賊ぞ。蒙古來《きた》る。北より來《きた》る。東西次第に呑《どん》色《しょく》を期す。趙《ちょう》家の老寡婦《かふ》を嚇《おど》し得て、これを持して來《きた》り擬《ぎ》す、男兒の國。相模太郎膽甕《たんかめ》の如し。防海の將士、人おのおの力《つと》む。蒙古來《きた》る。われ怖《おそ》れず。われは怖る、關東の令、山の如きを。直《ただち》に進んで賊を斫《き》り、顧みるを許さず。わが檣《ほばしら》を倒し、虜艦《りょかん》に登り、虜将《りょしょう》を擒《とりこ》にし、わが軍喊《かん》す。恨むべし、東風《とうふう》一驅《いっく》して大濤《たいとう》に附《ふ》し、羶血《せんけつ》をして盡《ことごと》く日本刀に膏《ちぬ》らしめざりしを」という大變勇ましい詩ですが、こういう形になって定着したという次第であります。

こういう詩が、また明治以後の詩人たちの癇《かん》に觸《さわ》ることは明らかでありまして、詩人、文人がやり玉に擧げまして、「こんなものは詩としても亞流の詩である。粗暴で何の價値もない」ということが、これは正宗白鳥の隨筆の中の一か條ですが、言われています。特に最後の「わが檣を倒して虜艦に登り」というのは今度の戰爭の最後の、肉彈特攻という發想と非常によく似たところがありまして、何だかそういう意味でいやな氣がするところがありますが、山陽のこの意見は、『通議』にも見えます。日本のような島國は、海が天然の要害なんだから、武器をあまり精鋭にする必要はない。接戰短兵といって、短い兵器で接戰して雌雄を決する。それで戰の大勢が決まるんだという意見であります。これまた幕末の西歐文明の洗禮を受けた人からは大變評判が惡いわけで、大體薩英戰爭にしても、下關の戰いにしても、そういう方針でやって、こてんこてんに負けたわけで、これではだめだという人たちが明治をつくったということですから、だめだという意見は當たり前です。それなのにどうして接戰短兵思想が戰爭末期になって復活したのか、これはある意味では、考えるべき價値のある事柄で、何かそう考える傾向が日本の中にあるのではないかという氣が私自身はしているわけです。あの肉彈特攻の思想、波打ち際で一氣に雌雄を決しようという思想が突發的に昭和の中頃に出たのではなくて、底流としてあったのではあるまいかという氣がするのです。

大變貴重な時間を潰して申し譯ないのですが、私の手元に當時のメモが一つ殘っているので、それを御紹介してみましょう。普通の戰記ものに出てきませんので、どんなことが當時眞面目に考えられていたかの御參考になると思います。これはせっぱ詰まって沖繩が負けて、いよいよ敵が九州あたりに上陸しそうだという頃のことです。

まずメモです。原文の略語やカタカナ書きは直して引きます。「簡易陸戰兵器をつくること」海軍ですから、こういう表現です。「飛行作戰が陸戰に轉換する直前に、飛行用の兵器を陸戰兵器に轉用する。そうやって飛行基地の兵力を陸戦化する。小隊、中隊の建制は變えない。」海軍ですから今は分隊の組織なんですが、それをいざというとき、小隊、中隊という陸軍式の建制にする。これは前にそういう通達が來ていた。その方針は變えない、というのです。「そこで陸上戦闘を主體とする築城を至急する」というのは、素掘りの穴を作ることです。その「簡易陸戦兵器」にはどういうものがあるかというと、「兵器の作製の講習をする。九州航空隊で、もう一部準備をしている。受け入れ可能なものは極力多数受け入れる。」「分散格納せよ。現有兵器分も同様。」現有の陸戦用兵器というのは何かというと、「九九《きゅうきゅう》式・三八《さんぱち》式小銃、二百五十五丁そのほか」というのです。實際にわれわれに配給された小銃というのは九九式どころか、三八式でもなかったですね。遊底蓋がないのです。西南戦爭ごろの村田銃じゃあるまいかと言っていたんですが、戦後、博物館で村田銃を見るとあれとも違っている。鹵獲した銃だったのかもしれない。とにかく海軍の末端などには制式の小銃はもうほとんどなかったのでしょう。三八式さえなかった。二百五十五丁の中味はこういうことです。それから「試作研究」はこれから始める。それにかかる時間はメモしてありません。「書くな」と言われたためでしょう。作る兵器としては誰それがやると責任者の名前が書いてある。それは省きます。「簡易手榴彈」。資材は「二五ミリ機銃の脱け殼」でつくるというのです。二五ミリ機銃というのは敵機のものです。撃ってきたとき藥莢が落ちてきますので、それを拾い集めて、それに火藥を詰めて簡易手榴彈をつくるというのです。「簡易式小銃」というのはこの基地の工作能力ではどうもうまくいかない。それから「大型手投げ錐彈」というのもだめだ。それから「簡易擲《てき》彈銃」、これは水道の鐵管などからつくるのだが、これもだめだと言う。今から水道を壊したら困るわけです。「簡易爆撃砲彈丸」というのがあるが、これもだめ。「火炎放射器」、これはちょっとものになりそうだ。一番ものになりそうなのは「爆彈噴進器架臺」というもので、これは硫黄島などで實際に使ったらしいのですが、二十五番爆彈で一千メートル(?)は飛ぶというようなことが書いてある。ただし噴進藥が今ないから當面この基地では出來ない、そういう話です。二十五番爆彈というのは二百五十キロ爆彈のことで、ゼロ戦の爆装に使われたものです。

それからいよいよ本番で、「竹槍二メートル、指がぐるっと回るぐらいの太さ」、これを至急「五百本」つくる。それから「地雷」もつくる、とあります。そのころはまだ飛行作戰が行われていたから、實際はそこまで行かなかったのですけれども、何ともこれでは近代戰はなかなか難しいということがはっきりわかります。ただそれは今だからそう言えるので、當時は言っている人も眞面目になって、そういうものをつくって、何とかして敵を水際において殲滅するということを考えていたわけです。それと同じようなことが、山陽の著述の中に書いてありますので、これを讀んでそんなことをしたとは言いませんけれども、そういうふうな發想法というのが、明治以後の日本にも殘っていたような氣がするわけであります。脫線ついでに申し添えますが、そのころ阿南陸軍大臣が九州巡視、「本土防衞の至難なること、大臣痛感されたり」という記録があるのも無理からぬことです。案外、この貧弱な裝備が、終戰を促進したのかも知れません。

『日本樂府』の方はおしまいにしまして、その次は『詩鈔』・『遺稿』の詩です。

4　山陽詩鈔、その他

詩は前回『山陽詩鈔』・『山陽遺稿』の詩を御紹介しておりますので、あまり言うことはないのですが、一つだけここで補充をしておきたいと思います。

これも考證癖と言いますか、そういう方から出る話ですが、これは詩としては文政七年（一八二四、四十五歳）の詩です。年の暮れになって、自分は旅行をしていて、まだ家に歸ることができない。そのときにつくった詩です。「路上雜詩」、路上というのは、いま山陽道を上っているところです。播磨の國までは來ているのですが、まだこの先攝津を通り、それから山城まで行かなければならない。そういう路上の雜詩です。どういう詩がつくられたかといいますと、これは『詩鈔』巻の八に出ております。「家家《かか》の歳計《さいけい》競《きそ》うて新《しん》を迎《むか》ふ。食《しょく》を餽《おく》り儺《だ》を驅《か》り又塵《またちり》を拂《はら》ふ。飄泊《ひょうはく》の半生《はんせい》底事《なにごと》をか成《な》せる。窮陰尚未だ歸らざる人と作る。」旅行の途中、どの家を見ても大晦日の締切をつけて、新年を迎える準備に忙しい。「食を餽《おく》り」というのは、年末の贈り物、つまり御歳暮のことだと思います。「儺《だ》を驅《か》り」、これは舊曆ですから、年内に節分があって惡くない。年表を見ますと十二月十七日が節分、鬼やらいの日です。そしてまた一年の塵を拂っている。これがあたりの風景である。さて自分のことを考えてみると、今までふらふらと過ごしてしまって、この人生で一體自分はどれだけのことをしているのであろうか。押し詰まった大晦日になって、なお旅行の途中である。家に歸って、一緒に新年の準備をすることもできずに、こんなところでうろうろしている。そういう詩であります。

この時代はまだ菅茶山先生が生きておられたために、詩の稿本を神邊に送ります。そうすると、茶山先生がいろいろ批評を書きつけて返してくださる。それをもとに刻本の『山陽詩鈔』をつくるわけですが、茶山先生はこの詩にどういう評を書いたかといいますと「年くれぬ、笠きてわらぢはきながら」と書いた。まさにこの心境だ、という意味ですね。ただしこれは和文であるがために、いまの刻本には載っておりません。本當は刻しておいた方がおもしろかったのにと思うのですが、これは芭蕉の句ですね。芭蕉は年末になって、旅の途中で年を越すことになった。そういう俳句を詩稿の上欄にひょこんと書いて、この心境がこれに當たる、そういうふうに評しておられるわけです。

こんなふうに當時の人としては、漢詩だろうが和歌・俳句だろうが、その區別はないと見るべきです。假にも詩人であれば、漢字で綴ることもあるし、和歌や俳句にすることもある。そこに大きな仕切りはない。現在の文學史は、日本人が日本の心情をあらわすのに、中國の詩形を使うのは事大主義だ、間違いだという強い意見があって、全く文學史からそういうものは外れているけれども、少なくとも當時はそれが同じものとして、同じような風懷をあらわすものとして、作られていたに違いないと思います。

ところが明治以後の和歌の世界では、あんな漢詩はとんでもないものだという意見が非常に強い。この「路上雜詩」

についてではないのですが、正岡子規などもそういうようなことを言っております。どういうことを言っているかというと、これは山陽全般の話です。森田思軒という山陽びいきの人が、「山陽は一つの専門分野に拘泥せず、何に手を出しても相當のところまで行く」というような趣旨のことを書いた。それに對して子規が言っている言葉です。「山陽の才能は常人に比すれば卽ち一等の上にあり。若し文章を以てせば文章家といふべからず」結局、本當の専門家としてはだめだと言っているのです。「詩を以てすれば詩人といふ可らず。書を以てすれば書家といふ可らず、學問を以てすれば學者といふ可らず、渠《かれ》果して何の上に於いて徹底したるか、渠は終《つい》に何の上に於いても徹底せざるなり。只々諸般《しょはん》の技術學問に淺く通じたる處に於いては、山陽實に古今を壓倒せり。然れども此《かく》の如きは天下多數の愚人より名譽を得るに適して、専門家として尊崇せらるゝに適せざるなり。」これが明治半ば以後の文化人の大體の最大公約數の意見だと思います。

それに對して、ひいき筋の見解もあります。『山陽書後題跋』の中に「杜（甫の詩）集の後《のち》に書す」という評論が載っています。その中で山陽いわく「余《われ》、從って詩文を學ぶ者に語るに、一字の訣《けつ》あり。曰く『眞』。又四字の訣あり、曰く『唯だ眞、故に新なり』と。」つまり「眞」ということ、この一字が大事だということ、それを引き延ばして、「眞であるがゆえに新しい。」新鮮味がある。山陽はそういう意見を門人たちに言っています。もちろん杜甫の詩がそのとおりだというのです。

これについて齋藤茂吉いわく「先師伊藤左千夫先生はかねてから、「眞」を尊ぶという主張をしておられるのだが、山陽もそう言っていることを知って偶然の一致を喜んでおられる」と。こういう趣旨のことを齋藤茂吉氏が言っています。だからある面では、後の人の琴線に觸れるという面があることは事實なのですが、全般的には、いろいろそうでないことも多いわけです。

『書後題跋』の『題跋』については、これも戰後になって竹谷長二郎さんの注釋が出ました。これは勞作ですから、是非ご覧になるとよいと思います。それ以前に戦前に出た注釋は、どうしてあんな本が出たかと思われるようなできのものです。これは參考にならない。まだ今よりは漢學が衰えていなかった時代なのだけれども、やはり衰微に向かっていたのでしょうね。

5　歴史観

そういうようなことで、いろいろ山陽批判がありますが、その中で最後までわざと避けて、殘しておいたのは、一番大事な山陽の歴史觀です。これは學問的立場ですから、行狀論爭の朱子學なりや否やに拘わります。

山陽は尊皇論を鼓吹している、そういう意見が非常に強い。これは戰前の出版物を見れば大抵そう書いてあります。『日本外史』を讀んで、讀者は尊皇論を鼓吹されたというようなことが書いてあります。また山陽の詩や『日本樂府』なども、そういう面で強い影響力があったというふうに評價されています。

山陽の尊皇論というのが、どういうものであったかということになりますと、これは私の手に餘るようなところがありますし、といって逃げているわけにもいかないので、こういう機會には、少なくともどういう人がどういうことを言っているかぐらいは、御紹介しておかなければ義理が濟まないという氣はいたします。

いろいろあるうちで一番要領よくまとめてあるのは、やはり德富蘇峰の『近世日本國民史』です。この本は今の世間一般の風習では、蘇峰という人の思想的遍歴が災いして、あまり正面から取り上げない風がありますが、これは大變立派な本だと私は思っております。『近世日本國民史』の中の一冊に「幕府實力失墜時代」というのがあります。そこに「賴山陽の史論」という一章が立ててありまして、「尊皇說と賴山陽」という一節が書いてあります。これが一番要領よくまとめてあると思うのですが、つまり尊皇論を鼓吹したとは一切書いていない。讀むとそうなるということは書いてあります。『外史』を讀んで、讀む方の人が尊皇論に氣づく。そういうことを思い起こさせるだけの手腕ある文章であるということが、大變うまく書いてあります。ぜひそういうことに興味のおありの方はご覽になるといいと思います。

それともう一つ、思想的な分析が行き届いていると思うのは和辻哲郎先生の『尊皇思想とその傳統』、『日本倫理思想史』の巻の一ですが、そこにもかなりのページを割いて尊皇思想のことが書いてあります。

和辻先生の本になると、やはり明治生まれの人は漢文を讀みこなしているなという氣が十分にいたします。といいますのは、現在の先生方、世の中で有名な方であっても、漢文で書いてあるものを本當に中まで讀みこなしているのかどうか疑問に思うことがよくあります。漢字で文を綴る歴史というのは、春秋時代のいにしえから、一字を以て褒貶するとか、微言大義があるとか言われまして、その字それだけを表面的に見たのでは本當はだめなんですね。皮相的な讀み方をするというような人を相手に書いているわけではない。だから、たとえばある事柄を記述して「その盛《せい》を極めたり」というようなことを書けば、盛んなさまを極めている、現状を謳歌しているじゃないかというような取り方をする。本當はそうじゃなくて、盛なることが極まったら、それは衰える前兆だという思想があって、それを寓しているに違いない。もうそろそろこの邊でおしまいだぞと言っているのに等しい。私の乏しい感覺ではそういうふうに讀むべきだと思います。それを「盛を極む」と書いてあるから有り難い時代だと評價しているというふうに、たとえばそんなふうに理解してしまう。一事が萬事です。

だから『春秋』を讀んで「亂臣賊子《らんしんぞくし》懼《おそ》る」と昔は言ったけれども、今では讀んでもちっとも恐れない。孔子はこんなふうに言っているじゃないかと、文字の表面だけで受け取ってしまう。非常に恐ろしいことではありますが、そういう讀み方をしているようでは、あえて『日本外史』に限らず、幕末の尊皇論というのはどういうものであったかということは、あまり理解できないのではないかと思います。その點、この和辻博士の議論は、そこまで立ち入って、懇切に分析されております。というぐらいしか今お話しする準備がないのですが、蘇峰の記述で大略を知り、それから和辻先生の著書で、その中身の分析を讀んで、あとは自分なりに考えてみるということがよかろうかというふうに思っているわけです。

歴史というのは、朱子學的な立場からすれば、古今の成敗を見るためのもので、戰時中の皇國史觀のようなものとは異質です。これはわれわれにはよくわかるのですが、一たんある史觀が發生しますと、それが獨り歩きをし始める、批判を許さないという事情が發生する。そうなると、中がますます純粹化されてしまうんですね。皇國史觀で言えば、天子というものは惡いことをしない。假にも惡いことをすることがない、失敗もない、ということになる。これは朱子學的な尊王論とは違うと思います。

また、朱子學では正統論というものがあります。日本で言えば南北朝という言葉が正統論に違反する。そこでこの言葉が禁止されるというところまで行く。南北朝というのは南朝と北朝と、二つの系統があるということを意味する。二つの系統というのは二人の天子というのを認めることである。そんなことはあり得ない。故に吉野朝とは言えても、南北朝とは言えない、ということになりました。そこで『日本外史』もそのまま紹介することが出來ない。『日本政記』に至っては削除しないと出版は出來ない。そういう時期に入ってしまう。これは朱子學的正統論の純粹培養のあげくの果てでしょう。

一つの思想史的な傾向が確立してしまうと、對立者が壓殺され、ますます純粹化し、極端化し、その中でつじつまを合わせようとする。昭和に入ってからは、天子絶對という聲のみ高く、國體に關する批判は一切できないという時期に立ち至りました。もしその張本人が『外史』だ『政記』だというのなら、それは寃罪で、國體に關しようが何しようが、著者が惡いと思ったことは惡いと書いてある。これが『外史』『政記』の讀まれたわけだと思います。正統は論じても硬直した皇國史觀が『外史』『政記』から來ているはずはありません。確かに「お國の爲」という氣風を養ったではありましょうが、同時に（歌ではないけれども）「お國の爲とは言いながら」のところを見失った歴史ではなかったと思います。それから明治の人で『外史』を極端に惡く言っている人たちの文章を見ますと、「自分は子供の頃それを暗唱していた。それが中年になって、あれはだめだということになって、全部價値が轉換してひっくり返ってしまった。馬鹿を見た」というような、そういう大變な恨みみたいなものがある。

最近また變わり、今まで、さんざんだめだと言われていたのに、案外いいところもあるじゃないかという意見が、現在ポチポチ出てきている。そういう時代だと思います。そういう時期に、客觀的な立場から、德川時代の儒者の思想なり、表現、あるいは作品としての詩とか文を再評價できる人があらわれることを切望する次第であります。

あとここで追加しようと思いますことは、典據の問題ですが、もとになる何かによらなければ歷史は書けない。それを現代風に一々これは古文書第何號によるとか、だれそれの論文の何ページによるとか、書いていっていいものかどうか、これは大いに疑問なんで、本當はどういうふうに書くべきか。『大日本史』などは一々そうやって割注みたいな格好で出典を書いていきますが、あれはとにかく通讀する歷史とは言えない。調べるときの歷史にはなりますが、天下の大勢を知るというような歷史には不向きな書き方ですね。

これも自分の興味に引きつけた取り上げ方で申し譯ないのですが、たとえば山本元帥という立派な提督がおられた。それだけにたくさんの傳記がある。ピンからキリまで、いろいろ、さまざまな傳記がある。新しく誰かが傳記を書こうとすると、以前の傳記にどうしてもよらざるを得ない部分が出てきます。現に阿川弘之さんが書かれたときに、隨分いろいろなところから引用されて、讀んでいてそっくり寫してあるところもあるような感じがしましたが、はたしていろんな議論が起こって、多分あれ以來そういう本の後ろには「本書の參考書は何何である」と、ずっと書くようになったような氣がします。また誰それに談話を聞いたというふうにも書いてある。だが本文のほうには、出典は何の何ページというところまでは書いていない。まずはあの形式でいいじゃないかという氣がするのです。阿川さん自身は人のものを引用しただけではなくて、はるばるブインの森の中まで遺跡を探しに行かれたというんだから、これは大變な打ち込みようでありますけれども、後生《こうせい》の人が傳記を書くときに、先行する傳記を引き寫さないですむかというと、そうはいかない。先行の傳が優れていれば優れているほど、そこから題材を取らなければいけないはずのものです。それから議論にしたって、評價にしたって、今まであれほど議論されている人物になると、どこかで誰かが言っているということになってしまう。三國同盟・眞珠灣・ミッドウェイ・最後の巡視行等等、「史論」として言うべきことはすでにみな誰かが言っているでしょう。それを一々詮索して、ここは誰それの說だ、ここの部分は誰それの研究だと言っていたら、議論は進まないわけです。それから歷史の見方は時代の大勢に支配される。ある特定の時期に一つの歷史を書こうとしたら、一體著者はどういう立場をとることになるかということは、やはり問題として考えてみなければならないという氣がいたします。これは完全に『日本外史』の書き方ということの辯護です。どうぞ割り引きをして聞いていただきたいというわけでございます。どうもありがとうございました。（拍手）

成稿後よみ直してみますと中央公論社『日本の名著』版の「賴山陽」冊の解說と重なることが多すぎることに氣付きました。御了解のうえ、御參考いただけたらと存じます。

（一九八九・九　追記）

『日本外史』への手引き
――跋に代えて――

前言

○第一部は外史成書以前で、説明を主とした。第二部は外史そのもので、書目も説明もやや詳記した。第三部は外史關連書で、書目の列記に重點を置いた。
○書目の部分の表記は努めて機械的にし、説明の部分の表記と無理に統一しなかった。
○書目の部分は、部によって表記に精粗の違いを生じた。已むを得ず未見の書を掲げるときは＊印を施した。なお、書目の末項は、藏版主・出版所・發賣所・發行人などを随意に記し、統一を缺いた。
○すべて平素の見聞を記したのみで特別の調査をしていない。疎漏の多い點は諒恕を得たい。

一

〔著者について〕　明治三十一年（一八九八）五月に森田文藏（思軒）の『頼山陽及其時代』（民友社刊）が出てから、昭和四十六年（一九七一）六月に中村眞一郎氏の『頼山陽とその時代』（中央公論社刊）が出るまでの四分の三世紀に限定しても、その間に公刊された山陽の傳記書はかなりの數に達する。その中からただ一種だけを擧げるならば次である。

木崎愛吉（好尚）『賴山陽全傳』洋菊・二册、本文一七四七ページ。昭和六・一二—昭和七・七。『賴山陽全書』所收、賴山陽先生遺蹟顯彰全刊

〔『日本外史』について〕　本書の執筆から完成後の流布に至るまでの大綱は、次によって知られるところが多い。

市島謙吉（春城）『隨筆賴山陽』（大正一四・三〔第一次の版本〕、早稲田大學出版部）の一〇〇—一六六ページ「日本外史」の節

木崎愛吉（好尚）『賴山陽の人と思想』（昭和一八・四、今日の問題社）の三五—一九三ページ「第二章」から「第四章」まで

〔外史著作と著者の心情について〕　著者は寛政十二年（二十一歳）から數年の閒、自宅の一室に拘束された。これは無斷で藩外に脫走したことへの處罰であった。また文化六年（三十歳）暮に菅茶山の塾に出されたが、翌々年にはそこを捨てて上方に移った。これはいわば第二次の脫藩に當る行動であった。この兩回の非常行動に際し、いずれの場合も、長文の書面を認め、史學を修める堅い決意を自ら述懷している。いま次のような形で、それを讀むことができる。

德富猪一郎（蘇峰）『賴山陽』（大正一五・一一、民友社）の九七—一〇六ページ

吉村春雄『山陽外傳』和小本・一册、明治一〇・一〇、種玉堂刊

前者は上述のいわゆる第一次脫藩後、享和元年（一八〇一）から同三年までの閒の時期に、家の執事、梶山六一・手島伊助兩名に宛てた書面。後者はいわゆる第二次の脫藩を企てつつある文化七年（一八一〇）七月二十六日に、藩の重役、築山奉盈に宛てた私信。後者は原文を臨寫したものの摹刻であるが、原文そのものの寫眞版（縮小）は、『賴山陽先生眞蹟百選』（木崎愛吉編、昭和六・九、審美書院）の圖版八に出ている。

〔外史の書法について〕　外史の敍述には多くの苦心があるが、この點についても著者自らの述懷が多い。ことに弟子の兒玉旗山の編集に成る『山陽先生書後』（三卷、天保七・三、春和堂）のなかに多いことは、坂本辰之助（箕山）『賴

山陽』（大正二・四〈第一次の版本〉、啓文館）の三一六―三一九ページによって知られる。書翰・文集のなかでも言及している場合があり、すべて、市島・木崎両氏が前掲の箇所で綜合的に指摘している。

〔外史の典據について〕 典據についても概括的には自ら述べている。（文獻名は上項に準ずる。）しかし具體的に、個々の記述の典據を調べるのは、根氣を要する仕事である。著者の著述以後の文獻ではあるが、『大日本史』（著者の利用した『大日本史』は現在流布している刊本とは違う）や『野史』の記す出典名は、その際に有用である。近代史學の成果である『史料綜覽』は、記述の誤謬を探すのには役立つが、記述の典據を探すのにはあまり役立たない。（これは本書の性格に密接に關連する。）同樣に小泉安次郎『日本史籍年表』も、本書にとってはそれほど有用でない。本書にとって有用な別の「史籍年表」（年ごとに史籍の箇所を指摘した書物）を作る必要があるように考える。これは本書の現代語譯を作るのにも必要な作業である。なぜならば、漢文化されたもとの和文を知らずに現代口語譯を試みることは、程度の差こそあれ、英譯論語を論語原文を見ずに直譯したり、漢譯法華經を梵本なしに翻譯したりするのと同じような、微妙な食い違いを犯す危險があるからである。なお、斷片的には、後揭の池邊義象『邦文日本外史』、少年叢書『日本外史講義』に、典據となる和文を引く場合がある。また『日本思想大系』四九『賴山陽』の植手通有氏の注は、『日本政記』の出典について精査してあり、參考になる。

〔稿本について〕 本書は始め二十卷の構成であった。（現行の二十二卷本は、二十卷本の「源氏」と「平氏」との順を前後入れ替え、足利氏・德川氏を各〻一卷ずつ增し、論文を全面的に加えたものと言われている。）二十卷本は、寫本でしか存在しない譯であるが、前揭、木崎『賴山陽の人と思想』六五―七五ページ（篠崎小竹・小野蘇庵・村瀨藤城の三寫本）、市島『隨筆賴山陽』一五七ページ（小竹寫本の行方）の記述があるほか、『天理圖書館稀書目錄・和漢書之部・第三』（昭和三五・一〇）の一一〇ページに「日本外史稿本・寫・二十卷・二十册・闕」という記載があることを指摘しておく。

右の稿本については、『山陽全書』の『全集上』（昭和六・一〇）の卷頭圖版（「解題」の一九ページに照應）、恩賜京都博物館編『山陽先生遺墨集』（昭和六・一二）下册の圖版六一―六三、前掲、森田『頼山陽及其時代』の三八二―三八六ページ、前掲、坂本『頼山陽』の九七九―九八四ページ（ただし『史學雜誌』八篇一〇號からの轉載）を參照。後掲、池邊『邦文日本外史』の巻頭圖版の説明によれば、この稿本の影寫本が別に作られている。なお『廣島市史』（大正版）巻三の巻頭圖版のもの（原稿一葉）は、この稿本の文章と内容的には同じであるが、燒失した。

二

〔刊本の目録〕　從來まとめられたものとしては次がある。

池田四郎次郎（蘆洲）「日本外史參考書」大正五・五、自印、一葉〔以下の略稱「大五目」〕

同「（增補）日本外史參考書」（大正六・一）『尚古』七八（大正九・三）四六―四八ページに轉載〔「大六目」〕

頼成一（棋厓）『嶺松廬著述竝關係書目錄』昭和二、稿本〔「昭二目」〕

同『頼山陽先生關係書目錄』昭和四・六、自印、三二ページ〔「昭四目」〕

同「頼山陽關係書目錄」『國學院雜誌』三七―一〇（昭和六・一〇）三三―四三ページ〔「昭六目」〕

同「（日本外史）研究の栞」『日本外史の精神と釋義』（昭和一九・八、旺文社）二九〇―二九九ページ〔「昭一九目」〕

以上につき、「大五目」は「大六目」に吸収されている。「昭二目」は當時の家藏目錄。（若干の補記部分を除く。）この書目のなかの本は、山陽遺蹟顯彰會に寄贈、あるいは寄託され、山陽記念館に陳列のまま原爆で燒亡したと思われるものが多い。「昭四目」は知見目錄。山陽文獻に限れば、「昭二目」は原則として「昭四目」に吸収されている。「昭六目」は「昭四目」を基とし、これを多少加除したものであるが、流布が廣い。「昭一九目」は綜括的な略解つき。これまた稀本ではない。いま以上によりながら、外史關係の部分を整理して記す。

なお『改訂内閣文庫國書分類目錄』上、三八六—三八七ページの記述は、よく整頓されていて參考となる。（以下『内閣目』と略稱してページを引くことがある。）

〔『日本外史』二十二巻の諸刊本〕　この項については、「著者」と「巻數」とは一定であるので省く。通しページが打ってある場合は、それも記す。二十巻の時代の外史の序は曾て文化十年に作られたがそれはいま省かれ、樂翁公（松平定信）への上書が序の代りに冠せられている。（樂翁公へ呈上した桑名本のこの部分のコロタイプ版が樂翁公遺德顯彰會から昭和十二年六月に出ている。）また「引用書目」も各刊本の殆どについている。

〔(イ)　木活本〕　外史の刊本として最も早いのは、拙修齋叢書木活本である。

『日本外史』二二冊・大本、一一行二二字、天保七、八年頃の刊本（刊記なし）、『拙修齋叢書』の一（引用書目も目次もつかない）

『日本外史』五冊・薄葉小本、一〇行二二字、刊年不明、木活本（引用書目・目次つき）

「大六目」には「拙修齋叢書木製活字本（有大本二種小本一種）」とあり、「昭一九目」（二九二ページ）には、大本四種・薄葉小本一種を集めたとある。「昭二目」には、拙修齋本かどうか不明の木活半紙十二冊本二種の存在を記す。拙修齋（中西忠藏・伯基）の傳記と拙修齋叢書の全容とは、『幸田成友著作集』巻六（昭和四七・五）四七五ページ以下參照。（多治比郁夫氏敎示。なお、「昭一九目」二九一ページも參照。）

〔(ロ)　川越版〕　拙修齋叢書本に次いで現われたのが桑名本を底本とする『校刻日本外史』で、川越藩博喩堂（江戸藩邸の學舍の名）藏版、保岡孚（元吉、嶺南）の序と、校刻本例言を附ける。いわゆる川越版がこれである。藏版主はのち舊藩主・松平氏（樂翁公の家系とは別）となる。

『校刻日本外史』一二冊・中本、一〇行二二字、弘化一・一二・初刻、明治一八・三・第九刻本、松平氏藏版

川越版によって外史は普及した。光吉元次郎氏の實査による「校刻日本外史出版表」が、市島『隨筆賴山陽』一五

八ページ以下に出ている。明治六年六月の第三版からの改版（板木の磨滅によるもの）は誠に早く、明治三十二年四月の第十四版で木刻版は終った。第九版に僞刻があり、表紙の具合でわかる由。明治九年以後の川越版の刻本から、奥付に「版權免許・□刻御屆」の文字が現われ、藏版主が藩の學舍名から松平氏に代る。（これは版權法によるものらしい。）第三版から第四版にかけてが、この變化の時期であるので、光吉氏の表をたよりに一層の精査が必要と思う。（ついでながら、外史の版權は明治三十九年で切れたという。）

木版時代が終り、洋裝活版時代になってからも川越版の出版は續いている。以下、實見したもののみを記す。

『校刻日本外史』松平基則、洋假四六・一册、一五行三〇字・七一二ページ、明治四二・五・再版本（初版年月不明）、岡本偉業堂等

『校刻日本外史』松平基則、洋菊・一册、一四行二四字・九四六ページ、明治三九・七・初版、明治四二・四・再版本、交盛館等

『校刻日本外史附字解』久保得二（天隨）、洋四六・二册、一五行三〇字・七二四ページ、明治四四・二序刊本（奥付切斷不明）、岡村書店

『校刻日本外史』松平基則、洋四六・一册、一四行三〇字・七六〇ページ、明治三九・一・初版本、郁文舍

『校刻日本外史』濱野知三郎、洋四六・一册、一四行三〇字・七六〇ページ、大正四・五・初版、大正九・一二・第三二版本、大盛堂書店

最後の二種は、多分同一紙型のものであろうが、徹底した調査はしていない。

外史出版について、『日本外史大危機』（安政四・一〇以降）と題する文書の寫本（保岡孚の寫）が上野圖書館に收められていたが、いまは亡佚本となっている。これを轉載した始めのものは、菅谷勝義（秋水）『賴山陽』（明治三六・一、臥龍堂等）九七—一〇九ページであったと思われる。なお、これに先行する文書の寫し一通も傳存する。

〔(ハ) 上方版、その一〕「上方版」とはいま適宜につけたもので、賴復(又二郎、支峯。山陽の子)が關係している諸版本を言うこととする。ふつうは「久太郎版」と言う由。

『日本外史』二二册・大本、九行一九字、嘉永一・八・初刻本、賴氏正本

「賴氏正本」とは、川越版に對抗する氣持があったのであろう。樂翁公の題辭を附けるが、本當の初印本には、それがない由、木崎『全傳』下の七〇六ページに記されている。校正の筆を入れた本は「昭二目」に見えるが燒亡。別の校正刷の本が大阪府立中之島圖書館に收藏されたという。(「なにわづ」七九、一九八〇・一〇)

右の嘉永版本の出版については、前掲、坂本『賴山陽』九五五ページ以下と、博多久吉「日本外史の刊行について」(『大阪史談會報』四―六、昭和一五・一一、一四―二二ページ)とに、資料が紹介されている。

右の改刻が次掲の本で、このとき例言・標記(上欄)・跋(後藤機(松陰))が增加した(いま不完本により記すので推定を含む)。

『日本外史』一二册(二二册の場合もある)・小本、九行一八字、元治一・一〇、賴氏藏板

これ以後、この上方版の系統に大本と小本との別ができた。『享保以後大阪出版書籍目錄』二九二ページには、明治三年六月の、大本・小本それぞれの再板發行の願出と、七月の許可とを記す。また「昭二目」には「元治元年新刻・明治四年再刻」の十二册中本の襲藏を記す。『內閣目』三八六ページ上も參照。

〔(ニ) 點註標記本〕 明治の初期において、他と系列を成さないものに次がある。

『點註標記日本外史』吉原呼我標記・關機訂正、一二册・中本、一一行二一字、明治八・二・初刻本、開心庠舍藏版

上欄の點註標記は漢文である。

〔(ホ) 唐本〕 外史は『淸史稿』(中國の第二十五番めの正史に相當するもの)の「藝文志」に華人著作として入れられて

いる。それはともかくとして、唐本が三種ある。

『日本外史』一二冊・小本、九行一八字、光緒一（一八七五・明治八相當）粤東罧花書屋刊本（上方版「小本」の翻刻）

『日本外史』一二冊・中本、一〇行二二字、清の錢懌（子琴）評、光緒五・一、上海讀史堂刊本（川越版の翻刻）

『日本外史』八冊・小本、一三行三〇字、光緒二八、文賢閣石印本（底本は後記の上方「增補本」）

右のうち錢懌評本の刋年は、篆書で「光緒己卯孟春月」とあるが、篆體が崩れ、「卯」が「丑」とも讀め、もし「己丑」ならば光緒十五年となる。（『靜嘉堂文庫國書分類目錄』七六二ページ參照。）しかし、清の譚獻の光緒八年の日記（『復堂類集之四・日記卷六』）に「いま上海で錢懌（子琴）の評本を刻した」云々とあるので、「己丑」でなく「己卯」と考える。卷首の齊學裘（玉谿）の序は光緒三年十月、錢懌の序は光緒四年十月であるので、己卯とすることと矛盾しない。

〔（へ）上方版、その二〕　この系統は甚だ複雜で、不明の點が多いが、取り敢えずのところ、「校正本」・「增補本」・「標註本」の三系列を考えておく。

『校正日本外史』一二冊・中本、一一行二三字、明治一二・三・第三刻本。賴氏藏板（送り假名つき）

右の本の題簽には「大字第三版」とある。第一版がいつなのか不明。奧付には版權免許が明治九年一月十二日とあるが、これは出版時とは無關係と見るべきである。また「再刻御屆」は明治十三年五月一日になっている。「大字」という以上、別に小字の「校正本」があるのかも知れない。

次に「增補本」は少くとも次の二種がある。

『增補日本外史』賴又二郎增補、一二冊・中本、一〇行二〇字、明治九・六・出版、明治一五・一二・再刻別製本（送り假名なし）

『增補日本外史』賴又二郎增補、一二冊・中本、和裝活版・一二行二三字、明治一三・五・出版、明治二六・一〇・再版本（送り假名つき）

「増補」とは、外史の原文の前後に、系譜と地圖とを増補したことを意味するのであろう。

『標註日本外史』賴又二郎標註圖記・雲谷任齋校閲、二三冊・中本、一〇行一九字、明治一〇・一〇・初版本。明治一三・三・再版本（送り假名つき、頭注は和文）

洋裝活版本が何年に始るのか未詳であるが、少くとも次がある。

『日本外史』洋菊・一冊、一二行二三字、明治三三・三・再版本（初版年月を缺く）、賴氏藏板（送り假名なし）

『日本外史』和菊・六冊、一二行二三字、大正四・三・改版本（初版年月を缺く）、賴氏藏板（送り假名つき）

「昭二目」には、洋裝菊版のほかに、四六判の諸本（「校正本」・「増補本」）をも載せる。

（ト）その他　以上のほか、原文を主としている刋本には次がある。

『重訂日本外史』久保得二（天隨）校、洋四六・一冊、一五行三〇字・七二四ページ、明治四一・二・初版、明治四三・六・第九版本、博文館

右は序跋・標記などにつき、（ロ）の川越版と（へ）の校正本とを綜合したもの。

『頭註日本外史』一戸隆次郎校、洋菊・一冊、一三行二三字・一〇六八ページ、明治四三・一〇・初版本、金港堂（送り假名なし）

『訓註日本外史附人名地名索引』奥村恆次郎校、洋小本・二冊、九行二一字・一九五六ページ、明治四四・一〇・初版本、山本文友堂（總ルビ式の送り假名つき）

『新訂日本外史』大町桂月校、洋三冊、明治四五、至誠堂（學生文庫の中）*

『註解日本外史附字句詳解』小宮水心校、洋小本・二冊、一一行二五字・本文一一四三ページ・附錄二七五ページ、大正一・一・初版、大正一四・四・第一五版本、立川文明堂（送り假名つき）

『新註日本外史』寶文館編輯所編、洋小本・一冊、一三行二二字・一一二五ページ、大正二・三・初版、大正二・

四・再版本、岡本偉業堂（送り假名なし）

『註釋校刻日本外史』物集高量校、洋小本・一冊、一五行二八字・七七二ページ、昭和四・七・初版本、有宏社（送り假名なし）

『日本外史』賴成一校、洋菊・一冊、一三行三〇字・八三二ページ、昭和六・一〇・初版本、『賴山陽全書・全集・上』の全册、賴山陽先生遺蹟顯彰會（送り假名なし）

右は底本として（ハ）を用い、これと（イ）（ロ）および門田堯佐（樸齋）舊藏寫本（「昭二目」に載せる「寫本、五册、薄葉大本」のことかも知れない。もしそうなら焼失）とを對校・標記したもの。（ヘ）の「校正本」以後、本文の校訂を目的とした刊本はこれのみである。ただし活字本の常として、新しい誤植が散見するので、念を入れれば底本とした（ハ）と校合してみる必要がある。（本譯書の底本はこの本であるが、この種の誤植は岩波書店校正部の栗田玲子氏の指摘によって、その多くを正すことができた。ここに記して感謝の意を表明する。）昭和八年以後、『全書』から抽出した二分册本、四分册本も出て、普及している。

『註解日本外史』國民思想善導普及會編、和小本・一二册、一二行二三字、昭和八・四・初版本、同會刊（送り假名つき）

〔訓讀を主文とする諸刊本〕　以下、原漢文が附いている場合にだけ、「原漢文つき」の註記を加える。

市川清流『史學武家童觀抄』二巻、中本・二册、明治三・二・初版本、從吾所好齋藏板（長谷川宗一書）題簽には「初篇」とあり、以下續くものであったらしい。これは『外史』巻二「源氏上」まで。

大槻誠之（東陽）『訓蒙日本外史』三五巻、小本・三五册、明治六・八・初版本、挹風館藏板

右は長田德鄰（觧齋）校、明治六年四月自序。改版本は明治二十年四月に「再版御届」。明治四十二年九月に第十三版本（洋假裝菊判・六册）が學友館から發行されている。

大槻誠之（東陽）『啓蒙日本外史』三五巻、小本・三五冊、刋年不明（明治八・一一・版權免許）、何不成舍藏板
右は渡邊約郎（益軒）校、明治七年一月自序。改版本は明治二十年十二月（初版）出版。明治二十六年九月に再版本（洋裝菊刋・一册）が目黑書店から發行されている。更に『插畫啓蒙日本外史』は、明治二十八年九月（洋假裝四六判・七册）、同じく目黑書店から發行されている。以上、大槻氏の書は「訓蒙本」が二種、「啓蒙本」が三種となる。「訓蒙本」と「啓蒙本」とは全同ではないが無關係のものではなく、出版事情の眞相は不明である。

大町芳衞（桂月）『新譯日本外史』二三巻、洋小本・一册、明治四三・九・初版、明治四三・一〇・第七版本、至誠堂
右には「評」という項も散見する。

池邊義象『邦文日本外史』二二巻、洋四六・一册、明治四四・二・初版本、郁文舍等（明治四四・一自序）
右は外史が據った和文文獻を稀に插入する。版本は複雜で、同版の改名版『譯文日本外史』が大正五年三月に戶取書店から發行。ただしその際、自序の年月を削り、肩見出しの「邦文」二字を削り、「譯文」版が初版であるらしく修正してある。次にどういう事情からか、同版で初名に返った『邦文日本外史』が初版として大正十年四月に再び郁文舍から發行。その際、巻頭圖版を削り、肩見出しに「邦文」の二字を復活した。（自序の年月日はない。）震災後、昭和二年九月に、異版の『邦文日本外史』が初版として大洋社から發行（昭和十四年十月に第五八版）、この版では、從來あった和文文獻の引用が削られた。以上、池邊氏の書は都合四種となる。

上田景二『譯文日本外史』二二巻、洋小本・一册、明治四五・三・初版、明治四五・四・第三版本、朝野書店（原漢文抄錄）

有朋堂文庫『日本外史』二二巻、洋小本・二册、大正一〇・五—七・初版本（辻善之助解題）（原漢文は上欄）

至誠堂漢文叢書『日本外史』二二巻、大町芳衞（桂月）・公田連太郎譯、洋四六・二册、昭和四・四—一〇・初版

（上冊・昭和四・五・再版本、下冊・初版本）（原漢文は上欄）

いてふ本『日本外史』二二卷、和小本・三冊、昭和一一・一―一二・初版本、三教書院

この本は、同版の洋B6・三冊本が、昭和二十八年十月に、いてふ本刊行會から發行された。

大日本文庫（國史篇）『日本外史』二二卷、平泉澄譯、洋四六・二冊、昭和一一・五―昭和一三・二・初版本、同刊行會

岩波文庫『日本外史』二二卷、賴成一譯、洋小本・五冊、昭和一三・一一―昭和一五・四・初版本、岩波書店（譯者の解題と、人名索引を附ける）

右の戰後重版本は尾藤正英氏の解說を附け、昭和四十四年十月に發行された。（刷は各冊ごとに異る。）本譯書はこの後を承けた修訂・改版本で、小見出しを附けた。

〔講解本、二十二卷〕　この系統は自然に二十二卷となるので、卷數の表示は省く。

片岡潛夫『文法詳解日本外史講義』洋四六・三冊、明治二八・三・初版、明治三〇・七・第四版本、（田中）宋榮堂

右は原文を段に分けて略示し、「字解・講義・文法（文章の構成）」を記したもの。

近藤元粹『日本外史講義』洋菊・一冊、明治四〇・五・初版本、青木嵩山堂

右は原文の中に割り注の形式で和文の注を加えたもの。

久保得二（天隨）『日本外史新釋』和菊・一二冊、明治四〇・七―明治四一・七、明治四五・二・第一六版本（第一冊。あとの冊の標示は省く）、博文館

右は、送り假名つきの原文を段に分け、字義・文義を記して行く形式。この前後に、河村定靜『日本外史講義』*月見柳莊『日本外史講義』*（洋菊二冊、大正一、無我山房）がある由であるが未見。

少年叢書・漢文學講義『日本外史講義』和菊・四册、大正二・七—大正四・三・初版、大正六・一・第七版本（いま第一册のみ標示）、興文社

典據の和文を引用するところがある。少年叢書とはいうが、水準は高い。震災後、細目つきの縮刷本が、大正十四年十月（洋小本・二册）、同社から發行された。

賴成一『日本外史新釋』洋四六・五册、昭和四・一〇—昭和六・五・初版本、弘道館（『昭和漢文叢書』の一）

右は『日本外史解義』と改稱し、四六判三册として昭和六年九月に同じ出版社から發行されて流布した。

三

〔年表の類〕

關機『日本外史年表附沿革圖』*和中本・一册、明治九・二、三書堂（『内閣目』三八七ページ上）

味酒清人『日本外史年表』和大本・一册、明治一五・一〇・初版本、山陰亭

〔系譜の類〕

名取善十郎・穴水朝次郎『日本外史系譜』一卷・『日本外史補系譜』一卷、和大本・二册、明治八・四・初版本、内藤濕故堂

西野古海『日本外史姓名表』和小本・一册、明治八・一一・初版本、玉石堂（『日本外史名鑑』の題簽を持つ三省社版もある）

〔地圖の類〕　次項「字義」の類に附けられている沿革圖の部分は、もともと單刊されていたものであった可能性もある。

〔字義の類〕 以下について、外史のどの部分から字解を附けはじめるかを『 』内に注記しておく。「樂」は「上樂翁公書」、「例」は「外史例言」、「論」は平氏序論。「畫」は筆畫順。特に記さないのは和文の注。

松嵐・泉石『日本外史訓蒙』二卷、和中本・二册、明治五・一・初版本、奎章堂（水野旭山『系譜頭書日本外史便蒙』二卷、和中本・二册、明治六・一一序刊本、萬卷樓は、これに系譜を加えたもの）《樂》（漢文の注）

野呂公敏『日本外史字引』和小本・一册、明治六・八・初版本、島次三郎藏版《畫》

榧木寛則『日本外史字類』三卷、横小本・三册、明治七・三序刊本、萬卷樓《卷ごとの事項別》（實見は上册のみの不完本）

大森惟中・莊原和『外史譯語』二卷、和小本・二册、明治七・七・初版、明治一一・一二・第三版本、千鍾房・青山堂《畫。一般語彙用》（橋爪貫一『外史譯名』和小本・一册、明治一一・一〇・初版本、千鍾房・青山堂《畫。地名・人名用》はこれの續篇）

生駒貞幹『增補日本外史稱呼訓』三卷、和小本・三册、明治八・一一・初版本、合書堂《樂》（漢文の注）（本書の序によると原本は松山富美『日本外史稱呼訓』二册、明治六）

岩井眞二郎『日本外史字引大全』四卷、和小本・四册、明治一〇・二・初版本、三書堂《樂》

河村與一郎『改正删補日本外史字類大全』二卷・『補遺』一卷・『古戰場圖』一卷、和小本・銅版四册、明治一二・一二・初版本、金花堂《例》（その後、和小・銅版四册本は明治二五・一二に第三〇版に達し、明治三一・六には洋小本・鉛活字一册に變型。明治四一・二・第一二版本、積善館がある）（溯って「改正删補」以前の『日本外史字類大全』は明治九序。これの附册かとも考えられる『日本外史古戰場槪圖』明治一〇・一一・初版本もある。本書の變遷も複雑なところがあり、詳細はまだ検討していない）

三田稱平（地山）『日本外史摘解』和小本・一册、明治一四・二・初版本、地山堂《論》（漢文の注）

雨森精翁『便蒙日本外史纂語講義』六卷、和中本・六册、明治一四・五・初版本、三書樓《論》
太田成之『鼇頭日本外史獨學大全』三卷、和小本・三册、明治一四・一一序刊本、目黑氏發行《例。鼇頭は「保岡序」も對象とする》
大岡讓『首書圖彙日本外史字解大全』三卷、和小本・三册、明治一六・五・初版本、明善堂《例》
櫻井茂衞『日本外史纂語字類大全』四卷、和小本・四册、明治一七・一・初版、明治二五・八・再版本、此村欽英堂《例》
長瀨寬二「日本外史便蒙」二三卷、和中本・八册、明治一八・五・初版本、成美堂《樂》
岡本可亭『日本外史纂語字類大全』三卷・『諸家系圖・古戰場圖』一卷、和小本・四册、明治二三・八・初版本（第二册缺本）、圖書出版會社《例》
下森來治『日本外史質疑應答』洋四六・一册、明治二五・一一・初版本、興文社《論》
鹽見文準『頭書圖彙日本外史獨學講義』四卷、和小本・四册、明治二五・一二・初版本、高橋煥呼堂等《例》
片谷耕作『鼇頭插圖日本外史字類講義』三卷、和小本・三册、明治三〇・二・初版本、明治堂《例》
文潮舍『日本外史辭典』洋四六・一册、明治三九・一序刊本、城北書房《論》
高橋喜八郎『日本外史字典』洋四六・一册、明治三九・二序、明治四二・五・再版本、岡本偉業堂・石塚松雲堂《論》
久保得二（天隨）『日本外史字解』洋四六・一册、明治四四・二序刊本、岡村書店《論》（これは上掲、久保校訂『校刻日本外史』の附册の再掲。博文館の明治四一の單刊本が*「昭二目」に見える）
小宮水心『日本外史字句詳解』洋小本・一册、大正一・一・初版、大正一四・四・第一五版本、立川文明堂《論》（これは上掲、小宮『註解日本外史』の附册の再掲）

この項の書は、山田忠雄氏の『近代國語辭書の歩み』上・下二冊（昭和五六・八）の中に更に多數が收載、詳記されている。

〔論文の類〕特記しないものは、和文による解義本とする。

『外史論文』和小本・活字・一冊、一一行一八字・四三葉、刊記なし（論文だけの拔萃本。「上樂翁公書」つき）

高村元俊（磐水）『日本史綱鑑圖繪抄』和中本・一冊、明治一一・八・初版本、磐水樓（外史冒頭の論文の和譯敷衍を含む）

長川熙（竹院・長洲）『國史論贊評點』二卷、和小本・二冊、明治一〇・五・初版本、晩晴樓（漢文）

菊池純（三溪）『日本外史論文講義』洋四六・一冊、明治二五・一一・初版、明治二六・五・第三版本、法木書屋

深井鑑一郎『論文日本外史講義』洋菊・一冊、明治二六・五・初版、明治二九・一〇・第五版本、誠之堂（『中等教育和漢文講義』の一）

富本時治郎（長洲）『論文日本外史講義』洋四六・一冊、明治二七・五・初版本、日新義塾

岩田德義『日本外史論文講義』和菊・一冊、明治三二・二・初版、明治三三・二・第三版本、中村鍾美堂

有朋堂文庫『山陽史論』洋小本、大正三・四・初版本（訓讀文。『神皇正統記』『讀史餘論』と合一冊）

三島毅（中洲）『日本外史論文段解』和菊・一冊、大正三・六・初版本、二松學舍（漢文）

塗師谷教秀『日本外史論文講義』洋菊・一冊、大正四・七・初版本、修學堂書店

池田四郎次郎（胤・蘆洲）『纂評日本外史論文箋注』和菊・一冊、大正六・一・初版、大正六・二・再版本、修省書院（附「日本外史論文考異」一葉）（漢文）

池田四郎次郎『日本外史論文講義』洋菊・一冊、刊年不明

久保輗次郎『日本外史論文（講義）』和菊、刊年不明、二松學舍講義錄の一

飯田御世吉郎『日本外史論文釋義』洋菊・一册、刊年不明、帝國漢學普及會（外題『日本外史論文』。もと『日本政記論文講義』と合綴のものと推定される）

大日本思想文庫『頼山陽集』洋菊・一册、七―九一ページ、昭和六・五・初版本、先進社（訓讀文を主とし、上欄に原漢文をつける）

坂口利夫『日本外史論文詳解』洋四六・一册、昭和八・四・初版本、大同館（白文を後附）

雄山閣文庫・第一部『校訂日本外史論賛附譯文』洋小本・一册、昭和一二・九・初版本（『古典研究』一―九、第二附錄）（原漢文と訓讀文）

川口白浦『日本外史論文精解』洋四六・一册、昭和一三・五・初版、昭和一五・一一・第七版本、建文社（學生の友社刊『日本外史論文新講』と外題換えの本あり）

井要『日本外史論文集』洋菊・一册、昭和一三・一〇・初版本、立命館出版部（教科書。ただし注は和文）

岡村利平『校注日本外史論文』和菊・一册、昭和一六・一・初版本、明治書院（教科書。ただし、全部漢文）（教科書で外史論文を抽出したものはこの二册を見本の意味で擧げ、あとは檢討していない）

頼成一『日本外史の精神と釋義』洋B6・一册、昭和一九・八・初版本、旺文社（論文の講義を主體とする）

頼惟勤『頼山陽』洋小本・一册、昭和四七・一二・初版本、『日本の名著』の一、中央公論社（論文は全部譯出）

〔抄本・教科書の類〕　この類は省略する。數は多いが、檢討していない。

〔批判の類〕　特に注記する以外は和文。

鹿持雅澄（古義）『日本外史評』二卷、和中本・木活・二册、元治一・初版本、鹿持氏藏版

長川熙（東洲）『讀外史餘論』二卷、和中本・二册、明治六・八跋刊本、中外堂

清宮秀堅『外史剳記』和中本・一册、明治七・三・初版本、玉山堂（漢文）

栗原信允『日本外史正誤』四卷、和中本・四冊、明治一七・四・初版本、有隣堂

法貴發『日本外史辨妄』和中本・一冊、明治二〇・二序刊本、書籍會社

長川熙（東洲）『日本外史文法論』和中本・鉛活・一冊、明治二六・一・初版本、安中藏版

田口卯吉（鼎軒）『日本外史ト讀史餘論』明治二五・一〇序、經濟雜誌社、『鼎軒田口卯吉全集』第一卷所收（昭和二・七）

〔補續の類〕　漢文のものだけを擧げる。

岡田僑（鴨里）『日本外史補』一七卷・『名節錄』二卷、和大本・一二冊（薄葉四冊本あり）、慶應二・五・刊本、岡田氏藏版（嘉永三年本*もあるという。また久保得二（天隨）譯、洋小本・一冊、明治四五・六、新潮社刊本もある）

賴復（支峰）等『日本外史後編』（稿本）一二冊（筑波大學圖書館藏）

伊賀倉俊貞『校正鼇島外史』五卷、和中本・五冊、明治一八・九・初版本、淸弘堂

關機『近世日本外史』八卷、和中本・八冊、明治九・五・初版本、三書堂

關機『續近世日本外史』二卷、和中本・二冊、明治一〇・一・初版本、三書堂

馬杉繁『續日本外史』一〇卷、和中本・六冊、明治一〇・五序刊本、田中太右衞門

青木可笑『江戸將軍外史』五卷、和小本・五冊、明治一一・九・初版本、西山堂

近藤鉼城『日本外史前記』五卷、和中本・五冊、明治一二・七・初版本、坂上半七

〔改編の類〕

重野安繹（成齋）等『編年日本外史』一六卷、和中本・一六冊、明治八・五序刊本、光啓社

岩崎恆義『外史擥*要』五卷、和中本・五冊、明治一三、同盟社

〔觸發の類〕

石川英（鴻齋）『日本外史纂論』一二巻、和中本・六冊、明治一〇・一二序刊本、山中氏發行（諸家の史論を類聚したもの）
大岡譲『日本外史評論』七卷、和中本・五册、明一一・一・初版本、大岡氏（前書と同性格）
佐藤憲欣『讀正續日本外史』二卷、和小本・二册、明治一一・八・初版本、內藤書屋（詠史）
西川文仲『日本外史樂府』二卷、和小本・二册、明治一三・一一・初版本、同盟社（詠史）
岡本賢藏（行敏・竹坪）『外史雜詠』四卷、和小本・四册、明治一三・一一・初版本、小林新造發行（詠史）

〔現代語譯の類〕

大町芳衞（桂月）『繪本日本外史』和菊・一二册、大正七・四―大正一〇・二・初版、大正九・六・再版本（第一册。あとの册の標示は省く）

なお、ついでながら、英文・佛文・魯文の譯本については市島『隨筆賴山陽』一六〇ページ參照。抄譯が多いようである。山陽全書本『外史』卷頭に、魯文二種のうち一種の表紙の寫眞版が出ている。

〔翻案の類〕

靑木輔淸（東江）『通俗插畫小學外史』五卷、洋四六・二册、明治二〇・一・初版本（上のみの不完本）。明治二〇・四・再版本（上下完本）
今三餘（加藤美侖）『講談日本外史』洋四六・六册、大正一三―大正一五・初版本、興文社（各册末に訓讀文をつける）（大正一五・四の大衆版・六册小本もある。訓讀文を省く）
長谷川安一『少年日本外史』洋小本・一册、昭和一一・五・初版本、『春陽堂少年文庫』の一

附

樋口逸齋『日本外史紱』* 折本・一册（習字の手本）
川田剛（甕江）『日本外史辨誤』* 未完稿本（『史論』二〔明治二六・一〕、『東洋文化』一八一―一八三〔昭和一五・一―三〕、有朋堂文庫本『日本外史』上・解説参照）
岡松辰（甕谷）『日本外史正誤』* 完成稿本・散佚（市島『隨筆頼山陽』一三〇ページによる）
雨森精翁『日本外史劄記』* 二二巻、未刊（『便蒙日本外史纂語講義』の序による）
光吉元次郎『詳註日本外史』* 完成稿本（市島・上掲書一六四ページ以下による）
佐々木向陽『日本外史俚言抄』* 二七册、稿本（市島・上掲書一六一ページ以下による）
他に、五弓久文（雪窓）『外史糾繆』*（『内閣目』三八七ページ上）、池田四郎次郎（蘆洲）『日本外史考異』*（「大六目」に自ら記す）もある。

また『外史』『日本外史』を稱するが、特別に關係があると思えないものに、高井蘭山・淸間齋『日本史同外史・名乘字引』、疋田筑山『近世日本外史』、小中村義象・落合直文『新撰日本外史』、菊池寛『新日本外史』などがある。

（一九八一・一〇）

百衲本『靜寄軒集』解題・解説

略傳

尾藤二洲（一七四七〜一八一三）は江戸後期を代表する程朱學者で、四國に生れ、大坂で研鑽し、江戸の昌平黌の教官として名を成した。その傳記はかなり詳しく知られているが、これは二洲の高風を景仰する人が、現在に至るまで續いているからに他ならない。いまその略傳を、弟子・池暢の記した墓銘によって記す。

先生は號は二洲、また約山と稱し、その住居を靜寄といい、その書齋を流水という。祖父宜觀居士は諱は有美、祖母は中田氏、父溫洲居士は諱は宣邕、母は西山氏である。延享四年丁卯、十月八日に伊豫宇摩郡川江邑（現、愛媛縣川之江市）に生れ、明和年間に攝津國大坂に移住した。初配猪川氏は三女を生み、そのうちの一人（榮《はえ》）は岡田氏（寒泉の子、源藏。諱は眞澄）に嫁し、あとの二人（婉《えん》と名未詳の一人）は若死した。次配飯岡《いのおか》氏（直《なお》。後に梅月と號した）は四男一女を生み、松（松太郎）・栗（栗二）という二人は共に幼死し、高（高藏。後に水竹と號した）が後を嗣ぎ、乙（乙藏）はこれまた夭し、女（のぶ、後に萌《もえ》）は米田氏（彥太郎、正幸）に嫁した。「誌」は先生の在世中に自ら作られたもので、いま一字を書き改めることなく、謹んで石に刻し、これを柩の上に置く。これは生前の言い付けに従うのである。文化十年癸酉、十二月四日に卒し（計算上、六十七歲）、江戸の北隅、大冢の里に葬る。

先生は著述を喜《この》まず、僅かに『素餐錄』『中庸圖解』『易係廣義五章』各一卷、『靜寄餘筆』及び和文の『正學指掌』一卷があるが、これらはみな初期に著わされたものである。また先生の晚年の手に成ったものとしては『擇言』『稱謂私言』の二册、『冬讀書餘』三卷があるが、これまたみな一時の偶筆である。門人、大坂の池暢、謹んで記す。

右の文中に言う在世中の自撰の「誌」は次の如くである。

良佐、又の名は孝肇、字は志尹、二洲と號する。姓は藤氏、世々尾藤と稱しているが、その系統の由來を審かにしない。代々伊豫國川江の人である。五歳のとき、足の疾患に罹り、一室に靜居し、世間との交渉を絶った。若年の頃より作文（思索を練って文をまとめること）を好み、長じて講學（學問を講述すること）を心得たが、生來、多病のため、常時銳敏に勵むこと（「時敏」は書經の語）ができず〔作文・講學〕いずれにも取留めがない。然しながら、閩洛の說（程朱の說）に關しては、終身、信じて疑うことがなかった。このことの他には、これと言って取り柄はない。寛政辛亥（三年）、市井の中から幕府に召し出されて國の學問所（つまり昌平黌）に勤め、教育の仕事を掌ることとなったが、平素からの疏放の習慣から拔けられず、人の役に立つことができず、自らの職責を果していないことを常日頃から恥としている次第である。まずは以上が平生の概要と言えよう。〔人の書いた墓銘は〕實質より以上に、文飾が大袈裟になることを惡み、自ら誌を爲った。

自撰の墓誌の抑制された表現にも拘らず、「閩洛の說に關しては、終身、信じて疑うことがなかった」の語は、二洲の生涯を締括る大文字と言ってよいであろう。

この兩文は『事實文編』卷四八で見ることができるが、いまは『春風所寄』第一册によった（この書については後述三八九ページ參照）。同册には、なお一通の墓誌の文が收められるが、これは文勢から見て、右の第一文の第一次稿と思われる。第一文の撰者は、『愛媛縣史』學問・宗教册（一九八五・三）一六九ページに據り、「高橋勇太こと池野孝暢」であることがわかる。孝暢の名は二洲の「穆山居士墓碣銘」（本册158下裏）（校編者注・本稿にいう「本册」とは、ぺりかん社刊の『靜寄軒集』を指す）に見え、二洲の大坂以來の門人である。

二洲の生涯は以上の二文を丁寧に讀めば、その要點は盡くされていると言ってもよい。ただし、曾て執筆した『尾藤二洲について』(『日本思想大系』三七『徂徠學派』解說、五三二ページ以下。一九七二年四月)の一文は訂正すべき點が多々指摘されている。この際それを記すことによって「略傳」の記述に代えたい。以下〔 〕内の數字は、『思想大系』解說の〔ページ・行〕を表わす。

(一)二洲の沒した日は、上掲墓誌に〔文化十年十二月の〕「四日」とあって、「十四日」〔五三二・五〕ではない。このことは白木豐氏「尾藤二洲傳記の補正」(『斯文』七九、一六ページ、一九七五・一二)に指摘されている。關連して、享年については「六十九歲」とする文獻が多いが、墓誌に據る限りでは六十七歲である。但し生卒の年月日については、明治の頃に至るまで、實際と官邊への屆出とでは相違することが多く、二洲の場合もその一例である可能性がある。

(二)幼時の足疾〔五三二・一八〕については、自家の船上での遭難ではなく、乳母の失態によるという、より無難な說があり、これは岡研水『話兒錄』(筆者未見)に見えることが、前掲『愛媛縣史』一六一ページに記されている。

(三)少年時代の鄉里での師、宇田川楊軒〔五三三・一九〕は、陽明學系ではなく徂徠學系の人物であるという。これは白木氏の前掲論文「補正」一八ページ以下による。二洲自身が陽明學との關係を述べているのは『素餐錄』三三七條の「陸王の誤る所となること累年」の語であり、これは故鄉でのことでなく大坂でのことである。したがって鄉里における陽明學の影響を否定する白木說に從うべきであろう。

(四)上坂の時期〔五三四・一三〕については、多治比郁夫氏「片山北海年譜攷」(『大阪府立圖書館紀要』六、二一ページ、一九七〇・三)の記事を脫漏した。卽ち、西村天囚『學界の偉人』(一九一一・一、杉本梁江堂)二八〇ページに皆川淇園の門人帖が一部分抄出されていて、その中に「明和四年春、伊豫川之江人、尾藤良佐、乘、字子超」の一條が見える。その下に「(二十一歲)」とあるのも多分門人帖の記載であろう。また同論文は右に續き、『廉齋閒話』(三村清三郎編）の說（『日本藝林叢書』五、一五ページ、一九二八・二）（五三四・一五）とほぼ同じ記事が五弓雪窓『雪窓淸話』（筆者未見）にも見えることを記す。いずれにしても、二洲が明和七年、二十四歲のときに大坂で片山北海に師事する以前に、曾て京に赴き、皆川淇園の門を叩いたことがある、ということであろう。

（五）二洲が大坂で新に得た諸友と切磋琢磨している明和七、八年の頃、舊來の學風から脫して程朱學へ「轉向」したこと（五三六・三）については、白木氏の前掲論文「補正」一九ページ以下において、それがあくまでも二洲の自發であることが詳論されている。またこの件については、賴祺一氏『近世後期朱子學派の硏究』（一九八六・二、溪水社）第一編七五ページ以下、第二章・第三章（これは同氏の一九六七年の「尾藤二洲の思想」の增補改稿と推定される）において、一層精緻な論述がなされている。この部分における二洲自身の資料は、一個の靑年思想家が、煩悶の末、眞理に開眼した際の興奮を傳えるものである。これは昭和時代の語彙としての「轉向」が持つ非難がましさ、あるいは後ろめたさとは無關係のものである。幼少期の師の教導から自立して、自己の立場を確立したことは、朱子が『大學章句』補傳で『一旦、豁然として貫通すれば』云々と言い、『中庸章句』序で「一旦、恍然として其の要領を得」云々と言っている正にそのことであって、その時の精神の高揚は察するに餘りあるものがある。二洲に限らず、古賀精里・賴春水らの場合を含め、少年時に何學系の師に就いて讀書の手ほどきを受けたか、又は手近に何學の書物があったかということと、自己の世界觀・人生觀を何學によって確立したかということとは別であるとしなければならない。これは、今でも多分同樣であろうが、小學校の擔任から受けた影響を基にしつつも、中學、あるいはそれ以上の學校において、級友との哲學論議・人生論議を通じて、自己の思想を確立して行った靑少年期をそれぞれに回顧していただければ納得できることと思う。

そのきっかけとなった程明道の「定性說」は『二程全書』卷五六「答橫渠張子厚先生書」を言い、同書卷四一「粹言」のなかの「心性篇」にも關連の記述がある。

（六）二洲そのものではないが、二洲の同志たちの正學（程朱學）への熱意を示す曾根原省吾宛書簡（五三八・一）の原本は、多治比郁夫氏「賴春水の手紙」（『混沌』一、一三ページ、一九七四・三）により、本間美術館寄託品であることが明かにされた。

（七）これまた二洲そのものではないが、二洲と學問について論議を重ねた精里の場合、大坂に來る以前、京での師の一人、福井小車（五三九・一二）は、賴祺一氏、前掲書、一一六ページ、注（5）によると、古義學派であるという。なお同處で小車が大車の弟であることも記述されている。

（八）寛政三年に幕府に召し出され江戸に移住して以後の二洲については、松平定信・柴野栗山・岡田寒泉・古賀精里ら、寛政異學禁と共に記憶される人物との交流が注目されるであろう。

寛政十二年には、白樂天の詩を好むとする二洲と、それを非とする精里との論爭があった。また、それを調停しようとした栗山の書簡も傳えられている（五四二・一五）。これについては『詩文類纂』（後述三九〇ページ參照）所收のものの他に、斯道文庫に『約山先生學白詩』（筆者未見）があり、『愛媛縣史』一七五ページにその一部分が紹介されている。出發點となる二洲の詩の標出のしかたは、『詩文類纂』が最も依據できる。卽ち標題の「讀長慶集二首」とは、五言古詩十六句一首と五言古詩八句一首の二首である。したがって精里もまた十六句一首、八句一首の次韻の詩を作っている。なお、精里の「與約山書」の自筆副本は、「錄荅志尹書」として、學士院藏『先哲遺墨』（一九八五・三、淡交社複製）に收められている。

（九）二洲の詩についての好みを記した「詩は陶柳を愛し、老年に及んでは更に白傅（白樂天）を喜んだ」（『師友志補遺』の「陶柳」（五四五・一四）は、『朱子學大系』一三『日本の朱子學』下（一九七五・三）三八一ページ、白木豐氏の細注（八）において、陶淵明その人のことであると指摘されている。（以下、白木氏の記述は度々引用するので、この書の白木氏の記述に依據するときは「白木氏細注」「白木氏解說」と略記し、この書のページを附記する。この例の場合は「白木氏細注・三八一ページ」となる。）

（十）前掲「墓銘」に見える「大冢の里」〔五四九・八〕（現、東京都文京區大塚五丁目「大塚先儒墓地」）については、次のような追加すべき資料があったので紹介する。

〔二洲（江戸）より春水（廣島）へ　寛政八年十月二十二日附〕

九月念七日貴簡到着（中略）葬地此頃栗山ト同道、見分致し候。浩渺タル武藏野の事ニて候ヘバ、近邊目障リ無レ之、氣象廣大トヤイハン、何ノ景も無レ之候ヘバ拙生之遊行ニハなり不レ申候得共、寒泉ハ藥草ヲ種込置、時々攜レ酒而遊ベシ杯、戯居申候。（下略）

いまこの「葬地」には以上の諸家の他、精里も葬られているが、この年に登用されたばかりの精里は、身邊整理のためであろうか、同じ書簡の後の方に「古賀歸省、尚在レ國（佐賀）、入府は歳杪ニなり可レ申候」とあり、このときの葬地見分に加わっていない。この邊りが實は「浩渺たる武藏野」であることは、昭和二十年の夏に無殘な形で一度姿を見せたことがある。なお重田定一氏『岡田寒泉傳』（一九一六・一、有成館）の〔寒泉〕年譜四ページも參照。

（十一）二洲研究のための參考文獻〔五四九・九〕上文中に引用したもののほか、『愛媛縣史・資料編』學問・宗教冊（一九八三・三）三六八ページに白木豊氏『尾藤二洲傳』（一九七九年刊、筆者未見）を載せる（賴祺一・麥谷邦夫兩氏の教示）。この他、『尾藤二洲先生顯彰會誌』（一九七六・一〇初版、一二再版）に山上統一郎氏「尾藤二洲先生について」、山上次郎氏「尾藤二洲先生私稿」が收められ、特に後者は一二〇ページに及ぶ資料性に富む力篇である。なお、著作の時代は溯り、且つ初次的な傳記資料ではないが、松村春風（操）『近世先哲叢談正編』上（明治十三年）があることを、やはり指摘しておくべきであったと思う。ただしこれ以前の『叢談』の系列に屬する他書は類推に任せて詳記しない。

解題

（注）本稿は「書」（著作物）と「本」（版本・寫本）とを區別して用いている。

◎百衲本縁起

尾藤二洲には「流水居」を冠する詩文稿と、「靜寄軒」を冠する詩文集がある。文のみの『靜寄軒文集』七卷は、曾て木活字で拙修齋叢書に収められた。また詩文を併せた『靜寄軒集』には十二卷本（刊本）と十七卷本（寫本）とがある。刊行された十二卷本『靜寄軒集』は文前詩後（文を前とし詩を後とする）の拙修齋叢書木活字の本である（この拙修齋叢書十二卷本のことのみを以下「木活本」と略稱し、七卷本は略稱しない）。また寫本の十七卷本としては、國立公文書館内閣文庫所藏の詩前文後の本がある。十二卷と十七卷との卷數の違いは、概略的に言って内閣文庫本において「雜著」の卷が五卷多いことによる。更に内閣文庫本は「附錄」八卷を附け、全部で二十五卷に編成され、いわば「二洲全集」とも言うべき内容を持ち、編者は二洲の高弟であったと思われる。先頃、影印刊行された『詩集日本漢詩』七（一九八七・六、汲古書院）所收の『靜寄軒集』（以下「汲古本」と呼稱する）の底本は内閣文庫本である。

いまここに刊行される『近世儒家文集集成』所收の『靜寄軒集』は、「汲古本」との重複を避けるため、「木活本」を底本の中心に据える「百衲本」とした。

百衲本とは、部分部分に各種の最良の善本を用い、内容的に首尾一貫した一部の書物を仕立て上げる形式の本で、『百衲本二十四史』が最もよく知られている。ただ『二十四史』の場合に限らず、百衲本の底本は、藏書家の名譽に懸けて天下の善本・孤本を用いるのが建前であるが、このたびの百衲本は、いささか苦しまぎれに諸本を取りまとめた傾きがなくはない。この點、僧侶の衲衣の本來の姿に近いかも知れないが、いずれにせよ、將來の重修を待望するものである。

「汲古本」が內閣文庫本を底本として先行することは、本册の計畫の當初からわかっていたので、主編者たる筆者自身、なるべく早くそれを出版してほしい旨、懇請した次第であった。蓋し、それを見ながら本册の方針をゆるゆると決めようとしたのである。且つ、萬一にも、內閣文庫本以上の善本が見つかるならば、それを以て本册を飾りたいという、いささか亂暴すぎる〝野心〟がなかったわけではない。

多治比郁夫氏は、本册が百衲本の形式を手本としたいという計畫を聞かれたとき、『靜寄軒集』について、「活字の疲れのない拙修齋叢書本が見つけられるかどうかが、この計畫の勝負どころである」旨の見解を寄せられた。蓋し、拙修齋叢書本は木活字版の機動性を生かして時として異植字版が作られ、同名の本であっても、刷り上りに、むらがありうるからである。しかし、ぺりかん社編集部の宮田研二氏の長期、且つ多方面の探索にも拘らず、十二巻本に關する限り、本册底本とは異植字版、または異版の「木活本」は遂に見出すことができず、結局、本册底本本を使用する他はなかった。ただ本册底本の「木活本」が、市島春城氏舊藏の手澤本であるという點が僅かな救いである。この「木活本」は誠に活字の磨滅が甚しいが、內容的には「汲古本」で空白行になっているところと、「汲古本」で空白にはなってはいないが脫落しているところとを補うべき詩および文を含んでいる。これを提供できたところが、本册の特徵である。また後揭のいわゆる「流本」によって、詩の紀年が明示できたことも本册の特徵として自負する點である。

この際、底本の中心となる『拙修齋叢書』そのものについて說明を加えておく。

幸田成友氏『讀史餘錄』（一九二八・一二、大岡山書店）一一八ページ以下に「中西忠藏と拙修齋叢書」（もと一九二三・一二、圖書館雜誌五四）という論考が收められている（『幸田成友著作集』六、四七五ページに再錄）。以下、冒頭部分を引用してみる。

天保頃の木活字本に拙修齋叢書といふものがある。この叢書の中に收められて居る種々の著述を、目錄や實物によって擧げてみると大略左の如くである。

以下の二十二種の書目はここでは引用しないが、その中に

静寄軒文集　　尾藤二洲　　十二巻七册

という一條がある。これは「文」の字が入っているが、實は本稿のいう「木活本」のことである。論考は書目に續けて次のように述べる。

以上の中には必ずしも本叢書によらずとも閲讀し得るものもあるが、冬讀書餘・静寄餘筆・静寄軒文集の如きは他に刻板はないと思ふ。さすれば拙修齋叢書本は印刷も鮮明でなく、折々誤字もあるし、又用紙も大半紙であるが、さう一概に見縊る譯のものではない。

拙修齋叢書は何人の編集出版にかゝるか。元來活字本には出版者の氏名を記してないのが通例であるが、余は本叢書十數編の中で、辛うじて逸史問答下巻の末に『庚子秋孟念二據或佳本校正完、爲（ぺりかん社刊行の『中井竹山資料集』下巻六六二ページの影印本で校正）中西伯基、精渓逋客碩』とあるを見出し、叢書の編集者は恐らくは中西伯基なるものであらうと想像した。（中略）

自分は叢書中の傳疑小史を二部見手にしたが、一部には奥附があって一部にはない。その奥附は『中井徳次著　中西忠藏活字藏板、弘化二年巳十二月、江戸書林日本橋北十軒店播磨屋勝五郎發行』と表の半面に記し、裏の半面には三都の取次書林の名前がある。之で伯基の通稱は忠藏であるといふことが知れた。冬讀書餘下巻にも同様の奥附があって、發行年月は弘化三年丙午七月となってゐる。

幸田氏は右につき、中西伯基、忠藏は、小普請支配岡村丹後守組下の人物であるというところまで突き止められた。なお、彼の爲に『逸史問答』の校正の勞を取ったのは、昌谷五郎（名は碩、號は清渓）であろう。「逋客」とは隱者の意と解する。

さて右の幸田氏の論考の存在を敎示された多治比郁夫氏には「活版先生中西忠藏――拙修齋叢書をめぐって――」(「中村幸彦著作集・月報」九、一九八三・三)がある。それによると、拙修齋叢書の編纂者、中西忠藏は、名邦基、字伯基、號拙修。加賀藩家老奥村内膳の家臣で長崎市助と稱し、(「升堂記」には載らないものの)文政五・六年頃から昌平黌に學び、のち御切手同心中西氏を襲稱。尾藤水竹・林鶴梁と親交があった、という人である。また、高橋章則氏は、『中井竹山資料集』下巻(一九八九・七)解說六九一ページにおいて『江戸現存名家一覽』儒家部にその名が見えることを指摘しておられる。

再び多治比氏の論文に戻り、その內容を熟讀してみると、拙修齋なる人物の姿がかなりよく浮び上って來る。彼は二洲の直門ではなく、二洲の嗣子、水竹と親交があったという點、多治比氏が愼重に指摘されているところを擴大解釋すれば、拙修齋叢書の材料の多くが、尾藤家ゆかりの藏書に由來する可能性が想像されて來る次第である(二洲の沒後、拙修齋の手で、次々と二洲の遺著が出されて行ったことは、二洲直門の人たちにどういう思いをさせたか、一考を要する點がある。)

本册を百衲本の形式とし、その中心に拙修齋叢書本を据えるということから、敍述が拙修齋に入り込みすぎた傾きがあるが、何はともあれ、本册の出版が遲延に遲延を重ねたことは、拙修齋叢書の善本を求める點において、筆者があまりにも非力かつ怠慢であったためであり、慚愧に堪えないところである。ところがここに、ぺりかん社編集部の五郎丸延氏から次のような耳よりな報告を受けたのである。氏の文をそのままここに引用する。ただし( )內は引用者の注記である。

この他に(內閣文庫の所藏本の他に、の意)、『靜奇軒全集』を意圖したと思われるものに、靜嘉堂文庫所藏『靜寄軒集』(本稿でいう「木活本」)と『靜寄軒集補寫』がある。前者は、白木氏の『補正』二六ページで明らかにされているように、本册の底本と同じ拙修齋叢書七册本であるが、後者は、これに足りない文を集めたものである。題簽『靜寄軒集補寫　完』、ただし、「寫」の右側に鉛筆で「遺」が書き加えられている。墨付六十九丁、無罫紙。第一丁表が目錄で、「靜寄軒集序」、「周易廣義」（內題「周易廣義　上繫辭傳」）、「中庸首章發蒙圖解」（內題「靜寄軒集卷之八　雜著　中庸首章發蒙圖解」）、「訓蒙駢言」（內題「靜寄軒集卷九　雜著　訓蒙駢言」）、「家世遺事」（內題「靜寄軒集卷之十　雜著　家世遺事」）、「擇言」（これは蟲喰いの跡も正確に寫している）、「書彥輔淳風及余論長慶集書後」、「自撰墓誌」の八編が收められている。「靜寄軒集序」は、本册の序と同じである。六十九丁裏には「明治四十四年一月以大阪圖書館謄寫」とある。したがって、『靜寄軒集補寫』は、當時の大阪圖書館すなわち現在の大阪府立中之島圖書館が所藏していたものからの寫本であることがわかる。

『靜寄軒集補寫』を本册の構成と比較すれば、拙修齋叢書七册本に欠けている「序」、卷之七「周易廣義上繫辭傳」、卷之八「中庸首章圖解」、卷之九「訓蒙駢言」、卷之十「家世遺事」、附錄卷之二「擇言」を埋め、さらに卷之十四「跋」で唯一缺けている「書彥輔淳風及余論長慶集書後」（汲古本二三〇ページ上段、木活本缺落）を埋めることが出來る。最後の「自撰墓誌」は卷之十七「墓表　墓誌」（汲古本二四五ページ上段、木活本缺落）にある。

ところで靜嘉堂文庫では、本册の卷之十一「稱謂私言」、附錄卷之一「素餐錄」、同卷之三および四「靜寄餘筆」、同卷之五・六・七・八「冬讀書餘」、續錄卷之一「正學指掌」は、版本あるいは寫本で所藏している。續錄卷之二「文章一隅」は見あたらないが、本來の目錄には續錄二卷が含まれていないので、結局、靜嘉堂文庫においては、本編十七卷、附錄八卷相當分に『靜寄軒集補寫』を加えると、『靜寄軒全集』として揃うことになるわけである。

當時の靜嘉堂文庫の何人かははっきりとわからないが、拙修齋叢書七册本と他の刋本・寫本を中核としてこれに無いものを集め、『靜寄軒全集』を意圖したことは明らかであろう。

右によって知られるように、筆者のいわゆる「百衲本」は、もともと靜嘉堂文庫收藏の諸本だけで作ることができたわけであった。只今となっては、從來の準備によって、各方面から寄せられた厚情を基に計畫を推進する他はないが、なおかつわれわれの努力では達せられなかった底本の不足分は、靜嘉堂に請うて、この『靜寄軒集補寫』本によって滿たすべく方針を決めることとし、ここにどうやら本册出版の目處がついた次第である。

なおこれは、計畫の當初、想定していなかったことであるが、「汲古本」は本册と共通部分に限って言えば、本册の不明瞭な文字の解明に、原則として使うことができる。そこでもし本册を讀まれる諸賢が、「汲古本」をも併せて座右に備えるという雅量を示されるならば幸である。

〔附記〕　本解題は卷頭（本文首行）によって本の名を記し、題簽には據らない。したがって「木活本」も「汲古本」も『靜寄軒集』と稱する。兩者の區別は、本册の解題を離れれば、十二卷本（「木活本」）、十七卷本（「汲古本」、溯っては內閣文庫本）となるであろう。また、「文」の字の附く『靜寄軒文集』とは、本册の解題に關する限り、七卷三册本のことだけである。なお、この解題では異本のことを指すのに「書」の表現を避けるので、このぺりかん社本を指すときは、「本書」でなく「本册」とする。

◎諸本

以下は筆者において直接・間接に判明しているものに過ぎず、「白木氏細注」には、なお各種の文獻が記されており、また二洲の故鄕、川之江およびその近邊には、現在、幾多の資料が殘っているようである。

原資料（二洲自筆の詩文）、またはそれの直接の寫しと言った種類のものは、もちろんまだ『靜寄軒集』とは言えないが、部分的には現代まで傳存している。筆者の知りえた限りでは、『春風所寄』所收資料がその最重要のものである。これは安藝國竹原の賴春風の手元に寄せられた資料を春風が集成して三十六册としたもので、いま子孫の家に傳存する（賴桃三郎・祺一兩氏の敎示）。特にその第二四册・第三四册には多くの二洲原資料を含む。

實は春水・春風・杏坪（室名はそれぞれ嶺松廬・春風館・春草堂）の三兄弟は協力して知友の詩文・著述（稿本狀のもの）

を精力的に集め、その量はかなり厖大なものとなっていたらしいが、上記以外は散亡した。幸い、それを材料として編纂したと推定される『詩文類纂』『與樂叢書』『與樂園叢書』が藝州藩庫に納められ、大戰末期の當事者の手厚い保護のお蔭で原爆の災禍を免れ、いま廣島市立中央圖書館淺野文庫に收藏されている。これらは叢書としての統一した形態に寫し變えられているが、原資料（又はそれに近いもの）を直接に轉寫したものと言えよう。但し、いま精査してみると、轉寫後の校合に、遺憾の點がないわけではないと考える。當面の二洲資料について言えば、『詩文類纂』に詩文若干が收められるほか、『與樂園叢書』では、巻一・巻二三・巻三〇・巻七〇が二洲のための巻である（ただし巻一はその一部分のみらしい）。なお、この叢書全體に散見する二洲の詩文は、いま一々指摘する用意がない。

それはさておき、同文庫には、『流水居詩稿』八巻（以下「流本」と略記する）が藏せられる。これは一見『與樂叢書』風の形態の寫本であるが、叢書のなかの一篇ではなく、獨立している。この本を活用できるのは、本册の最大の特徴である。ただこの本は幕末から終戰時までの書物の受難の歴史をまともに蒙っていて、どう考えても、この本を底本にするわけには行かない。ただそのことがこの本の貴重さを少しも損ずるものでないことは、以下の記述で明らかであろう。（この本の閲覽・複寫利用については、淺野文庫・中之島圖書館の兩方に一方ならぬ御厄介になった。）

ここで視點を變えて『靜寄軒集』を見るならば、詩前文後本（「汲古本」）にしても文前詩後本（「木活本」）にしても、二洲の全生涯の詩は四巻に編輯され、また年の區切りが明確でない。これに對して「流本」は全生涯の詩が八巻に編集され、年が變わるごとに別葉（正確には、現代風の表現で別ページ）起こしとし、干支を用いて「庚子稿」以下「癸酉稿」に至るまで、明確に紀年されている。また「銘贊聯」は、「汲古本」にしても「木活本」にしても「文」の方に編入されていて「詩」の扱いとなっていないが、「流本」はこれをも原則として詩として收めている。その上での話であるが、「流本」の八巻を二巻ずつまとめたものが、「汲古本」・「木活本」の「詩」四巻である。ただし詩の加除、排列の順などにそれぞれに異同があるため、「流本」を單純に二巻ずつまとめ、銘・贊・聯を分離すれば、直ちに「汲古本」、あるいは「木活本」の詩の巻そのものになるわけではない。「流本」は、「汲古本」・「木活本」の「詩」の巻と似てはいるが、本《テキスト》としては異本である。

話はやや本筋から離れるが、「流本」を中心に表現すると、「汲古本」は詩の削り方がより多く、「木活本」はより少ない。これは後述の、「木活本」・「汲古本」の成立の問題に關わる點である。

この點に關して、「流本」・「汲古本」・「木活本」における詩の出入り、あるいは順の前後は、全詩に番號をつけて彼此對照させるより他はない。志ある諸賢が本冊の番號を「流本」「汲古本」に施すという手間を費やされることを切望する。（「文」についても同様である。）

「流本」が公刊されることはありえないが、研究用複寫は許される筈である。その際、次の補正が必要であることを、ことの序に記しておく。（すべて現在の原本の姿について記す。表紙を第ゼロ枚めとし、本文に入ってから第一枚、第二枚と數える。左右に開いてマイクロ寫眞化した時のページの状況は、原本のページの模型を作って考えてみるのが手っとり早いと思う。）

第一巻　第四枚は、綴じめと折りめとを逆にする。

第二巻　現在の姿で第一七枚から第二四枚までが亂丁。その正誤は次のようになる。［現在の枚め→正しい位置］

［二三→一七］［二四→一八］［二一→一九］［二二→二〇］［二〇→二一］［一九→二二］［一八→二三］［一七→二四］

第四巻　現在の姿で第一一枚から第一六枚までの間に問題がある。即ち、現在の第一一枚を抜き出し、現在の一六枚の後に入れると正しくなる。前例に倣えば、

［一二→一一］［一三→一二］［一四→一三］［一五→一四］［一六→一五］［一一→一六］

第五巻　現在の姿で第二〇枚から第二二枚までが亂丁。前例に倣えば、

［二二→二〇］［二一→二一］［二〇→二二］

第六巻　現在の姿で第二枚から第一五枚までの間に問題がある。卽ち、現在の第一五枚を抜き出し、第一枚の後に入れると正しくなる。前例に倣えば、

〔一五→二〕〔二→三〕〔三→四〕……以下順送り……〔一四→一五〕

何故に「流本」が『與樂叢書』の版式に似た形で藝州藩庫に入ったのかは想像するより他はないが、明かに同系統のものとして、柴野栗山・倉成龍渚・賴春水の生涯の詩文集（栗山の場合は詩だけ）が『與樂叢書』に入っていることに照らし、その全部の人に親炙し、且つその沒後まで健在であった杏坪の關與を考えざるを得ない。

「流本」は以上で終り、次に『與樂園叢書』巻二三の「二洲詩抄」（以下「與二三本」と略記する）について述べる。これは大體において「流本」の巻一・巻二（全生涯の詩の前の四半分）に相當する。ただし「流本」に特徴的な紀年の指摘がない。（これは大局的には「汲古本」「木活本」の詩としての第一巻めに當たるが、上述のような諸本の異同に照らし、「與二三本」は「流本」と同系である。）また「與二三本」の末尾には、二洲最晩年の詩が七首ばかり附いているが、これは寫本の常として、本體の成立以後、任意に補足したものと解釋する。更にその後に「附錄」として十首の聯が附いているのは、「流本」巻二末と同じである。なお、以上により、缺損の甚しい「流本」について、その約四分の一は「與二三本」によって正確に讀解できることを附言する。

次に視點を『靜寄軒集』の「文」に移す。この場合、若干の寫本と『與樂園叢書』巻三〇の「二洲文抄」（いま「與三〇本」と略稱する）に加えて、『春風所寄』『詩文類纂』『與樂園叢書』（巻三〇は別格）に散在する文を集めれば、『靜寄軒集』の「文」の部分は可成りなところまで（全體の三、四割程度）構成できるし、また文の添削の跡も知ることができる。

かくして、この種の「詩」「文」の諸資料を基にして、二洲の沒後、本格的な〝二洲詩文集〟の編纂が計畫されたのであろう。その際、全くの假定ではあるが、文集の刋行が先行し、拙修齋叢書『靜寄軒文集』七巻三册本が出たと解

釋する。

更にその次に詩集・文集を綜合した〝二洲詩文集〟、すなわち『靜寄軒集』が出たと解釋する。これに「木活本」と「汲古本」との二本があることは既述した。ここにおいて、この二本のいずれが先行するものであるかという問題が生ずる。この問題について手がかりを與えるのは、「汲古本」の「詩」「文」の卷の空白部分である。一見これは、既存の資料を、何らかの都合で削ったのではないか、と疑わしめるものがある（當時は出版物について、內容的に〝御政道〟にかかわることの記述に嚴しい眼が光っていた。また君側の者のみが知りうる君主の性格・行動については、嚴しい公表の制限があった。昌平黌の敎官ともなれば、將軍・幕閣との距離が近く、當然、表現の規制は嚴重であったに違いない。蛇足であるが、これは維新以後もそうであったし、陸海軍のような戰鬪集團において特にそうであった。戰略を自由討論し、主將の性癖を公開することは利敵行爲と見做されるからである。筆者の如き戰中期の者としては、ついそのように考えてしまうのである）。ところが、五郎丸延氏の細密な兩本の校合を見ると、この場合はどうもそうではないらしい。「汲古本」の空行のところは、大部分、「木活本」の然るべき作がはめこまれるだけの分量になっており、該當の作品を「木活本」から取り出して何か共通の特徵がないか竝べて通して見ても、一定の內容・傾向は見出されない（駄作かどうかは、筆者にはその鑑識の能力はない）。削るべき特定の理由がないのならば、はめこむ豫定であったとしなければならないであろう。

だいたい、「木活本」は量的に單行できる著述を省いた、いわゆる詩文集であり、これに對して「汲古本」はすべてを含んだ全集である。全集を削って詩文集を作るということは、絕無とは言えないが稀だと言えよう。むしろ詩文集を發展させて全集を作るのが編集法として自然である。

以下は全くの想像であるが、「汲古本」はどういうわけか、「木活本」に比べて詩文の數の少い資料で詩文集の基礎を作ってしまったのではないであろうか。二洲直門の人たちが、そのような基礎づくりをしている中に、直門でない拙修齋中西伯基が、當時、寫本の一種だ、位にしか扱われていなかった木活字本の體裁で、七卷本の文集・十二卷本の詩文集を先廻りして作ってしまったのではないであろうか。そうなると、直門の人たちは〝全集〟をより充實したものにするために、不足の詩文を補入したくなるであろう。補入に當っては、僞作でない證據に自筆の詩文に當って見たかったかも知れないし、木活本の判定し兼ねる文字を校訂したかったかも知れない。想定の字數は數えて空けておけば當面はそれで濟む。以上は想像の上に想像を重ねたものであるが、これが「汲古本」なのであろうと假定する。

手元にはなお、汲古本と同系の『靜寄軒集』がある。全本でなく、巻一と巻二とだけ（詩前文後本であるので、全生涯の詩の前半分）の本である。これはまず越智翼（高洲、字は文平、文政九年、五十六歳歿）の「靜寄軒集序」を冠し、次に目次がある。目次から察して、この本の編成は「汲古本」と同じで、この本が本來、十七巻附錄八巻のものであったことがわかる。そして本文の部分は、原則として「汲古本」の空行を前に詰めた形となっている。（以下「有序本」と呼稱する。）ここでまた、本《テキスト》の前後關係の問題が發生する。即ち「有序本」が先か「汲古本」が先かということである。これまた眞相の解明は將來のことに屬するが、一應の考えを次に記しておく。

以下はもちろん全くの假定に過ぎないが、いまのところ、「汲古本」が先行し、「有序本」はそれを普通の形に寫したものと考える。もしも「有序本」が先行し、「汲古本」が、いわばそれの增補という形で後行するものであるとすると、「汲古本」としては、「有序本」の序を削ったことになる。〔これは前後問題の決定的な證據にはならないが、あまり自然なことではないという位のことは言えよう。〕また「汲古本」に比べれば件數は非常に少いが「有序本」にも三行の空白部分が二ケ所ある。しかも兩方とも「汲古本」も空白である。「木活本」に照し、これは「大觀席上和南嶺花似美人韻」、および「山路見楓分韻」の詩（いずれも七言絶句）が想定される。これらの箇處は、もしも「有序本」が完整本であれば全體の中途であって、このようなところに突如として「汲古本」と同じ空行があるというのは、あまり自然ではない。これは「有序本」が「汲古本」を見てそうしたと思いたくなる點である。〔逆に、「汲古本」が「有序本」の途中でこの空行を見て、全體に空行を設けることとしたとは考え難い。また、今のところ二ケ所について見出しただけであるが、正しくは「十二侵」である韻の番號について、「汲古本」は（この點は「木活本」も同じ）誤って「十一侵」としている。「十二」を不用意に二度「十一」と誤ったと見るよりは、「十一」と思いこんでいる原寫者の誤りを、「有序本」の寫者が正しく「十二」に直したと解釋したい。同時に「有序本」には明かな誤脱としか思えないところもある。すなわち、「迎翠亭偶成」の詩を缺くのは、次の詩の題が「迎翠亭次子迪蚤起韻」であって、このような類似の題の詩は、つい隣に飛んでしまうことは、われわれも經驗することである。また「發大坂」と「勢多橋」との間の「大津」の詩を缺くのは、單調なあまりの誤脱と言えないであろうか。その他、不用意の誤寫と思われる箇處も散見する。以上いずれも決定的な證據に缺けるが、一應のところ「汲古本」が先行し、「有序本」が後行するものである、と想定しておく。

以上の解説をここでまとめておく。記事に若干の重複が生ずる點、諒恕を得たい。いまのところ、『靜寄軒集』成立までの諸本は、次のように位置づけられる（と假定される）。以下は念のため、繁雜を厭わず、文獻の正名を略稱のあとに記しておく。また五郎丸氏の調査による諸本も、この段階で隨時補入して行くこととする。

○原詩文の存在はこの際別格とする。

○存命中から、編年の詩集が逐次編成された。その一つが「與二三本」、すなわち廣島市立中央圖書館淺野文庫所藏『與樂園叢書』巻二三「二洲詩抄」（全生涯の詩の始めの四半分）である。

○時期的にこの次に位するものが、國立國會圖書館鶚軒文庫所藏の『流水居詩稿』（天明丁未七年から寛政辛亥三年まで）である（このような表現は甚だなじまないが、生涯の〝第二・四半期〟の詩）。曾て白木氏細注・三七七ページに紹介された。次に五郎丸氏の報告を引用する。（逸詩を如何にして収集するか、との文脈中の報告）

ここに、逸詩收集作業のヒントになる資料がある。鶚軒文庫所藏『流水居詩稿』（鶚三七一六）がそれで、墨付四十六丁、題簽『流水居詩稿』、題簽下の原題は『訓蒙駢言』となっている。第一丁表一行に「流水居詩稿」とあり、以下、「丁未元日分韻得十一眞」に始まる詩數十首と「訓蒙駢言」を收めている。本資料は、全體に亙って朱筆・墨筆の抹消訂正が本文中にあり、貼紙による訂正、頭注形式の訂正あるいは作詩の年や状況などが、多く書き込まれている。注目すべきことは、たとえば、「戊申正月十七日移居上本街偶作」（四丁裏）の頭注に「刪」とあり、續く「訪大井世華因與上杉北口占」（五丁表）の頭注にも「刪」とあることである。つまり、理由はともかく、削られた詩も殘っているのである。

○次に位するのが、やはり五郎丸氏の報告によるものである。すなわち、

また、國會圖書館所藏『尾藤二洲先生草稿』（マイクロフィルム）は、二洲五十六歳（享和二年＝一八〇二）の「壬戌稿」から、沒年（文化十年＝一八一三）の「癸酉稿」までの詩が、編年で收められている。

これは生涯の後の四半分時期の詩稿である。（すなわち〝第四・四半期〟）

○沒後、全生涯に亙って、編年の詩集が作られた。「流本」、すなわち淺野文庫所藏『流水居詩稿』八巻がそれである。

○文も二洲の存命中から隨時、編成が行われていたに違いない。後記、巻五以下の解說に引く文獻を參照。ただし、いずれも收載の文は網羅的ではない。「與三〇本」、すなわち淺野文庫所藏『與樂園叢書』巻三〇「二洲文抄」も、叢書の一巻全册を占めるが、文の全部を網羅はしていない。

○國立國會圖書館所藏『流水居文稿』乾・坤の二册については、五郎丸氏の報告を引用する。

題簽　流水居文稿　乾（坤）（和書八三一・九）

「帝國圖書館藏」の文字の新表紙。乾坤とも四十七丁。

罫紙・表紙・判型とも、すべて鶚軒文庫本『流水居詩稿』（鶚三七一六）と同じ。筆跡もこの『詩稿』の中の一つと同じ。

したがって、現在は國會圖書館で收藏時の經緯が異なる爲、細かい所屬が違っているが、本來はツレになる文稿詩稿と考えられる。

われわれはこの兩本の再會を祝福するが、文稿・詩稿とも、本來は更にまだ離れている本があると考える。

○國立國會圖書館鶚軒文庫には、右とは別の『流水居文稿』一册がある。曾て白木氏細注・三六二ページに紹介された。これについての五郎丸氏の報告は次のとおりである。

鶚軒文庫所藏『流水居文稿』は、番號は「鶚三七一七」であり、鶚三七一六の『詩稿』の次に排架されているようであるが、本としての直接の關係はない。もと表紙共墨付三十八丁、「鳴琴堂」罫紙。「贈赤松子翼言」以下、「先考墓誌誌面題曰溫州尾藤翁墓」を收める。概ね、拙修齋叢書本の卷二から卷四までの文であるが、やはり網羅的ではない。冒頭に、「釋文」という他にはないものを付ける。

なお右の二種の『文稿』の精査は、今後の機會に待ちたい。

○以上のような「詩稿」「文稿」の集積があった狀況の下で、二洲の沒後、中西伯基は拙修齋叢書『靜寄軒文集』七卷三册本を出した。これは卷頭・版心・題簽のすべてに「文」の字のある「文」のみの集である。以下、五郎丸氏の報告を引く。

國立公文書館內閣文庫所藏『靜寄軒文集』拙修齋叢書七卷三册　刊記ナシ

◇版心　拙修齋叢書　靜寄軒文集　卷（何）　○（丁）

◇外題　十二卷本に同じ　題簽は印刷で十二卷本と同じもの

◇內題（1オ首行）　靜寄軒文集卷一

※本册「文12」卷一11オ2行「至欣至欣」の四字、汲古本154上a8～9では四字分空白。しかし、この本は文字缺、空白ツメ。

※本冊「文16」巻一14ウ2行「……長恨歌、比連昌宮辭、……」の「昌」字、汲古本（156下ａ6）では缺、空白ナシ。この本も同じく缺、空白ナシ。

この七巻三冊本は、空白行がなく、基本的に汲古本の空白をツメた形になっている。しかし、汲古本の亞流かというと、そうではない。（下略）

この七巻本の第六巻の末尾近くは「聯」であるが、この部分は「木活本」（十二巻本）と甚だしく排列の順が異なる。また「流本」第二巻および「與二三本」末尾の順も、この兩者と異なる。更に「汲古本」は、空白である。つまりこの部分に關係する七巻本・木活本・流本（與二三本はこれと同じ）・汲古本はすべて同じでない。このことは七巻本の由來を考える際の一材料となるであろうが、まだ深く檢討していない。なお、繰り返しになるが、本解說では、この七巻本がまず先に刋行されたものという假定に立って敍述を進めている點、確論ではないので、十分に批判的に讀み取られたい。

○次に詩文を綜合したものとして、中西伯基はこれを文先詩後として木活字を以て刋行した。これがすなわち本冊のいわゆる「木活本」、詳しくは拙修齋叢書本『靜寄軒集』十二巻七冊である。しばしば題簽によって『靜寄軒文集』十二巻七冊と呼稱される本がこれである（この本は題簽に「文」の字があるだけで、巻頭・版心には「文」の字はない。本稿の立場からすると、從前のありあわせの「文」の字のある題簽を流用したのではないかと解釋したくなる）。刋年は不明。これは本冊底本の基本的な一種である。

〔附記〕『國書總目錄』にお茶の水圖書館成簣堂文庫所藏『靜寄軒全集』十冊が記載されているが、うち七冊は、本冊の底本と同じ拙修齋叢書十二巻本である。ただし、同文庫は現在整理中のため、殘りの三冊が何であるか不明である（五郎丸氏報告）。また金澤市稼堂文庫本は未調査である。

○「木活本」とは別に、二洲の直門の弟子の間で二洲の全集が計畫され、「刻序」も作られた。それが未刋のままとなったのが詩前文後本の「汲古本」の底本である。詳しくは國立公文書館内閣文庫所藏『靜寄軒集』十七巻附錄八巻（二帙十三册）である。これを影印したのが『詩集日本漢詩』七所收の『靜寄軒集』（一九八七・六、汲古書院影印）である。この本に特徴的なのは、「木活本」に比べて遙かに綜合的な全著作集の形態を備えていること、及び本文中に空白部があることである。

○「汲古本」から見ての表現であるが、「汲古本」（嚴密には、それの由來をなす本）の空白部を無視し、刻序を冠し、目次を備えたのが「有序本」である。ただし、巻一・巻二のみの不完本しか見ていない。

○最後に本册、すなわち、ぺりかん社刊『近世儒家文集集成』一〇『靜寄軒集』十七巻附錄八巻續錄二巻について言えば、前述の經緯により、これは「汲古本」の巻順に從い、それと重複しない本《テキスト》を探してこれに宛てて行ったものである。その際、巻數の表示に關しては、底本のそれを勝手に補入・改竄することはしなかった。もちろん、本册としての巻數は本册としての統制上、はっきりとわかる形で表示してあるが、それと底本の巻數の表示と合わないことに留意されたい。これは百衲本形式を用いたことの、已むを得ない體裁である。

○なお、言わでものことに屬するが、『儒家文集集成』の性格を更に一歩進めて、各儒家の眞の全集を目指すならば、日記のある人は別格として、逸詩・逸文の收集と書簡の收集とが必須である。これは望んでも不可能な人の場合もあるが、二洲の場合は『愛媛縣史』の意氣込みを見てもわかるが、既に各種の二洲傳における書簡の利用、また特に賴祺一氏による春風館藏「尾藤翁書牘」五十四通の翻字・注釋（「尾藤二洲の書翰」尾道短期大學研究紀要一八、一九六九、および廣島大學文學部紀要二九—一、一九七〇）という蓄積があることを考えると、すぐにでもできそうであるような感想をもつものである。

◎各巻について

（注）本册巻十一以降には、しばしば近代的な叢書に收錄されている洋式活字（鉛活字）本がある。刋年などは省略してその存在だけを指摘しておく。

〔巻一から巻四まで〕二洲の生涯の詩を編年して收める。本册のこの部分の底本は「木活本」である。そのため、本册の巻一は影印の本文の表記では巻九とあり、本册の巻二は巻十（以下類推されたい）というようになる。底本に對しては手を加えないことを原則としたので、こういうこととなっている。しかし干支だけは「流本」によって補入した。ゴチック活字を用いてあるので、補入のことは識別容易であろう。底本の詩の部分は特に刷りが不鮮明であるが、御諒恕を請う。編集部において、特に不鮮明なところに對し、活字で解字したが、なお十全なものとは言えないことを心配する。

いま異系、且つ不完本ながら「有序本」の影印を特に本册本文の末尾に加え、せめて前半生の詩の解字にはなるべく遺漏のないようにした。また「汲古本」との對照に便するため、五郎丸氏作製の「靜寄軒集〔詩〕對照表」を用意した。

〔巻五以下の總說〕本册および「汲古本」は巻五から巻十七までが「文集」である。そのうち巻七から巻十一までは、一題で一巻を構成し、やや單行本の內容に近い。故に短文より成る文集は、巻五・巻六、および巻十二以下巻十七の計八巻である。

本册の底本たる「木活本」は、この八巻を、この順に巻一から巻八とする。

〔巻五・巻六〕これは大きく「詩」と「文」とに分けた場合の「文」。ただしそのうちの「書」と短文の「雜著」とである。底本は「木活本」。底本の巻五（影印の本文では「巻一」となっている。分類は「書」）の原形は全部ではないが、『春風所寄』三四、『詩文類纂』三・六などにおいて見出すことができる。いずれも題名を含めて本文の文字に異同があるのが常である（以下、一々斷らないが他の卷についても同樣）。始めの十五首は二洲の學問形成期のもので、このことは七卷本・汲古本に見える（後掲、五郎丸氏作製の「靜寄軒集〔文〕對照表」を參照）。

卷六（影印の本文では卷二となっている。分類は「雜著」）の始めの十三首（標題の「又」も一首と數える）、詳しく言えば「無聲無臭說」から「虛心平氣說」までは、「三近說」を別として、『春風所寄』三四、『發蒙十說』（寫本一册）、『中庸首章圖解附錄』（卽ち內容は「發蒙十二說」）に照應する。また「虛心平氣說」は『春風所寄』の同じ册に「知蔽」の題でも存在し、それは次の「祛蔽」と連接してある。このようなことから考えて、この邊りまでの雜著總計十四首は、一括して傳寫されていたものであるらしい。またその次の「仁者心之德愛之理說」とそれに續く二說は『春風所寄』三四にあり、「近思說」と（途中を飛ばし）「爲赤松翼命書齋名記」から「約山解」まで都合八首は「與三〇本」にある。なお「約山說」（寬政壬子正月）「約山解」（壬子正月）は『春風所寄』三〇にも見える（紀年は同書による）。最後に「訓蒙駢言」は短篇ながら「汲古本」卷九（卽ち本册でも卷九）として獨立するので、ここでは底本のままに掲げるが、後でもう一度出てくる。なおこれは「流本」己酉稿にも收められている。

〔卷七〕『周易廣義　上繫辭傳』は前掲「墓銘」の「易係廣義五章」（『春風所寄』本の表記による）に當る。「係」は「繫」と同じ。朱子の『易本義』では「繫辭上傳」を十二章に分けるが、本書はその第五章までである。二洲は溯って上下經および彖象傳に及ぼす意があったという。底本は靜嘉堂文庫藏『靜寄軒集補寫』所收本。安永八年の撰（白木氏解說・二二四ページ）。

なお、本書については弟子の池孝暢（池野孝暢）による『周易廣義補』が作られた。以下は五郎丸氏の調査による。靜嘉堂文庫所藏の本書は寫本四册。まず池孝暢の文化四年六月の序を冠する。全書は、未完成に終った二洲の『周易廣義』を、溯っては上下經・彖傳・象傳各上下、降っては第六章以下の繫辭傳上下、文言・說卦・序卦・雜卦の各傳に及ぼし、中心に二洲の著を据えたものである。『愛媛縣史』一七八ページに刊本があるように記されているが、刊本は未見。

〔巻八〕『中庸首章圖解』は『與樂園叢書』一にも収める。賴祺一氏『近世後期朱子學派の研究』一二六ページ、第一編第三章の三「近思會と『中庸圖解』の作成」に詳論されているが、己亥（安永八年）春には、完成した圖を友人に示し（同書、四七三ページ）、更に重修して天明乙巳（五年）仲冬に自跋を附けた。のちに池暢が問答五條を附けて一冊とし、更に「發蒙十二說」を『附錄』として別冊に仕立て、享和元年辛酉十一月に刋刻したのが底本である。版心に「古風軒藏板」とあるほか、巻尾に「古風軒記」の朱の印記（近代の檢印に當るもの）がある。「古風軒」は內閣文庫本（つまり「汲古本」）用箋の版心に見える名であることを指摘しておく。なお『與樂園叢書』一では、この圖に續けて同類の圖が收められているが、著者については未だ調べていない。

蛇足であるが、『中庸』に限らず、中國で好まれる表現形式の一つに、項目（多くは德目）を列擧しては敷衍、というのがある。（手近なものとしては『論語』末尾の「五美四惡」章などが好例である。）このような表現形式を持った文を解析するには、確かに圖解が好都合である。ただ私見では、圖全體は縱長の、例えてみれば川の流れのような形になりやすい。傘型になったり、幾何圖形のようになったりしにくいのではないかと思う。本巻の圖もまた本質的には縱長系のものである。本題に戻り、『附錄』（「發蒙十二說」）は巻六の一部と重複するが、單刋されたことでもあるし、また嶺松廬本でもあるので收めておく。

〔巻九〕『訓蒙駢言』は一巻とするには甚だ短篇であるが、「雜著」として獨立している（これは想像であるが、二洲は〝訓蒙〟の志が篤く、『正學指掌』その他のいろいろな著がある。この巻はもともとこの種の著述のために設けられた巻なのではないかという氣がする）。「木活本」では巻二一・二七葉に收めるので、本册の巻六・94上表とも重なる。「流本」己酉稿に收めるので、寬政己酉元年の作であることがわかる。底本は二洲の弟子である岡鼎の編集した『耕獵錄』（國立國會圖書館藏）所收本であり、五郎丸氏の校訂を附ける。

〔巻十〕『家世遺事』は寛政戊午（十年）仲秋自序。底本は靜嘉堂文庫藏『靜寄軒集補寫』所收本。

この中、「遺徳阡表」は現に東京都文京區の「大塚先儒墓地」に石に刻されて建っている。また寛政中の自著である本巻に入るはずはないが、同類のものとして最晩年の「自撰墓誌」があり、これは池暢の「墓銘」に従えば、埋銘となっているわけである。いま「自撰墓誌」は本册「補遺」に收めた。

〔巻十一〕『稱謂私言』は庚申（寛政十二年）孟冬自序。底本は大阪府立中之島圖書館藏の秦嶺館活版本。文化八年の菱川在の識語を附ける。（在の父、秦嶺には『正名緒言』、初名『名號辨』があり、二洲がこれに序したことは本册巻十二、139下裏によって知られる。）

他に刊本としては、なお木活字本二種（その中の一種は拙修齋叢書本）の存在が知られている。また『與樂園叢書』七○（全巻）が本書全册を收めるが、小異がある。

叢書收錄本としては『續日本儒林叢書』解説部第一及雜部の册に所收のものがある。この叢書の例言を念のため引用しておく。


本書は官職姓氏等の名號稱謂に就て、意見を敍述せる者にして、其の意名分を明かにするにあり。（中略）【】を附せるものは、猪飼敬所の批評文なり、

所收本は木活字本に據る。而して批評文は本會所藏の寫本より取る。又會本には門人菱在の識語ありて、文化八年菱氏その家藏の活字を以て印行せるを知るを得。今この識語を添附す

〔巻十二から巻十七まで〕「詩」と「文」とに分けた場合の「文」の殘り全部。底本は「木活本」であるので、本册の巻十二は底本の巻三、本册の巻十三は底本の巻四（以下、類推されたい）というようになる。以上で底本たる「木活本」十二巻は過不足なく收錄されたこととなる。

なお『靜寄軒文集』七巻本は、本稿のいわゆる「木活本」の第一巻から第八巻までにほぼ對應するが、この七巻と

八巻との違いは、「木活本」が「祭文」を第七巻として獨立させたためである。ここで一巻の違いが生じ、本册の第十七巻が七巻本の第七巻に當たる。ただし小異があることは「〔文〕對照表」について見られたい。

巻十二から巻十七までを通じて、『春風所寄』、『二洲先生雜著錄』（寫本。收錄の十七首のうち、十五首には年月が記されている）、「與三〇本」に重なる文が散在する。

『二洲先生雜著錄』と「與三〇本」とは、寛政中の江戸期の文を主としているようである。この兩本は相互に無關係ではないらしく、共通して「王制地理序考」（「考序」が正しい）と誤っている。また本册巻十二における「正名緒言考」は、兩本とも執筆時（癸丑正月）の名稱に從って「名號辨序」としている。

この部分で最も注目すべきは、巻十二の「四箴解序」である。（賴祺一氏、前掲書、八〇ページ以下參照）。しかし本册としては「續錄巻一」の『正學指掌』のところで説明することとして、ここでの説明を保留する。なお巻十二の始めの九首は二洲の初年の作であることが七巻本に見える（「〔文〕對照表」を參照）。

本册巻十二には排字の誤りがある（底本巻三の十九葉・二十葉の第一行め）。いま底本の加筆訂正のまま影印する。また、本册巻十五、すなわち「銘贊聯」の作が「流本」に多く收められることは既述した。その分は紀年できるわけである。また巻十六が極めて少量であることは體裁上、何か問題がありそうである。七巻本との異同もこの點にあり、これを梃にして考えて行けば、二洲の著作集の成立の經緯が、更にはっきりと解明できるのではないかと思う。

〔附錄の各巻の總説〕以上の十七巻が『靜寄軒集』の本編であり、以下は「附錄」となるが、附錄の巻一・巻二の『素餐錄』『擇言』は二洲の立場を闡明した正面切っての著述として單刊されて然るべきであり、附錄の巻三より巻八までの『靜寄餘筆』『冬讀書餘』は二洲の風懷を表明した興趣ある述作として、これまた單刊されて然るべきものであった。二洲直門の高弟は、これら自分らの手で單刊されて然るべき師の書がなかなか刊行できないでいる状況において、本編十七巻と雁行すべきものとしてこれを附錄としたのであろうと解釋する。

なお當時の價値規準から見て、國字のものを同列に置くことに憚りがあって『正學指掌』を敢えて入れることを避け、また古人の文章の標點に類する『文章一隅』も、著作とは見做さなかったのではないかと思う。そこでこの二部の書は「汲古本」に收められていない。いま本册にこの二書を入れるに當たり、「有序本」の「目次」の末尾にも、この二書の條を補入したことをお斷りしておく。

〔附錄卷二〕『素餐錄』は賴祺一氏『近世後期朱子學派の研究』に據れば、安永六年に執筆に取りかかり、安永八年には既に成書を知友に示している（同書、九六・四七四ページ等）。刊行の段取りはかなり遲れ、自序は寬政三年である。この書については、門人の長野豐山と近藤篤山との閒に、その評價に關して意見の相違があったという（白木氏細注・三五四ページ）。これは影響力の大きかった學者の沒後によくある例で、その門人が師事した時期、あるいは狀況により、師の學說の受け止め方に相違があった故と解釋される。今から見れば、本書が二洲の代表的著述であることに、一點の疑いもない。底本は晩翠園藏板の天保七年序刊本。自序が書かれてから、これほど刊行までに手閒取ったのは、良書ほど公刊が遲くなる一例であろう。なお、底本には玉山堂、天保九年序刊本にはある篤山の序が附いていない（篤山の序は本來は四百字近い長文であったことが、白木氏細注・三五三ページに記されている）。

『日本思想大系』三七所收本は、原文の他に訓讀書き下し文を收め、注者としてはかなり苦心をした頭注を附ける。叢書收錄本としては『日本倫理彙編』朱子學派の部・下に收錄のものがある。また『愛媛縣史・資料編』八九ページ以下に『明遠館叢書』（國立國會圖書館藏）所收本を收める（麥谷邦夫氏敎示）。

〔附錄卷二〕『擇言』は江戶に來てからの著作で、內容的に『素餐錄』に次ぐもの。

線裝の活字本としては、內田遠湖氏校、谷門精舍版本が昭和十年二月に出ている。本册底本は靜嘉堂文庫藏『靜寄軒集補寫』所收本。

叢書收錄本としては『日本儒林叢書』隨筆部第一所收のものがある。これは例言によれば『明遠館叢書』所收本を底本としたものという。

〔附録巻三・巻四〕『靜寄餘筆』は天明丁未（七年）初冬の序刊。

今關天彭氏「尾藤二洲」上（『雅友』五二、一九六一・四）二〇ページには言う。

「靜寄餘筆」は、詩文や史談及び雜事に渉る隨筆で、一讀趣味津々、識見の卓抜なるものがその閒にある。二洲は學問の人たると共に趣味の人である、而してそれを云ひ現はすに就いて、簡潔にして自在なる文筆の所有者である。「素餐錄」が學術的方面の代表作たると共に、「靜寄餘筆」が文學的方面の代表作である。二洲を傳ふるに當りては、その文章を評論せねばならぬのであるが、こゝには「素餐」、「靜寄」の文章が、江戸時代の漢文界に於て出色なる事を指摘し、且つ門下に長野豐山を出し、文章を以て關東に雄視し、そのまた門下に藤森弘庵・林鶴梁を出して、明治の文壇にも、貢獻した事を記して置く、今一つ附加する事がある、それは二洲が我國の歷史に興味を持ち、史眼炯々、隨時隨所に見識を發揮して、讀者をして傾聽せしめる事である。それが「素餐錄」にも見え「靜寄餘筆」には、かなり多量に現はれてをる。（下略）。

底本は拙修齋叢書本。多治比氏は「疲れのない、書き込みのない」拙修齋叢書本を探すことの至難なことを示唆されたが、この底本を見ると、全くそのことが頷かれる。いま、あまりにもひどい所は、同版の中之島圖書館本で差し替えた。なお、中之島圖書館にはこれとは別の版もある由（多治比氏教示）。

叢書收錄本としては『日本儒林叢書』隨筆部第二所收のものがある。

〔附錄巻五から巻七まで〕『冬讀書餘』は寬政庚申（十二年）孟冬の序刊。

著作の時期からは『稱謂私言』に續き、體裁からは『靜寄餘筆』に續く。二洲としては次第に老境に近づいた時期のもののようである。

底本は拙修齋叢書本。幸田成友氏既揭論文には、「弘化三年丙午七月」の奥付のある拙修齋叢書本が存在することに觸れるが、本册底本には奥付はない。なお、同處に掲げた多治比氏の論文には、拙修齋叢書の定價まで突き止めてあり、一例をこの『冬讀書餘』に取れば、これは當時「金貳朱」であった由。（よくはわからないが、今なら一萬圓札を懷中にしていればどうにか買えるくらいのところであろう。）

別に寫本一册（卷三と拾遺）があり、刊本とは異同が多い。多治比氏教示によれば、中之島圖書館には本册底本とは別の異植字版の拙修齋叢書本がある由である。叢書收錄本としては『日本儒林叢書』隨筆部第二所收のものがある。

〔續錄卷二〕『正學指掌』は、大きな變化を經て底本のような形に固ったものである。以下は賴祺一氏『近世後期朱子學派の研究』八〇ページ以下の考察に據って記すのであるが、早くも「壬辰」すなわち「安永改元之冬」に、「盛德大業至矣哉」で始まる「正學指掌自序」が出來た。『春風所寄』二六、および三四に重ねて收められる（題などに小異がある）。この自序に書いてあるとおり、これは程子の「四箴」の和譯であったと推定され、後の『正學指掌』とは違う。ただその目的が童蒙に讀ませるためのものであるという點において、共通點があったものであろう。なお、自序にいう程子の「四箴」とは『二程全書』卷六二に收められる「視箴」「聽箴」「言箴」「動箴」、およびそれに冠せられる「序」である。起源が『論語』における顏淵の仁についての質問であることは言うまでもない。この「盛德大業至矣哉」の自序は、『正學指掌』そのものの變化によって、いまでは「四箴解序」と改題の上、本册の卷十二（136上表）に收められている。以上はすべて、賴祺一氏の精彩ある研究によるものである。

その後、安永六年に執筆を始め、安永八年に完成した『正學指掌』が作られた（上揭書、九六ページ）。いま廣常人世氏教示の『正學指掌』（複製本）を見ると、これは、「安永己亥（八年）九月」の和文の自序を冠し、これが正しく安永八年本であることが知られる。その內容を見ると、これは現行の『正學指掌』に對して、假に刊行されたとするならば、西歐風な意味での First Edition の『正學指掌』だと表現すればわかり易いであろう。本册卷十二所收「正學指掌舊本序」（134下裏）は、安永八年の和文の自序によく照應し、「舊本」とはこの本であることがわかる（白木氏細注・三六二ページ「餘說」(ロ)參照)。

これに對し、いわばSecond Editionに相當するのが、現行の『正學指掌』(本册所收、278下以下)であり、その「刻引」(本册卷十二所收、143上)は天明甲辰(四年)秋に作られた(白木氏細注・同上處)。實際の刋刻は天明七年である。本册の底本(文粹堂刋本)がすなわちこれである。なお多治比氏の敎示によれば、拙修齋叢書本もある由である。活字單行本としては、昭和十六年六月に川之江の尾藤二洲先生顯彰會刋行のものがある。また『日本思想大系』三七所收本には簡單な頭注が施されている。叢書收錄本はかなり多いが、代表として『日本倫理彙編』朱子學派の部・下のものを擧げておく。

〔續錄卷二〕『文章一隅』の刋本には、有跋本と無跋本とがある。無跋本は版がやや磨滅しているが、嶺松廬本であるが故に底本とし、跋だけ「慶應三年跋本」で補った。兩者は異版であるが、內容は同じである。また兩刋本とも「附錄」部分の刻し方は誤解を招く點があり、むしろ「柳州雜著」の四字は第一行から削り、第二行「三戒小序」の下に、「孟子」「昌黎」「六一」と同じ高さに「柳州」と刻すべきであったと思う。「三戒」以下は『唐柳先生集』卷一九にある。なおこの書(附錄とも)は『春風所寄』三四にも收められる。天明七年撰(白木氏解說・二一四ページ)。なお、拙修齋叢書本の『逸史問答』の卷末(ぺりかん社刋『中井竹山資料集』下、六六三ページ)、あるいは『奠陰略稿』卷末に附けられている「拙修齋叢書目錄」には「稱謂私言附文章一隅一卷　二洲尾藤先生著」とあるが、筆者は『文章一隅』の附いている『稱謂私言』はまだ見ていない。

〔附記〕校正中に多治比郁夫・中野三敏兩氏の『近世活字版目錄』(『日本書誌學大系』五〇、一九九〇・一〇刋、靑裳堂書店)を參照するを得たが、それによる加筆は控えることとする。

最後に、この解題の末尾に、五郎丸氏による「百衲本　靜寄軒集　底本一覽」「靜寄軒集〔詩〕對照表」以下の各種の表を掲出し、讀者の便に供する。表作製の勞を多とするものである。

◎百衲本　靜寄軒集　底本一覽

卷次	副題	底本	所藏機關名／備考
序		寫本（有序本）靜寄軒集卷首	靜嘉堂本には「門人播磨越翼撰」の七字あり
目次		（同上）	
卷之一	詩	拙修齋叢書七册本　靜寄軒集　卷九	
卷之二	詩	拙修齋叢書七册本　靜寄軒集　卷十	
卷之三	詩	拙修齋叢書七册本　靜寄軒集　卷十一	
卷之四	詩	拙修齋叢書七册本　靜寄軒集　卷十二	
卷之五	書	拙修齋叢書七册本　靜寄軒集　卷一	
卷之六	雜著	拙修齋叢書七册本　靜寄軒集　卷二	
卷之七	雜著　周易廣義上繫辭傳	寫本　靜寄軒集補寫所收	靜嘉堂文庫所藏
卷之八	雜著　中庸首章圖解	古風軒藏版本　中庸首章圖解	
	中庸首章圖解附錄	古風軒藏版本　中庸首章圖解附錄	
卷之九	雜著　訓蒙駢言	寫本　耕獵錄三所收	國立國會圖書館所藏
卷之十	雜著　家世遺事	寫本　靜寄軒集補寫所收	靜嘉堂文庫所藏
卷之十一	雜著　稱謂私言	秦嶺館活版本　稱謂私言	大阪府立中之島圖書館所藏
卷之十二	序	拙修齋叢書七册本　靜寄軒集　卷三	
卷之十三	記	拙修齋叢書七册本　靜寄軒集　卷四	
卷之十四	跋	拙修齋叢書七册本　靜寄軒集　卷五	
卷之十五	銘　贊　聯	拙修齋叢書七册本　靜寄軒集　卷六	
卷之十六	祭文	拙修齋叢書七册本　靜寄軒集　卷七	
卷之十七	墓表　墓誌	拙修齋叢書七册本　靜寄軒集　卷八	
附錄卷之一	素餐錄	晩翠園藏版本　素餐錄	
卷之二	擇言	寫本　靜寄軒集補寫所收	靜嘉堂文庫所藏

巻之三	靜寄餘筆上	拙修齋叢書本　靜寄餘筆上	一部、大阪府立中之島圖書館本により補う
巻之四	靜寄餘筆下	拙修齋叢書本　靜寄餘筆下	
巻之五	冬讀書餘上	拙修齋叢書本　冬讀書餘　巻一	
巻之六	冬讀書餘中	拙修齋叢書本　冬讀書餘　巻二	
巻之七	冬讀書餘下	拙修齋叢書本　冬讀書餘　巻三	
巻之八	冬讀書餘拾遺	拙修齋叢書本　冬讀書餘　拾遺	
續錄巻之一	正學指掌	文粹堂刊本　正學指掌	
巻之二	文章一隅	無跋本　文章一隅	有跋本により跋を補う
【補遺】逸文	書彥輔淳風及余論長慶集書後 自撰墓誌	寫本　靜寄軒集補寫所收	靜嘉堂文庫所藏
＊參考	詩	寫本（有序本）靜寄軒集　巻一	序・目次は既出
	詩	寫本（有序本）靜寄軒集　巻二	

注　①所藏機關欄に特記なきは賴氏藏

◎靜寄軒集【詩】對照表

干支	年（西曆）	【三州】歲	木活本 巻	木活本 葉	木活本 行	本冊 詩番號	本冊 頁・段	汲古本 頁・段	汲古本 行	備考
庚子	安永九（一七八〇）	三四	九	1表	3	1	6下表	68下表	5	注③參照
				1表	9	3	6下表	68下裏	2	汲古本・有序本、第一句缺。
				2裏	6	9	7上裏	69下表	3	汲古本、三行アキ。有序本、缺。
				4裏	1	21	8上裏			汲古本・有序本、缺。
辛丑	天明元（一七八一）	三五		4裏	10	24	8上裏	70下裏	4	
				5表	5	26	8下表			汲古本・有序本、缺。
				5表	9	28	8下表			汲古本・有序本、缺。
				5裏	1	29	8下裏			汲古本・有序本、缺。

			5裏	6	30	8下裏			汲古本・有序本、缺。
			5裏	9	31	8下裏			汲古本・有序本、缺。
壬寅	天明二(一七八二)	三六	6表	8	34	9上表	71上裏	1	
			7裏	6	43	9下裏	72上表	5	(第二句)汲古本、二行アキ。有序本、缺。
			8裏	4	47	10上裏	72上裏	1	汲古本・有序本、43の後へ移動
			10表	1	57	11上表			汲古本・有序本、缺。
			10裏	4	62	11上裏			汲古本・有序本、缺。
			11表	6	67	11下表	74上表	7	汲古本、四行アキ。有序本、缺。
			11表	10	68	11下表			汲古本・有序本、缺。
			12表	1	72	12上表			汲古本・有序本、缺。
癸卯	天明三(一七八三)	三七	12裏	9	76	12上裏	75上表	1	
			13表	5	78	12下表			汲古本・有序本、缺。
			13表	8	79	12下表			汲古本・有序本、缺。
			15表	1	89	13下表			汲古本・有序本、缺。
			15裏	7	95	13下裏	76上表	7	汲古本、四行アキ。有序本、缺。
			17表	10	108	14下表			汲古本・有序本、缺。
			18表	7	114	15下表			汲古本・有序本、缺。
甲辰	天明四(一七八四)	三八	18裏	7	117	15上裏	78上表	9	
			18裏	10	118	15上裏			汲古本・有序本、缺。
			19裏	11	125	15下裏	78下裏	9	汲古本、三行アキ。有序本、缺。
			20表	11	128	16上表	79上裏	2	汲古本、十行アキ。有序本、缺。
			20裏	3	129	16上裏			〃(上と同じ)
			21表	11	134	16下表			汲古本・有序本、缺。
			21裏	6	136	16下裏			汲古本・有序本、缺。
			22表	11	142	17上表			汲古本・有序本、缺。
			23裏	1	148	17下裏	80下裏	6	汲古本、四行アキ。有序本、缺。
			24表	1	151	18上表			汲古本・有序本、缺。

乙巳	天明五（一七八五）	三九		25表	8	160	18下表	82上表	1	
				26表	3	164	19上表	82上裏	9	汲古本、四行アキ。有序本、缺。
				26裏	9	169	19上裏	83上表	2	（第二句）汲古本、二行アキ。有序本、缺。
				27裏	3	174	19下裏	83上裏	6	汲古本、四行アキ。有序本、缺。
				28裏	1	181	20上裏	83下裏	8	汲古本、二行アキ。有序本、缺。
丙午	天明六（一七八六）	四〇		28裏	3	182	20上裏	84上表	1	
				28裏	11	184	20上裏	84上裏	1	汲古本、三行アキ。有序本、缺。
				29裏	1	188	20下裏	84下表	4	汲古本、七行アキ。有序本、缺。（次行と共通）
				29裏	4	189				
丁未	天明七（一七八七）	四一	十	1表	3	208	23上表	87下表	3	
戊申	天明八（一七八八）	四二		4表	2	227	24下表	89上裏	8	
				6表	5	240	25下表	90下裏	3	汲古本・有序本、三行アキ。
己酉	寛政元（一七八九）	四三		10表	11	265	27下表	93上裏	7	
				12裏	4	278	28下裏	94下裏	2	有序本、缺。
				17表	6	307	31上表	97下裏	2	汲古本・有序本、順序逆。（次行と共通）
				17表	11	308	31上表	97下表	4	
庚戌	寛政二（一七九〇）	四四		17裏	6	309	31上裏	97下裏	8	
辛亥	寛政三（一七九一）	四五		24表	11	357	34下表	102上表	5	
				26表	4	367	35下表	103上表	9	汲古本、三行アキ。有序本、缺。
				30表	2	389	37下表	105下表	6	有序本、缺。
				31裏	11	401	38上裏	106下裏	4	汲古本・有序本、三行アキ。
壬子	寛政四（一七九二）	四六	十一	1表	3	405	39下表	108上表	3	
				1裏	2	408	39下裏	108上裏	4	汲古本、三行アキ。
癸丑	寛政五（一七九三）	四七		4表	8	425	41上表	110上表	3	
甲寅	寛政六（一七九四）	四八		6裏	10	444	42上裏	111下表	7	
				7裏	3	449	42下裏	112上表	4	汲古本、二行アキ。
乙卯	寛政七（一七九五）	四九		10表	11	468	44上表	113下裏	7	

丙辰	寛政八（一七九六）	五〇		13裏	4	487	45下裏	115下裏	7	
丁巳	寛政九（一七九七）	五一		17裏	3	505	47下裏	118上表	4	
戊午	寛政十（一七九八）	五二		21裏	4	534	49下裏	120下裏	6	
己未	寛政十一（一七九九）	五三		23表	11	546	50下表	122上表	2	
庚申	寛政十二（一八〇〇）	五四		26表	3	565	52上表	123下表	6	
				29表	4	585	53下表	129上表	4	汲古本、「巻之三」末尾へ移。
				29表	9	586	53下表	129上表	9	（同上）
				29裏	1	587	53下裏	129上裏	3	（同上）
辛酉	享和元（一八〇一）	五五		31表	3	593	54下表	126上裏	9	
				32表	6	597	55上表	127上表	7	汲古本、三行アキ。
				33表	10	605	55下表	127下裏	6	汲古本、五行アキ。
壬戌	享和二（一八〇二）	五六	十二	1表	3	615	57下表	130上表	3	
				1裏	6	618	57下裏	130上裏	8	汲古本、三行アキ。
				4裏	3	635	59上裏	132上裏	6	（第二句）汲古本、二行アキ。
癸亥	享和三（一八〇三）	五七		5裏	7	641	59下裏	133上表	3	
				9表	4	661	61下表	135上表	5	汲古本、三行アキ。
甲子	文化元（一八〇四）	五八		12表	7	677	63上表	137上表		
				14裏	7	694	64上裏	138下表	7	汲古本、三行アキ。
乙丑	文化二（一八〇五）	五九		15表	9	698	64下表	139上表	2	
				16裏	5	708	65上裏	139下裏	5	汲古本、三行アキ。
				17表	9	712	65下表	140上裏	2	（前半二句）汲古本、四行アキ。
丙寅	文化三（一八〇六）	六〇		18裏	2	717	66上裏	141上表	1	
				19表	8	723	66下表	141上裏	9	汲古本、三行アキ。
				19裏	5	726	66下裏	141下表	8	汲古本、四行アキ。
丁卯	文化四（一八〇七）	六一		20表	6	730	67上表	142上表	3	
				20表	10	732	67上表	142上表	7	汲古本、三行アキ。
戊辰	文化五（一八〇八）	六二		22表	2	739	68上表	143上表	8	

己巳	文化六(一八〇九)	六三		23表	9	748	68下表	144上表	1	汲古本、三行アキ。
				23裏	4	750	68下裏	144上表	7	
庚午	文化七(一八一〇)	六四		24裏	7	759	69上裏	144下裏	5	
辛未	文化八(一八一一)	六五		26裏	3	775	70上裏	145下裏	9	
				26裏	7	777	70上裏			汲古本、缺。
				27表	3	780	70下表	146上表	9	汲古本、六行アキ。
				27表	6	781	70下表			
壬申	文化九(一八一二)	六六		27裏	2	784	70下裏	146下表	1	
癸酉	文化十(一八一三)	六七		28表	2	788	71上表	146下裏	3	
				28表	4	789	71上表	67下裏	4	汲古本、「巻之二」第二首へ移。
				28表	11	790	71上表	68上表	1	汲古本、「巻之二」第三首へ移。
				28裏	5	791	71上裏	68上表	6	汲古本、「巻之二」第四首へ移。
				29表	1	792	71下表	68上裏	4	汲古本、「巻之二」第五首へ移。
				29表	4	793	71下表	68上裏	7	汲古本、「巻之二」第六首へ移。

注

①略語で示した各資料については、解説を参照されたい。

②本對照表では、干支の最初の詩番號、および校訂上、異動のあるものだけをあげた。ただし、誤字・脱字、詩題の違い、通稱等の人名表記の違いなど、小さな違いは省略した。

③汲古本・有序本第一首「靜寄東軒詩」は『靜寄餘筆　下』(本册242頁)。

④詩番號789以下は編年をはずれる。

⑤備考中、「□行アキ」は、缺落した詩に該當する分量の空白行があることを表す。また「缺」は、空白行が無くかつ詩が缺落していることを表す。

◎靜寄軒集【文】對照表

巻	木活本 葉	木活本 行	本冊 文番號	本冊 頁・段	汲古本 頁・段	汲古本 行	備考
一	1表	3	1	72下表	147下表	3	汲古本「巻之五」
	13表	4	15	78下表	155下表	3	注④參照。
	14表	6	16	79下表	156上裏	7	16の2「栗山來書附」、汲古本・七巻本、缺。
	17裏	4	18	80下裏			汲古本・七巻本、缺。
	17裏	8	19	80下裏			汲古本・七巻本、缺。
二	1表	3	20	81上表	158上表	3	汲古本「巻之六」
	19裏	6	41	90上裏	170上裏	6	汲古本、七行アキ。七巻本、缺。
	19裏	11	42	90上裏			汲古本・七巻本、缺。
	20表	4	43	90下表			汲古本・七巻本、缺。
	20表	8	44	90下表			汲古本・七巻本、缺。
	20裏	5	45	90下裏			汲古本・七巻本、缺。
	21表	10	46	91上表			汲古本・七巻本、缺。
	27表	4	59	94上表			汲古本・七巻本、缺。
	27裏	3	60	94上裏			汲古本・七巻本、缺。
	27裏	6	61	94上裏			汲古本・七巻本、缺。
	27裏	10	62	94上裏			汲古本・七巻本、缺。
三	1表	3	63	134下表	209上表	3	汲古本「巻之十二」
	6裏	5	71	137上裏	212下裏	3	注⑤參照。
					213上表	8	汲古本、十二行アキ。
					213下表	2	汲古本「文章一隅序」
	19裏	4	91	143下裏	221下裏	7	木活本、一行訂正書入。この一行は、一丁前の第一行にある。
四	1表	3	92	144下表	223上表	3	汲古本「巻之十三」
					224上表	7	汲古本、十五行アキ。
	7表	11	100	147下表			汲古本・七巻本、缺。

五	1表	3	101	149下表			汲古本・七巻本、缺。
	1表	11	102	149下表	228下表	3	汲古本「巻之十四」
					228下裏	3	汲古本、九行アキ。
	3表	6	107	150下表	229下裏	9	汲古本、五行アキ。七巻本、缺。
	3表	8	108	150下表			汲古本・七巻本、缺。
	3裏	5	110	150下裏			汲古本、缺。
	3裏	7	111	150下裏			汲古本、缺。
			補遺	305上表	230上裏	2	「書彦輔淳風及余論長慶集書後」、木活本・七巻本、缺。
	6表	3	121	152上表			汲古本、三行アキ。
	6表	6	122	152上表	231下裏	6	汲古本「書書齋小幅後」
六	1表	3	130	153上表	233上表	1	汲古本「巻之十五　銘　贊」
	1裏	3	131	153上裏			汲古本、缺。
	1裏	6	132	153上裏	234上表	7	汲古本、142の前に移。
	1裏	8	133	153上裏	233上裏	6	七巻本、缺。
					234上表	4	汲古本、三行アキ。
	5表	5	159	155上表	235下表	4	汲古本、二行アキ。
	5裏	8	164	155上裏	235下裏	9	汲古本、題「荘周圖贊」。
	6裏	6	171	155下裏			汲古本、缺。
	6裏	10	172	155下裏			汲古本、缺。
	7表	1	173	156上表			汲古本、缺。
	7表	3	174	156上表			汲古本、缺。
	7表	5	175	156上表			汲古本、缺。
	7表	7	176	156上表			汲古本、缺。
	7表	9	177	156上表			汲古本、缺。※七巻本順序A
	7表	11	178	156上表			汲古本、缺。※七巻本順序D
	7裏	2	179	156上裏			汲古本、缺。※七巻本順序E
	7裏	4	180	156上裏			汲古本、缺。※七巻本順序B

	7裏	6	181	156上裏			汲古本、缺。※七巻本順序C
	7裏	8	182	156上裏			汲古本、缺。※七巻本順序F
七	1表	3	183	156下表	237上表	3	汲古本「巻之十六」。七巻本、缺巻。
八	1表	3	185	157上表	238上表	3	汲古本「巻之十七」。七巻本「巻之七」。
					239上裏	4	汲古本、九行アキ。
	9表	9	199	161上表	243下裏	9	七巻本、欠。
			補遺	305上表	245上表	3	「自撰墓誌」、木活本・七巻本、缺。

注

①略稱で示した各資料については、解説を參照されたい。

②本對照表では、校訂上、異動のあるものをあげた。ただし、誤字・脱字、地名の言い換え、通稱等の人名表記の違いなど、小さな違いは省略した。

③備考中、「□行アキ」は、缺落した文に該當する分量の空白行があることを表す。また「缺」は、空白行が無くかつ文が缺落していることを表す。

④汲古本・七巻本、以下の一文あり。「以上十五首皆係初年之筆文辭未精議論未瑩或與晩年異者　先生嘗自言之然刪之無以見　先生之學不由師授而超然有造實今不敢刪越之翼敬識」

⑤七巻本、以下の一文あり。「以上九首皆係初年之筆」

◎訓蒙駢言　異文一覽

本冊（耕獵録三）			汲古本			本冊巻六	流水居詩稿	靜寄軒集補寫
頁・段	行	本文	頁・段	行	異同	異同	異同	異同
113上表	1下	行己以敬身	186下表	1	行己以謹身	同上	同上	同上
	2上	由愛深		5	由愛深	中愛深	由愛深	由愛深
	5下	外姻隨近		8	外姻自近	同上	同上	同上
	6下	宜貞靜		9	宜幽靜	同上	同上	同上
113上裏	1上	和且義	186下裏	1	和而義	同上	同上	同上
	1下	道德而媚		1	道貞而懿	同上	同上	同上

	7下	有顧人		7	有顧者	同上	同上	同上
113下表	1上	爲身主		8	爲身矩	同上	同上	同上
	4下	明易過	187上表	2	明易過	同上	同上	同上
	5上	氣可卷		3	心可養	同上	同上	同上
113下裏	7上	自多獲	187上裏	3	自多益	同上	自多獲	自多益
	7下	竟無益		3	竟有懌	同上	竟無益	竟有懌
114上表	1上	須求志		4	須時勤	同上	同上	同上
	1下	勉行務義必有事		4	勵行務義須日新	同上	同上	同上
	2下	是賤史		5	是賤史	是賤史	是賤史	同上
	3上	聖賢垂訓實可則		6	誠能孳々不自休	同上	同上	同上
	3下	考夫前經畜爾德		6	聖賢與汝一其揆	同上	同上	同上
	4	右二洲尾藤先生述			ナシ	ナシ	ナシ	ナシ

注 ①各稿本については解説を参照

本冊の編集については、各方面の御援助を得たことに深謝する。特に貴重な書籍の複寫・閲覽・影印使用など、さまざまな面で便宜を寄せられた廣島市立中央圖書館・大阪府立中之島圖書館・國立公文書館・國立國會圖書館・靜嘉堂文庫・お茶の水圖書館・國文學研究資料館・蕪木文庫、および春風館に甚深なる謝意を表するものである。また個人的には解題中に尊名を記した各位に御禮申し上げる。特に多治比郁夫氏の懇篤な御援助なくしては、本冊の編成は覺束なかった。それに加えて、ぺりかん社編集部宮田研二氏・五郎丸延氏の筆者に代わっての調査研究あっての末に、辛うじて本書を成しえたことも明記しておく。また利害を超越して筆者のために便宜を惜しまれなかった坂本健彦氏の友情も忘れられない。以上、すべての方々に對し、幾重にも御禮申し上げる。

賴山陽とその作品

略傳

著者について、最も早く作られた傳、江木鰐水（戩）「山陽先生行狀」を拔粹して掲げる。

先生姓は賴、諱《いみな》は襄《のぼる》、字は子成《しせい》。久太郎と稱し、山陽外史と號す。父春水先生は藝州竹原の人。大阪に寓し、飯岡氏を娶り、安永九年庚子を以て先生を江戸港に生む。先生、多病を以て仕籍を免れ、文化八年（三十二歳）、京師に遊び、遂に止る焉。天保三年九月廿三日歿、長樂寺に葬る。享年五十三。著す所、日本外史二十二巻、日本政記十六巻、通議三巻、春秋遼豕錄三巻、先友錄一巻、書後三巻、題跋二巻、日本樂府一巻、詩鈔八巻、遺稿文十巻、詩七巻、拾遺一巻、文錄二巻（三宅樅臺（觀）『山陽詩鈔集解』の節錄を少訂）。

詩集

詩は次の三種の著作に收められて傳わった。

(1)山陽詩鈔　八巻　天保四年刊
(2)山陽遺稿詩　七巻　天保十二年刊
(3)日本樂府　一巻　文政十三年刊

(1)は寬政五年（一七九三）十四歳から文政八年（一八二五）四十六歳までの詩。編年。すべて菅茶山の批正を經た自撰の詩集。その中核は文政元・二年（三十九歳・四十歳）の九州遊歷の詩「西遊稿」二巻であり、この時期に山陽の詩風が確立した。

(2)は文政九年、四十七歳から歿年（天保三年（一八三二）五十三歳）までの詩。編年。門人の手による編纂である。

(3)は文政十一年、四十九歳の時に成り、著者生前刊行の唯一の著。樂府體により日本の歴史の要所要所を拾って詠じたもの。

詩　風

山陽の詩は大體において近體詩より古詩、詠物より詠史というのが定論であるが、詩風の振幅は大きく、例えば七言古詩「筑後河を下り菊池正觀公の戰ふ處を過り感じて作あり」（八五）は明の前七子の一人、李空同（夢陽）ばりの雄渾悲壯、人の血肉を踊らせるものがあり、觀點を變えれば粗豪の評を受ける所である。

一方、七言絕句「春日田園」「秋日田園」は日常平穩の生活風景を詠ずること、あたかも宋の范石湖（成大）の「田園雜興」を彷彿させるものがあり、これまた別の視點からすれば、英氣差《やや》撓む（端的に言えば卑俗）の毀りを甘受すべき所かも知れない。

また『日本樂府』の諸篇は後記の如く、自らは明の李西涯（東陽）の擬古樂府に示唆されたと言うが、西涯の諸作が史斷に過ぎぬと酷評されるのに比べ、むしろ詩中の人物の心情にほだされた史贊に近いと言うべき作であろう。但し冷徹な史料との齟齬は免れ難いため、しばしば無學との譏りを受けるけれども、これは再考・三考すべき問題と考える。

また歌行體の「前兵兒の謠」（七九）は日本の俗謠の漢譯であるが、口で誦する歌として、一種特有の語調を與えることに成功している。そして「後兵兒の謠」（八〇）という軟派風な詩と對にして、硬派の氣風を際立たせた。ついでながら、日本の歌謠の漢譯には、詩集には入らない謠言體のものとして、幸若舞の敦盛（「人間五十年」云々）・鎌倉末の落首（「渡部の水いかばかり早ければ」云々）なども擧げられよう（いずれも韻語に漢譯して外史（それぞれ巻十三と巻五）に入れる）。この類は觀點を移動させれば、純粹でない（いわゆる和臭ある）漢詩ということにもなるであろう。

山陽自身の記すところによれば、「小埜泉藏の、詩律を論ずるの書に答ふ」（遺稿文巻一）において「詩の心を驚かし魂を動かすは、總《すべ》て唫《ぎん》誦《しょう》の際に在り。必ずしも其の義を細繹《さいえき》するを待たずして、涕《なんだ》すでに墜《お》つ」といい、吟誦という點に詩の本領があると言う。

また「杜集の後に書す」（書後・巻下）においては「余《われ》、從って詩文を學ぶ者に語《つ》ぐるに一字の訣《けつ》あり。曰く「眞」。また四字の訣あり。曰く「唯《ダ》眞故《ニ》新」」といい、模擬・虚構を排する立場を主張した（伊藤左千夫の「寫生的眞」の主張と暗合する、とは齋藤茂吉氏の説である（「短歌初學門「眞實」」『齋藤茂吉全集』第十巻、二二〇頁））。

そして「論詩絶句」の中で自らの立脚地を述べていう「姿を評して群り覩る宋元の膚。味を論じて爭ひ收む中晩の腴《ゆ》。斷粉零香、時の嗜《このみ》に合す。君に問ふ、何を苦しんでか韓蘇を學ぶ」と。すなわち、ここでは韓退之（愈）・蘇東坡（軾）を學ぶと表明するが、また別に、陸放翁（游）の影響を考える説も有力である。言うまでもなく、これら先人の詩を踏み臺として、終局的には杜甫を目指すことは、後世の殆どすべての漢詩人の目標といっても過言ではなく、山陽もまたその一人である。

背景

漢詩であるから、その背景となる明・清時代の詩文の大勢を一瞥しなければならない。以下は解說者の甚だ圖式的な理解の仕方で、世の嗤笑を買う虞れなしとしないが、一應のところ、次の如く考える。A系・B系は中國における流派・a系・b系はそれに對應する本邦の流れとする。A(a)・B(b)に確たる分類上の規準があるわけではない。出發點において盛唐派か否かでA(a)・B(b)としただけで、それに反對するとか、色合いが違うとかで文學は波動

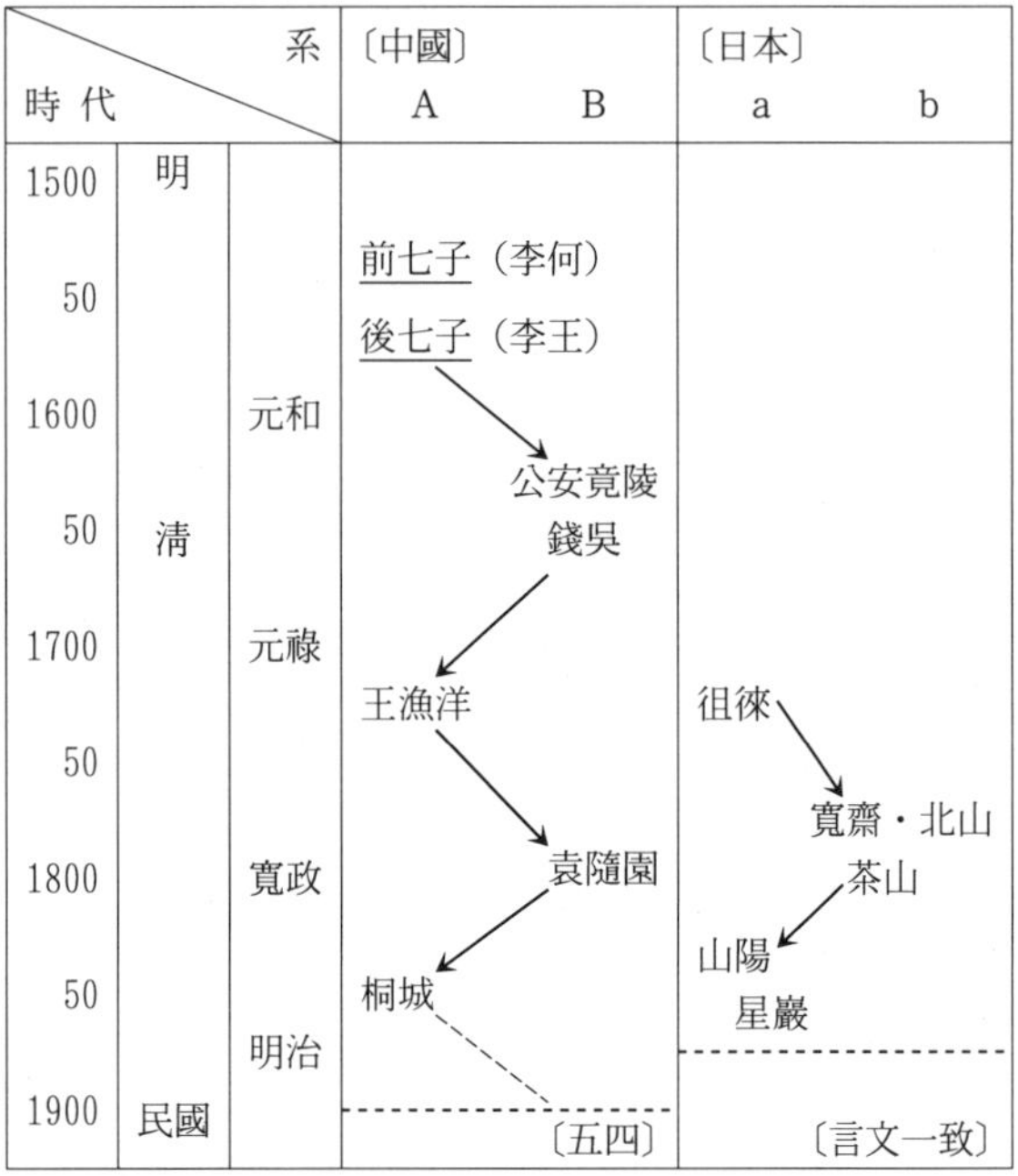

して進むと見た圖である。

山陽とほぼ同時代の詩人に限定すれば、

○市河寛齋、その門の大窪詩佛・菊池五山
○山本北山、その門の梁川星巖
○釋六如　菅茶山、その門の賴山陽
○龜井南溟門下、廣瀨淡窓

といったところが擧げられ、日本漢詩界の最も華やかな時期を形成する。

山陽自身は「隨園詩話の後に書す」（書後・巻下）にいう。

> 予弱冠のころ、隨園詩話を得て之を讀む。其の喜ぶべきを見ず。壯なるに及び上國に來る。則ち家々爭つて之を誦す……蓋し彼（隨園）死に至るまで沈歸愚（德潛）と名を爭ふ。沈に別裁ありて風雅を主持す。故に此話（隨園詩話）を作って之に敵するのみ……沈は甚だ奇なしと雖も、自ら是れ大雅、後學に範とするに足る。袁は乃ち輕薄浮蕩を以て、傀に鼓して之を奪ひ、其毒延いて海外（日本）に及ぶ。甚しい哉（また『賴山陽書翰集』上、一七一頁二行目も參照）。

このように、少なくとも主觀的には、當時流行の隨園を敵に廻す看があるのは、やはり新時代の擔い手としての意地が働いていているのであろう。

評　價

江戸末の詩話（例えば友人の菊池五山の『五山堂詩話』）は暫く別とし、清の兪曲園（樾）の『東瀛詩選』（光緒九年（一八八三）刊）巻二十一「賴襄」（「子成、天才警拔、而して詩學尤も深し」）は國外における比較的早い評定である。その後、桐城の人、呉北江（闓生）『晩清四十家詩鈔』（民國十三年（一九二四）序）巻二「日本樂府二首」（「（蒙古來・罵龍王）二詩、高古を絶し、日本人の口吻に似ず」）がある（入谷仙介氏教示、同氏の『賴山陽　梁川星巖』三三六頁も參照）。また桂湖邨（五十郎）の論評は市島春城（謙吉）の『隨筆賴山陽』（大正十四年三月刊）一九〇頁以下に収載される。同書一八八頁の春城の前書にいわく、

山陽の傳や逸事を録した書は、明治以後多く出て居るが、山陽の詩を評したものは一つも無い。山陽の研究家も、此方面には餘り觸れて居らぬ。……一日、鄕友桂湖邨氏に相談に及んだ所、……十日も經たぬ内に、稿本を寄せられた。それを見ると、原稿紙三十枚ほどに書かれた漢文で、山陽の各時代の詩が精細に評され、其の長所も短所も嚴正に論ぜられ、前輩に比し、將《は》た同時の人に比しての優劣も究められ、傍ら春水、杏坪の詩評にも及び、如何にも詳悉《しょうしつ》のもので、自分は、其の望外に出《い》でたので驚喜した。

溯って明治の中期に次の論爭があった。

○山路彌吉（愛山）「賴襄を論ず」（『國民之友』一七八號、明治二十六年一月十三日、「藻鹽草」三十九頁以下）、『賴山陽及其時代』に收錄。

○森田思軒（文藏）「山陽論に就て」（『國民之友』一九三號—二三二號。明治二十六年六月十三日—二十七年七月十三日）、『賴山陽及其時代』に收錄。

○德富蘇峰（猪一郎）「熱海だより」（『國民新聞』、年月日未調査）、『賴山陽及其時代』に收錄。

○「思軒＝對＝愛山」（年月日未調査）、『賴山陽及其時代』に收錄（全體は山陽論であるが、三者とも、その詩を國民

詩として評價している）。

評價と共に文獻資料の指摘は、木崎好尙（愛吉）『賴山陽全書』の序言（昭和五年四月）および『賴山陽全書』の『詩集』の序言（昭和七年一月）が詳しい。

またこの解説の粉本として、賴成一〔楳厓〕の岩波文庫『賴山陽詩抄』（伊藤吉三〔靄谿〕と共譯）の解題がある。

批　判

內村鑑三『後世への最大遺物』の冒頭に山陽の少年の時の詩（一）が引かれていることは事新しく言うほどではないが、明治における流行の様子は井上巽軒（哲次郎）の『日本朱子學派之哲學』（明治三十九年初版。いま大正七年、訂正增補六版により引用）の「賴山陽の精神及び影響」でも知られる。いわく、

> 彼れの詩に就いて注意すべきことは、當時詩人は隨分多かつたのであるけれども、其中でも山陽の詩と云ふものは青年學生の吟唱して傳ふる處となつたのである。それが當時の青年學生の血を沸す樣な力があつたからである。若し專門的技巧から言つたならば寧ろ彼れの叔父たる賴杏坪の方が優つて居る。併ながら山陽の詩は其傑作に至つてはなか〳〵豪邁なる處がある。何となく氣魄精神が其處に籠つて居る。それで青年學生に愛吟せられた傑作が非常に多い樣な次第である。さうして其中に亦勤王の精神なんと云ふものも含まれて居つて、此等の詩に依つて勤王の精神を青年學生の閒に傳へたこと亦尠少でないと見なければならぬ。

正に山陽の詩のこの特徵が、他面において「俗」「粗」「和臭」など樣々な惡評を生んだ（積極的な評價は枚擧に暇がないのでいま省く）。いま木崎好尙『全傳』（『賴山陽全書』所收）卷下から若干例を拾ってみる。（　）內は同書の該當頁數、〔　〕內は解說者の注記である。

佐久間象山（七〇九頁）〔これは文に對してであるが、より端的には象山の詩に「昔日詞場に一軍を張る……高く小兒

と古文を談ず」というのがある」。

橋本景岳（左内）（八一〇頁）「子成は一讀書人たるに過ぎず」」。

正岡子規（八四九頁）〔「三十棒」における森田思軒への反論〕。

長井金風（八七三頁）〔「僕は東坡は嫌ひ、放翁は嫌ひ、隨って山陽は嫌ひ」」。

正宗白鳥（八八四頁）〔「その詩は極めて平凡」」。

以上の諸家にほぼ共通して、少壯時の強い影響とそれへの反撥、特に吟誦することへの嫌惡が感じ取れる。若干例を追加するならば、森田思軒『頼山陽及其時代』の三十四頁（雲耶山耶の詩の評判）、『全傳』下、八五六頁（子規の回想）、同八八八頁（中里介山『大菩薩峠』めいろの巻）、竹山道雄『昭和の精神史』新潮叢書、一一一頁（前兵兒謠。但し竹山氏が厭わしく思っているという例示ではない）など擧げることができる。

吟詠と竝んで、山陽詩に對する反撥は、その昂揚した感情の表出、延いては亂臣賊子への痛斥が、冷靜な人生の達人達の肌合いと乖離することから來ていると思われる。早く菅茶山の評語にもそれは現れているし、幕末の蘭學者系の評價も根底にはそのことがあろう。明治以後は、江戸の聞人の流れを汲む通人、或いは文壇主流の文士から疎まれた。これに關聯して、詩とは限らないが、入谷仙介氏の『頼山陽　梁川星巖』（『江戸詩人選集』八、平成二年）の解説（三三六頁）に紹介されている幸田露伴・夏目漱石の評價も同列のものであろう。森鷗外が務めて公平に記した晩年の史傳ものにもその影は色濃く現れている。三田村鳶魚は言うまでもない。

戰後の評價

戰後においては次の文章を紹介しておく。竹谷長二郎氏の『頼山陽書畫題跋評釋』（昭和五十八年、明治書院刊）の三六〇頁以下の「あとがき」にいう。

かつて私は山陽が嫌いであった。今、戰時中時の流れに反對だったと言うことは自慢になるのでいやであるけれども、當時もてはやされた山陽の皇國史觀に同じることができなかったのである。それに彼の覇氣の目立つ書、激しい調子の詩にも初めからなじめなかったが、何よりもその人閒が好きでなかった。それが今、彼の文章を顯彰すべく、老年の心力を傾けてその評釋を書くというのだから、大變な變わり樣であるといわなければならない。しかし私自身には少しの矛盾もないのである。

私が山陽に心引かれるようになったのは、戰後田能村竹田の硏究を始めてからである。豪放の山陽と謹直な竹田とはおよそ正反對のタイプであるのに、この二人が互いに許す深い友情に結ばれたのはなぜであろう。一見不可解なこの謎は、二人の文を讀んでいるうちに自然に解けた。二人は世と人とに對する關心、學問と藝術とに對する情熱をもつ點で全く同じであることを知った。彼らはともに世を憂え人を愛し、學を好み藝に遊ぶ士で、根本において全く一致していたから、氣質の相違は問題でなかったのである。私は竹田を硏究しているうちに、いつのまにか竹田の心で山陽を見るようになった。そしてそれまで惡い所ばかり咎め立てていた、彼の思想にも、學藝にも、またその人閒にも善い點がたくさん認められてきて、ついに山陽を偉大な文人として敬慕するに至り、その「書後」「題跋」は私の愛讀書となったのである。

また渡部昇一氏の『日本史の眞髓』第一巻（平成二年、PHP硏究所刊）の一頁以下の「まえがき」にはいう。

賴山陽は戰前・戰中にも人氣があり、しかも戰後にも幸いに忘れられなかった文人・詩人であり、また史家である。しかし何といっても維新前後から昭和にかけて『日本外史《にほんがいし》』の著者としての人氣にくらべるならば、今日は一般には忘れられているに近い人物になっていると言ってよいであろう。戰前の中學生で賴山陽の名前を知らない者は皆無と言えたが、今の中學生で知っている者は稀である。

戰前の中學生でも賴山陽と言えば『日本外史』の著者として有名であった。明治の頃はこれはすべての書生・

學生の讀む本ということになっていて、そのためだけの語彙解釋《グロッサリー》まで出版されたほどである。これは幕末から明治初年にかけて尊皇思想を普及させるのに最も影響するところがあった本であるから當然とも言えよう。

右の「戰後にも幸いに忘れられなかった」とは、いま詩に重點のある專著だけに限ると、例えば中村眞一郎氏の『頼山陽とその時代』（昭和四十六年）、富士川英郎氏の『菅茶山と頼山陽』（昭和四十六年）、野口武彥氏の『頼山陽』（『日本の旅人』十一、昭和四十九年）、入谷仙介氏の『頼山陽　梁川星巖』（平成二年）などが擧げられる。

これは畢竟、入谷氏の指摘を借りるならば、「新しい日本語の創造、新しい人閒性の追求、そこに根底を据えた彼の詩が、多くの人人から歡迎され、國民詩人として愛されたのは、あまりにも當然のことであって、そのゆえに「俗」だなどというのは、高級ぶった批評家のさかしらにすぎないであろう」（上掲書三四二頁）ということである。

法　帖

山陽の詩は、本人の書跡を板刻した帖本を通しても流布した。就中、『新居帖』の弘化四年（一八四七）刊刻の第一編（四册）は、新居の詩・詠古の詩・西遊の詩より成り、一時に流傳した。また『湊川帖』（初帖・嘉永二年（一八四九）、續帖・嘉永三年）の內容はすべて詠史の詩で、これも評判が高かった（『全傳』下、七〇二、七一五、七二一頁）。今ならば作家自らの朗吟のコンパクト・ディスクでも付けて出版されるところであろうが、幕末のこと故、その作品の作者に直に近づく方法としては、その人自身の手跡を見るより他はなかったと言える。當時は木刻の名手が多く、手跡の風趣をよく傳える上出來の法帖に仕立て上がった。これが流行の理由でもある。その後、明治までに百種を越える法帖が刊刻され、その內容は山陽自身の詩であることが多いので、その詩の普及に寄與した。

〔諸詩集・關係書略目〕

いま頼成一編「頼山陽關係書目錄」（『國學院雜誌』三七―一〇、昭和六年十月）に據りながら山陽の詩集に關する文獻名を增改して記す。『全傳』下に言及されているときはその頁數を付記する。

◎山陽詩鈔　八巻

山陽詩鈔（四册）（大）　天保四年三月、五玉堂

原木版本の影印本がある。汲古書院『詩集　日本漢詩』第十巻（昭和六十一年十月）。精細な書誌つき。○『全傳』下、二六三頁（開版の準備について）。

山陽詩鈔（四册）（中）　明治十二年十月、慶雲館

原本を小型化したもの。○原本のままのものとして、未見ながら、大正九年十二月の複刻があるという（『全傳』下、八八〇頁）。

〔注釋〕

山陽詩註（八册）　日柳燕石　明治二年、耕讀莊

嘉永六年（一八五三）夏の編。『全傳』下、七三三頁にいう。「（夏）。日柳燕石、『山陽詩註』（初編）を編し、『詩鈔』の作に就き注釋を加へ、小引を付す、富岡鐵齋增校の外、慶應三年冬、その子三舟（政恕）、及び倉橋貴の再校、更に片山精堂の重校を經て、明治二年に至り、京都書肆、竹苞樓（佐々木―銭屋惣四郎）の手に開版されてゐる」。

○數ある『詩鈔』の注のうち、中國風の詩注の體裁と内容とを具えた注。注者の學力を見ることができる。

山陽詩鈔集解（四冊） 三宅樅臺（觀、左平） 明治十四年七月、合書房

明治二年十一月、小原鐵心（寛）の序を冠する。○『全傳』下、七八五頁。○前書と竝び、見ごたえのある注であるが、原本巻五以下の部分を缺く。

頭書注釋山陽詩鈔（四冊）〔小〕 谷壮太郎 明治十四年（未見）

『全傳』下、八二四頁「明治十四年十一月、東京・谷壮太郎編、「頭書註釋〔片假名付〕山陽詩鈔」〔銅版袖珍〕出づ」。

評註山陽詩鈔（四冊）〔中〕 後藤松陰 明治十六年二月、三書房

『全傳』下、八三一頁。○原本の上欄の評語を増損したに過ぎぬもの。

山陽詩鈔（一冊）〔小〕 天野保之助 明治二十六年（未詳）

山陽詩鈔註釋（一冊）〔洋〕 蜂谷柳荘 大正二年十一月六版、杉本梁江堂

明治四十三年（庚戌）五月序。原文の他に書下し文・語釋、時に通釋を付け、やや近現代風の注釋本の形をとる。

○『全傳』下、八六七頁。

山陽詩鈔註釋（一冊）〔洋〕 奥山正幹 大正三年十月、山陽詩鈔出版會

『全傳』下、八六八頁。菊版、本文一三一三頁の巨册。燕石注を敷衍しているところが多い。

山陽詩鈔新釋（一冊）〔洋〕 中村德助等 大正十四年九月十版、田中宋榮堂

奥付によると「國漢文叢書」の一。近藤春雄『日本漢文學大辭典』によると、もと大正二年の刊（七一三頁中段）。

山陽詩鈔註解（一冊）〔洋〕 村上寛 昭和三年（未詳）

山陽詩鈔新釋（一冊）〔洋〕 伊藤靄谿（吉三） 昭和十七年九月、山陽詩註刊行會

覆刻版がある。原本の字體・表記・判型を現代化して、昭和六十年一月に刊。

〔詩鈔注概評〕

日柳注の作られた頃（嘉永六年癸丑夏の自序）は漢詩文學の水準は高く、從ってこの簡にして要を得た的確な注は、現代では高尚すぎて注の注が必要と思われる。また三宅注は十六年後の明治二年の日付の序を冠する。やはり水準は高いが、日柳注に比べれば懇切饒舌の傾向がある。精査したわけではないが、多分、日柳注とは別個に作られているると思われる。ともかくも、日柳・三宅兩注は彼此參見すべき價値がある。奥山注は日柳注を敷衍して詳細を極めるが冗漫の嫌いがあり、只今では伊藤注が最も適當である。

◎山陽先生遺稿　文十巻　詩七巻　補遺一巻

「西遊後さしてもなき詩多し。丙戌・丁亥・戊子・己丑・庚寅五六歳の詩、多傑作矣」（天保三年壬辰八月二十六日、後藤松陰宛山陽書簡）。丙戌は文政九年、『遺稿詩』の始まり。

山陽先生遺稿（八册、六册）〔大〕、天保十二年、五玉堂

八册本（文五册・詩三册）と六册本（文四册・詩二册）とがある。○原木版本の影印本がある。汲古書院『詩集　日本漢詩』第十巻（昭和六十一年十月）。精細な書誌つき。

山陽遺稿（四册）〔中〕（活版）　明治十一年十月、牧田熊次郎翻刻

文三册・詩一册。○『全傳』下、八一三頁はこれか。

山陽遺稿（五册）〔小〕（銅版）　明治十二年五月、三玉堂

文三冊・詩二冊。○『全傳』下、八一三頁。

評點山陽遺稿（六册）〔半〕　近藤南洲（元粋）　明治十二年七月、柳原喜兵衞等

『全傳』下、八一六頁。龜山節宇の跋を拔粹して引く。○『遺稿』（文四册・詩二册）すべてに對して、評點を施す。

これにより『遺稿』の體裁が『詩鈔』のそれに近づいた。

山陽遺稿（五册）〔中〕　明治十三年七月、西田森三翻刻

文三册・詩二册。○『全傳』下、八一七頁。

山陽遺稿（一册）〔洋〕　明治二十九年十二月、立友館

始め石川嘉助發行、版を重ねる。明治三十四年五月、小谷卯三郎發行。

山陽遺稿詩（一册）〔小洋本〕（千代田文庫本）明治四十四年十二月、求光閣

〔注釋〕

山陽遺稿詩註釋（一册）　伊藤靄谿　昭和十三年十月、大阪寶文館

自序にいう。「山陽詩鈔の註解は、嘉永六年日柳燕石が山陽詩註初編を編んで以來、明治二年三宅樅臺の山陽詩鈔集解、大正三年奥山正幹の山陽詩鈔註釋、其他二三出版せられてゐるが、山陽遺稿の註解に至つては、詩文共に未だ世に發表せられたるを聞かぬ。……既に詩鈔の註解あり、遺稿詩の註釋亦あつて然るべき筈である」。○覆刻版がある。原本の字體・表記・判型を現代化して、昭和六十年一月に刊。

〔遺稿詩注概評〕

『詩鈔』の注が多いのに對して、『遺稿詩』の注は伊藤注以外には全體に渉るものはない。複數の人の視點から

の注がないのは『遺稿詩』の不運であるが、伊藤注が克明にできていることは救いである。單發的には根津注（後記）と、福山淑人『暢寄帖解』（明治十三年三月）との中に少しばかりの詩が収められている。しかし質量ともに、わざわざ見るほどのものではない。なお賴椋匡所獲の光吉澆華（元次郎）手擇の『遺稿詩』一册に、光吉氏の筆と思われる旁記が隨所（詠史詩が多い）に見える。同氏の『日本外史詳註』『日本政記詳註』（兩者とも最近、光吉氏遺族より內閣文庫に寄贈された）の餘業かとも思われるが、懷德堂―近藤南洲（元粹）―光吉澆華と連なる學問上の系譜から推して當然ながら、木崎氏とは傾向の違う視點を持つ。光吉氏の詩註が未完成に終わったことは甚だ惜しまれる（光吉氏手擇の『詩鈔』二册についても同樣のことが言える）。

◎日本樂府　一巻

短いものなので、一巻の書巻として傳存している場合がある。部分的ながら、書巻の寫眞版が次の諸圖録に揭げられている。

(1)龜岡本（東京・三越『山陽賴先生百年祭記念　遺芳帖』ＰＬ101および恩賜京都博物館『山陽先生遺墨集』ＰＬ78）
(2)住友本（恩賜京都博物館『山陽先生遺墨集』ＰＬ79）
(3)橋本本（大阪・三越『山陽賴先生百年祭記念　聚芳帖』ＰＬ42および木崎好尚『賴山陽先生眞蹟百選』ＰＬ53）

(1)(2)(3)の順に定稿化したと言われる。

本書成立の遠因は大坂の混沌社の『野史詠』にあると推定される（父、春水の「在津紀事」上、二〇條、および「書詠史詩後」（春水遺稿巻十二）參照）。山陽の自跋によれば、「文政六年癸未の冬、「煨芋行」（唐の肅宗と李泌）・「燒肉行」（宋の太祖と趙普）を作ったことが動機になった。その後、文政十一年戊子の冬に、明の李西涯（東陽）の擬古樂府を見て興味を唆られ、國乘（日本の歷史）に就いて好題目を撥って六十六闋《けつ》を得た。古今の治亂の機窾《きかん》・名教《めいきょう》の是非に於いて、小を以て大に喩えることができる筈である」と言う（住友本自跋の要旨）。
李西涯の擬古樂府は、篠崎小竹は『列朝詩集』で見ているが、現在では四庫全書の縮印本によって『懷麓堂集』所收の作が簡單に見られる。
日本樂府の解題は木崎好尚によるものに次の三種があり、それぞれに有益である。

(1)『詩集』（昭和七年三月）所收「日本樂府解題」
(2)『全傳』下（昭和七年七月）二七九頁以下
(3)『賴山陽の人と思想』（昭和十八年四月）二五四頁以下

他に福山天蔭（壽久）の『詠史　日本樂府物語』（昭和十三年六月）巻首の解題が詳しい。のち、少改して『賴山陽の日本史詩』（昭和二十年二月）巻首に收める（これは後掲の渡部昇一氏の著述の末尾にも轉載）。

日本樂府（一册）〔大〕　文政十三年冬、贛齋藏板
木崎好尚編『賴山陽詩集』（昭和五年九月）第七卷、および『詩集』（昭和七年三月）後尾部分に木版本を校訂した上で活字化して收める。
原木版本の影印本がある。汲古書院『詩集　日本漢詩』第十巻（昭和六十一年十月）。精細な書誌つき。
明治三年九月、丁字屋榮助〔大〕。後藤松陰の後敍を削る。○明治四十三年二月、松山堂〔小〕〔活字〕。後敍あり。

增補日本樂府（一册）〔大〕　明治十年七月、賴氏藏版
「增補」とは錢泳の題辭を加えたことをいう。後敍（後藤松陰）を削る（未見ながら、後敍を付けた本もあるという）。
縮小した中型本が明治十七年五月に出た。末尾に「柴田雕」とある。後敍を付ける。

〔注釋〕

詠史詩集日本樂府詳解（一册）〔洋小〕　坂井松梁（末雄）　明治四十三年十二月、青山堂

改版・改稱した小型本『賴山陽詠史の評釋』が昭和十一年一月に人文書院から出た。

新譯日本樂府（一册）〔洋小〕　大町桂月　明治四十四年二月、至誠堂

『新譯漢文叢書』の第四編。〇『全傳』下、八六五頁（「訓讀」とするのは誤記）。

詳解全譯日本樂府（至誠堂漢文叢書本）　大町桂月・公田連太郎　昭和二年（未詳）

『全傳』下、八八七頁。〇同じものの改裝と思われる洋中本が、奥付に「普及版」（『詳解全譯漢文叢書』第三卷）と記して『日本政記』と合併して昭和四年九月に出版された。

日本樂府五百史談（一册）〔洋大〕　田中百山（親之）　大正五年四月、若林書店

「史談」四百強より成る（この數は書名の「五百」より著者田中氏の雅號分だけ少ない）。〇『全傳』下、八七一頁（八七二頁は衍文）。〇「史談」の名に背かない內容。但し所說の所據を考證することは、餘程の博學を以てしなければ不可能である。著者の識語の如く、「大日本資料及び日本古文書四千册に就き判斷」しなければならないからである（「　」內は原文のまま）。

賴山陽愛國詩史日本樂府評釋（一册）〔洋大〕　谷口廻瀾（爲次）　昭和十二年四月、モナス

詠史日本樂府物語（一册）〔洋中〕　福山天蔭（壽久）　昭和十三年六月、東白堂書房

良心的な注釋書。〇改版・訂正・改稱した『賴山陽の日本史詩』が昭和二十年二月に寶雲舍から出た。〇次揭書に丁寧な紹介がある。

日本史の眞髓——賴山陽の『日本樂府』を讀む（三册）〔洋中〕　渡部昇一、PHP研究所

〔古代・貴族社會編〕　平成二年六月

〔中世・武家篇〕　平成四年八月
〔戰國・織豐時代篇〕　平成六年四月
もと『歴史街道』に昭和六十三年五月より平成六年二月まで連載されたもの。講釋の形式に新機軸を出したこと、著者が西歐文化に詳しいことなどにより、出色の注になっている。

〔樂府注概評〕
從來は、やや高踏的な田中注は別格として、多くの注本がある割には、福山注以外に見るべき注がなかった。しかし最近になり、これに渡部注（いわゆる注本の體裁ではないが）が加わったことは特筆すべきことである。

◎詩集總合

賴山陽詩集（一册）〔洋大〕　木崎好尙　昭和五年九月、淳風書院
山陽の全詩を編年、『日本樂府』を後付したもの。
賴山陽全書・詩集（一册）　木崎好尙　昭和七年三月、賴山陽先生遺蹟顯彰會
前掲書を發展させたもの。○昭和五十八年八月の國書刊行會の覆刊本がある。

◎詩集拔粹

賴山陽詩抄（一册）〔洋小〕　賴成一・伊藤吉三譯註　昭和十九年九月、岩波文庫
詩體別に分類した選集。本大系本の粉本。
賴山陽　梁川星巖（一册）〔洋中〕　入谷仙介注　平成二年四月、岩波書店『江戸詩人選集』第八卷。○戰後の代表的な

詩注。

◎拾遺・その他

山陽先生逸詩續（一册）　漁古堂　楳厓手抄

『世界』第一〇三號―第一一〇號に連載。〇漁古堂、高島九峯、萩藩士。其父酔茗は山陽門人。また楳厓『蘭蕙集』一（一〇一葉裏）に言う。「山陽先生逸詩ヲ纂集シテ『京華週報』ニ載セシ漁古堂トイフハ長州人高島張輔トイフ人ナル由、仙臺ノ瀧川君山（龜太郎）翁申サレタリ」（大正十年冬、九十幾歳ニテ存命）。〇「逸詩續」の序言に言う。「生曾て山陽先生詩の、詩鈔及遺稿に漏れたるもの數百首を、『京華週報』に登載せしが、今茲瀧川君山氏、仙臺より山陽先生詩稿と題せる寫本一册を寄せて曰く、前年兄の輯錄せし先生の逸詩は、文政九年に止まりしが、頃日此册を獲たるに文政九年より同十一年までの草稿なり、請ふ寓目せよと、生喜禁ずる能はず、直ちに之を閲するに、九年の作は曩に錄したるものと同じきも、十年に於て九十餘首、十一年に於て五十餘首の逸詩を得たり、仍て復た逐次採錄し併て私考を付し、以て同好の士に問はんとす」。〇『京華週報』は未見。

山陽詩解（三卷三册）〔小〕　根津全孝　明治十一年序

抄譯。至極簡短なもの。

他に、『全傳』下、八三四頁に「明治十七年、伊藤洋次郎の『詩文詳解山陽詠史選』出づ」とあるが、未詳。三卷三册であるという。

一藩儒の家計

はじめに

手元の資料に「乙巳江戸出船ヨリ丙午十二月マテ」（資料番號（七〇八―一）[1]）および「家計小簿」（（七〇九―一））という二束の書付がある。本稿はこの資料の紹介であるが、取り敢えず、天明五年乙巳（一七八五）の分で、月單位以上の收支の資料を扱うこととし、毎日の支出の家計簿的なものには及ばない。いずれは全資料（下限は寛政四年、一七九二）を紹介するつもりである。

資料の主は廣島藩儒、賴春水、通稱は彌太郎、安藝國竹原出身。天明元年（一七八一）十二月に廣島藩儒に登用、三十人扶持。扶持米はもちろんその時以降支給されていたに違いないが、しばらくは身邊は大多忙で不規則であり[2]、家族が典型的な扶持米取りの生活をするようになったのは、この天明五年八月からであったろうと思われる。

天明五年當時、居宅は廣島城下、研屋町で、目下、買い取りのための十五ヶ年年賦を支拂中である。家族は本人四十歳、妻の靜二十六歳、長男久太郎六歳。ほかに茂八・りさが使用人として身邊にいた[3]。本年五月十二日、春水は江戸から歸宅、八月八日、再び江戸に向うこととなったが、その直前の八月二日に弟の杏坪（萬四郎、三十歳）もまた藩儒に登用、五人扶持、城下、胡町に假寓することとなった。

家計の取りしきりは杏坪もかなり關與しているが、多分、天明元年登用時以來、廣島での家計の收支は、同郷の知人、林堅良に托されていたと思われる。少くとも當面の兩三年は確實に堅良が取りしきっている。堅良は字は彊卿、醫者として竹原から廣島に出てきて開業。當地にこれといった身寄りのない一家にとって、親類代りの家であった。その堅良は依托された家計の收支を、すべて室屋の帳簿につけている。室屋もまた竹原に縁のある家で、主人の名は喜右衞門、字は子華、竹原町年寄の吉井（米屋）半三郎と親戚であり、彼自身は廣島町大年寄五人の中の一人で、春水登用時の、いわば後見人のような立場にあったもののようである。

郷里竹原では二年前に父の又十郎が死去、家業は父の弟の傳五郎が繼いだ。また春水の次の弟春風、字千齡が、醫者として名望を得、竹原での地歩を築きつつある。妻の實家、大坂の篠田（飯岡）では、父が老病を患い、妹の直が家計のやりくりをしている。

一　巳どし出入の大辻

巳どし後半期の決算書は、翌午どし十月二十一日付で江戸に送られた。これは多分、春水の江戸詰が午どし秋になっても解かれないことがわかり(4)、この邊りで去年一年の收支を締めて江戸へ報告することになったのであろう。次はその時の決算報告書である。（　）の洋數字は行數、又は項數。

〔七〇九―〇三六〕(5)　堅良から春水へ、午十月廿一日』

(1)　巳七月ゟ極月迄出入大辻之算用書付
(2)　一、壹貫五百五十四匁八分貳リ　室屋方受込之銀高
(3)　一、貳貫四百五十八匁五分　室屋ゟ堅良江渡し込之銀高。尤出立前渡し物、年賦銀、模相銀(6)等迄此内ニ入
(4)　右指引　九百三匁六分八リ　室屋方取替之建リニ成　』

（2）は家計にとっての收入、（3）は家計にとっての支出。「受込」「渡し込」はすべて室屋本位の表現である。い

ずれ以下の資料で説明することとなるが、（2）は扶持米を銀に替えたもの（飯米として消費した分を除く）、（3）の「尤……等迄此内ニ入」とは、〃研屋町・胡町両家の入用の他に、これらのものまでこの内に合算してある〃の意である。これらの詳細は後述する。

（4）の「取替」は要するに家計にとっての赤字である。「建リ」の正確な意味はまだよく把めていないが、「建前」の「建」と同じではないかと考える。

右の〔〇三六〕に續いて次の資料がある。

〔七〇九―〇三七〕　堅良から春水へ』

午閏十月十二日至（春水筆）

　彌太郎様　要用　追書　堅良

（1）　室屋方巳年分算用前大辻午年江越ス分之銀高

（2）一、金貳拾兩

（3）一、銀貳貫五百拾九匁九分

（4）右者室屋ゟ諸渡し物幷竹原行二貫五百目等之銀さし引テ之殘銀ニ而御座候。前書ニ「室屋方取替ニ成」ト申上候分も、右算用ニ入レテ之積リ高ニ御座候様ニ被相考候。何分明白之事ハ巳八月ゟ午極月迄之分ヲ一貫（カ）仕候而明正月ニ算用仕立可申上候』

右の（4）の文面は、次掲以下の資料で順次説明して行かねばならないが、〃〔〇三六〕（4）の赤字は眞の赤字ではなく、その分まで入れて、本資料〔〇三七〕（3）が午どしに黒字として繰越されるが、いずれ未どし正月になったところで、午どし一杯と通計して報告する〃との意と讀み取れる。

結局、〔〇三六〕は、堅良が今回の家計出納を引き受けた當初の繰越高――それは多分、巳どし年初から手つかずにあった金貳十兩、巳どし前半の扶持米收入の殘額を含む――を考えなかったための赤字計上なのであろう。なお若干は、報告の時點での決算の未完了分を支出に計上した部分もあろう。いずれ、以下の資料を檢討して行く過程で明きらかになる筈である。

二　惣算用

次は巳どし八月から午どし十二月まで一貫の總決算書である。文面上の用語から、この書付を書いたのは堅良でなく、とすれば多分杏坪であったであろうと思われる。この資料は、巳、午一貫の「惣算用」の書付（イ）の下に、巳どしの「覺」（ロ）と午どしの「覺」（ハ）とが附箋として貼附されている。形態から見て、もと（イ）（ロ）（ハ）は獨立の書付であったのであろうと想像する。

〔七〇九―〇三九イ〕日附缺』

惣算用

(3) 一、正金貳十兩。〔前〕巳八月ゟ利付月十兩ニ付四匁。〔後〕此利四拾匁。同十二月迄。
(6) 一、銀六貫八百廿五匁八分三リ。〔前〕同斷利七朱。[7]〔後〕此利貳百三十八匁九分、同極月迄。
(8) 元利合、金貳十兩・銀七貫百四匁七分三リ也
(10) 內、壹貫五百匁、巳八月竹原行、〔後〕此利五十貳匁五分
(12) 貳貫匁、同十二月同斷、〔後〕此利十四匁
(14) 壹貫壹匁壹分三リ、同盆後出納さし引室ヤゟ出〔後〕別紙書付有
(20) 〆元利四貫五百八十四匁八分三リ〔後〕室ヤゟ出也

（23）差引、正金貳十兩・銀貳貫五百十九匁九分〔後〕右午春へこし銀也 』

このあとに續く二十二行は午どし分であるので、本稿では取り上げない。

まず、右の（23）が即ち上掲〔〇三七〕の（2）と（3）とであることを指摘する。〔〇三七〕（4）における「竹原行三貫五百目」云云も、右の（10）（12）によって説明される。というわけで、右によって、〔〇三七〕は資料的には〔〇三九イ〕に吸收されていると解釋してよいと考える。

少し説明が先廻りした嫌いがあるので、元に戻すと、右の（3）と（6）とが、巳どし八月から始まる家計の出發點である。（6）の「利七朱」とは、計算上、月利〇・〇〇七（つまり〇・七％）のことである。(6825.83×0.007×5=238.90405)（10）の利も同樣。（12）は一ヶ月分。なおこれで計算すると、（3）の「月十兩ニ付四匁」とは、金一兩を銀五十七匁に換算したことに當る。

次に（10）（12）は既述した。利息の計算法を知る材料ともなる。なお、廣島から竹原（春風館）宛のこの送金は、目下のところは意味不明であるが、『春風館日記』本年八月廿七日「仁甚（仁賀屋甚太郎）歸便、銀壹貫五百目到來」、十二月十一日「銀貳貫目ノ爲替」、十三日夜「室屋へ銀受取書付」（『廣島縣史』近世資料編Ⅵ 一二五八・一二六四ページ）に照應する。[8]

最後に（14）「壹貫壹匁壹分三リ・別紙書付有」が即ち次の〔〇三九ロ〕である。

〔〇三九ロ〕「イ」の下に貼附 』

覺

（49）一、壹貫三百五十八匁貳リ〔前〕巳八月ゟ同十二月迄 〔後〕御扶持米當分拂室ヤ受込。

（51）一、百九十六匁八分〔前〕同 〔後〕林へ取候米代〆高 〔後〕内、九十六匁八分不足

（53）殘り正味百匁、室ヤへ林ゟ拂入

（54）〆壹貫四百五十八匁貳リ　〔後〕外ニ、四十七匁四分九リ、小納り林受込
（56）合、壹貫五百五匁五分壹リ
（57）　内、五百三十三匁、江戸御出立前ノ分
（58）　　四百七十四匁五分、年賦返納銀　〔後〕壹匁、判ちん(9)
（60）　　百貳拾匁、模相かけ銀
（61）　　七百四十壹匁八分八リ、研ヤ町入用、林ゟ受取候分
（62）　　四百壹匁貳分、胡町入用、右同斷
（63）　　貳百三十四匁四分一リ、巳十二月林氏當分預り
（64）　〆貳貫五百五匁九分九リ也
（66）差引、壹貫壹匁壹分三リ、室ヤより渡過也　〔後〕右巳盆後約メ之所　』

備忘のためここでまず指摘しておくが、右の（57）から（63）の計が（64）となり、（56）から（64）を引くと（66）となり、（66）が即ち〔イ〕の（14）になる筈であるが、（56）から（64）を引くところで六分五リの誤差があり、その理由は未詳である。

次に、右の（49）「御扶持米」云々と（51）「林へ取候米代」との計が、既掲〔〇三六〕（2）「室屋方受込之銀高」である。〔〇三六〕では、〝室屋に入れるべき林未拂分〟九十六匁八分（即ち本資料（51・後）の「不足」）をも、既に支拂った形で締めているわけである。

また右の（64）〝當季支出の〆〟から（54・後）〝林受込の雑收入〟を差引いた額が、〔〇三六〕（3）「室屋ゟ堅良江渡し込之銀高」である。〔〇三六〕と本資料とは、この點、締め方の違いがあるに過ぎない。(10)ということで、上掲〔〇三六〕は、〔〇三九ロ〕に吸收されるものである。〔〇三六〕の赤字は、當季だけの收支によるもので、巳どし通年の

赤字ではないのである。

三　室屋の通い

ここで視點を擴大し、〔七〇八—五〇一〕室屋の「銀受渡し之通ひ」を資料に加える。これによって上掲〔〇三九〕、特にその「ロ」の巳どし「覺」を解明できる所が多い。

〔五〇一〕は、いずれ全體を、その形に即して紹介するつもりであるが、當面、體裁を變更し、縦書きの數表の形で簡示する。表の上欄の洋數字は「行」でなく「項」である。

(イ) 室屋預り

まず「預り」から始める。「預り」の内容は多彩なので、次節以下の「米量」「米銀」「飯米」の各表に分割して記す。

次表は「預り」の銀高のみを摘出したものである。

第一表　室屋預り

項	月日	匁	（累計　匁）
(1)	7・24	二一一・九五	（二一一・九五）
(3)	8・1	五三・	（二六四・九五）
(4)	8・10	四五・一	（三一〇・〇五）
(7)	8・20	二五八・六	（五六八・六五）
(9)	9・20	二一三・四五	（七八二・一）
(11)	10・23	二〇一・	（九八三・）
(13)	11・19	二〇三・四	（一一八六・五）
(21)	12・25	一七一・五二	（一三五八・〇二）

計	(22)	12・29	一〇〇・（一四五八・〇二）

右の數表の（　）内の額は、表作製に當っての計算である。

右の數表を一見すれば、〔五〇一〕の「預」の項の合計が、〔〇三九ロ〕(54)と一致することがわかる。そもそも〔〇三九ロ〕(54)の内容は何かと言えば、(49)によれば「巳八月ゟ同十二月迄、御扶持米當分拂室ヤ受込」の壹貫三百五十八匁貳リと、(51)から(53)にかけての同期間、「林へ取候米代〆高」の内室屋へ拂入れた百匁[11]とである。(49)の「巳八月」は、この通いに關する限り「巳七月」と訂正すべきこととなろう。（但し、七月二十四日の扶持米代銀は、八月分のものであることは後述する。）

㋺　室屋渡し

次に室屋通いの「渡し」の數表を掲げる。「渡し」は單純で、次表で殆ど内容が盡くされる。

第二表　室屋渡し

項	月日	匁	内容	照應
(2)	7・30	三五〇・	江戸行	〔〇三九ロ〕(57)
(5)	8・6	一八三・	江戸行、實は金三兩	〔〇三九ロ〕(57)
(6)	8・14	一〇〇・	相渡	
(8)	9・8	一〇〇・	相渡	
(10)	9・26	一〇〇・	相渡	
(12)	10・24	一〇〇・	相渡	
(14)	11・21	一〇〇・	相渡	
(15)	12・6	一八〇・	相渡、金三兩代	
(16)	12・6	一二〇・	模相銀	〔〇三九ロ〕(60)
(17)	12・17	一〇〇・	相渡	

(18)	12・24	三五〇・	相渡	
(19)	12・24	四七四・五	年賦上納	〔〇三九ロ〕(58)
(20)	12・24	一・	右判賃	〔〇三九ロ〕(59)
(23)	12・29	二〇〇・	相渡	
計		(一二四五八・五)	(相渡累計一三三〇匁)	〔〇三六〕(3)

右の數表の（　）内の額は、表作製に當っての計算である。

〔五〇一〕に照し、〔〇三九ロ〕の支出のうち、(57)「江戸御出立前ノ分」五百三十三匁とは、銀三百五十匁と金三両のことであったことがわかる。次に(58)「年賦返納銀」、(58・後)「判ちん」、(60)「模相かけ銀」は〔五〇一〕にもその通りに出てくる。あと〔〇三九ロ〕としては、(61)「研ヤ町入用」と(62)「胡町入用」とが計上され、計一貫百四十三匁八リとなっている。〔五〇一〕ではこれに當る「相渡」はすべて round number で、累計一貫三百三十匁になっている。その差、百八十六匁九分二リは、〔〇三九ロ〕としては、室屋からの〝林氏の預り〟という形で處理されている。但し、そこが一寸複雑で、林氏は(63)において貳百三十四匁四分一リを「當分預り」、別に(54・後)において、四十七匁四分九リを「小納り受込」——つまり室屋に戻し入れる——、差引きして林氏の室屋からの預り（室屋から見れば〝相渡〟）は計算上、百八十六匁九分二リとなる。

以上の次第で、〔五〇一〕の「渡し」の部分は、〔〇三九ロ〕の支出（(57)から(64)まで）の部分と結局は同じであり、且つそれは溯って〔〇三六〕(3)と同じであることが判明する。

ここで〔五〇一〕とは離れるが、前節の視點に戻り、〔〇三九ロ〕支出項の照應例を拾っておく。まず、〔〇三九ロ〕(61)「研ヤ町入用」の七百四十壹匁八分八リは、〔七〇九—〇三一〕「研屋町・覺」の(3)(4)に照應する。即ち「巳秋より同十二月迄、一、六百五拾匁。外ニ、九十壹匁八分八リ、林ニ而直拂ノ分」とあるものがそれである。

これと對を成して、〔〇三九ロ〕(62)「胡町入用」の四百壹匁一分は、〔七〇九—〇三二〕「胡町・覺」(2)にそのまま照應する。

また〔〇三九ロ〕(63)「巳十二月林氏當分預リ」の貳百三十四匁四分一リは、〔七〇九—〇三三〕(7)「林當分預り二口」のうちの一口に相當するものである。(あとの一口は午どし分。[12])

また〔〇三九ロ〕(58)「年賦返納銀」は〔七一六—〕系「西研屋町町宅一件」に詳しく出ているものに照應する。これは寅どし(天明二年壬寅、一七八二)七月に借用の四貫目を、月五朱の利息で、翌卯どしから十五ヶ年賦で返すというものである。四貫目を十五で割って貳百六十六匁六分とした〔七一六—一〇二〕(計算書らしい)と、貳百六十六匁七分とした〔七一六—一〇九〕(實行書らしい)とがある。〔一〇九〕に則れば、巳どしは既に均等割(貳百六十六匁七分)二年分を償還した後なので、元銀は三貫四百六十六匁六分となっている。これの五朱の利が二百八匁である。これに本年償還分の貳百六十六匁七分を加えた四百七十四匁七分が本年の「年賦返納銀」となる。〔〇三九ロ〕(58)も〔五〇一〕(19)も、この點で、二分少く計上している理由は未詳である。

㈧　米量考

毎月の扶持米代銀収入が不特定であることは第一表で知られる通りである。以下、その所以を解明する。

まず前提となる條件[13]を列擧しておく。

扶持米は一人一日五合(〇・〇〇五石)である。これの人數割り、日割りで支給される〔ここまでは通常の辭書の記す所〕。

日數は翌月の大(三十日)・小[14](二十九日)で計算する。〔七〇九—〇〇四—一a〕

毎月定日に支給。ただし米そのものが渡されるわけではなく、米切手の形で、勘定所から渡されるようである〔『春水日記』五六八下・六六下・六八下・六九下・一五八上・一六五上・一八八下の各ページ〕

人數は公稱の扶持人數そのままの時もあるが、藩の都合で減ぜられることも多い。その減率の變動は、かなり頻繁である。〔同、九下・一〇四上、小鷹狩元凱『元凱十著』所收『藝藩三十三年錄』六ページ以下〕但し減率は五人扶持のような少額にはかからない〔『三十三年錄』〕

藩の都合によっては、全額が米（米切手）で支給されず、ある割合を以て銀（銀札）で支給されることもあるが、これまた恆常的なものではないらしい〔日記、六六下〕

江戸詰に當っては、「旅用銀高小札來ル」（日記、五一下）、「爲替手形旅用金兩替受取」（日記、五四下）、「御扶持方木札壹枚」「上下三人扶持」（日記、五六上・一八八下）などの記事から推して、いわゆる「旅詰」（「常旅詰」と「交代」とを問わず）には加給があったことが想像される。（少くとも國元から送金する必要はなかったようである。）〔日記・一一上・一五八下、七〇一—八—三6ａ「御渡し米の過誤」[15]〕

當面、巳どし五月までは「全三十人扶持御米渡り」であったものが、同六月から「二十八人半ふち」渡りとなる。〔日記、一〇四上〕。即ち〇・〇五減率である。

また同じ年八月二日、杏坪は五人扶持となる。以後、家計は三十人プラス五人扶持となる。三十人の方には〇・〇五の減率が、少くとも七月まではかかっているが、五人の方は、前述の通り、終始、五人のままである。

毎月の扶持米の量は、次のように計算するとわかりよい。

⑴　一日當りの石數を計算する。例えば二十八人半渡りの時は0.005石×28.5＝0.1425石

⑵　これに翌月の大・小によって日數を掛ける。例えば上例で翌月が小ならば、0.1425石×29＝4.1325石

⑶　一俵は三斗であるので、〇・三石で割って商を俵數とし、餘りを端米とする。例えば上例では、4.1325石÷0.3石＝13（俵）……餘り　0.2325石

念のため三十五人扶持では、0.005石×35×30＝5.25石→17俵と0.15石（大月），×29＝5.075石→16俵と0.275石（小月）

となる。

第三表 米量

項	月日	正米	端米	正端計	俵(石)	毎月計	翌月
(1)	7・24	(三・〇)	(〇・二三二)	三・二三二	3(〇・九)	四・一三二	小
(4)	8・10	〇・六	〇・一	(〇・七)	―	―	―
(7)	8・20	三・九	〇・一五	四・〇五	4(一・二)	五・二五	大
(9)	9・20	三・三	〇・一五	三・四五	6(一・八)	五・二五	大
(11)	10・23	三・〇	〇・二七五	三・二七五	6(一・八)	五・〇七五	小
(13)	11・29	三・三	〇・一五	三・四五	6(一・八)	五・二五	大
(21)	12・25	三・〇	〇・二七五	三・二七五	6(一・八)	五・〇七五	小

室屋通いの第3項は本表より除く
漢数字は石を示す
（　）内は表作製に當っての計算

以上を基礎に第三表、毎月計欄を見ると、（1）七月は二十八人半渡りである。（4）は五人扶持二十八日分（0.005石×5×28＝0.7石）である。杏坪は八月二日召し抱え、八月は小月なのでこのようになる。

（7）（9）（13）、即ち八月・九月・十一月渡りは翌月が大月であるので、五石二斗五升というのは、三十五人扶持の量である。本年七月までの〇・〇五減率は、八月中に解除されたものと考えられる。残る（11）（21）、即ち十月・十二月渡りの五石七升五合は、三十五人扶持の翌月小の量である。

㈡　米銀考

米から銀への取替は、その月の石當りの相場（單位、匁）で計算できる。俵入りの米（これを「正米」と呼んで差支えないと思う）は、俵を開ける必要はなく、一俵三斗として取替えればよい。一俵に達しない部分が「端米」で、この相場は正米より若干低い。端米も枡で一々量る必要はなく、帳簿上で取替えればよい。

右の相場はどこでどのようにして決めるのか、未だ調べていない。第四表（4）項と（7）項とは、同じ八月でありながら一匁の違いがあるので、或いは相場は日單位で動くものであるのかも知れない。

この相場の變動は、巳どしのみではあまり興味ある事實は出てこないが、これ以後、寛政元年閏六月まで追跡でき、民生の面からの參考になるのはもちろん乍ら、資料の編年に役立つ面が大きい。

第四表　米　銀

*左表（3）は七月に取除けた三俵の還流であろう。手数料差引か。

項	月日	正米 石	正米 石當り匁	正米 匁	端米 石	端米 石當り匁	端米 匁	銀高匁
（1）	7・24	（三・〇）	六六・	一九八・〇	（〇・二三二）	六〇・	一三・九二	*二一一・九五
（3）	8・1	*〇・九	—	*五三・〇	—	—	—	五三・〇
（4）	8・10	〇・六	六五・	三九・〇	〇・一	六一・	六・一	四五・一
（7）	8・20	三・九	六四・	二四九・六	〇・一五	六〇・	九・〇	二五八・六
（9）	9・20	三・三	六二・	二〇四・六	〇・一五	五九・	八・八五	二一三・四五
（11）	10・23	三・〇	六一・五	一八四・五	〇・二七五	六〇・	一六・五	二〇一・〇
（13）	11・29	三・三	五九・	一九四・七	〇・一五	五八・	八・七	二〇三・四
（21）	12・25	三・〇	*五二・	一五六・〇	〇・二七五	五一・	一四・〇二五	*一七一・五二

*五二・五か？

*計算上、二一一・九二、一七〇・〇二五

㈭　飯米考

〔五〇一〕室屋通いとして、あと殘るのは「飯米ニ取」った分である。蓋し、扶持米全量を銀に替えたならば、自家の食べ料は改めて買わなければならなくなるからである。當面の家族構成では、一ヶ月の食べ料は一石を少し出る位であったであろうから、俵にして三俵半見當であったと思われる。林氏はこれの約一倍半程度の飯米を、俵單位で毎月、取除けている。

第五表は〔五〇一〕を基本とし、それ以外の資料の数字をも含めて表示する。（單位、俵）

室屋の通いからわかる毎月の飯米の量は、八・九・十・十一・十二月の順に、

四・六・六・六・六　」計二十八俵

である。

次に〔七二六―八〇一〕「米受渡し算用書」もまた同じことを記す。（表に記した通り、日附は小異）

次に〔七〇八―四〇五〕「林方米之算用書」は、右二十八俵のうち、銀に取替えた分の記録で、八・九・十・十一・十二月の順に

二・二・二・三・二」計十一俵

であり、十二月までに累計百九十六匁八分となり、このうち取り敢えず残った百匁を、年末（十二月二十九日）に室屋に入れた〔五〇一（22）〕。何故に、この十一俵をこのように、いわば、まわりくどい方法で銀にして、残りを室屋に廻わすのか未詳であるが、米の搗き賃など、直接米屋に關わる細々した費用をまかなう爲ではないかとも考える。あるいは、不時の備えに當るものの處理かも知れない。

第五表　飯米

〔五〇一〕		〔八〇一〕		〔四〇五〕				
月日	俵	月日	俵	月日	俵	替匁	代匁	飯米俵
8・20	四	8・18	四	8・18	二	六四・	三八・四	（二）
9・20	六	9・18	六	9・18	二	六二・	三七・二	（四）

10・23	六	10・18	六	10・18	二	六一・五	三六・九	(四)
11・19	六	11・18	六	11・18	三	五九・	五三・一	(三)
12・25	六	12・18	六	12・18	二	五二・	三一・二	(四)
計	二八		二八		一一		一九六・八	(一七) 内二繰越

以上により、實際に米俵を開けて米として消費したのは、八・九・十・十一・十二月の順に

二・四・四・三・四　」計十七俵

であるが、ここにもやはり豫備としての俵數があって、二俵は午どしに越すので、實際に開けた俵は十五俵であった〔七〇八―二〇四「明キ俵之算用」〕

一俵三斗はあくまで建前で、年の豐凶、米の新古によって、多少の變動はある。この開けた米俵の實量がどうであったかは、正確を期しなければならないのは當然である。(これ以外の米は、すべて帳簿の上のものであって、この十五俵以外は、扶持米取りにとって、現米を見る必要はない。)

そこで〔七二六―八〇一〕は次のように記錄する。

拾五俵分之算用 (受込米之高)

壹俵　貳斗九升壹合入
壹俵　三斗四合入
壹俵　貳斗八升七合入
壹俵　貳斗九升九合入
壹俵　貳斗九升壹合入
壹俵　貳斗九升八合入

壹俵　貳斗九升五合入
壹俵　三斗入
壹俵　三斗入
壹俵　貳斗九升八合入
壹俵　貳斗九升貳合入
壹俵　三斗入

壹俵　貳斗九升七合入
壹俵　三斗入
壹俵　三斗五合入
〆拾五俵
入正味〆四石四斗五升七合

四　堅良の報告

曾て堅良は江戸の春水に對して「何分明白之事ハ、巳八月ゟ午極月迄之分ヲ一貫仕候而明（未どし）正月ニ算用仕立可申上候」〔〇三七〕と申し送った。これに當るものが次の〔七〇九—〇三五〕である。未四月廿八日附で巳午一貫のものであるが、これが堅良としての總決算である。いまその巳どし分のところを摘出する。

〔〇三五〕　堅良から春水へ』

未四月廿八日　林堅良』

（1）壹貫四百九十七匁四分九リ　巳八月ゟ極月迄　受込銀之高

（2）内壹貫貳百六十三匁八リ　巳八月ゟ極月迄　渡し込之銀高

（3）さし引貳百三十四匁四分壹リ　渡し不足

（4）此利月七朱ニシテ廿六匁貳分五リ六毛　午正月ゟ未三月迄閏月共十六ヶ月

……………

（附箋）此ヨリ私方江もらい候米之算用

（13）百九十六匁八分　巳八月ゟ極月迄　米代銀之高

（14）内百目室屋江渡ス　巳極月

（15）　殘テ九十六匁八分不足銀

（16）　此利月七朱ニシテ拾匁八分四リ八毛　　午正月ゟ未三月迄閏月共十六ヶ月

…………………

（32）御飯米用受渡し　巳八月ゟ極月迄　　十七俵　　内貳俵午年江越ス』

右の（1）から（4）は次のように他の資料と照應する。即ち

（1）七〇八―四〇三（1）　　〇三九ロ（60）（61）（62）（63）

（2）七〇八―四〇三（2）　　〇三九ロ（60）（61）（62）

（3）七〇八―四〇三（3）　七〇八―四〇四（1）　〇三九ロ（63）

（4）　　七〇八―四〇四（3）

右に付、〔〇三九ロ〕（60）は「模相かけ銀」、（61）は「研ヤ町入用」、（62）は「胡町入用」、（63）は「林氏當分預り」である。

本節〔〇三五〕（3）に對しては、そこに記されているように、月七朱、十六ヶ月分の利息がつく。それが（4）である。「十六ヶ月」とは、午どしに閏十月があるため、午どし十三ヶ月、未どし三ヶ月となるからである。但し本稿は巳どし限りであるので、巳どし年末に（3）の家計にとっての黑字があったというところまでで、（4）の利息は計算外である。

次に右の（13）（14）（15）（16）は、次のように他の資料と照應する。

（13）七〇八―四〇三（16）　　〇三九ロ（51）

（14）七〇八―四〇三（17）　　〇三九ロ（53）

（15）七〇八―四〇三（18）　七〇八―四〇四（10）　〇三九ロ（52）

(16)　　　　　　　　七〇八—四〇四（12）

右の（13）、即ち〔〇三九ロ〕（51）は「林へ取候米代〆高」、つまり上記「飯米考」における十一俵代銀である。また（16）の利息は上記（4）と同様、本稿としては計算外である。（この方は、家計にとっての赤字扱い。）

なお〔四〇三〕および〔四〇四〕は、ここに特に資料の形で引用する必要はないと考え、以上の指摘に止める。

次に右の（32）は「飯米考」に詳記した通りである。

實は始め〔〇三五〕を手にしたとき、甚だ難解で、殆どその分析を放棄しようとした。その後、いろいろ考えた末、ようやくにして、以上のようにその意味を解くことができた。即ち、これこそが林氏の約二年にわたる家計預りの総決算書であったのである。いまその巳どし部分のみを紹介した次第である。

おわりに

以上で當面の資料の紹介を終る。あと殘されているのは、⑴性格上、本稿で扱うべき資料でありながら、翌午どしと一貫していて分離し難いもの、⑵巳どし資料であるが、日毎の家計簿的なものであって、別稿を起した方が適當と考えたもの、以上の二種である。⑴については、巳どしほど細く説明する必要はなく、資料の翻字に略注を加える程度で十分と思う。また⑵に關連して、やや総括してある〝家計の項目別の書き出し〟も、本稿よりはむしろそちらに併せ記した方が適當と考え、いまここでは省く。⑴⑵を含め、本稿で扱った資料は、改めて組版の體裁を變え、原文の形に忠實な翻字を發表したいものと考える。

念のため、⑵巳どしの家計簿的なものとしては次がある。

飯米について〔七〇八—五〇二〕

研屋町家計〔七〇八―一〇一、一〇二、一〇三、一〇四〕

胡町家計〔七〇九―〇〇一〕

研屋町項目別決算〔七〇九―〇三二〕〔七〇九―〇三八〕

胡町項目別決算〔七〇九―〇三三〕

以上のうち、〔七〇八―一〇一、一〇二、一〇三、一〇四〕は『杉ノ木殘簡』魂册、〔七〇九―〇〇一〕は仙册（但し未翻字のまま）、〔七〇九―〇三二〕は痕册として、私的に配布したことがある。（一九九〇・二・七）

注

（1）資料番號はいささか仰々しいが、マイクロ寫眞撮影の月日（昭和四十五年）を上位としたものに過ぎない。

（2）天明四年八月八日の靜の日記に「晴〇御扶持米來ル」同十六日「朝雨後晴、來月分扶持米來ル、當月分小遣ひ銀十五匁來ル」とあるのは、扶持米が大坂屋敷を經由して、里歸り中の大坂の實家に送られて來たことを示す。同じことを後年、妹の直が姉あての手紙の中でいうには「前かたおまへ様御越の節（天明三、四、五年）にふち米御持參被遊候。娘が里へ歸り候に、ふち持て來ると申候事、ためしなき事にて候へども……」〔八一四―六一二〕と。このように、當時は通常でない生活狀況であった。

（3）他に家來、瀨山伊助がいるが、彼は目下、江戸に隨從中。

（4）直から靜への手紙、「丙午（天明六年）八月十四日出」には「扨御兄様ニもいまだ御歸休の御様子相知れ不申候よし、いかゞといぶかしくぞんじ參らせ候。さり乍、御きげんよく御つとめ被遊候由、まづ〳〵御めで度御嬉敷ぞんじ上參せ候」〔八一四―六〇四〕と。春水の江戸詰が〝詰越し〟になったことは『春水日記』この年七月六日に見えるが、直の手紙の方が、當時の人達の心の動きをよく傳えている。

（5）資料番號は〔　〕に入れて記す。本稿に限って言えば、番號の上位〔七〇八―〕〔七〇九―〕を省いても下位番號は衝突しないので、初出以外は下位のみを記す。

なお、資料引用の凡例的事項をこの際列擧しておく。

資料の引用に當たり、紙面節約のため、原資料の改行によらず、多少の編輯をして引く。即ち主項の前添の行は〔前〕と記し、後添の行は〔後〕と記して主項の行下に連接せしめる。しかしそのために原資料の行數（行番號）は變更しない。途中の省略は〔……〕で示すが、下略は特に表記しない。引用の終りは』で示す。

簡單な注は（　）を付けて本文内に記す。

（6）「模相」はまた「模合」「もやい」とも表記される。「もやい」そのものは普通語であるが、廣島藩の場合は、『廣島縣史』近世資料編Ⅰ、二〇九ページ参照。要するに、藩が行っていた共濟制度に當るもの。

（7）利息の「朱」は本文に記すとおり月利〇・一%のことに違いない。何故にこれを「朱」というのかはよく調べていない。なお、帳簿上の利息は、貸借ともに同率でその額に節季末までかけ續け、半年ごとに元利の決算をする方法のようである。

（8）この送銀は翌年の五百目〔〇三九（87）〕に及び、結局、總計四貫目となる〔〇三三（5）〕。なお、『縣史』一二五五ページ上、天明五年三月廿六日に「會計四貫目ノ餘銀」というのと關係があるのかどうか未詳であるが、備忘として記しておく。

（9）「判ちん」は特別の語ではない。いまの不動産取引の際の收入印紙代のようなもの。

（10）締め方の違いは、この種の決算の方法を見ていると納得できる點が多い。恐らくは近代的簿記とは根本的に違うのであろう。

（11）この「百匁」は、飯米として林が除けた分を銀に換えたものの一部分である。切りのよい數にしてときどき入銀し、あとは繰作用として手元に置き、次季に繰越す建前のものと考える。

（12）巳午一括の資料は、この他にも〔〇三一（9）〕のもやい、〔〇三七〕の竹原行の銀高などがある。

（13）以下の諸條件は、諸資料を讀み比べて、無矛盾ならば成立する、という考えから設定したものが多い。批判的に讀み取られるよう希望する。

（14）「翌月の大・小」とは次の資料によって氣付いたものである。

〔七〇九―〇〇四〕第一葉表に次の記述がある。

御扶持米

正月　一、四石八斗五升七合五勺　小　貳十八人半・五人
二月　一、五石貳升五合　大　同斷
三月　一、四石八斗五升七合五勺　小　同斷
四月　一、五石貳升五合　大　同斷
五月　一、四石八斗五升七合五勺　小　同斷
六月　一、四石四斗貳升貳合五勺　小　廿五人半・五人
七月　一、四石五斗七升五合　大　同斷
八月　一、四石四斗貳升*七合五勺　小　同斷　*修正シテ貳
九月　一、五石貳升五合　大　廿八人半・五人
十月　一、四石八斗五升七合五勺　小　同斷
十一月　一、五石貳升五合　大　同斷
十二月　一、五石貳升五合　大　同斷　』

右に就き、このように正月から十二月までの大・小が竝ぶのが何年であるか、始めは極く素朴に考え、寛政八年丙辰（一七九六）のこととしたのである。しかし、これではこの一群の資料の中では新し過ぎることとなる。しかも〔〇〇四〕のしまいの方には「申」の旁注がある。あれこれ考えているうち、これが翌月の大小であることに氣付いた次第であった。翌月の大小であれば、正しく申どし、天明八年のことである。〔八〇八―四四〕天明八年十月二十二、三、四日付の杏坪書簡（江戸、春水宛）に「御扶持米も九月より元の通りニ渡り申様相見へ申候」とあるのとも矛盾しない。

(15)　これは『春水遺響』巻八に翻字して収める。そこにはいう「元來私儀是迄時々旅行も御座候。御側詰に限り、地旅・御役料時々多少も有之様相心得」云云と。

安藝國竹原文化の一側面

一通の書簡

まず手元の書簡の引用から始める。文字遣いは通讀しやすいように手を加えてあるが、これで全文である。

〔賴春水宛、賴又十郎書簡〕

綿屋船上坂《じょうはん》に付、啓達《けいたつ》せしめ候。先以《まず》て貴殿益〻御無事の由、照蓮寺《しょうれんじ》、先月廿日夜歸院にて、くわしく萬事承り、大悦《たいえつ》これに過ぎず候。甚太郎殿不快とて歸宅、爾今《じこん》さつぱりと致さず候やら、出られ申さず候。しかし次第に快方と承り候。手前家内何《いずれ》も隨分無事、少《すこし》も氣遣《きづかい》御座無く候。我儀隨分氣力よろしく、喰事等定喰《じょうしょく》にて、甚だ快に御座候。少も氣遣申され間敷《まじく》候。

三原《みはら》（現、廣島縣三原市）より、まはり銀にて貳百目、貴殿より下《くだ》し申され、扨〻《さてさて》忝く大に世話、又此間《このあいだ》、むねあげの足りにもとて百三拾め指越《さしこ》し申され候由、心遣と存じ候。且、片岡氏御見廻申され、ねんごろも私事御尋ね、忝き仕合せ、前は元衞《もとえ》、今七郎左衞門殿と申す由、珍重〻〻。夫《そ》れに就き、肴もらい申されて下し申され、正月肴にたもひ（貯藏の意）置き申し候。雞肉下し給はり、忝く存じ候。つぼに入れ置き申し候。

一、賴み遣《つかわ》し申す覺え。一昨年風後より、耳きこえ申さず、下音に成り候へば、かつて聞えず、扨〻不自由に候。是は力及び申さず。目を一昨年、やに目をわずらひ、別して惡しく、めがねあい兼ね申し候間、何卒、八、九十ばかりの老人めがね御調へ下し給はるべく候。本玉は高直《こうじき》にて候間、ねりものにても、目にあひ申さばよく候。相成《あいな》る事に候へば、戻し約束にて目にあはせ見度き事に候。

一、福壽草、此の便《びん》にほしく候。此の船も大方《おおかた》來月中旬に歸帆仕《つかまつ》るべき間、大方能《よ》き時分と存ぜられ候。必ずたのみ入り候。

一、寒紅梅《かんこうばい》も欲しく候へ共《ども》、いまだ植え所出來申さず、箱植ならば箱は段〻此方《このほう》に御座候。しかし是はともかくも致さるべく候。

一、なでしこの種、植屋に御座候由、心安く成るべき事に候はば、少〻買下し給はるべく候。下直《げじき》成る物と承り候。ひめゆりなども少〻ほしく、春早〻花《か》だんなど致し、慰み申すべく候。

一、當春おこし申され候きあふい（黄葵）能《よ》くはえ申し候て、當秋花咲き申し候。扨〻此の邊り珍らしき花にて御座候。寺（照蓮寺）のは別して大きに出來申し候。花も大きに大方咲き申し候。手前のも能く生え申し候へ共、普請にて世話致しがたく、所もこれ無く、旁〻《かたがた》以てみのみや（水呑屋）彥三へ預け、是も能く花咲き申し候。是れ鉢植にも成し申すべく候ほどに出來申し候。寺のは四、五尺斗《ばか》りに出來、あまり大きにてあしく、しかれども花は別して能く候。たね大分に成り申し候。

一、假名など書き申す筆、有り合せ候はば、下し給はるべく候。能き筆これ無く、しかし有り合せ申さず候はば、必ずきも入り申され候には及び申さず、此方何にても相すみ申す事に候。

一、かつぱ（合羽。桐油紙）のたばこ入、ざつとしたるを一つ下し申さるべく候。ふだんもちに致し申し候。是も必ず心遣《こころづかい》には致し申され間敷候。此の事、別して何にても相すむ事に候。當地、下直成るものにはこれ無く、折節、上方道具屋などのは高直にて、あまりだめ成る事と存じ、調へ申さざる故、右下直成るもの候はば各別《かくべつ》、必ず心遣には及び申さず候。

一、高雄の紅葉、能くぞやおこし申され忝く存じ候。別紙に歌遣し申し候。京都へも添削に遣し申し候。京より其元《そこもと》へ參り申し候節、內見いたし、直しこれ有り候はば、其の通り詠草書きかへ置き給はるべく候。角屋（齋藤氏。源四郎）など見せ申す歌も出來申し候。其の外、林光院・五十宮《いそのみや》（磯宮。唐崎氏）・そうはや（宗巴屋。笠井氏）など參られ候節、見せ申し候。何角《なにかと》、筆紙盡くし難く、先づ思ひ出し次第に申し遣し候。猶《な》ほ子供方より申し遣はすべく候。又ゝ後音《こういん》の時を期し候。

十二月十一日　　同　又十郎

賴　彌太郎殿

猶ゝ吹田屋（森田士德）・藤井（銓卿）へ能く相《あい》心得申さるべく候。且又、あなご（千穴子）少々遣し申し候。又跡《あと》便《びん》御座候はば、跡より又ゝ遣し申すべく、此頃は殊《こと》の外《ほか》あなごこれ無く、やう〱能き物少し斗り、此《かく》の如くに御座候。

書簡の發信者、又十郎は、名は惟清《ただすが》（信篤・清篤とも言った時代がある）、亨翁《こうおう》と號し、安藝國賀茂《かも》郡竹原下市村《たけはらしもいち》（現、廣島縣竹原市）の人。寶永《ほうえい》四年（一七〇七）生まれ、天明《てんめい》三年（一七八三）二月一日、七十七歲沒。同所、照蓮寺に葬る。墓面、敎應信士。家業は紺屋であった。當面必要範圍內の家族は次の通りである。

異母弟（十九歲年少）の傳五郎は家業を繼いだ。長男の彌太郎は名は惟寬《ただひろ》、字は千秋《せんしゅう》、春水《しゅんすい》と號し、大坂に出て儒學を修め、のち、天明元年（一七八一）には藝州藩儒に取り立てられた。又十郎の四十歲の時の子である。次が松三郎（兄より八歲年少）、名は惟彊、字は千齡《せんれい》、春風《しゅんぷう》と號した。大坂で醫術を修め、安永の初め、歸鄉して醫を開業、千齡をもって行われた。次が萬四郎（さらに二歳年少）、名は惟柔《ただなご》、字は千祺《せんき》、杏坪《きょうへい》と號した。天明五年（一七八五）、長兄に次いで藩儒となった。

元來、竹原は製鹽業によって繁榮した土地であり、又十郎の一家も、その繁榮を背景として立ち行った家であったには違いないが、又十郎は鹽濱の持ち主ではなく、もとより町の年寄・庄屋などを勤めるような格式の、いわゆる豪家・豪商ではなかった。

人の紹介を終わり、次にはこの書簡の年代を決めなければならないが、書簡そのものから、自動的に年代を決定できる語句を見出すことはできない。ただし、棟上げに關連して若干の送金のあったことが記されていて、これが一つの手懸りとなる。けだし、個人の一生で、棟上げの機會は、それほど度々あるものではないであろうからである。

四名宛ての書簡

ここに、棟上げに言及した春水書簡が存在する。八月二十七日付で、大坂の春水（彌太郎、すなわち惟寛）が、竹原の父（又十郎）・叔父（傳五郎）・仲弟（千齡）・季弟（萬四郎）の四名に個別に書いて一綴りとして送った書簡である。これはいつのころか、廢紙として折り曲げ、詰めものにでも使われて發信者の家に戻って來たのではないかと思われるような形で傳存した。擴げて皺を伸ばして見ると、首尾一貫した、內容の豊かな書簡であった。いま考證に必要な部分を摘記する。

一、普請も追々出來、祭禮過《すぎ》には移遷《いせん》も御座候模様、何角《なにかと》御世話之御事のみに存じ奉り候。

これは父への一條である。

一、輪奐《りんかん》之成、さぞと察入り候。堊土翬飛《あくどきひ》（立派な家構え）など、善を盡し美を盡し（論語の語）たる事、偏《ひとえ》に各ゝ力を盡され候事と千萬察し入り候。

學殖ある相手には、意のままに美辭麗句を用いている。あと算用目錄を見て、費用の點、「尙此の上の所は大抵しれたる事と存じ候」というように續く。これは仲弟への一條である。

一、上梁文《じょうりょうぶん》、何分致さるべく候。必ず祈禱の札などこれ無き樣に致さるべく候。もし俗風にて已《や》むを得ず屋祈禱などをするなれば、祈禱の札は梁にても付けて、人の見る所には何にもなき樣に致さるべく候。

これは季弟への一條である。

一、此元《ここもと》よりも少々家の祝儀遣《つかわ》し度く候。此度《このたび》の目錄にて見候へば、花七（花屋七左衞門）へ五年あての拂口、拙者より仕《つかまつ》るべく候。後便《こうびん》に銀子《ぎんす》遣すべく候間、左樣に思召《おぼしめ》さるべく候。

これはその續きの一條である。

この書簡の面白い點は、同時に同じ話を記すのに、宛名の各人によって書き方が各樣なところである。この件について、叔父宛ての言葉がないのは、この普請が叔父の家業繼續についての配慮から出た面もあるらしいので、言及するのは恩着せがましくなるからではないかと筆者は推測する。つまり何も書かないということも書き方の一種であると解釋する。

書簡に言う「上梁文」とは、棟上げに當たり、主人が四方・上下に向かって讀み上げる祝文である。中國では後魏《こうぎ》（六世紀）の溫子昇《おんししょう》の作が知られ、これが現存する上梁文の中で最も古い。日本の例としては、その一つに「懷德堂《かいとくどう》上梁文」（『詩文類纂』巻六所收）があり、放送大學教材『漢文古典Ⅰ』（昭和六十二年）五六頁に紹介しておいた。

本題に戻り、この書簡の中に、肥後の藪孤山《やぶこざん》が上方《かみがた》から四國を遍歷して五月に歸國したことを最近の話題として知らせている。これは『孤山遺稿』（文化十三年刊）の「凡例」に、

安永《あんえい》乙未（四年）の春、先生（孤山）中國を歷《へ》、京攝に游び、南海（四國）に航し、十旬にして歸る。（原漢文）

とあるのに當たる。

また書簡の別の個所には「小山の碑を此頃に書き立て」とあり、これは、『大阪訪碑錄』（木村篤處氏編、『浪速叢書』巻十、昭和四年刊）一八四〜一八五頁所收の「小山伯鳳墓」によると、安永四年（一七七五）夏五月のことであった。

また積極的な證據とは言えないが、書簡の「天野屋の傳《でん》も京へ遣し度」とあるのは、『天野屋利兵衞傳』（安永五年刊）の平賀中南（在京）の跋文が安永四年冬に作られたことと矛盾しない。

以上により、この四名宛ての書簡は安永四年のものであることが知られる。そしてそれに棟上げのことが記されていることを通じて、初引の又十郎書簡もまた安永四年のものであろうと概定されるのである。

仁賀屋便の書簡

前述のように、春水は六年後の天明《てんめい》元年（一七八一）十二月に廣島藩儒に登用された。そしてそれ以後には刊行された日記があって、傳記的事項がよく知られるようになる（『賴山陽全書』附錄として昭和六年に刊行）。ところが先年、賴祺《き》一《いち》氏の『近世後期朱子學派の研究』（昭和六十一年刊）に、「賴春水在坂期書簡」（同書二九四〜五九四頁。第十五書簡以外すべて春風館所藏）が活字翻刻されてから、春水の日常は、一氣に安永二年（一七七三）まで溯ることができるようになった。當面の安永四年は、幸いにしてこの範圍内にある（實は上引の四名宛書簡は、この書簡集錄の第十五書簡として、安永四年に編年されている。上記の年代考證は、祺一氏の業績を知る以前、筆者が試行錯誤の末にたどりついた結論を記したものに過ぎない）。

初引の又十郎書簡を安永四年十二月十一日付のものと概定した段階で、これを祺一氏の大著の該當位置に嵌《は》め込んでみると、日付としては三四〇頁下段の第十七・第十八書簡の中間となる。當時は書簡往復の時差が大幅であるうえにまた不定であること、また散佚した書簡も當然豫想されることなどにより、嚴密なことは言えないにしても、先の年代推定の安永四年という點は、誤りのないものとして確定してよいであろう。恐らく、十二月七日付の第十七書簡が行き違いになっているであろう他は、日付通りの順に讀んでいってよいものと考える。

いま初引の又十郎書簡に最も對應の多い第十九書簡（上掲、賴祺一氏『近世後期朱子學派の研究』三四一頁以下）を摘錄引用する。これは安永四年閏十二月九日付、大坂の春水より家鄉の一同宛ての內容である（文字遣いは本書の方針に従って變更した）。

（端裏書）「仁賀屋船便　乙未閏十二月廿一日達」（春風筆）

仁賀屋船、去月廿七日出御狀、當六日相屆き忝く披見、寒氣の節、尊君御儀健飯《けんぱん》大慶至悅仕り候。雞も今以て御用ひ成されず候由、是等の事は思召次第の御事。（以下略）

上引、又十郎書簡は綿屋船であったが、その後、仁賀屋船で書信の往復があったことが知られる。雞肉は壺に入れたままらしい。

アナゴ三大物、別して忝く、參り候日より、日々檐《のき》に暴《さら》し申し候。（以下略）

右は猶々書に對應する。

甚太も快く候由、細書に何角《なにかと》申し來り候。返書遣し候。（以下略）

（前略）甚太より此度の土產、拙者へ相談故、鳩巢《きゆうそう》の『五倫名義』を遣し候。嘸《さぞ》よみ申すべしと存じ候へ共、甚太より遣し申さざる事もこれ有るべき歟《か》。よしよみ候ても直り申さずと存じ候。（この段、了）

甚太郎の病氣は既によくなったらしい。ただしこの人物のことは未考。室《むろ》鳩巢の書は『五常名義』と併わせて享保十六年（一七三一）に刊行されている。

尊大人より先書に片岡への加筆申し來り候故、堤庄兵衞へ申遣し候。卽ち返書參り候故、遣し候。なんとさむらいの書面、見申さるべく候。殊更《ことさら》、堤庄兵衛の一藝にて、ケ《か》様にも手紙の審かなる者やと、毎〻申す事にて候。
來習の者へ時々遣り學ばせ候事に候。（この段、了）

文意を取り兼ねる點があるが、ともかくも「片岡」が照應する。堤氏は名は寛、字は子容、號は中洲、伊豫松山藩大坂藏屋敷《くらやしき》の役人、『引翼餘編』（亨翁七十賀集）に加わる。『日本詩選』に「防寛」として一首採用。安永四年『浪華郷友錄』や『姓氏錄』（與樂叢書人名錄）に見える。

先書に小澤の返書、追啓《ついけい》に遣し候。一緒に屆き申すべしと存じ候。（以下略）

「先書」は書簡集錄（正しくは「賴春水在坂期書簡」）の第十八書簡、閏十二月二日付のこと。その三四〇頁下段參照。

以上、第十九書簡との對比により、上引の又十郎書簡は安永四年と確定できる。そのうえで改めて又十郎書簡を讀み返してみると、又十郎（亨翁）は六十九歲、彌太郎（春水）は三十歲。「照蓮寺」は住職の惠明《えみょう》（獅絃《しげん》）。上京時、小澤《おざわ》蘆庵《ろあん》と和歌の交りがある。角屋は齋藤源四郎と思われる。書簡中「一昨年」とは安永二年。そのとき春水は「家君病トキ、七月（竹原ニ）歸省。八月末、又上坂」（「家事年表」附錄）した。また、書簡中の「黃葵《きあおい》」については、この後、安永六年十一月二十六日、亨翁に宛てた多賀庵風律書簡に「黃葵種一包遣はされ、是又忝く存じ奉り候。來春植ゑ申し候て賞見仕るべく候」（賴桃三郎氏『詩人の手紙』二二〇頁による）という話に發展する。また「高雄の紅葉」は『亨翁歌稿』安永四年册に歌二首があり、その內の一首に京都の小澤蘆庵の添削がある。添削の結果を掲げると、その歌は、

おくりしを　みるにそいとと　思ひやる　たかをの山の　秋のもみちは

であった。

遊洛のこと

安永九年（一七八〇）四月、又十郎は生涯で五度めの上京をした。春水の「在津紀事」には言う。

新迎《しんげい》の翌年、家君、千齢を攜へて來《きた》る。話、往時の京遊の事に及ぶ。余その意を揣《し》し（おしはかり）、千齢を留《とど》めて塾を看《み》しめ、夫妻、家君を奉じて京に上《のぼ》る。館定まり、直ちに小澤翁を訪ふ。翁も亦《ま》た欣び迎ふ。余、時に小行廚《こうちゅう》（辨當）を齎《もたら》す。翁、取ってこれを啓《ひら》き、以て相ひ獻酬《けんしゅう》す。家君、翁に師事す。翁は則ち朋友これを待《たい》す。翁先づ肱《ひじ》を曲げて臥し、相ひ得て甚だ驩《よろこ》ぶ。（原漢文）

「新迎」とある通り、春水は昨、安永八年に妻を迎えた。飯岡《いのおか》氏靜、後年の梅颸《ばいし》である。靜もまたこの時のことを「遊洛記」（『賴山陽全書』附錄の日記に收む）に記した。

けふは九日（四月九日）。うし（亨翁を指す）の、しきしまの道しるべせし、小澤何がしに行なんと、出ゆきたまふにしたがふ。（中略）行々て、かどもに、松のあるが、これなるべしと、あなひさせぬれば、頓《やが》てむかひ入奉りて、たいめしたてまつるに、よろこびを、かたみにのべらる。女のあるじもいでゝ、なにくれと、いとまめやかに、ひるかれいなど、ものして、もてなしたまひぬ。（中略）もたらせし、さゝへふうの物、とり出して、しばし、酒くみかわし、うし、頓て言葉の花の、色にいでゝ、

いや高く　しげれるかげや　言の葉の　さかへをみする　宿の松が枝

惟清上

「遊洛記」はこのあともう一首の又十郎（亨翁・惟清）の歌を掲げるが、二首めは本人が後刻に書き直した紙片によって紹介しよう。

小澤大人の何くれとこのみちの事をしへ給へるうれしさに
わすれめや　立かへるとも　言の葉の　道しるへせし　人の恵を　聞候
いと丶別れのおしまれ侍りて
都路を　けふ立かへる　旅ころも　あかぬ名殘に　そてそ露けき　聞候

蘆庵はこの歌に返していう。

わすれすは　もとの心の
すなをなる
道にそかへれ《カ》
ことのはの友　玄仲

「聞候《きこえそろ》」とは蘆庵（すなわち玄仲）の記した語と推測する。さてその翌日は「遊洛記」によると、

此寺（南禪寺）をよそに見なし、永觀堂にいたれば、心をすますかねの音ばかりして、いと物しづかなるに、折から、うぐひすのなくも、あやにくなりし。かなたに、藤の咲か丶りて、やう〳〵過ぬる、花いとながく、うしの杖もて、そへ給ふにもまされり。

同じことを「在津紀事」では、

家君、京に遊ぶこと數回、能《よ》く四郊の景勝を記《き》す。竟《おも》ふに永觀堂の藤花、當《まさ》に開くべしと。杠夫《こうふ》（駕籠舁き）に命じてこれに赴く。果して盛開なり。乃《すなわ》ち吾が妻をして杖を操《と》らしめ、花と相ひ較《くら》ぶ。花、長きこと尺餘なり。（原漢文）

一行はこの後間もなく歸坂し、又十郎はやがて竹原に歸ったが、以後は從來の如く、歌稿の添削は船便・飛脚便に

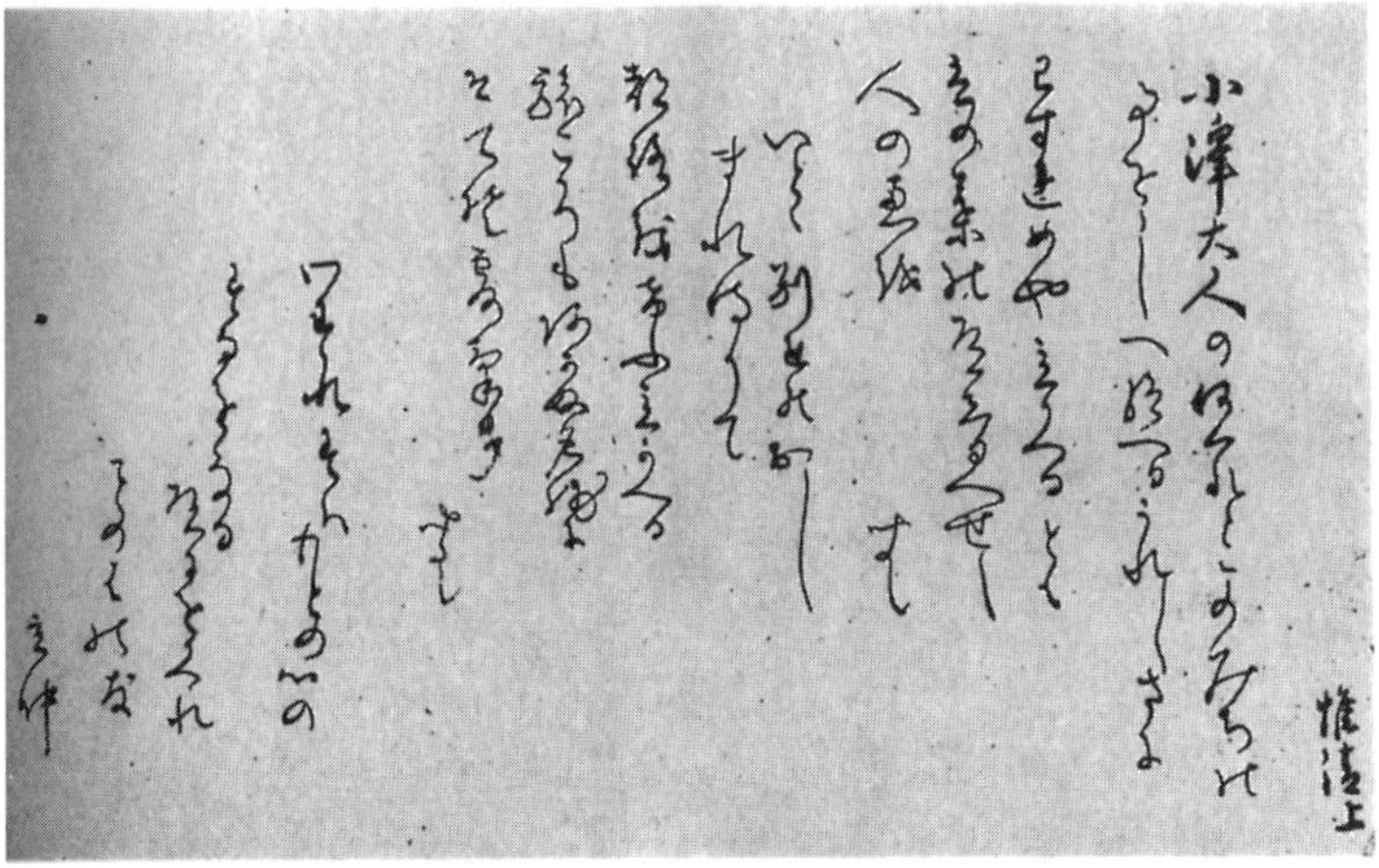

亨翁書付　本文467頁参照。

永來書付　（天明元年五月節句前の決算の中）本文469頁参照。

托する次第であった。

ここに一束の資料が殘存しているのであるが、それは安永九年（一七八〇）から天明元年（一七八一）にかけてのもので、大坂における彌太郎の家計に關する書付である。その中に、永來《えら》市兵衛の書付が五通ある。永來とは安永六年（一七七七）版『難波《なにわ》丸綱目《まるこうもく》』の「京飛脚・永來屋清兵衛」（昭和五十二年覆刻本、五二四頁上。なお延享《えんきょう》四年（一七四七）版も同様。一七六頁下）という同姓の店と恐らく同系統で、市兵衛も京飛脚である。

次は「丑五月前」（天明元年、辛丑、五月節句前の決算）の中の永來書付である。紙面節約のため、各項を一行に續けて記す。

　　　　　　　　　　永來市兵衛
賴彌太郎様

三月　六日　一、三十八文　紙包壹〆　後藤番治郎
　　　九日　一、八　文　みの屋太兵衛
　　十八日　一、八　文　江村傳左衛門
　　十九日　一、廿　四　文　長き包　吉松儀一郎
　　廿九日　一、八　文　後藤番次郎
四月　三日　一、八　文　俵屋善兵衛
　　廿七日　一、三十八文　紙包壹〆　吉松儀一郎
　　廿七日　一、八　文　後藤番二郎
　　　〃　　一、八　文　小澤蘆庵
〆　百五十貳文
四月廿八日切　　受取り申候

右の實額は百四十八文であるが、いわゆる九六錢《くろくせん》で一緡《ひとさし》が九十六文とすると、あとが五十二文であるので百五十二文と稱したものであろう。

宛先は調査未了であるが、江村傳左衛門は有名な京儒で、號は北海。吉松儀一郎は號は文山で、後の津和野藩養老館助教。文山のことは『山陽と竹田』一―六、一―七（昭和六年六、七月）に森潤三郎氏の調査記事が載っている。また三月九日の美濃屋太兵衛の項は更に別の資料があって若干のことがわかるのであるが、本題から離れるので本稿では觸れないでおく。

次に視點を改め、五通の永來屋の書付から、小澤蘆庵の項だけを拾い集めると次のようになる（上引の四月二十七日の項も、重複を厭わず掲げておく）。

正月十八日	一、五十八文	包壹つ、狀とも	小澤蘆庵
四月廿七日	一、　八　文		小澤蘆庵
五月十六日	一、　八　文		小澤蘆庵
七月　九日	一、三十八文	紙包壹つ	小澤蘆安

又十郎の歌稿『亨翁歌稿』を見ると、天明元年丑歳までは手蹟も崩れず、大坂傳《つ》てで京へ歌稿の添削を乞うていたと思われる。右の飛脚便は、そのためのものと考えてよいであろう。

日本の鹽業地

又十郎は始め唐崎《からさき》信通・彦明兄弟（產土神磯宮神主）と親しく、また鹽谷《しおたに》貞敏（闇齋《あんさい》學者植田《うえだ》艮背《ごんぱい》の弟子）・吉井豊庸（米屋半平、町年寄）に和歌を學んだ。老年になり、京の宗匠に師事してからのことは、春水の「先府君亨翁行狀」（『春水遺稿』巻十所收。汲古書院刊『詩集・日本漢詩』第十册、九六頁上段）には言う。

先君、和歌は馬杉亨安《ますぎこうあん》を師とす。亨安は則ち朋友これを遇す。其の師を隆するの至り、その書、一字半行と雖《いえど》も寶重《ほうちょう》せざる莫《な》く、書牘《しょとく》の封皮の若《ごと》き、心ず藏弆《ぞうきょ》し、惟《た》だ謹んで敢て他用せず。亨安の没するに及び、その遺教を以て、小澤蘆庵に従ふ。敬奉親愛すること、亨安と同じ。

千齢（春風）の「先府君遺事」（春風館藏『草藁』第三册所收）にも言う。

和歌を嗜み洛の馬杉翁を師とす。（中略）凡《すべ》て翁の書する所は封皮破砕の餘と雖も、必ず謹んでこれを收む。翁の没後、小澤蘆庵氏を師とするに亦た此の如し。

又十郎が馬杉亨安に師事したのは明和《めいわ》五年（戊子、一七六八）のことで、又十郎は六十二歳、亨安は八十九歳であった。亨安が没したのは安永元年（壬辰、一七七二）九十三歳のときであった（高濱二郎氏『小澤蘆庵年譜』昭和三十一年刊）。

また杏坪（萬四郎）の晩年の詩には言う。

六月廿日、書を曝《ばく》し、先考の遺集を觀、愴然として恭しく賦す。

先考初め國雅を馬杉翁（原注。名は亨安、京の人）に學び、後、翁の遺命を以て小澤蘆庵を師とし、僧湧蓮《ゆれん》を友とす。故に頸聯《けいれん》に爾《し》か云ふ。

馬翁九十、白鬖《さん》々。　風雅相ひ傳へ格自ら嚴。　更に西山に向つて蓮社を訪ひ、　且つ東里を尋ねて蘆庵に入る。（原注）　句閒已《すで》に見る一鄕の懿《い》、　言表復《ま》た覩《み》る三世の廉《れん》。　偶《たまたま》ゝ遺編を啓《ひら》いて讀む能はず、　徒《いたずら》に老涙をして衰髯《すいぜん》に滿たしむ。

（原注。湧蓮は龜峽（嵯峨龜山）に居り、蘆庵は岡崎に在り。」（以上みな原漢文）

右は『春草堂詩抄』刊本の巻七による（汲古書院刊・上掲書、二六六頁下段）。元來この詩には杏坪の甥（春水の子）の山陽の批語があったのであるが、それは拙稿「寶曆明和以降浪華混沌詩社交遊考證初篇」（校編者注・本册所收）に引用したこともあって、本稿では省略する。

次は文政《ぶんせい》・天保《てんぽう》中の一通の書付である。上限は「頼尙平《しょうへい》」の父、春風の沒した文政八年〔一八二五〕九月であり、下限は「博多屋助十郎」の沒した天保四年〔一八三三〕十月である。精査すれば、この年代は更に狹められると思うが、いまその暇のないことを遺憾とする。元來は一名一行宛の横長の表であるが、紙面節約のため、原文にはない○を付けて改行を示し、行を追い込みとする。なお〔 〕内は引用者の注で、鄕賢《きょうけん》〔鄕土の先覺者〕として祭られるべき祖先名であるが、これまた精査の要がある。

鄕賢祭出會人名

○年寄　治左衞門　○同　長右衞門　○庄屋　武左衞門　○同　吉左衞門　○組頭　直五郎
〆
○子孫　天野屋藤平〔村上貞之〕　○奈良屋文右衞門〔木村政信〕　○同　賴尙平〔賴惟淸と惟彊〕
○齋藤宣卿〔寺本立軒〕　○田坂屋太左衞門〔吉井正伴〕　○米屋庄次郎〔菅忠篤〕　○增田屋五郎兵衞〔吉井元庸〕　○同平四郎〔吉井貞榮〕　○本庄宗左衞門子孫　廣島屋三右衞門〔本庄貞居〕　○宗巴屋宇兵衞〔笠井貞之と貞直〕　○彥文ノ子孫　博多屋助十郎〔道工氏〕　○木村屋半兵衞〔木村好賢?〕　○南子禮ノ子孫　鍋屋源作　○差合　鹽谷三省〔鹽谷貞敏〕
〆

以上の他に、神主唐崎氏がその祖先、信通・彥明・士愛《しあい》の子孫という意味も含めて、この鄕賢祭に加わっている筈である。この鄕賢を祭る鄕賢祠については、明治の碩學、重田《しげた》定一博士の文をそのまま引用する。

安藝の竹原は、いろ〳〵の名物を持つて居るのである。其の名物と云ふのは、年額四十萬圓にも上る所の酒や、十五萬圓にも上る食鹽などでは無いのである。

諸君もし瀬戸内海を航海さるゝことがあるならば、一度はこの竹原に上陸して見たまへ。云はく磯宮、云はく長生寺、云はく照蓮寺、云はく澹寧居《たんねいきょ》、云はく春風館、云はく留春居《りゅうしゅんきょ》、すべて是等を巡覧して、唐崎と云ひ、道工《どうく》と云ひ、頼と云ひ、吉井と云ひ、或は忠烈、或は孝貞、或は碩學、或は風雅、各それ〴〵に有名な人々の、事蹟を聞いたり、遺物を見たりされたならば、自然と一種の「インスピレーション」を受けられるであらうと信じます。この尊い「インスピレーション」を與へ得る所が、實に竹原の誇りと申してもよいかと考へます。郷賢祠といふのは、實にこの無形な力、一種不可思議な力の表現として建てられて居るのである。

重田氏はここで二十名（神であるので二十柱）を列擧するが、それは前引人名表（主として〔 〕内）の通りである。

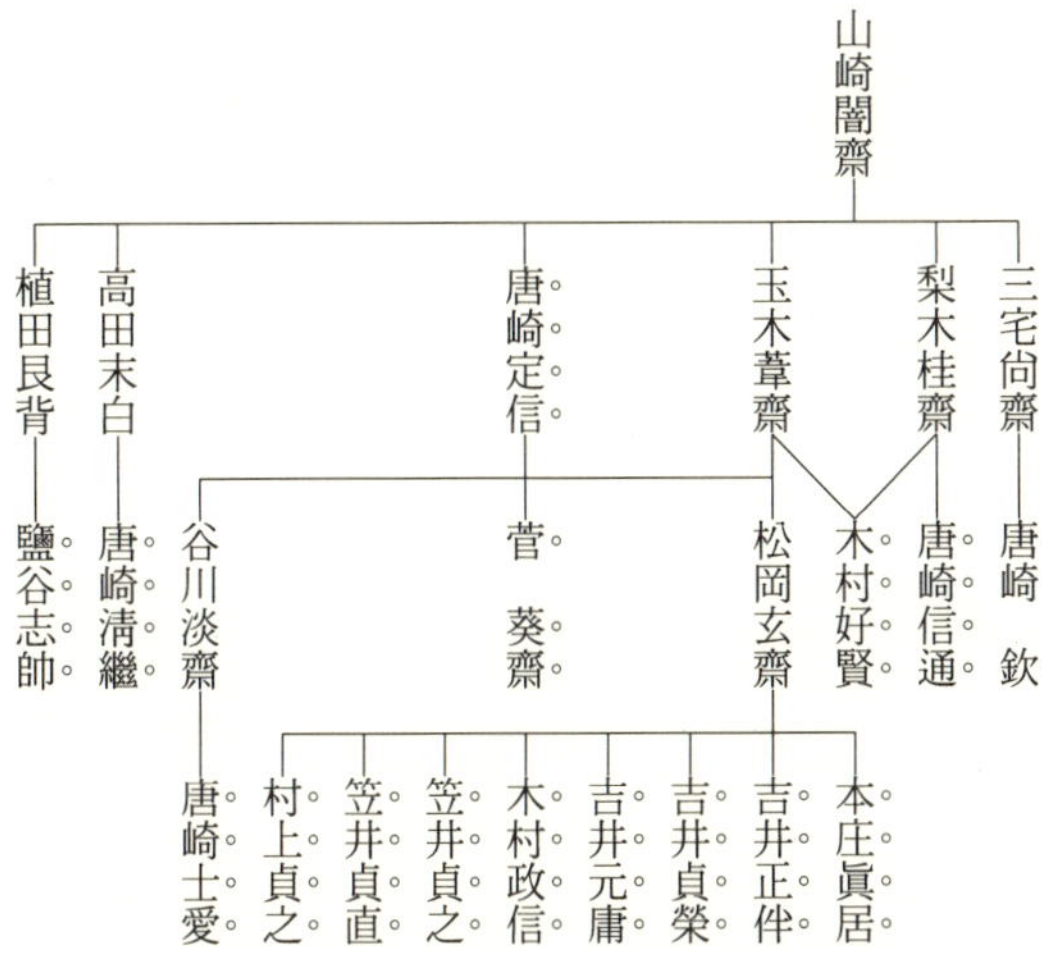

以上ならべ上げたうちで、御覧になりますると、随分學統のわからない學者もあったり、父や兄やとは反對の學派に屬した人もあったり、學者と云ふよりも、どちらかと云ふと文藝家と云ったやうな人もあったりいたしまするが、しかし大體に於ては、元祿このかた七八十年の間は、垂加流《すいか》の神道儒學が、竹原精神界を支配して居ったとは云ひ得られませう。

此等の人々が、竹原の神職長老として、醫者として歌よみとしての外、その頃の人心に與へた所の影響感化といふものは、實に測るべからざるものであらうと思はれます。

諸君、汽車で行かれるなれば、本郷《ほんごう》か、河内《こうち》か、白市《しらいち》からで、遠くて三四里、四五里である。一泊でもさるゝならば、一層よろしいが、さうでなくとも狭い處……一日でも、可也に見られ

る。併し念の爲めに御注意をする、決して鄉賢祠を忘れたまふな。（節錄）

以上のように述べたあと、重田氏は別掲のような闇齋學派の系圖を記している。○をつけてあるのが竹原人である（「竹原の鄉賢祠」『斯民』一―十、明治四十年一月。いま竹原斯民會の抽印によって轉載した）。

本稿の締め括りとして最も強く主張したい點が殘されたまま、將《まさ》に紙面が盡きようとしている。ここで手短かに、明治の不世出の碩學、内藤湖南《ないとうこなん》博士の明快な敍述を拜借することとする。

其の外に〔清朝時代には〕いろいろ學問が起りましたが、其の次に「揚州之學」といふのをあげて置きました。卽ち汪中《おうちゅう》・劉台拱《りゅうたいきょう》・阮元《げんげん》・焦循《しょうじゅん》・劉寶楠《りゅうほうなん》・劉文淇《りゅうぶんき》・江藩《こうはん》などといふ名が見えて居る。此の揚州といふ處は、清朝時代に於ては非常に繁昌した土地であります。〔それは〕鹽の商人の中心地であるからであります。……鹽の商賣人は主もに揚州に屋敷を構へて、贅澤なる生活をしたのであります。揚州の學問といふものは、其の贅澤な氣風から起ったものであります。……一方に經學者《けいがくしゃ》として非常にえらい人になり、又一方には文學者としてえらいものになるといふのは、此の揚州の人に限ると謂ってもよいのであります。〔例えば〕焦循は、一方には經學者であり、又一方には詞曲の研究をやった人であります。詞曲は文學の中では、俗なといふ譯ではありませぬが、粹《いき》な學問であります。〔また〕阮元は……學者の世話方である。……つまり揚州の漢學は、阮元の如く仕事の上に於て賑かに仕事を執るといふことと、又自分の經學の上にも、文學をやつて派手なやり方をするといふ特色がある。……（節略・摘記）

これは『清朝史通論』一五六頁以下（昭和十九年、弘文堂刊）の氣儘な引用である。

さて、本稿の主人公、又十郎亨翁から數えて三代の後、久太郎山陽が現われた。山陽が焦りに焦って、三都に出なければ勝負にならぬと思いつめたことは、築山奉盈《つきやまほうえい》宛ての書簡（『賴山陽書翰集』巻上、六三頁以下所收）によく表明されている。これを揚州の學者が、悠々として大を成し、清朝一代を代表する屈指の大家となったのと比べて、何という違いであろう。揚州の經學と文學は、鹽業を背景として清朝文化の一方面を代表した。竹原の闇齋學（これについては本稿は觸れるところがなかった）と國風は如何。筆者はこれ以上、何も記す氣持は持たない（本稿特記なきは「杉ノ木文書」）。

附

頼春水ニ賜ハリシ邸地

頼　彌　次　郎

頼春水ハ天明元年十二月藝藩儒士ニ召シ出サレ大阪ヨリ廣島ニ移リ西研屋町（今ノ廣島市中區）ノ借屋ニ妻子及弟杏坪ト共ニ居住スルコト九年寛政元年己酉十二月江戸ニ於テ賜第ノ命ヲ受ケタリ

御用之儀候間明十六日四時御屋形江可被出候以上

十二月十五日　　植木求馬

奥　玄蕃

山田圖書

頼彌太郎殿

十六日御屋形ニ出頭スレバ奥玄蕃ヨリ左ノ如ク申シ渡セリ

國泰寺裏門前明キ屋敷拜領　今村平次郎元屋敷之事

翌二年庚戌春水猶ホ江戸ニ在リ　三月留守居ノ杏坪ニ對シ普請方ヨリ左ノ書來ル

御紙面致拜見候然バ此度御同姓彌太郎殿御拜領之屋敷御受取被成度旨致承知候來ル十四日朝五半時御引渡可申ニ付其節御立合御受取可被成候已上

三月十三日　　清水九右ヱ門

森　彌　八　郎

頼萬四郎様

十四日御作事奉行井上彌次兵衛御普請奉行清水九右ヱ門森彌八郎出張

杏坪ニ邸地ノ引渡ヲナシ左ノ二帖ヲ授ケタリ

◎屋敷引渡帖

一南表　貳拾壹間
一北裏　貳拾間
一東脇　拾九間貳尺
一西脇　貳拾間
　坪數合四百五坪
一大門　引戸壹枚
　但くゝ里なし輪かけ金
　　供腰掛ヶ無之
一下臺所四疊半　板舗壹疊半土間三疊
　大戸　壹枚
一座敷上之間八疊敷
　戸　八枚
　腰障子　四枚
　押込唐紙　貳枚
　仕切唐紙　四枚
　板天井

　床　壹疊敷
　廻り板椽
一次之間六疊舗
　押込唐紙　三枚
　上臺所江出口襖　四枚
　三疊江出口明障子　三枚
　板天井
　火燵櫓共
一三疊敷
　れんし小障子　壹枚
　戸　壹枚
　腰せうし　壹枚
　椽江出口開戸　壹枚
　臺所江出口開戸　壹枚
　板天井壹間半こも天井
一湯殿
　戸　壹枚

障子　壹枚
板座
一雪隠
戸　壹枚
一奥上ノ間六疊敷
床　壹ヶ所
腰障子　五枚
次之間江出口明リ障子　貳枚
化粧之間へ出口開襖　壹枚
れんし障子　貳枚
板天井
板椽
火燵屋くら共
一次ノ間貳疊敷
板天井
化粧之間江出口明リ障子　貳枚
廊下江出口明リ障子　貳枚
らん間有り
一化粧之間三疊半

戸　壹枚
腰障子　壹枚
よしす天井
納戸入口ぬめ敷居
竹椽
一納戸三疊敷
あしろ天井
建具なし
一湯殿雪隠
あしろ天井
湯廻し口戸　壹枚
雪隠戸　壹枚
れんじせうじ　壹枚
竹椽
一露地口戸　壹枚
化粧之間庭戸　壹枚
一廊下板敷
戸　壹枚
腰障子　壹枚

出まと有り
一下女部屋三疊敷
明障子　壹枚
連子障子　壹枚
天井なし
一物置三疊半
板天井內壹間半こま天井
押込唐紙　貳枚
腰障子　貳枚
開明リ障子　壹枚
開襖　壹枚
つま椽
一茶之間拾三疊內　九疊半板敷 土間三疊半
天井なし
れんし有り
裏出口戸　壹枚
廊下江出口戸　壹枚
上臺所へ出口ぬめ敷居
一上臺所五疊半

板天井內壹間半天井なし
物置江入口襖　貳枚
戸　壹枚
腰障子　壹枚
下臺所へ出口戸　貳枚
同所明リ障子　壹枚
一男部屋壹疊半　引へき敷
戸　壹枚
一堀井　貳ヶ所
但し釣瓶共
一長屋九尺梁リニ三間半
內壹間下有リ
九尺門戸　壹枚
戸　貳枚
明せうし　壹枚
天井なし
但板座
一露地戸　壹枚
格子　壹ヶ所

483　頼春水ニ賜ハリシ邸地（頼　彌次郎）

裏出口戸　壹枚
一炭部屋土間壹間ニ貳尺五寸
但し戸なし
一碓部屋壹ヶ所　九尺梁リニ三間
戸なし
一下雪隠　貳ヶ所
一裏ヨリ中庭江出口露地竹戸　壹枚
右帳面之通無相違引渡し申候以上
寛政二庚戌年　森　彌　八　郎㊞
三月十四日　清水九右ヱ門㊞
井上彌次兵衛㊞
頼彌太郎殿

◎木石帖

覺

東脇

更ニ隣家トノ境界ノ垣ニ就キテノ書類ヲ渡セリ

覺

一西脇　不殘

一榎　壹本
座敷庭
一石手水鉢　壹ツ
北裏
一籔　壹ヶ所
南角
一同　壹所
右之通御座候以上
寛政二年戌三月　今村平次郎㊞
清水九右ヱ門殿
森　彌　八　郎殿
右之通相違無御座候以上
寛政二年戌三月　森　彌　八　郎㊞
清水九右ヱ門㊞
頼彌太郎殿

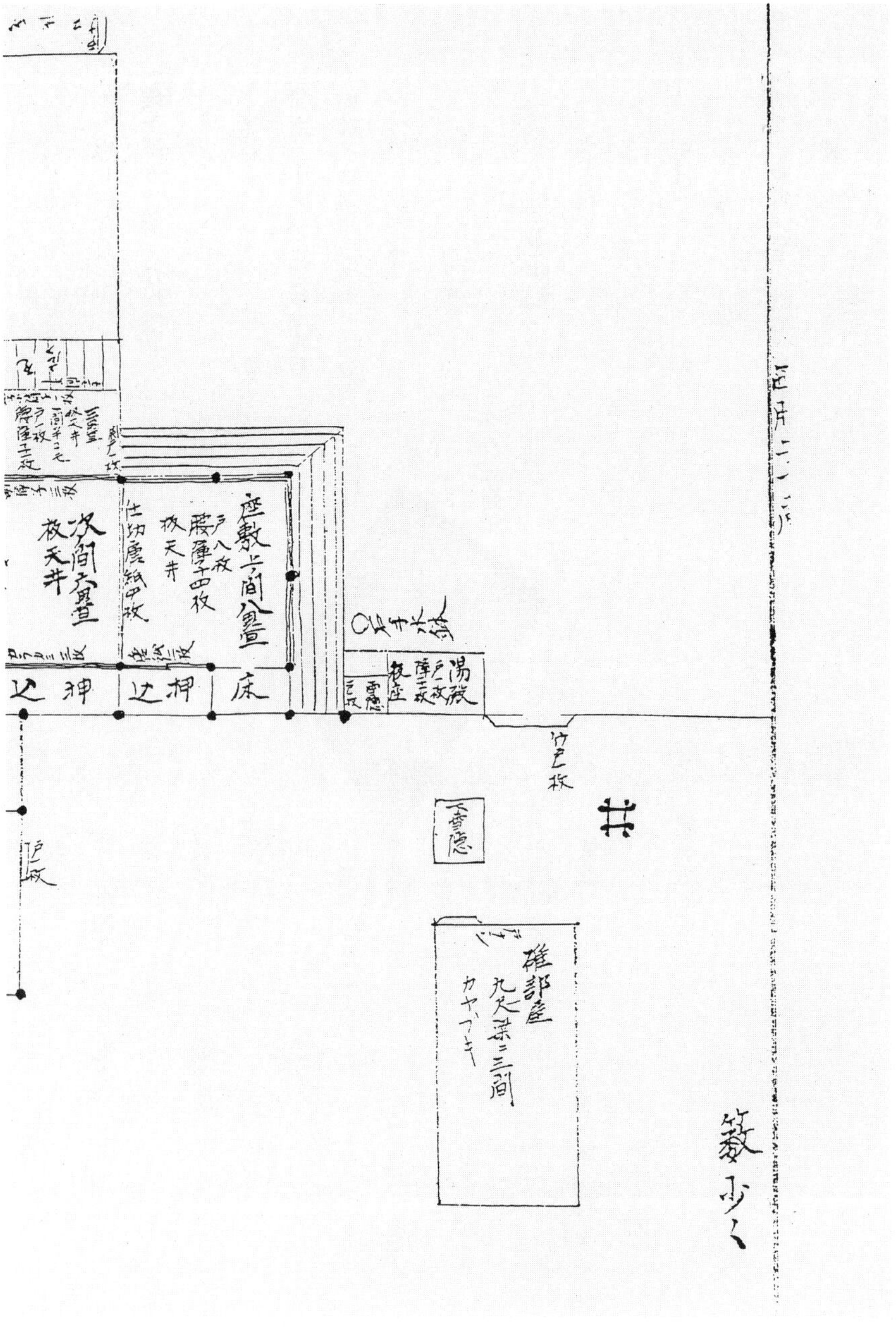
座敷六間八畳
戸八枚
障子四枚
板天井
次間六畳
板天井
床
押
押
湯殿
雪隠
井
雑部屋
カヤブキ
戸一枚
藪少々

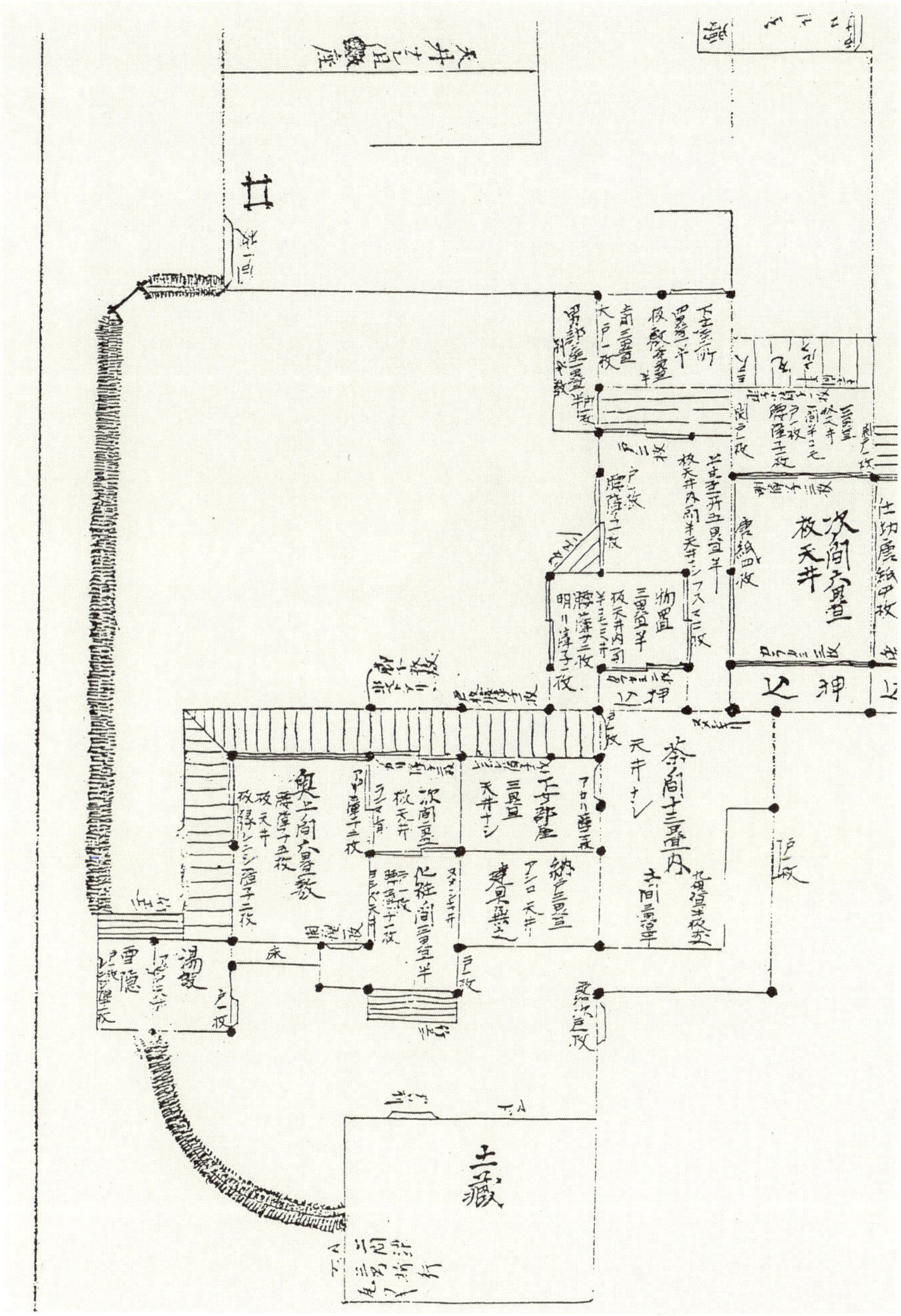
湯殿
雪隠
土藏

一北裏　不殘
右垣此方ゟ仕來り
一東脇　不殘　甲益之進ゟ仕來り
右之通ニ御座候
三月十四日　今村平次郎
御普請方

同年五月十二日春水江戸ヨリ歸リ同十四日拜領セシ邸宅ヲ見分シ其損所ヲ補修シテ八月朔移住シタリ
然ルニ居室ノ不便ナルアリ既ニ腐朽大破セル付屬建物等アリシカバ寛政九年十一月五日先ツ祖先ノ靈位ヲ祀ル祠堂ヲ
新築シ土藏及碓屋ヲ改築シ其居室ヲ改修
改修築成ナルヤ座敷上之間ヲ松雨山房ト名ク
其《カ》改築セシ土藏ハ藏書庫兼讀書室ニシテ名ケテ必正トイフ蓋シ論語ノ必正名ヨリ採リシナルベシ
茶之間十三疊敷ヲ六疊二室ト押込トス
コレヲ嶺忝廬ト名ケ自ラ文ヲ撰ヒ且ツ書シテ楣間ニ掲ケタリ
嶺松廬記（文化元年十一月）

果稱。焉曷翅海山田野之觀也哉

嶺松廬記

己酉冬余受賜今第庚戌秋徙居焉方二十弓許地近于市百需皆得獨覺讀書講習之處炊爨供具之室稍有不便者欲更其地而不果居數年乃與家人議召工人口講指畫刻日量功而授之工人解事屋梁不動而互易區處今之讀書處西北四五歩之地舊有薪廠撤之益取開朗更剃疎竹數竿忽得西嶺頂有松樹所謂宗固松者闔國所瞻仰余喜出意外子姪門生皆爲吾賀之余因諗之曰女知彼宗固氏

乎今國老上田氏之祖在天正慶長之際著名於戰鬪間若樫井血戰遂殲渠魁天下所共知也既老游心泉石園與西嶺對其頂栽松園樹相接以取勝觀夫宗固氏數歷危難老而後樂之余今偶然得諸几案上如二百年前宗固氏爲余栽之者何其奇也吾與女輩幸生於偃武之後觀焉以爲娯其謂之何哉吾人勵精文武以備緩急或爲爪牙或爲股肱業在立志志在報君然食君之祿玩愒曠歲以宗固氏老後之樂爲今日之樂則豈非宗固氏之罪人乎宗固氏勇武烜赫如彼而其有風趣亦如此兒孫世爲國

柱石不墜家聲女小子所知也西嶺之松遺愛所存視以爲娯亦所以爲警也陶靖節忠義之士也其詩曰冬嶺秀孤松摘其字以名吾廬時甲子冬十一月也

臨江亭記

江海之名古昔晰然而今則否蓋江漢朝宗于海江自內而出海在外而納之江有濫觴之源而海則浩蕩無際朝夕進退其氣之所通雖淺小如衣帶就之淼指無無鹹氣皆屬諸海云近江一名淡海遠江亦以湖得名遠江皆自帝都而名之今之爲詩歌者見

文化十年松平定信侯此ノ文ヲ觀テ和歌ヲ詠シ之ヲ書シテ春水ニ賜ヘリ其歌ニ

樂翁

楚のかみの　よものあらしも　しつまりて　嶺に唯聞く　松風の古え

春水乃チ之ヲ装シ且ツ一文ヲ添ヘテ後チニ傳ヘリ其文ニ

此一軸ハ白河少将松平越中守源朝臣定信致仕して樂翁と號すワカ嶺松廬を詠し給ふなりこの表装ハもと公庫にありし大将軍秀忠公筆跡の入しか巻物となし給ふによりて惟完に下し賜ふ今又別に用ふへきにもあらされハ如何せんと思ひしに白河侯ハ大府の近親にして常に文藻をたしなみ給へハもしや多くの書すて給ふ内にかゝる表装に入るへきものゝ得られましやとかの家の儒職廣瀬典に遙に請遣ハしたれハ速にこの詠を賜ふ典は學意も同しけれハ交深しかつて近著を示したる内にワか嶺松廬の記のありて侯にも御覧しかくハ詠し給ふものなるへし今また裱工に命してもとのことく家に傳ふ寶となすも皆ワか學もて事ふる君の御恵み深かりし故にこそ

文化十年癸酉二月　　　　頼惟完しるす

猶ホ附記シテ　白河儒臣廣瀬典字以寧臺八といふトアリ

文化十二年夏淺野家ヨリ肥前唐津藩主水野家へ養子トナラレシ和泉守忠鼎親シク嶺松ノ二字扁額ヲ書シテ春水ニ與ヘラレタリ　藩命アリ

（惟勤註記・文化十年　閏十一月十五日重晟公薨後、ヤシキ召上ノ件アリ、『春水日記』五六九頁）

文化十三年丙子二月十九日春水歿シ聿庵嫡孫ニシテ祖父ノ跡ヲ承ケシカ年歯僅十六大叔父春風ヲシテ後見タラシム

然ルニ文化十四年七月突然屋敷替ヘノ藩命下レリ

吉村孫三郎屋敷へ　　　　頼餘一

只今迄之屋敷吉村孫三郎へ替被下候事

是ニ於テ杏坪ハ七月九日ニ

口演之覺

一此度同姓賴餘一屋敷吉村孫三郎と御入替被　仰付勿論奉畏候得共餘一義いまた弱年にて專修業中ニ御座候ニ付同姓賴千齡義後見ニ御附被下候得共是とて下地之業體病用繁く御座候ニ付他行も仕候私義ハ屋敷奉願候て餘一近所へ罷越居申候ニ付御用之隙同人家業萬端朝夕見合せ遣し申候儀ニ御座候所此度御替被下候屋敷へ引移候時は大懸け隔り不便利至極ニ御座候ニ付同人取立之儀難相成其外家業體ニ付數々差悶之筋御座候て同人始私共一同歎敷奉存候何卒相成候儀ニも御座候ハヽ其儘被差置被下候樣仕度奉存候委細ハ同人歎書ニ申上候厚被爲仰談被下度自私も此段御歎申上候以上

丁丑七月　　賴萬四郎

杏坪ハ更ニ聿庵ノ爲メ歎願書ヲ起草シ添削加除スル五回ニシテ左ノ一篇ヲ作製シ聿庵ヲシテ書セシム

御歎申上口演之覺

一此度私屋敷吉村孫三郎屋敷と入替被　仰付勿論無莵角奉畏候得共實以案外至極當惑仕於一類共も差寄り私學業之差支何角相考一同心痛氣毒仕候抑亡父彌太郎義天明丑年御扶持方被下御儒者被召出暫町宅仕居申候所寛政酉歳當屋敷始て拜領仕下地ハ甚廉末成住居ニ御座候所稽古所ハ勿論常々他所御家中其外有名之輩尋來リ候ニ付御外聞ニも相係リ候故先つ可也ニ應對引受相成候樣少ゝ宛取繕ひ仕且又他所御家中ゟ寄宿之門弟賴來リ候ニ付奉願候て數人差置候儀も御座候故種ゝ工夫無なと出し先つ差支不申樣仕猶又書籍類も餘程所持仕いつれも大切成書類ニて國家之御用ニ相立候品ニ御座候ニ付別ニ土藏念入相建書物夫ゝ貯置申候則右書庫之二階ニおゐて書籍之取しらへも相成候樣何角精敷仕置且戒メ之爲ニ必正と申額字も懸ヶ置彼是子孫家業之爲メ萬ゝ手厚ニ取斗置候儀ニ御座候尙又內輪少ゝ住居替仕候て聊成小座敷取繕ひ是は宗固松を受申候ニ付嶺松廬と名付自身ニ記文も作り申候て是又子

孫看書講會等仕候書齋ニ設置候儀ニ御座候白川少將様右記文御傳覽被成嶺松廬之御詠歌被下近年又嶺松廬と申額水野和泉守様御染筆も拜領仕候右白川侯之御和歌は御同家中廣瀨臺八添書共　殿様御覽被爲遊右御歌拜領之次第も御承知被爲遊候御儀ニ御座候且殿様ゟ拜領仕候葵御紋入之金襴を以右御和歌表裝仕置其後白川御家人其外聞及尋來候者も有之候時ニハ右掛物嶺松廬之床江掛ヶ拜見仕せ候儀ニ御座候右之通最初ゟ拜領屋舖ニテ凡二三十ヶ年之間住馴れ處々手入不仕候ヶ所も無之位之儀其上右必正書庫嶺松廬等之義も御座候ニ付御扶持方ゟ知行に被成下御步行頭次席迄御進メ被下候得共一圓外屋敷江御替被下候儀ハ不奉願無理ニ相こらへ生涯拜領屋敷ニて終り申候畢竟師家之義ニ御座候へハ家業相續仕其邊最寄之門弟引受候て祿合格別不都合ニ無御座候ハヽ子孫居住も相成可申義と相心得右之通一旦馬持ニも相成候へ共可也ニ仕候て相濟せ候儀ニ御座候其段ハ每度私共へも申聞候ニ付家業出精仕候ハヽ其儘居住も相成候儀と相心得平生相勵居候儀ニ御座候然る所此度屋敷替被仰付誠ニ案外至極當惑仕候へ共無私共心得違ニて可有御座尤遠方江御替被下候儀は別て奉恐入候私義是迄家業懈候樣ニも覺え不申詩文手跡等も相心懸ケ且亡父之餘澤ヲ以最寄リ之門弟も參リ寄宿の書生も相詰居候儀ニ御座候此度御替被下候方角江罷越候ハヽ下地之門弟參りかね候者も可有御座哉と奉存候全體私家學流之義ハ御承知被成下候通根元　殿様御流義之學ニモ御座候て先達て後見も御附被下候儀ニ御座候へハ私勤學ハ勿論門人へも相勵せ何卒家學衰微不仕候様ニと奉存候所右之仕合不本意之至甚歎敷奉存候私叔父萬四郞義當時御用繁ク相勤申候へ共私家業退轉仕候ては相濟不申ニ付旣ニ近年同人屋敷ハ相對替奉願候て私屋舖近所江參りくれ申候故何角都合宜敷亡父沒後は猶以私學業其外公私取引筋内外之儀迄見合せ呉申他所向之文通贈答詩文之類何ミ迄も相談指圖を受申候所此度誠ニ南北懸ケ隔り候てハ中ミ如何様ニ存申ても不便利至極心底ニ任セ不申此以後學事萬端不審之義御座候共朝夕相談候儀も難相成此一條別て於私無此上不仕合と奉存候老母始メ深く相歎申候且又右書物藏等も迚も急ニ建候儀も得仕間敷候得は先つ慥成土藏借受ケ預ケ置候外ハ有御座間敷候歟是又私學問之大不爲メニテ亡父仕置候右必正書庫も空敷相

493　賴春水ニ賜ハリシ邸地（賴　彌次郎）

成殘念之至ニ奉存候且又亡父舊友之輩勿論多人數有之御當所往來之節は必立寄り申候先達て御達し申上候通筑前御家中月形七助抔之類毎ゝ立寄り申候亡父舊門人之類は祠堂之拜も仕申候此度御替被下候屋敷ハ無相應之屋敷にて可有御座候へとも自然手入抜ケ候樣成ケ所も御座候ハヽ私取繕ひ候業も相叶申間敷候歟左候ハヽ御外聞之程も如何敷是又案しくれ申候假令屋敷も宜敷御座候共餘り北手へも寄り居申候尤私義弱年未熟者之義ニ御座候へハいか樣成邊鄙ニ被差置被下候共勿論無莵角儀ニ御座候得共亡父以來私屋敷ハ國泰寺裏門前と申義は他所人も能承知仕候て不斷尋來り申且船手便利之所ニ御座候へハ諸國ゟ之書狀も屆き易く平生所ゝゟ之學談書簡も速ニ屆來り是又私學問之一助ニモ相成申候且遠方之學者ハ今以亡父弔禮ニ參り候者も間ゝ御座候所既ニ屋鋪も引拂祠堂も轉移仕候て此度轉宅之ケ所も尋かね候樣にも御座候ハヽ從來亡父義結構被仰付候て儒道御尊信御師範御優待被遊候儀ハ他邦之學者皆ゝ奉承知候て常ゝ御吹聽申上亡父義を羨敷存候趣ハ兼ゝ承り及候儀ニ御座候所右之通速ニ相替り遠方江引退き亡父存生之樣子とは俄ニ相違仕此後弔禮等ニ尋來り候者も御座候ハヽ必定不審ニ思ひ可申哉と奉存候左候ハヽ生前ニ御歩行頭次席迄ニ被成下私儀も跡目結構ニ被成下候義も他邦之人に對し其詮も無御座哉と於私奉恐入候猶又屋敷繪圖を以相考申候へハ右嶺松廬ハ下地は茶之間下女部屋等ニ當り申候間此度仕戻し之部ニて御座候上文申上候通亡父代ニてハ御兩侯之御歌御額も奉掛候場所に御座候所茶の間下女部屋等ニ仕崩し申候儀ハ私之未熟故とハ乍申心外至極口惜次第ニ奉存候全體ケ樣譯合も有之儀ニ候ハヽ先つ屋敷御替不被下候樣ニと兼て御内噂も可仕筈之所其儀無御座候段私共不念ニ相當り申候得共上文申上候通儒師家之儀御祿扶持少ゝ增減有之候共屋敷は大概其儘ニ被差置候儀と相心得殊ニ私儀跡目結構被仰付知行も百五十石被下置候當屋敷ハ上文申上候通亡父御扶持方之節ニ拜領仕其後取繕ひは仕候得共差て建弘メ候儀ニハ無御座家業も亡父餘澤ヲ以可也ニ相續仕最寄リ之門弟も引受申候へハ其儘被差置被下候儀と相心得居申候ニ付兼て御噂も不仕儀ニ御座候只今ニて相考候へハ私共心得違と相見へ今更ケ樣申上候儀ハ千萬奉恐入候得共小內之義御承知も有御座間敷候へハ無據始終之樣子家

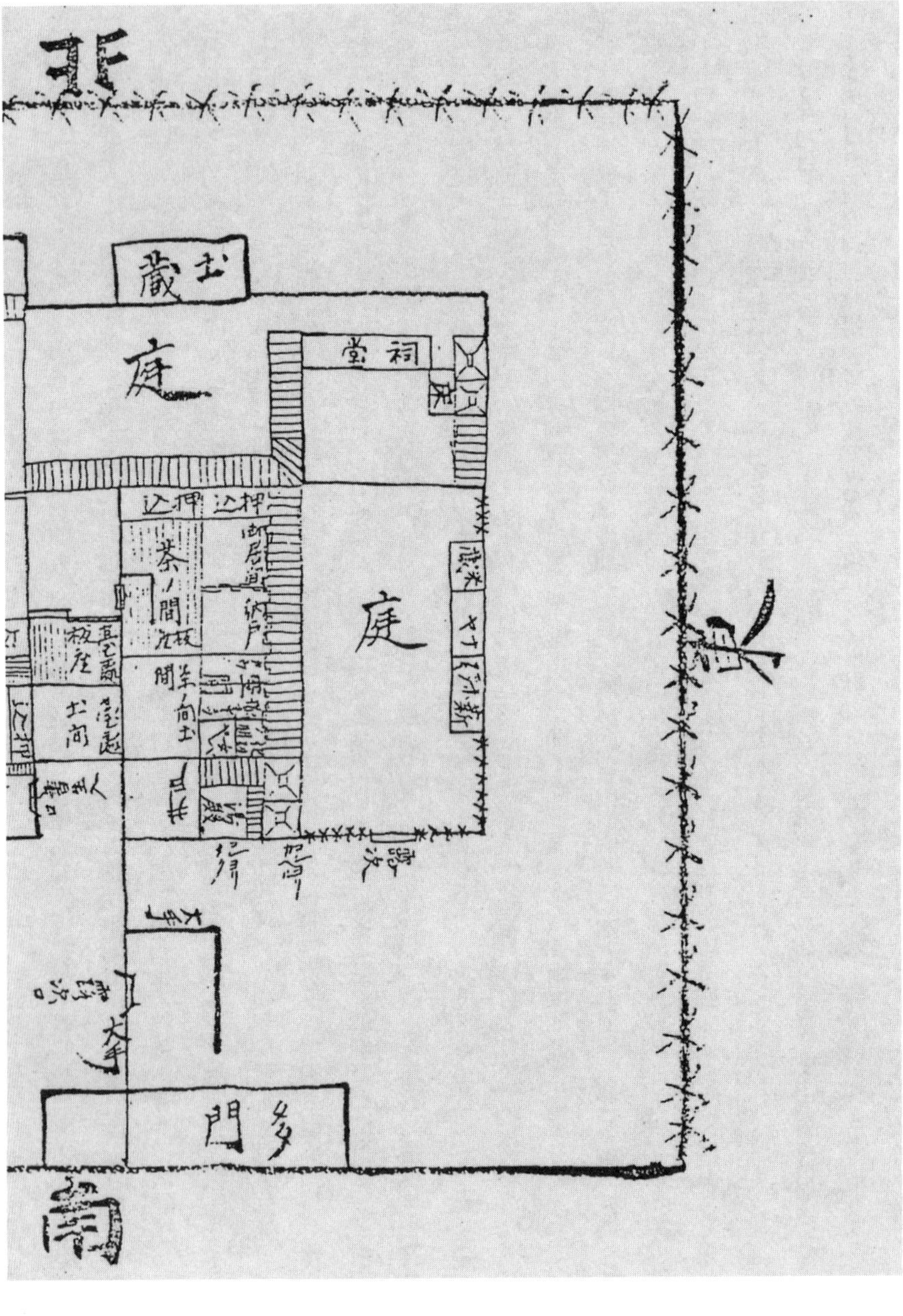
北
土蔵
庭
祠堂
押込
押込
茶ノ間
納戸
庭
土間
大手
大手
多門
南

495　賴春水ニ賜ハリシ邸地（賴　彌次郎）

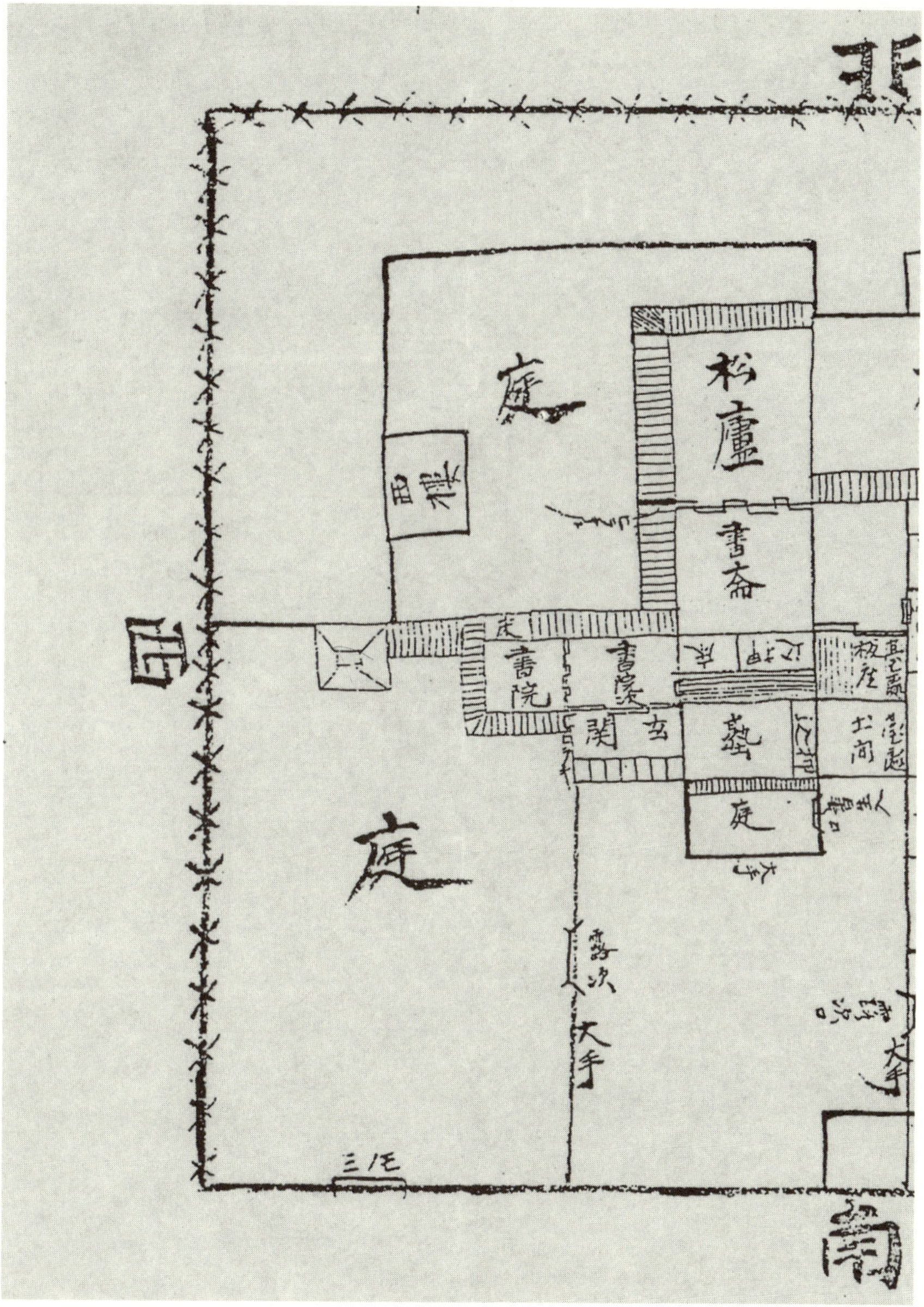

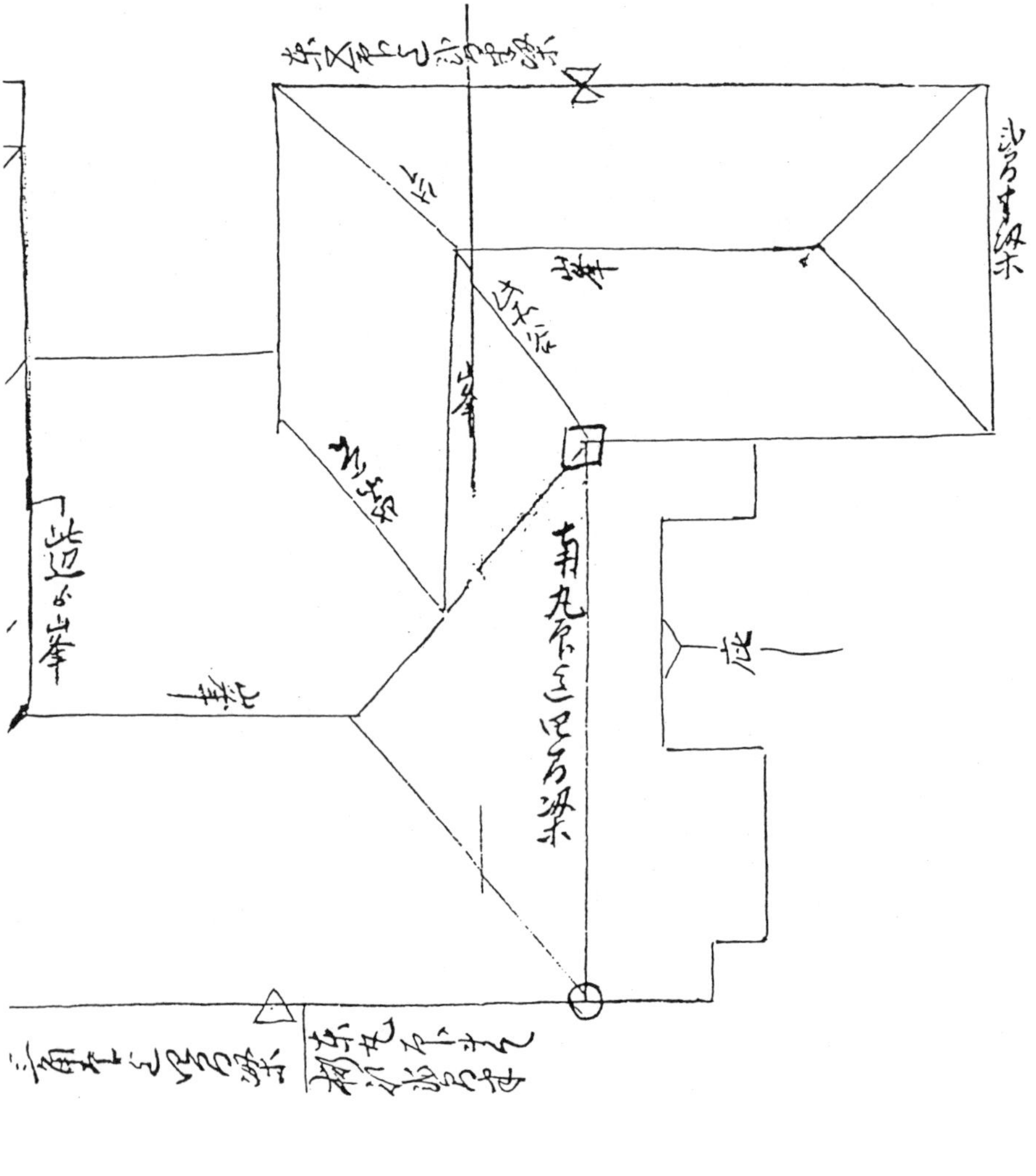

497　頼春水ニ賜ハリシ邸地（頼　彌次郎）

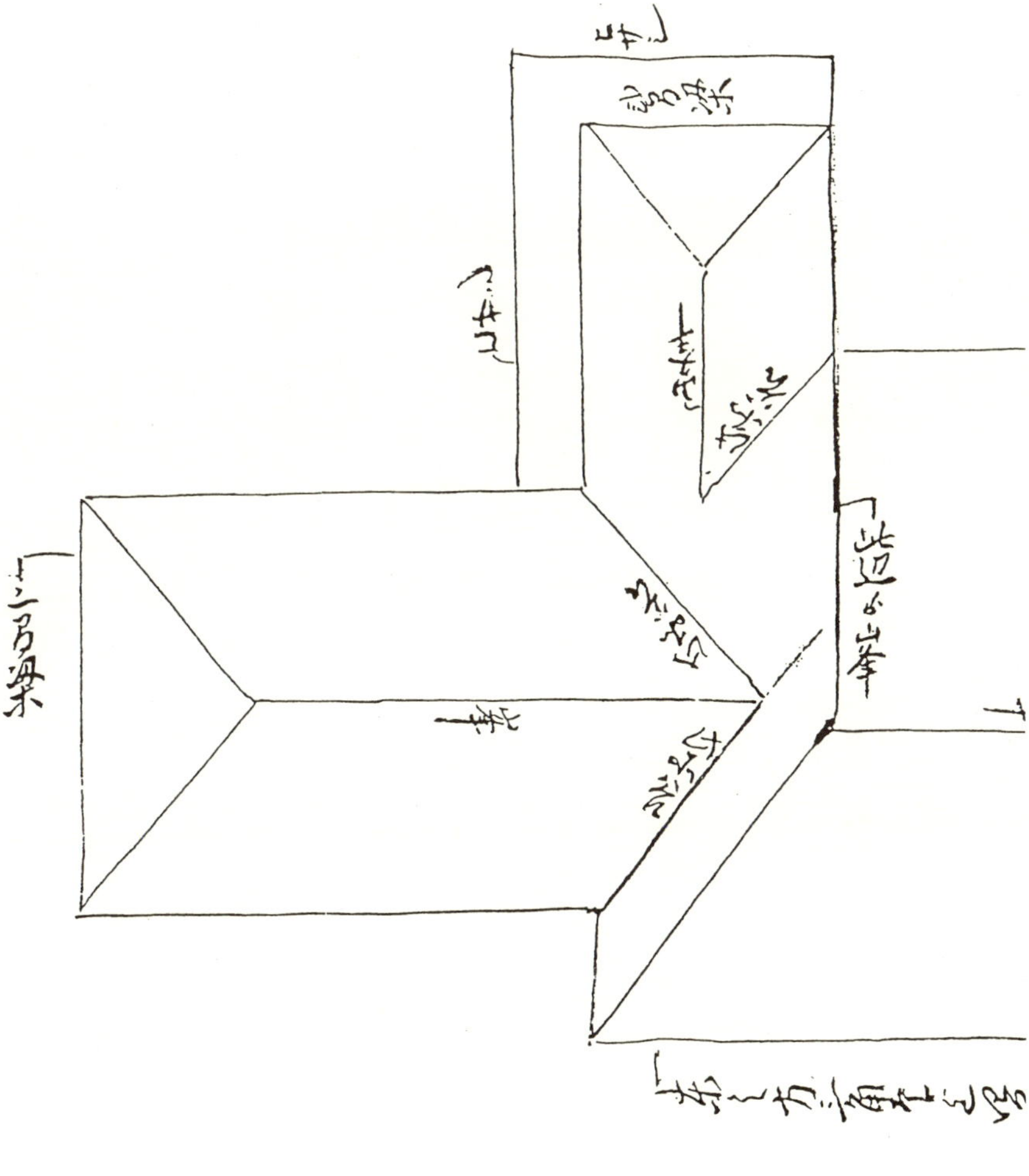

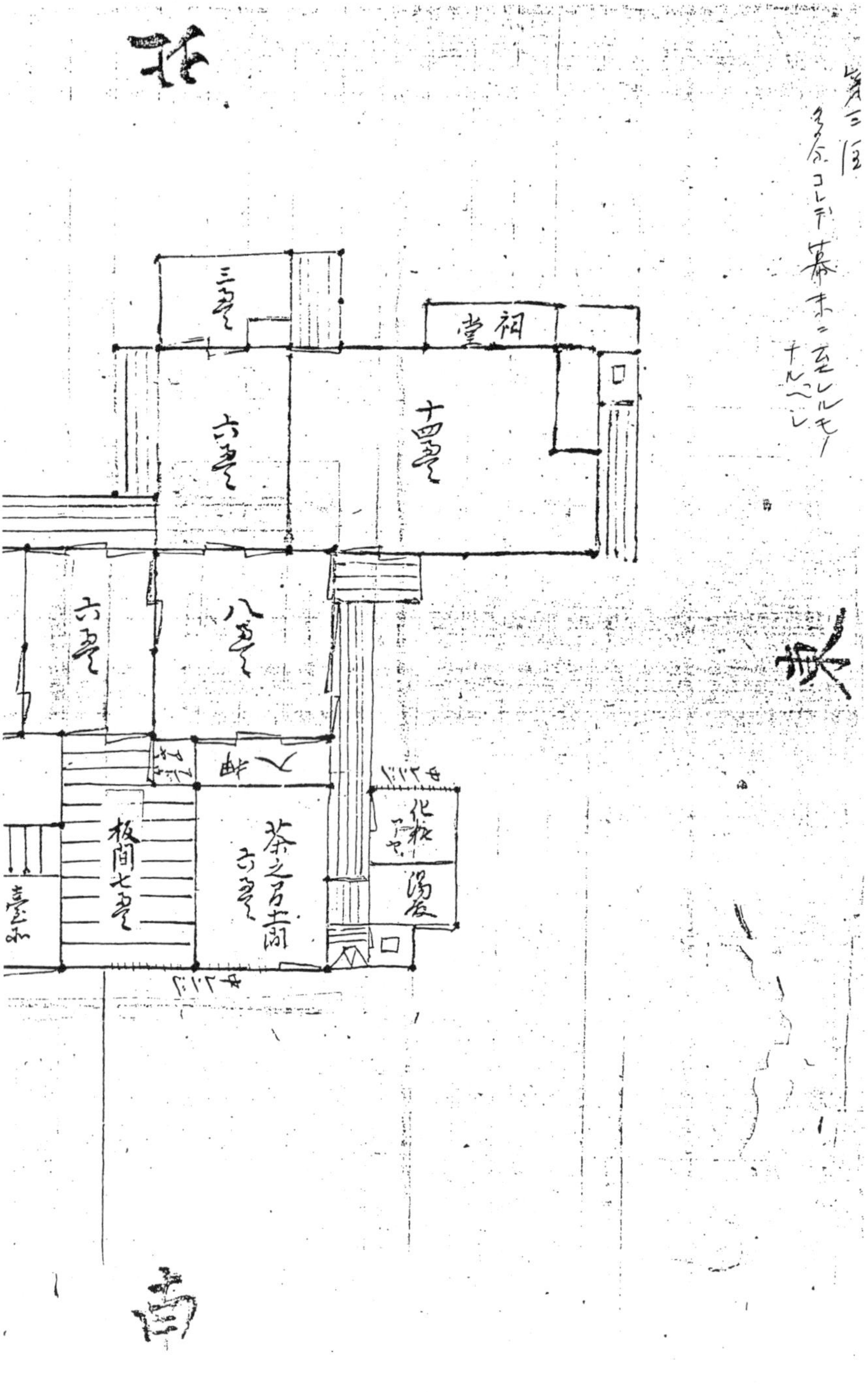
第三図
多分コレデ幕末ニ至ルモノナルベシ
北
東
南
三畳
祠堂
六畳
十四畳
六畳
八畳
板間七畳
茶之間土間六畳
化粧
湯殿
臺所

499　頼春水ニ賜ハリシ邸地（頼　彌次郎）

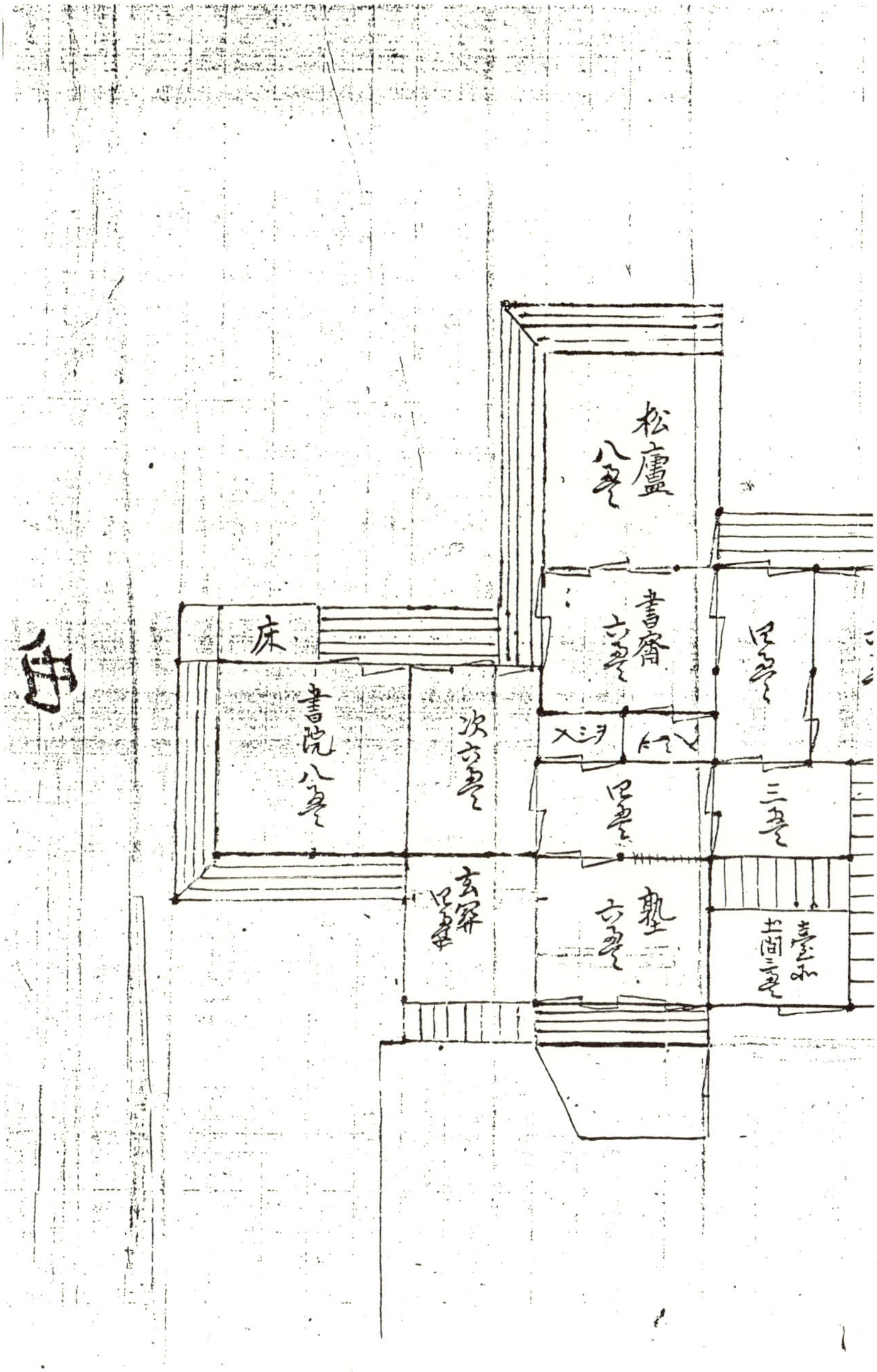

業差支等之次第委細御歎申上候乍御面倒御所見御考合も被成下候ハゝ難有奉存候勿論斯く御歎申上候儀ハ一類共皆〻全く同意ニ御座候ニ付趣意書認奉入御披見候何卒御憐察被成下厚く被爲仰談被下候様仕度此段申上候

丁丑七月　　頼餘一

願書ヲ出シテヨリ二ヶ月餘ヲ經テ上司ヨリ達書來レリ

御自分儀先達て屋舗替被　仰付候得共其儘元之屋敷ニ被差置候條此旨可被其意候以上

九月十五日　　澤井半外

　　　　　　　西川牧太

頼餘一殿

願意ハ許容セラレタリ偏ニ藩公ノ春水ヲ優遇セラレシニ起因セリ爾後事ナク明治ノ初メニ至リシガ本藩士ニシテ江戸定詰ナリシ者廣島ニ歸ルニ當リ其居邸ナク茲ニ城下居住ノ士ノ邸地ヲ分割シテ之ニ與フルノ命出デゝ我ガ邸地モ東方百餘坪ヲ割カレ長崎某ニ與ヘラル

明治十九年秋大暴風雨アリ我ガ家ノ屋ヲ吹キ破リ壁ヲ落シ柱傾キ再ビ修理スベカラズ唯必正書庫ノミ其天井ヲモ裂キ災ヲ免カル乃チ舊屋ヲ解崩シ必正書庫ノ材ヲ今ノ二階ニ用ヒ棟材ニ春水親シク其建築ノ年月ト自己ノ氏名トヲ記セルヲ復〔之?〕是ヲ棟トシテ板ヲ猶用ヒテ今ノ居宅ノ二階トナシ以テ舊名ヲ存續セリ曩年淺野從一位公ニ必正ノ二字扁額ヲ書シテ賜ハラン事ヲ乞ヒシニ卽チ書シテ與ヘラレタリ是定て大ニ春水ノ靈ヲ慰ムルニ足レリト感ゼリ

山陽の俗名に就きて（併記逸話）

頼　彌　次　郎

山陽の俗稱久太郎の久の字の讀み方につき、森田保之君前號に於て訓讀するを正しとして春水より藤井太郎左衞門に與へし書簡を以て證せられたり、余も亦久しく訓讀なりと信せしが、去年十一月熊本に赴き一夕同地の村井同吉といふ醫師を訪ふ、

同家は山陽が熊本に遊ひしとき親交せし村井蕉雪名は冠吾といふ人の子孫なり、今猶ほ山陽の書畫及び書簡を藏せり、多くの書簡の中に左の狀を見たり、

扨々其後は御疎隔打過候、每時綿屋文作上京之時御樣子承知仕候、御健勝被成御座候義奉遙慶候、僕其後依然、今年も加馬齡候、詩酒之量、竝覺歲減候、其内酒の方は隨分先年御別莊にて小言を申候時の位には有之候、猿スベリ不相替繁茂候哉、蕎麥の味不可忘候、尤不可忘は如泰の卷に候、其代と被諾候、王建章其後引領鶴望五六年杳無音耗如何丈夫一諾必御果可被下とは奉存候へども、遠者日疎の習に候へば、無心元日夜存暮候、綿文に申候へは、アレハ老兄御受込の事とて取合不申候、且家柄なれは迚もアノ樣被仰候ても當になり申まじくなど申候何とぞ御棄置なく早々奉希候（以下後文略之）

二月二十五日

頼　久　太　郎

鄙名德字有礙復舊

久字音讀

村井冠吾老兄臺

（追て書きも略之）

斯の如く山陽の直筆にて、久字音讀と書けるを以てすれば音讀にせし時代もありしこと知るべきなり、余思ふに始めの讀方は春水の書狀に示せる如く訓讀せしも、西遊歸後數年にして當時の名、德太郎の德の字の避くべき事柄起りて再び舊名たりし久の字に復し只其の讀み方を始めと同一にするを憚りて音讀せしものなり、故に訓讀は山陽の前半世の名にして音讀は後半世、卽ち晩年の稱呼となることを知れり、其の礙ありての礙は如何なる事柄なりしか未だこれを調べず後日これを知り得れは記する所あらん、前に掲げし冠吾に與へし書中の事は山陽の名に就きては關係なきも逸話として附記せん、

山陽始めて冠吾を訪ひしとき、冠吾其別莊にて門人と共に猿すべりを庭前に植うる最中なりし、忽ち山陽の姓名を聞き答ふるに今や正に木を植ゑつつあれは請ふ暫らく待たれよといひければ、山陽余も亦一臂の勞を貸さんとて直ちに進み入り庭に下り助力して植ゑし後ち始めて對面の挨拶をなせり、其時の饗應に蕎麥ありし故に猿すべり及び蕎麥のことをいひしなり、如泰の巻王建章の幅は今猶ほ村井家にあり、余も熟覽して垂涎に堪へさりき、山陽の熊本に至るや、村井家に釋如泰の四季山水の畫巻あるを聞き、故に其の始めて訪ふや偶々其の庭樹を植うるの助力をなし、豫しめこれを得るの基となしゝなり、然れども、冠吾祕藏せるものとて敢て望むも割愛せずして遂に王建章の松林山水の畫幅を贈ることを約せり、當時此の幅は細川家の重臣住江氏の有なりければ、冠吾謀計を運らし以て住江氏より取り出し山陽に贈らんと心に期せしなり、此れを出すに機なく歲月玆に移り五六年に及びけれは此の狀を發せしものなり、冠吾後ち漸く獲て送らんとしけるとき山陽の訃を得て終に止めたりと、山陽をして數年の壽あらしめば、此の王建章の畫幅も其の心情を慰せしならんに、

山陽脱藩始末

賴　彌次郎編
惟　　勤校

一

今回から祖父、古楳（諱、元緒）の編輯した資料集『山陽先生脱藩始末』（原題）を順次掲載することにする。

古楳は明治元年戊辰（一八六八）三月十二日、廣島に生れ（戸籍面では二年前の慶應二年丙寅の生れ）昭和六年辛未（一九三一）五月十一日卒、六十四歳（戸籍面では六十六歳）、比治山、多聞院に葬る。諱の「緒」は「ショ」であって「チョ」ではない。『尚古』（のちの『藝備史壇』）に寄稿した諸論文があるほか、『嶺松廬吟社』における詩が多數ある。

古楳は明治維新以後の山陽研究熱の昂揚期に生涯を送り、山陽に對する毀譽褒貶の渦の中に在って、正確な資料による山陽（ならびに父母、諸親族）の紹介に務めた。ここに掲載する資料集もその仕事の一つであるが、脱藩・幽閉という先祖（祖父にとっては曾祖父）の汚點を進んで公表することにはかなりの躊躇があったと思われ、この形では今回が始めての紹介である。

內容は、家に保存されていた山陽脱藩關係の文書を貼り繼ぎ、淨書したもので、いわゆる紀事本末體（ことがらの內容に分類した體裁）であつて、編年體ではない。というのはこの一件は、父の春水の江戸詰中に發生したので、手續が廣島と江戸と二箇處となり、編年では却って錯綜してわかり難くなるからである。原文書の貼り繼ぎ順（本稿みだしの番號）と古楳の編成順とは時に相違するが、編成順の方が合理的なので、その順に掲載する。〔　〕内は校訂者の注記、その他すべて當今一般の翻字の體裁に倣う。

〔一〕〔寛政十二年、一八〇〇、江戸〕

覺

一、私倅久太郎義病氣療養且學問修行之ため、六七年之間他所へ遣し、京大坂其外西國筋ニて茂、諸醫之療治又ハ湯治等も仕、且又其方角之學者隨從仕候て稽古仕らせ候樣仕度奉存候。此段奉願候。以上

十月九日　　賴　彌太郎惟完

山田圖書樣

〔九月五日の脱藩の知らせが江戸の春水の許に届いたのが十月十日であった。（春水日記）山田圖書は江戸勤務中の年寄。この文書は十月九日付になっているが、十日に出したものである。〕

〔二〕

口上之覺

一、私倅久太郎義、當年廿一才に罷成、去春ハ妻緣も仕らせ申候所、何分年來之癇癖御座候て、是迄種〻療養も仕試、先年奉願候て石州有福へ入治も仕、其後同姓萬四郎召連、江戸へ罷越候義も御座候て、其間逗留ぶりも全ク右療養手當無油斷取斗申候所、今以得斗仕不申候。尤家業之學事等ハ追〻相應ニ御用相勤候樣にも相成可申奉存候得共、何分右病氣ニ付諸事無心元御座候所、甚以迷惑仕候。仍之當年ゟ六七年之間、京大坂其外西國筋迄も遍歷仕

候て醫療も相賴、且其方角之學者へ隨從仕候て、學事修行も仕候様奉存候。尤右年數之間ハ、私手元ハ全ク不通ニ仕候て、弟共幷私懇意之面〻ゟ取斗候筈ニ御座候。右之通仕向遣候義、全ク右病氣治療之一筋ニ御座候て、且ハ同人身前學事修行ニも相當り候段、弟共ゟ懇意之面〻一和ニ申談取斗申候義ニ御座候ニ付、別紙願書差出申候。尤年數之內、私不慮之義も御座候ハヽ、斷絶被　仰付候様仕度奉存候。同人へ家督之義、又ハ壹人之娘御座候ニ付、相應之養子等申談候様取斗之筋も可有御座歟ニ候得共、御承知之私義ニ御座候へハ、外御家中竝ニ取斗申出之所ハ恐入奉存候次第ニ御座候。是等之所も御聞届置被遣候様仕度奉存候。此段申上候。以上

十月　　　　　　　　　　　　　　　　　　　　頼　彌太郎

〔二〕　江戸第一番ニ申出候書付寫

口上之覺

一、私倅久太郎義、去月中頃於御國無據用事ニ付、郡中一類共へ罷越候所、其道より行方不相知相成候ニ付、留守幷同姓萬四郎方心遣相尋申候得共、當早道出候迄、様子相知不申候旨申越候。全體持病癇癖御座候て、一向療治も行届キ不申候。今度之義、右病氣之趣ニも可有御座候哉、何様後便申來リ次第、治定之所可申上候。留守萬四郎方よりハ未タ申出不仕候様相聞へ申候。此段申上候。以上

十月十日　　　　　　　　　　　　　　　　　　頼　彌太郎

〔この項、了〕

二

〔校者〕春水の二種の日記を突き合わせてみると、廣島での變事を知った春水は、直ちに〔一〕および〔三〕の書付を山田圖書の役宅に持參したのではないかと想像する。內容は、山陽の持病治療と學問修業のため、京大坂、その外、西國筋に遠遊させ切りにしてしまいたい、そのため家督を繼げないことになっても致し方がない、という趣旨のものであった。あくまで脫藩の扱いでなしに濟ませたい、との意向が讀み取れる。山陽を遊學させるより他によい手だてはあるまい、というのが春水のかねてよりの覺悟であった。（家信や京・金山宛書簡など）〔二〕は日記にいう「其夜直ニ書付差出ス」に當るものと推定する。藩としては脫藩扱いとせざるを得なかった結果である。ただ「持病癇癖」のための仕儀に違いないことを申し立てている。

〔二B〕

山田圖書

賴彌太郎殿

昨晚差出候御自分倅久太郞出奔之趣申出書付ハ直ニ受取置候間、表立被差出候旨可被相心得候。依之、昨日被差出候別紙願書口上書は令返戻。此段申入候。以上

十月十一日

〔校者〕右は昨晚の〔二〕を正式に受理した、ついては昨日の〔一〕と〔三〕は返却（つまり不承認扱）する、ということであろう。次の〔四〕との閒を日記で補うと、「十日、其後圖書殿・孫六殿、懇切至極之さとし有之。御內〻御小

姓（傍記、中島棕次）等ヲ以テ御恩命有之候事、感激落涙筆紙に可盡之事ニ無之、難有事共なり」とあり、これが『山陽先生の幽光』への淺野長勳侯の序（大正十三年）と照應する。

〔四〕圖書殿より內〻差圖案文有之此通り十月十六日ニ差出ス

口上之覺

一、私當年五十五才ニ相成り、倅出奔仕、跡男子も無御座ニ付、早速養子申出可仕候所、此閒差出申候願書ニも申上候通、家業も御座候ニ付、急養子等申出仕候心得ニも無御座候故、右之趣申上候義ニ御座候、然ル所又當時身前ニ相成り得斗相考申候所、御家中竝も御座候義、私として名跡之義申出不仕候義も却て恐入奉存候御義故、得斗相しらべ同姓共申値、相應之義も御座候ハヽ、養子之義奉願度奉存候。此閒差出申候願書口上書等ハ御返戾被成遣候得共、右之節一通り申上候義も御座候故、是等之趣御聞屆置被下候樣仕度奉存候。此段申上候。以上

月　日

〔校者〕春水としては、山陽の消息不明のまま家督相續を如何にすべきか、という難問を抱え込んだ。刋本日記の「十六日早朝、木村政之進殿へ內談、義子の內意」が右に照應する。ただし、當面は山陽の方に焦點を絞る。

〔五〕圍へ入候申上書付

口上之覺

一、先達て申出仕候私倅久太郎義、郡中一類共へ罷越道ゟ行方不相知罷成候ニ付、早速相尋合候所、京邊ニ居義相聞へ、早ゝ迎人差上セ、當月四日ニ召連罷歸候て、樣子相糺候所、全く從來之癎癖病氣ゟ前後忘却、右之次第ニ成

行候儀と相見え申候。病氣とハ乍申、不埒之儀甚以奉恐入候。仍て留守一類共申値、圍へ入レ相愼せ置申候段、留守ゟ申越候ニ付、此段申上候。以上

十一月廿五日

〔校者〕右により山陽への處置は報告濟みとなる。ここで國元ではどうであったかに視點を移す。日時は一箇月ほど逆轉する。

〔六〕〔杏坪、十月六日〕

御國留守一番申出

申出書付ひかへ

口上之覺

一、私實兄頼彌太郎倅久太郎義、先月五日、無據用事有之、郡中一類共方へ罷越候所、其途中ゟ行方不知罷成候ニ付、早速方〻人差出申候所、樣子相分不申候ニ付、一應出奔之申出可仕哉と奉存候所、

〔この項、未完〕

三

〔六〕〔承前〕

出奔仕候。心當り之義も無御座且死生之程も無覺束御座候故、申出之義暫見合申度奉存候内ニ、久太郎義北國

邊手掛リ出來候故、其方江人差遣し樣子相侍居申候所、同人義山陰道より京都へ出候哉、京都ニ罷在候趣相聞へ、又彼地へ迎人差上せ申候所、今日迄日々相待候得共、いまだ連歸不申候。何角樣子考合仕候所、久太郎義、幼少之頃ゟ癇癖病氣有之、是迄色々療養相加申候得共、苑角治し難く御座候。尤一兩年は快方ニ相見へ候故、此度郡中へも罷越させ申候。然る所、右體之義ニ相成候。多分持病癇癖差起り候て之義ニ可有之哉と奉存候。京都より連歸候ハヾ樣子も慥ニ相知可申候得ば、とても義ニ治定之所申出可仕と、今日迄只樣見合居申候得共、段々延引仕候義、恐入奉存候故、先づ是迄之所、彌太郎在江戸ニ付、自私有體申上候。猶樣子次第追て可申上候。以上

十月廿六日　　　　　　　　　頼　萬四郎

〔校者〕右の書付の端裏書は、まず杏坪の筆で「最初之申出・申出書付ひかへ」とある他、春水の筆で「御國留守一番申出」とある。先號の翻字の不正確さを訂正する。前掲〔二〕「江戸第一番に申出候書付寫」（春水）が十月十日であるのに遲れること十日餘りであるが、廣島ではこのころ、ようやく山陽を京都から連れ戻す手筈がついたところであった。

當時の大騷動の樣は木崎好尙翁『賴山陽』（昭一六・新潮社・新傳記叢書）一一八頁以下、富士川英郎氏『菅茶山』上（平二）四二三頁以下（『茶山日記』による記述）に詳しい。

〔七〕ひかへ（杏坪から藩へ）

〔此書付、私煩ニ付、五日ニ三平へ頼ミ持參ニて、外衞殿月番受取被申候所、六日　御城ニて、嘉平殿被呼候て、圍へ入ルト云事例文故ニ直シ差出候樣ニ外衞殿被申候由ニて、嘉平殿來リ被申聞候故、朱書之所直し、七日ニ又出し申候〕

口上之覺

一、私實兄賴彌太郎倅久太郎義、此間申出仕候通、無據用事ニ付、先達て郡中へ罷越候。其途中ゟ行方不知相成候所、素より出奔可仕心當之義も無御座候得ば、出奔仕候義とも相見不申、生死も無覺束候付、方々手寄を相尋候所、京都ニ罷在候趣相聞へ、同所へ迎人差上セ申候所、遠路之義彼是隙取、夜前連歸申候。樣子相糾候所、此間申上候通、久太郎義從來癇癖病氣有之、療養行屆不申候。此度之義全ク持病差起、心得違候て罷上候義と相見申候。病氣より之義とは乍申、不埒之儀甚以奉恐入候。依て留守一類共『より屹度申付厚』(沫消)〔申値候て圍へ入レ〕相愼せ置申候。彌太郎在江戸ニ付、自私此段申上候。以上

十一月五日　　　　　　　　賴　萬四郎

〔校者〕「三平」は加藤定齋、杏坪と義兄弟、藩儒。〔　〕(二ヶ所とも)は朱筆。後の朱筆は關外衞の指示(築山嘉平の傳達)によって直した句。朱筆以外の添削のあとは翻字しなかった。なお公邊の根本資料には舊藩主家『事蹟緒鑑』巻四三がある由。

〔八〕圖書樣　御內用　賴彌太郎

甚寒ニ御座候所、益御壯健可被爲在奉慶賀候。此間御留守御平安御左右可被爲在御安氣奉察上候。私方之事此間書付差出候迄ニハ相成、一ト落着ニ御座候。右ニ付私義恐入相伺候筋ニハ無御座候哉、右持參之節、御客對ニて御逢不被下、其後罷出可申候所、被爲　召、又昨日ハ終日かの方角へ罷越申候。今朝可被爲　召候樣相聞申候所、御乘馬ニて暫く相見合居候。今夕明日會讀等ニハ御座候。其隙ニハ必罷出、御樣子相伺申度奉存候。先々卒與下地中上置候。尙々心中御察可被成遣候。以上

十一月廿八日

〔九〕（山田圖書より春水へ）

御紙面之趣、委細令承知候。差控伺書被指出ニハ不及儀ト存候。

十一月廿八日

（この項、了）

四

〔一〇〕金子出之覺

一金貮兩壹歩ト　伊助儀右衞門
四拾文　金藏三人
上り入用
一同三兩貮朱ト　伊助儀右衞門
五百八拾貮文　下り入用
一同九兩三歩貮朱　斑鳩變之節
百八拾貮文　諸用
一六兩ト　庄藏へ相渡伊
銀百三拾匁五分　助ゟ京都ゟ

廣しま迄
別帖アリ
一同三歩　孫兵衞へ相渡
斑鳩變之節
此分別帖アリ
一同貮歩　藤藏兵庫ニ而
相渡ス
一同壹歩　金藏斑鳩驛ゟ
四百文　差戻し候節

遣ス
一同貮兩一歩　斑鳩ゟ廣島迄
駕籠人足
貮人分
一貮百文　金藏かし
一金貮歩　孫兵衞へかし
〔附箋〕是迄伊助直ニ受引之金
子ニ御座候
〆

金壱兩　京金山ニ而四
銀六拾五匁八分　人之者借用
此分別帖ニ有之
七百貳拾九匁　京金山
六分八リ
十六匁
八匁五分
金三兩　大坂中井へ
貳拾五兩貳歩
銀　百三拾匁五分

錢　壹〆四百拾貳文
銀直し　拾三匁五分六リ
〆
金ニ直し
貳拾七兩三歩ト
壹匁八分六リ
〔附箋〕此内金壹歩四人之者大
坂借用金庄藏取かへニ相成
右京都出立ゟ廣嶋迄伊助儀
右衞門金藏三人上リ之旅用
共御座候伊助受引之分

一銀札五拾目
一金貳歩代
三拾壹匁六分也
〆　八拾壹匁六分
此分庄藏孫兵衞　別帖ニアリ
一金貳兩　庄藏久松
帖面ニ別ニ有
一金貳兩　孫兵衞武平
〆　四兩　帖面ニ別ニ有

〔校者〕右の〔一〇〕の體裁は美濃半紙横折り一枚（二頁）に、上段に金額、下段に摘要を記したもの。翻字に當って、上段は比較的に似せることができたが、下段は原形の改行を無視して、ともかくも、印刷面下方六字分の紙面に押し込んだ。同一項内の摘要が六字を超えるときは、次の行を一字下げ（つまり五字詰）として、上段と對照せしめた。項を括る弧線は省いた。

第一附箋直後の「〆」は、二字下げの八行を飛ばして「貳拾五兩貳歩」以下、第二附箋直前までに懸る。計算してみると、錢一〇四文が銀一匁、銀六三匁二分が金一兩に當るが、文には誤差がある。

右の「〆」の字と、そのあとの二字下げの八行とは、原本の第一頁（つまり表面《おもて》）末尾部分である。「〆」の字の前後の餘白に、後からこの八行を書き込んだものと解釋して翻字を配行してある。

〔一一〕

申ノ九月初　　中島
百五拾目　　八百屋喜三郎
　但銀札也
申ノ七八月之比
二度分凡百目餘　義況
　　不堪愧汗之至候

〔一二〕菅野（裏）

〔翌二月菅野より返ス〕（朱）

　　覺
一金子十兩
一銀百四拾八匁六分
〆
右者借用仕候所實正也歸國之上返辨可仕依而如件　廣しま
　申十月廿五日　　手嶋伊助

石井儀右衛門

高砂
鹽屋仲右衛門殿

〔一三〕萱野（裏）
覺
一金拾兩也
銀六拾三匁七分かへ
代
一銀百四拾八匁六分
〆
右之通今度手嶋石井江相渡し御取かへ申候重而御返金可被下候　以上
申十月廿五日
しほや
仲右衛門〇
藝州
賴萬四郎様

〔一四〕
覺

一百拾五匁五分

四月十二日

義況

〔一五〕

（裏）八百屋義況　銀拂受取

覺

一銀札百拾五匁五分

右之員數慥請取申上候併段々御苦勞被成辱都而迷惑仕候御禮受取書如斯御座候以上

子六月十六日

義況

梶山六市様

〔一六〕

覺

一銀札百五拾目

右之通慥受取申候以上

子七月十二日

八百屋

保右衞門□

手嶋伊助様

〔校者〕右のうち〔一一〕「八百屋喜三郎」は「義況」と同一人と考える。申は寛政十二年であるが、多分〔一六〕でけりをつけたのであろう。但し無利子で四年後に返済したと考えてよいのか心許ない。〔一四〕〔一五〕は照應するが背景は不明である。〔一二〕〔一三〕は『全傳』上（一四六頁）に照し、高砂（播磨）の菅野眞齋から石井豊洲・手嶋伊助が急場の費用を立替えてもらった件の證文である。なお、斑鳩（鵤）も播磨である。

〔一七〕

此分帖面小書付見及候之儘書記置委
敷儀ハワざと記候ニ不及候

覺

一六拾壹匁六分四リ　大工
一七匁一分五リ　金藏代藏へ
一貳百五拾五匁　圍仕立
貳分一リ
一金小判拾両　室屋
一歩判貳拾両　喜右衞門
〆　三十両之辻
一札銀三拾匁　御園へ小遣
一札銀四拾八匁九分　若さや
三拾貳匁七分　七左衞門

拾五匁三分七リ
一五拾三匁貳分　久松夜番
庄藏大坂へ
一九拾七匁四分　福山油木
一六拾六匁九分　名無之
一百廿九匁三分五リ　彌八
一三十七匁貳分一リ　船手小遣等
一四百廿一匁五分　五人」庄藏久
松孫兵衞武
兵衞金藏
一四両貳歩貳朱　武兵衞
十八切貳朱
一七十六匁五分　傳藏」大坂

一五十四匁　へ上セ銀
一金壹両貳歩　鵤ワクや
セに七十貳文　四郎右衞門
一八十八匁三分八リ　四國庄藏久松
一七十八匁三分八リ　同人
一五十匁　鳥屋庄藏金槌
一六百廿五匁九分　ワかさや
五リ　十両代　七左衞門
一百匁　牡丹藤藏
一金貳両　庄藏久松
一五拾匁　久松留守
一貳百五十八匁　七左衞門
四両代

一貳歩　竹原
一金拾兩　しほや
一百四十八匁六分　儀右衛門
一金十兩　廣しま
一三兩　神邊

一壹兩　儀右衛門
一七十匁　廣しま
〆
此外ニ竹原より出候金銀ハ其數しれ
不申

庚申九月より霜月三日迄之事
右ハ廢息出亡之節物入大要書記伊助
手元よりくハしき帖面其外受取書等
數々有之皆々丙以上

〔校者〕この系列の書付は以上で終る。〔一七〕は〔一〇〕と竝んで内容が豊かであり、當時の物入りの様がまざまざと再現されている。すべて、手嶋伊助の手に成るものであろう。随所に散見する「別帖」は、〔一七〕の末尾の加筆（三行は杏坪、あと三行は春水）に「丙」（火中に投ずること）とある通りにいま存在しない。なお、富士川英郎氏『菅茶山』（上・四三二邊り）所引の『茶山日記』は神邊の眼で見たこの一件の記録である。

五

〔一八〕（御園氏淳の離別）

江戸ニ而」不縁書付下書」

寛政十二年庚申ノ翌辛酉（卽享和元年）二月廿六日（端裏書）』

口上之覺

一、私倅久太郎妻不縁ニ付、和談之上、御園道英方へ差戻申候。尤道英方ハ私由緒も御座候ニ付、右夫婦差向義絶仕候而、其外雙方家内共義絶ニ及不申候。此段申上候。以上。

二月廿六日　　　　　　　　　　　　　　　　　　　賴　彌太郎

〔校者〕右の一件の最も明快な説明は市島春城『隨筆賴山陽』（六二二頁）に見える。すなわち「山陽が、其先妻を離別したのは上去《かみさり》といふものである、と嘗て近藤南洲から聞いた。當時、廣島藩の法で、藩命で妻を離別せしめる制度があった」と。藩府の『事蹟緒鑑』四三（未見）で正確なところがわかると思う。なお、坂本箕山『賴山陽』（二五七頁）に引く「春水日記」（『公私要用ひかへ』）の附箋ではこのことを「十二月廿六日」とするが、「十」の墨色がやや違い、後で補入する際の誤記であるに違いない。また坂本氏引用文末の「及義絶」は「不及義絶」の誤植で、これは正されぬまま、以後の諸版でも、光本鳳伏『山陽先生の幽光』（三二五頁）でも、引繼がれている。

この〔一八〕に先立つ二月二十日に男子誕生、『幽光』はこのことを「既に離別義絶後に於ける出産であれば、所謂生み落し盥切にて引取り、實母の乳は與へず……」（三二六頁）と述べる。

次は廢嫡に伴う養子の件であるが、ここで文書の時期は溯る。前掲の〔四〕（五〇七頁）は寛政十二年十月十六日に「山田圖書殿内々の差圖案文通り」に差出した口上書であったが、その内容は、倅出奔後の處置として、養子ということも考えなければならないが、その件は暫く考える時間を與えられたい、ということであった。それに續く書付が次の十月二十四日に山田圖書へ出した「內伺書試」である。但し「村越殿掛紙」を貼りつけて返却されて來たので、掛紙のかかり方を＊で示す。

〔一九〕（內伺書試）

口上之覺

一、私儀當年五十五才ニ相成り倅久太郎出奔、跡男子無御座候へ共、御承知之私儀、外竝ニ跡目養子之義奉願候儀如

何敷奉存候。尤當時身前相考見申候ヘバ、又私として跡目之儀不申出候儀、又外竝も御座候所、態と不及其儀候段ハ、甚以恐入奉存候。前後相考見申候ヘバ、私心底迷惑至極仕候。何卒相應之者見立、養子仕、家業相續、追々御用相勤、彌以御厚恩忘却仕不申候樣ニと精々奉祈候外、聊無他念候。私弟兩人之内、壹人郡中ニ居申候*』（〔編者〕以上ノ文ニ對シ掛紙ニテ修正セラレタリ）千齡と申方ニ男子壹人御座候て、當年十五六才ニ罷成候。此者至而幼年ゟ兩親共書物取扱ハせ、年齡相應に相見へ申候ニ付『不苦候ハゞ』（削除）此書『跡目ニ奉願度奉存候内願ニ御座候』（此ノ一節モ削除セラル）家業體相續之見込且同姓之續キ旁以此者之外**『（此ヨリ以下ノ文モ掛紙）無御座候。右内願之筋ハ外竝も少く御形合も如何奉存候得共、前段之趣、差寄リ内含ミ有體申出試候。此所御考合被成遣候而、此上ハ萬々御憐察被下御斗被成遣候樣仕度奉存候。此段奉得御内意候。以上

十月廿二日　　頼　彌太郎

〔一九・掛紙前文〕

口上之覺

一、私倅久太郎儀、先頃出奔仕、外ニ男子無御座候。私儀當年五拾五歳相成リ、其上當時在江戸之事ニ茂御座候ヘバ、旁以早速相應之者相撰、先ヅ假養子書付等可差出筈ニ御座候所、私儀元來學業を以被　召出結構被　召仕被下候儀故、外竝之通、一通リ之者養子奉願候儀は不本意奉存、何とぞ相應學業相勤、御用ニ立候人物相選、假養子ニ仕置、尙其上ニて家業相續之養子ニも奉願度奉存候處、差寄相當之者無御座、然ル處御國許ニ而在中ニ罷在候私弟*』

〔一九・掛紙後文〕

**差寄せ是こそと存込候心當り無御座候。然レ共、一向類違之義故、御建りも有之事故、右之者養子相願　御聞届

被成下候處いかゞ可有御座候哉。自然、家業も有之私事故、格別之御沙汰を以、御聞濟も被成下候へバ、無此上難有奉存候。右様之心得ニ御座候故、別段ニ假養子書付をも先づ差出し不申候。是等之趣、御内々申上試候。以上

月　日　　　　名』

〔校者〕以上の三通を總括して次の端裏書がある。

〔一九・端裏書〕

內伺書試」村越殿掛紙」

十月廿四日ニ圖書殿へ出ス』

〔校者〕右の＊および＊＊を辿るとほぼ次の文面となる。これを藩へ差出すこととなった。

〔二〇〕（十月二十四日）

口上之覺

一、私倅久太郎儀、先頃出奔仕、外ニ男子無御座候。私儀當年五十五才ニ相成リ、其上在江戸之事ニ茂御座候へバ、旁以早速相應之者相撰、先ヅ假養子書付等可差出筈ニ御座候所、私儀元來學業を以被　召出結構被　召仕被下候儀故、外竝之通、一通リ之者養子奉願候儀ハ不本意奉存候。何とぞ相應學業相勤、御用ニ立候人物相撰、假養子ニ仕置、尙其上ニ而家業相續之養子ニも奉願度奉存候所、差寄相當之者無御座候。然ル所、御國許在中ニ罷在候

私*弟千齢と申方ニ男子壹人御座候而當年十五六才ニ罷成り候。此者至而幼少ゟ両親ども書物取扱ハセ、年齢相應ニ相見へ申候ニ付、此者家業體相續之見込、且同姓之續キ、旁以此者之外ハ差**寄せ是こそと存込候心當リ無御座候。然レども一向類違之儀故、御建リも有之事ニ而右之者養子相願　御聞届被成下候處いかゞ可有御座候哉、自然、家業も有之候私事故、格別之御沙汰を以、○御聞濟も被成下候ヘバ、無此上難有儀奉存候。右様之心得ニ御座候故、別段ニ假養子書付ハ先ヅ差出し不申候。是等之趣、御内々申上試候。以上

十月廿四日　　　　頼　彌太郎

〔二一一〕（決裁）

頼彌太郎

此義無餘義趣ニ候得共、千齢男子未學業等丈夫ニ御用立候程難見極義と被存候間、先ヅ御自分方へ引取被置、家業教導有之、彌丈夫ニ御用立候見極も出來候ハヾ、其節被相願可然と存候。尤引取被置候節も一應申出可被置候。右之譯合ニ付、御自分年齢ニ候得共、養子願延引相成候處ハ承屆置候。』

〔校者〕以上は、江戸での話であるが、翌、享和元年四月、春水は藩主（齊賢公）に扈從して、山田圖書と共に歸藩、享和二年八月に及んだ。その間、享和元年八月二十一日の日記には「堀江大夫へ書付持參」とある。それに照應するのが次の書付である。

〔二一二〕ひかへ」堀江典膳殿へ差出ス（端裏書）』

口上之覺

一、兼而申上候郡中ニ居申候私實弟千齢倅熊吉儀、爲學問修業、昨日引越せ申候、此段申上候。以上

八月廿一日　　　　　　　　　　　　　　頼　彌太郎

〔一一三〕熊吉引越申出書付（端裏書）』

彌太郎様　　　　　　　　　　　　　　　圖書

内用御報　』

尚々御申聞候通、今朝時祭、無滞相済致安心、御手元ニ而も御同様ニ存候、本文之御書付ハ月番中へ被差出候儀と存候。以上

先刻ハ御紙面致披見候。彌御碍も無御座珍重存候。然バ別帋御見せ入御念候。御書中之趣致承知候。此趣ニて可然哉と相考候事ニ候。別紙返戻候。右御報旁得御意候。以上

八月廿一日

尚々段々入御念候御追書之趣も致承知候。以上

〔校者〕享和二年八月十一日の日記には「書付持參、寺西大夫へ出ス」とある。それに照應するのが次である。これは東行直前である。

〔一一四〕熊吉事」假養子書付ニ不及候而此書付ニ而濟候事」

享和二年壬戌八月」御年寄寺西司馬殿へ出ス」横山平三郎内談案紙（端裏書）』

口上之覺

一、私儀當年江戸御供罷越候節、悴無御座候付、假養子書付差出可申筈ニ御座候得共、先達て於江戸申上置候通、弟

千齢悴熊吉儀私方へ引取、學問修行仕せ、追々習熟も仕候付、此者往々養子奉願度存念ニ御座候間、此度別ニ假養子書付ハ差出不申候。此段申上置候。以上

月　日　　　　　　　　　　　　　　　　　　　　　　　頼　彌太郎

〔校者〕熊吉は寛政二年九月十六日、千齢（春風）の二男として生れ（長男は夭折）、はじめ正次郎、文化元年正月十五日養子決定、翌五月に權次郎と改名した。諱は元鼎、謚は景讓、墓石は戰後剝落甚しく、誠に面目次第もない。

○『春水日記』享和三年十月八日「夕方、堀江殿へ熊吉內伺書持參」の一項を補記しておく。

六

〔二五〕〔校者〕ここから、この「始末」の最大の山場にかかる。全文は「憐二頓首シテ謹テ啓ス」の一行から始まる長文で、假に「幽居中の陳情」と題する。これを原文のまま、その文章を轉寫すると、恐らく三回分ほどを占めるであろう。また今となっては原文のままでは讀者にあまりにも不親切になるであろう。そこで今回はまず全體の梗概を記し、關連の文獻を紹介することから始める。その後で原文を口語譯して紹介するが、全部を譯了するには本誌の四、五回分の紙面を費すこととなると思われる。

〔イ〕梗概〔校者〕

この〔二五〕文書に續く〔二六〕は、廣島の杏坪から江戸の春水に宛てた書簡で、〔二五〕を受取った杏坪が江戸へ轉送する時に書いたものである。年月日を缺くが、この條件に合うのは、享和二年八月から翌年三月までの閒である。

この書簡は當面の〔二五〕（幽居中の陳情）の梗概として利用できるので、次に現代語譯して掲出する。（原文はいずれ、〔二六〕として掲載する。）譯文ではあるが、原文の途中を省略したとき』の印を施す。杏坪書簡は要旨、次の如く言う。

憐二（山陽の當時の名）から梶山・手嶋兩人に宛てて、澤山の書物を見せてほしいと申し出ました。』論語を根本にして經書の數々に及び、史類や文章の書も見たいそうです。』大都會に出て、文章によって名を揚げたいとの希望がよくわかります。』これまでは宋元以後の書物を專ら見ておりましたが、これ以後は、前漢以前の書物を見て、六經に近い古雅の文を書き、蘐園（徂徠）を制壓したいので、これこれ・しかじかの書物を見せてほしいと言っております。』この書面で彼の志すところはわかります。』「名」（名聲）の一字に誘惑されていると考えられますが、それでも、その申し分などは少しは好い方へ向っているように思われます。』他日、大都會に放逐された曉には、これまでの經世濟民、遊俠娛樂に傾き勝ちであった志向を改め、文章によって天下に名を揚げたいと言っております。（下略）』

杏坪書簡から拔粹すること、以上の如くである。

〔ロ〕德富蘇峰『賴山陽』（大正十五年十一月刊）第九「歸藩後の山陽」

（前略）當人の山陽は一室の中に牢居して、而かも意氣沖天の勢があった。』予は昨年（大正十四年）十一月廣島袋町杉ノ木小路國泰寺裏賴彌次郎君の邸を訪ひ、山陽幽居の跡を想ひ、彌次郎君が祕收せらるゝ、山陽が其の親友梶山與一へ與へたる陳情書を示され（校者。即ち〔二五〕）、之を見て予が山陽に對する疑問の一切が悉く解釋せられたるを覺えた。故に君に乞うて其手寫を得た。』此れは餘りに長文であるけれども、未だ一度も世間に之を出したること無きものであるから、煩を厭はず掲げる事とする。』（校者。以下〔二五〕全文、活版、一頁五二字詰、一七行で、實質約九頁を引用）』今試みに此中から、主たる要領を抽き來れば、彼は道學先生として立たず、文士として立たんと欲した。』而して彼の所謂る文士とは、詩文を售って生活を爲すと云うでなく、他の方面に立脚地を覔めんとした。それは所謂る修史の上に發揮し、中原に出で他の文士と各逐し、自ら日本の學界に一生面を拓くと云ふのが、彼の目的であった。如何に彼が批評的本能を發揮し得たかは、此文を見れば實によく判って居《ママ》る。彼は徂徠學に滿足せず、さりとて當時徂徠を駁する山本北山一派にも感心せず、彼は自ら支那文學の精髓たる先秦の古文辭を研究し、之を以て徂徠派を驅逐せんとした。（下略）〔九六―一〇七頁〕

〔ロ・附〕蘇峰から古梅へ

啓上。本日頼山陽刊行候間、不取敢一本左右迄奉呈候。而シテ甚た輕少ナカラ神酒料差出候間、故先生御靈前ニ御供奉願上候。匆々不一」大正十五、十一月吉、猪一郎」古梅先生」尙御指摘ノ程、御遠恵奉願上候。

〔ロ・再附〕梅厓『蘭蕙集』卷二

徳富蘇峰翁、大正十五年四月ノ中央公論ニ頼山陽ト題スル一篇ヲ投稿サレタリ』コレガ誤謬ナキヲ期スル爲メ、祕書ヨリ家君（古梅）ヘ正誤依頼アリ。正誤表ハ別ニ藏シタレバ參考スベキ也。

〔ハ〕徳富蘇峰・木崎好尙・光吉澆華編『頼山陽書翰集』下（昭和二年七月刊）第三二四書簡への木崎注

梶山君修、名は思睿、君修は字、通稱與一、後に六一と改め、立齋と號す。身分は藩の徒士で、春水と杏坪とに學び、書は春水そっくりで、學問所詰となり、藝備孝義傳その他春水・杏坪の編纂物には、大抵、淨寫校合に從事し、隨うて頼家の信任を得てゐたのであるから、かげになり日向になって、青年山陽の身の上を保障するに役立ったことは、石井豐洲と同じく一通りではなかった。』

この漢文流し風の書翰は、大正十四年十一月、徳富蘇峰が廣嶋の頼家を訪問して手に入れ、本篇の姉妹刊本「頼山陽」の中に、はじめて公にしたもの』

「山陽文稿」の中で、この書翰と對照すべきものを擧げると、「自書大字後」（文化元年十一月十二日）・「題石井儀卿宅壁」（文化二年）・「讀賈・馬二子文」・「讀史記」・「讀東坡論策」・「論賈・董優劣」（以上文化元年）等の諸篇がある。」〔八八九―八九〇頁〕〔校者〕『賴山陽全書』文集の八二頁から一一六頁、文化元年、二年にこれらの諸論文を収める。

〔三〕校者補記

以上、〔イ〕によって梗概を記し、〔ロ〕〔八〕によって關連の文獻を紹介した。あと〔八〕の補足として手嶋伊助のことを記すと、伊助は梶山與一よりも更に家に密着している人物で、平素、喫緊の時には、遠く江戸まで手傳いに出かけるような家の執事格の人物であった。

以下、〔二五〕「幽居中の陳情」の全文を譯出する。原文そのものは上記〔ロ〕德富蘇峰『賴山陽』九七一―一〇六頁、または〔八〕『賴山陽書翰集』下、八七四―八八八頁に引用收載されているので、參照せられるならば幸いである。（〔八〕には誤植が多い。）文化七年七月二十六日の築山奉盈宛書簡（『書翰集』上、六三頁以下）に竝ぶ長簡である。譯は翻案に近いが誤魔化してはいない。〔　〕は補足の譯文。（　）は校者注。〈　〉は自注。

〔二五〕本文・口語譯（一）

憐二（山陽）より謹んで君修足下に申し出をいたします。

このごろ、たびたび足下に對面することを得、幽閉の我が身の無聊を紛らせることができました。これ偏に足下が舊交を忘れず、友情に厚い證しですが、畢竟、家翁（春水）・家叔（杏坪）の平素の交誼が、足下の心に深く響くためでありましょう。若しそのようなことがないならば、誰が私のような者に對して、かくまで氣を遣い、わざわざ足を運び、不淨の場所で世話などして下さるでしょう。誠に感謝に堪えないところであります。

過日は不圖、書籍の一件につき話されました。私も素より久しくこれを望んでおります。ただ、私が終身、賴りとして守るべき祕籍（天與の指針を示す重要書籍）は二十篇あまりあります（原文にある「寶籙」は鳳凰が聖天子に與えたという瑞祥ある祕文。「二十篇」は『論語』二十篇を念頭に置いた表現と解釋するが、必ずしも『論語』だけではないようである）。常にその學而第一章を開く毎に、三つの「乎」の字（「不亦説乎」「不亦樂乎」「不亦君子乎」）を見ては、あたかも親しくわが夫子《ふうし》（孔子）の面前で、教を蒙っているような氣持に誘われます。先頃まで、このように文學（文字・文獻を通じて知られる學問）の樂しむべく、喜ぶべきことを擲ち、慍りに堪えず（學而第一章の「人知ラズシテ慍ラズ、亦タ君子ナラズ乎《ヤ》」を踏まえる）俗世に心を奪われていたことを後悔します。論語は〔三つの「乎」のあと〕次には「孝弟」を説き、次には何々、次には何々、總て父兄・師友の平素の教訓の通りであります。ただ病癖がまだ全癒とまで行かず、言葉の隅々までは自得できません。夫子の平易な言葉でさえそうなのですから、これに十倍・百倍する難解・幽邃な語は尙更のことです。然し乍ら、廣大を極め精微を盡くすのが儒者たる者の使命ですから、庸劣な私ではありますが、努力を放棄し、安きに就く心算はありません。また夫子の平易な言葉は、六經・諸子以下、歴代の無數の注脚に至るまで、總てを内に包攝し、備蓄しております。これで、源流を究め、根元を會得するのでなければ、どうして論語二十篇の眞面目が得られましょう。そうなりますと、諸書を讀まなければなりません。且つ萬一、恢々の天網を漏れ（寛大な處置を受け）、贖罪の時に遭遇したならば、どうして懸命に一つの書物だけを生徒〈「生徒」でなく「朋友」と言うべきか〉に授けて居られましょう。幽閉のこの期を利用して、博覽深討すべき時と思っておりました。

七

〔二五〕本文・口語譯（二）

しかし〔澤山の書物を讀みたいという希望は〕やはり遠慮の氣持ちがあって申し出なかったのです。ところが今、君脩（親愛の稱）にこれをすっかり見拔かれてしまいました。私としましては、自分の眞情を、この際、洗い渫い表明したいと思う次第です。そこで、希望する書物の目錄をこの書面の上欄に列擧します。しかし私はこれらの書物を規範としようとするのではありません。ただこれまでの亂讀に懲りましたので、順序よく考え、あたかも蠶が桑の葉を食べて行くように進んで行きたいと思うのです。故にまず私の希望がこのようであるということを諸執事（君脩の同役・友人たち）に示し、手順を追って諸長（長老たち。卽ち父・叔父、および藩の上役）に達するように計らって下されば幸いです。

足下はまた、經籍（聖賢の殘した書）のみならず、文章の書（さまざまな內容・形式を持つ思想上・文學上の名品）なども望み出るがよろしいと言われました。周到至らざるなき配慮の程、感謝に堪えません。ただ私は昔、唐宋以後の雜書を讀み漁り、先秦の書（原文「金匱石室」）に向えば、まずその難解さに恐れをなし、面白くもなく、止めにしました。これを譬えて言いますと、脆弱な木に慣れ、巨木の根幹に向えばたじろぐようなものです。元來が犀利の質ではないからです。この故に數百卷を讀み重ねても、經籍の意味を會得するすべもありませんでした。その結果、必然的に、例の「那他底的」（口語風の言い廻しの書物。語錄や小說）の書物を弄んでお茶を濁していました。今これに懲りましたので、以前に好き好んだ唐宋以後の書物には努めて近づくまいと思うのです。わが考亭先生（朱子）が手づから定められた經注の他はどうでもよいことなのです。私は足下もよく御存知の如く、窮愁の運命に陷って以來、奮然として志を立て、昔の虞卿（史記卷七六に傳あり。「窮愁」はその用語。世を慨し、虞氏春秋を著わす）・司馬子長（遷。李陵の匈奴投降の罪に坐して宮刑に遭う）、もしくは柳河東氏（宗元。王叔文の黨に坐して永州に貶せられ、文を爲ることが益々進んだ）のように、大いにその力を文章に發揮しようと思っています。それはつまるところ、六經・四子（四書）の文が自分の腸と一樣になり、古聖賢の前で親しく手ほどきを受けているかの如くになりたいと念ずるからなのです。

その他としましては、永享以降（大日本史の範圍外、の意であろう）織豊の際に至るまでは、その所傳がまちまちであることに鑑み、これを網羅し、太史氏（正史執筆者）の採錄を待つという業を爲したいと思います。（「太史氏」以下は謙辭）これまた處士（身分のない一般民）の一大愉快でありまして、孔子が春秋を書いた精神の萬分の一にも合致し、且つ又、私の書く文に對する無用の長物との指彈を免れることになるかも知れません。このことはまた家翁が昔、私に命じたことでもありまして、その言葉はいまなお耳に燒きついています。それで以上のような志を持つのですが、しかし網羅の事業は身が自由になってからのこと、只今はその眞似事か、或いはその一小部分（原文の「具體而微」は孟子・公孫丑上の語）を試みる次第で、またそれに續いて心の中に浮かび出る毎に書付けておいただけのことです。あの凡庸・怯懦の細人どもが、例によって猜疑・癡愚の議論を持ち出し、私の爲すところを見て、飛んでもないことを企てていると腹を立て（原文「盻盻然」は孟子・滕文公上の語）そのあげく「彼は以前からの惡い癖がまだ直っていない」などと言うのではないかと氣にして人に見せなかったのです。《原文ここに旁記あり》凡そ學者が文を綴る際、御當代（將軍家）の忌諱（禁止されている內容・表現）に觸れさえしなければあとはどうでもよいのに、細人どもは日本のことを評論しただけで咎め立てするのです。《以上旁記》（「細人」とは多分、藩府當局者のことであろう。）

私の文章は以上のような志向によって書くわけですから、世間一般の賦頌記序が華麗さを競うものとは違っております。（原文「鬪靡」は韓愈「送陳秀才彤序」の語で、誇多鬪靡という形で使われる。）まずはそのようなわけで、唐宋以後の文を見たくありません。〔ではどの時代の文がよいかと言うことを〕強いて言えば、春秋戰國・先秦・西京（前漢）あたりとなりましょう。その言說は雜駁であり、その內容は陳膚ではありますが、それでもなお、あの六經の風に近いのですから、これを學んで聖人の旨を會得する手蔓にすることはできましょう。

なお又、私が志を「文」という點に絞って奮い立たせているわけは、以上の理由からだけではありません。自己の力量は別問題としますが、もしも時を得て中原の文壇に出て競爭することができた曉には、あの例の蘐園（荻生徂徠）の古文辭なるものを破碎したいと思うのです。《旁記》いまこの風は衰えたようではありますが、凡そ文ということで一家を成している者は、表向きは排除しながら裏ではこれを攝取しているように思います。《以上旁記》どうか足下よ。またいつもあの大言壯語だと笑い給うな。そして私の意見の大略に耳を傾け給え。そもそも蘐の光芒が世にはびこり、一時代を搖り動かし、その害毒が當今にまで及んでいるわけは他でもありません。その文運開創の時に際會し、これぞという人がまだ出ないのに乘じて、例の人目を驚かす說を立て、その旨を文章の力で鼓吹したからです。いまその壘《とりで》を破ろうと思うならば、その表藝たる「文」の力を絶つのが最良の手段であります。日本の文學は、盡く彼《か》の老漢（徂徠）の奴隸であります。近來、一人二人、その表藝を絶つことを自分の使命としている先輩がいます。（德富蘇峰は、山本北山を指すと見ているようである。）私はその文を見て疑問を感じました。何となれば、やはり蘐の餘習を脱却することができず、模倣、浮華の常套語が連っている上に、北地（李夢陽）・彰郡（何景明）・歴城（李攀龍）・太倉（王世貞）（明の前後七子を指す）の撮み食いが行文の間にちらほらし、古辭を切抜き繼合わせる習いが依然としてあるからです。また某々の俊豪（服部南郭か？）は、ひたすら前述の「華麗さを競う」ことに努めて、實用の文を忘れ（原文「遺ス」）、その味わいこそ豐滿濃厚とはいえ、ただそれだけに過ぎず、この點、勁氣聳骨・雄俊縱横なること古の龍門（司馬遷）・後世の眉山（蘇軾）のような書き手は、何と寥々たることか、何とも慨歎に堪えません。ただ、その中に就いて、滬府（水戸藩）史臣の澹泊（安積氏）・觀瀾（三宅氏）の諸君子は實《まこと》に有用の文の書き手と言うべきです。別して宅子は眉山の風があったと記憶しています。これは全く雞群中の一鶴と言うべきです。それなのに諸子が蘐に比肩できないのは、嚴格と輕捷（原文「重厚と輕浮」）と、學風の違いに基くとはいうものの、これを要するに、宅は唐宋以後を學び、蘐はよく古典に親しみ、〔蘐は〕その文が上品できびきびしている上に、光燦によってこれを助けているからです。

近來の諸家はすでに縱横雄俊であることができず、また雅文中に語錄中の俗語を點綴するようなことをします。ですからこれによって蘐を壓倒しようと思っても無理なのです。且つ、字句を上下入れかえたりすることで、細々とその優劣を爭っています。（「咿唔」を「唔咿」とする類か？）このようなことは、そもそも末です（原文の「抑末也」は論語の語。根本を忘れている、の意）私のような未熟、且つ服罪中の身として、妄りに先輩・長老を批判するのは不遜の極みではありますが、このことをはっきりと表明するのは、そうしないと、私が足下を煩わす意味が明晰にならないからです。死罪々々（書簡文の挨拶語の一種）どうか御諒察の程を。

且つ以上は私一個の見地から言っているのではありません。諸長老から以前に聞いたことなのです。伏して惟《おもん》みますに、家翁は〔御世繼の〕輔導の倚托を受け、吾が學（朱子學）を實際に適用し、當代の宿望（根底ある人物として評價の定まった者）であります。單にわが藩内限りで尊敬を受けているのではありません。また家叔は藩學を統督し、學藝の魁首《さきがけ》として道を以て自ら任じて居る人です。そこでどちらも文學の技だけを磨いているわけには行きません。且つ公務上の束縛がありますから大都會の未熟者と力を比べる暇などないのです。私はそういう環境の中での一箇の兇頑兒でありますが、幸に首が胴についたまま現在に至っています。他日、藩外に追放されれば、これ以上の恩惠はありません。その曉にはわが瘦臂を奮い、かの文學の技を以て、元享（元祿・享保）以降、滔々たる學海の狂瀾に、精衞が嘴で運ぶ土で（大海原を）埋めて行こうとするような努力をしたいと思います（「精衞」は『山海經』北山經「發鳩山」に住む鳥。その習性は他者から見れば無謀であるが、已むに已まれぬ事情から來ている）。近來の諸老宿は、公私兩面において、あらん限りの力を互いに陳べ合って遺憾とする點はありませんが、文字の一部面に少しばかり滿足できないところがあります。私は何も父兄の一部將たらんと自負するのではありませんが、願わくは、眼こぼしされた一人閒として、この文の一技に志して前罪を償いたく、これによってまたわが孔夫子の一忠臣たりうると思うのです。且つそれ、家の後繼ぎに當るべき者は既に適しい人物（權次郎）を得、妻女の繋累は既になく（妻、御園氏淳は離別）、一子（餘一）は父母に引き取られ、最早身近に顧慮すべきことはありません。處士の分際として、所謂不朽の大業に一身を擲ち、〔文章は〕一小技、〔道に於いて未だ尊しとなさず〕と人の言うのに任せて、吾が聖訓の千言萬句を父兄の教えどおりにすべて會得し、それにより、あの蘐園一派が「道を載せる器もなしに道を行う」との侮辱的な言說を防ぎ、いささか程朱の旗手になりたいと妄に願うのです。

八

〔二五〕本文・口語譯（二）

〔校者注記〕前回掲載の譯文の末尾に對する注を補う。

（一）魏の文帝（曹丕）の「典論」に「文章は經國の大業、不朽の盛事」という（文選巻五二所收）。文章の力を非常に強調したことばである。

（二）杜甫の「華陽の柳少府に貽る」の詩に「文章は一小技、道に於いて未だ尊しとなさず」という（杜少陵詩集巻一五）。人の價値は道德に在り、文章の上手・下手ではない、の意で、文章の意義を、逆說的にわざと低く評價したもの。

（三）周濂溪（敦頤）の通書・文辭章に「文は道を載する所以なり」という。文章は道德を正しく世に傳えるためにこそ書かれるべきもの、の意。徂徠派は載道の文を否定する。ここは周氏を引いて反論したもの。〔訂正を兼ねた注記おわり〕

＊　＊　＊

朱子もまた曾て言っております。いわく「文には治世の文・衰世の文・亂世の文の三種がある。治世の文とは六經がこれである。衰世の文とは國語（書名）がこれであり、くだくだしく、弱々しく、眞に厭うべきである。亂世の文ということになると、戰國策・楚漢春秋がこれであり、豪傑卓偉が入り亂れ、到底まねのできないものである」と。またいわく「韓退之の文の力量は漢時代の文の力には及ばない。また漢時代の文の力は先秦・戰國には及ばない」と（いずれも朱子語類・巻一三九）。またいわく「老坡の文は縱横自在で骨力があり、世上流行の齊整方板（均齊美）の追求、枝葉末節の技巧に手腕を示して満足しているような文とは相違する」と。（出典未詳。原文は「（閩夫子）又謂、老坡縦横有骨力、非如世之齊整方板、屢向枝葉上着粉澤、沾沾自喜者也」。いま參考となりそうな朱子（つまり閩夫子）の語を摘記するが、いずれにしても的確なものではない。（頁數は中華書局點校本、一九八六年刊『朱子語類』による）。○「老蘇之書、大抵皆縱橫者流。」（實は王安石の語。しかも「老蘇」は蘇洵を指す。三一〇九頁）○「看老蘇『六經論』、則是聖人全是以術欺天下也」（三一一八頁）○「老蘇父子、自史中『戰國策』得之」（三三〇七頁）○「前輩文字有氣骨、故其文壯浪。歐公（歐陽修）東坡、亦皆於經術本領上用功。今人只是於枝葉上粉澤爾」（三三一八頁））凡そ程子の持論でも「『辭』を切つかけとして『意』が解明される」（程伊川「程氏易傳序」）と言っております。ですから（佛家のような）「舍器求道」（國土世間を捨てて道を求める）「不立文字」（文字の力を借りない）というものでないことは無論のことです。實に上述、朱子の三箇條の語は、全くのところ、文章についての千載不變の定論というべきものです。

徂徠の一派はこの道理を辨えず、利口ぶって言うことには「程朱は古文辭の實相を知らず、後世の言語に基いて古代（聖人の時代）の言語を解釋する。宋以後には事を客觀的に記す敍事の文がなく、主觀的な意見を開陳する議論があるだけである」と。（徂徠集巻二二「與富春山人」第七書、譯文筌蹄・題言參照）その一派は衆口一致して固くこのことを主張し、異見を寄せつけません。

しかしこれは我が（程朱）黨の罪なのです。我が黨では例の「記誦詞章」（朱子「大學章句序」の語。經文の棒暗記に精力を消耗すること）「巧文麗辭」（伊川文集巻四「顏子所好何學論」の語。美文作りに憂身を窶すこと）などは無用のもの、との程朱のことばをよいこととして文を輕んずる傾向があります。これは程朱の時代が實は隋唐以後、科擧目標の學習という惡習に染った世であったために、それを戒めてそのように言われたのです。そこのところを忘れて、調子を合わせて記誦詞章・巧文麗辭などと蔑稱するのは如何なものでしょうか。われわれが異域に居り、西土の經術を傳えるのに、もしも文を捨てたならば、手引きとなる何物もないことに氣付かず、文を離れて理を説くようでは、我が（程朱黨の〕論が高尙になればなるほど、彼の〔徂徠派の〕言說は實效あるものとなりましょう。これでは相手の思う壺に嵌ってしまうのではありませんか《原文「寇欲ニ適ス」未詳。譯は臆測による》

もしも、やや文辭にも關心を持つ學徒がおりましても、ひたすら例の唐宋以後のもの（つまり六經の文でないもの）の學習に從事し、齊整方板を求め、文の力が脆弱となることを氣にしません。またその辭氣は六經に比べて遙かに低く、天地の差どころではありません。且つまた無用陳腐の言說を積み上げ、全くのところ、泥壁の上に更に泥を塗るような、また屋根の下にまた屋根を葺くような無用のことに心を費しています。

〔校者注記〕原文「如塗塗附、如屋下架屋」。詩經・小雅・角弓第六章に「猱（さる）に木に升るを教ふる毋れ。塗（どろ）に塗を附するが如し」とある。また、「屋下……」は世說新語・文學篇の語。どちらも、無用この上もないことの喩え。〔注記おわり〕。

その上、議論のみであって、敍事に及ぶことがありません。假に敍事の文を書いても、どれも中途半端のもので、〔史記の〕項羽本紀のような生色淋漓たる颯爽とした風が殆ど見られません。これでは〔我が黨が書く文章で〕徂徠派を壓服するだけの力はありません。

私の才は庸劣でありまして、現在の俊豪の後塵を拜することさえ難しいことですが、願わくは、程朱の本旨が「實用」の二字に止まり（空疏な議論をしない、の意）、佛家のいう「敎外別傳・不立文字」「直指人心・見性成佛」という學風でないことを、大いに人に示したいと思うのです。〔原注〕程朱が「心性」を盛に說かれたのも、そのころ禪法が甚だ盛であって、それに對抗しようとしたためでもあります。日本の現狀では、精微すぎる議論で、甚だ先廻りしたものです。そこで仁齋のような學說を招くことになります。（程朱が老佛であるとして排し、古義を說くことをいうのであろう。）これまた吾が〔程朱〕黨の罪かと存じます〔原注おわり〕

然るに、まだその萬に一つも爲し得ていません。（旁點、原文）過日、差出した文字は、全く自省のために觸發された感懐から偶然に書いたものでありまして、おおむね雙關法を用い、いわゆる齊整方板の甚しいものです。

尤も、孟子の宋牼の章（告子篇下）・韓退之の「原毀」なども方板には違いありません。

〔校者注記〕雙關法は修辭法の一種。敍述を甲乙兩面から殆ど同一表現を重ねながら進める法。「原毀」の場合、全文は三大段に分かれ、第一大段は六小段、第二大段は四小段、第三大段は五小段に分かれ、小段はその中が節に二分されることもある。これら小段、或は節が前後で對になり（雙）、それが次に括られ（關）、大段の趣旨に收斂して行く。このような形は均齊がとれて整然とはなるが、くだくだしすぎて、文の力が弱くなるのは避けられない。〔注記おわり〕

しかし此れ（私の書いた文章）は、明末清初のころ、四書の義を問う科擧の試驗に應じたときの八股制藝（八股文で書いた答案）に似ていますので、冗長紛亂し、厭わしくもあり、羞づかしくもあります。ただ自省めいた文字になるまいと思ったが故に、氣張って文責を塞いだのです。且つ匆忙の際、書體も粗雜で大いに長上への敬意を缺きました。今、思い返すごとに冷汗三斗の想いであります。

願わくは爾後、朱子のいわゆる骨力があり、壯偉・縱橫なものに從事し、且つ春秋時代の文を學んで〔原注〕蘇東坡の文はこの面に弱點があります。それ故、古文辭家（前後七子・徂徠派）からあれこれ批判されるのです。また朱子の精神に沿うのに害があります。〔原注おわり〕簡勁雅健の氣味合いをこれに雜ぜたいものです。愚見では、西漢以前の文は金の原石のようなものと考えます。〔唐の〕韓・柳の復古の文以下はいわば鑄型です。鑄型ももちろん手本とすべきです。しかし、まずその礦石から生の金を採ってその上で型を求めるべきです。鎔解したものを何度も吹替え續けるならば、金の持ち味は衰えてしまいます。

本邦において、古今に稀な太平の世に生を享け、文運が大いに闢く時に際會しながら、いまだに眞の文がないのは、吾が儒の羞ではありませんか。願わくは父兄師友が、一人の跳ね返り者にこの方面の役割を委任し給わんことを。さすればいささか家學をここに皇張し得ましょう。またこの方法で、前度の大罪を償いたいと思います。

このような事を申し出るならば、〔文章は一〕小技と申され御笑いにもなりましょうが、私自身も曾てこのことを小技と思い、功名を經世濟民の上に顯わしたいもの、もしそれが不可能ならば遊俠などに身を寠し、面白可笑しく一生を終えたいもの、と考えた擧句の果てが、ここに至ったわけであります。

今考えますのに、蕭（何）・曹（參）の功名・諸循吏の治績・諸豪俠の誇張（原文「素權」）なども、みな子長氏（司馬遷）の區々たる筆端に取り押えられています。また孔（安國）・鄭（玄）らが聖人の糟粕を舐めて六經を注釋したことの價値は、子長の著述が孔子の春秋の遺旨を再現し、勸善懲惡の痛切・顯著なことには及びません。（以上、史記の述作が小技でないことを言う。）

九

〔二五〕本文・口語譯（四）

また裴度の勳功も、柳州が懲罰を受けた身で不朽の文章を後世に殘した業績に及びません。

〔校者注記〕裴度は唐の貞元年間の進士。呉元濟の叛亂を平定し、天子（憲宗）からの「度一人に倚り、賊を破るに足らん」との期待に立派に應えた名宰相。柳宗元も貞元の進士。佞臣・王叔文の一味であるとの理由で惡疫流行の南方に貶謫され、永州（湖南省）・柳州（廣西壯族自治區）の地で名文を殘し早逝した。〔注記おわり〕

これまでのように、自身の幼稚な思いに驅られ、不得手な事（功名を經世濟民の上に顯わす事）に心を奪われるような態度を改め、むしろ、幼少のころから家翁（春水）・家叔（杏坪）に教えを受けた「文學」というものこそ、悅ぶべく樂しむべく、一生を通じて沈潛するのに不足のないもの、と思い極めた次第です。

例の、私の志に無理解な連中は、この言葉を見て必ず言うでしょう、「語氣が一向に純粹でない。粗豪の舊習を脫していない」と。私はどのように考えても、書物を前に講説を仕事とする輩のまねは、死んでもできません。その上、生れて以來の不器用のたちで、高位高官を目指して偓促する性格ではありません。冥鴻の志（世俗に背を向け、氣分を高尙な境地に置くこと）は日毎に強固になって來ます。〔諸長老の〕海にも山にも比べられる諸恩は忘却いたしはしませんが、あの上邊を飾りたがる諸君子のような身の振り方をして（原文「一全言ナル者諸（？）子ナル者ノ如クナル身上ニテ」。譯は憶測による）純正謹直を装い、長老に媚びることは、どうしてもできません。ただ有りのままを終始貫きたく思います故、書籍の事に關連して心境を陳述しました。千萬諒察せられよ。（「千萬諒察」はこの種の書簡の結びの挨拶語）

〔校者注記〕以上で都合四回に連載した書簡の本文部分を終る。以下は上欄部分の口語譯である。ただし、上欄部分の前半は、最も肝腎な讀みたい書物の名の列擧であるが、後半は本文部分の補足である。本文のどの部分の補足であるかは、校者の推測により、その都度〔號・頁・段・行、「該當の文」の形で指摘する。〔注記おわり〕

　この書簡は書籍の一件について長口上に及んだものです。その間、忌み憚ることもせず、自信過剰・剛愎不遜な言葉を多用しました。ただただ、胸襟をひらき、知己にさらけ出すことを願ったればこそです。口をすぼめ、面貌を整え、兒女が人に媚びるような眞似をして、人から、溫厚な君子と言われたいと願うような者になりたくないためです。つまりは、私を理解して下さる人だから、〔大風呂敷を擴げても〕誤解される筈がないと考えるのです。私に無理解な人に、どうしてこのような廣言を吐くでしょうか。文中、・・・・は大切な箇處です。また細字をそこら中に書き加え、お讀みになりにくいと思います。〔校者注記〕原書簡の細字傍記は、譯文では本文に編入したので、この心配は消滅している。〔注記おわり〕その段、どうか御判讀下さい。これも畢竟、紙を十分に差し入れて下さらないせいです。呵々。（「呵々」は笑い聲。くだけた表現。）

＊　＊　＊

讀みたいと思う書物の目録を、以下に羅列してみます。

論語＝これは私の自省の切っかけを開いた書で、捨てることの極めて困難なものです。これを敬すること神明の如く、これを親しむこと父母の如き書でありますから、これを根源として他の書に及び、またその後にこれに歸着する心構えで行きたいと思います。すべてこの書を尺度として、他の諸書にあてて基準とする志です。

孟子　小學　孝經

大學　大學或問（原本により標出の順をこのように校正する）

小戴（いわゆる禮記。五經の一。同時に三禮の一つとも數える）

大戴（大戴禮記）

儀禮（三禮の一）

詩（詩經。五經の一）

書（書經。五經の一）

周官（周禮。三禮の一）

春秋（五經の一）

左（春秋左氏傳）

公（春秋公羊傳）

穀（春秋穀梁傳）

中庸　近思（近思錄）

易（易經。五經の一）

右のように順序づけ、その精微の奥義に達したいと思います。

〔校者注記〕五經に樂經（實は亡失）を加えて六經という。〔注記おわり〕

十

〔二五〕本文・口語譯（五）

六經はわが身を修めたるための學業ですが、ひとまず、本文の字面を通讀したあと〔次の諸書を讀みたいと思います〕

老子・列子・晏子（晏子春秋）・墨子・愼子（愼到）・田子（田駢）・鴻烈（淮南子）の諸子、越絶書・呂氏春秋・楚漢春秋・呉越春秋の三春秋、賈誼新書・鼂錯新書の二新書、陸賈新語・說宛・新序、風俗通・白虎通の二通など、すべて前漢以前の書物はみな讀みたいのです。

〔校者注記〕蘇峰の活字翻字で「老子」以下を「自注」とするのは間違いで全部上欄の正文である。「愼子・田子」は莊子・天下篇を參照。〔注記おわり〕

文章の手本としたい書物は次の通りです。

史記　項羽本紀・淮陰侯（韓信）列傳、商鞅・范雎・蘇秦・張儀の諸列傳

左氏（春秋左氏傳）宣公・成公のあたり

莊子

戰國策

漢書　賈誼・鼂錯・董仲舒・劉向らの列傳

管子

韓非子

右の如くで敍事も議論もみな揃います。私が常々言っておりますように、我が國の文章は、賦頌・記序・碑碣などに止まり、時務を論ずることがありません。蘇東坡のような史論がありません。それ故、賈・鼂・韓非を見ることを求めるのです。また時務などは、文章が冗長になり易くなります。その點、管子は簡潔・雄勁の言辭を用いて文章を作っております。然し、以上の諸書を全部揃えるのも大變でしょうから、

○『文體明辨』の司馬遷・賈誼・鼂錯などの文章が僅かながら出ているところを請うべきでしょうか。(原文はこの下に「左氏ト莊(莊子)ハ別ニ請フベキカ」。譯文誤脫。)『戰國策』は司馬遷(つまり史記)で間に合うかも知れません。眉山(蘇東坡)を學びたいと思えば、どうしても戰國策・賈誼(新書)・鼂錯(新書)・莊子・韓非子などに親しまなければなりません。

○經書の外は、〔いろいろと書物を列擧はしましたが〕『文體明辨』だけを請け出して下されば、まずは事足りましょう。あの内には、古文も入っていますし、また後で觸れるところの〔校者注記〕譯文では「後で觸れる」の意味が解らなくなるが、對應する本文は原文(下欄正文)の四枚め(譯文・本册五三五頁十九行)にあり、いま譯しているこの上欄の文は、原文二枚め左側にあるので、このような表現になる。〔注記おわり〕韓退之・柳宗元・蘇東坡などと言った鑄型も入っていることですから、目錄(六巻)を寫し置き、見たい巻を取出して頂くという手筈ではどうでしょうか。

〔本册五二八頁十六行「私は足下も」〕

日東(日本)に生れた儒者の職分としては、和漢の時務・人情を比較考察し、西土の聖人が定めた制度が、我が國の事情にどのように適用されるかということを、この國の君民に知らせるのが當り前のことです。ただ唐土の書物をひたすら注釋するような仕事は、唐土の人が既に飽きるほどして來ました。そして私が昔から骨を折って來ましたのは、和史を覺えるという一事です。いま自分の職分に心付いたが故に、色々と和事を記述し、論議することが多いのです。頭の固い連中が口やかましく〔儒者らしくないなどと〕騒ぎ立てそうなので、餘談ながら述べておきます。家翁・家

叔などは既に深く私の志を知っていますので、〔和事に熱中していることを〕不審には思っておりません。
〔本册五三二頁五行「あの薮園一派が、道を載せる器もなしに道を行う（との説）」〕
これは例えば童子（見識のないもの）が命（天下の公論たるべき文章）を起草するようなものです。見識のある者が自分の意見で辭命を作ってこそ、納得できることです。〔見識もなく、ただただ〕講說を事とする連中が一たび論陣を張りますと、本末顚倒だらけのことを言います。そもそもわれら儒たる者は、千古不易の聖人の命を當世に行うものです。そういうものなのですから、これら童子の行う命が「人本來の命に相違ない」というような〔馬鹿々々しい〕ことを誰が信じましょうか。故に薮園の言說は、わが黨の士にとって、拒否せざるを得ない所があるのです。
〔本册五三三頁五行「老坡の文は」〕
三蘇（洵・軾・轍）の文章はみな佳品です。ただし蘇氏（この場は洵）が聖人の道を術と見る考えは贊成できません。その文章は縱橫（權謀術數を旨とする蘇秦・張儀らの一派）を學んだに過ぎません。（洵の「禮論」を参照）閩子（朱子）が「東坡は少年には讀ませぬがよい。南豐（曾鞏）は佳い」と言われたことを、今でも公論として信奉する者が多いけれども、私は〔この所謂る公論は〕好みません。南豐は脆弱敷腴（くだくだしい）に過ぎません。〔校者注記〕原文「坡ハ少年ニミセナ、南豐佳也」の出典未詳。個別には、朱子が東坡を買っていない文が朱子全書・巻五九「答汪尙書」「答呂伯恭」に見え、南豐を評價している語が「朱子語類」巻一三〇に見える。〔注記おわり〕
〔本册五三四頁四行「われわれが異域に居り」〕
足下がよく知っておられるように、罪を得て以來、これまで少しずつ詩歌など嗜んでいましたのをすっぱりと止め、去去年、志を文に立ててからこのかた、詩も歌も、聖經の旨を會得するのに益がないと考え、また朱之瑜（舜水）などのことを思い合わせて、一切止めました。故に詞章も麗辭も、またみな私の志の中に在りません。〔校者注記〕「先哲叢談」巻二に舜水の「奧村庸禮（蒙窩。金澤藩家老）に與ふる書」を引き、詩は政治の要諦（つまり聖經の說く所）に益な

しとして「舜水、詩を作るを好まず、……是を以て其の集中、一首を錄せず」という。〔注記おわり〕

〔本册五三五頁六行「おおむね雙關法を」〕

今まで對股（對偶）を〔用いることを〕よいと思っていました。范仲淹の「嚴先生祠堂記」、王禹偁の「待漏院記」など對股を用いています。〔校者注記〕范・王とも北宋初めの人。六朝時代、對偶を主用する四六文が流行し、唐に及んだ。これが當時の所謂る「今文」である。これに對し、韓退之・柳宗元が、先秦の「古文」を主張した。以後、宋になっても歐陽修・三蘇・曾鞏らが古文を主張したが、その中閒に挾って「范ノ嚴祠記・王ノ待漏記」などがあることを言うのである。なお『山陽文稿』所收「政刑德禮論」（『賴山陽全書』文集卷二、享和二年にも收める）は、この當時、山陽が書いた雙關法による文の一例である。〔注記おわり〕

〔本册五三七頁七行「冥鴻の志」〕

世に背を向けた冥鴻であっても、好き好んで氷に閉された世界を飛翔しているわけでないことは勿論です。病氣の養生がてら大都會に隱棲し、十分に謹愼しながら身を謹み、法に抵觸することを堅く自戒し、弋者《よくしや》（飛ぶ鳥を捉えるいぐるみの使い手）に狙われないようにして生涯を終るつもりです。

ある人が私に言うには「國（藩をいう）外に出ては國の役に立たぬ。國内の人、四五人ぐらいを相手に素讀など教えたら多少のお役に立つであろう」と。私はその言葉を聞いて吹き出し、次に腹を抱えて大笑いしました。「藝州の人、某（つまり自分）は、某の都（京・大坂・江戸）切っての大物である」と呼ばれるようになれば、微々たる光で多少なりとも國の光を增すことになるではありませんか。幸いにして父兄・師友たちの恩惠により、いま私の素願（三都に出て、文章によって名を擧げたいとの、かねての望み）が成ろうとする時、またこのような愚かな理屈を持出してこれを沮み、私を闇に閉じ込めようとするとは、何とも憤慨・歎息の至りです。足下よ。千萬憐察し、私のため、世の謂われなき嘲笑を振り拂うべく盡力せられよ。

〔校者附言〕以上によって資料〔二五〕口語譯を終る。以下、資料〔二六〕からは本文をそのまま翻字するだけとする。

〔二六〕杏坪より春水へ

檻生より柁手兩生へアテニ澤山ニ書物ヲ見せくれよと申趣意ノ書付出し申候。今朝兩人ゟ私へ示し申候。早速一通見仕候所、六一輩より「御願候ハヾ、外ノ書物も御覧候事も出來可申」と申候より申出シ候事と見へ申候。論語ヲ本ニ仕候而、經書數々段々ニ見申度、史類・文章之書も、段々所望相見へ申候。其書牘之意、何分大都ニ而、文章ヲ以名ヲ揚度との事、山々見へ申候。段々議論仕候所、専文章之一途ニ而、是迄ハ宋元已後之書ヲ専見申候所、此已後西漢已上の書ヲ見候而、六經ニ近キ古雅の文ヲカキ候而、蘐園ヲ壓申度候間、是々ノ書物ヲ見せテくれとの申分ニ御座候。右書ハ眞片假名ニテ帋二三葉も有之、細字塗抹ダラケノ書ニ而御座候。（以下、次回）

十一

〔二六〕杏坪より春水へ（續）

其儘ニ而御覧ニ入申度奉存候。此便ニハ相成申間敷候歟。明朝ニ而も六一へ相談仕度存居申候。此書ニ而志も見へ申候。仁孝ノ意ハ一點無御座候。但名ノ一字ニ迷溺候様ニ見へ申候。それ共、其中分等ハ少しハよくも成候様ニ見へ申候得共、其書體萬端一通見候へバ、如故ニ見へ申候。兩生ニ問候へバ、大ニ様子ハ違候様ニハ申候。如何仕候而宜候ものニ御座候ヤ。右書ニ他日大都へ棄出サレ候ハヾ、是迄ノ經濟韜略之念ヲヤメテ、文章ニテ天下へ名ヲ出し度と申事ニ御座候。何様、六一等と相談仕候而、書物ハ見せ候様仕度奉存候。右之書付ハ何分入御覧申度奉存候。二洲へ御示し、御相談可被遊候。
大都へ出候ハヾ、必花柳へ入可申候。金錢などハ何ほど有之候テモ、至手則空と申樣ニ可有御座候。空匱ニ至候へバ、種々不善事ヲなし出し可申候。此所一難事、第一ニハ一流之學風ヲ企候而正學ヲ破り、見方討仕候樣之事仕出し可申候。是又不容易難儀ニ而御座候。右之書付ニてハ隨分程朱ヲ尊信候樣ニハ見へ申候へ共、是ハ前々よりも老人ヲ欺キ、イツモ左樣之事申候故、アテニ成不申候。人ノ所ハ櫻井*（東門、出石藩儒）など受込くれ候へば宜御座候得共、學術之所ハ彼輩などニ而もとゟ出來不申候。竹山・二洲など大家へ托し不申ては成申間敷奉存候。是等之事も愚意申上置候。今暫檻養仕置候へバ、不便成事ニハ御座候得共、却安心之方かとも奉存候。書籍ハ望ニまかせ、先ヅ見せ申度奉存候。

〔校者注〕全傳上・一六六・一六七頁、書翰集上・三二頁『青年頼山陽』一四七頁參照。

〔二七〕憐二より柁山へ

先日御尋之趣再三相考申候處、別段思案も無御座候故、御答申上候。私義唯今迄之罪失相償、大恩之萬一を奉報度身上之義ハ兎角家父ゟ宜敷樣致吳候義と存居候へバ、今度御尋ニ及候而も別ニ可申上義も無御座候。尤去々年諸公被仰聞候旨、家父存寄同樣ニ承知仕候へバ、先其意ニ相心得居申候。併家父當時之體御座候へバ、平生附添本復を祈申度外他念無御座候。扨私宅助教之義承知仕候。私不埒之身とし而諸士ニ對し聖學相授候事恥入候ハ勿論之義、元來官途萬事不案內至極御座候へバ、諸士附合之處今更無覺束樣ニ奉存候へ共、熊吉成立之爲とも相成、家父安氣之一助ニ御座候ハヾ、如何樣とも可仕、其上私身上御苦勞ニ被成遣候御方角ゟ被思召付被下候由、扨々難有義奉存候。左候へバ右一件家父差圖を受取計不審等尋問仕候而相應相勤可申奉存候。併年少之衆中と雜談ニ及自然前々之如く客氣之振舞ニも移可申候ヘバ、稽古之外ハ一切相理申度奉存候。且又私義御承知之通多病御座候ヘバ、最初ゟ精力之及候程を相考、始終相揃候様之工夫仕度奉存候。是又御承知被置可被下候。先ハ御答之趣大略如斯御座候。　以上

二月十八日　　　　憐二

六一様

〔校者注〕資料〔二七〕以下〔三〇〕まで（みな「憐二」の名を使用）は編年の決定的な證據がない。恐らくはみな享和三年であろうと考える。蓋し、諸資料の下限は享和三年。上限は一般論としては享和元年五月（春水歸藩時）である。これら諸資料が享和元年、または享和二年の可能性は絶無ではないが、〔二五・二六〕（享和二年八月から翌三月までの間であることは動かない）との兼ね合いで、ひとまず〔二五・二六〕を享和二年とし、〔二七〕以下〔三〇〕までを享和三年と考える。これが最も自然のように思われる。

〔二八〕憐二より柁手兩生へ

口上之覺

一、私義不忠不孝之先非後悔に存候義日々ニ深く兎ヤ角萬事思廻シ候ニ付、父母ニ對し家ニ對し憂懼仕候義のミニ御座候。因之存付候義一件申上度左之通御座候。ケ様之身分ニ而事ケ間敷了簡申出シ候事ハ如何敷御座候ヘ共、是も大罪ヲつぐのひ候一ツニ而も有之間敷ヤト存候故書付申上候。

別義ニ而も無御座候ヘ共、私悴（都具男、のちの聿庵）追々生長仕候ニ付散々考申候處、此者父も母も無之者ニ御座候。然處、一月壹兩度對面仕候節ハ私ヲ父と呼申候。私ハ　御國恩ニ奉背候大罪人ニ而御座候。夫レヲ父ニ仕候と申ハ彼者不仕合セニ御座候。私義ハ最早後悔先キニ不立身分ニ御座候ヘ共、彼者迄罪人之名を被らせ、生涯汚し候人ニ

仕候ハ不便之至奉存候。且又罪人之身分とし而人ニ父と被呼候義も如何敷、家内之體何とか不都合ナル義共多く可有之と推察仕候。私兩親も嘸不安心ニ被存候義と奉存候故、此以後ハ何とぞ私ヲ父と不仕候様之義、各々様御心ヲ以、御計被下候様奉願候。世間之例も有之候義ニヤ、兎角何なりとも壹ツ兩親安心ニ相成候事をと案じ煩ひ申候ニ付、右之通考付申候義ニ御座候。然し誠ニ申上試候のミ之義ニ御座候。私了間ヲ出シ、必ケ様なし被下べくと申ニ而ハ無御座候。誠ニ此者壹人私樂ニ仕居申候義、前後ニ子とてハ壹人之外無之義ニ御座候へ共、右之趣意ニ御座候故、決斷仕申上候義ニ御座候。

附、先日も申上候通、私四年來兩親孝養も不仕、日々日影をしく存居候處、我子ニハ壹月壹兩度も對面仕候義、何とも相濟不申候義之様ニ奉存候故、不便至極之義ニ御座候へ共、對面之義御用捨被下候様、又々奉願候。何卒人々御憐愍ヲ以、二度兩親の顔ヲ拜し、積ル不孝之萬々一ヲつぐのひ申候義、呉々も奉願候義ニ御座候。誠ニ大仁之　御國恩ヲ以、唯今迄不忠之大罪御宥免を受、父子壹處ニ居申候義出來仕候ハヾ、其節倅ニも對面仕可申と奉存候。本文之一件ニ付又々くり言申上候。菟角御憐察奉願候。

以上

八月廿一日　　　　　　　　　　　　　　　　　　　　　憐二

六一様

伊助様

〔二九〕柁手兩生より憐二へ

一、此間御出し被成候御書之趣御尤至極奉存候。右ニ付兩人得と相考見申候處熊吉様御義、後家督之御本願等も無程御出し被成候様奉察候。左候へバ、都具男様御義ハ差寄御兄弟様之御備ニ御定被進候儀、至極之御義と奉存候。此間之御書付ニ而ハ右御備等之義ハ如何様共

御雙親御存寄次第御任せ之由ニハ御座候へ共
御手前様ニハ御親子之御際然ル所御勝手次第ニ御引上被成候様御承知被成候而ハ甚以不可然候儀と奉存候。ケ様ニ御備被成候儀ハ全く時宜ニ叶ひ候儀、惣體之御爲宜敷、第一御家内ニ而之御唱等御都合宜敷奉存候。此所私共乍愚案段々相考、ケ様ニ被成置候義至當之儀と奉存候。且又御身前ニ於て御時節も至り候ハバ、諸事順道ニ歸し可申候。其節ハ又いか様共取計方も可有御座候。右御備等之所、必公邊へ御達しも可有御座候へバ、前段之趣思召次第御様子承知仕度奉存候。此節之義ニ候へバ、少しも無御用捨候。後日ニ兎や角無之候様可被仰聞候。念過候事ながら猶又御尋申上候。御兩親様へハ私共ゟ勿論いか様共申上仕候義ニ而御治定可被爲在候。御別紙ニ御答御座候様仕度奉存候。

以上

八月　伊助

憐二様　六一

〔三〇〕憐二より柁手兩生へ

口上之覺

一、此間差出し候書付之一件ニ付又々御尋問被成下、委細承知仕候。扨々御念被爲入候御義奉存候。是程迄ニハ及不申義ニ候處、重子〳〵被仰聞候段、全く父子骨肉之情合思召合候而之義と感心仕候。私一分さゐ兩親差圖次第ニ任セ居申候義勿論ニ而御座候。左候へバ其他之義を私口ゟ定メ出し候義不都合之義と奉存候故、右之通申上候ニ而御座候。決而〳〵勝手次第ニ被致ヨと突出し候様之心ニ而ハ毛頭無御座候。熊吉様當家嫡子、其次都具男義差次二男と申具へニ致、私兩親を父母と呼也、熊吉様を兄と呼セ、家内奴僕ニハ都具男名を呼セ申候義、悉敷申上候へバ右之通ニ御座候。最初ゟ此心ニ而御座候へ共、態と扣へ不申上候。御尋ニより如此御座候。ケ様ニ一定仕居申候ハヾ家内振合外見宜敷義ハ勿論之義、公邊事體ニ至迄、萬事手礙ニ相成候義無御座、當人生涯之爲宜敷可有之、私子と申候へバ、生涯日かげものと相成可申と奉存候故、奉願候義ニ御座候。兩親慈悲を以願之通具へ被呉候へバ、此上無く於私難有可奉存候。罪人之身とし而ケ様之義定メ出シ候義如何敷御座候へ共、御答迄草々如此御座候。不備

九月五日　　　　　　　　　　　　　　　　　　　　憐二

六一様

伊助様

乱筆御免可被下候

〔校者補記〕享和二・七・二九の資料（誤脱）は次回に〔二四B〕として補う豫定。なお〔二五〕の「去去年志を文に立てる」（本册五四二頁三行）は寛政一二・六・二〇の山陽書簡（書翰集上・一二頁所引）に照應する。

十二

〔二四B〕「檻中之御義ニ付愚　考奉申上候」梶山六一より春水へ、享和二・七・二九

一、此度之一義、全く御時節至り候御事と、私共迄一方ならず悦び居申候。然ル所、此間檻中ゟ之御答振今一往き皆々存込居候程ニハ無御座候へ共、畢竟深く罪を被謝候ニも相當り、又御後悔之程、身の置所もなきと申程迄ニも不及、御心底實ニ夜の明け候様不被思召候處より之御有體ニ御座候へバ、丸デ被棄候事ニ而ハさら〳〵無御座と奉存候。是等之所、得と御勘辨被遊被遣度候。元來此一義、御親戚様方ニ而ハ御取計難被遊義ニ御座候へバ、今度程之好き折柄ハ無御座候。此機會取失ひ候事、甚以惜むべき事ニ御座候。此後とても、よろしき場合ハ可有御座候へ共、いつを

期と相待候事之趣意もなき事ニ御座候。左候へバ御答振間違ひ候事とハ被思召間敷候。もはや御東行日數無御座候へバ、急々御取揃被遊、此度成就仕候義、難計御座候へ共、何分御先方へハ此事御成就被遊度御賴之御答被遊度奉存候。此度是きりニ相成候而又々此度此義ニ及び候ハ、何とも事六ケ敷、且短氣者ニ而ハ猶更待遠き事ニ奉存候。一向ニ今度之一義ニハ丸デ難被及御有様ニ御座候へバ、さら〳〵遺恨ハ無御座候へ共、愚眼愚考之及び候だけハ兼々申上候通ニ御座候へバ、今度之好策ニ被任候義、無此上事と奉存候。勿論大十分御改革御本心ニなられ、もはや毛頭氣遣ひ氣ハなき杯と申て今度一義ニ被及候ニも無御座候へバ、よく〳〵御了簡被遊可被遣候平日一日もはやく少し成とも御安心ニ移れかしと天ニも地ニも祈候事ニ御座候へバ、萬一今度之好策成就之上ハ歡天喜地之至、三年來之開媚《ママ》と奉存居申候所、先夜之御咄し振ニ而ハ按外至極之義ニ奉存候。何分右之御答振ニ而一向ニ思召を被切候義ニハ無御座候。相成候ハヾ、何卒此度御成就候樣仕度義ニ奉存候。しかし外ニ御考も御座候而其義ニ難被及筋も御座候ハヾ奉承知置安心仕度奉存候。先ハ愚考之趣、跡ヤ先きニ書付、几下迄差出し申上候。

七月廾九日

〔校者〕右資料につき古楳は注記していう「右書、氏名ナキも、梶山六一ノ筆蹟ナリ」と。筆蹟についてのこの見解は動かすことはできない。古楳はこれを杏坪に贈ったものではないかと想像しているが、校者はこれを春水宛のものと考證する。春水は第七回めの江戸詰のため、享和二年壬戌、八月二十七日に廣島を出發する。〔二四B〕はその直前（本文にいわゆる「もはや御東行日數無御座候へバ」）、出來ることならば檻居の扱いを緩和してから出發したかったことを背景にしているように思われる。なお、春水は翌年五月十六日に歸藩する。次の〔二七B〕は歸藩後、頃合いを見計っての願出である。

〔二七B〕〔端裏書〕享和癸亥（三年）八月廿二日差出候書付ひかへ・圍ヲ出申度との事

口上之覺

一、去ル申年十一月、於江戸、申出仕候私倅久太郎義、從來之癇癖病氣とハ乍申、前後忘却仕候而京邊迄罷出居申候ニ付、早々召連罷歸り私江戸留守ニ付一類共申値、圍へ入レ屹度相愼せ置申候處、此節ニ至リ右病氣追々居合申候趣ニ付、先ヅ圍ゟ差出し、勿論門外ハ仕せ不申、家内共對面等仕、猶療養相加へ、其上指教仕申度奉存候。此段申上候。以上

八月　　　　　　　　　　　　　賴　彌太郎

右、築山嘉平殿計ニ而、月番御年寄淺野縫殿殿へ差出ス。ケ様之成行ニ候事、御年寄關外衞殿取持候所、病死後同御役仙石隼人殿取持ニて差出候ニ及ぶ

〔校者〕『春水日記』享和三・八・二一「築山より內意有之、早々同方へ出かけ、移時罷歸」、八・二二「夜、縫殿殿へ書付持參、檻生之事」、『公私要用ひかへ』同日注記節錄「久太郎檻居之儀、色々相考、申出度事共內密申談試候所、築山嘉平殿不相替熟厚之事共ニ而取持有之、書付差出可然との趣ニ付、書認、縫殿殿へ持參」、『春水日記』享和三・八・二五「夜分、築山殿至、留酌、及深更」。『梅颸日記』八・二五「夜、築山招、九ッ頃立座。このあと八月二十七日・二十九日には「仙石隼人殿取持」に關する記事が日記に見える。なお「せんよ」（千代）は享和二年の年初に一年の年季で來た奉公人。ちょうど都具男（二歳）の疱瘡とかち合い、翌正月に「さき」と入れ替ったあとも、ときどき手傳に來ている。（この點、終始、家の事情を見ている乳母の「うん」と違っている。）その間に、都具男に對する扱いが〔二八〕に見える如く變更されたので、千代にとっては、まごつくことがあったらしい。享和三年九月

九日の兩日記に「千代へ、都具の事御申渡有」（梅颸）、「小酌、小兒名稱之事」（春水）という記事が現われる所以である。

〔三一〕（次回にまわす）

〔三二〕〔端裏書〕享和三年辛亥《ママ》のとし極月六日、月番寺西司馬殿より達し

頼彌太郎

同氏久太郎儀、先年出奔、其後連歸、圍ひ江被入置候處、病氣追々居合候付、先ヅ圍より差出、勿論門外ハ不仕せ、家内對面仕、猶療養相加申度旨、歎之通り格別を以相調候事

十二月六日

〔校者〕『公私要用ひかへ』享和三・一二・六「久太郎檻居之事、御寛免之達し有之、梶山六一・手嶋伊助取計、夜分對面、當分惣髪、假名憐二と唱へ置、門外ハ不相成候得ども、家内ニ而懇交ニハ對面事不苦、此趣、學館初諸方向、寄〱ニ而爲知置」。同じことを『春水日記』では「圍、御寛免之達し有之、築山殿至」、翌七日「寺西・仙石二家へ、築山殿へも行。不遇。晩景、小酌團欒」。『梅颸日記』一二・六「暮方、築山來見、翌七日「御再（「裁」の誤記であろう）許アリて、對面之事相叶。夜、一緒酒飲ス。御多門（杏坪の家）ゟ肴贈來ル」とある。

ところで、森鷗外は『伊澤蘭軒』の冒頭で「頼山陽は寛政十二年十一月三《ママ》日に、安藝國廣嶋國泰寺裏門前杉木小路の父春水の屋敷で、圍の中に入れられ、享和三年十二月六日まで屛禁せられて居り」と記した。本誌連載第十二回めに至り、本始末は漸くここまで到達した。

〔校者追記〕本誌三七號から四一・四二（合刊）號まで連載の資料〔二五〕（口語譯）は、可成りの努力を惜しまなかっ

た心算であったが、やはりいろいろと訂正すべきところがあった。以下、特にその重大な錯誤を訂正しておく。

（本册校編者により本文を訂正）

各方面よりの叱正は以上に止らないが、清水茂氏よりの御教示には特に厚く御禮申上げる。藤山和子氏・南谷葉子氏・高橋由利子氏の直接間接の御援助にも深謝する。

十三

〔三一〕〔享和三年十一月十日、手島伊助より春水へ〕

仁室一件御裁許有之後之義、以首書被仰聞候ニ付、愚考之趣、左之通書認、奉入尊覽候。

一、御飲食之事

毎日皆々樣方御一緒三度之御飯被召上可然哉と奉存候。尤御列座之義ハ熊吉樣御末座ニ御列被遊可然哉ニ奉存候。

但皆々樣方始、六一私共御侍座御酒宴等有之節ハ御當人樣ニも御侍座御物語等有之度候樣奉存候。

年頭五節句、右同樣ニ奉存候。

一、御衣服之事

御時服御相應御着用可然、尤御定紋付之義ハ御用捨可然哉ニ奉存候。尤右之通ニ御座候得バ、御常服之義ハ彼是大御奥樣御心配にも有之候へ共、成たけ御定紋無之分御着用被遊候樣被成進度奉存候

但年頭五節句等麻上下御着用、朔望半上下御着用可然哉ニ奉存候

一、御頭髪之事
此間ハ御惣髪ニ而も可然哉之由被仰聞候得共、於私ハ以前之通ニ而可然、御惣髪之義ハ格別目立候様成モ、却而宜有之間敷奉存候。
一、御居所之事
只今迄之所、右圍取除キ天井張戸障子入座かき御住居相成候様相調可然哉ニ奉存候。兼而御當人様之御義ハ思召之筋も御坐候得バ、別ニ御部屋等相構候義ハ御無益之義と奉存候。尤只今迄之所出來仕候迄ハ、何レなり共假ニ仕構置、草々出來仕候様取斗申度奉存候。
一、毎日御行事
朝暮御定省御出勤之節ハ、御居間御次ニ而御送迎之義無御惰候様仕度、又座上御庭御掃除等、其場所御定日ニ是又無御惰被遊候様成義可然奉存候
一、御看書御著作之事
是等之趣ハ以御考被仰進候義と奉存候得共、愚考之義奉申上候。御看書之御書物、何之書一日ニ何程と御定メ被進、御定之通御懈怠なく被遊候様成義可然哉ニ奉存候。御著作之義、是迄御好ミ被遊、出來も仕候得共、右吉事之後ハ改而何と御定被進、専其義御守被遊、外へ御走リ不被遊候様仕度奉存候。

但是迄六一私共ニ至迄御心之沙汰斗申上候得バ、御著作等第二段と被遊、經書御熟覽、益御本心ニ御立歸リ被遊候義専要奉存候。是等之趣ハ以御賢慮可然被仰進候得共、猶存知付申候ニ付、愚考奉申上候。
一、御刀劍之事
此義ハ以前之通御帯刀可然哉ニ奉存候。
一、御謹愼之條目

此義ハ愚考之義モ出不申候へ共、先御雙親樣御恩義重キ事ゟ下衣服飲食色慾等之事至迄、其角御書記し被仰進度候樣奉存候。
一、右仁室御裁許有之候共、急ニ皆々樣方御對顏之義不被遊候樣此閒被仰聞候得共、此義得斗愚考仕候所、上へ被爲對、且世上之義も如何敷御座候樣奉存候。左候へバ十日十五日程ハ延引仕候而も不苦、格別延引仕候義難相成哉ト奉存候。是等之趣、又々御考可被遊候。
一、御吉事ニ及候共、祠堂御拜禮之義ハ難相成哉ニ奉愚考候。左候へバ御忌日御祭・春秋御祭・年頭五節句朔望等ニ至迄、祠堂御拜禮皆々樣相濟候後、御當人樣御禮被爲受候樣相成可申哉ニ奉存候。
一、御吉事後たり共、他人御出合等之義ハ、先御用捨可然哉ニ奉存候。又御居室江大御奥樣始塾生中入込御物語等、御無用之義可然哉奉存候。婦人之義ハ御居室へ入候事堅無用之事。
但三度之御飯御案內、其外不得止義取次いたし候共、兼而定之入口ゟ內江入込候義、決而不相成候樣申聞置度哉ニ奉存候。
右一二ヶ條ハ此閒之御首書ニハ無御座候得共、愚考存知付候ニ付、書添奉入尊覽候。以上
十一月十日
手嶋伊助

〔三三〕〔文化二年三月〕
口上之覺
一、私倅久太郞義、一昨冬格別之御惠ヲ以テ圍ゟ出シ、家內も對面仕、其已來病氣療養相加へ追々居合申候所、勿論門外ハ仕せ不申、謹愼罷居申候。私去冬より病氣御座候所、隨分相應ニ力ヲ盡シ看病仕申候。私義此筋全快ト申ニても無御座候得共出勤仕候。仍之追々門弟引受候付、右敎導筋手傳仕らせ度奉存候。左候へバ相見合追々門外

も仕候様仕度奉存候。素より今以持病療養無油斷取斗ひ遣候義ニ御座候。何分段々居合申候付前文之趣申上候

三月　　頼　彌太郎

〔三四〕文化二年乙丑五月九日月番山田圖書殿より達し

頼彌太郎

此儀教導筋手傳仕せ相見合門外も仕せ度段存寄之通可被仕候。尤謹愼筋之儀ハ勿論、外向參會等之儀も萬端謙遜第一之心得肝要之事ニ候。

〔校者〕春水の『公私要用ひかへ』にはいう。

〔文化二年〕五月九日、久太郎義御恩免之達し有之。〔以下細字〕去三月七日典膳殿へ書付持參、被受取置候而此御達しに至り候儀重疊難有次第、筆舌之可盡ニ無之、翌十日、右一義ニ付圖書殿隼人殿罷越、面上一禮申述置。典膳殿及縫殿殿へハ玄關ニて申置。右ニ付、嘉平殿取持、不一方之事共なり。

また『春水日記』『梅颸日記』では、五月九日までは「憐二」であったものが、十五日には「久太郎」に復稱。同時に「熊吉」は「權次郎」と名を改める。以上の資料は、始め編者（古楳）の提供によって明治二十九年・三十年の交に坂本箕山の知る所となり、箕山の「頼山陽」（『德川三百年史』中巻、六二四頁、明治三十八年刊）に引用された後、同氏の大著『頼山陽』二七三頁（大正二年刊）に引き繼がれ、これが『伊澤蘭軒』（大正五年六月より新聞連載開始。本册五五二頁二行參照）の記事となった。

〔三五〕〔端裏書〕丑五月十二日三永便』憐願濟之事

内要用

憐二事、當三月七日ニ口上書差出候所、昨日右申出候通相調候。此已後、教導筋手傳せ相見合門外も仕らせ候様、尤謹愼筋之義ハ勿論、外向參會之節謙遜第一之心得肝要之事ト申添書有之、下地差出候口上書下リ申候。山田太夫今朝其段とくニ爲知被越ことの外悦び、靑木殿も夜之明候樣ニ目出度存候との事、其元ニても安意可給候。此通ニ候へバ、來十五日ニ諸事取斗、舊名ニ復し頭も舊ニ復し可申存候。

一熊吉事、權次郎と改名之口上書も差出申候。圖書殿被請取候。

右之趣共ニ候へバ萬々安意、此元ニてもことの外大慶此事ニ候。此通ニ候へバ御歸城後早々願出候而其地へ罷越、少々滯留も仕度候。其節ハ憐も同道可仕候。小の屋祐五加筆も承知、是へも必急々可參とも思ひ不申候樣傳へ可給候。無程罷越緩々物語可仕と傳へ可給候。

一茅野市之事、儀卿ゟ粗絃打候所、本人ハ悳然、是第一之吉候ニて、何樣他人より一應申談、其上ニて儀卿得斗可申談候手段可然と存候。追々相調候樣承度候。何事も時節有之物ニ候へバ歎息仕間敷事ニて候

右要用別紙ニ申進候

五月十日

〔編者〕春水筆蹟ニテ春風へ贈リシ狀。（以下、三三五）

〔三六〕〔端裏書〕文化二年乙丑八月、典膳殿へ持參出し置』岡田嘉助より横山邊共承合せ書試事ニ候

御内々申上試候書付

私倅久太郎儀、近來段々御宥免被成下、門外も折々仕、依之ハ病氣追々快相成候方ニ而難有奉存候。乍然兎角積聚ニ而不順リ難儀仕候付、折節ハ近在歩行仕せ候ハヾ可然旨醫師誰申聞候付、不苦儀ニ御座候ハヾ、日歸又ハ一宿等ニ而在方江遣候而も可然哉。左候へバ差向當年ハ先祖年回も御坐候付、相成儀ニ御坐候へバ竹原一類內江も遣シ申度奉存候。此段御內々申上試候。已上

八月　日

〔校者〕『公私要用ひかへ』より摘録

〔文化二年閏八月廿六日〕

竹原へ出船墓參幷病氣療養として卅日御暇願之通被　仰出〔以下細字〕内伺書差出し、七月十七日本願書出し、同廿四日願濟。久太郎・權次郎・お十共召連。この時、阿州門人小寺官五參り合せ同船。

〔九月廿五日〕

歸家〔以下細字〕竹原ニ而墓參相濟、其後服藥灸治、諸所遊山。備後神邊菅太中・備中西山孝恂幷門人二三輩召連見舞。竹原ニ而諸所詩會等有之、陸道罷歸。孝恂ハ船ニ而廣嶋へ出府、亡父拙齋墓碑題額文章ハ萬四郎へ書候事相賴ミ候事共也。

※以上は『春水日記』『梅颸日記』の該當箇所をも參照。

なお、この時の展墓は本始末〔三七〕以下の諸資料と深く關わるのみならず、詩文修練の上で可成り重要な時期であった。この時の詩は初期の詩集たる『東海遺珠』（都合二種の異本がある）、および『山陽先生詩稿』に收められ、また『水明處詩稿』（一三一―一五一葉）にも見える。

十四

〔三七〕菅茶山より春水へ

文化六年九月十六日

一筆啓上候。時節新冷侵肌候。彌玉集御清祥被成御坐哉、承度奉存候。然バ久太郎殿部屋住と申體ニ而御坐候覽、不苦候ハヾ、私方へ申請申度奉存候。私も御案内之老境、閭塾附屬いたし候。人無之木鞠申候。右ニ付存寄候事ニ御坐候。可相成事ニ御坐候ハヾ御相談被成可被下候。御返答次第ニ而可然人ニ而も指上可申候。先任御懇意、書中如此ニ御坐候。此方閭塾もいまだ半經營ニ候へバ、學力有之人ニ無之候而ハ取續出來がたく候間、偏ニ所希ニ御坐候。尚追々可申上候。恐惶謹言

九月十六日

菅　太中

晉帥

賴彌太郎様　侍史

〔三八〕文化六年十月、上封も存。「書附壹通　賴彌太郎」と上書きあり。本文に付紙あり。

〔端書〕文化六年巳極月廿一日

御裁許

口上之覺

私倅久太郎義、追々持病快復、世間も廣く相成、是全ク御仁惠之程重疊難有仕合奉存候。只今此者義私方門弟稽古引受、手傳仕居申候。然ル所先頃已來、備後神邊菅太中ゟ同人義所望仕度、切々申越候。太中義男子無御座候得共、急度相續養子ニ仕度趣ニハ無御座候。神邊驛ニ學問稽古所有之、福山へも表晴候一ト場所御座候而、太中預り居申候。太中義追々老年ニ及び、替り候人も無御座候付、倅へ右教授方讓り申度趣ニ相聞へ申候。太中義ハ私共度年來入魂兄弟同様之交リニ御座候故、倅義生質萬端之所も能々承知仕候上之義ニ而右所望申越候。只今私方之所ハ權次郎追々成長、學事手傳も相濟申候。元來久太郎義隱者ニて、著述等之志のミニ御座候へバ、彼是以テ太中所望ニ任せ申度奉存

候。尤先方家續養子ニ相成、他姓名乘候樣之義ニハ無之、全ク右稽古場教授相讓申度趣ニ御座候ヘバ、又相應之人も御座候ヘバ、樣子次第ニ而私方ヘ又引取候義も出來可申奉存候。右之趣、私兄弟共相談仕候所、いづれも同意ニ申聞候。何卒〔編者注。以下付紙ニテ後記ノ如ク改ム。〕不苦義ニも御座候ハヾ願書差出可申候哉。先奉得御内意候。以上

十月　　　　頼彌太郎

〔付紙〕

此義相調候樣仕度奉存候ニ付、別紙願書差出申候。此段申上候。以上

十二月八日　　　　〔以上付紙〕

〔三九〕文化六年十二月八日の願書。決裁書前添。

〔端裏書〕久太郎事　己巳十二月八日願書

〔前添の付紙〕（決裁書）

頼彌太郎　△

此義表立願書差出被試可然候

〔本文〕

覺

一、私倅(1)「――――」義、今度備後神邊菅太中ゟ所望仕、同人預リ居申候神邊驛學問所世話讓リ申度趣、申越候(2)何卒相調候義ニも御座候ハヾ」任其意差遣度奉存候。此段奉願候。已上

月日(3)

〔本文への付紙、訂正〕

（1）（」印まで付紙訂正）「廢し置候倅――」
（2）（」印まで）「付」（全體として紙を貼り付けて消去し、「付」の一字と取り換える）
（3）（本文の「月日」二字に補筆して「十二月八日」と訂正）

〔四〇〕文化六年十二月二十一日決定書

〔巻紙の表書〕（「端裏書」相當）

堀江典膳
淺野縫殿
仙石隼人
石井内膳

賴彌太郎殿

△

〔本文〕

御自分廢息久太郎儀、備後神邊菅太中方江差遣置申度旨、願之通被　仰出候間、可被存其旨候。以上

十二月廿一日

追而口上書之趣茂承届置候　以上

〔四一〕春水より茶山へ

文化六年十二月五日

貴狀拜見仕候。寒氣強御座候所、彌御壯健被成御座奉賀候。然バ――義、當時部屋住と申體ニ候ヘバ、貴家へ御所望被成、御閭塾御附屬被成度、彌御相談も仕候ハヾ、可然御人も可被有（候）へ共御懇意之御事、先以御書中被仰下候

旨、御懇篤之御儀、私兄弟共及熟談申候所、皆同様千萬忝仕合奉存候。仍之相談一決仕、彌任御來意申度奉存候。いまだ少年之儀、御家法相守候儀無覺束候得共、素より游學旁差上申候間、いか様とも無御用捨御鞭策被成下、御教育之程厚奉頼候。右貴報可得貴意如此御座候。恐惶謹言

極月五日

〔編者〕右ハ春水ヨリ茶山ヘノ返書ノ控

〔四二〕〔裏付紙〕文化六年己巳十二月久太郎義備後神邊菅太中へ遣候節申渡候ひかへ』

菅塾へ罷越候てハ

一、先生家法大切ニ相守り、先生存意毛頭背キ間敷候儀ハ勿論、諸事瑣細之事たりとも、相伺取斗候事。

一、先生家學精勵いたし、諸學徒熟和厚く、一同ニ課業無怠候事。

人才を賊ひ不申候様にと常々心懸可然候。

一、近邊其外附合、謙遜を主とし、別而福山御家中失禮無之様可然候事。

出入之男女共、卒爾之事無之様可致候事。

一、飲食衣服、自己內分之取斗有之間敷、たとひ藥餌たりとも同様之事○

○錢穀之出入、自分雜費共、皆々差圖を受、取斗候事。

一、朝暮之行事、起臥之時刻等、自己之便利ニ而自由ヶ間敷儀、不可有之事。

一、近所之出歸共度々相伺候事。此地ハ勿論、諸方共書通之度々、是又相伺候事。

右六ヶ條申渡候間、尙又先生敎示遵奉可有之候。勉之。

文化六年己巳十二月

〔四三〕 文化六年十二月二十六日

祠堂告文（原漢文）

維レ

文化六年歳次己巳十二月廾六日、孝玄孫惟完、敢テ昭カニ

八位ニ告ス。兒襄、往年ノ疾、稍ゝ常ニ復スレドモ、行撿《コウケン》謹シマズ、鄕黨ニ譏ラルルヲ速《マネ》クハ、蓋シ惟完ノ敎育ノ宜

シキヲ失フニ因ル。獨リ先訓ヲ荒墜《コウツイ》スルノミナラズ

藩法ノ讓《セメ》ヲ免レザランコトヲ恐ル。是《ココ》ヲ以テ日夜危懼《キク》セリ。友人備後ノ菅禮卿、聞イテ之《コレ》ヲ憂ヘ、諸《コレ》ヲ其ノ鄕黌《キヨウコウ》ニ

延《ヒ》キ、之ニ資シテ講授セシメ、以テ其ノ自ラ新ニスルノ路ヲ開カシメント欲ス。襄ニ在ッテハ誠ニ再造ノ恩タルモ、

亦吾ガ祖

宗ノ冥助ノ致ス所ニシテ、感戴《カンタイ》ニ勝《タ》ヘズ。狀シテ惟《オモン》ミルニ、惟完、子アリ、之ヲシテ尺寸《セキスン》ヲ

父

母ノ國ニ效《イタ》サ使《シ》ムルヲ得ズ、諸《コレ》ヲ他邦ニ投ズルハ、固ヨリ素心ニ背ク。而レドモ事ハ已ムヲ得ザル有リ。是《ココ》ニ於イ

テ狀ヲ具シテ申請シ、近ゴロ

允裁《インサイ》ヲ得タリ。是レ自《ヨ》リ以往、菅氏ニ父事シ、其ノ法訓ヲ守リ、心志ヲ改革シ、業ニ勤メテ勌《ウ》マ弗《ズ》ンバ、吾ガ

宗ニ羞辱《シユウジヨク》ヲ貽《ノコ》サズ、又、茲《コ》ノ擧《キヨ》ヲ推輓《スンバイ》スルノ人ニ負《ソン》カザルニ庶《チカ》カラン。是レ亦

冥助ニ在リ、狀祈《フクキ》ニ勝《タ》ヘズ。謹ンデ酒殽《シユコウ》ヲ以テ、用《モツ》テ虔告《ケンコク》ヲ伸ブ。謹ンデ告ス。

〔校者注〕この告文は朱子の『家禮』による。その「通禮」（巻一）の「事アレバ則チ告グ」の條下に告文の雛形が出

ている。冒頭と末尾はそれに據る。「八位」とは祠堂で祀る高祖父母から父母までを指し、實際には具體的に諡《おくりな》を一々列擧する。

『春水日記』文化六・一二・二二「久太郎事願濟」、同・二五「晴、午後、神邊迎之人、參」、同・二六「晴、久太郎、理裝匆忙。祝告之儀」、同・二七「雪、早朝出立」

『梅颸日記』文化六・一二・二四「神邊迎の人、門人一人・僕一人來、晝過」、同・二六「夜・雪、清介・惣三話、小郎終日話、佐一郎、ちよと來。直次、夕方、六一・伊助來、夜に入、吉之助來宿」、同・二七「雪、久太郎、早朝出立。清助・惣三、岩鼻迄送。都具・兵藏、ゐんかう橋迄」。

〔校者あとがき〕以上で古楳編『山陽脱藩始末』を終わる。この他にもこの文書群に編み込まれて然るべきものが殘存していないわけではないが、編者の見解を尊重してこれだけにしておく。

　　赴備後途上。十首、錄二首

阿爺申我訓。阿孃裁我衣。何以酬斯德。寸心有所期。

旅館寒燈句。平生徒讀過。今宵聞爾誦。涕泗忽滂沱。　（山陽詩集）

山房隨筆——飯岡義齋——

賴成一 遺稿
賴惟勤 補筆

本稿は亡父（元孚・子儀・楳厓、通稱成一）の遺稿で、もと「山房隨筆㈡」と題する。「山房」とは春水居室の一つである「松雨山房」のこと。「隨筆」の㈠は篠崎三島・小竹および葛子琴のことを記し、これのみは公表され、雜誌『斯文』十一巻一號（昭和四年一月刊）に載った。㈡以下は未刊で、㈢は鴨厓（三樹三郎）のことを記す。㈢を書いていたのは昭和十年代前半であり、本稿（つまり㈡）は山陽百年祭後ほどなく、昭和十年ごろの執筆になるものと考える。いま可能な限り原文のままを公表し、執筆時以後に判明したこと、あるいは變更すべきことは、これを補筆の形で記すことしたい。

本稿は、飯岡義齋紹介の論考としては殆ど唯一のもので、これまでも義齋のことが知りたいと言われる向には提示して來た。記憶に殘るのは、戰後すぐ、京大・遺傳學教室の駒井卓先生が、山陽の遺傳的素質を調べたいとのことで御覽に入れたこと、および補筆者勤務先の日本教育史の石川謙先生が、昭和二十七、八年ころ、石門心學に關連して照會された際、お眼にかけたことである。この兩大家とも本稿の公表を勸められたのは光榮なことであった。ただ、伏見の羽倉敬尚氏からの間接的な聞き合わせの際、御期待に沿えなかったのは遺憾なことであった。

以下、補筆部分には〔補〕〔以上補〕と表示して本文と區別する。

書き下すに當って、原文における「其」の字は、指示詞（「その・あの・この」における「その」）のときは假名で「その」とし、代名詞（第三人稱に相當）のときは漢字を保存して「其の」とする。（　）内は補者の補記・注釋のたぐいである。〔以上・補〕

一、家　系

飯岡《いのおか》義齋の家系は賴春水の「處士飯岡澹寧先生墓銘」によって、その大概を知り得る。その他に、義齋の女《むすめ》靜子（後に梅颸と號す）が春水に嫁した際の「親類書」、『梅颸日記』、木崎好尙翁が實地に過去帖や墓碑によって調査した『賴山陽全傳』中の記事などにて相當明かにすることができる。いまこれを圖示して見よう。

〔補〕圖示の前に現在までに判明している資料を列擧しておく。

(1)春水が上記「墓銘」（『春水遺稿』巻十所收）を書く際に根據としたであろう文獻として『飯岡家家譜』四冊が梅颸の手元に保存されていた。ただし、第一冊はかなり缺損している。

(2)木崎氏の調査のことは、まず『家庭の賴山陽』（明治三八、六刊）二七―二九ページに見え、それが光本鳳伏氏『山陽先生の幽光』（大正一四、四刊）二五二ページに轉寫されている。その後、上記の木崎氏『全傳』巻上（昭和六、十二刊）五八ページ以下、および八五ページに再記され、ほぼ同時に同氏「山陽の外家飯岡家のことども」（『山陽と竹田』一―七、昭和六、七刊）にやや詳記されている。同氏『賴山陽』（新潮社、昭和一六、八刊）四八ページ以下にも見える。ついでながら、補筆者の祖父、古楳（元緒・子丈、通稱彌次郎。原文執筆者の父）に「幽光の誤り」というノートがあり、それには春水の撰した墓銘の石摺が家に在ることを記し、また別に、祖父當時の書幅の目錄にこれが載っていることから考えて、その石摺は表裝してあったことがわかるが、いまは亡失している。このほか木崎氏の記述は『全傳』上、六六ページ、下（昭和七、七刊）五三三ページ、『山陽と竹田』（四―一、昭和九、一刊）「頼春水より、飯岡存齋へ」にも見える。

(3)本文には見えないが、木村篤處氏『稿本・大阪訪碑録』（『浪速叢書』巻十、昭和四、五刊）四一ページ以下に墓石の實際が記録されている。

(4)本文成立以後では、羽倉敬尚氏「大阪の儒醫・篠田家」（『醫譚』復刊一三、昭和三一、三刊）に過去帳による家系調査が記されている。なお墓石の變化についても記すところがある。

(5)水田紀久氏より、昭和四十年八月、昭和五十二年六月の二回にわたり、墓石實査の教示を受けた。

(6)平川清太郎氏「史蹟散歩・江戸時代・浪速の文化人」（續）（『財經教室』七九號附録、昭和五三、七刊）に墓石の實査記録が見える。

(7)以上のほか、義齋個人や家族それぞれについての資料は、關係の箇處で補記することとする。なお、過去帳は補筆者の怠慢で未検であり、このことが本稿の公表を保留していた原因の一つでもあったが、木崎氏・羽倉氏の解釋には疑問とすべき點がある。これは實査の機會を得て、いずれ補記したいと考えるものである。〔以上補〕

◎佐々木義實――(1)義政――〔原注。義實は近江守氏綱の長子。北陸の旗頭、大膳大夫近江守を兼ぬ。二子は義秀・義頼。この(1)義政は異腹の子なり。義政より飯岡（いのおか）氏を稱す。義政は義齋の七世の祖。〕

(2)某甲――(3)某乙――(4)某丙――〔この閒、不詳。〕

(5)閑德――〔原注。醫となり篠田氏を名乘る。〕〔補〕戰後、未整理の文書の中から「飯岡氏家譜」（假稱）が辛うじて七、八割ほど復元できたので補記する。この閑德は名は政章。大和郡山の本多家に仕え、浪人し、山崎忠閑の弟子になり外科を業とし、大坂江戸町に居住。元祿十一年七月朔日、八十八歳で卒。法名、聞法院經譽壽閑居士。〔以上補〕

(6)忠益――(7)忠嘉〔原注。妻は南氏〕〔補〕忠益は(5)閑德政章の嫡子ではなく、嫡子は庄兵衞正勝。正勝は父の名跡を繼ぎ又閑と名乘り、享保十年十月十二日、八十一歳で卒。二子あり、閑德・又德という。以下、家譜缺損で、その子孫は不明であるが、義齋の「親類書」にいわゆる「宗族・篠田閑德名跡女子」、あるいは延享版・安永版の『難波丸綱目』の「江戸丁、篠田閑德」（影印本一六二・五〇七ページ）はこの系統の篠田氏であろう。龍淵寺の過去帳調査で木崎氏・羽倉氏が未詳とされたものの多くもまた、この系統であろう。本題たる⑹忠益は正勝の弟。名は正定。享保九年五月二十日、七十九歳で卒。家譜は正定（啓譽忠益居士）の最終部分以後、幸にして存在。『醫譚』復刊一三號二一ページ下段の調査と右の家譜の記述とは合わない。再調査を要する點である。次に⑺忠嘉は忠益の嫡子。名は正武。貞享三年五月朔日生れ。武術拔群、門弟數十人があった。仕官を望んでいたが果せず、醫となった。享保十七年六月二十八日、四十七歳で卒。妻は南又八郎（高階惟榮）の娘、名は登明（とめ）。享保十八年八月十六日、三十七歳で卒。嫡男の岩之助（すなわち義齋）を含め、四男二女を生んだ。〔以上補〕

⑻義齋――〔原注。初配、淺川氏。後配、來島氏。弟に滄浪あり〕〔補〕義齋、すなわち篠田德安孝欽は忠嘉の嫡男。義齋の弟妹としては、夭折した女子一人・男子二人を除き、「享保七壬寅年十《（ママ）》四日生、四女（忠嘉からみての表現）、虎」と「六男、伊助、享保十五年庚戌正月廿三日生」との二人がいた。伊助（すなわち滄浪）が生れた翌々年に父の忠嘉が沒し、更にその翌年に母の南氏が沒した。義齋の「墓銘」に「初め十餘歳にして怙恃（父母）を亡い、自ら幼弟を撫育し」云々とある如く、義齋が母を亡ったとき、自身は十八、妹は十二、弟は四歳であった。義齋の子で生長したのは女子のみで、家は弟の滄浪が嗣ぐこととなるが、その前に、義齋の妻子のことを家譜によって記しておく。

義齋の初配は柳。延享三年二月八日、入嫁。二男一女を生むが、みな夭折。寶曆七年四月九日、三十六歳で卒。法號、蘭室桂梁。淨春寺に葬る。『大阪訪碑錄』四三ページ參照。

義齋の後配は柔。寶曆七年五月に妾となり、同十年冬に妻となる。享保八年六月二十五日生れ、天明四年七月二十一日、六十二歳で卒。三女を生み、一人は夭。（なおほかに義齋には磯の生んだ一男子があったが、夭折した。）

生長した二人の女子のうち、一人は靜、寶暦十年八月二十九日生れ。安永八年十一月八日に賴春水に嫁した。天保十四年十二月九日、八十四歳で卒。廣島安養院（今、多聞院）に葬る。

もう一人の女子は直。寶暦十三年七月二十九日生れ。寛政五年四月二十六日に尾藤二洲に嫁した。天保三年八月五日、七十歳で卒。江戸、大塚村に葬る。（現在、大塚先儒墓地と稱する。）〔以上補〕

⑼滄浪〔原注。義齋の弟。配、孝子〕―⑽存齋〔原注。配、米子〕―⑾恭齋（絕）〔補〕滄浪は名は孝鍾、通稱は貞藏。初配の庫は寶暦十三年五月二十四日入嫁。（その後の事情不明。）後配、孝は明和六年に入嫁。男子二人のうち長子は夭。次子は鐵次郎。のち鐵藏と改め、存齋と號した。安永二年十一月四日生れ。「家譜」はここまでで終り、その後に生れたと推定される女子のことには及ばない。「親類書」には二名の幼少の女子の名が記され、それとはまた別に、後年、越智高洲に嫁した女子（名、未詳）と、中井碩果に嫁した女子（名は悌）との二人がいた。『山陽と竹田』四―一、『山陽全傳』上の六五八・下の二二三・六五〇ページ、『大阪訪碑錄』四一（飯岡家全般・龍淵寺）・六四二（越智家・梅松院）・四二八（中井家・誓願寺）の各ページ參照。

義齋初配・繼配・第九代滄浪・第十代存齋・第十一代恭齋については、遺稿原文の記述をいま省くが、下記のために一言しておくと、第十一代恭齋は、通稱、重五郎、天保七年（一八三六）十二月二十八日、二十三歳で病沒し、飯岡家は絕家するに至った。梅颸（そのとき七十七歳）はこれを悲しみ「なき人をなげくのみかはあふぎたる、みおやのたねを今ぞ失ふ」の一首を作っている。〔以上補〕

二、善山漫錄

ここに一つの問題を提起する記錄が存している。それは『善山漫錄』といい、重五郎歿後か、あるいはその以前か不明であるが、とにかく梅颸の手許に取り寄せて所蔵していた書類の一つである。このほかに、これと關聯しているいま一册の書類がある。それは『常用之巻』と標題せられているもので、小笠原流禮式の傳受書である。これは祕書と見えて、垂加流の祕書の終に記されているような行き方で、傳寫の順を、その年月日と共に記名している。その最後に

明和十《ママ》四年丁亥三月八日

飯岡孝淑謹寫判書

としてある。十四年の「十」はむろん衍文で、明和四年のことである。前述の善山漫錄の表紙裏には

篠田孝淑純吾藏

としてある。漫錄の筆跡と常用之巻の筆跡とは同一であって、相當に枯れている。この漫錄は冒頭に

明和六年乙丑仲夏

と大書して、その起筆の時を明示している。この諱孝淑、號善山、通稱純吾とは果して誰であろう。これは年表や、漫錄の内容によって檢討されねばならぬ。

明和六年には義齋は五十三歲、滄浪は四十歲である。そこへ二十代とは思えぬ筆跡の主の孝淑が出現して來たことになる。先ず順序として、この漫錄が孝淑の漫錄たることを決定せねばならぬ。前述したように筆跡が同一である上に、いま一つそれを確實にして呉れるものは、同書中、孝淑純吾の出典か、あるいは偶然名字に關聯している文句を發見して記し置いたものか、左の記錄がある。

孝友之行立、貞純之名彰（博奕論）

これからすると、純吾を字と見るのが至當かも知れん。何れにしても、この孝淑純吾なる人が善山と號し、この漫錄を書き殘したと見るより以外には見方はない。

次に起る問題は、漫錄中に「蘭室夫人」と敬書してある和歌が二首錄せられていることである。前項において義齋の初配は淺川氏であることを記したが、歿後蘭室夫人と言ったらしい。その和歌は次の如く記されている。

蘭室夫人

おろかなる　身は青柳の絲なれや
　とにも角にも　風にまかせて

同　上

とにかくに　なびくものから青柳の
　道なきかたに　雪おれはせじ

この蘭室夫人を淺川氏と見ることは、義齋の『夜鶴草』の文句から推して、その語氣がそれらしい暗示を與えて吳れる。

もとの蘭室の在しゝ時は、今の樣なる風はなく、萬づ質朴にて古家の風あり。人もかく見て、今も稱するならずや。我とし老い子も多く失ひしより、道らしき心も衰へ（後略）

蘭室夫人を義齋の母と見るには「もとの」という言葉、ただ單に「蘭室」と言ったこと、「今の樣なる」とは、來島氏（義齋後配、柔）が娘に琴などの遊藝を習わしめたことを指す、等から考えて、相當距離のある見方である。淺川氏を蘭室と稱したと見る方が自然的見解であろう。（來島氏は溫室）漫錄記載の和歌から推して、孝淑と蘭室夫人との干係が深いことに氣づくのは、あながち筆者ばかりではあるまい。殊に同書中に「嚴君曰く」という書き出しの教訓が相當數あって、その嚴君とは義齋と推定せられることから、あるいは孝淑は淺川氏の出か、あるいは何かの干係で義齋に養われていた者ではないか。種々の構想が頭を去來する。要するにこれを確定的に斷ずる譯には行かぬが、いま少し漫錄の內容を說明して穿鑿する必要がある。ちなみに明和六年には梅颸の靜子は既に十歳であった。〔補〕家譜にも善山の記載はないが、『懐徳』五二號の頼祺一氏の論文を杉ノ木梅颸殘簡に照合させてみると、本項の推定は殆どすべて的中している。善山は義齋の養子。實は滄浪の後配の弟と推定される人。明和六年には三十三歳。しかし程なく病沒、龍淵寺に葬られた。（沒年未詳）〔以上補〕

三　義齋と孝淑

春水の義齋墓銘に

津和野藩教授山口正棥はその門人なり。狀を爲って惟寛（春水の諱）に屬するに銘を以てす。

とある。これからすると、春水の書いた墓銘の文は、山口正棥の作った行狀を土臺にしてできたのである。墓銘に見ゆる義齋の享年七十又三も恐らくはこの行狀に本づいていると思われる。寛政元年己酉十一月八日に義齋は病卒しているから、逆算すると義齋の生年は享保二年丁酉となる。然るに善山漫錄（明和六年己丑仲夏起筆册）に

○嚴君生日　正德六年〔原注。此年享保元年也〕二月七日

とある。前の算定、享保二年と一年の食違いとなる。享保元年から數えて、寛政元年までには、元文・寛保・延享・寛延・寶曆・明和・安永・天明・寛政と實に七十年の閒に九度の改元であるから、その閒に一年の計算違いがあったかも知れん。

この嚴君が義齋と別人であるとして、義齋と一年違いの兄か從兄かと見るには何等の形迹もない。春水の墓銘にも一言及んで居らぬ。これを義齋と見做す一の理由は、同漫錄中に記載せられている明和七年庚寅七月廿六日の書面であって、これは明星正懋から福元禎に送られたものである。この兩人共、義齋の門弟子で、文意からすれば、明星正懋は義齋の高足と見られる。康熙字典に古は「懋」と「棥」と通ずとあって、正棥とすれば、これは山口正棥のこと

と思われる。或は明星・山口の關係は、飯岡・篠田の關係に類するものではないかと察せられる。この書面は義齋の學問を稱揚したものであるが、その中に

徒の門（義齋の門）に踵（いた）るや、四子小學を授け讀ましめ、嚴課復習、暗誦せざれば則ち請退するを得ず。（原漢文）

とあり、また同八月六日の條には

嚴君曰く、凡そ書を讀む、溫復數十過し、口に上せ背記せんことを要す。若し書を讀んで諳んぜざるは、讀まざると同じきなり。（原漢文）

とある。明和七年には義齋五十四歲（墓銘による。漫錄ならば五十五歲）で、實弟の養嗣子たる孝鍾は四十一歲であった。漫錄中の「嚴君曰く」の語氣・敎義は、後年靜子を戒めた語氣・敎義の文と同樣であって、義齋が嚴君であるとより他には受取れない。前記の蘭室夫人と言い、生日と言い、嚴君と言い、その閒に、義齋と孝淑（善山）との關係に暗示を與えるものがあろう。何れにしても孝淑の存在は一個の謎であって、斷定は難しい。併し最も穩當な見解は、下の二說であろう。その一は、初配淺川氏の出の一人で、明和六、七年の頃まで生存して義齋の跡目であったのが、歿したために實弟（孝鍾）を養って子とするに至ったとすることである。そこに義齋の『夜鶴草』に見ゆる「我とし老い、子も多く失ふ」歎きが存在しているのでもあろうか。墓誌に男子は皆夭すとしたのは、漢文一流の行文上の技巧と見るのである。

その二は、いま一說として、孝淑は義齋に養われている者とすることである。卽ち孝淑は、實弟孝鍾を養嗣とする前の養嗣ではないかという筆者の想像は、漫錄中に左の記載があるに因って生ずる。

○某人義子ト成リ養父ノ死後自分ノ姓ニ復ス。是レ養家ヲ奪フ也。滅ス也。其罪甚シ。義子トナリシハ何ノ爲ゾ。我ガ身生テ居ルハ養家ノ恩ニ因テ生テ居ルニ非ズヤ。是レ恩義共ニ失フ。不仁不義、豈ニ人ノ行ナランヤ。

七月廿三日

これはわが身に照して漏らした意氣らしくも取れる。以上二說、その何れにしても義齋は父となるし、蘭室夫人は母となる。これが素直な見解と思惟する。

〔補〕前述のとおり、遺稿筆者は、善山が義齋の養嗣子である決定的な文獻をまだ知ることができない情況でいろいろと推定し、「嚴君」が義齋であることを論定し、孝淑善山は、孝鍾（義齋の實弟で義齋の養子となった）とは別の養嗣子であろうかという考え、卽ち上述「素直な見解」のその二の說に到達している。なお福元禎は、上引明星書簡に「子、甫めて十歲許りにして先生に從って遊ぶ。いま歲十七」とある。これを戰後見出した『諸友名籍』（義齋の入門者名簿）に照すと、寶曆十三年癸未六月五日に、「上州産福見草軒子、福見文次郎、十歲」とある人物がそれであろうことはほぼ間違いないと思う。〔以上補〕

四語錄

善山漫錄中の嚴君というのは義齋と思惟せられるが、その敎義なり語氣なりが、後年靜子に與えた訓戒の書札や『夜鶴草』などと酷似しているので、一面には義齋の嚴君たる側證となし、一面には飯岡流の敎義を知る參考に資したい。

○世の中を渡りくらべて今ぞ知る阿波の鳴渡は浪風もなし

嚴君曰く、疊の上の平生鳴渡を渡る心にて、今船かゝらんかと恐れつゝしむならば、辱を免かれ惡に陷らざらんか。よひ事、面白ひ事、樂ひ事、安ひ事を思念するもの、いかゞなるべき。かなしむべし。

〔遺稿頭注〕曾子有疾。召門弟子曰。啓予足。啓予手。詩云。戰戰兢兢。如臨深淵。如履薄冰。而今而後。吾知

免夫。小子。（論語・泰伯）

○鳴子をばおのが羽風にうごかして我身とさわぐ村雀かな

家君曰く、此歌よく人の有様をいひなせり。本平々なるもの、無事安穏なるものなるに、我より人に悪まるゝ事をなして、人の悪めば人の所爲の様に腹を立て自らさわぐ。我より人にあいそらしく懇にあらば、人我を愛する、皆我からなす事なるを兎角向ひてとがむる事ぞ。

〔遺稿頭注〕曾子曰。戒之戒之。出乎爾者。反乎爾者也。（孟子・梁惠王下）

○嚴君曰く、善は本然の固有、惡は後來の添物也。改むれば即本初の物に一點の汚れなし。

○又曰く、人のわれに必よからん事をねがふ事なかれ。我人にかならずよからん事を願よ。人のわれに必よからん事をおもへば、かぎりなき惡生じ、我人に必よからんことをおもへば、かぎりなき善生すべし。

○又曰く、人はよしあしのわかれをわきまへて、まよはざるを道とす。もしよきを知らずば、惡のうらを見るべし。惡を知らずば、善のうらを見よ。

○又曰く、聖人の教へ無理やりにおしつける事はなし。精神を愛養し和平・樂易・慈祥・和厚の氣象を本とすべし。

○嚴君曰く、皆貧乏をこらへて、貧乏の來る時は貧乏をして居れば、乏しきなりにてよきを、富を好みて貧乏をすまいとするゆへ、種々の惡心、異類異形のたくみごとを生じて遂に妻子眷族離散するやうになる。皆貧乏ぎらいをするゆへ貧乏をする也。貧乏を畏（かしこま）ってつゝしみ守って居ればとんとよきに、すまいとして大きに難儀する也。

〔遺稿頭注〕子曰。賢哉回也。一簞食一瓢飲。在陋巷。人不堪其憂。回也不改其樂。賢哉回也。（論語・雍也）

〔又〕貧與賤。是人之所惡也。不以其道得之。不去也。（論語・里仁）

春水の書いた墓銘に、義齋の初め艱苦した狀を書して、「十餘歳怙恃を亡ひ、自ら幼弟を撫育し、艱苦の狀、言ふ可からざる者あり」と曰っている。此條と照らして見て切實の感を深くする。

以上の他に「嚴君曰く」の數條が在るが、今は省略に從うこととする。義齋が靜子に與えた訓戒の書札は、既に諸書に載せられているから、此に記す煩を避ける。又『夜鶴草』も相當分量があるので、一々記載する譯に行かぬ。別に單行さるべきものであろう。

〔補〕上文中、「靜子に與えた訓誡の書札」というのは、木崎氏の『山陽全傳』上册三〇ページ以下に收錄されている。次に翻字について若干を訂正しておく。各條とも、○〔全傳ページ・行〕「全傳翻字」『訂正文』の形式で掲出する。

○〘三〇・六〙「□□不明」『情慾』（補筆者注。これは出版當時の氣風から考えて、わざと伏せたものであろう。）

○〘三〇・一〇〙「田舍」『國』

○〘三〇・一七〙「道義立ずば」『道義立すはり』

○〘三一・一一〙「ちへ」『ちつ』

○〘三一・一三〙「カクコキワメル」（補筆者注。『ワ』を補う。この句は下文への旁注）

○〘三二・一三〙「父たゞ」『爹ゝ』

ついでながら、『全傳』上・三二ページ以下の義齋書簡は、坂本箕山氏の『山陽大觀』よりの轉載であるが、これまたいろいろと訂正すべきところがある。機會があれば觸れることとし、今回は言及しない。

次に義齋の『夜鶴草』については、『梅颸日記』（八三ページ上段）寛政五年八月七日の條に「江戸（この年、四月に尾藤二洲に嫁した妹の直子）へ書狀出ス。夜鶴草遣ス。中島便」とある。また尾藤水竹の『尾藤先生雜錄』（東大圖書館藏、南葵文庫舊藏）の記事（天保十二年か、それ以後の部分）に、「外祖飯岡翁、余母なりし人に遺訓ありし一巻の内に（朱筆原注。此一巻今姉の處にあり）」と前書きして、「夜鶴草」の一段を引き、更に語を續けて「此言、婦人には限るべからず」云々とある。姉とは米田正幸に嫁したのぶ（萌〈もえ〉ともいう。二洲の第三女）のことであろう。〔以上補〕

五、義齋の學問

義齋は二十歳の頃、鈴木貞齋に従って學んだ事、貞齋歿後、石田氏の心學に入り難行苦行したことは、春水の墓誌に見えて居る。石門心學は程朱の要素も持ってゐるが一面陽明學から入って居る部分も相當濃厚である。知心見性を說き、立水坐雪の行《ぎょう》的な修養をする一種の禪學である。町人教化が目標であって、今日から觀るも相當進んだ宣傳をやって居る。出版に講說に所謂心學道話を爲して能率を上げた。神道、儒學、佛教各方面から夫々卑近な教義を採り來って說いた所に特色がある。併し心學そのものゝ獨自獨創の見は無いとされて居る。尤も相手が無學な町人階級であったし、卑近な教義は神儒佛の三道中に有り餘る程あるので、その必要もなかったと見るが至當であろう。八代將軍以後の町人修養教化には最も力となったもので、其點は認めねばならぬだらう。此心學の心が一面儒者の頭に妙な響を與へ、心性の研究を心學と同一視して輕蔑するの風が起った。同時に宋學卽ち程朱學に對する侮蔑を招來したりした。義齋は此石門心學に入って異常な行的修業を積み、墓銘に謂ふ所の大悟徹底を爲したのである。

偶ゝ魯論鄕党篇を取って之を讀み、幡然曰く、吾道は斯に在り。諸《これ》を遠きに求むるを石田禪と爲す。其心を習する朗瑩の如くにして而も渣滓あり、工夫、縝密の如くして而も滲漏あり。皆道ふに足らざるなり。鄕党一篇の如き俯仰惟れ道、猶ほ造物化工の物に於けるが如く、其の然る所以を知らず。必ず是の如くにして後渣滓無く、滲漏無し。全體大用、昭然觀るべし。今之を求めんと欲せば程朱に由るに非ずして何を以てせんやと。因って遂に舊學を棄てゝ純如たり。—墓銘—

斯くて義齋は幡然心學を棄て、從來の門弟を謝はり、醇儒の生活に入った。急に弟子がゐなくなり、その生理は頓に零ち、極貧蕭然たるものがあった。併し追々弟子も集って來て、旗幟も程朱學となり、殊に山崎闇齋の流、淺見絅齋の學統を汲んで居る。其處に賴春水と合流する一脉の可能性を發見する。明星正懋の福元禎に復するの書は其後のものと見るべく、義齋の轉向は明和庚寅以前と知られる。無論絅齋は義齋の生れる前、正德元年十二月朔日に歿して居るから直接其門に學んだといふのではない。明星正懋の文は原と漢文を以て爲されて居るが今便宜上訓讀する。義齋の學風を知る爲である。

我が澹寧先生の學は諸《これ》を心理に本づき、諸を德行に發す。博く群籍に渉りて章句に止まらず、普ねく庶物を觀て事功を謀らず。必ずや獨を愼んで物に及び、之を實用に施し、之を檠牆にし、之を參倚し、之を行履し、詩書に符せざるなり。胸襟の天地に似ざるは、之を愧ぢ之を惡む。夙く興き夕に愓れ、日に孜々として已まず。浩然の氣は集義の生ずる所、故に其の氣たるや海の潤きが如く、嶽の立てるが如く、玉の温なるが如く、劍の利の如く、風月の清朗の如く、皜々乎として尙ふ可からざるのみ。既に是を以て自ら修む、故に其の徒を教ふるや亦是を以て之を望む。徒の門に踵るや、四子小學を授け讀ましめ、嚴課復習、暗誦せざれば則ち請退するを得ず。之が講說を爲すときは則ち諄々娓々、其孝悌忠信より、以て天人精微の際に至り、常に數十百言、親切著明、端を扣いて竭さゞれば置かず。善く聽く者には、席上にて深省し、汗、背に浹ねく、涙、頤に接はる有るに至る。獨だ彼の浮靡輕躁にして初より實志無き者のみは、往々欠伸交々至り、將に侍坐するに勝へざらんとす。宜べなるかな、世儒之を皆るに樸學不文を以てす。文人の爲す所は嬰兒固より解せざるなり。吾れ何ぞこれを憂へんや。子甫めて十歲許、先生に從って遊び、師指を奉承する年あり。今、歲十七、才氣稍く充ち、頗る文を屬し詩を作る。則ち其の得る所を書して以て余に質す。蓋し余の同學日久しきを以て、其異聞を扣くなり。余乃ち其志の篤を善し、則ち之に告ぐるに先生の自ら修めて人に望む所以の者を以てす。子其れ勉めよや。

これで觀るとまだ心學の香が殘って居るように思へるが、もともと心學は程朱の學も佛教の影響も入って居るので、一概に心學の香と謂ふ譯には行かぬ。

義齋の著書で筆者の手許に傳わって居るものは左の二、三種に過ぎない。恐くは著書にしないで實行に移したので、そこに義齋の問學の指針を窺える。

〔夜鶴草　一巻〕　此の書は靜子が春水に嫁して後、春水が藝州侯に聘せられた際、義齋より靜子に書付せし訓戒の文章・和歌で、和歌はいろは四十八字を頭として詠じて居る。全體三十葉許の册子になって居る。〔【補注】本册五七五ページ十七行以下參照〕

〔左氏摭言　一巻〕「左孝欽德安選」と自署して居る。左は佐々木氏の左と思はれる。春秋左氏傳中より摭ふに足る語を集錄したものである。

〔世說新語補擷英　一巻〕　同様の書で、前書と合册。

〔雜乘　一巻〕　義齋の學說を斷片的ではあるが雜載したもので、主要論文は別に「筆乘甲午錄」に、その弟子と思はれる湯孝敬德明によって淸書せられて居る。甲午は安永三年で、義齋五十八歳である。

〔書簡集　二巻〕　靜子が義齋より得たる書簡を貼り繼いで置いたもの。中には柔子・靜子・直子三人連名宛の手簡もある。柔子・直子親子で、廣島春水宅に來遊の際のものである。此の書簡集は義齋研究にも靜子・直子研究にも、延いては山陽・水竹研究にも必要なものと思ふ。何れ時間と機會とを得たなら、公表したいと思って居る。

〔補〕著書とは言えないけれども、義齋に關する文書は、なお次のものがあることがその後になって判明した。これは祺一氏の研究・紹介によってわかって來たことであるが、義齋は實男子の成長したものがいなかったため、養子を迎えて家業を繼がせようとしていたと思われる。義齋、あるいは飯岡家に關わる文書を靜子が傳えていたのは、そのような事情があってのことであろう。

〔家譜〕四冊。飯岡の本家（閑徳系）部分は缺損。（わざとそうしたのではないかと思う。）門人・結社連中・外戚・知友の名簿を含む。

〔日記〕二種二冊。〔遊記〕三種一冊。時期としては遊記が古く、寶暦五年乙亥・寶暦十年庚辰・明和八年辛亥の三種。日記の一つは天明五年乙巳の冊（正月から十一月廿四日まで）で、義齋・滄浪兩者の筆と推定。つまり飯岡家としての日記のようである。もう一つは殘葉で、前缺・中缺。殘存部分は天明四年甲辰七月廿一日後半部分から翌五年五月十二日まで。これは既に春水に嫁していた靜子の在坂歸省中の日記である。實母柔子の死去の日のところから殘存し、（途中缺損）春水と共に一家が歸廣出船する日までの日記。いわゆる「梅颸日記」（刋本あり）に前接するもの。この兩種の日記は日時の重複する部分があり、對照してみると興味深いものがある。（『雲か山か』第十五號、祺一氏の「頼山陽傳」その十二參照）

〔雜記・掌記の類〕十五冊、附一冊　寶暦末年ごろから晩年（天明七年丁未）までの雜記帳。安永年間の一部分に日記風なところがある。

〔抄書〕六冊　當時の學風としては、抄書もまた著述の一形態ではあるが、いま別の分類としておく。この中に前掲、左傳・世說の抄書を含む。

〔著述〕三冊　前掲「夜鶴草」「雜乘」「筆乘甲午錄」がこれである。

なお、書簡は二十二通を貼り繼いだもの一巻と、四通を貼り繼いだもの一巻とで、多分、順序不同である。餘談になるが、來簡を貼り繼ぐというのは、當時の一般の風習なのか、竹原の風習なのか、あるいは大坂の風習なのかよくわからないが、ともかくも、巻子本の煩わしさと全く同じ煩わしさを伴う反面、まとめて保存するには適していたようであって、それが逆目に出たのが、かの「山陽書翰集」收錄の、おびただしいまでの家信であろうかと推測している。閑話休題、この他、春水に宛てた義齋書簡はこれとは別にあり、特に絕筆狀は直子のことを縷々として遺托した内容を持つ。この他、六册の善山文獻と、滄浪あたりまでを含めた洗いざらいの飯岡文書目錄は、本稿とは別に起稿するつもりであるが、怠惰のため、まだ果せずにいる。〔以上、補〕

義齋の學說は、結局心性の問題に關するものが多い。儒者は孔子の儒學を實踐倫理に引き卸して觀る。孔子は性と天道とを滅多に語らなかった事は論語公冶長篇の子貢の語で分明する。併しそれを以て直ちに孔子が性と天道の問題に關心を持たなかったとは言へない。否、寧ろ孔子の片言隻語の裏に、性と天道とを達觀して居る無限大の哲學を發見する。たゞこれは孔子が形而上の哲學論がその時代の規整には實際學に卸すに勝ると思惟しなかったに因由するのではないか。子貢は知者と稱せられて居るが、實際學者で哲學者ではない。孔子も顏回に對しては深味のある答辯をして居る。併し今はそれ等の問題を討究すべき場合でなく、義齋の所論を紹介すればよいのである。

謂レ天者、積氣蒼々之謂乎。謂レ地者、黄壤荒々之謂乎。謂レ人者、四體運用之謂乎。能謂レ天者、必謂三天之所二以爲一レ天。能謂レ地者、謂三地之所二以爲一レ地。能謂レ人者、謂三人之所二以爲一レ人也。天之所二以爲一レ天者、化工之妙是也。地之所二以爲一レ地者、含育之德是也。人之所二以爲一レ人者、性命之理是也。若夫錯レ之、只謂二積氣蒼々・黄壤荒々・四體運用一、則膚淺之說耳。今世之學者、皆厭レ謂下所二以然一之理上、而悅二形跡著明者一。而實不レ知二其本源一矣。本源已昏、而形跡著明者、無二根據一。淪《キテ》胥《ヒトモニ》以爲二俗流一、終以二程朱之學一爲二浮屠一。以二其似一不レ辨二其眞一、則以二和璞《ハク》一爲レ石、以二珉玞一爲レ玉。豈至論耶。世儒開レ口、則曰二禮樂一。而禮樂奚謂乎。禮樂之行、孔子之時、蓋盛二於今一。而其言曰、禮云禮云、玉帛之云乎。樂云樂云、鐘鼓之云乎。然則其禮樂者、果如何乎。必可レ謂四禮樂之所三以爲二禮樂一也。夫禮樂者形跡也。所二以然一者、非レ理而何。曰レ理、曰レ道、曰レ性、曰レ心、一也。事物之本源也。豈可レ不二講明一耶。譬二人之耳目一。鼻口所二以視聽言動一者、生氣也。生氣乃視聽言動之本源也。而今爲二之無用空物一者、則雖二至愚一、不レ信レ之。況於二從レ學者一乎。既不レ信レ之、則於レ此則明、於レ彼則昏。何僻哉。天下之事、有レ用則必有レ體。有レ體而後用行矣。用可レ見而體不レ可レ見。不レ可レ見則爲二艱辛危殆一、置二之度外一。萬事之本源、兼二天地・造化・鬼

神・禮樂・仁義・道德之理一、不レ明而忽弃矣。不レ識二渾厚精微之意一、以二疎迹一爲レ道。其流以二詐僞一爲レ德、以二權謀一爲レ業。亦幾不レ遠。其以レ覇混レ王、職其所也。

世儒忌レ謂二心之字一。堯之欽明文思安々・允《ニ》恭《シク》克《ク》讓《ル》、非レ心何。舜之濬哲文明・溫恭允塞、非レ心何。孔子之溫・良・恭・儉・讓、非レ心何。謂二之心一則爲レ己、心求之功、親切懇到也。而必爲レ己者、能深知レ諸。

世儒不レ從二朱子一者無レ論。其從二朱子一而生二疑難一者、未レ窺二其堂奧一而已。其議論皆是覗覦像想、未三曾有二眞見一焉。獨山淺兩先生、優升二其堂一者歟。及二其門下諸子一、大義已乖乎。其所二論辨一者、義理玄微、蠶絲牛毛。其詳則詳矣。然恐出二于湊合考索一、而非二精義入レ神者一乎。故多缺二渾厚之意一。夫造レ道不レ深、則不レ得二源頭活水一。而義理涸澁、本源不レ明、則缺二渾厚氣象一。而無二悅豫之意一、強充二其意一、則恐漸變二異學一、亦不レ可レ度。必也涵養之深、玩索之久、渙然而氷釋、怡然而理順、而後爲レ得レ之歟。

性命之理、求二之萬物之著一。天下之事、本二之一心之微一。萬物之著、一心之微、融會而爲レ一。體必有レ用。用必有レ體。體用貫通、而精義發二妙理一。活撥々地、道德崇高、事業盛大哉。於レ是乎、始識二性理之學之不一レ虛者也。

天下無二性外之物一也。故知レ性、則物順。不レ知レ性、則物違矣。性理之學、所二以不一レ可レ不レ勉也。性理之至、智力之所二能及一哉。力久眞積、而後自然所レ得者也。鹵莽滅裂、如レ存如レ亡、豈足二特以立一耶。

洒掃應對、則天理之流行。太極之妙、則日用之事。始無二二致一也。

右は筆乘中より摘記したに過ぎない。

六　義齋の人物

以上述べた所に依り、義齋の人物が非常に嚴厲の半面を持っていた事は分明すると思ふ。併しそれは常人の如く、人に嚴厲にして己れに對して寛容なるのとは大に異る。人に嚴なるは、人に求めることの急といふのではない。人に求めることの急なる人物は、必ず己れに求めること緩である。義齋は道を以て人に嚴なると同時に、自己に對してはより以上の嚴厲さを以て臨んで居る。其處に義齋の浩然の氣象が存し、又半面の溫潤さが生じて來る所以が認められる。義齋の『夜鶴草』やその書簡を點檢するとき、子を思う至情の溫さを知ることが出來る。『夜鶴草』の冒頭には「夜鶴亂鳴」と書して居る。（「夜鶴」の出典は白樂天「新樂府」の「五絃彈」）焼野の雉子、夜の鶴、子を思ふ情以外に何物もない。

　前掲の明星正懋の文によって、義齋の人物の大概は分ると思ふが、明星を山口と見ても、山口と見なくとも、義齋の高足山口正彬が、頼山陽脱藩の際に於ける峻烈なる意見書（『山陽全傳』所載。〔後掲補注一參照〕）の如きは、慥かに山口を透して聞く義齋の聲と言へよう。又靜子が頼氏に嫁してより、その內外の世話振りには、實に驚く可きものがある。日々克明に日誌を認め、巨細となく書き殘し、國風を假り、折に觸れ事に寄せて雅懷を敍べ、倅の山陽の養育は勿論のこと、娘の美穗（十子）、孫の聿庵（餘一）、曾孫の誠軒（東三郎）、養子として迎えた景讓（權二郎）、その子の達堂（三千三）、京都から一時引取った孫の支峰（又二郎）、一人として靜子の世話にならぬはない。當時一族の厄介な問題は、皆持ち込む所は靜子の處で、又皆靜子によって處理せられて居る。〔晩年のころ、廣島には采眞（杏坪の子、佐一郎）の家と養堂（傳五郎の子、千藏）の家があった。〕頼家に若し靜子がゐなかったら、折角取り立てられた藩儒の家も、春水一代で立ち消えとなったかも知れんと思はれる程である。これは要するに、義齋庭訓の結果と見るのが至當である。義齋の薫陶が竝大抵でなかった實證である。直子の場合に於いても、尾藤二洲に嫁し、よく其家聲を維ぎ、靜子と同様な働きを殘したことによって、愈ゝ義齋の眞面目に確信を持たされる。〔二洲の子、水竹に『弦庵雜錄』があるが、その中に「外祖飯岡翁、余母なりし人に遺訓ありし一卷の內に」と言って『夜鶴草』の一段を引用している。義齋の薫陶の、尾藤の孫に及んだ一資料である。後掲補注二參照〕斯うした女性が一家からの信望を集めうることは、女性としての修養と、女性としての愛情が基調を爲す。これは素質にもよるが、後天的薫陶に負ふ所が多い。だから此兩女性〔卽ち、靜子、直子の姉妹〕を透して、義齋の半面たる溫潤さを知ることが出來る。

次のやうな插話がある。賴家の塾生が、一面には老靜子を慰める爲めに小鳥を捕え來って飼養してゐた。少年誠軒はその小鳥の一羽が猫に奪はれ、無慘な橫死を遂げたのを目前に見て、小さな胸を痛めた。小鳥を羈束することに因って斯かる慘害が生じたのであると氣付いた誠軒は、他の小鳥を皆放って終った。曾祖母の靜子は之を知って、甚く之を賞め、褒美として、「硯をとゝのへ遣す」と老の手で日記に認めて居る。〔補注。年月日調査中〕大抵のおばあさんなら、自分の老後の樂みの小鳥を逃がしたとカンカンになる所を、猛然反省して其行爲を賞美した所に、多分にその父義齋の教養が反映して居る。

要するに義齋は、文字に載せないで悉く實行に移した學者といへよう。義齋七十の賀に靜子が

千里まで　その名もしるく　咲き匂ふ　なにはの梅の　春ぞ久しき
七十（ななそぢ）の　春に馴れ來て　うぐひすも　老せぬ聲に　ちよを告ぐらん

と詠じ、千里まで其名の著しいことを言ったのも、決して親を過譽した言葉とは受取れない。

（本文終）

〔補注一〕『山陽全傳』上、一四八ページ以下に木崎氏は剛齋の杏坪宛書簡を引く。別に文化八年（一八一一）五月十五日附、菅茶山の杏坪宛の書簡に再度「吾兄（杏坪）自身の子なれば手打にもすると被〻仰候こと有〻之候由」との旨の記述があり、剛齊書簡の記述を裏付けている。

〔補注二〕この雜記は南葵文庫舊藏。轉じていま東大圖書館收藏。『尾藤先生雜錄』と題する。誤って二洲の著とされているが、實は水竹の著である。

附録　飯岡義齋略年譜（一）

〔注〕第一行は元號年（西暦）干支・義齋年齢（算用數字）。

○享和一（一七一六）丙申1

二月七日大坂市中に生る。父正武、母登明（トメ・南氏）の第一子。幼名岩之助、諱孝欽、通稱篠田德安。

○享保七（一七二二）壬寅7

妹虎生る。正武の第四子。改名して政・照・本・由可という。

○享保十五（一七三〇）庚戌15

弟伊助生る。正武の第六子。改名して源吾・源藏といい、諱惟寅。一月二十三日生れ。後の貞藏（孝鍾・二世德安）がこれであろう。

○享保十七（一七三二）壬子17

六月二十八日、父正武沒、四十七歳。

○享保十八（一七三三）癸丑18

八月十六日、母登明沒、三十七歳。時に妹虎は十二歳、弟伊助は四歳。

○延享二（一七四五）乙丑30

八月二十四日、心學の仲間と思われる「大坂連中」に加盟。

○延享三（一七四六）丙寅31

二月八日、柳（秦氏。本姓桂。平素は淺川氏。二十五歳）を娶る。

四月二十七日、柳、大坂連中に加盟。

○延享四（一七四七）丁卯32
四月二十七日、長男（第一子）生る。三歳にて夭折。
この年、浪華梅を人に譲る。京橋口に在る原木の枝を接木したものという。
○寛延三（一七五〇）、庚午35
十月十四日、次男（第二子）生る。當年夭折。
○寶暦二（一七五二）壬申37
六月二十七日、第三子（女子）熊生る。夭折。
○寶暦五（一七五五）乙亥40
三月十二日、七五三盤谷・濱野楚江と共に伊勢參宮に出立。『參宮記』（假稱）あり。
○寶暦六（一七五六）丙子41
このころか、第四子、金藏生れ、夭折。母は磯。十一月二十一日沒（推定）。
○寶暦七（一七五七）丁丑42
四月九日、嫡妻柳沒、三十六歳。法號、蘭室桂梁。夕陽丘、淨春寺に葬る。柳については山口純實（剛齋）撰墓碑銘（『大阪訪碑錄』四三ページ以下）があるほか、梅颸の春水宛殘簡に「元來龍淵寺と申が旦那ニて候處、墓地あしきよしニ而淨春寺と申へ先妣ハほうむりまいらせ候事ニて……」とあり、義齋の梅颸への教訓書『夜鶴草』には、梅颸の實母（柔）が二人の娘に琴などの遊藝を習わせた事を批判して「もとの蘭室の在しゝ時は、今の樣なる風はなく、萬づ質朴にて古家の風あり。人もかく見て、今も稱するならずや。」とある。
○寶暦八（一七五八）戊寅43
九月二十九日、第五子（女子）竹生る。夭折。

○寶暦九（一七五九）己卯44

義齋の入門者名簿『諸友名籍』紀年はじめ。（「卯八月十一日」）ただし、その前に既に四十六名の名を記すので、この年より溯る時期からのもの。（紀年は安永九年庚子に至る。）

○寶暦十（一七六〇）庚辰45

『参宮記』あり、四月六日より十九日まで。一行は虎・輕（めい）・豊（のちの柔と推定）の三名。義齋は大坂で留守し、一行がその日どこまで行き、何を拝し見るかを想像して記したもの故に末尾にいう「如此日積セシニ、十五日ニ歸家セリ」と。

八月二十九日、第六子、靜生る。『家譜』によると母は豊。『家譜』は「繼室柔」につき、寶暦十年冬に妻となすことを記し、それ以前は妾であった。また上記『参宮記』の豊と、山口書簡の柔とにつき、共通して姪（柔の姉の夫の先妻の娘）輕が現われ、彼此綜合して、豊が正妻となるに際して柔と改名したと考證する。上記磯は輕の姉。なお柔は小豆島堀越出身。父は須佐美（本姓久留嶋）長治（長次右衛門）、母は松。本年三十八歳。

善山（播州敷地人、圓井氏、名純吾、二十七歳）、義齋の下に來學（『善山漫録』丁亥册に見える紀年より推測）。

○寶暦十三（一七六三）癸未48

七月二十九日、第七子（末子）直生る。母は柔。

これより先、五月二十四日、弟孝鍾（三十四歳）、庫（佐分利氏。十八歳）を娶るも、以後のこと不明。

善山いう「癸未の冬、學問辛苦」と。

○明和一（一七六四）甲申49

一月十日「裁浪華梅幷序」を作り、十八年前に失った梅との再會を喜ぶ。

○明和二（一七六五）乙酉50

この年春、蘭室の墓を淨春寺に建てる。

六月、大病（善山漫錄丁亥册）

善山に『乙酉三月登京記』あり。

○明和三（一七六六）丙戌51

「寺井養拙墓銘」「堀衆樂墓銘」を撰す（『大阪訪碑錄』所收）。兩氏とも京の書家。その門流の井村信成（子篤）の請によって作ったものと推定。

善山に『善山筆記』あり。内容は少くとも今年より翌年に及ぶ。

○明和四（一七六七）丁亥52

八月、書堂「爲善堂」落成す（『善山漫錄』の「人」の部分に見える）。なお爲善堂の名は集義齋（書齋の名）と共に中井竹山『奠陰集』巻六に見える。「坂本吉洞墓銘」を撰す（『善山漫錄』の「言」の部分に收む）。

善山に二種類の『善山漫錄』あり、その第一種は（内容的には寶曆十年より）本年閏九月まで書き繼いだと推定される。厚册一册。この中を「天・地・人・物・事・言」に區分し、區分ごとに月日順に書き記して行ったものと思われる。特に本年の記事が多く、義齋の學問・日常を多く記す。

別に『善山日記』一册あり、本年十月十五日より翌年十二月二十一日に及ぶ。この閒、義齋、およびその一家の樣子は克明にわかる。特に義齋の塾に入門した子弟の記事は『諸友名籍』（寶曆九年條既揭）の丁亥・戊子の部分と合致する。

○明和五（一七六八）戊子53

引續き『善山日記』により知られるところが多い。秋ごろより善山發病。

○明和六（一七六九）己丑54

善山に『己丑東行記』あり、三月、山城・近江へ弟の孝鍾と旅行。また第二種の『善山漫録』あり、本年仲夏起筆、翌年に及ぶ。薄一冊（美濃版）。（「明星正懋復福元禎書」を収める。）善山はこの冊以後姿を没する。
孝、貞藏（滄浪）に嫁す。（家譜）
山口剛齋、江戸に在り、翌年歸坂。
○明和七（一七七〇）庚寅55
義齋に『掌記・寅歲』あり、内容は翌翌年（安永元年）に及ぶ。（なお、この冊に至るまでの同類の册子（筆乘・雜記などと題する册子）に、なお四種類のものがあることを追記する。」この中に「柔婦」とあるのは、既述、義齋繼室（溫室）のこと。
○明和八（一七七一）辛卯56
義齋の『參宮記』に五月三日より十八日の記事あり。ただし「大抵爲之日積」とあって、寶曆十年の時のように豫定表である。一行は柔・孝・靜・直の四人と近隣五人、計九名。奈良までは貞藏と佐太（未詳）が見送る。『參宮記』の内容は、寶曆五年・同十年、および本年の三件より成り、併せ記して一冊とする。
○安永一（一七七二）壬辰57
貞藏の子、岩太郎、十二月十四日に生れ、翌年十二月十四日夭（家譜）
○安永二（一七七三）癸巳58
貞藏の子、鐵二郎（鐵藏・存齋）、十一月四日に生る（家譜）
○安永三（一七七四）甲午59
義齋に『雜乘』あり、一種の著述と認められるが極めて薄册。これを清書したものが『筆乘・甲午錄』である。（略傳部分に用いた文章を收む。）

義齋、孔子の銅像、高さ一尺八寸五分（周尺）を得る。曾て山崎闇齋の珍藏していたものという。（『山陽と竹田』五ノ九、一〇ページ）

中井竹山「義齋先生六十壽詩序」を作る。（「奠陰集」巻六）文中に「今茲甲午至日、子弟門人……壽其六袟」とある故、ここに繫ける。

〇安永四（一七七五）乙未60

義齋に『射場費用』あり、數葉の薄册、且つ雜記帳に流用したもののようである。

また別に『懷中掌記』一册あり、本年より安永六年に及ぶ。（以上二種は『諸友名籍』と照合し、年代を定めた。）正月五日、高山彥九郎來見、その同じころ、藪孤山來見。（上掲二種所載記事による。）

貞藏の子、多可生る。（「親類書」の年齢より計算）（考證）「親類書」には多可・里能の姉妹が記される。一方、天明五年の『飯岡日記』には縫・織の姉妹の名が見える。そして後年、遠智讓窩に嫁した縫（名は推定）と中井碩果に嫁した愼とがいる。「家譜」は安永三年以後はなく、未詳である。

〇安永六（一七七七）丁酉62

十一月一日早澤常安が入門した。（『諸友名籍』）上掲『懷中掌記』は、この人物の入門を記したところで終る。

〇安永七（一七七八）戊戌63

義齋に『壤狗筆乘』あり、上掲『懷中掌記』の後を承ける。「壤」はつち、「狗」はいぬ。つまり、つちのえいぬ。

〇安永八（一七七九）己亥64

十一月八日、娘、靜（成人した中では長女）、頼彌太郎（春水）に嫁す。江戸堀に住む。この際、義齋の記す「親類書」「荷物覺」傳存。中井竹山「合卺頌」を作る（「在津紀事」一八二條參照）。これより先、九月以來、このことについての進行次第を示す書簡資料、春風館に傳存（頼祺一氏「頼春水在坂時代の中井竹山との交遊」『懷德』五二、昭五八・一二）。計算上、貞藏の子「里能」生る。

○安永九（一七八〇）庚子65

この年を以て『諸友名籍』の紀年終る。十二月二十七日、久太郎（靜の子）生る。

○天明一（一七八一）辛丑66

計算上、貞藏の子「てい」（悌・愼）生る。十二月春水廣島藩に釋褐、靜大坂に殘留。

○天明二（一七八二）壬寅67

義齋に『壬寅乘』あり。また夏に『夜鶴草』を著わして靜に與え、五月に『耄語草』を著わして春水に與える。五月二十日靜廣島に下る。その際、妻の柔、娘の直、孫の鐵二郎同行。柔のみは七月四日歸坂。これに伴い、義齋の靜宛（あるいは柔靜直宛）の書簡傳存（七通）。

○天明三（一七八三）癸卯68

義齋書簡傳存（八通）。鐵二郎、一旦歸坂せしのち八月九日下廣。春水の江戸于役により八月十七日、靜・久太郎、義齋宅に身を寄せる（天明五年五月まで）。鐵、同行。

○天明四（一七八四）甲辰69

義齋に『書留』冊子あり、末尾に「甲辰二月六日」とあり。七月二十一日、妻、柔（溫室）急逝。六十二歳。龍淵寺に葬る。靜、江戸の春水にこのことを報ずる書簡、殘缺して存。その中に善山の墓所（同寺に葬る、とあり）、義母・柳（蘭室）の淨春寺の墓所について言及。この日より靜の日記（殘葉）あり。翌五月十二日に及び、刋本の『梅颸日記』に内容上連接す。なお『竹原市史』五、五一二ページ以下、賴春風書簡16・17も參照。春水の末弟、杏坪、九月十六日〜二十八日來訪。（『甲辰紀行』）

○天明五（一七八五）乙巳70

義齋に『日々草稿』巳年あり（元日より十一月二十四日までの日記）。途中、四月二十九日末尾より五月十二日まで、靜の日記（殘葉）は、この義齋の日記と互見の要あり。（この邊り、貞藏の筆なる可能性もあり。）義齋書簡（靜宛）五通傳存。

○天明六（一七八六）丙午71

義齋・江戸の春水に年始狀を書く。文字亂れず。三月二十四日、直は甥の鐵を伴い下廣、五月二日兩名離廣。義齋の八月十七日付書簡より文字亂れ始む。閏十月十一日、春水（江戸）・靜（廣島）宛二通は書簡としての絶筆となる。このころ直より靜宛に、母、柔の墓石の建て難んでいることを報ず。

○天明七（一七八七）丁未72

紀年不明の義齋『覺書』册子あり（「所以然トハ」より始まる）、これが最晩年の『覺書』册子（天明七年丁未）に續く。

○天明八（一七八八）戊申73

七月から八月にかけ、靜・久、義齋病氣見舞のため上坂（『梅颸日記』に詳し）。

○寛政一（一七八九）己酉74

十一月八日、義齋沒。龍淵寺に葬る。直（成人した中では次女）未だ嫁せず。實弟、貞藏（號滄浪）かねてより二世德安として家業を繼ぐ。

○　義齋沒後

▽寛政三（一七九一）辛亥二月八日、春水、「處士飯岡滄寧先生墓銘」を作る。（『春水遺稿』一〇、一三裏。刻石後、拓本を作る。いま亡。）

▽寛政五（一七九三）癸丑四月二十六日、直、江戸の尾藤二洲に嫁す。

▽寛政八（一七九六）丙辰六月十六日、滄浪（貞藏、二世德安）沒、五十六歳。子の存齋（鐵二郎・鐵藏・剛藏）嗣ぐ。

▽文化十一（一八一四）甲戌七月十五日、存齋沒。後嗣恭齋（重五郎）時に二歳。
▽文政九（一八二六）丙戌、このころ篠田（飯岡）家沒落（『梅颸日記』翌年七月二十一日記事）。
▽天保三（一八三二）壬辰八月五日、江戸にて直（梅月）沒。七十歳。（現）大塚先儒墓地に葬る。
▽天保七（一八三六）丙申十二月二十八日、恭齋沒、二十三歳（『梅颸日記』翌年二月八日記事）。
▽天保十四（一八四三）癸卯十二月九日、廣島にて靜（梅颸）沒。八十四歳。安養院（現、多聞院）に葬る。
▽弘化二（一八四五）乙巳六月五日、大坂、遠智高洲配篠田氏沒。梅松院に葬る（『大阪訪碑錄』六四二ページ）。
▽安政六（一八五九）己未七月八日、大坂、中井碩果配篠田氏（悌・愼）沒。七十九歳、誓願寺に葬る。（『懷德堂先賢墨跡小傳』一〇ページ）

（大尾）

頼惟勤先生略年譜・著述目録補遺

賴惟勤先生略年譜

大正十一年（一九二二）

二月二日　父成一（諱元孚　字子儀　號楳厓）、母緯子《いと》（號秋蘭　鹽谷時敏三女）の長男として東京に生れ、菁莪書院の隣で育つ。四歳頃から、始めは母、後には父から素讀をさずけられ、十五歳頃まで斷續する。この間、夏は廣島市袋町の祖父母の下で過すのを例とする。

昭和三年（一九二八）

四月　東京高等師範學校附屬小學校第二部入學。

昭和九年（一九三四）

三月　同校卒業。

四月　武藏高等學校尋常科入學。敎頭は山本良吉先生。漢文を上野賢知・加藤虎之亮・內田泉之助先生から受ける。この頃、雜誌「支那學」をひろい讀みし、武內義雄博士の文に啓發される。

昭和十三年（一九三八）

三月　尋常科修了。

四月　高等科文科甲類に進入。この年、「岩波新書」ややおくれて「教養文庫」發刊。津田左右吉博士の論著に傾倒する。また、加藤虎之亮先生宅で『貞觀政要』の會讀行われ、先生の訓讀を聞きながら、心中ひそかに直讀を試みる。

昭和十六年（一九四一）

三月　同校卒業。

四月　東京帝國大學文學部支那哲學支那文學科入學。倉石武四郎先生に師事。中國語の手ほどきを魚返善雄・工藤篁先生より受ける。

この年秋、漢學會大會が京都で行われ、京都支那學の實際に觸れる。

昭和十七年（一九四二）

山井湧氏等の梁啓超の『清代學術概論』の會讀に參加。

昭和十八年（一九四三）

近藤光男・小野澤精一氏らの『漢學師承記』の會讀に參加。

九月　戰時修學年限短縮により半年繰上げ卒業（支那文學專攻）。この間、倉石先生の講義（支那文學概論・支那音韻學通論・文言ト白話・支那學の發達）、演習（老殘遊記二集・王觀堂文選・世說新語・說文段注）を受ける。その他、印象に殘っているのは高田眞治先生主催の『毛詩注疏』課外會讀、橋本進吉先生の「日本ノ文學ト文語」講義。

十月　海軍豫備學生を志願し、土浦海軍航空隊に入隊。

十二月　鹿兒島海軍航空隊附となる。指導官は飛田健次郎中佐（當時）。

昭和十九年（一九四四）

五月　海軍少尉に任官。飛行豫科練習生の分隊士として訓育に當る。普通學（數學）擔當。

昭和二十年（一九四五）

三月　海軍中尉に進級。九州航空隊第一國分航空基地に派遣。

五月　同第二國分航空基地、協力隊指揮官（この時期、天一號・菊水一號以下の諸作戰實施中）。

六月　水路部修技所教官となり、東京練馬分室に轉勤。高等科教程のドイツ語・論理學、普通科教程の修身・國語等を擔當。
九月　復員。廣島市外府中町に歸る。
十月　倉石先生をたより上洛。
十一月　京都帝國大學文學部教務囑託となり、東方文化研究所の囑託を兼ねる。研究所の諸會讀に參加、あるいは旁聽するも、空腹で身が入らなかった。
昭和二十一年（一九四六）
三月　臺灣より復員の近藤光男氏と、倉石先生のもとで再會。
十月　中國語學研究會發足。倉石先生の中國諸方言の研究に、牛島德次・那須淸・田森襄・石田武夫氏らと共に加わり、廣東語を分擔。光華寮で徐廷烈氏らから廣東語を習う。また、倉石先生に從い、聲明の探訪に各地をまわる。水谷眞成氏の寄與もまた大。
昭和二十二年（一九四七）
八月　倉石尹子《ただ》と結婚。
昭和二十三年（一九四八）
四月　京都大學文學部研修員となる。
九月「內轉・外轉について」を「中國語學」19に發表。
十二月「天台大師畫讃竝びに類似の諸讃より見出される聲調について」を「中國語學」22に發表。この頃までは、京大文學部閲覽室（哲・史・文の三室あり）に負うところが大きかった。
昭和二十四年（一九四九）

二月　東京大學文學部副手となる。

四月　同助手。お茶の水女子大學非常勤講師となり、網祐次先生に親炙。

六月「重紐問題（藤堂明保・三根谷徹兩氏の論文の解説）」を「中國語學」27に發表。このころより有坂秀世博士の學問に心服、私淑。

昭和二十五年（一九五〇）

三月「聲調の陰陽調について」を「中國語學」35に發表。

昭和二十六年（一九五一）

三月「聲調變化について」を「日本中國學會報」2に發表。

同月「漢音の聲明とその聲調」を「言語研究」17／18に發表。

昭和二十七年（一九五二）

四月　お茶の水女子大學文教育學部專任講師に就任。

この頃から、山井湧・近藤光男氏の『戴東原集』（等）の會讀に參加。後年の専攻科の演習にこの成果を流用する。

同志は他に、新開高明・石川忠久・廣常人世・新田大作氏らあり。前後して安居香山氏らの土曜談話會に加わる。

これらの會合を通じて、史記・通鑑・四庫提要などの譯に關與することとなる。

昭和二十八年（一九五三）

六月「上古中國語の喉音韻尾について」を「お茶の水女子大學人文科學紀要」３に發表。

昭和二十九年（一九五四）

九月「丹陽方言と日本漢字音との聲調について」を「お茶の水女子大學人文科學紀要」５に發表。

この頃、松本昭・橋本萬太郎・平山久雄氏らとの音韻の會讀始まる。

昭和三十年（一九五五）
四月　前年秋に起った中文科の教科目整頓の要望に基き、網先生は蠟山政道學長の口添えにより學外資金を申請、學科内に特別講義を設け、研究會を起された。それに觸發されて、八月「中國音韻學解說」（油印）を作成。
この年、李方桂先生に會う。その後、董同龢先生に會う。
昭和三十一年（一九五六）
この年より專攻科開設。專攻科生は概ね自宅で講義。
三月「清朝以前の協韻說について」を「お茶の水女子大學人文科學紀要」8に發表。
昭和三十二年（一九五七）
三月「中國語における上古の〈部〉と中古の〈重紐〉」を「國語學」28に發表。
昭和三十三年（一九五八）
一月「廣東語の音韻論について」を「中國語學」70に發表。
二月『離騷――譯注』（江南書院刊）出版。
六月「上古音分部圖說」を「東京支那學報」4（倉石先生退官記念號）に發表。
八月「段玉裁の異平同入說」を「中國語學」77に發表。
九月「臺堆都音變考」を「漢文教室」38に發表。
昭和三十四年（一九五九）
四月　助教授に昇格。
この頃、金田一京助先生を代表とし、龜井孝・河野六郎・三根谷徹・北村甫・鈴木眞喜男の諸氏により結ばれた漢字音の研究會「三一會」に參加、研究上の利便を受けることが大きかった。

十月　「京粤兩音新選唐詩鑑賞」・「四部＋α教科書」（油印）を作成、中文科の雜誌「中國文學研究」の第二號に當てる。

昭和三十五年（一九六〇）

七月　「〈匏有苦葉〉二章の疏」を「中國語學」100に發表。

この頃より、慶應義塾圖書館・日比谷圖書館（加賀文庫）・內閣文庫の藏書により、日本漢學研究を始める。

昭和三十六年（一九六一）

三月　「史記の律書について」を「お茶の水女子大學人文科學紀要」14に發表。

九月　「藪孤山雜説」を「漢文教室」56に發表。

この年より連年、廣島市立淺野圖書館（當時）に通う。

昭和三十七年（一九六二）

三月　「寶曆明和以降浪華混沌詩社交遊考證初篇」を「お茶の水女子大學人文科學紀要」15に發表。

昭和三十八年（一九六三）

四月　網先生退官により、中國文學科主任となる（至五十三年三月）。

七月　「戴震」を宇野哲人博士米壽記念論集『中國の思想家』（勁草書房刊）に執筆。

この年、河野六郎先生主催の金石文の會讀始まる。

昭和三十九年（一九六四）

四月　教授に昇格。

昭和四十年（一九六五）

八月　「在津紀事　譯注第一稿」（油印）を作成。水田紀久・肥田晧三・多治比郁夫の諸氏から教正を受けるところが多かった。

昭和四十一年（一九六六）

三月「屈原と〈離騒〉——〈記録〉と〈傳承〉との觀點より」を「お茶の水女子大學人文科學紀要」19に發表。

四月　修士講座開設により、『說文段注』の演習を開始。

八月「師友志　譯注第一稿」（油印）を作成。九月「春風館本『諺苑』解說」（新生社刊　古辭書刊之一）を執筆。

昭和四十二年（一九六七）

夏　學生の海外渡航計畫が迂餘曲折のうちに實現。政治の複雜さを實感する。

昭和四十三年（一九六八）

二月　水田紀久氏と『中國文化叢書(9)日本漢學』（大修館書店刊）を共編。巻末の「江戸槪略圖」の作成に苦心したが、これは昭和二十年六月上京時の東京の印象が基礎となっている。

この頃から研究室の圖書がやや充實、講義しやすくなる。

昭和四十四年（一九六九）

中山時子、戸川芳郎氏による志賀高原合宿實施など、研究室擧げての渾身の努力が、一面では秋以後の教育・研究の保全に寄與したが、他面、挫折感もまた深いものがあった。

昭和四十五年（一九七〇）

七月「說文讀書會」を主催。多數の卒業生・在校生が參加し現在に至る。これは〝女子大亡國論〟への回答のつもりであったが、所期の目的達成への道は今なお遠い。同會編『說文入門』（大修館書店刊　昭和五十八年）監修。

昭和四十七年（一九七二）

四月『徂徠學派』（日本思想大系37　岩波書店刊）を編纂。この時は、内閣文庫と東大圖書館の藏書に恩惠を受けた。

十二月　『賴山陽』（日本の名著28　中央公論社刊）を主編。
昭和四十九年（一九七四）
九月　「蜻蛉雜考」を「漢字と漢文」6巻18に發表。朝比奈正二郎先生が非常勤講師としてお茶の水女子大學に出講された時に、その教えを受けたことに觸發されている。のち成蟲で越冬する種の生態に關し、「Tombo」「自然教育園報告」「昆蟲と自然」に觀察報告を發表。
十月　「切韻について」を宇野哲人先生白壽祝賀記念『東洋學論叢』に執筆。
昭和五十一年（一九七六）
四月　博士課程新設に伴い、言語構造論の科目を分擔。
九月　『日本外史』(上)（岩波文庫）を改訂・出版。ひき續き(中)を昭和五十二年五月、(下)を五十六年十二月に出版。
昭和五十三年（一九七八）
三月　「史記天官書の歲星記事について」を「お茶の水女子大學人閒文化研究」1に發表。
十二月　「木曾國上松驛臨川寺繪圖」を「古地圖研究」百號記念論集に發表。
昭和五十四年（一九七九）
四月　附屬高等學校長となる（至五十八年三月）。
昭和五十七年（一九八二）
三月　「中國音韻史上の問題點」を「お茶の水女子大學附屬高等學校紀要」27に發表。
高校の新教科目開發に觸發され、資料の整理にパソコンを利用し始める。
昭和五十九年（一九八四）
四月　「〈鉛〉考」を「お茶の水女子大學中國文學會報」3に發表。

昭和六十二年（一九八七）
三月　定年退官。（この間における學內外の諸委員關係の任免は省略する。）

＊本稿はお茶の水女子大學中國文學會委員會の起稿したものに、先生ご自身が筆を入れられたものである。
（『お茶の水女子大學中國文學會報』第六號　昭和六十二年）

頼惟勤先生略年譜補遺

昭和六十二年（一九八七）

三月　お茶の水女子大學を定年退官。

放送大學教材『漢文古典Ⅰ江戸時代後期の儒學』出版。

退官に際し、家藏の頼家關係資料「杉の木文書」の寫眞撮影を承諾。それらのマイクロフィルム及び寫眞版が、お茶の水女子大學女性文化研究センター（現在はジェンダー研究センター）に保管される。その内の『梅颸《ばいし》日記』の研究會が、同大學史學科大口勇次郎教授主催で始まる。會讀（助手・院生等、多種の學科出身者が専門の枠を越えて參加）への出席は一度なるも、同會へ多數の資料を提供する。

四月　千葉經濟短期大學教授に就任（哲學を擔當）。放送大學客員教授となる（平成四年三月まで）。お茶の水女子大學名譽教授の稱號を受ける。

昭和六十三年（一九八八）

四月　千葉經濟短期大學の四年制への移行に伴い、千葉經濟大學教授となる。

六月　國立教育會館第百四十九回教養講座を擔當（講義錄は『教養講座シリーズ57――歴史を動かした人びと――伊能忠敬／頼山陽／河竹默阿彌』の内の「頼山陽」として平成二年に出版）。

昭和六十四年・平成元年（一九八九）

二月　汲古書院より『頼惟勤著作集Ⅰ　中國音韻論集』出版。

三月　「聲明としての戒品」を『千葉經濟論叢』１に發表。
八月　汲古書院より『頼惟勤著作集Ⅱ　中國古典論集』出版。
十月　「安藝國竹原文化の一側面」を『古文書の語る日本史』７（筑摩書房刊）に執筆。
平成二年（一九九〇）
六月　「一藩儒の家計」を『千葉經濟論叢』２に發表。
平成四年（一九九二）
一月　「論語講說」を『櫻の友』（櫻ゴルフクラブ編集發行）に執筆（平成七年十二月まで連載）。
三月　千葉經濟大學を定年退職。
四月　千葉經濟大學非常勤講師となる（平成七年三月まで）。
平成五年（一九九三）
二月　櫻蔭會館に於いて、『中庸』の講義を始める。參加者はお茶の水女子大學中文科卒業生を中心とした人びとで、以後「土曜會」と名づけられ、船橋に場を移し、『論語』『詩經』と讀み進み、平成十一年四月まで継續した。
平成六年（一九九四）
一月二十三日　成田山書道美術館に於いて「江戸時代の知識人の教養」を講演（要旨は四月刊『成田山書道美術館館報』３掲載）。
三月　「光吉元次郎著『日本外史詳注』解題」を『北の丸――國立公文書館報――』26に發表。
四月　「山陽脱藩始末」を『雲か山か』（頼山陽記念文化財團發行）に執筆（平成十年三月まで連載）。
平成七年（一九九五）
十一月二十一日　千葉縣立九十九里高校に於いて行われた、千葉縣高等學校教育研究會國語部會秋季研究協議會にて、「日本の漢字音について」を講演（講演録が平成八年三月『國語教育――研究と實踐――』33に掲載）。

平成八年（一九九六）

三月　大修館書店より『中國古典を讀むために　中國語學史講義』（水谷誠氏編）出版。

七月　岩波書店より『菅茶山　賴山陽詩集』（水田紀久氏・直井文子と共編）出版。

平成九年（一九九七）

四月二十七日　湯島聖堂に於いて孔子祭講經（講經錄は平成十年刊『斯文』一〇六號に掲載）。

九月十日　水谷誠氏編「『群經音辨』索引」に序文を執筆（平成十年一月、崑崙書房より刊行）。

十一月　勳三等旭日中綬章を受章。

十二月十三日　櫻蔭會館に於いて敍勳記念特別講義「日本漢字音の聲調調値について」を行う（テープリライトによる講義錄は追悼誌『爾志錄』所收）。

平成十年（一九九八）

六月「師友志・譯註」を『雲か山か』に執筆（平成十一年六月まで連載）。

平成十一年（一九九九）

四月　斯文會文化講座・論語素讀コースを擔當（五月まで）。

六月　谷津保健病院に入院。

七月十五日午後十一時十分　逝去。

＊本稿は直井文子の起稿したものに賴尹子氏の御校閲を仰いだものである。

頼惟勤先生著述目録補遺

（汲古書院刊『頼惟勤著作集Ⅱ中國古典論集』五三三～五五五頁に續くものとして）

月	論文題目	掲載誌等	頁	發行所	備考
[平成元年（一九八九）]					
二	『頼惟勤著作集Ⅰ中國音韻論集』			汲古書院	
七	山房隨筆―飯岡義齋―（一一）	『雲か山か』22號	七	(財)頼山陽記念文化財團	頼成一稿　惟勤補筆
八	『頼惟勤著作集Ⅱ中國古典論集』			汲古書院	
十	安藝國竹原文化の一側面	『古文書の語る日本史』第7　江戸後期	三一一～三三二	筑摩書房	林英夫編
[平成二年（一九九〇）]					
六	一藩儒の家計	「千葉經濟大學紀要　千葉經濟論叢」3	一～二五		
十二	頼山陽	教養講座シリーズ57　伊能忠敬／頼山陽／河竹默阿彌	七五～一四四	㈱ぎょうせい	國立教育會館編
	（伊能忠敬―石山洋、頼山陽―頼惟勤、河竹默阿彌―諏訪春雄の講義録）				
[平成三年（一九九一）]					

一　『靜寄軒集』　近世儒家文集集成第十巻　ぺりかん社

[平成四年（一九九二）]

一〜十二　論語講説（1）〜（10）　『櫻の友』13巻1號〜10號（通巻112號〜121號）　㈱櫻ゴルフクラブ編集發行

[平成五年（一九九三）]

一〜十二　論語講説（11）〜（19）　『櫻の友』14巻1號〜9號（通巻122號〜130號）

十　頼山陽の法帖について　『江戸時代の書蹟』　一六〇〜一六一　成田山書道美術館編集發行

（某月）　山房隨筆—飯岡義齋—（一二）　『雲か山か』30號　五

[平成六年（一九九四）]

一〜十二　論語講説（20）〜（29）　『櫻の友』15巻1號〜10號（通巻131號〜140號）

三　光吉元次郎著『日本外史詳注』解題　『北の丸—國立公文書館報』26　五一〜六六

四　《講演》江戸時代の知識人の教養（一月二十三日の開館一周年記念講演會の要旨）　『成田山書道美術館館報』3　二　同館發行

四　山陽脱藩始末（一）　『雲か山か』31・32合併號　六

頼彌次郎　編
惟勤　校

七　山陽脫藩始末（二）　同　33號　五
十一　山陽脫藩始末（三）　同　34號　五

〔平成七年（一九九五）〕

一〜十二　論語講說（30）〜（39）　『櫻の友』16巻1號〜10號（通巻141號〜150號）
三　山陽脫藩始末（四）　『雲か山か』35號　六〜七
七　山陽脫藩始末（五）　同　36號　四〜五
十一　山陽脫藩始末（六）　同　37號　六〜七

〔平成八年（一九九六）〕

三　《講演》日本の漢字音について　『國語教育—研究と實踐』33　二一〜三六　千葉縣高等學校教育研究會國語部會編
三　『中國古典を讀むために　中國語學史講義』　大修館書店　水谷誠編
三　山陽脫藩始末（七）　『雲か山か』38號　四〜五
七　『菅茶山　賴山陽詩集』　新日本古典文學大系66　岩波書店　水田紀久・直井文子と共著
七　山陽脫藩始末（八）　『雲か山か』39號　四〜五
十　山陽脫藩始末（九）　同　40號　四

[平成九年（一九九七）]

三　山陽脱藩始末（十）　『雲か山か』41・42合併號　六〜七
七　頼春水、寛政四年の作州湯原圖をめぐって　別冊歴史讀本『江戸時代「古地圖」總覽』22巻33號　一七二〜一七三　新人物往來社
（エッセイ特集「古地圖を樂しむ」）
七　山陽脱藩始末（十一）　『雲か山か』43號　六〜七
九　山陽脱藩始末（十二）　同　44號　四〜五
十二《特別講義》日本漢字者の聲調調値について　於櫻蔭會館　（テープリライトは追悼誌『爾志錄』收錄）

[平成十年（一九九八）]

一　序　『群經音辨』索引」　崑崙書房　水谷誠編
一　山陽脱藩始末（十三）　『雲か山か』45號　六〜七
三　山陽脱藩始末（十四）　同　46號　六〜七
三　孔子祭講經「子張問十世可知也」章（論語、爲政第二）　『斯文』106　九一〜九四　斯文會
六　師友志・譯注（1）　『雲か山か』47號　四〜五　『春水遺稿別錄』巻3より
0、序　1、鹽谷志帥
2、赤松子邦

十　師友志・譯注（2）　『雲か山か』48・49合併號　七〜八
3、僧遵　4、平賀中南
5、僧周契

【平成十一年（一九九九）】

三　師友志・譯注（3）　『雲か山か』50號　四〜五
6、宇都宮士龍　7、宮地敬之
8、鳥居瓊

六　師友志・譯注（4）　『雲か山か』51號　二〜三
9、趙陶齋、森田士德

☆この外、『日本古典文學大辭典』（一九八三年〜一九八五年、岩波書店刊）などの項目執筆は省略致しました。

＊　＊

九　追悼　賴惟勤先生（賴祺一氏による）　『雲か山か』52號　一

訃報　同　一二

十　賴先生ととんぼ（藤山和子氏による）　『櫻蔭會會報』復刊第185號　二　（社）櫻蔭會

十二　賴先生を悼んで（教官・同窓生による）　『中文同窓會だより』7號　一〜五　お茶の水女子大學中國文學科同窓會

【平成十二年（二〇〇〇）】

三　賴惟勤さんを憶う（石川忠久氏による）　『斯文』108　一六五〜一六八

よる）

七　『爾志録――賴惟勤先生の想い出――』

『爾志録』編集委員會

＊以上　二〇〇〇年五月五日作成　二〇〇三年五月訂　直井文子

あとがき

藤山和子

本書はもともとは、一九八九年に汲古書院から刊行された『賴惟勤著作集Ⅰ』（中國音韻論集）・『賴惟勤著作集Ⅱ』（中國古典論集）に續く『賴惟勤著作集Ⅲ』（日本漢學論集）として、それまでに先生が書かれた日本漢學に關する代表的な論文をまとめ、一、二年のうちに出版されるはずのものであった。それが本書出版までに十四年もの年月を要した主な理由は、その內容が初期の計畫から大幅に變更されたためである。いま、そのおおよその經過を、先生が遺されたメモを賴りに記してみると以下のようになる。

初次　『賴惟勤著作集Ⅱ』巻末の著作目錄を基に、先生ご自身による收錄論文の選擇始まる。一九八九年頃か？さらに、御祖父上樣　彌次郎（號　古媒）・御父上樣　成一（號　媒厓）兩氏の著作がリストアップされている。

二次　初次でリストアップしたものを〔論考〕〔箚記・注釋〕〔目錄・年表・資料翻字〕に分類。

三次　上記分類を〔論考〕〔考證〕〔箚記〕〔資料研究〕〔編著〕〔資料ソノモノ〕〔目錄〕に再分類。ここで初めて『嶺松廬叢錄』という書名が擧げられている。

四次　三次の先生論文リストを若干訂正。

五次　『嶺松廬叢錄』は論考を主とすること、「在津紀事譯注」「師友志譯注」等々は、次回までに箚記化して第Ⅳ冊とすること、年譜・書目は將來のものとすることなどの方針が記されている。
またここには、一九八九年十二月十七日に、先生が長年主催された「說文會」會員の藤山和子・南谷葉子・折笠攝子、竝びに日本漢文學專攻の直井文子が著作集の件で二回目に來訪し、チェックのために原稿をそれぞれに渡したという注記がある。このとき私達は初めて、著作集Ⅲは御祖父上樣以後三代の學問をまとめ、書名は春水の書齋「嶺松廬」にちなみ、『嶺松廬叢錄』としたいという先生のご意向を伺った。

六次　同日の日付で、著作集Ⅲに收めるものが改めてリストアップされ、增補必要なものなどの注記がある。

七次　以上の經過を經て、第七次の案がまとまった。メモによるとそれは一九八九年十二月二十四日のことで、以下のような內容である。

嶺松廬叢錄　上　論考篇　（〔中〕下　資料篇）

賴　彌次郎

一　舊廣島藩學

二　（賴）春水の埋もれし著書

三　（賴）春水の賜りし邸地

615　あとがき（藤山和子）

四　（賴）山陽の俗名及逸話
五　（賴）山陽の再度上京
六　飯岡義齋　賴成一
七　（賴）山陽沒時における記錄
八　（日本）『外史』研究の栞
九　（日本）『外史』解題
十　（賴）山陽の詩
十一　（賴）山陽の傳記についての覺書　賴惟勤
十二　（日本）『外史』研究の方向試探
十三　藪孤山雜說
十四　寶曆明和以降浪華混沌詩社交遊考證初篇
十五　安永年間浪華唱酬考
十六　道工彥文の馬杉亨安との交遊
十七　道工氏に關する一資料
十八　「趙陶齋の逸事」について
十九　趙陶齋と平賀中南
二十　（廣島市立淺野圖書館藏）『詩文類纂』について

二十一　『與樂叢書』について
二十二　近世（日本）漢學研究のために
二十三　寶暦明和以降浪華混沌詩社交遊考證續編上中
二十四　殘簡類を通して見た（天明六年秋の）（賴）春水の身邊
　　間に合えば箚記（東遊負劍錄・在津紀事・師友志）

しばらくこの線で仕事を進めておられたようで、上記案のいくつかを抹消するなどの訂正の跡が見られる。しかし、一九九一年五月付けで全面的な改考とあり、上記リストにさらに數點の論文を追加、改めてそれらを〔論考〕〔解說付資料紹介〕〔翻字〕〔箚記〕に分類したうえで、次のような構想が示されている。

第一巻　原本影印（翻字ナシ）
　　公私要用ひかへ・在津紀事
古媒先生　翻字
　春水遺響・賜邸・兩始末
媒厓先生　研究
　飯岡義齋について・山陽書目・外史と山陽詩風との概說
僕　考證・箚記
　交遊考證初篇・姓氏錄・大坂書付・扶持米書付・兩藏書目
　負劍錄・引翼編・在津紀事・師友志

第二巻　翻字（原文つけること）

古日記・杉ノ木殘簡・竹山・茶山・聿庵在江・婦人・碑傳に關するもの

第三巻　目錄・書誌（コレカラ作ラネバナラヌ分野也）

一九九一年八月二十三日付けで、上記第一巻・第二巻に收めるものを、A　原本影印・B　翻字・C　箚記・D　書誌・E　論文に類別した表が作られており、そこには仕事の進捗狀況も書き込まれている。例えば、

「大坂書付」の下には　(了)　アト淸書二、三日要スルカ？

「趙陶齋」の下には　(了)　アト淸書ノミ

の如くである。箚記類に(了)のついているものは一つもないが、その他のものは四分の三は(了)となっている。恐らく、全面的な改考が必要と考えられた頃からだと思うが、私にはもうこの仕事は無理だと思うということをおっしゃるようになった。どのようなことかとお尋ねしても、あまりはかばかしいお返事はいただけなかった。汲古書院の坂本前社長にもそのようにお傳えになったらしい。出版の話は立ち消えのようになってしまったが、それでも先生がこの仕事を諦められた譯でないことは、時々お邪魔してのお話の中からも推測することができた。

先生が亡くなられて、遺品の整理をなさっていた奥様から、原稿がまとまって出てきたとのご連絡を受けて拜見してみると、上に述べたようなメモ書きが殘されており、先生がどのようなお考えでこの本をまとめようとなさっていたかも、ほぼ察することが出來る。出版は考えないでほしいとおっしゃったのは、二、三年でまとまる仕事内容ではないということを考えてのご發言であったのだろう。しかし、一方では、亡くなられるまで營々と努力を重ねておられたご様子もよく分かる。原稿を整理していた奥様から、「あと一息」などと書いた紙片が出てきたとお見せいただいたこともある。先生のお氣持ちを思うと胸が詰まる思いである。

先生はお茶の水女子大學ご退官後亡くなられるまで、そのお仕事のほとんどは、春水・山陽にまつわるすべてを「實事求是」の學問方法で詳細に追求なさったものである（「賴惟勤先生著述目錄補遺」參照）。いかに全精力をそのことに傾注されていたかが分かる。さまざまな會へのご出席もほとんどご了承いただけなかった。唯一ともいってよい例外は土曜會へのご出講であった。土曜會とはお茶大中文の卒業生を中心とした會（代表 山本滿里）で、先生から『中庸』『論語』『詩經』と講義をしていただいた。最後は一九九九年の四月で、亡くなる三ヶ月前のことである。すでに腰を痛めておられ、杖をついて船橋の會場へお出でくださり、『詩集傳』をテキストに衞風氓を講義していただいた。いつも通りの穩やかなお聲で、一語一語の意味する所、音韻上の問題點などをお教えいただいた。今にして思えば、なんと贅澤な時間であったかと思う。

今回、戸川芳郎・佐藤保の兩先生と、藤山和子・直井文子の兩名、更に汲古書院の坂本健彥前社長、石坂叡志現社長にもご出席いただき、刊行可能な形を檢討した結果、當初の計畫どおり、先生のご論考を主とした『賴惟勤著作集Ⅲ』とすることとし、彌次郎氏、成一氏のものは附錄として付け加えることにした。收錄原稿は、ほぼ先生七次の案に則っているが、編集委員會の判斷で數編を追加した（まえがき參照）。先生が最終的にお建てになったご構想と異なる所はあるものの、このような形にまとまり、奧樣のもとにお屆けできることは、微力ながら本書の出版に係わったものとして、望外の喜びである。また、本書出版は汲古書院の特別のご盡力なしにはかなわぬものであった。さまざまな無理をお聞き入れくださった坂本健彥・石坂叡志兩氏と、編集實務に長い間根氣よくお付き合い下さった小林詔子さんに厚く御禮申し上げる次第である。

跋

佐藤保

賴惟勤著作集の最終巻である第Ⅲ巻は、賴家の家學を傳える日本漢學關係の論文・資料を收錄する。本巻編集の經緯は藤山和子氏の「あとがき」にその詳細が記されており、論文・資料の收集整理、及びそれぞれの概要については、直井文子さんの懇切な「まえがき」に詳しい。

また、本巻には先生の「略年譜」「同補遺」と、第Ⅱ巻巻末に載せた著述目錄を補う「賴惟勤著述目錄補遺」が付されている。いずれも直井さんが中心となって作成したものであるが、作成の過程で尹子《ただこ》夫人の數々のご教示をいただいて、はじめてこのような形でまとめることができた。これらによって先生のご生涯とご研究が相互に關連づけられ、第Ⅰ巻の平山久雄氏と第Ⅱ巻の戸川芳郎氏それぞれの「あとがき」と併せて、著作集三册に收められた論文各編の脈絡がより明らかになるのではないかと思う。とりわけ、「略年譜」には先生ご自身が書き加えられた折々の學問的關心、師弟・交友關係などが見え、先生の學問研究の基礎あるいは背景を知る上できわめて興味ぶかい。直井さんの「まえがき」（iv頁）にも記されているように、年譜に對する先生のお考えは、本巻「二、寶曆明和以降浪華混沌詩社交友考證續篇（上）」の「年譜」の項からうかがえるのであるが、その實踐例がこの「略年譜」である。これはもと、先生のお茶の水女子大學ご退官の際に刊行された『お茶の水女子大學中國文學會報』第六號（一九八七年四月）に掲載されたものであり、最初これを見たときには、普段は寡默であまりご自身のことを口にされなかった先生がこのような形たわりながら教育者としてのお仕事を最後までつとめられた。

＊　＊　＊

本巻で我々が當初計畫し、先生のご了解を得た著作集が完結する。企畫から編集作業に至るまで終始努力されたのは藤山和子氏と直井文子さんである。そしてまた、第Ⅰ巻と第Ⅱ巻の編集と「あとがき」を擔當された平山久雄氏と戸川芳郎氏、第Ⅲ巻の成書に大きな力をかしてくださった尹子夫人、さらには、出版に竝々ならぬご支援とご苦辛をいただいた汲古書院の坂本健彦相談役、石坂叡志社長、編集部の小林詔子さん、これらの方々のご盡力とご協力があってはじめて全巻の完結にまでこぎつけることができた。諸氏に心から感謝の意を表したい。私の役割は先生と諸氏との間の連絡係といったところであったが、十分にその責任を果たせず、かえって先生と諸氏の足をひっぱることになっていたのではないかと、心中忸怩たるものがある。

最終巻の責了のゲラ刷りを見ながら、ただ心殘りは、本巻がとうとう先生の生前には出版できず、第Ⅰ巻・第Ⅱ巻の各論文には付されていた先生ご自身のコメントを、第Ⅲ巻では缺くことである。最後まで補訂を續けられ、先生ご自身はまだ必ずしも滿足しておられなかったかに見える第Ⅲ巻の論文それぞれについて、先生がどのように感じておられたのか、決定稿がいかなる形でまとまろうとしていたのか、興味は盡きないものの、それをうかがうことは今はかなわぬ夢となってしまった。

まだまだ先生の遺された論文や文章は少なくない。いつの日かあらためてそれらがまとめられ公刊される機會のあることを祈念しつつ、賴惟勤著作集の締めくくりとしたい。

（二〇〇三年六月）

賴惟勤著作集Ⅲ
日本漢學論集——嶺松廬叢錄——

2003年7月15日　初版第1刷發行

著　　者／賴《らい》　惟勤《つとむ》
發 行 者／石坂叡志
整版・印刷／中台整版・モリモト印刷

發行所／汲古書院
〒102-0072　東京都千代田區飯田橋2-5-4
電　話03-3265-9764　FAX03-3222-1845

賴　尹子©2003
ISBN4-7629-1139-9　C3391
KYUKO-SHOIN, Co.,Ltd. Tokyo